荆楚文庫

〔萬曆〕黄岡縣志

〔明〕茅瑞徵 修 〔明〕吕元音 纂

〔康熙〕黄岡縣志

〔清〕董元俊 修 〔清〕孫錫蕃 纂

荆楚文庫編纂出版委員會
武漢大學出版社

荊楚文庫

〔萬曆〕黄岡縣志

WANLI HUANGGANG XIANZHI

〔康熙〕黄岡縣志

KANGXI HUANGGANG XIANZHI

圖書在版編目(CIP)數據

〔萬曆〕黄岡縣志/〔明〕茅瑞徵修;〔明〕吕元音纂.
〔康熙〕黄岡縣志/〔清〕董元俊修;〔清〕孫錫蕃纂.
—武漢:武漢大學出版社,2024.1
ISBN 978-7-307-24180-0
Ⅰ.①萬…　②康…
Ⅱ.①茅…　②董…　③吕…　④孫…
Ⅲ.①黄岡—地方志—明代　②黄岡—地方志—清代
Ⅳ.K296.33
中國國家版本館 CIP 數據核字(2023)第 246968 號

責任編輯:朱凌雲
整體設計:范漢成　曾顯惠　思　蒙
責任校對:汪欣怡
出版發行:武漢大學出版社(中國・武漢)
地址:武昌珞珈山
電話:(027)87215822　　郵政編碼:430072
録排:武漢恒清圖文菲林輸出工作室
印刷:湖北新華印務有限公司
開本:787mm×1092mm　1/16
印張:29.5　插頁:6
版次:2024 年 1 月第 1 版　2024 年 1 月第 1 次印刷
定價:122.00 元

ISBN 978-7-307-24180-0

出版説明

湖北乃九省通衢，北學南學交會融通之地，文明昌盛，歷代文獻豐厚。守望傳統，編纂荆楚文獻，湖北淵源有自。清同治年間設立官書局，以整理鄉邦文獻爲旨趣。光緒年間張之洞督鄂後，以崇文書局推進典籍集成，湖北鄉賢身體力行之，編纂《湖北文徵》，集元明清三代湖北先哲遺作，收兩千七百餘作者文八千餘篇，洋洋六百萬言。盧氏兄弟輯録湖北先賢之作而成《湖北先正遺書》。至當代，武漢多所大學、圖書館在鄉邦典籍整理方面亦多所用力。爲傳承和弘揚優秀傳統文化，湖北省委、省政府決定編纂大型歷史文獻叢書《荆楚文庫》。

《荆楚文庫》以『搶救、保護、整理、出版』湖北文獻爲宗旨，分三編集藏。

甲、文獻編。收録歷代鄂籍人士著述，長期寓居湖北人士著述，省外人士探究湖北著述。包括傳世文獻、出土文獻和民間文獻。

乙、方志編。收録歷代省志、府縣志等。

丙、研究编。收録今人研究評述荆楚人物、史地、風物的學術著作和工具書及圖册。

文獻編、方志編録籍以一九四九年爲下限。

研究編簡體横排，文獻編繁體横排，方志編影印或點校出版。

《荆楚文庫》編纂出版委員會

二〇一五年十一月

總目録

荊楚文庫

〔萬曆〕黄岡縣志

〔明〕茅瑞徵 修
〔明〕吕元音 纂

《荆楚文庫·方志編》編纂組

組　　長：劉偉成　陽海清（執行）

副 組 長：劉傑民（執行）　王　濤　謝春枝　郝　敏　嚴繼東　范志毅（執行）

參編人員（以姓氏筆畫爲序）：

王　濤　李云超　宋澤宇　范志毅　郝　敏　柳　巍　馬盛南　陳建勛

夏漢群　梅　琳　陽海清　彭余焕　彭筱瀓　楊愛華　雷　静　劉水清

劉偉成　劉傑民　謝春枝　戴　波　嚴繼東

編　　審：周　榮

顧　　問：沈乃文　李國慶　吴　格

前言

《〔萬曆〕黄岡縣志》十卷，明茅瑞徵修，明吕元音纂，明萬曆三十六年（一六〇八）刻本。

茅瑞徵，字五芝，明浙江歸安人，萬曆二十九年（一六〇一）進士，歷任黄岡知縣、湖北副使，有《赤壁集》。吕元音，字節之，邑人，天啟元年（一六二一）舉人，有《後軒集》《春秋問難》《無懷詩集》等。

黄岡縣，隋開皇十八年（五九八）改南安縣置，治今湖北省新洲縣。唐中和五年（八八五）徙治今黄岡市。歷爲永安郡、黄州、黄州府治。邑故無志，至明萬曆茅瑞徵上任，以志事爲己任，延吕元音等採訪編輯，取之總志、郡志者十之三，另有十之七爲『博稽文獻及出之蠹簡斷碣者』。志稿歷三易方成，於萬曆三十六年付梓。

志分十卷，共八綱：輿地、建置、田賦、官師、選舉、人物、藝文、雜志，卷一前有纂修姓氏、目録、圖經，目録終頁載每卷頁數，圖經末頁鐫『誌板藏置縣庫，入交盤册仍以禮吏一人掌之，每遇刷印驗發，無令散佚，庶垂永久』。第十卷末有茅瑞徵後序。每卷卷端綱下列有所屬子目，以總敘爲首，引出正文，每目後有論。

是志序曰：『……（志）於建置、錢穀特詳。』『建置』所録條目甚多，舊之府、郡志有載者説明其變動狀況，其下『鄉保』目以表列各甲所轄街道，令觀者一目了然。『田賦』分目記載明立朝以來黄岡户口、田地、徭役賦税等沿革，各項科目起運存留情況之記載頗爲詳盡。『藝文』和『雜志·摭聞』内，有大量蘇軾作品及其事跡，頗顯當地歷史文化特色。

是志每葉版心下皆鐫有刻工姓名，『圖經』以外書葉刻工姓名左側另鐫有該葉總字數，爲該志特點。

據《中國地方志聯合目録》，是志有明萬曆三十六年刻本，藏於國家圖書館，存卷一至四、七至十。另有清光緒十年（一八八四）刻本，藏於南通、臺北。又有抄本，藏於上海。本次據國家圖書館藏明萬曆三十六年刻本影印，該底本存在版損所致的缺字、模糊不清現象，且原缺卷二第二十三、二十四葉、卷五、卷六及卷七第一至七葉。（彭筱溦）

目録

萬曆

黄岡縣志

創修縣誌姓氏

賜進士文林郎知縣事歸安茅瑞徵裁定
黄岡縣學生呂元音采集
原任太僕寺丞　邑[illegible]　同執
監生王追淳仝輯
[illegible]州府學生曲[illegible]士
程[illegible]
曹之建
江之鏊
縣學生劉文思
王封東仝校

創修縣誌目録

輿地誌
沿革　星野　疆域　形勝　山川　廂鎮
古蹟　陵墓　風俗　物產

建置誌
城池　公署　學校　秩祀　倉廒　鄉保
堤防　水利　綽楔　亭榭　寺觀

[illegible]
[illegible]糧　額派　鹽鈔
里甲　湖課　商稅

[illegible]
[illegible]縣　縣丞　主簿　典史　教諭
雜職　名宦

[illegible]誌
薦辟　進士　鄉舉　歲貢　武爵　貤封
[illegible]　例貢

人物誌
大臣　勲臣　宦蹟　義烈　篤行　文學
僑寓　隱逸　列女

藝文志

綸音 宸藻 辭賦 樂府 古風 近體

詩餘 雜文 書籍

雜志

災祥 兵變 僊釋 方伎 摭聞

黃岡縣志目錄終

以百七十六葉前後序其十一几
誤目錄各二姓氏一圖五卷一
卷一各四十一卷三四十二卷四二十
四卷五四十六卷六三十三卷七六十
二卷八六十卷九六十八卷十三十五

圖經

縣境圖

聖廟圖

縣署圖

文廟圖

八景詩

爲誌邑人鍾國振

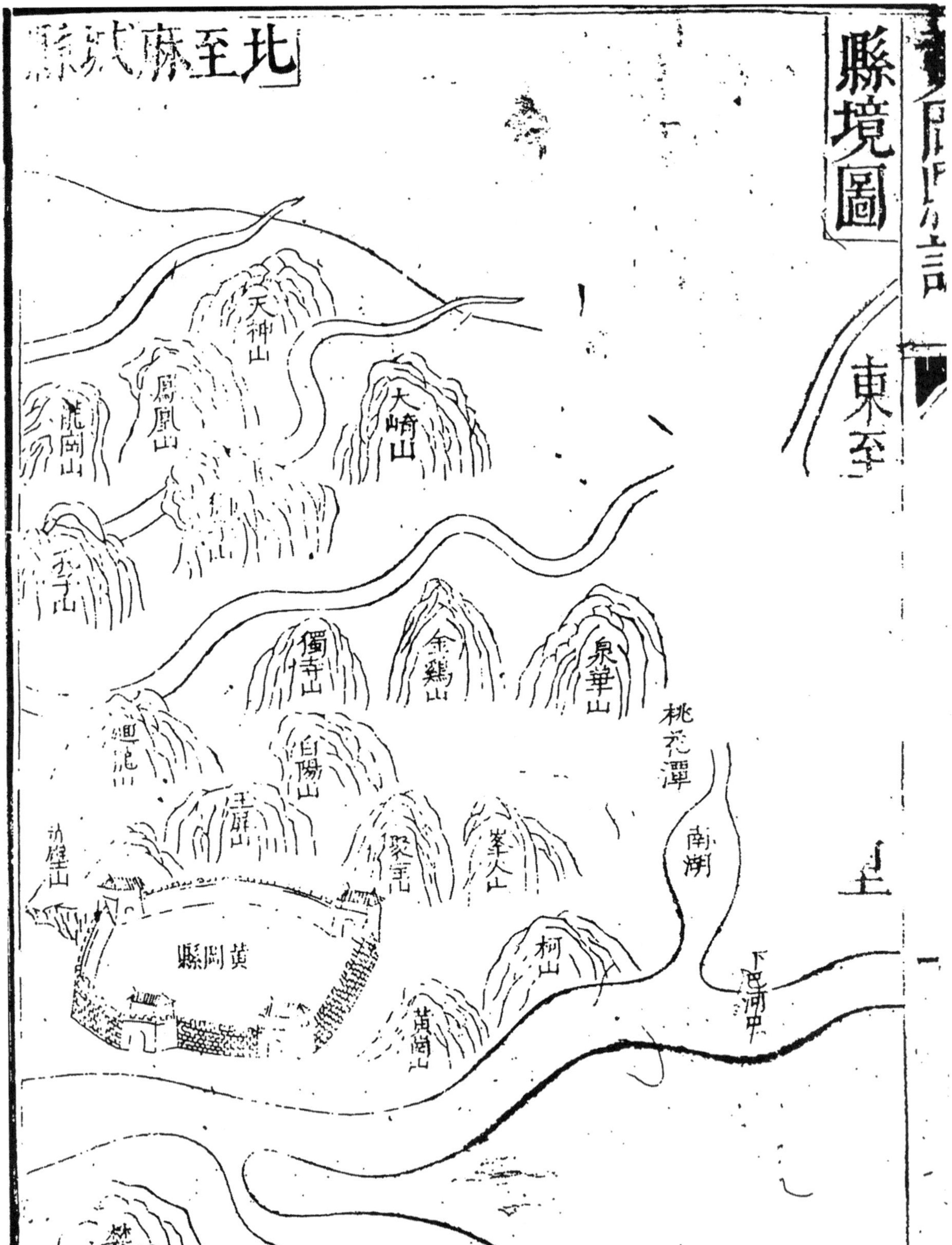
縣境圖
北至麻城縣
東至
天神山
鳳凰山
大崎山
獨寺山
金雞山
泉華山
白陽山
玉屏山
聚寶山
柯山
黄岡山
赤壁山
桃花潭
南湖
下巴河
黄岡縣
樊山

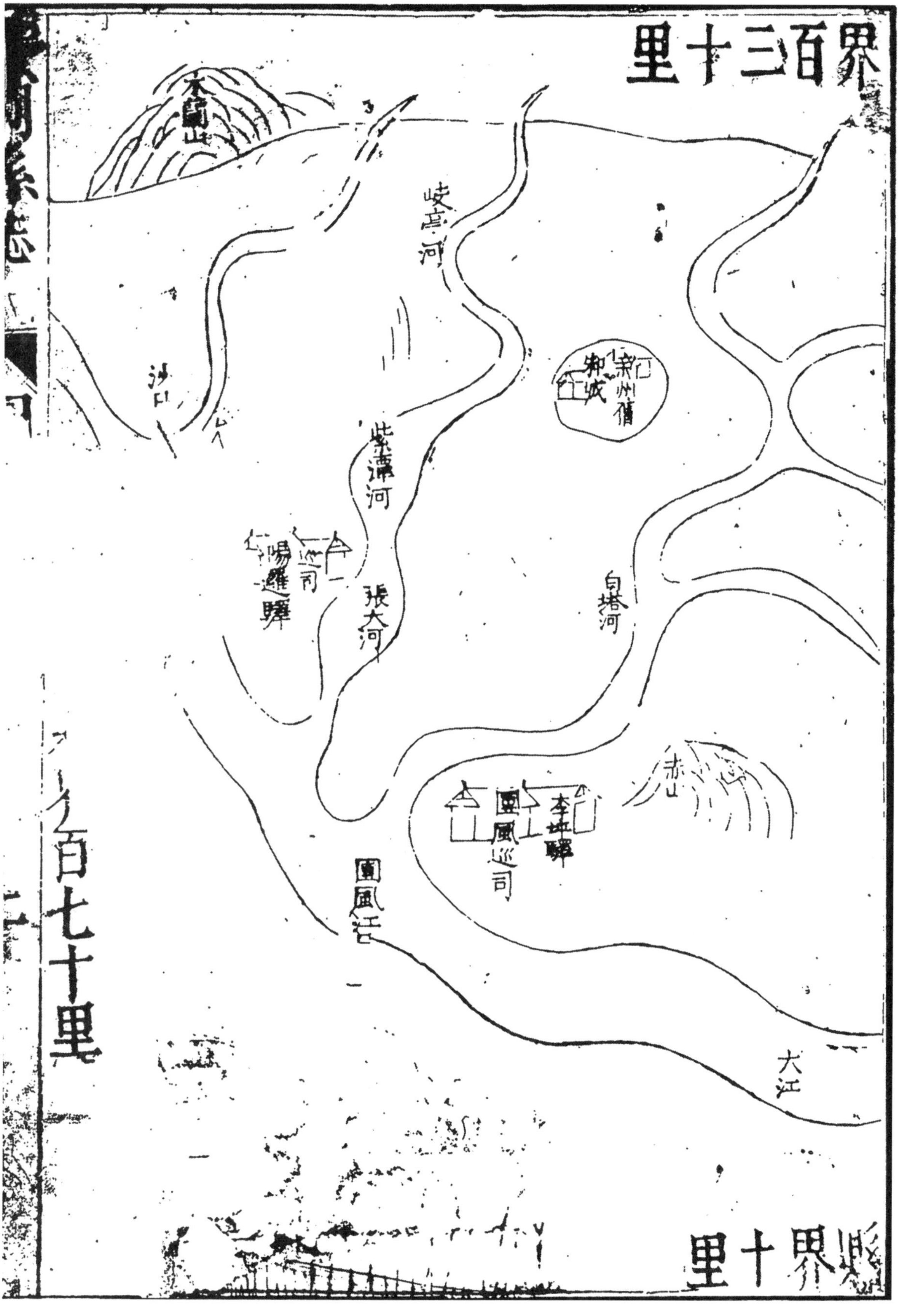
界百三十里
木蘭山
岐亭河
沙口
新州舊御城
紫潭河
陽邏巡司
陽邏驛
白塔河
李坪驛
團風巡司
大江
百七十里
界十里

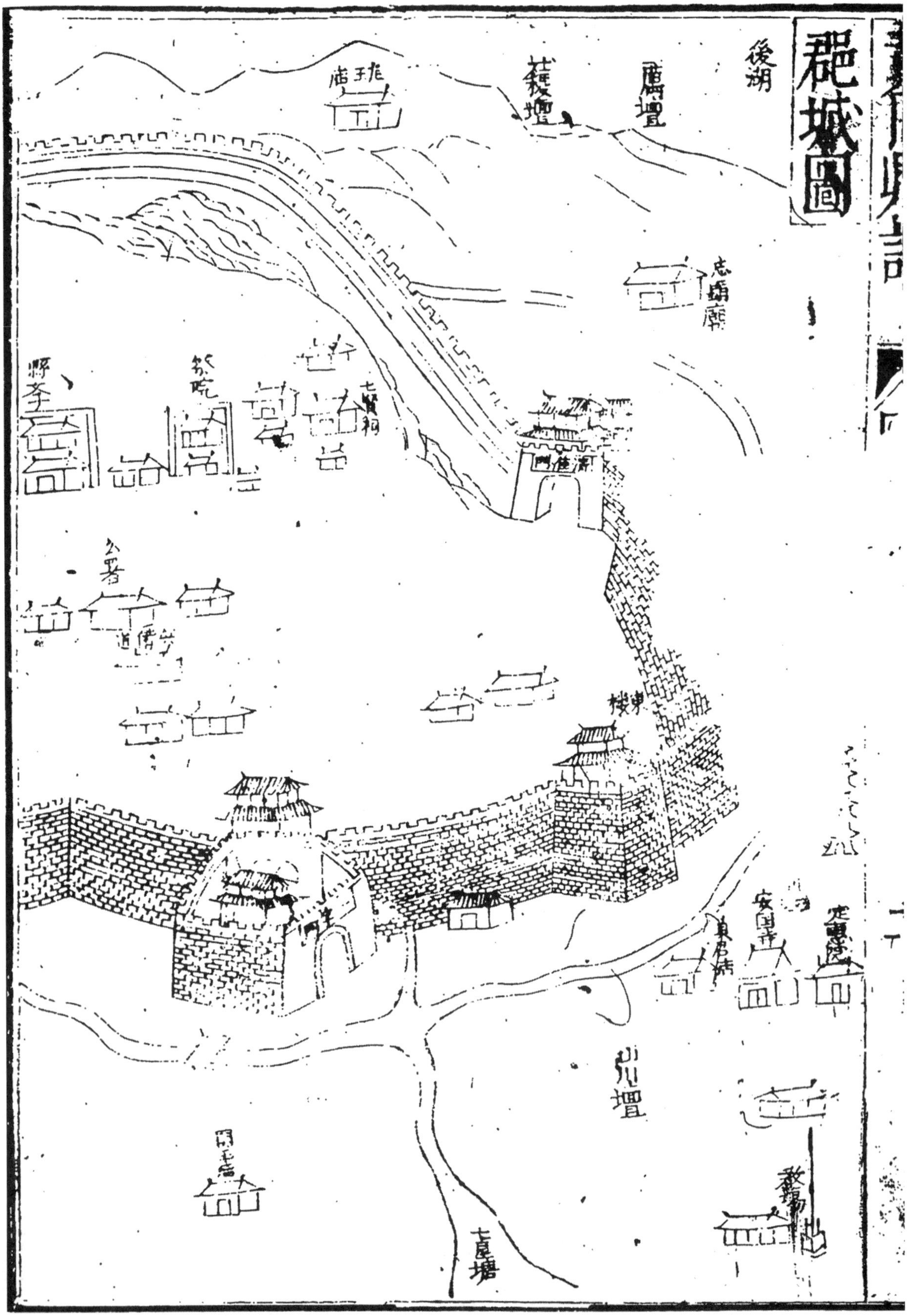
郡城圖
後湖
社稷壇
忠靖廟
七賢祠
公署
東樓
安国寺
定惠院
山川壇
教場

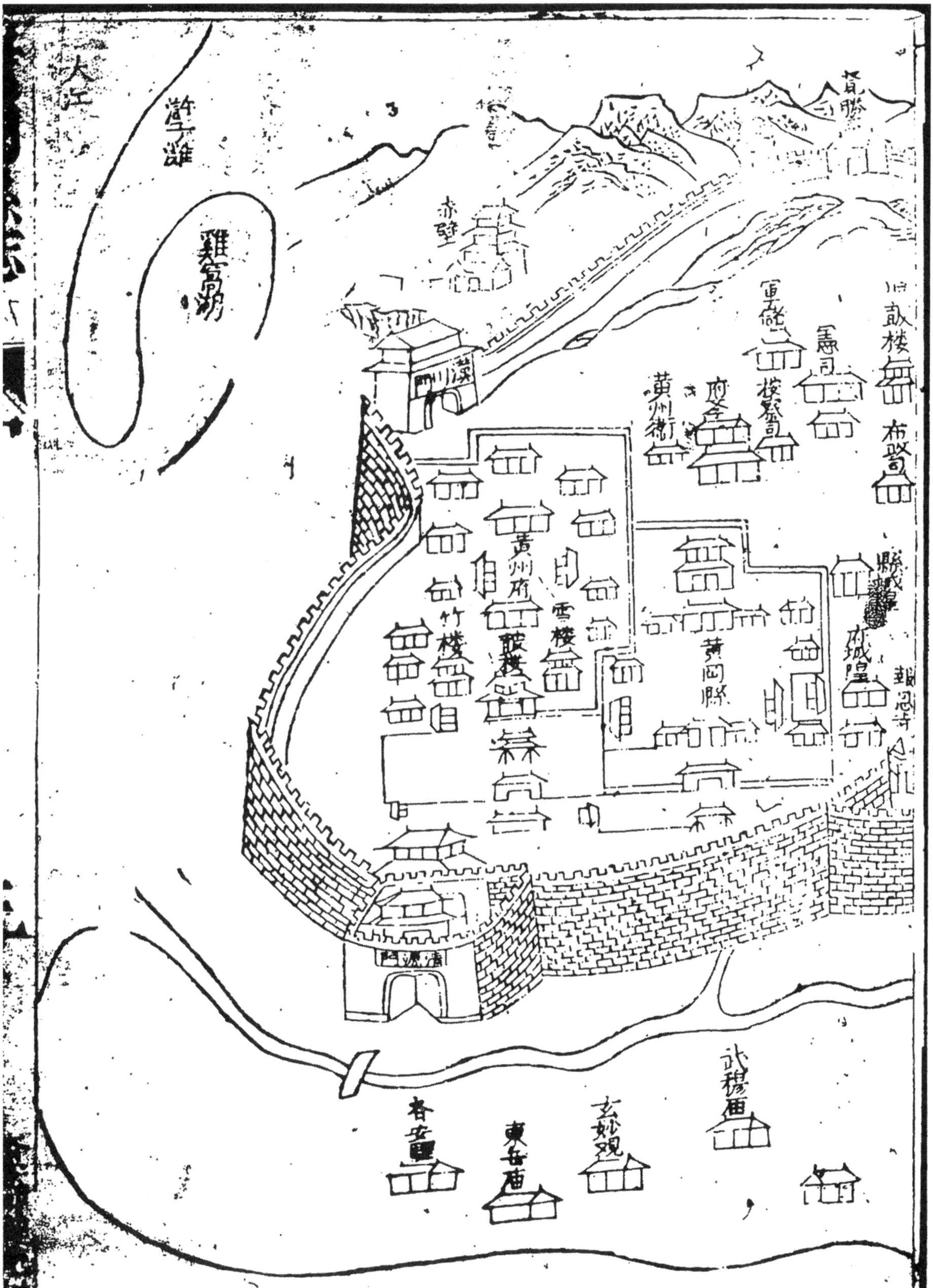

大江
鷄窩湖
赤壁
鼓楼
黄州衛
布政司
黄州府
竹楼
雪楼
黄岡縣
東岳庙
玄妙观
武穆庙

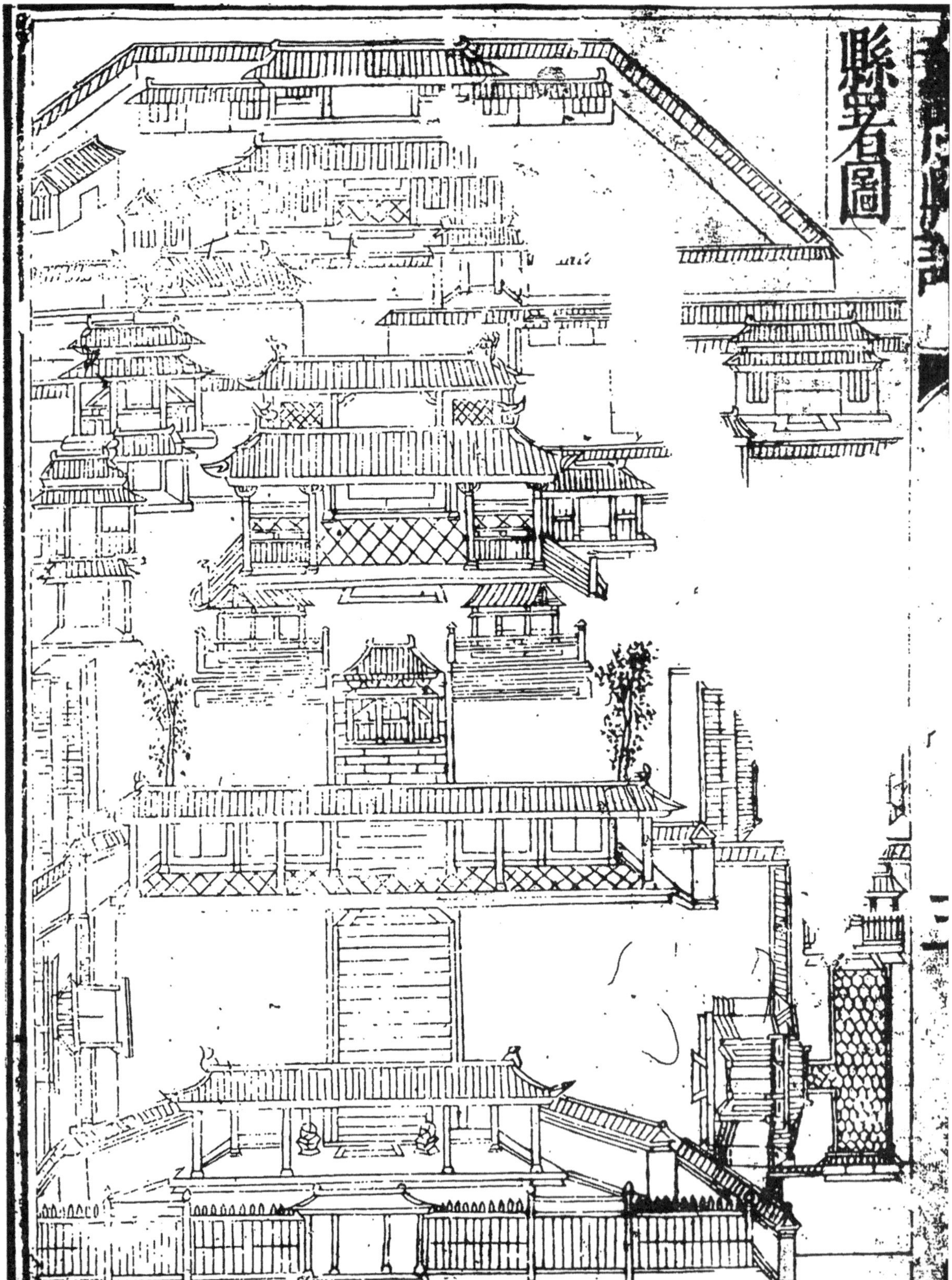
縣署圖

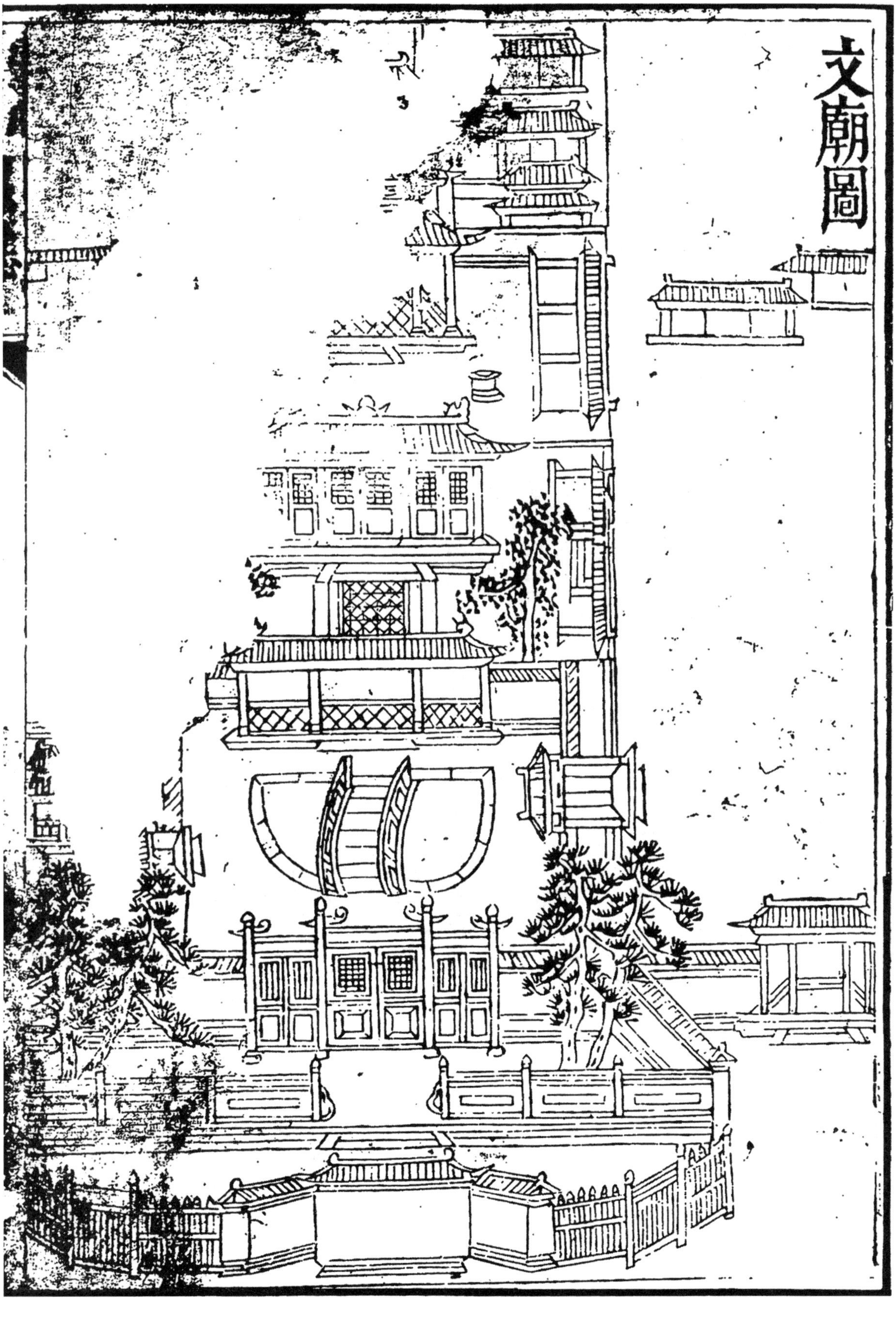
文廟圖

赤壁圖

萬仞堂
三賢祠

誌板藏置縣庫入交
盤冊仍以禮吏一人
掌之每遇刷印驗發
無令散佚庶垂永久

黃岡縣誌卷之一

輿地誌

沿革　星野　疆域　形勝　山川　鄉鎮
古蹟　陵墓　風俗　物產

敘曰楚地延袤綦廣黃邑千其中得百九十里有奇往代分領析裁不常厥治靡窮纏究稽驗山斯晉□□□□□屬且又安又郡野民居殷繁□□□□焉若流覽圖牒求其善者名賢勝□□□□久之至乃稽風考俗物土□□□□□宜兢兢欽承矣

沿革

也　轄
禹貢　荊州□
春秋　邾城（□□□□□□此）
戰國
秦　南郡
漢　江夏郡　西陵縣
邾縣（與今黃□□□□□□）
三國　魏　西陽

吳　邾城
晉　弋陽郡（東晉改弋陽為豫州治所）　邾縣
西陽
宋　西陽郡
齊□　齊安郡　南安縣
北齊　齊安郡　南安縣
巴州
梁　衡州　□□郡　西陽縣
□安縣

陳
後周　衡州　安縣
八州　南安縣
隋　黃州（開皇初）　黃岡縣
永安郡（大業）
唐　淮南道　黃州　黃岡縣（□□□□□□□邾城　□十□□□省入）
永安郡（初□□□□）
齊安郡（天寶中）
永安郡（武德）
黃州（乾元初）

五代

宋　淮西路　黃州　黃岡縣

又爲團練軍州　始徙治江濱

元　河南行省黃蘄州宣慰黃岡縣

淮西江北司至元

道　黃州路

皇明湖[illegible]布政使司武昌道　黃州府洪武戊申改置領二縣已未以一州四縣　黃岡縣附府爲所隸一州八縣之首縣嘉靖甲子割黃岡麻城黃陂之交增黃安縣

論曰黃之號[illegible]列辟代興守割異制爲郡爲州[illegible]爲[illegible]或郡或[illegible]縣分崖靡定迄隋而下始釐今名而稽紀籍[illegible]茲特原其世次綜其始終按圖而徵今古其目睫乎

星野

星經王衡星主荊州又云從北斗魁紀之魁第二星曰璇爲法星屬楚

春秋緯大別以東云云於雷澤九江荊州屬北斗第二星王衡

晉天文志[illegible]今之[illegible]江夏[illegible]陵桂[illegible]武陵長沙及漢中汝南諸郡盡楚分也

魏陳卓云自張十七度至軫十一度爲鶉尾於辰在巳楚之分野屬荊州按蔡邕云起張十二度至軫六度皇甫謐云起張八度至軫十一度僧一行云起張十五度中翼十二度終軫九度春秋元命苞云軫星散爲荊州分爲楚國

晉天文志[illegible]入翼十度江夏入翼十二度按天官書翼爲羽翮主遠客史記正義云翼爲天樂府又主夷狄亦主遠客古明大禮樂興四夷服徙則天子舉兵以罰亂者星經二翼二十二星凡十九度

唐地理志江南道古揚州南境爲星紀鶉尾分

宋天文志三台六星爲天階[illegible]上下上星主豫[illegible]下星主荊揚

湖廣總志漢川[illegible]黃州括二郡全境以至德安之安陸[illegible]其地爲江夏郡入翼十二度[illegible]國以南蘄州以北其星爲斗牛又云黃州興國[illegible]按斗女分野

論曰周官九州封域皆有分星以[illegible]氏掌之其後若裨竈梓慎甘石之流辨分星所主往往奇中余非史氏惡知星躔譬[illegible]軫惟荊州天入荊[illegible]數千里僅應一二宿[illegible]九黃邑[illegible]晉天文志云江[illegible]十二度[illegible]

言矣姑述所聞以竢明哲

疆域

黃岡附府城廣一百九十五里袤一百三十五

東至本府蘄水縣四十里下巴河爲界踰界至蘄水縣治七十里

至本府黃陂縣一百七十里三山嶺爲界踰界至黃[illegible]治八十里

南至[illegible]府武昌縣十里大江岸爲界踰界至武昌縣治一[illegible]

北至本府[illegible]嶺爲界踰界至麻城縣治五十[illegible]

東北至本府[illegible]縣治一百八[illegible]里以清山下口黃家廟[illegible]

西北至本府黃安縣[illegible]百四十里以細石嶺界碑爲界

西南至陽邏鎮[illegible]百二十五里及武昌府江夏縣江岸爲界

東南至蘄州水[illegible]里陸路二百一十里至廣濟縣二百大[illegible]縣三百七十里並隔蘄[illegible]以巴河爲[illegible]

水路至省一百八十里

陸路至省由陽邏一百八十里由馬橋渡江一百五十里

水路至京師泝淮河四千七百里

陸路至京師由麻城二千八百餘里

水路至南京一千三百三十里

陸路至南京一千二百九十里

舊編[illegible]四里嘉靖末割十二里入黃安今八十二里

論曰黃規士[illegible]里而遙介諸險阻恒不若於法[illegible]不及馬腹麗黔綺分而沃瘠而誼溪入疆可徵有專土矣既[illegible][illegible]茂有以壤錯得跳而越馬幅員是嘗孔道加車如織則吾未諗所息肩也

形勝

前界大江後接崇阜唐儀文守王廟記

北望光黃南盡樊山東抵浠水西南控大江

西望夏口東望武昌山川相繆[illegible]

地接雲夢城依大江[illegible]

献狀[illegible]

控帶江淮 周李勳

淮甸上游 宋王禹偁月波樓詩淮甸爲內地黃岡壓上游

長江遶郭 蘇軾詩長江遶郭知魚美

一大藪澤 宋張耒雜志云黃州盖楚東北之鄙與蘄鄂□沔先壽一大藪澤也

邾城爲吳重鎮 三國形勢考又云吳克邾城使陸遜以三萬人城而守之

陽邏堡江鄂之蔽 宋書

論曰黃介淮楚涉江漢而塹之實荊蜀門戶余上下□嘗觀古戰守營壘若臨皋崢嶸烏林邏堡等處依稀目未嘗□□然衍膺馬異時紅巾嘯聚循□□江以西入此前

車也西北岐□□□□督捕通判羅瑞發創立公署伐石甃□□以姜家畈邑黃安而□□之備遂撤然其地錯壤黃麻至今稱萑苻藪 江口扼東上游尤督兀地昔蜀漢拒魏必伸好江東以藉長江之險金人渡淮岳飛乞親至蘄黃以援攻郢

高皇帝捨□□□殄僞漢成萬世業皆地利使然頃設江防專督武昌黃與洞庭分勢控制而三江守備以戊巳游兵首尾策應庶幾古書然猶朽艫鈍卒□□□□倉廩實而武備飭其斯爲與區

神皋云

山川

黃岡山 在縣左平岡南亘便民倉至飲馬池脉發大桂土黃岡縣名因之

赤壁山 在府城西北屹立江濱截然如壁其色赤因名一作赤鼻詳古蹟

聚寶山 在縣北二里詳古蹟

兩耳山 在聚寶山旁狀如兩耳

玉屏山 在赤鼻山後

柯山 一名柯丘在縣東南定惠院前詳古蹟

赤山 在縣北五十里□義鄉

廻龍山 在縣北五十里□還和鄉□嶽廟

白陽山 在縣北六□里還□□

峰火山 在縣北稍□十里□□鄉

馬鞍山 在縣北稍□七十里伍重鄉

孔子山 在縣北九十里伍重鄉詳古蹟

赤腳山 在縣西北七十里仁重鄉相傳有赤腳仙人經此跡石今足跡尚存

樟松山 在縣西北百十里古產樟松因名下爲樟松湖北岸今頗有松去一里許名萬松山

大乘山 在縣北百十里近城林舖詳古蹟

王墓山 在縣北百十五里詳古蹟

峯山 在縣北百二十里近陽邏鎮

□□山 在陽邏鎮上有閣大江之濱□據幽勝

武磯山近陽邏鎮俱瞰大[illegible]

香爐山在縣北百二十五里詳古蹟

淘金山在縣北百四十里有穴二四深數丈相傳古淘金處

石屋山在縣北稍東百四十里應安鄉遠望如屋下有石板潭通麻城高岸河

馬鞍山在縣北百四十里應安鄉府舊志云有石崖形如鞍謂鞍材石不知所由

丫頭山在縣北百四十里應安鄉麻城縣界昔人戲詠云佇不梳粧嫁去休免教人喚作丫頭

七丈山在縣北百五十里應安鄉上有七丈潭

五頭山在縣北百八十里五峯高出

上千山在縣西北一百[illegible]里上有古廟幷龍井一名上官山黄安[illegible]在焉

金雞山在縣東北[illegible]里慕義鄉詳古蹟

城山在縣東北七十[illegible]上有望火亭正德間知縣[illegible]重建

洗馬山上有仙人[illegible]在縣東北八十里慕義鄉

金獅山在慕義鄉

鑿佛山在縣東北八十里永寧鄉有石佛龍井居人廟祀之雩應

五雲山在縣東北八十里有井脉通大江

白雲山在縣東北百二十里永寧鄉府舊志云山下有古寺及尹駱塔相傳尹駱二女造不知何代被[illegible]謫落頂落今之攝湖湖因此名

烏石山在縣東北百二十里

泉華山在縣東北百五十里永寧鄉

[illegible]蔡山在縣東北百五十里

豹子山在縣東北百五十里遠望如豹

大崎山在縣東北百六十里永寧鄉詳古蹟

小崎山[illegible]大崎山十里與麻城縣分界詳古蹟

天[illegible]山與小崎山對峙

將軍山在伍重鄉崎甚峻有巨人足跡

鳳凰山在縣北百八十里昔有鳳凰止此因構臺今址存

龍嶺山在縣北百二十里上伍重鄉形蜿蜒如龍旁有冊山春夏雨作陵谷折歸相傳蛟起或云掘地得龍骨故名

霸王山在縣東五十[illegible]相傳楚項羽漢王戰此

[illegible]寺山在縣東六[illegible]

馬騎山在長圻埠[illegible]

獅子崖在縣北百[illegible]峯詳古蹟[illegible]鄉以形名亦云獅

虎崖在縣北[illegible]二十[illegible]以形名

觀音崖[illegible]鄉[illegible]潭河石崖如屋邊有釣魚臺石

百丈崖在永寧鄉

橫坡嶺在還和鄉

祈祥嶺在縣北百五十里道尤河關隘

鷄爬嶺在伍重鄉近小崎山

龍丘在縣東百二十里詳古蹟

西坂今府衛治　國初移築城圍東西二坂皆在其内

黄泥坂在縣西府舊誌云黄岡山北接一字門西之山頂遡軍儲倉卽賦之黄泥坂詳古蹟

長沮坂近孔子山詳古蹟

徐公洞近赤壁詳古蹟

留雲洞在大崎山

節渡石在縣東南江中詳古蹟

飛來石在縣西板塔寺宋太平興國中因雷雨有石墜寺故名又小崎山南亦有之

道人石在大□山西畔有石以形名

卧牛石在□□鄉長河□昔人詩云恨殺牧童牽不去云卧□□央

牛路石在中□□□月牛足跡昔人詩云何年□□溪古石頭

細嶺石在縣北

茶房石近陽邏鎮　大足石□□凸出陽邏江邊

烏龜石形如水虬伏□生成龜形陽邏地

亦有烏龜石□□迯龜之勢今城東五里

伍洲在□□□詳古蹟

大壯洲大江中索大江支港直走樊口拎形家言少磯比年得勝新生二洲已塞樊口則形全古諺云烏沙塞樊口黄州出狀元

峥嶸洲俗名得勝洲大江中半屬武昌

姜家洲在縣西北三十里舊名新生洲

新生洲在團風鎮

木鵝洲在雙柳舖大江中

佗□洲在□縣□□□十里

大江自江夏漢口入黄陂縣界經陽邏團風至赤壁磯遶南岸東過巴河至蘭溪入九江

孔子河在孔子山前詳古蹟

道觀河在縣北百二十里通大江源出崎山龍井經龍爪山陽洩于鮑湖灌溉利之乃每值泛漲其害于諸河爲甚

沙河在縣北黄岡麻城兩界

界河在縣北自白沙關發源南流至雙城鎮東流河自下白渡至感化河過樟松湖至團風口達江

高岸河在縣境自河□□□麻城縣發源南流至麻城縣東南入長河

舊州長河在縣西北□□源出光山南入團風江

沙武口河在縣西廿□□□縣界發源德安之孝感

草埠潭河在縣西北三十大□□□南流至黄陂縣

街埠河在縣西北石□□黄陂縣至武港口達江

感化河在縣西北□□□里中和鄉爲黄安縣界發源羅田至雙□□會舊州長河

紫潭河在縣西北百六十里達漲渡湖

三台河在縣東北十五里

新陽河在孫家嘴離縣東三十里通商賈百貨

上巴河在縣東八十里發源治西北迤邐至一流河抵魚塼下巴河達江

下巴河在縣東四十里源出羅田九河嘴或云源出蘄水板石山

朱大夫河在縣北六十里還和鄉邑人刑部郎中朱□□濬□治

□出河在□鄉□八□里至□鄉

白塔河在縣西北

零㳇湖在縣北三十五里還和鄉

團風湖口在縣北五十里今崩卸入江

鮑湖在縣北六十里慕義鄉府舊誌云相傳三國時鮑家在無考

舊州長河湖在縣北百二十里

樟松湖在縣西北百十里

簪步安仁湖在縣北百二十五里廉安鄉

黃漢湖在縣西北百二[illegible]里一名武湖為黃陂縣界近下有柴埠[illegible]馬

巴河口漏湖在縣[illegible]東絃鄉

王九塘合土卯湖在[illegible]絃鄉

後湖在縣東十[illegible]

漲渡湖在縣西[illegible]屬樟松湖

沙湖在縣東二十[illegible]松鄉蘇軾買田于此一云螺螄店

白塘湖在縣東十五[illegible]接沙湖

白龜渚今磯窩湖一名西湖

竹根潭在縣北九十里通團風口注大江

石頭潭在縣北九十里通長河達江

龍潭在縣北百十里慕義鄉舊州長河

紫潭在縣北百六十里通漲渡湖達團風口

[illegible]潭在廉安鄉

石板潭在廉安鄉

七丈潭在廉安鄉

馬家潭在縣東八十里東絃鄉通巴河注江

李家潭在縣東十五里東絃鄉

柳港在府古城北水流水[illegible]洪武初鑿今城壕

奔港在縣東四十里東絃鄉

火柴港在魚[illegible]

顏子港在孔子河北[illegible]詳古蹟

柳子港在縣北百[illegible]安鄉源出路[illegible]川入麻城界會[illegible]縣川其水橫

亘廟口亦云橫河[illegible]

烏龍港在縣北[illegible]鄉

紫荊港在廉安[illegible]

太平港[illegible]石港[illegible]百六十里中和鄉太平橋

徐家港[illegible]北出[illegible]上鄉

曾普港在中和上鄉

羊兒港在中和上鄉五重鷄爬嶺亦有

童家港在中和上鄉

蓮花港在中和上鄉黃岡麻城兩界間

龍口港在縣北百十里通樟松湖達大江

雙水港在縣西北百五十里近黃陂界

論曰山若[illegible]爲理也黄故[illegible]聯帶岡
巒自天馬山奔騰而來大崎小崎皆巃嵸秀削
而住息于聚寶山蜿蜒數折簇爲邑額顱形
家謂蘆花三拗云前則武昌西山近爲几案青
蒼百疊爲屏爲幛水從鄂渚滙洞庭泛漢之流
環抱而下彭蠡洞泗汨足稱勝美矣第山惟
東擁濵刑偏薄士民代爲遷客之居
國朝大運昌熾[illegible]入郊而城西赤壁磯民廬櫛
比遥爲衛[illegible]完固王昔稱黄岡山靈
川媚常生大[illegible]家慶[illegible]大地鍾孕亦自

黄岡縣志　卷　十五　二百九十二

有時氣[illegible]以其居[illegible]爲邑蓍之地可不
勉旃

廂鎮

廂坊凡轄里八
思賢廂在城南隅　懷德廂在城東隅
會同廂在城南　仙源廂在城南長圻
團風一廂上街　團風二廂下街
陽邏一廂上街　陽邏二廂下街
東絃鄉在縣東三里轄里七
呂陽三村　黄土一村　黄土二村　城子一村

城子二村　魚博一村　魚博二村
[illegible]水鄉在縣東三十里轄里七
昔田一村　昔田二村　昔田四村　横溪一村
横溪二村　白陽一村　白陽二村
永寧鄉里上鄉在縣東北一百二十里下鄉在縣東北一百里轄里十二
西潼一村　西潼三村　西潼四村　東平一村
東平二村　東平三村　午穀一村　午穀三村
石尉一村　石尉二村　石尉三村　石尉五村
慕義鄉里上鄉在縣[illegible]下鄉[illegible]轄里九
白虎一村　[illegible]一村　東把二村

黄岡縣志　卷　十六　三百一十五

東把三村　[illegible]一村　城南一村
城南四村
五重上鄉在縣北[illegible]里轄里九
校魚一村　校魚二村　青坵一村　青坵二村
青坵三村　靈陂一村　靈陂二村　靈陂三村
三屯一村
五重下鄉在縣北百里轄里八
久長一村　久長二村　久長四村　板橋一村
灄河一村　灄河二村　歐陽一村　歐陽二村
廣安鄉里上鄉在縣北一百五[illegible]下鄉在縣北七十轄里十三

安仁一村　安仁二村　安仁三村　安定一村
安定三村　長樂一村　長樂二村　長樂三村
長樂四村　高砂一村　高砂二村　高砂三村
高砂五村
中和鄉上鄉在縣西北一百八十里轄里十二嘉靖間割入黃安今係下鄉在縣西北
一百里轄里九
雙柳一村　松岡二村　感化一村　感化二村
東埠一村　東[illegible]　東埠三村　武樂一村
武樂二村

市鎮在城

三汊口鎮在[illegible]和[illegible][illegible]路至此合流又中師誌
團風鎮在縣北[illegible]
陽邏鎮在縣西北[illegible]里
盤石市去縣六十里
張家店市
夂長市俱在縣北百十里
三家店市在縣北百三十里
舊城市在縣北百二[illegible]五里
柳子港市在縣東百二十里
七里河市在縣東[illegible]

街埠市在縣西北百三十里

論曰兩鎮鄉都周禮經野之義也古鄭有長鄙有師鄉遂有大夫掌厥戒令以歲時登夫家衆寡而察懲惡興賢能今之制不必同然不易徐而備治綏茲黃邑畫地辨方星羅鱗次商複㕓旅授館士食舊德農服先疇各得所矣邇年閒諸道路物價騰貴庶民有嘆息聲而市肆爲甚宜何以故有專官撫綏繁庶其何道以保庶幸字使無有[illegible]當事者圖之

古蹟

孔子山在縣北[illegible]自[illegible]適楚登焉上有
講經臺曬書場[illegible]石草木不侵有石硯
兩下墨水浸出[illegible]橋文宣廟元末兵燹正
德間知縣胡潔措亭立石隆慶初知府孫光祖重
建前爲孔子河河北十里許曰問津埠相傳孔子
自此反蔡東隔層巒二里許曰顏子港其左右爲
長沮坂桀溺冲有子路問津處五大字石刻元人
廬陵龍仁夫常築書屋于此山之麓楚誌亦云夫
子入楚問津歌鳳皆在此地府誌云按史記孔子自蔡如葉注云葉有黃城山即長沮桀溺耕處下有東流則子路所問津疑在許州葉縣然楚于春秋爲雖跨地五千里

□古□□□□十里有永安城爲楚所築楚國營□
鄣之矣今山澗正當官道亦有黃山併存之以俟
參攷

弦子國春秋魯僖公六年楚人滅弦弦子奔黃是時
弦爲黃婣而黃睦於齊故楚滅之杜預註云弦在
弋陽軑縣東南今不知何地故老云即今東弦鄉
古黃當在邾城東弦鄉去今城僅數里將無是乎
書以備攷 又按魯莊公十有九年楚伐黃敗黃師于踖陵杜註云踖陵黃地今不可攷矣
邾子城在縣西北百□里楚宣王伐邾徙其民
其地□□故名 □王兄子高邾之吳赤烏二
□年陸遜築城 □城俗呼新州城

古有文王廟 □□□今廢
黃歇壘在縣北十二 □永安□□之□歇所都隋置
永安郡于此 □王城或謂楚王封其女之地
遂城而居之 一作呂王城 餘冬序錄東坡讀隋地理誌云黃州永安郡
東有永安城圖經謂春申君故城非也今吳中惠
山有春申廟黃公澗庶幾是乎予謂楚都申郢故
歇封于春申如齊之孟嘗之類即其地黃之永安
爲春申之始封謂之春者蘄春壽春是也申者申
光之間是也必兼二城封焉
伍淵在縣東南與武昌劉郎洑相對蘇文忠云子胥
奔吳所從渡江處其詩云伍洲追望□□□□□又云
仲謀公瑾今何在一□□波神□□□□□ □萌

封英烈侯是也舊有伍君祠及解劍亭今廢
赤壁在漢川門外距城僅咫步波光山翠足供眺覽
宋蘇軾遊此作賦遂名滿海內攷水經及方輿勝
覽謂山爲赤嶼非赤壁也武昌樊口之上江之南
岸別有赤壁乃曹操周瑜戰處蘇賦却指此爲是
又詞云人道是三國周郎赤壁豈當時牢騷不平
故假曹周寓意耶及觀唐杜紫微詩可憐赤壁爭
雄後則唐已云然 有無盡藏亭棲霞樓文昌祠水
月亭清風橋問 □適軒□□題咏最
多知縣茅瑞徵 □自作賦刻石 磯頭

最勝處舊有
建弁鶴聯云山 □知縣茅瑞徵重
游賦見藝文
祭風臺在縣東南 □□塘 □岸小阜世
傳諸葛亮祭風所築或云韓琦築皆不可攷
武湖去縣百三十里一名黃漢湖漢黃祖守武昌時
習水戰閱武其中因名後宋謝晦乞武湖戍主生
執之即此
武磯山在陽邏鎮北臨大江後漢黃祖屯陽邏見武
其上
西陽城在縣東南三十里漢□□□□□□□□□□爲重
鎮太和中吳□□□□欲圍江北豫□□□□□□□□其

必襲西陽分爲之備孫權……晉爲弋陽郡

即此

節渡石在縣東南江中酈道元水經注云廣百步高六丈武昌分界有狀如人跡俗傳吳王女嬪居江北約有魏兵至則鳴鼓相應女醉屢伐鼓以爲兵也後兵至鳴鼓而吳不應女遂奔吳此其遺跡云又伍員去楚入吳無舟得漁父接渡于此然皆傳會之說不足深辨

横江館在赤壁山南吳劉恩建王濬破吳封恩爲龍驤將軍世其地其處建村今廢爲民居

杜牧詩皆……郎指此

崢嶸洲在赤……今崛起……時勝洲晉劉毅破桓玄處酈道……經注云……晉劉毅破桓玄于此洲玄乃挾天子走江陵……也

白龜渚在赤壁山下……寶在武昌軍人有于市買得一白龜長四五寸養之漸大放江中後寶以萬人守邾城石季龍遣其子鑒等帥五萬人來寇城陷軍士赴江死者六千人寶亦溺死養龜人被鎧持刀投水覺墮一石上視之乃先所養……六尺送至東岸遂得免焉知府郭鳳……

葛洪井在玄妙觀相傳葛洪煉丹于此

王墓山在縣北百十五里元伯顏下江南有碑文云王孟威者晉永嘉末人因亂率衆鄉聚自稱將軍有二女姚英月英整繡提戈以與閔朔戰敗遂妻焉後孟威死葬於此

金甲井在赤壁磯宋紹興間浚得金甲二具並劉宋謝晦所……也傍有……相傳即晦葬處

琴臺在三江口……晉司空柳世隆于西陽城別三層樓……而進降劉……沈攸之嘗于此鼓琴世……瑣……馬稍第一清譚……

龍蟠磯在縣東南……起江中周……尺石……蟠蜒如龍因名太平……覽武昌記云……傳……蟠于此第二彈琴……

梁庾信哀江南賦……蟠鳳集之鄉皆……以武昌江岸爲界則磯當屬黃上有大士閣

木蘭廢縣在縣西本梁梁安縣北齊置湘州隋初別置廉城縣尋廢後改梁安爲木蘭屬黃州唐省入黃岡

……相傳在臨皐亭右唐肅宗時王璵……帝嘗不豫璵遣女巫……

名山大川巫皆盛服中人護[illegible]所至干[illegible]
遣從稽時有一巫美而豔以惡少年數十自隨尤
憸狡不法馳入黄州刺史左震督晨至館請事門扃
不啓震怒破鑰入取巫斬庭下悉誅所從少年籍
其贓得十餘萬因遣還中人亦不能詰帝亦不加
罪黄人爲之歌曰吾鄉有鬼巫惑人人不知天子
正聾信左公能殺之[illegible]

徐公洞在縣城西北[illegible]壁後坡其下有岩今創水月
庵蘇子瞻云非[illegible]元但山崦深[illegible]且圖經云是
徐邈不知何時　非魏之徐邈[illegible]

大崎山距縣東[illegible]十[illegible]從甲于一郡上
有寺曰能仁[illegible]峰觀峯巒[illegible]歷古道下瞰
寺前爲澗寺[illegible]古橋上爲憩舍數楹左右[illegible]
千章藤蔓紫翠西臨[illegible]道入石澗水下注泠泠
金石聲僧多瘞或謂澗水之毒西南有留雲洞然
訛爲劉婆行人經其麓石壁幽邃相傳前代避亂
于此今爲猿狖所宮人無入者寺上十里爲龍王
廟龍井在焉石亭方丈每遇旱雩刺龍取水雨輙[illegible]
四時多雲雲生處崖畔草以濯佩[illegible]
[illegible]群山皆如斯[illegible]形勢[illegible]

大崎十里爲小崎巖壑木石更奇崗有飛來石其
下石柱拄之可轉而不仆或云唐元結號崎岈子
以此結隱居武黄間岈洞即飛雲三洞今以洞名
崎岈非也

寶誌塔去城山寺數里地名羊角冲有誌公塔相傳
即梁僧寶誌遺跡或云瘞骨處非也寶誌瘞骨塔
在金陵當別是一[illegible]

四望亭高寒樓在縣西南高阜府舊志云在[illegible]堂南唐太和中
刺史劉衡之建[illegible]記之[illegible]步至四望
亭魚池上詩[illegible]張[illegible]橋在[illegible]

高並兩峯寒之何[illegible]云坡西竹樓
古民故物號南[illegible]在古民[illegible]
國朝爲南樓今[illegible]舊誌云[illegible]字[illegible]西城處是其址

竹樓故在子城西北隅　月波樓遺今在縣治西
治儀門外之右宋王禹偁建有記元至順間[illegible]
夫記末年兵火洪武甲戌知府葉宗固址重建嘉靖間郭鳳儀增[illegible]
睡足堂無考或云在縣內宋王禹偁建取杜牧之憶
黄州詩平生睡足處雲夢澤南州語
月波樓在縣西北城[illegible]上王[illegible]或云今漢川門[illegible]
樓其址也、

會遠亭在縣北如意亭在縣東高阜並宋王禹偁建
今廢如畫亭即今東閣址或云晉陶侃登眺于此爲今縣學巽峯久頹廢
宜重建
春草亭在東門外宋魏國公韓琦建亭後有讀書堂
在縣東南安國寺旁有覽春亭相隱橋皆公遺跡
覽春亭在縣南今廢
夏隩在城西南隅二里宋明道間夏竦守黃州以府
治瀕江常苦風濤不利泊舟鑿渡于臨皐驛東以
止水維纜人皆德之今爲洗馬池廿五里有舊城向有遺址
招隱堂在縣西北宋昔嘗爲黃州司理參軍守夏

竦稱有宰相器後人以名堂于治內今廢
君子泉近赤壁一名鳳凰今倉巷故在栖宋通判孟亨之雅有賢德
時稱孟君子庭中有泉蘇子瞻因以名之子由爲
銘子瞻爲跋黃魯直爲詩詩載藝文誌府舊誌云弘治戊午
推官羅翰因脩城得泉建小亭刻石
快哉亭在縣南宋清河張夢得建蘇子瞻扁曰快哉
又爲作詞末句云一點浩然氣千里快哉風其弟
子由作記載藝文誌
河東書院在縣治東宋天聖中洛人太中大夫程珦
任黃陂尉秩滿不能歸遂家焉生二子顥頤于官

舍是爲明道伊川二先生寶佑間單懷李節守黃
爲建書院祀之今廣爲七賢祠
棲霞樓在縣西南宋李顯守黃時建坐挹江山之勝
孫載詩云地據淮西盡江吞石壁寬蘇軾詩云黃
州在何許與子上棲霞又其客詩云霧容天在水
春色柳藏橋軾易春色爲春態又蘇有詞云小舟
橫截春江上卧看翠碧紅霞起謂此樓也
遺愛亭在安國寺內白蓮池前宋元豐中徐猷爲守
有善政嘗同蘇軾飲于亭猷既去名亭而巢
谷爲之記國朝弘治重建

聚寶山在城北光貝瑪瑙日映之
紅黃粲然蘇子瞻右供郎此也今人文
日盛石漸少登山氣稍洩山有龍王廟文
昌閣浮翠亭後有泉甘美名寶山泉一名品後泉
萬曆丁未臬長董漢儒創脩山門題曰石磴天梯
定惠院在城東清淮門外蘇子瞻以元豐三年二月
一日至黃寓居于此院舍皆茂林脩竹荒池蒲葦
春夏之交鳴鳥百族顯師于竹下開嘯軒以居院
之東雜花滿山有海棠一株子瞻手植爲作海棠
詩後人以嘯軒名至而移構快哉亭于其下前

有海棠軒後有洗墨池又捫腹軒睡足堂文忠祠其他亭樹橋塘甚具近圮盡海棠久失種知縣茅瑞徵始查復堂前侵地循築嘯臺頗堪登眺

臨皋亭在縣南瀕江乃古之回車院也蘇軾嘗寓居與朱康叔云遷居江上臨皋亭甚清曠風晨月夕杖履野步酌江水飲之皆公恩庇之餘波又嘗曰亭下大江半是峨嵋雪水築南堂於此後有某峯相生于其中改名臨皋館府舊誌云秦檜父官于黃生檜于亭改爲館三元後人驛今建三建瑞慶堂府舊之爲

[illegible]今

雪堂老梅在城東[illegible]時[illegible]二年故人馬正卿爲守與故營地[illegible]躬耕其[illegible]是爲東坡府舊誌云在縣學東元豐五年於其脅築室落成時大雪因名雪堂繪雪于四壁以東坡圖考之自黃州門南至雪堂四百三十步堂前有細柳泉井西有微泉小橋堂下有元脩菜桃花茶橘故東坡桑陂塘又作長短句云南挹四望亭後西控北山之微泉慨然而嘆此亦斜川之遊也又有居士亭在堂之上李昭玘爲雪堂詩蘇亦需徐得之作雪堂詩字越七年[illegible]汝州去遂以堂付潘大臨兒[illegible]居焉崇寧壬午黨禁毀堂其後邦人屬神霄宮道士李斯立重建何斯舉作上梁文其警聯云前身化鶴曾陪赤壁之遊故事摶鵝無復黄庭之字盖子瞻手書東坡雪堂四字扁爲人盗去矣元季堂燬洪武戊申展築城遂圍舊址在內建縣學弘治巳未改建于府治[illegible]東隅與竹樓峙子瞻嘗于雪堂前手植梅株大紅千葉一花三實府舊誌云在洗墨池畔[illegible]弘治間尚[illegible]嘉靖後始枯故老猶及見之知府郭鳳儀[illegible]今置亭[illegible]壁又知府潘允哲[illegible]府[illegible]搭得一[illegible]黄依其[illegible]堂二字後果

洗墨池在縣治[illegible]府舊誌云在縣學前東坡故[illegible]上有文忠祠[illegible]知事沈靖砌甃[illegible]知縣茅瑞徵重葺之蘇文[illegible]洗墨處又定惠院後有墨池池小而泉源不竭亦蘇遺跡

黄泥坂在清淮門外一里許蘇子瞻與二客過從處知府郭鳳儀建一盼亭爲遊遨之地

蘇公暗井在今縣學古跡湮沒蘇始浚出有浚井詩載藝文

一枝堂在城內宋時建堂有大梅花一株取一枝向暖之義今不知何地疑即東坡梅是也府誌云知府郭鳳儀重建洗墨池旁今廢

涵輝樓在縣西南宋狀元張安國孝祥取赤壁賦中語大書其額曰無盡藏樓後有坐嘯堂及無倦味道二齋今廢韓琦詩曰臨江三四樓次第壓城首一煙光偏軒檻波影撼窗牖是也

龍丘在縣東百二十里陳季常號龍丘居士以此元至正間丘黃蕭三姓自豫章徙居因名三家店東偶為元參知政事董薇中宅別搆百尺樓于園湖中　國朝劉文成公伯溫嘗駐節于此曰南湖有濯錦池後傳為[illegible]遺跡北三里為[illegible]慈塔蘇子瞻嘗與季常[illegible]

[illegible]港即古舉水春秋所謂柏舉也[illegible]田龍丘[illegible]堡內有九關劉毅追桓玄所[illegible]

杏泉在岐亭杏花村有杏林右泉皆陳季常隱居處旁為蘇子橋子瞻與季常遊宴其上考蘇以元豐三年謫黃先至岐亭訪陳爲留五日明年正月再往泛舟而還又岐亭監酒胡定之載書萬卷蘇借觀焉

桃黃庵在岐亭蘇軾記有王翊者嘗夢于水邊見一人為人所毆幾死翊救之明日偶至水邊見一鹿為獵人所得翊以數千贖之鹿隨翊起居未嘗一步舍翊翊所居後有茂林一日村婦在林中見一桃遇[illegible]大獨在樹杪取食之翊適見大驚剖[illegible]得雄黃一塊吞之甚甘自是斷葷肉自號桃[illegible]山人

寒碧堂在縣東門外宋何頡之兄弟作此堂以待蘇軾軾爲畫石竹于壁及賦詩贈之

柯山在定惠院南宋潘大臨居此稱柯山人張文潛謫黃文集百卷亦名柯山集左有八大王壩昔人以禦後湖水漲宋周[illegible]王元儼屯兵于此因名蘇文忠祠謂蔚柯山之葱倩郎此府誌云近城可尋之景惟赤壁柯山為勝

海棠橋在舊城北[illegible]多海棠里[illegible]秦觀嘗醉卧

此橋留詞其上

[illegible]鴻軒今不知何地或云在縣[illegible]謫監黃州酒稅繼爲[illegible]爲守凡三[illegible]以居有記

壁陰軒宋黃[illegible]直甥洪[illegible]所居嘗[illegible]直銘之

陽邏堡在縣西百二十里春秋爲羅汭三國時漢[illegible]吳拒魏于此邏[illegible]兵之至[illegible]名[illegible]黃西抵沔漢南[illegible]鄂渚[illegible]開舟車[illegible]之所宋開慶元年[illegible]以大[illegible]言[illegible]曰

長江大[illegible]不會[illegible]
可為[illegible]死士數十人當[illegible]其弟文用等載[illegible]
鱶[illegible]越土叫呼畢奮躍既交文炳麾衆登岸
搏戰[illegible]大敗明日遂師諸軍渡江進圍鄂州會
蒙古主蒙哥凶問至拔砦去咸淳十一年元伯顏
下江南是時都統制王達守陽邏堡宋禩孫以游
擊軍扼中流夏貴以舟師分據要害兵不得進用
軍將馬福計襲[illegible]沙蕪口達江戰艦萬計踵至遣
人招諭陽邏堡[illegible]應[illegible]白鷂子[illegible]攻之三日
不克伯顏密謀[illegible]阿术[illegible]鐵[illegible]三千泛舟直趨

上流爲擣虛計[illegible]陽邏堡貴率[illegible]
來援阿术郎昏率四[illegible]至青山
是夜雪大作黎明登[illegible]與荊鄂
統程鵬飛大戰中流鵬[illegible]不遣人告之
報伯顏大喜揮諸將急擊[illegible]阿术不
渡大艦引麾下三百艘先遁[illegible]廬州王達領
所部八千人及定海水軍統制劉成俱戰死元諸
將[illegible]追貴伯顏曰陽邏之捷吾[illegible]前告宋人
貴[illegible]是代吾使也遂[illegible]時民謠曰
陽[illegible]喪咽喉[illegible]失門江

不可守誠重顧云[illegible]
香爐山在陽邏北五里以形名元太弟忽必烈嘗登
此山俯瞰大江大江之北曰武湖武湖之東曰陽
邏堡其南岸即滸黃洲鎮
沙洑口一作沙蕪口一作沙武口在縣北百四十里
忽必烈自沙洑口濟江州縣多降後伯顏攻陽邏
堡不能拔馬福言陽邏堡西沙洑口可以入江伯
顏使覘沙洑口夏貴亦以精兵守之伯顏進圍漢
陽聲言取漢口渡江貴果移兵往援漢陽伯顏乘間遣
阿剌罕將奇兵倍道襲沙洑口奪之遂引船達大

江
大乘山土城在陽邏下十里城林[illegible]有古跡廢蘭
寺遺址傍有古城不審何代相傳鄂王孟威嘯聚
之所有古井嘉靖末邑人呂禧浚得斷碑中爲元
伯顏記
鏡心樓在縣東北百四十里團湖中元董仁輔建龍
仁夫有對句云水光天上下樓影日東西今樓廢
石柱猶存
御書樓在縣西百八十里元帝書[illegible]字賜隱士
吳應澍因建今址存又吳公井在縣西北八十里

赤應泐鑿 □□□□公傳□□過至桃花出□□□得水處開井十九口今未知孰是

金鷄山在縣北七十里相傳掘土有金鷄穴今有飛落

小崎山鷄爬嶺復飛西南十五里大文今澤曰金

鷄汊池曰金鷄坑廟曰金鷄廟歲時祀之府舊誌云元威

順王游獵至此有詩曰金鷄山下有金鷄如何野

店不聞啼夜深呼起山神問化作金烏東復西

釣魚臺在縣北百六十里紫潭河東岸石生奇異上

有漁人坐釣跡臺下游魚出入人不能取俗傳姜

太公釣此其山顛舊 蓋晋人□□□□羣上以拒寇

今址猶存

天舟去縣百二十里有掘地得龍

黃岡縣誌　卷一　卌三　李煜芳　三百八十八

骨者因名上　八舟狀如舴艋

道觀河經其麓

獅子巖在道觀河東北三十里　高五里形如獅

蹲頭尾四足甚備絕巔獅口爲洞壁甚奇中堪布

席別有三教堂七洞三泉在巖下里許

鐵石有九散布一字門內外古讖謂九鐵鎮黃州萬

年永不休不知其故

落星在馬家凹七星塘相近有落星如石居民祉于

是俗名姬公祠未詳

蘇文忠書滿庭芳臨江仙行香子三詞皆寓黃作琵

守郭興儀摹十金自我眉山搨歸摹刻今在赤壁

□□□□中念奴嬌一詞亦寓黃作□文節書之

□□□□一仲

元學士承旨文敏公趙子孟頫子昂書蘇文忠赤壁二

賦前賦爲冢宰趙賢重摹刻石後賦爲郡守潘允

哲摹鐫李項氏眞蹟刻石俱在赤壁

古黃八景

黃岡曉霽　赤壁春輝　竹樓勝集　柳港聯芳

臨臯月皎　洗墨□□　吳公□井　孟倖清泉

今更增定八景

峥嶸芳草　□□　雪堂梅萼

黃岡縣誌　卷一　卌四　李煜芳　三百八十七

寶山泉石　二崎□□　柳公琴臺

郝城八景

城南煙樹　□□　□□　化樂曉鐘

崎山疊翠　義井清泉　鳳臺夕照　魚浦秋風

詩別載

論曰自有邑來閱人成世所不與俱盡者顧其

人足爲陵谷增色耳黃邑故四戰之國也遺壘

纍纍具存此奕土師保與若乃□□□□□□□

閒多□名賢勝境物是人非莫可□□□□□□

□□□□□□□□□□□□□□□□□

流風不言仰止庶幾神交其人庶道季云廉頗
李牧千載上凜凜猶有生氣語雖不倫意極有
會矣

陵墓

漢樊噲墓在縣西北按漢書樊噲傳噲食邑舞陽孝
惠六年薨謚武侯噲食邑既在舞陽薨當於其地
今俗傳此爲噲墓[illegible]知[illegible]或云今府治後堂背
南宋謝晦墓在[illegible]晦任劉宋爲
荊州刺史嘗過[illegible]卒柩過黃
山不肯去遂葬[illegible]民立祠祀之

宋封顯應公府[illegible]墓在[illegible]止有一蛾[illegible]
然不攷其何人[illegible]蛾能者訛也
宋任氏墓蘇軾[illegible]于黃[illegible]岡山麓軾自
撰有墓誌[illegible]區郭[illegible]間爲人掘出爲封墓而
建亭其上誌石歸于[illegible]
元龍仁夫墓在陽邏華山之陽有[illegible]元特授陜西
儒學提舉致政寓居當綱開教[illegible]
國朝吳琳墓[illegible]初任吏部尚書[illegible]和上鄉
官溪
徐本墓洪[illegible]

何曉墓[illegible]本府太守墓在縣治東十五里蔡家潭近
名何家山[illegible]萬曆間知府[illegible]給田地衣巾建
謝杲墓都御史　勅葬楓香橋
吳世亮墓嘉靖間殉興化難贈參議　諭葬城東定
惠院傍
陶仲文墓嘉靖間以方術得幸封恭誠伯葬巴河陶
家塘隆慶中削籍[illegible]
王廷瞻墓刑部尚書贈太子少保[illegible]葬寶珠墩
樊玉衡墓崑山[illegible]所在名半

[illegible]余縱[illegible]
湮沒一藤[illegible]宜儻云附驥
千里者耶非[illegible]名賢有膺
制褒寵問爲當道尊顯[illegible]如是鬱葱
佳氣千秋生脈在焉亦既榮施矣不然俗多訑
墓墓木之拱可既乎

風俗

隋志俗尚淳質好儉約蘇軾跋韓魏公詩山水清遠
士風厚善其民寡求不爭其士靜而有文秀而不陋
尊德樂道有異於他郡[illegible]民[illegible]而
田宜不[illegible]府志今俗農力耕水種[illegible]如南金

田日益以膏腴至有十金博一畝者士重氣節無依阿淟涊之態所交接或融顯者禮貌有不至則艴然拂衣去至老死不相往來又自王稚欽之後士多攻古文詞亦其習相漸爾也顧麗藻雖工而游博馳逐闘爭相侈靡視古儉約之風何如哉

維黃鷙悍名在海內然亦當不盡爾秉彝還和士沃民淳此何遽不[illegible]二里[illegible]安中和多通喜訟五重諸鄉本之邑人王伯固所論列可[illegible]寔録有醇粹樂爲善良仰官司若[illegible]亦有跳梁于禁[illegible]二尺莅[illegible]者俗趨侈靡[illegible]民皆[illegible]勝固大比

然矣訟師蠭湧[illegible]隹荷雲[illegible]之國豕團風陽邏夙稱敗藪[illegible]于埠[illegible]略盜枝黨人之無[illegible]六博傾家[illegible]產此不得黃

有老青衿結黨議刺時事總誌所稱豈非戕我命氣相高無問士庶一言遲意諍而逞狂鬬亦勇于就義不計利害地半确磽民競田作家多呫嗶人喜爲儒絃誦蔚然衣冠鵲起矜奮氣節雅多市義謂曰非賢吾不信也

冠禮　士大夫家間亦行之夫冠爲首服古人所重周弁殷冔自有定制近見黃邑人士冠法屢變轉相

[illegible]

婚禮　多守古禮第嫁娶家競尚豐縟庶民嫁娶不辨同姓夫亡[illegible]貧恬不謂非

喪禮　[illegible]如禮推民家鼓樂治具親鄰酣飲高歌三夕名坐夜團風鎮尤甚貧者人死家破殊同夷俗葬多擇[illegible]窨瘞穀實之屬以爲占

祭禮　巨室始有家廟春秋行古禮自餘推神主耳庶民無神主人死百日或一二年[illegible]祭靈位焚之此後惟清明新歲[illegible]而已至生辰忌[illegible]非新死者不祭

歲時節序　元[illegible]拜賀兒童吹簫擊鼓放爆竹[illegible]鎮立春前一日讌飲觀迎春以土牛身首[illegible]色占水火疾癘事以勾芒神[illegible]晴雨家食生菜市中賣春餅元夕自十一日張燈至十七八衣[illegible]者爲迎燈故事作燈謎[illegible]其猜以爲樂婦人[illegible]歲事二月十五日爲花朝出郊遊賞三月三日[illegible]薺菜花清明簪柳枝踏青掃墓釀酒造麴[illegible]四月八日相傳[illegible]生[illegible]烏米飯民家[illegible]端午[illegible]

艄佩五絲續命縷辟惡𣏌符艾虎榴花飲菖蒲酒觀
龍舟競渡團風巴河鎮有迎會者又儺人花冠文身
鳴金逐疫六月六日曬衣物書籍造醬七夕初昏燃
燭列菓婦女羅拜乞巧中元前一二日焚楮衣享祖
先爲盂蘭會中秋賞月作餅相貽重陽登高賞菊飲
茱萸酒十月一日飯午十二月八日啜臘粥棗栗諸
品雜焉二十四日祀竈[illegible]易門神競爆竹守歲合
家慶拜爲團年
方言　其稱謂母[illegible]任爲孫其轉音[illegible]爲須於爲
咸沍爲綱賭爲[illegible]頭

亘茶　四民競[illegible]事[illegible]近始旁出不
學而落貌猶倏[illegible]覡稗徙茶刀筆
適習　比屋法律磨牙攫食囚好[illegible]死借羅織嚴
或負嶋巧脫其純魍魎白日爰有匿揭連舟略販真
波俱浚房保漁獵嗜膚剝骨是皆人妖亦爲蝨賊耶
舉其凡以箴厥愚
論曰四時異候五土異宜剛柔異禀風之爲也
若浸若淫孰鼓孰舞漸以成俗莫知其繇近南
之橘濟北之狐豈繫然哉封域則然今邑亦猶
萃止詩書翹家致[illegible]世無乃頃或腆歷當

事者臭[illegible]枝而民敢法視皇民之敦有間矣
人亦有言風行于上俗易于下余與邑父老子
弟均有責焉勗之哉
物産
按一統志及楚志載齊安產苧布連翹松蘿蝨蝨自
唐迄宋它無聞焉自餘爲地黃艾江豚之屬耶志稱
黃岡有元脩菜似芥本蜀產蘇子瞻得種於故人巢
元脩因名今莫辨是何菜也俗謂[illegible]梗米繡項鯿
魚爲邑中佳味米[illegible]七種能瘠[illegible]多穫鯿寔
出武昌樊口之[illegible]巨口[illegible]及不得大者

如鰥鯽蟹皆然[illegible]吉品楚人不辨
食鯿魚出陽邏[illegible]漁人顧得
隨波流者[illegible]老自[illegible]法不遂皖城
鰣四月出楊葉洲[illegible]不有鰕鬚秝魚子糯宜釀酒酒
以水白名味薄不傷人張文潛極稱京師之外無加
焉又春江綠漲葡萄酒壓倒雲安麯米春爲韓子蒼
齊安故事然市沽多濁醪子瞻謂酒賤常愁客少想
當然耳夏富蓮藕冬饒鳬雁藕出巴河陸家湖爲最
黃精白花菜種較肥大五加皮著蹟近有種者在城
頗有扇三家店竹[illegible]邑

多有之額辨所載鴛鴦麂[illegible]不多得舊稱黃有落
英菊花元樵劇撰爲王介甫憇子瞻而實不爾凡菊
落英以其瘦諸如荔枝蘋菓[illegible]相餉遺牡丹茉莉[illegible]
復入目以無當斯土之毛曁食貨動植雷同乜邑不
書府志云齊安土瘠無所宜即宋稱多竹入元已失其故

論曰物有無多寡相觭美惡貴賤相敵無[illegible]
與末競而[illegible]農與農亦競奢哉計然謂知鬭則修
備時用則知物文蠡用其[illegible]而家三[illegible]
金也黃邑[illegible]稱之[illegible]
捨仰取嘻嘻[illegible]其鄉然實[illegible]

黃岡縣誌　[illegible]　四一

珍產如[illegible]早[illegible]月令撮[illegible]
者述于篇

黃岡縣誌卷之二

建置誌

城池　公署　學校　秩祀　倉廒　鄉保
郵舍　關梁　水利　坊楔　亭榭　寺觀

敘曰易稱王公設險周官之制掌固掌脩城郭溝
池維此保障與民守之建官行法告傳舍是爲中
國授室絃歌尉與奚無寧茲社稷壇宇寔鬼神式
憑大事在祀[illegible]古也有志至乃謹蓋藏嚴比伍勸鄉
儔氏關梁脩濬[illegible]道利坊長[illegible]井煌煌斯
善國焉若夫游[illegible]存之莫可
廢也作建置

黃岡縣誌　[illegible]　李繼成　三百六十七

城池

宋元築在今城[illegible]西臨大有垣壁閭爲藩籬民居纔十一二[illegible]爲州而無其三隅畧
江東傍湖泊水流迴復不常[illegible]水荒[illegible]其中府舊志云舊城門曰朝宗[illegible]曰龍鳳餘無考今東北城蹟猶存
國朝洪武元年指揮黃榮展築今處十七年指揮曹
奉永樂六年指揮郭顯相繼脩理高二丈一尺厚依
山不可計周圍一千八百二十丈八尺有奇繚以壕塹
警舖三十雉堞二千一百一十九門四東曰清淮南
曰一字西曰清源西北曰漢川敵樓各三大間正德

中[illegible]火
知府范可齊修葺
論曰黃岡[illegible]於楚稱巖邑
乃兵括以熙久矣[illegible]者慮焉即一旦
援兵登陴[illegible]有及乎夫黃始非無事之國也
抑不[illegible]託居此以保其聚奈何哉不慎固封
守而[illegible]處堂之燕雀長江天險恩屢且其
之矣

公署

縣治在[illegible]東環[illegible]獨平衍據勝 李[illegible]芳

處城南有黃岡[illegible]
披蒙茸[illegible]南據[illegible]
士安建正堂三[illegible]成化二十一[illegible]
曰親民又有[illegible]知縣[illegible]堂後爲[illegible]
又後爲知縣宅右爲縣丞宅[illegible]
曾糧主簿宅左爲[illegible]主簿宅爲典史宅[illegible]
六曹以次對列左爲[illegible]廳嘉靖中知縣[illegible]
增建戒石亭又[illegible]大門[illegible]
曆三十四年[illegible]
而旁在後[illegible]

爲土地祠[illegible]廟在其後右爲獄[illegible]
分[illegible]有府舊志載[illegible]門
前左今廢
察院 一在縣學左爲兒察院係[illegible]入官宅萬曆[illegible]在府[illegible]知府[illegible]改建前有[illegible]坊曰御史臺舊[illegible]陳王[illegible]增創司道官廳三楹於左又創縣官廳三楹於右 一在縣學前左爲南察院亦係仙文塔宅舊爲兵備道
憲司 在府學左府舊志稱察院指此萬曆三十五年知縣茅瑞徵[illegible]增創官房一間
布政分司 在府[illegible]學廟左萬曆三十五年知縣茅瑞徵重[illegible]後廳三楹主簿金可礪董其役
按察分司 在府城[illegible]今廢
黃州府 在縣治[illegible]李仁創建[illegible]戊申知府

府學 在縣東即宋[illegible]李仁改建[illegible]洪武初知府
縣學 在清淮門內
守備司 在縣南[illegible]赤壁巡司[illegible]皇驛[illegible]亥罷[illegible]三江[illegible]七磯三江合流[illegible]設守備一員轄武左蘄黃四衛[illegible]呈兩院會題添設守備[illegible]江口駐劄與洞庭守備表裏應援即於各衛掄撥軍餘并移赤壁巡司[illegible]三江口公署[illegible]因移駐
黃州衛 在縣治北國初指揮黃榮建洪武庚戌改爲千戶所已未復立衛
公館 一即七賢祠 一在南察院右
清軍廳 在府城隍廟右[illegible]舊志載有縣清軍所在治東南城隍廟前今[illegible]
學坦

大屋鎮巡檢司 在城南門外沙街赤壁…舊址弘治己未改爲廠前官舖十三間…稅辦程

團風鎮巡檢司 在縣北五十里

陽邏巡檢司 在縣北百二十里

稅課局 在團風鎮又城南清源門外有稅課司久裁今演武場增設稅廠屬府

巴河口灄湖河泊所 在巴河鎮

零殘湖河泊所 近團風鎮

樟松湖河泊所 近陽邏鎮按河泊舊共七所王九塘向…巴河正德二年團風口紫甲迸亡歸併鮑湖至…年裁革官吏嘉靖四十三年又因鮑湖舊洲紫…之題將鮑湖團風口舊洲歸併零殘所黃漢窪…樟松所各帶…止三所又後湖河泊所在…布屬府…正德十年裁團風口河泊…尤塘黃漢湖舊洲長河鮑湖…舊志無舊洲窪…

步泗泊所

外有陰陽學在…左醫學…門右俱屬府

演武場 在城東…周圍三…貴府之右…株知府…堂曰足兵…坊二左曰詰戎…振武堂後…題曰江漢雄鎮今並廢

惠民藥局 在府醫…府舊志載城南有舊藥局址爲團風…二鎮…行綱望…府聽點受約之所今廢

養濟院 在山川壇北

附各衙門官物 …器等…新…常另冊于左府後有…無…民間云…若條列察院 原存公座桌椅全○敕印架一…僉押按文牌面俱全○大雲板一面○官…床…碧紗廚一座○錫燭臺一對○錫硃盆筆架一…錫茶酒壺全…萬曆二十二年增置…掛…新碧紗廚…座○木屏二座○圍屏…各一架

○鋪床架○萬字涼床一張○…官桌棚版○書桌肆張○書架二個○…○…僉押南察院 …公座一張○敕印架一…錫盆按文牌面俱全○雲板一面○官床一…一個○錫珠盆筆架一副○銅炙硯一…木一屏一座 萬曆二十二年增置豸屏一…屏一架○官桌肆張○錫燭臺盆一個…錫…壺全分巡二司 原存公座各一副…各一副○僉押按文牌面俱全○雲板各一○官床各一張○錫燭臺各一對○今增豸屏摃屏各一架縣庫聽用 原存實銀鍾盤五副○鑲銀茶鍾貳個○實銀茶匙捌根

論曰國家設官…理各有寧居不惟逸豫蓋堂…俯辦…舍苦湫隘…栢森森欲壓天其…滌慌…湧爲嵬陵險圍相彼…寓况民上哉余聞以餘…官茲土者幸無以遽…

學校

初宋建學於…外元末丘燹洪武戊申知縣萬士安即縣治東南高處東披…移建正統中知府錢…重脩學士李時勉有…記成化…間據民言遷延㡬弘治丙辰僉事張彬購民…之然尚隘正德間知府余貴知縣胡潔遷清淮…爲一曰思誠曰志道嘉靖間知縣孫崇脩萬曆三年知縣羅應鶴重脩復拓學前地數丈今始開豁宏厰初拓地時

得井即東坡暗井也學宮明倫堂就頹萬曆三十四
年知縣茅瑞徵同教諭覃良儒謀重脩之以主簿金
可礪督其事宮墻煥然矣其基地縱五十九丈廣增
舊額之二 舊學基東至古井火巷[illegible]至大街北抵 曹七阜原舊址東抵北寮院南抵大街
城外有崗橫亘正對學宮形家稱爲倒地文星一曰
一字文星故城門以一字名城上舊有東樓閣久圮
形家稱爲縣學巽峯[illegible]爲趣縣華表所關風水不小
宜亟脩云

先師廟　廟[illegible]廡右爲西廡南
廟門　門東房

神庫　[illegible]西房爲
神厨　前爲[illegible]
欞星門　廟[illegible]
明倫堂　左爲興學堂爲思誠齋右爲號舍爲志道齋
堂東西壁科目題名向湮廢知縣茅瑞徵更置後
爲
敬一亭　爲
尊經閣　閣後[illegible]爲
文昌祠　祠後[illegible]
啟聖宮　前[illegible]堂右爲

學倉　廢
射圃　舊址甚濶近爲民居侵占查復
公廨三所爲教諭訓導宅
儒學門在泮池東門左有隙地民賃居
書籍　向無頒降圖籍萬曆三十二年署縣事同知王 從詔置四書五經通鑑性理各一部
祭器　原存祝板一○銅爵二十一○籩豆二十五 ○帛函五萬曆三十六年知縣茅瑞徵置祝板
一○籩豆七十五○帛函四○先師啓聖公前錫香
爐各一座○錫燭臺各一對○磁酒尊各一○東西
配錫香爐各一[illegible]○錫燭臺各一[illegible]兩廡磁香爐
捌座○木燭臺[illegible]○先賢牌[illegible]　祭器櫃一
學田　先是知府雷[illegible]爲府縣兩[illegible]二區歲久 盡沒于民[illegible]俊楊畋田
隆慶中知府孫光祖[illegible]專立田萬曆
三十五年知縣茅瑞徵[illegible]下田計二十

畝二分申詳糧道批[illegible]

附
小學　在府城隍廟左[illegible]
社學　在府治後知府潘允哲重建今爲人行路文陽 邏巡司左亦有之久廢
河東書院　即府學詳[illegible]頭按宋明制機分設黃州兼 領河東書院
靈山書院　孫子華[illegible]
龍山書院　龍仁夫[illegible]
東坡書院　府舊志造聞學教[illegible]以官堂府潘大臨陳 [illegible]
僉事沈靖建祠[illegible]
茅瑞徵重建正[illegible]
論曰余始[illegible]黃州[illegible]事業

請嘗過勤公祭□以金迄無完績不敢理前請指
貲葺之茸園梁柱材數也頃士習頹號不雅馴毎
試講以爲常谷安在將斬救之而濫芻之則然
乎縫掖之士挾册而哦以萬計三歲一售得補
弟子員僅數十人蓋游士蜂屯矣及佹一日之
得終其身不復廩再試諸不知書濁如泥覩顔
不失一青衿焉怪其恣睢庠序也然則奈何曰
廩歲進之額而寿獎其逸群者而斥
其敗群者則

秩祀

文廟

啟聖祠

十哲

兩廡

文昌祠 以上歲春秋仲月祭日用上丁牲帛奠獻有制考會典洪武十八年議准先師孔子及社稷山川等祀凡縣附府者罷縣祭今從殺行釋菜禮

名宦祠 在府學內祀唐左丞宋王禹偁元夏溍國朝陶安何宛齡滕霄錢敏王霽劉廣盧濬胡𥰭黃壽朱節楊寂吳淮韓秉文祭日同文廟○按各州縣俱祀名宦本縣以附府不別立祠其宰縣有殊績似應附祀乃相沿不預俎豆而下諸循良曾不得與它州縣名宦豈恐鬮祀歟

鄉賢祠 在府學內姓名載人物志祭日同文廟

府城隍廟 在治東南布政分司右洪武初建歲以春秋二中丙祭二壇及清明中元迎祭厲壇新官到任水旱祈禱皆特祭

縣城隍廟 舊在縣署儀門外知縣曹愈參改建大門外東偏以春秋二仲祭

土地祠 在縣儀門外賓館旁

社稷壇 在城東北三里清淮門外洪武間建正德間拓之歲春秋上戊日致祭府舊志稱正統中知府錢敏重脩植松置器建房舍今並廢

風雲雷雨山川壇 在一字門外一里正統間知府錢敏重脩歲春秋祭以祭社稷之明日府舊志載有神厨宰牲房左右齋宿房今並廢

里社土穀壇 府舊志□城一十二社曰隆孝曰思忠曰□□曰由義曰立禮曰秉智曰崇儉曰安土□□□□秋社日祭五土五穀□□社有長春書詞以勸俗弘治己未一行之

郡厲壇 在清淮□□□□洪武初建歲祭以清明十月朔及中□□城隍廟發告文仍設神位于壇主之

鄉厲壇 府舊志載今無考

龍王廟 一在大崎山上一在城北聚寶山

東嶽廟 一在城南玄妙觀西一在迴龍山一在望城崗一在陽邏鎮武磯山

旗纛廟 在黃州衛左本衛以霜降日祀

三皇廟 在縣東南今廢考會典洪武四年造官祭歷代帝王陵寢始罷府州縣祀三皇

孔子廟 在孔子河元末兵燹隆慶初重建

韓魏公祠 在安國寺左宋韓琦初侍父巴陵守黃州于西廂讀書邑人就書齋□□□□祀

于淯會同嘉靖□□知縣孫孟津蔡商合修立王陽明
先生祠後教諭張性魯申復鄭公遺像于陽明祠之
前堂春秋合祭今沒民間堂亦廢

蘇文忠公祠 一在赤壁磯正統六年通判黃容建一在洗墨池畔天順辛巳僉事沈靖建洗
墨池多爲民居侵沒今知縣茅瑞徵查址增葺焉

三賢祠 即三賢堂在府學祀王禹偁韓琦蘇軾

七賢祠 在清淮門內隆慶間知府孫光祖建祀周濂溪程明道程伊川張橫渠邵康節朱晦庵王
陽明按先賢或守黃或寓黃如陶侃周靈杜牧皆缺
祀而七賢自二程外雖理學與黃無與宜議罷

忠節祠 在舊鼓樓西郡相公廟舊址弘治中知府盧濬建祀六□郎守何大節祔王禹偁蘇軾有
司春秋祀之

關武安王廟 一在□□□成化中知府王霽脩建一在□□□鄉士大夫於山崗時匿盜
掘得鐵柄偃月刀□□□像創普安堂

武節祠 在安國寺□□□忠臣張巡許遠□□□名景祐真君廟弘治□□□是揭今扁同知景厚記巡有
保障江淮功江淮民並祀之陽邏南華山亦有張睢
陽廟

岳忠武王廟 在城南隅俗呼高廟弘治己未建舊爲鄉約堂每月朔舉行呂氏鄉約形家稱
爲府基印星廟後塘及玄妙觀塘皆水星以辟火災
不宜淤塞

忠顯廟 在清淮門外宋建炎初魏令歲守黃金人來寇城陷歲不屈死之贈徽猷閣侍制謚忠愍
州人請立廟祀之郡賊破郡臣王遠判官吳源巡檢
劉卓皆不屈今併祀

吳丞廟 在縣舊□□□□□□吳汝成□□難立祠祀之事見人物志

吳公生祠 在城隍廟□□嘉靖間知府吳淮有惠政立祠□□□

曹令公生祠 在□□□□□□□右祀知縣曹愈恭見名宦

鄧賢祠 在赤壁□祠副使曹瑞僉事楊廌京知府瞿汝稷□□□御馮夷宮址
縣茅瑞徵有記見藝文

孝介先生祠 在府學側祀尚書□□山令樊玉衡學憲董其昌爲親書孝介先生祠揭之扁知

論曰祭祀馭神首先八蜡泂巨典哉素王之宮
萬世爲士駿奔吾恐後矣四封以內社稷是崇
犧牲玉帛其敢有愛他所祠宇多古名賢儒節
功德孔昭流芳不朽瞻厥廟貌庶幾景仰之思
耳若夫□□不在祀典即□□□盡宜置之

倉廒

預備倉 在縣□□萬曆二十二年知□□晉院把總□□署縣丞陳

王庭董成之□□散不常
今不可得矣

便民倉 在府□□日民天今在廿□□

社倉 □□萬曆一十年僉事馮應京建□□側一在陽邏
外軍儲倉屬府在府學後弘治丁巳同知吳景增建
址甚高敞形家謂爲府縣正署來脉近有潴而馮陵
之者恐于來脉傷殘

論曰積貯生民之大命也周制縣都皆有委積
以待施惠自平糴之法始於李悝漢常平宋義
倉意率倣此今黃邑倉廒畢具矣儻歲祲不常
水旱時有此嗷嗷待哺者其何道賑之千日之
積以佐一日之需道莫如勸施如所稱宣任民

給事公家而役之裏長有人焉若第循給縣官而已贖鍰有盡度非天降地出其濟幾何

鄉保

鄉約所本縣二府舊志城南有鄉約堂在高廟舊址弘治己未建以每月朔舉行呂氏鄉約今廢城內以報恩寺城外以安國寺各有會所　團風鎮一以禪寂寺為會所　陽邏鎮一以蓬萊寺為會所　有約長約副約史擇高年有行者給帖以朔望日教民　聖諭六言

街	坊	巷
一甲	承流宣化節用愛　弘治庚申建今廢	
縣前官	[illegible]勵坊今廢	
衛前官	武定坊弘治己未建今廢	
府學前官街	文明坊今廢	
	青雲路坊在學前	青雲路巷
	騰蛟起鳳坊在學內	何家小巷
憲司官街	欽仁坊今廢	
	澄清坊在憲司前	
大井[illegible]	[illegible]仁坊今廢	

黃岡縣誌　卷二　鄧伯元　二百六十

街	坊	巷
舊鼓樓街		曾家巷
		北樓灣
軍儲倉街		
衛壕子街		
漢川門街		
二甲		
姚家閣街	依仁坊	
城隍廟坡街	坡仙坊文廢今重建題曰東坡故居	李指揮巷
半邊街		沙井巷
[illegible]備	[illegible]行省坊布政分司[illegible]今廢	
新街		

黃岡縣誌　卷二　十三　鄧伯元　一百六十

街	坊	巷
賈家街		孟[illegible]巷
	[illegible]教坊今廢	[illegible]巷
	文明坊	胡[illegible]巷
一字門內街	思賢坊今廢	六[illegible]巷
三甲		
鼓樓下正街	里仁坊	朱[illegible]巷
		[illegible]米巷
洗白街		金家巷
		方家巷
縣學前街	懷德坊今廢	
南察院街		於家巷

北察院正街　御史臺坊　嚴家巷
郭家灣
北樓灣
四甲　十字街　懷德坊　呂家巷
四牌樓下
忠顯
花園
楓樹岡街
察院街

舐老院街
西城壕街
來遠橋街
五甲　十字街　來遠坊
東城壕街　懷德坊
鐵石邊街　拱辰坊今廢
瓦塘街　會同坊今廢　會同巷
六甲　長塘街一名栖鳳窩　俊賢坊今廢　倉巷
南嶽寺街　鐵甲巷
安□寺街

榆木橋街
七甲　教場街　仙源坊今廢
馬驛街　飛火巷
雞□街
八甲　守衛司官　仙源坊　藍家巷
太平橋街
新橋街　洗馬池巷
打腸巷
陶家巷
九甲　高廟巷

玄妙□下　便民倉巷
新街
十甲　河街　會同坊　鐵甲巷
挺豬巷
可□名
十一甲　鳳橋沙街　拱辰坊
東城壕街
新街　會同坊　夫灣巷
賈家巷

水驛前街　駐節坊今廢
中馬頭街　拱辰坊
十二甲上馬頭街　承安坊　林家巷
衙署正街　恩賢坊
在城地方編甲十二甲其信地南自總鋪至演武場長
嶺塝祖師殿楊林鋪儀林鋪烏石鋪抵下巴河蘄水
界北自四牌樓至長坡鋪楓香橋堵城松楊鋪與團風司
分轄並東坎鄉楊家鋪抵[illegible]湖廻龍山馬家嶺朱大夫河並還和鄉
東橫折而西為[illegible]家廟黃家鋪[illegible]赤山橋
與團風司分轄東至桐梓[illegible]河路口[illegible]家嶺道人湖黃
黃岡縣志　卷之二　十六　李四[illegible]二百七十二
西畈孤老苑[illegible]家塆[illegible]
上巴河西[illegible]河[illegible]
七道河黃岡廟[illegible]界並永寧鄉[illegible]
山項家廟黃土嶺大崎[illegible]
山白雲寺白家舖並永寧還和上五里鄉各交界並本縣總舖共[illegible]
顧之
民壯詳田賦本縣應役二百九十二名內撥充捕
共十六名並每月同黃州衛軍兵聽府
操演然差占多而掛名訓練民不知兵所從來久矣
一甲　倉前正街　興德坊　華光廟巷
上正街　鮮魚[illegible]水巷

[illegible]河街　水巷
二甲　急遞鋪正街　後廟坊　鮮魚古巷
三甲　後街　時雍坊　前街巷
十字街　永懷坊　筷子巷
後湖小巷
盧公堤巷
四甲　上正街　時雍坊　相公廟巷
下正街　行宮廟巷
五甲　東嶽[illegible]　咸寧坊　[illegible]巷
雷壇正街
黃岡縣志　卷之二　十七　二百四十三
六甲　上馬頭　[illegible]龍坊　紙巷口
下馬頭　橫河橋坊　陶家巷
七甲　司前正街　懷德坊　河街小巷
驛前正街　馬頭小巷
上河街　馬頭巷
局正街
半邊街　朱家巷
河西正街　永清坊　橫河渡口
團風鎮地方編甲七其信地北自總鋪磐石橋花園
鋪折而東為方家坪文北為竹瓦鋪金鋪山並[illegible]

山河丁家壋並重鄉 黃林樹舊街久長舖道觀河並
五重鄉 前抵沙河麻城界又橫抵崎山永寧鄉 東北白禪
寂寺至赤山寺[illegible]羊兒港還坡嶺周[illegible]抵白陽山
還和鄉 西[illegible]江舖松楊舖東南至劉家滚前抵三江
口西自稅[illegible] 前渡河至鸞公頸李家境濫泥舖矮
劉舖汪家 並廣安鄉 西北至史壩橋金鑼山林頭畈方
益廣老人 [illegible]並廣[illegible]鄉 白塔河辛家沖新
[illegible]義[illegible] [illegible]走入岐亭並中和鄉
前抵黃安界
弓兵永充[illegible]名 [illegible]今冊查原額役四十二名
[illegible] 十八 [illegible]新伯元三百九十
[illegible]鎮五[illegible] [illegible]舖至汪家舖
[illegible]麻城[illegible] [illegible]江舖至劉家
[illegible]其所船 [illegible]和鄉

一甲 [illegible]正街	[illegible]坊	蓬萊寺巷
三甲 庫 巷正街	懷遠坊	闕口小巷
	孝弟里坊	
四甲 司前正街	永慶坊	朱紫巷
五甲 下正街	永齡坊	磴子巷

陽邏鎮地方編甲五其信地西北至街埠[illegible]子埠抵
黃陂界並中和鄉 東北至粉壁舖曹沖[illegible]山舖

陶山舖三山舖抵黃安中和巡司其東抵黃陂界牌
其北抵麻城高家林界南至城林舖[illegible]栖舖汪家舖
與團風司分轄並慕義鄉 西南盡江北岸其南岸以八吉堡分界
江夏東至[illegible]壹寺彭城畈感化畈抵童家嘴與團風司分轄
西至沙口抵黃陂界並[illegible]巡司顧之
弓兵永充見後[illegible]五十一名 [illegible]黃岡百名今[illegible]安二十一今 徭編[illegible]名改撥五
[illegible]改撥五名雙[illegible]止 哨船 該縣[illegible]哨船之用
[illegible]中[illegible]司前下[illegible]文武祠 [illegible]又下二十里雙[illegible]夾黃州
[illegible]盜賊[illegible]先當 [illegible]五日[illegible]通
[illegible]

黃岡縣志 [illegible] 六百五十

來殆十餘年 也無[illegible]稽晰駐劄之所
或有一暴 [illegible]仲[illegible]之令聚堡之備巡哨
之[illegible]爲要
[illegible] 芳[illegible]徵條上史臺議云本
光[illegible] 春[illegible]腹鄂[illegible]引江直旁指
[illegible]四通之途不遑生心五方之
民奸長此安 [illegible]安民夕不備不虞
[illegible]帶毋[illegible]里設巡船一隻分
兵哨截[illegible]止夜行商旅頗快即次之安居民亦獲
安居之樂而九江以上此法全踈矣兵充徭永老
弱徒寄空名哨分上下蛀朽坐縻工食即巡船亦
竟倘鳥有水寇竊發一帆順流如入無人之境守
禦不協護衛所不盤詰一有失事動多委罪有司
雀苻四起誰任其咎妄謂申嚴[illegible]甲脩理柵欄[illegible]
縣爲政至于沿江設險原有信地巡哨船隻祇因
法久盡弛合無今後北岸南中[illegible]劍責令軍衛
印協同巡司等官查[illegible]或五里或十里[illegible]
應援一遇有警[illegible]戶當[illegible]就[illegible]
一脫逃挨路追[illegible]窺然[illegible]救[illegible]
誤也或謂賊[illegible]應于[illegible]際渉治加

深或謂賊由此得度遺法晝夜[illegible]公軍照舊輪守
此皆桑土綢繆之意似當早計又備查三江口擁
嚴上游寂寥要隘設亭鋪壞黃麻云鹿狀遠為
盜賊竊匿出沒之藪前此皆有專設衙門防禦且其
地相應照舊申飭戒嚴無撤准此亦幾草澤不至
生心而民間宜且暮安枕此實彌盜安民切務

論曰周禮族閭比黨之法抑何其防民之周也
夫業已相受相和親有罪奇衺則相及俗安得
不善良民安得有奸[illegible]黃邑[illegible]山帶江奇此蹊
[illegible]事[illegible]稟[illegible]焉[illegible]既不啻
[illegible]使無[illegible]聽
[illegible]其民則讀
嗣[illegible]
五[illegible]
[illegible]乃教
法其[illegible]

黃陂縣誌　卷[illegible]　十一

郵舍

發安水馬驛[illegible]
第一館嘉靖[illegible]弘治間以
縣○楚臺祀[illegible]坂口湖東
中而苦[illegible]臨皋驛舊屬
故驛將二[illegible]黃岡麻城之
馬橋渡口係兩[illegible]道議欲於此處
渡江達省至中公館[illegible]為難又如
[illegible]齊安驛號為不便議者欲令武昌縣應付不然責
[illegible]協濟亦可今按本縣程途之遠西[illegible]黃陂亦然
取道馬橋武昌更嘖有煩言哀此驛人靡可策矣
一縮紳由黃州入省者問於此
非該府所屬乃一切供應取

李坪驛在團風鎮府舊志云舊在縣北六十里弘治
間改遷于團風北岸
陽邏水馬驛在陽邏鎮

接官廳在清淮門外四牌樓或云古黃泥坂知府郭
鳳儀建一所[illegible]今廢萬曆三十五年知
縣茅[illegible]後加葺治旁[illegible]黃泥坂本扁
守半廢今易石碑仿別錄東坡[illegible]事右[illegible]後有知府何[illegible]

急遞總鋪在清源門外　長嶺鋪[illegible]祀地
楊林鋪　桑林鋪
烏白鋪以上由東路抵黃水　長坡鋪
楓香鋪　松楊鋪
臨江鋪　團風鋪
花園鋪　[illegible]
[illegible]鋪
[illegible]鋪
[illegible]鋪以上由北路抵

黃陂縣誌　卷[illegible]　十一

[illegible]鋪
[illegible]鋪
[illegible]鋪
灄沖鋪　[illegible]家鋪
周山鋪　陶山鋪
三山鋪以上從團風由西北路抵黃陂

按府舊志稱每鋪舍廳屋三間東西兩廂房各三間郵亭一座什物俱全今並廢獨汪家鋪稍可居停丁家[illegible]鋪知縣徐紹魯重脩今遺址可仍宜議脩[illegible]家鋪為官使往來要地向借民居傳食非體弟創[illegible]易姑志此○自清淮門抵楓香橋路苦崎嶇萬曆三十四年知縣茅瑞徵查估脩[illegible]行旅稱便

論曰邑稱冊箪孔道緯昆郊雄首相接星華[illegible]

隄置郵如綫如僂毀垣而行無安即次無乃委
罪主者乎弟前此遞舍久圮禾黍瀰離入境幾
不識斥候余籍按籍竪坊大書其鋪其里遠近
始瞭然可辨其他祖帳供給槩經全書減損已
甚君惟是廏廚傳稱使者意余且逡巡未能矣

關梁

在該鎮爲□城□以黄安上下通衢先年設□驛□□陂
武中知府石璘指揮李和建石欄
□□公讀書堂□□俗名和尚
四百八十里元
四百
□舊州
□蹟

㕓橋在赤壁山麓見古蹟

龜龍橋古志云在縣前昔有一龜出沒水中狀類龍因以名橋今無考

新橋一名榆木橋形家謂爲𣏐城環帶水不宜引去舊惟木板今改石橋

清濟橋在縣南二里濱江景泰四年知府余清建成化間義民陶景重脩改名金花橋

清平橋在縣南二里俗呼雙橋成化間義民陶晷脩

長清橋在楓香渡舊名楓香橋正統七年知府余清脩更今名成化六年義民潘敬重脩

張家店渡在廢安上鄉

雙溪渡在縣北百三十里

舊洲渡在慕義鄉舊洲長河口

感化河渡在縣北百六十里

赤脚山河渡在五重鄉

姚二渡在縣北百里慕義鄉

巴河渡在……

詩……自昔雲之

故武侯治……道路橋梁靡不

黃岡縣志……廿三

脩繕此其……山峪溪

……可

……忽頹毀而民不

病涉

水利

夏陾……名洗馬池見古蹟

老觀河堤

舊洲長河堤

中州堤

溝兒口堤

丘陵湖堤
龐坑堤
白米河堤　以上俱在崇義鄉
灄河堤　在五重鄉正[illegible]知縣簡霄[illegible]築
毛林口壩
巴毛湖壩
黃金潭壩　[illegible]鄉[illegible]簡築
八大王壩　在城東去[illegible]捍後湖[illegible]中有田築此以
紫荊港壩　在庶[illegible]年[illegible]頗正統二[illegible]
洗墨池　見古蹟

白蓮池　在安國[illegible]
長塘　在縣東
相隱塘　在縣西為[illegible]桃花為道[illegible]堂隱相儒仙[illegible]
七星塘　在城東南有[illegible]八方以七星今皆平之
桃蓮藕　詳古蹟
觀塘　在玄妙觀前
岳忠武廟後塘　俗名古岡廟後
葉家湖　在臨皋坊[illegible]壬老宜縣水[illegible]
沙[illegible]
一[illegible]

楊[illegible]塘　[illegible]鄉
官塘　在北門[illegible]寺右
明家堰　在縣東十里
火燒堰　在上五重鄉舊有崔稱
葛洪井　在玄妙觀
金甲井　[illegible]壁磯下見古蹟
東坡暗井　[illegible]
饒門井　在府縣[illegible]十餘家[illegible]余貴浚井二
司獄井　在保釐[illegible]
鼓樓井　在府舊[illegible]

學井　在府學明倫[illegible]
梅家井　在府學[illegible]地得之[illegible]哲拓學前
局林井　在縣學[illegible]今為民[illegible]
盧家井　在縣學[illegible]火巷通大街
纖欄井　在[illegible]
天寧井　在報恩寺右
義井　在憲司[illegible]從衆共之遂名
分司井　在布政分司前
雙眼井　在清源門內國賓坊下
逼判井　在紅水巷

洗馬井 在洪[illegible]街，有大小二井。
一字井 在[illegible]字門街，俗呼[illegible]泥井。
[illegible]井 在安國寺日新堂。知縣孟津[illegible]袁福徵[illegible]
[illegible]井 [illegible]永寧鄉，有三泉，上與[illegible]，中可[illegible]牲，下亦可[illegible]
聖井 [illegible]迎寺 [illegible]永寧鄉，成化間有僧卓錫得泉，土人鑿井，因[illegible]
龍井 在[illegible]山上，有[illegible]井，雩祀輒應。
五雲山井 在[illegible]八江[illegible]
華山井 在陽邏華山，野宣德丁[illegible] 鑄義井，字弃[illegible]城，爲居於[illegible]城，合考堡城
底得井，井面石方，爲宋夏貴己未歲[illegible]
蔡家井 在陽邏驛。

黃岡縣志 卷一 廿八 李世芳 四百五十三

馮家井 在陽邏驛。
臥龍井 在陽邏鎮[illegible]井
吳公井 在縣西百八[illegible]繫見古蹟。
君子泉 近赤壁，詳古[illegible]
寶山泉 在聚寶山後，詳古蹟。
萬曆三十五年，知縣茅瑞徵條上[illegible]
縣瀕大江，而湖洲所在如[illegible]
民和[illegible]堤壩低薄，則水[illegible]
新洲[illegible]浸[illegible]一遇雲[illegible]
增築而黎民[illegible]
督者亦[illegible]
[illegible]三[illegible]
小枯[illegible]
徒[illegible]
計[illegible]

一[illegible]
務[illegible]巡[illegible]雨[illegible]上[illegible]近多設捕
况又[illegible]職守，妹屬無
調[illegible]利查視，堤塘無
此[illegible]諸民及
中[illegible]澇無虞
四[illegible]歲時[illegible]內疾苦物
十[illegible]民捌藝而[illegible]以時[illegible]勤[illegible]閑田曠土
後[illegible]有成効，重與[illegible]其一帶濱江去處
刪[illegible]擦溢弊[illegible]青照季勘，明冊報，尤爲
妥[illegible]不[illegible]諳，而民競力，嚴法不滋擾，而野
皆[illegible]窒[illegible]漫無[illegible]責，利相萬矣[illegible]三
十三年[illegible]民用[illegible]水大兩者[illegible]姓
大利大[illegible]爲災，非時見告
商[illegible]竈[illegible]争趨奔沙
斷岸下[illegible]原有火巷以
禦火[illegible]用竊嘆先
民規[illegible]遺矣，罷縣
旁基[illegible]延千家，居恒遠
汲江水[illegible]小儆，居城中無

黃岡縣志 卷一 廿九 李光谷 七百廿七

滴水聊生[illegible]無備，行清數一
井[illegible]巷冬[illegible]毋巷口刻石大一
書某巷[illegible]業庶幾將
來水火[illegible]急者市之
牧政水[illegible]然查豪猾衙
於浸占[illegible]稅課司對
之路即名[illegible]儀[illegible]恩佃耤口錢承
租計一[illegible]官府爲一
之租[illegible]廢[illegible]處租[illegible]獨於此木縣便民倉
基門[illegible]已豬爲[illegible]大[illegible]及諸之則口津[illegible]橋大之
貲於焉充額而[illegible]則日勞部聽青[illegible]耕[illegible]其旁
開張於舖矣[illegible]以錢[illegible]歲輸府租，戌作轉解諸
郡也，試驗帖[illegible]
即此錢計分[illegible]
未者而聽以[illegible]
杳入官原帖[illegible]

論曰：余讀[illegible]渠書[illegible]
溝洫備旱潦，今[illegible]

泄雨荷歸之資興廢之原以換史白井[illegible]
盧口泛流疏勸可爲鑒矣維馬與蟻吾將從問
智已爲

棹楔

荊璆競耀 萬曆戊子科舉人在清源門內
繡斧 文宗 山東道監察御史曹儀死德辛未進士 [illegible]山西監察御史提督甘
肅學校廣西[illegible]
國寶[illegible]
經魁 在守[illegible]
己酉拔元 在府[illegible]

黃岡縣志 卷八 [illegible] 三十七 李光[illegible] 二百七十五

多士 嘉靖丁酉[illegible] 燬
三十一人 在[illegible] 今燬
天官[illegible]
皇都得音[illegible] 燬
金榜題名 [illegible]弘治[illegible] 今燬
聚奎 在府學[illegible] 今廢
世科 在府學右今廢
元會群英 嘉靖甲子科舉人在府學左
元魁濟美 萬曆乙卯科[illegible]在府[illegible]
[illegible]嘉靖庚子科舉人在府學[illegible]

恩綸世及 經術名家 李用萬曆[illegible]科[illegible]壁觀
察使李之用在府學左
明俊 嘉靖乙卯科舉人在憲司右
明時譽髦 萬曆丙子科舉人在憲司左
世承天寵 封[illegible]南道監察御史易明幾隆慶戊辰科進士易倣之在憲司左
奉天勅命 封[illegible]科左給事中丘尚忠在憲司左
三世司徒 [illegible]右[illegible]郎王[illegible]王文奎王濟南
鄧憲坊 [illegible]憲司左 [illegible]景在忠節
心切效忠 [illegible]侍郎進階
黎獻帝臣 [illegible]忠節祠左
[illegible]樓前

黃岡縣志 卷八 卅一 郭仲元 四百二十九 [illegible]中四川參政[illegible] 四川都御史[illegible]

父子進士 廷瞻在[illegible]
首應昌期 [illegible]御史[illegible]衛
世膺天寵 [illegible]少保[illegible]廷[illegible]在洗
青宮少保 [illegible]右
司馬 封承[illegible] 兵部武選清吏司主事方[illegible]在洗白
進士 嘉靖辛[illegible]科方任任方家巷口右
都憲 [illegible]應天[illegible]右副都御史方任在縣學右
進士 嘉靖癸未科王廷梅在北察院右
應時多士 萬曆乙酉科舉人在北察院左

萬曆辛卯科[illegible]在[illegible]察院左

戴記儒宗 勅贈文林郎余綸萬曆壬辰科會魁余心[illegible]純在北察院左

都憲 總撫延綏等處都察院右副都御史賈啟在清淮門內

方獻 嘉靖辛酉科舉人在縣學前

帝命重光 嘉靖癸卯舉人知富陽縣封戶部主事奚[illegible]科進士刑部郎中贈福建參議奚世亮在南察院上

世承聖[illegible] 邵[illegible]邵熊[illegible]嘉靖乙丑[illegible]左

登瀛 嘉靖[illegible]王鳳陽乙卯科

世科 景泰癸[illegible]王睦辛酉

清朝侍御 贈文[illegible]在六[illegible]監察御史李植

黃岡縣志 卷[illegible] 廿二 郭仲元

三世承恩 贈中[illegible]廣西[illegible]周義乙丑科進士四百三十七家巷口左

元曆登賢 萬曆[illegible]科內[illegible]

登雲 嘉靖庚子

容臺 諫 [illegible]常寺少卿禮科[illegible]鼓樓巷

進士 嘉靖[illegible]科[illegible]南京戶部郎中陝西平樂府知府呂部在門首今廢

大司徒 總督河漕戶部尚書王廷瞻在紅木巷

大司寇 南京刑部尚書王廷瞻在紅木巷

直節匡時 旌[illegible]奉直大夫翰林院庶吉士吏科給事中[illegible]西[illegible]魁

丁丑會魁王廷陳在洗白街口

世科 壬[illegible]王廷[illegible]在洗[illegible]

會魁 丁丑會魁王廷陳在洗白街門[illegible]

翊運真才 隆慶庚午科舉人在清源門外

邦家之光 隆慶辛未科進士在沙街

元凱同登 嘉靖壬子科舉人在沙街

勅誥重封 贈[illegible]仕郎吏部司務奉直大夫兵部員外郎汪廷儒在沙街

龍章申錫 勅封承德郎工部都水清吏司主事誥贈中憲大夫直隸楊州府知府徐廷蘭在齊安驛口

[illegible] 在齊安[illegible]

三鳳 在齊安驛

[illegible]進士 弘治[illegible]王同道[illegible]靖壬戌科進士

黃岡縣志 卷[illegible] 廿三 [illegible]科元 三百七十三

父子御史 贈文林[illegible]舉人王[illegible]御史嘉靖戊子科同道在會同巷

總憲 嘉靖壬午科[illegible]進士陶珪在陶家巷[illegible]

[illegible]鳳 在一字門[illegible]

飛黃 在[illegible]家[illegible]

雄飛 在一字門今廢

世沐寵光 成化文淵閣大學士汪淵贈文林郎汪濟隆慶辛未進士汪溥然在陽邏鎮

孝介先生 萬曆乙未科進士樊王衛

忠臣節婦 嘉靖丁未科進士殉興化難贈福建參議奚世亮奉 旨旌表貞節世亮妻王氏在舊鼓樓巷口

百年完節 嘉靖壬午科舉人盧靜妻方氏在方家巷

貞節□孝子　府學生□員倪天瑞妻節婦劉氏孝子□□員倪士勸俱奉　旨旌表立坊一字門內仍許立祠坊御祀毋□

天寵旌褒　儒士常體亨妻節婦周氏奉　旨旌表在團風鎮

天朝旌孝　省祭唐治在團風鎮正街門首

□日觀於楯楔而知　朝廷激勸之意至渥也

夫□□□□□□致身通顯□得勸名貞石表表

□□字節□□者亦且蒙顯旌

廿黃邑楯楔

□□不朽七□□

□□□□致記國瞻巻

亭榭

竹樓　月波樓　亡詳

棲霞樓　總志郡□云閟

涵□□□　小張激□入今廢　□□　考東坡集註樓亡廢

高寒

鏡心□　三二輔建即百尺樓今廢

御書樓　元吳應酬建今廢以上並詳古蹟

笑江樓　在赤壁

□□樓　今棋□樓萬暦初郡守楊守仁定名

□□臺　釣魚臺　祭風臺　□□臺　並詳古蹟今廢

鳳凰臺　在舊府城外鳳凰山今廢見山川

睡足堂　宋王禹偁建今廢又定惠院亦有之

相隱堂　為宋龐籍建今廢

瑞慶堂　為宋許瑞夫建今廢

雪堂　今有樓扁雪樓　南堂　今廢並宋蘇軾建嘗柬蔡景繁云近葺小屋□名南堂為賦五絕見藝文又清波雜志稱嘗見黃庭刻東坡墨蹟一帖云新居在大江上十□步□□足娛老人有一書齋名思無邪齋□係東□

□□□　宋何□

□□□□□在府治內□□記

萬松堂　在赤壁磯

□□□公勝覽二

橫江館　司□□蹟

□□□□　□公署通判陸□□□崖間俗呼

四望亭　□建今廢考東坡集有題濠州七絕望亭註云太和中刺史劉嗣之立李紳以太子分司東都過濠為作記非黃州也黃州亦有步□望亭詩府志引証劉李恐誤今姑從舊

會遠亭　如畫亭　並宋王禹偁建今廢

覽春亭　齊草亭　並宋□韓琦建今廢畢少董嘗藏有東坡墨蹟云今日與數客飲而純臣適至無以侑酒西鄰耕牛適病足乃以為炙飲既醉遂從東□□東南出□□亭而歸時已三鼓矣

所謂春草亭乃在麗城之外是與客飲私酒殺耕牛
醉酒踰城犯夜而歸又不知純臣者是何人也

快哉亭 宋張夢得建今廢

遺愛亭 宋蘇軾爲州守徐君猷題今廢

臨皐亭 宋蘇軾寓此 居士亭 蘇軾建以上並詳古蹟

臨江亭 [illegible]旁晁補之有詩見藝文

覽[illegible] [illegible]尚皐慶弘治間建萬曆初知府[illegible]湖映帶遠[illegible]晴樹

[illegible]春暮之

[illegible]橋南有亭

[illegible]亭 [illegible]

[illegible]白亭 水[illegible]

黃岡縣誌 卷[illegible] 廿六 三百九十六

息肩亭 在赤壁[illegible]上行人[illegible]路一里築亭其[illegible]

[illegible]谷亭 在[illegible]

[illegible]有弘

一[illegible]用長公黃泥坂詞

壁立亭 [illegible]清軍廳同知陶允宜建

涵虛亭 在府[illegible]廳通判汪廷元建

四顧亭 在新洲今廢

嘯軒 宋顯師爲蘇軾築今廢

鴻軒 宋張耒建今廢總志載景陵縣北亦有之側植[illegible]有別鴻軒詩他日若問鴻軒人堂下[illegible]

[illegible]應[illegible]竟陵鴻軒也

壁陰軒 宋[illegible]榜所居今廢以上並詳古蹟劉文創[illegible]潘邠老有絕句

來雲軒 在府清軍廳公署同知李維祜葓竹地也

捫腹軒 拭目軒 並定惠院久廢

共適亭 在[illegible]

趙氏園 [illegible]元豐七年二月一日東坡居士與徐[illegible]何池入乾明寺觀[illegible]竹林[illegible]幽易顏[illegible]茶園[illegible]趙氏園採梅堂[illegible]舍飲[illegible]定[illegible]此

[illegible]至尚[illegible]龍[illegible]

[illegible]公亭

[illegible]氏園 [illegible]名[illegible]彥明云韓[illegible]者可以小

[illegible]數當爲徐[illegible]晚步出城市[illegible]豐七年三月初[illegible]遂置酒竹陰下

黃岡縣誌 卷[illegible] 廿七 李維成 五百二十二

尚氏園 考東坡同[illegible]竹林花[illegible]成老彈雷琴悲[illegible]東坡云[illegible]居[illegible]稍醒聞座客崔[illegible]非人間也

廢花園 [illegible]新土荒石[illegible]無一

人當[illegible]清露還似歌[illegible]啼鳥[illegible]杖寞沾

蓼澤園 [illegible]王廷東居之[illegible]答

柯山園 邑人王同軾讀書處有葱蒨堂悠然樓二雅[illegible]軒香[illegible]雨亭酒隱堂[illegible]

粟亭文秋蘭[illegible]爲楚中丞陳省顧[illegible]范

可奇適名[illegible]留咏甚富下雉[illegible]

論曰亭臺池閣[illegible]大[illegible]察

浸浮望雲物[illegible]以之[illegible]遺

羈惟是[illegible]河[illegible]之[illegible]陳

迹令人徘徊思慕無已時若徒侈陽雲之賦咏
泣新亭之風景無裨勝具吾無取焉

寺觀

報恩天寧禪寺 在城南隅唐貞觀五年邑人曹仁濟捨基僧秉禪師立元末兵燬洪武八年僧繼法重□賜名報恩寺設僧綱司都副各一人

安國寺 在城東南二里唐顯慶二年邑人張太用捨基僧惠立建宋蘇軾記云寺一年始名護國嘉祐八年改今名未詳孰是
傷君采福 旅公規
立於 生之 萬 在去慾
詳孰是 少屈可謂
凡洞房綺疏
入笑

卅 五百一十
東坡秉月訪張懷
雖有一室可憩
前一大舸亦可
記今廢

乾明寺

永興寺

南塔寺

太平寺 在城梅家湖距縣三十里有木佛遡流而下漲香渡土人迎祀

禪寂寺 在□鎮洪武九年僧崇慶建天順間僧福亮

圓通寺 一在一圍風郭家灣古剎成化六年僧淨倉重建一在周山鋪東古剎元僧慧意禪師重脩

寶蓋寺 在樟松湖北岸大林山正統十二年僧智定建

彌陀寺 在陽邏鎮蓬萊山即蓬萊寺景泰五年僧祖真重脩□住持□北□□泰和劉文□命僧大

□殿考府舊志洪武二十四年禪寂□□□仁寺僧並歸併天寧寺

鐵爐寺 在中和鄉畢家鋪東五里國初楚府建禪師于此涅槃邑人程汝遷集徒其中程有行從學者或以其號名寺曰本庵

雙林寺 在□和□感化村古剎正統元年僧真廣重

靜安寺 □鄉長河岸古剎

覺□寺 □鄉安仁村古剎成化三年僧祖超重

寺 □刹民蔡中和率僧常昱建

□□ 并 結庵於
同如表福

金剛山中前後
只方讀書處又
武溪諸峯環峙

九 四百九十三

之所成化七年

東山寺

興書寺

安□寺 鄉筮箕岩孤峯峻絕下臨深壑有石異跡

利文

御風寺 鄉距縣百二十里元至順間建徐壽輝之感鳴鶏數萬環翔而止

悟空寺 鄉京省通衢宦轍萃止

萬壽寺 在寧鄉五雲山相傳梁僧寶誌入定之所今塔碑靈異□存成化三年僧可信重建

獅峰山寺 在五重鄉古剎成化六年僧圓秀重建

五雲山寺 在五重鄉距縣九十里萬曆乙巳丙午由□□連遷靈芝數本

紫霞寺在五重鄉道觀河北其南火燒堰又西南有
觧元寺
興善寺在白虎山古剎成化七年僧懷遠建
竹陂寺在遜和鄉
法主寺在　山河　　重建
定香寺在　　里古剎僧性天重建殿
臨湖水內有蓮池宋碑
尚存

台　　在巽方萬
爲文筆峯
邑丞時芳
修或謂

台　　十五
十清理
火正統

觀　　郊外建宋爲
普東王
朝客四
都邑紀各一

玉皇閣在　　建
真武殿在　上元年建兵燬又磐石橋
清水觀在古東華　貞觀中建元末兵燬基存
晏公廟在赤壁
壽聖廟在團風鎮後街洪武十八年民祝茂先重建

普庵堂在團風鎮巡檢司前古剎洪武十五年民
中稱重脩
觀音庵在團風鎮史灞支治義民孫子華建
華光廟在團風鎮　街洪武十八年民祝茂先建
觀音　　　古興化寺洪武十八年民
　　　　重建
　　　　　　菴　　　　　　　　　　　　　　　　　決

黃岡縣誌卷之三

田賦誌

户口　土田　夏稅　秋糧　額派　鹽鈔
驛傳　民壯　均徭　里甲　湖課　商稅
匠班

敘曰古者九賦任萬民民不以困井田什一足衎
也管子與民輕重九府遂霸諸侯井田而阡陌而
履畝幾無行矣太史公曰楚越之地地廣人稀無
饑饉之患以故呰窳偷生無積聚余觀黃大都若
斯云迨布縷粟米力役之征山澤不麗亡遺利矣
閭者歲不登民食半菽不膴邑介郭中孔道縣官

芻輓外日益拮据以事租庸調滋煩苦我父老何
政令之爲也罷叉榷軺車銅素不藏器巵茜之屬
若干緡江淮之民罷焉大豆區釜鍾刀幣金錢非
較若畫一如圜如流恐民之無以守也作田賦誌

户口

洪武間户壹萬陸千貳百伍拾貳口壹拾貳萬貳千
叄百肆拾玖

弘治間户壹萬柒千捌百貳拾柒口壹拾柒萬玖千
柒百叄拾

嘉靖肆拾叄年除分割[illegible]外户壹[illegible]叄百
[illegible]拾[illegible]口壹拾[illegible]萬柒千[illegible]百玖拾伍 内男捌[illegible]拾伍丁捌百[illegible]柒萬[illegible]千捌拾丼成丁壹萬貳千柒百[illegible]

今户壹萬叄千伍百肆拾捌口壹拾叄萬捌百捌拾陸 内男陸萬壹千肆百壹拾肆 女陸萬玖千肆百柒拾貳丼成丁壹萬貳千柒百捌拾叄〇考萬曆拾肆年丈量後改則内收復黃安五丁户口大造互有增减丁額不異

論曰周禮大司徒掌人民之數詔王安擾邦國
而鄉師遂人以歲時校夫家之衆寡登而籍焉
明制歷十歲一閱其民以口自籍蓋亦猶周之遺
意與今考洪武中甫脫戰爭宜户口消耗
憲孝以來承平日久民日以蕃息而户更減豈有
他繆巧弊之也
高皇帝立册府皇都之後湖湖水四環夜不舉燭
慮豈不淵哉

土田

洪武間官民田地柒千肆百伍拾伍頃陸拾壹畝柒
分 内科夏稅小麥壹千[illegible]百[illegible]拾貳石捌斗肆升肆合捌勺[illegible]隨糧絲[illegible]肆百伍拾柒觔壹[illegible]拾壹兩捌錢柒分 秋糧米[illegible]萬伍千[illegible]拾肆石捌斗玖合[illegible]勺 桑[illegible]伍拾貳觔玖兩捌錢貳分

弘治間柒千柒百捌拾[illegible]頃[illegible]畝肆分 内科夏[illegible]小[illegible]貳千捌[illegible]拾[illegible]石[illegible]隨糧絲[illegible]伍拾[illegible]觔壹[illegible]捌[illegible]秋糧米肆萬柒千[illegible]百[illegible]拾肆石[illegible]升[illegible]合[illegible]勺[illegible]抄

嘉靖肆拾叁年除分割黃安縣外陸千肆百捌拾[illegible]伍拾玖畝壹分叁釐官田肆百貳拾柒頃叁拾柒畝肆分貳釐官地叁拾叁頃陸拾柒畝貳分官塘壹拾貳頃貳分玖釐民田肆千伍百伍拾柒頃伍拾陸畝柒分民地玖百肆拾壹頃叁拾柒畝伍分貳釐民塘伍百捌頃叁拾畝內科夏稅小麥貳千玖百叁斗玖升玖合捌勺貳抄[illegible]拾肆觔壹拾肆兩貳錢伍分[illegible]桑柘絲伍拾肆觔陸兩伍錢[illegible]米肆萬壹千伍百叁石伍斗玖升[illegible]

今田[illegible]捌拾頃陸畝玖分壹釐內凡四則上田貳千陸百叁拾肆頃伍拾叁畝肆毫每畝科秋糧米伍升叁合中田貳千玖百[illegible]拾捌畝壹分叁釐貳毫每畝科秋糧米肆升壹合下田[illegible]陸百捌拾貳頃捌拾陸畝壹分陸釐[illegible]毫每畝科秋糧米叁升壹合山水鄉田陸百貳拾肆頃壹拾玖畝陸分每畝科秋糧米貳升壹合

地叁千叁百貳拾捌頃貳拾玖畝叁分伍釐內凡三則每畝科秋糧米叁升上地壹百肆拾伍頃玖拾貳畝[illegible]科秋糧米貳升中地肆百捌拾捌頃[illegible]貳分[illegible]每畝科夏稅麥柒合伍下地貳千陸百玖拾肆頃叁拾[illegible]分壹[illegible]捌圭捌粒捌粟秋糧米肆合

塘[illegible]貳頃陸拾壹畝壹分每畝科秋糧米叁升柒合叁勺柒抄肆撮玖圭貳粒柒粟○又以上田地塘每畝科稅絲壹分伍釐肆毫叁絲陸忽壹微壹塵陸纖貳渺科桑絲[illegible]釐陸毫壹忽忽叁微肆塵肆渺○考萬曆玖年清丈除官田地塘[illegible]分民田丈捌千[illegible]百柒拾玖

原[illegible]拾伍畝捌分柒釐民地[illegible]肆千[illegible]拾柒項貳拾玖畝玖分柒釐民塘丈玖百叁拾頃肆畝玖分柒釐官民田共捌千玖百陸頃捌拾叁畝貳分玖釐官民地共肆千肆百壹拾頃玖拾柒畝壹分柒釐官民塘共玖百肆拾貳頃伍畝貳分陸釐萬曆拾年後水坍沙壓減去民田貳拾陸頃柒拾陸畝叁分玖釐民地壹千捌拾貳頃陸拾柒畝捌分貳釐民塘叁拾玖頃肆拾肆畝壹分陸釐近例不分官民一體編差○又考稅糧至萬曆拾肆年歸戶冊內除淩官米壹拾柒石壹斗伍升陸合民官米壹石陸斗捌合壹勺附還黃安縣收納外收同該縣民米壹拾柒石柒斗柒升壹合麥壹拾肆石貳斗陸升叁合伍勺今實徵夏稅小麥貳千貳拾叁石陸斗陸升叁合叁勺貳抄　隨糧絲壹千貳百陸拾肆觔壹拾肆兩貳錢伍分壹釐貳毫陸絲陸忽　桑柘絲伍拾肆觔陸兩伍錢伍分　秋糧米肆萬壹千伍百貳石伍斗玖升柒合壹勺壹抄

論曰土邑右黃黃以土名邑壤登其上邪今進三老問民所疾苦兼土風所稱說圍風陽邏堡西北百里而遙田多間曠有十畝價僅數金者還和永寧之間頗號沃饒俗言東鄉石可登數十金何懸絕也且時清丈所得幾倍前額坍長墜擦里[illegible]欺隱毋坐堂皇徵會簿書愚民不告敝[illegible]然失矣

夏稅原編[illegible]扛銀秋糧內派小麥折兩六錢[illegible]外今秋糧加派絹價銀貳百貳拾五兩[illegible]有奇通計實徵銀壹千捌百叁[illegible]仍不復派[illegible]實分貳釐伍毫壹絲叁忽陸微

起運

北京絹壹千壹拾壹疋貳丈柒尺叁寸柒分陸釐玖毫每疋正銀柒錢扛銀貳錢共銀玖百壹拾兩柒錢貳分壹釐叁毫捌忽○奉文新增絹價每疋貳錢共銀貳百貳兩叁錢捌分貳釐伍毫壹絲（萬曆貳拾貳年新派樣絹每疋長叁丈貳尺闊貳尺重貳拾兩各省直解絹俱駁回貳拾肆年議加前銀至叁拾貳年知縣茅瑞徵始罷權宜酌定官織官解）

南京農桑絹肆拾疋玖尺捌寸貳分伍釐每疋正銀伍錢伍分扛銀壹錢伍分共銀貳拾捌兩貳錢貳分玖釐叁毫貳絲（內本折不等近例本色絹壹拾陸疋叁丈玖寸叁分每疋伍錢伍分扛銀壹錢伍分共銀壹拾壹兩貳錢玖分壹釐柒毫伍絲折色絹貳拾肆疋每疋折銀柒錢共銀壹拾陸兩玖錢叁分柒釐伍毫柒絲解府附部過南糧官併解）

撥運

本府倉小麥抵米壹千肆拾柒石壹斗陸升貳合捌勺貳抄并收復黃安縣麥壹拾肆石貳斗陸升叁合伍勺但每石折銀叁錢叁分該銀叁百伍拾兩貳錢柒分陸毫捌絲伍忽陸微（有奇）

蘄州倉改撥小麥抵米捌百陸拾陸石壹斗叁合每石折銀叁錢叁分該銀貳百捌拾伍兩柒錢捌分肆釐叁毫[illegible]絲[illegible]

存留

本縣學倉小麥抵米玖拾陸石貳斗貳升肆合每石折銀陸錢該銀伍拾柒兩柒錢叁分肆釐肆毫（舊考全書每石折銀伍錢萬曆拾捌年全書加編支數在役）

萬曆叁拾叁年知縣茅瑞徵條上兩院議畧云竊照京絹派徵原無產絲州縣上易催解下易輸納本縣至利旆少而比絹額派多至千疋有奇歲應徵價差科戶往荊岳等府買絲僱織多貲往返千餘里委非其人不乾沒乎即已得人道路間關能無虞意外乎且也絲始到官舟[illegible]需費人力有費又辦賦公家而推稅不貸計已不下數千疋之價矣此數十疋之價不漏卮乎本縣反覆深思倘移派之產絲地面則三者無煩更計也而費大省及查荊岳等處州縣派徵反不及本縣之數即如本府九屬通派比絹貳千玖百玖拾有奇多者肆百餘疋止矣少者或數十計而本縣獨不啻三分之一里分與蘄水大當蘄水額絹肆拾疋耳本縣定額何以相懸至此今即不敢援蘄水事例徑請通減合無查照原額每年徑追完絹扛銀兩解赴布政司給發荊岳產絲等府附織趁解庶上下兩計民情兩便

論曰書稱則壤成賦黃不宜桑而稅絹額以千計往返[illegible]之力滋吾民重費矣往余嘗議附織當事者從之而宜措以通省改折請再後申格曰是成[illegible]將例豈天定耶遂不得免則近議增[illegible]絹猶爲甦息焉若南絹數幾何而解後猶[illegible]已無算遄融酌處以全吾民余未之能行也

秋糧（原額[illegible]無定派并貓竹等銀隨糧帶徵[illegible]本色[illegible]頭等銀）

壹[illegible]派撥減
[illegible]壹百[illegible]
浦縣銀[illegible]等銀通[illegible]實徵本色正
耗[illegible]驢脚米貳萬叁千伍百伍拾壹石叁斗
貳[illegible]合銀壹萬貳千壹百捌兩肆錢伍分
[illegible]毫捌絲捌微捌塵例不優免

起運

京庫[illegible]千陸百伍拾壹石叁斗陸升捌合玖勺伍抄[illegible]除米壹拾捌石柒斗陸升肆合壹勺還黃安[illegible]代納外實徵米伍千陸百叁拾貳石陸斗肆合捌勺伍抄叁撮每石折銀貳錢伍分該銀壹千肆百捌兩壹錢伍分壹釐貳毫壹絲叁忽貳微伍塵每兩新議京扛叁分滴珠壹分該銀伍拾陸兩叁錢貳分陸釐肆絲捌忽伍微叁塵 解官盤費每兩玖釐該銀壹拾叁兩壹錢捌分叁毫解司

江夏徐文光 四百七十八

黃岡縣誌 卷之三 七

兊軍本色正米捌千貳百捌拾貳石陸斗伍升每石耗米肆斗共米壹萬壹千伍百玖拾伍石柒斗壹升 另正米壹石畢納艫脚米貳升該米[illegible]米壹百陸拾伍石陸斗伍升[illegible] ○外楞木松板銀叁拾叁兩壹錢叁分陸毫 [illegible]兩加楞木[illegible]該米[illegible]伍勺又水脚[illegible]發貳[illegible]裝運不許[illegible]息因不敷[illegible]

[illegible]運官軍行月二糧米貳千壹百[illegible]千壹

升陸勺[illegible]石[illegible]該銀捌百柒拾肆兩伍錢陸分肆釐[illegible]毫貳絲 [illegible]解水次交兊

江西運糧官軍一月糧米壹千壹百伍拾玖石捌斗每石折銀肆錢該銀肆百陸拾叁兩玖錢貳分 解糧儲道發江夏縣轉給

三六耗蓆輕齎銀壹千伍百叁拾貳兩貳錢玖分貳毫伍絲 每百兩新議解淮扛銀壹兩該銀拾伍兩叁錢貳分貳釐玖毫貳忽伍微[illegible]糧官併解

南京倉本色正米捌千肆百貳拾壹石肆斗每石耗米貳斗伍升共米壹萬伍百貳拾陸石柒斗伍升

江夏徐文光 四百一十八

黃岡縣誌 卷之三 八

另正米壹石畢納艫脚米壹斗伍升該米壹千[illegible]陸拾叁石貳斗壹升 ○外正米壹石本折蘆蓆猫竹囤頭等銀貳分壹釐陸毫該銀壹百捌拾壹兩玖錢貳釐貳毫肆絲 考舊全書遵照半章定派如折色米每石折銀伍錢又貳拾[illegible]年全書議正米壹石加水脚銀貳分該銀壹百陸拾捌兩肆錢貳分捌釐尋因不敷削編

部解南兊二糧運官盤纏銀貳拾柒兩 考舊全書貳拾伍兩內給本縣兊糧官伍兩南糧官貳拾兩今加解司類給總部官銀貳兩

派剩大倉米壹千貳百玖拾伍石伍斗捌升每石折銀陸錢該銀柒百柒拾柒兩叁錢肆分捌釐[illegible]

兩京扛銀壹兩貳錢該銀玖兩叁錢[illegible]

[illegible]忽新議解[illegible]玖毫該銀柒兩捌分壹毫[illegible]解司搭解

[illegible]運

經府[illegible]祿米陸千陸百壹拾捌石陸斗陸升壹合陸勺壹抄貳撮柒圭貳粒[illegible]肆千貳百[illegible]拾壹石捌斗壹升玖合陸[illegible]柒圭貳粒[illegible]每石折銀伍錢又米貳千[illegible]拾陸石捌斗[illegible]升貳合伍勺肆抄柒撮[illegible]錢通共[illegible]千捌百叁拾壹兩玖錢陸分[illegible]毫玖絲陸忽玖微[illegible]壹纖伍渺○原派武昌府倉米奉文[illegible]

[illegible]縣將軍祿米貳百玖石壹斗肆升每石折

黃岡縣誌 卷之三 九 [illegible]岡知孟陽 三百六十二

銀伍錢該銀壹百肆兩伍錢柒分二項新議解官盤費每兩玖毫該銀貳拾陸兩肆錢貳分捌毫捌毫解司

荊府親王祿米柒百伍拾[illegible]石折銀柒錢陸分叁[illegible]玖分伍毫陸絲玖忽伍微○[illegible]叁石伍斗伍升捌合玖勺[illegible]拾玖兩肆錢玖分壹毫貳毫[illegible]千伍百陸拾肆石伍斗貳[illegible]柒百捌拾貳兩貳錢[illegible]分○奉文[illegible]肆[illegible]

[illegible]叁錢伍[illegible]錢[illegible]捌拾柒兩叁錢叁分貳[illegible]

玖叁拾貳年奉文於前數派徵解府聽支

荊岷二府慶入口糧米貳百柒拾石叁斗玖升每石折銀伍錢該銀壹百叁拾伍兩壹錢玖分伍毫新議解官盤費每兩玖毫該銀壹兩貳錢壹分陸毫捌毫解司

派剩辰州衛餉米叁百貳拾叁石捌斗捌升每石折銀陸錢該銀壹百玖拾肆兩叁錢貳分捌毫除奉文改抵澈浦縣軍器淺船科舉紫草銀外實徵銀柒兩貳錢玖分柒毫壹毫新議京扛每兩貳分該銀壹錢肆分伍毫玖毫

黃岡縣誌 卷之三 十 江夏知孟陽 四百六十八

肆絲貳忽解官盤費每兩玖毫該銀陸分柒毫○清浪倉米捌百石每石折銀伍錢除奉文減免外實徵銀壹百陸拾壹兩叁錢柒分伍毫[illegible]新議京扛每兩貳分該銀[illegible]該銀壹兩伍錢壹分捌毫壹毫二項[illegible]文改[illegible]浦縣坐派光祿寺中丁[illegible]供應芽銀

總[illegible]糧餉米壹千肆百壹[illegible]陸斗捌升柒合陸勺伍抄肆撮貳圭柒[illegible]石折[illegible]伍[illegible]柒百[illegible]兩捌錢肆[illegible][illegible]伍渺[illegible]

[illegible]肆百壹拾捌[illegible]

[illegible]崇陽縣原編[illegible]

[illegible]
撥司俸抐解布政司叁拾兩按察司肆拾肆兩伍錢柒分
本府倉米伍百壹拾捌石柒斗伍升捌勺壹抄弃收
[illegible]切割民米壹拾柒石柒斗柒升壹合壹
勺二[illegible]粟米伍百叁拾陸石伍斗貳升壹合玖勺
壹抄[illegible]石折銀伍錢該銀貳百陸拾捌兩貳錢陸
分[illegible]伍絲伍忽〇奉文新加米捌拾貳石陸斗
叁升叁合伍勺捌抄每石折銀伍錢該銀肆拾壹
兩叁錢壹分陸釐柒毫玖絲考萬曆叁拾年因蘄州倉解府逼融湊支
缺額加編

本府學倉米伍百玖拾伍石貳升每石折銀陸錢舊折伍錢
該銀叁百伍拾柒兩壹分貳釐並解府
存留
本縣學倉米貳百伍拾捌石玖斗柒升陸合每石折
銀陸錢舊折伍錢該銀壹百伍拾伍兩叁錢捌分伍釐
陸毫[illegible]小務[illegible]伍拾柒兩柒錢叁
分肆釐肆毫貳[illegible]貳百[illegible]壹錢貳分
內教官叁員歲[illegible]米各叁[illegible]貳拾名
各[illegible]貳百
[illegible]

[illegible]伍分[illegible]
百壹拾壹兩叁錢貳分[illegible]錢壹兩捌錢收貯縣
庫聽遇閏湊支不敷於[illegible]廳銀內補給
萬曆叁拾叁年知縣茅[illegible]徵條上兩院議六本縣
逋賦爲累官民俱敝在今日勢窮必變而最累者
無如南糧此不及今申以畫一之令民困未有瘳
也本縣原額南漕二糧共耗各計壹萬壹千餘石
但漕糧係軍運臨兌急如星火而南糧係民運里
欠易于延徃例分項各徵先徵漕糧于秋終到
癸充娭漕完始徵南則南糧徵于次春矣沿襲既
久上下因循甚且推至次冬開徵及今則歷有成
春竟相上一年以今年徵本年之漕糧畢而方徵
舊歲之南糧日此例也及查各年來文原未奉有
分年之例祇緣徵不趂熟年别一年盖當秋收
米輸納甚易小民亦自鼓舞以待又一年又[illegible]
事則民心先已怠緩得歇乘機攬包巧犴[illegible]
在運迴及今臨期屆提無歲不厝拆無歲不[illegible]

前事種種可爲殷鑒目下無論其他即如一歲到
卯有添編里長有漕糧里長又有南糧里長多一
番挨認便多一番保戶多一番使費計所損民膏
應已不貲矣今亟及之不于中定規則議將漕南
二糧一併追徵上倉完日先儘漕糧[illegible]量南
糧上船一併解到京計[illegible]完但查見[illegible]甲到卯
相沿年分參差似應酌議再四揆度[illegible]二糧里
納各有定額向來祇是經收年歲[illegible]之派徵
剪年一漕一南各甲完數無異從今[illegible]不如併
於當年漕里之爲使也前此糧里[illegible]漕糧明
可息肩假如[illegible]南糧是[illegible]前年[illegible]年便
年收南糧[illegible]貳年南年支持[illegible]里長
一在於叁拾[illegible]貳年[illegible]里
拾叁年道收[illegible]然叁
年統算[illegible]以拾
收運政[illegible]一
納南糧[illegible]收又
不特一切[illegible]而完
[illegible]

今所一叅追比則頭緒[illegible]
來費用便三節年南糧匯解未論完欠總期即如
陸續到卯則雜辦集致官無從開比將前一番拘
其[illegible]併一年里欠自是無從緊開遲挨使四本縣
今[illegible]止有一處節年漕糧在前任廠南糧無廠可
[illegible]徵既不前經手守候卯戶得以過
[illegible]以滋浥[illegible]併徵則
[illegible]為稽查盤驗而無漏報侵沒之弊依
則如數押運而無掛籌拖累之虞使五節年今日
漕糧認保明日南糧認保雖經嚴禁積棍終是保
歇展轉作活若歸併則保戶漸滅將來此輩不驅
自除便六夫有此六便亟宜申定前此勢難歸併
則又有說蓋緣部運職名原分兩次催收部宜立
異更以文至為辭及查漕南同徵分解兼攝原不
相礙合無今後每歲兩期即將部運漕南二糧職
名具文申請總委一員董成首尾徵解庶職守專
一而弊端盡塞南糧不至坑官累民等因申呈蒙
兩院批允如議行

論曰　國家都南北而江南粟分餉焉漕徵逮

而運漕南遠而徵運者猾因緣轉多逋負条
頃議併徵庶幾狂瀾萬一云
天潢祖稅將茲仰給不腆之邑間於　荊楚以奉
湯沐不瞻黄安出我走邑改抵[illegible]倉縣[illegible]
府倉浮額濫觴滋[illegible]
新議而聽無名之[illegible]

丁糧額派 除活[illegible]

[illegible]

北京熟銖正價[illegible]貳兩壹錢[illegible]分伍[illegible]貳
絲伍忽每兩[illegible]京扛肆分該銀壹兩貳錢捌分
陸釐陸毫[illegible]忽 解官盤費每兩玖釐該銀叁錢壹釐[illegible]毫
毆疋正銀貳百[illegible]拾兩玖錢捌分柒釐京扛銀肆拾兩
伍錢陸分陸釐[illegible]毫每年帶閏拾捌兩伍錢伍分
捌釐捌毫 考全書遇閏加正扛銀肆拾陸兩叁錢玖分柒釐又萬曆叁拾肆年全書欽下
閏帶閏 今額派 每百兩新議京扛銀玖錢該銀貳兩捌錢
叁釐玖毫捌絲 解官盤費每兩玖釐該銀貳錢貳分玖釐貳毫○考府舊志載捌
本縣歲造有綵青段叁拾叁紅段叁拾壹墨綠段叁拾綵志載織金壹拾陸疋柒尺光素陸拾肆疋
貳丈柒尺遇例加織金貳疋壹丈叁尺伍寸光素玖疋貳丈

白硝麂皮叁百零貳張每張價銀肆錢京扛銀貳錢
其銀壹百捌拾壹兩貳錢 新議解官盤費每兩玖釐該銀壹兩陸錢叁分
捌毫卯遇折色之年每兩另派京扛銀玖釐○考府舊志載本縣歲辦有鹿皮叁百伍拾麂皮壹百
玖拾麂皮肆百

翎毛正銀壹拾兩玖錢陸分伍釐叁毫壹絲貳忽壹
塵玖纖貳渺每兩原議腳價玖釐該銀玖分捌釐
陸毫捌絲柒忽玖微捌塵捌渺 新議解官盤費每兩以釐該銀玖分
[illegible]
錢[illegible]○活鷹鷂[illegible]
貫總志載活[illegible]

……壹……正銀壹兩貳錢……

……壹拾貳兩貳錢伍分 新議官解顏銀製造解司另給夫馬

不必加添扛銀

當……料銀肆百玖拾捌兩柒錢陸分壹釐貳毫陸

絲……每百兩新議京扛銀玖錢……該銀肆兩

肆錢……分捌釐捌毫伍絲壹忽肆微壹塵柒纖肆

渺 解官盤費每兩玖釐該銀肆兩伍錢貳分玖釐叁毫

坐派光祿寺甲丁庫供應等銀陸百伍拾伍兩每百

兩新議京扛銀貳兩該銀壹拾叁兩壹錢 解官盤費每兩玖釐該銀陸兩壹分貳釐玖毫〇 舊全書分額辦派辦此項入派辦項下

南京藥味價銀肆兩伍錢柒分……毫陸絲捌忽

柒微伍塵 原無扛解〇 考舊志載此……藥材拾柒味……解南京叁拾斤捌兩……錢叁分

派辦……價銀叁拾肆兩壹錢貳分…… 新議解官盤費每兩玖釐該銀叁錢柒分叁釐壹毫

忽

後運

曆日銀貳拾貳兩……分陸釐叁毫……

……

運……伍忽……今……

……銀肆拾陸兩貳錢〇 淺船銀玖

分捌釐原派辰州重鈍今抵派浦

……派…… 陸拾壹兩捌錢叁分柒釐〇原派

……今……派浦縣額派徑丁紫草正價銀壹

拾……壹分伍釐扛銀貳兩 以上俱解司新議解官盤費每

兩玖釐該銀肆兩肆錢肆分陸釐

論曰黃岡……邑也羽毛齒革其波及皆他壤之產

梓桐且空斜豐既竭以供 君之外府往歲嘉

于寬政自左藏告乏而催科日急四司料價追

入考成征償唯恐後時夏……有觸情乎無以異

謂……耆 君告者與貝……復有採木之役捷

指且盡三空之歎應在今日矣

戶口鈔 實徵銀貳百……玖錢肆分捌釐……毫……肆絲捌忽肆微玖塵貳渺

起運

南京戶口鈔本折正扛共……玖兩柒錢叁分柒

……

[illegible]壹百壹拾伍两貳[illegible]帶閏銀叁[illegible]
[illegible]釐肆毫 解府
[illegible]原定倉鹽鈔柒萬陸千陸百陸拾捌貫
[illegible]為令
[illegible]錢柒分貞[illegible]考吾邑官吏例
[illegible]鈔近乃從[illegible]得之自茲邑無累
[illegible]之無[illegible]寧獨于此
驛傳 通計實徵銀貳千柒百貳拾玖两肆錢伍分捌釐貳絲伍忽除優免外秋糧內派
總運
江濟水夫壹百伍拾伍名每名銀肆两玖分伍釐其
銀陸百叁拾柒两柒錢貳分伍釐每百两新議[illegible]
扛銀[illegible]伍两柒錢壹分貳釐伍毫貳絲伍
忽 府帶徵運南糧官併解
驛遞
驛傳道[illegible]壹拾陸名每名銀
柒[illegible]
两[illegible]
○文[illegible]
隻[illegible]
貳[illegible]
隻[illegible]
肆名[illegible]

全書各增復貳名 ○紅船貳隻水夫壹拾玖名每名銀柒
两貳錢帶閏銀壹錢貳分每隻備船銀壹拾貳两
共銀壹百陸拾叁两捌分 驛傳道座用壹隻夫拾名本府清軍廳座用壹
[illegible]人玖名轎傘夫在內○考舊全書原編貳隻水
[illegible]夫各壹拾名無閏并備船共銀壹百陸拾捌两萬
[illegible]貳拾叁年各減編壹名帶閏共銀壹百伍拾伍
[illegible]錢陸分貳拾肆年全書增復驛傳道壹名
齋[illegible]驛馬壹拾陸匹每匹銀叁拾两帶閏銀伍錢又
零銀壹两伍錢貳分帶閏貳分伍釐共銀肆百捌
拾玖两伍錢肆分伍釐○奉文加馬肆匹每匹銀
叁拾两伍錢共銀壹百貳拾貳两 考舊全書原編中馬壹拾肆匹
無零閏共銀肆百貳拾两萬曆貳拾叁年加編貳
匹帶零閏貳拾捌年復奉驛傳道案驗加編陸匹
本縣額加肆匹至叁拾年播平停止隨據該驛申
呈衙疲叁拾貳年奉文詳允纂入全書共編中馬
貳拾匹两項該銀陸百壹
拾壹两伍錢肆分伍釐
○站船水夫壹拾伍名
每名銀陸两帶閏銀壹錢共銀玖拾壹两伍錢○
奉文加夫肆名每名銀陸两壹錢共銀貳拾肆两
肆錢 考舊全書原編貳拾名無閏共銀壹百貳拾
两萬曆貳拾叁年止編拾叁名帶閏共銀柒
拾玖两叁錢貳拾肆年全書增復貳名[illegible]
復[illegible]文加編肆名两項共銀壹百壹拾[illegible]文錢
李坪[illegible]馬壹拾柒匹每匹銀叁拾两帶閏銀伍錢又
零銀貳拾肆两帶閏[illegible]共[illegible]伍百肆[illegible]两玖
錢○奉文加馬貳匹每匹銀[illegible]两伍錢[illegible]
拾[illegible]

□□□□拾捌年奉文驛傳道蔡驗該驛衙坡□□
迎寘議□柒匹本□□加貳匹至叁拾年□□□□
止陞用□約呈□□□□實叁拾貳年奉文□□允
募入分書共編□□壹拾玖匹該銀陸百叁兩玖
錢○□□□水夫□□名每名銀陸兩帶閏銀壹□□共
銀貳□□□壹兩肆錢○奉文加夫伍名每名陸兩壹
錢共銀叁拾兩伍錢考舊全書原編水夫叁名無閏共銀壹拾捌兩萬曆貳拾叁年全書加編□□名帶閏貳拾玖年奉文詳加拾名本縣額加□□□兩項共銀伍拾肆兩玖錢
奉文代□□□縣原編協陽邏驛馬叁匹每匹銀叁
拾兩帶閏銀伍錢又零銀貳拾貳兩捌錢叁分
釐壹毫肆絲柒忽貳微帶閏叁錢捌分陸釐毫伍絲
貳忽捌微共銀壹百壹拾肆兩柒錢壹分玖釐捌

毫○奉文加馬貳匹每匹銀叁拾兩伍錢共銀陸
拾壹兩考舊全書原編□□協馬肆匹萬曆貳拾叁年全書改編本縣叁匹依運零閏共銀壹百肆拾肆兩玖錢有奇貳拾捌年例加貳匹□該銀壹百柒拾伍兩停止陸閏差解准編共編中馬伍
□□□□○奉文加編□□米夫□□□
每名銀陸兩帶閏□壹錢共銀壹□□貳錢
舊全□原編有□□□萬曆□□□年□例加編□查李坪陽邏□站船先年原□□□□成造□□□減編以□□□工食按季解給□船銀解貯□□
編□□□□□□□□貳匹□□□□
□□□□□□□□□□
□□□□□□□□□□

□□□□□□全書齊安李坪陽邏馬匹除協
巡永充各下馬陸匹外實編中馬各貳拾匹每匹
銀叁拾兩共銀陸百兩萬曆貳拾叁年全書三驛
除浙□□□□馬銀各貳百壹拾壹兩玖錢捌分帶
閏各叁□□□□叁分叁釐外實編齊安中馬叁拾
匹李坪□□拾貳匹陽邏叁拾壹匹每匹加帶閏伍
錢貳拾□□年李坪又加編貳匹今逓年增加齊安
陸李坪柒陽邏玖比照原額幾加倍矣站船齊安
原編伍隻□每隻水夫陸名各陸兩無閏共銀壹百
捌拾兩□□□貳拾叁年每船減編貳名帶閏貳拾
肆年□□□□名□更加拾名李坪陽邏原編各肆
隻每隻□□□叁名各陸兩無閏各共銀柒拾貳兩
貳拾叁年每船各減編壹名帶閏貳拾肆年李坪
加復陽邏總減壹名□李坪加至貳拾貳名陽邏
拾柒名其齊安李坪支應俱踰往額○又考馬戶
向係永充與募役承當除浙江永充齊安柒名李
坪陽邏各陸名近解銀給發外本處永充齊安叁
本縣拾肆麻城柒李坪則本縣肆麻城陸黄安叁
陽邏則黄陂肆黄安貳萬曆拾柒年李坪黄麻永
充巡閱抗提拾玖年議暫僉殷實代當至貳拾捌

年該鎮鄉約條呈允加馬柒匹生編本縣羅田各
貳匹麻城叁匹近麻城以新刷太平驛議掣兩縣
永充節提不赴止本縣永充與募役認當僉擇五
戶每至年終封門不役應爲議復
論曰余覈□□册□□□□□□□係矣齊安稱驛
也而□給□□拾居且□□□□陽邏且廬□外
屬□□□□□□□李坪之□□自兩邑承充之議
創□□□□□□□□□□□□編而應募益繁
宿□□□□□□□□□□□□陽邏改
編□□□□□□□□□□□□夫加為
汔□□□□□□□□□□□□
異□□□□□□□□□□□□

民壯[illegible]
拾名今見存共叁百肆拾[illegible]名實徵銀貳千伍
百玖兩叁錢貳分除優免外丁叁糧柒兼派

起運

蘄州練兵壹拾貳名每名銀柒兩貳錢帶閏銀壹錢
貳分共銀壹百壹兩肆分 考舊全書
原編伍拾名無閏共銀壹百柒拾肆兩萬曆貳拾
叁年全書減編捌名帶閏

存留

應役叁百貳拾玖名每名銀柒兩貳錢帶閏銀壹錢
壹分共銀貳千肆百捌兩貳錢捌分 內府堂貳拾叁名捕廳壹
拾肆名岐亭防守壹拾貳名俱徵銀解給本縣縣
丞貳主簿各貳名巡捕典史叁名本縣聽差貳百

黃岡縣誌　卷之三　廿一

柒拾壹名俱徵銀給領顧役者聽迎送吹手遇
有過客供餉該縣答應上司封冊等使軍民均出
考府舊志載試百伍拾名及後志開叁百捌拾[illegible]
伏作全書除岐亭壹拾貳名外應役叁百肆拾[illegible]
名貳項共銀貳千伍百玖拾貳兩閏加編萬[illegible]
試拾叁年[illegible]減編肆拾壹名并岐亭拾貳名[illegible]
應役叁百[illegible]玖名除[illegible]本縣[illegible]聽差[illegible]
[illegible]防守[illegible]迎送吹手[illegible]州附[illegible]餘各[illegible]
試拾肆年[illegible]編仍留聽差拾名定議吹手[illegible]司[illegible]
民內[illegible]縣各應內[illegible]民壯肆拾陸名又捕
[illegible]拾[illegible]名[illegible]百玖名[illegible]又[illegible]首[illegible]相[illegible]差占
拾捌[illegible]役無常[illegible]非[illegible]充本意㊀再查
防道[illegible]取[illegible]于陸名又[illegible]抽[illegible]有差

論曰以[illegible]之分爲一道近制邊民壯丁
以[illegible]訓練[illegible]識
[illegible]自後[illegible]

[illegible]者禁而至以供迎送何哉
謂[illegible]而[illegible]之也吾聞[illegible]兵造[illegible]近亦多故矣
嚴爲之閑以除戎器不亦可乎

均徭 原編價銀叁拾兩免派通計實徵銀肆
千捌百捌拾兩伍錢陸分叁釐捌毫除優
免外丁叁糧柒兼派近又加編鄉官轎傘大
陸名每名柒兩貳錢共銀肆拾叁兩貳錢

起運

北京富戶壹拾貳名每名銀貳兩每兩新議京貳銀
貳分共銀貳拾肆兩肆錢捌分無閏 解司搭解考總志開宛大
二縣富戶舊全書扛解壹錢

撥運

黃岡縣誌　卷之三　廿二

楚府斗級壹名銀柒兩貳錢無閏[illegible]
拾肆年[illegible]仍復額○通山王[illegible]膳[illegible]壹名[illegible]拾貳兩帶
閏銀肆錢[illegible]
荊府齋郎壹拾肆名[illegible]兩○
樂舞生叁拾[illegible]兩○
鋪排夫伍名[illegible]○禮生
貳名每名[illegible]○曆日貳名每名銀
叁兩共[illegible]○宣[illegible]柒[illegible]壹名銀
壹拾貳[illegible]○民[illegible]名每名
[illegible]

新政司河泊□銀柒兩貳錢無閏○庫子壹名銀捌兩
[illegible]銀叁分叁釐叁毫○柴薪伍名每名銀
壹□貳兩共銀陸拾兩帶閏銀貳兩[illegible]儲道
[illegible]左堂快手壹名銀柒兩貳錢帶閏銀壹錢貳
分○[illegible]道皂隸叁名每名銀柒兩貳錢帶閏壹
錢貳分共銀貳拾壹兩玖錢陸分舊門[illegible]遇閏加編○[illegible]
[illegible]名每名銀肆兩共銀肆拾兩帶閏
[illegible]分司[illegible]夫銀貳拾兩○禁子肆名每名銀捌
閏銀壹錢叁分叁釐叁毫共銀叁拾貳兩伍錢[illegible]
分叁釐叁毫○正堂皂隸壹名銀柒兩貳錢帶閏[illegible]

壹錢貳分萬曆貳拾玖年減編[illegible]拾肆年全書仍入○分巡武昌
薪貳名每名銀壹拾貳兩共銀貳拾肆兩帶閏[illegible]
捌錢舊遇閏加編
院衙道抽夫快手壹拾玖名每名銀柒兩貳錢帶閏
銀壹錢貳分共銀壹百叁拾玖兩捌分[illegible]
政司左右堂并分守道快手名壹名[illegible]叁名按察司正堂并清軍道快手各[illegible]夫壹名知事快手叁名○考萬曆貳拾叁年全書知事快手每名除兩閏銀壹錢貳分拾肆年照依[illegible]加編又書全書撫院并布政司左堂快手不編本縣并無帶閏
本府馬夫陸拾名每名銀肆兩共銀貳百肆拾兩[illegible]
閏[illegible]○門子壹[illegible]

銀陸兩帶閏銀壹錢共銀陸拾壹兩[illegible]
[illegible]○禁子銀叁拾兩伍錢○庫子銀貳拾兩
本府儒學齋夫壹拾名每名銀壹拾貳兩共銀壹百
貳拾兩帶閏肆兩舊遇閏加編○膳夫捌名每名銀拾
兩共銀捌拾兩無閏○文廟貳祭共銀伍拾兩○
啓聖祠貳祭共銀壹拾兩肆錢○名宦鄉賢貳祠
各貳祭共銀壹拾兩○山川壇貳祭共銀拾貳兩
○社稷壇貳祭共銀壹拾兩○邑厲壇叁祭共銀
貳拾壹兩○門子玖名每名銀伍兩帶閏銀捌分
叁釐叁毫共銀肆拾伍兩柒錢肆分玖釐柒毫[illegible]江夏万儒

文廟明倫堂等處共叁名[illegible]○鄉飲貳
次共銀叁拾兩○歲貢盤纏銀叁拾兩
三江口守備廳糧銀肆兩叁錢帶閏銀壹錢肆分叁
釐叁毫舊遇閏加編○上哨巡江官廳糧銀玖兩帶閏
銀叁錢[illegible]
齊安驛支應銀伍百肆拾兩○奉文新加銀柒拾貳
兩[illegible]
[illegible]○館夫叁名每名銀[illegible]
貳錢帶閏[illegible]共銀貳拾壹兩[illegible]

李坪驛館夫叁名每名銀柒兩貳錢帶閏壹錢貳分
共銀貳拾[illegible]兩[illegible]錢陸分（舊編館夫[illegible]李坪[illegible]伍百肆拾兩派[illegible]支應[illegible]兩協濟[illegible]陽邏驛[illegible]黃陂[illegible]名派黃安）○考府全
武昌巡[illegible]名每名銀柒兩帶閏銀壹錢壹分
陸釐[illegible]共銀貳兩共銀叁拾兩肆錢陸
分陸釐[illegible]（舊[illegible]無閏）

存留

本縣柴薪壹拾壹名每名銀壹拾貳兩共銀壹百叁
拾貳兩帶閏銀肆兩肆錢（知縣肆名縣丞貳主簿各貳名典史壹名）○
馬夫伍拾名每名銀肆兩共銀貳百兩無閏（知縣[illegible]縣丞[illegible]）

（[illegible]貳主簿典史各拾名）○門子陸名每名銀伍兩帶閏捌分叁
釐叁毫共銀叁拾兩伍錢（知縣貳名縣丞貳主簿典史各壹名）○皂
隸貳拾陸名每名銀[illegible]百肆拾貳兩帶閏貳兩叁錢陸
分陸釐陸毫[illegible]共銀壹百肆拾肆兩叁錢陸分陸釐
陸毫（知縣拾陸名每名銀陸兩閏銀[illegible]錢縣丞貳主簿各肆名典史貳名每名銀伍兩閏銀捌分叁釐叁毫[illegible]舊編遇閏[illegible]）○禁子捌名每名銀玖兩外帶
閏壹錢伍分[illegible]共銀柒拾叁兩貳錢（除工食外并備辦刑具收管監簿紙張[illegible]等項支用○考舊全[illegible]）
[illegible]
[illegible]壹名[illegible]拾肆兩

內應役壹名工食銀柒兩貳錢帶閏銀壹錢貳分
（餘銀抵作公堂[illegible]紙筆墨[illegible]報備[illegible]支用○舊全[illegible]壹名[illegible]銀叁拾肆兩無閏）○預備倉斗級銀叁拾兩內應役貳名
每名工食銀柒兩貳錢帶閏銀壹錢貳分（餘銀抵作齒盤造冊紙劄[illegible]補[illegible]之用○舊每名銀壹拾伍兩無閏）○便民倉斗級壹名
銀叁兩帶閏銀伍分（舊伍兩無閏）○孤老壹百陸拾柒
名口每名口歲給布花銀叁錢共銀伍拾兩壹錢
（遇有開除扣銀貯庫候新收支給以免加編○考舊全書貳百壹拾名口）
本縣儒學齋夫陸名每名銀壹拾貳兩共銀柒拾貳
兩帶閏銀貳兩肆錢（舊遇閏加編）○膳夫肆名每名銀

壹拾兩共銀肆拾兩無閏○釋菜貳祭共銀壹拾
貳兩○門子陸名每名銀伍兩帶閏捌分叁釐叁
毫共銀叁拾兩伍錢（看守文廟[illegible]倫堂等處廿貳名教官叁名祭器庫子壹名）（○考舊全書文廟看守門子壹名[illegible]倫堂啓聖名宦鄉賢祠門子壹名教官叁名每名伍兩遇閏加編）○歲貢盤纏銀壹
拾伍兩（以上俱徵銀支給萬曆貳拾叁年全書開皂隸名支）
迎送皂隸肆拾名每名銀伍兩帶閏銀捌分叁釐叁
毫共銀貳百叁兩叁錢叁分叁釐（止隨[illegible]本府[illegible]舊全書柒拾貳名每名銀陸兩）○看守門子壹拾壹名銀貳拾捌兩
捌錢[illegible]共銀貳拾玖兩貳錢[illegible]捌分（[illegible]院司）

[illegible]名[illegible]兩陸錢[illegible]分[illegible]書院
分[illegible]共[illegible]每名銀貳兩肆[illegible]兩銀肆分肥[illegible]
忠[illegible]每名銀壹兩[illegible]
貳錢[illegible]錢貳分考舊無閏
[illegible]拾叁隻每隻
水夫[illegible]每名銀陸兩帶閏[illegible]共銀壹百伍拾
捌兩[illegible]錢內本府經歷知事照磨并本縣縣丞貳
[illegible]主簿典史各壹隻餘陸隻聽縣差撥考
舊無閏并無定撥
各巡司弓兵徭編叁拾捌名該銀貳百陸拾柒兩陸
錢帶閏銀[illegible]兩[illegible]錢陸分 三江口叁拾叁名每名銀柒兩貳錢閏銀壹錢
貳分[illegible]司伍名每[illegible]名銀陸兩帶閏壹錢[illegible] 奉文加添守備司徭編玖
名帶閏每名該銀柒兩叁錢貳分共銀陸拾伍兩
捌錢捌分 考舊全書三江口肆拾名每名銀柒兩貳錢團風司除抽解廻風磯伍名實存
柒名每名銀陸兩俱遇閏加編萬曆貳拾叁年三江口戚編拾叁名[illegible]司抽解捌名止存伍名各
帶閏貳拾肆年[illegible]三江口叁拾叁名團風司[illegible]名至叁拾[illegible]三江口復申加玖名今共肆
拾貳[illegible]○承[illegible]每名銀伍錢肆分帶
閏銀玖[illegible]共[illegible]伍分貳釐○奉文
[illegible]每名[illegible]壹[illegible]貳錢伍
分[illegible]考永[illegible]
名[illegible]貳拾叁[illegible]
名止[illegible]玖[illegible]後三江口團[illegible]
拾玖[illegible]議[illegible]三江口肆拾[illegible]
拾陸[illegible]司肆拾叁名該[illegible]
錢陽[illegible]名中[illegible]
貳錢玖分[illegible]共銀壹百玖拾[illegible]
釐○[illegible]

郑伯元 五百五十三

柒兩[illegible]貳分[illegible]壹[illegible]銀陸拾[illegible]
叁錢[illegible]分 考舊全書伍名每名工食衣鞋銀捌兩柒錢二季解給
各舖兵[illegible]編柒拾[illegible]名每名銀陸兩外帶閏壹錢○
承文壹百陸拾[illegible]名[illegible]銀壹兩捌分帶閏壹分捌
釐共[illegible]陸百[illegible]兩[illegible]錢叁分○奉文新增徭兵肆
名[illegible]錢○又添兵銀柒拾陸兩壹
錢[illegible]分[illegible]共[illegible]零陸兩貳錢柒分 內縣前舖徭編叁名
半永充[illegible]肆長坡花園夂長叁舖各徭編貳永充
伍瀘泥桑林城栳叁舖各徭編叁永充伍松陽粉
壁曹仲丁家壋肆舖各徭編壹永充伍楓香臨江
長嶄叁舖徭編永充各肆矮劉舖徭編貳永充肆
楊林舖徭編叁永充肆畢家舖徭編壹永充肆團
風舖徭編肆永充玖李家境舖徭編肆永充貳汪

郑伯元 六百五十三

家舖徭編貳永充陸淋山河黃山貳舖各徭編壹
永充陸陶山舖永充陸徭編壹雙柳烏舊貳舖徭
編永充各叁竹尾蒲徭編肆永充叁陽邏舖徭編
叁永充柒道觀河舖徭編貳永充柒周山三山貳
舖各永充柒徭編壹續增花園夂長曹冲長嶄各
徭編壹○考本縣叁拾舖原設永兵貳百拾柒名
後逐年磨[illegible]上存壹百陸拾名內衙舖捌拾
玖名每名衣鞋銀壹兩捌錢[illegible]衙叁拾柒名每名
壹兩[illegible]叁拾肆名每名壹兩捌分萬曆貳
拾叁年永兵[illegible]一倒編銀壹兩捌分貳拾玖年呈詳
復額[illegible]又考徭編原額陸拾玖名半每名銀柒兩
貳錢後裁至伍兩肆錢萬曆拾壹年比照漢陽事
倒[illegible]議以總舖等貳拾肆舖爲上衝共募兵陸拾
貳名半路雉衙爲兵加周山陶山三山叁舖次衝
粉壁曹冲畢家叁舖[illegible]陸舖共募兵[illegible]柒名路
雉[illegible]而兵寡槩詳[illegible]全書各編[illegible]
貳拾叁年[illegible]名半[illegible]前團風止各貳名[illegible]山
舖[illegible]道觀河[illegible]壹名[illegible]拾肆年[illegible]貳拾
玖年復加肆名以上[illegible]給領顧充支吉[illegible]

[illegible]壹拾陸名銀伍拾伍两伍錢帶閏[illegible]錢貳
分伍[illegible]壹共銀伍拾陸两肆錢貳分伍釐○奉文新
增養公館渡夫銀叁两○馬橋渡夫貳名每名銀
伍两共銀壹拾两外備船存省銀肆两陸錢肆分
共銀壹拾肆两陸錢肆分 考舊全書谷河渡夫玖
名内樊口御河口各壹
[illegible]名銀壹两伍錢團風横河渡壹名銀伍两陽
邏渡陸名每名銀陸两方溢赤山白路河史霸橋
共夫銀玖两各遇閏加編萬曆貳拾叁年改編今
額内團風横河渡貳名每名銀貳两伍錢閏銀肆
分壹釐陸毫陽邏渡陸名每名銀壹两閏銀壹錢
白路河方溢貳渡各壹名每名銀貳两閏銀叁釐
叁毫赤山渡夫壹名銀貳两閏銀叁分貳釐御河
口壹名銀壹两伍錢閏銀貳分伍釐各照舊外原
編樊口渡夫貳名每名銀貳两伍錢閏銀肆分壹
釐陸毫免先經貳拾壹年議改馬橋舖遞又編史霸

渡夫方正橋夫各壹名各銀壹两閏銀壹分陸釐
叁拾年奉撫院增設養公館渡船壹隻募夫壹名
工食伍两將前項抵給加派叁两叁拾叁年復奉
按院加馬橋官渡船壹隻渡夫貳名共銀拾两
○各渡備船銀壹拾壹两貳錢壹備每年該銀伍
两伍錢陽邏渡銀叁两白路河方溢渡樊口横河
御河口伍處各銀伍錢○考舊全書拾两
每[illegible]團風陽邏渡叁两樊口倒河口各伍錢横河
渡壹两○以上各夫工食額充支者聽外馬船存
省解府

論曰煩役非古也然盛中差役屢徑屢如聚訟
然苟民所便是爲令豈顧問哉余嘗南涉鄂渚
北望燕道光[illegible]交邑水皇[illegible]跡
馬且[illegible]郵[illegible]不可[illegible]莫[illegible]一[illegible]

官[illegible]錄之[illegible]指數十百緡故其宗
人太甚之與給[illegible]之警而民困已甚古者
役民歲不過三日若媢嫉府怨難以令矣

里甲 大馬項下實徵銀柒千貳百叁拾柒两叁
錢玖分公費項下改歲貢作與銀壹两貳
錢伍分于備用銀内支文威合用舖陳上等
壹副銀[illegible]叁两中等貳副每副[illegible]銀捌
錢[illegible]下等每副[illegible]銀貳錢共銀伍两陸
錢壹年壹派本府正堂并清軍廳水夫各貳
名每名銀柒两貳錢通計實徵銀壹千壹百
陸拾肆两玖分柒釐伍毫壹絲陸忽壹微貳
塵伍纖貳渺夫馬除優免公費例不優免但
丁叁糧半兼派

排夫貳百伍拾名每名銀柒两貳錢帶閏壹錢貳分
共銀壹千捌百叁拾两除客夫銀壹百柒拾捌两

陸錢壹分外實編銀壹千陸百伍拾壹两叁錢玖
分 考府志裁叁百貳拾伍名及查舊全書原編
百名每名銀柒两貳錢共銀壹千肆百肆拾[illegible]
除客夫外實編銀壹千貳百陸拾壹两叁錢玖[illegible]
内扣叁拾肆名該銀貳百肆拾肆两捌錢於客夫
坐扣并條編奏數俱於[illegible]内[illegible]無閏又本縣
應役陸名走差壹百陸拾[illegible]俱照後充支選留[illegible]
編萬曆貳拾叁年加編伍[illegible]名帶閏本縣應役[illegible]
名走差貳百肆拾肆名俱[illegible]募後充支武[illegible]
年頭脚馬並開徵銀給[illegible]充支者聽○今定[illegible]
陸官[illegible]陸路迎送黃陂[illegible]並壹錢陸分下[illegible]
城[illegible]并黃陂界碑并壹[illegible]分蘄水壹錢陽邏
道觀河並調分[illegible]河[illegible]分水路迎送[illegible]
[illegible]錢壹分斷州[illegible]發銀雇募相待起白
[illegible]于無多[illegible]役陸名文聽力夫方
[illegible]大流寓無常近串[illegible]
[illegible]
脚[illegible]

一□兩□□編柒拾四兩四錢貳拾肆兩無
門□伍四□廳候差繁兩量動支接雇登報
紙□查餘數□走差究支萬曆貳拾叁年減編
管□具給走差
背□叁拾叁年知縣茅瑞徵條上兩院議畧云本
縣□陸要衝八省紳蒐之域舊例夫役臨時給價
召募乃夫價除客夫力夫兩項虛撥差占外宜編
歲不過下肆百餘金耳以肆季析之每季不過叁
百拾金一遇銀預用夫動以數百名計募夫之
價□以拾金計此等一二起使去百金矣過客
經過用夫百名以爲常如送黃陂每名壹錢陸分
□名即去壹拾陸金矣勘介之外又出火牌本
□之外復勒乾折動日照前應付而境上委官掛
號□中多曲徇有避風險改由陸路添用僱夫數拾
撐後遇船至用亦如之者沿行多乘風便乃換船
夫□用肆伍拾名間多至百名明知無用盡飽長
行之橐者上司長損虛撥開用夫後叁名官轎兼
程間用叁班以上乃過客亦緣以爲例動輒多加
務不如意即公堂鼓噪者年來夫價缺額一二千款

□復胡德 六百三十六

冬來夫無措然卒卯借條編次用語所謂鞭取
之道泥沙用之正爲此項節省舊時絕無例爲
省不供應何故于不用馬匹料至今勢多掣肘
者非□□中飭將來何所底止合無今後定爲成
例凡過使客過往水路應付照前上水船用人無
論多寡拾名下水順流大無過貳拾名陸路應付□
扛擡照數每扛一擡止許用夫肆名每轎一乘止許
用夫二班吹手止用一□□不許多用皂壯助
合火牌不得重去□□不得濫給仍請刑示
木榜□立退備□□應付及擅折乾者查
參議處庶杜□□

朝賀習儀銅鑼行□□兩叁錢〇本縣應
朝覲盤纏銀正佐肆□□兩□該□
造冊□□
三年一次
每年□

□□□慶□□合用□□年□□慶銀叁□
紗□□各樣□陸兩□□段座褥陸副銀
壹兩捌錢□□皮凉座陸塊銀肆錢捌分舊捌
隨銀陸錢肆分硃盒□□□玖錢舊捌副銀壹兩貳錢通共銀
貳拾柒兩壹錢□□分二年一置每年該銀壹拾叁
兩伍錢玖分□□壹兩陸錢貳分〇上司往來預備
骨花轎貳□□陸兩素轎貳乘銀叁兩小轎捌乘
銀捌兩□□轎幔捌副銀捌錢青絹傘捌把□
玖兩陸錢黃絹傘捌把銀捌兩兩傘壹拾肆把銀
壹兩肆錢通共銀叁拾陸兩捌錢三年一換每年

鄧科元 四百四十四

該銀壹拾貳兩貳錢陸分柒釐考舊全書有轎夫紅衣紅帽各伍拾
件銀陸兩通共銀壹拾肆兩玖錢叁分肆釐
布政司造冊工食銀貳拾□□伍錢〇清軍道紙劄
油燭等銀貳兩叁錢〇分巡道紙劄油燭等銀伍
□兩捌錢
按察司公費等銀捌兩〇分巡道紙劄油燭等銀壹
□壹兩玖錢□□〇下□□□應等銀
□拾柒兩〇提學道□□
□□□□
頂□□□□造冊

[illegible]本縣存照

奉文[illegible]撫院公費銀[illegible]拾捌兩○按院公費銀壹

拾柒兩（[illegible]）○又[illegible]院公費銀壹拾柒兩

○[illegible]院公費銀拾捌兩伍錢○司道公費銀叁拾

貳[illegible]伍分伍毫壹絲陸忽壹微貳塵伍纖貳

渺（[illegible]）○分守道公費銀叁拾叁兩肆錢貳

分叁毫（[illegible]前銀向於船料鹽稅內支萬曆貳拾捌年查歸稅監議於糧丁糧派補叁拾[illegible]奉文加編）

本府公費銀捌拾陸兩捌錢（舊額叁錢）升收回黃安縣前

項民米該納各項差銀捌兩其銀玖拾肆兩捌錢

黃岡縣志　卷之三　卅三

新舊舉人以叁拾陸名爲率每名長夫銀貳拾肆兩

其銀捌百陸拾肆兩三年一次每年該銀貳百捌

拾捌兩（如新中數多本年暫于備用銀內扣入[illegible]編[illegible]兌）○歲貢生員正貢盤纏除[illegible]

區酒席銀拾兩其呈討作與臨[illegible]于備用銀內支

給正陪貳名赴考腳力銀每名壹兩[illegible]

二年一貢每年該銀陸兩（[illegible]）

（壹兩[illegible]）○科[illegible]生員[illegible]

[illegible]每名盤纏[illegible]

[illegible]

伍拾兩○科場對讀生伍名每名銀壹兩刊錄匠

捌名書手肆拾名俱每名銀伍錢其銀貳拾玖兩

三年一次每年該銀玖兩陸錢陸分柒釐，

本縣刷卷紙劄工食銀叁兩三年一次每年該銀壹

兩（舊編陸兩每年銀貳兩）○門神桃符春牛芒神花鞭酒席

開印封印牲醴香燭等銀本府捌兩本縣肆兩其

銀壹拾貳兩○知縣段紗圓補各貳副青絹傘雨

傘各貳把油絹雨補棕雨補各壹件硃盒筆架貳

副其銀伍兩縣丞貳主簿典史青絹傘雨傘各壹

把主絹圓補各壹副硃盒筆架各壹副各銀壹兩

黃岡縣志　卷之三　卅四

叁錢通其銀壹拾兩貳錢俱一年一換○迎送高

提燈籠油燭每年約銀拾兩（舊編伍兩）○縣堂燈籠夫

肆名每名銀壹兩捌錢其銀柒兩貳錢○操賞軍

兵每年約銀貳拾兩○教官馬傘府學伍員縣學

叁員各銀柒兩其銀伍拾陸兩（考舊全書無編萬曆拾陸年議加）

供應銀肆百伍拾兩供應往來上司過客油燭柴炭

廩給口糧小飯下程中火程紅紙劄交際鄉官等

項支用有餘留入備用項下湊支（[illegible]）

（拾捌年[illegible]兩本縣[illegible]）

[illegible]銀叁百兩如[illegible]

白牌上司經臨[illegible]吏書廩食[illegible]濟交代及正官
新任行香謁[illegible]賞新進學花紅宴䊬紙劄工食
及五年一次恤刑公費等項臨期動支○脩理
文廟學府學宗兩縣學伍兩并院司各衙門舖舍
本縣頭門等項申請動支○歲貢呈討作興并
歲考科考府學生員花紅盤纏聽臨期支給○本
縣季考給賞約銀貳拾伍兩○正官朝覲銀貳兩
伍錢暖轎遮絹圍其銀肆兩伍錢冬夏座褥銀貳
兩轎輓肆副銀肆錢執事壹副銀壹兩貳錢新任
支一次每年修整銀貳兩凡事難逆料或數難預定或前銀用盡俱許此將絀遇

頁奏支

論曰盖治邑如家然米塩凌雜憊一之不其然
敢憚煩乎衝附之區動輒取辦無米索炊巧婦
不能乃吾民亦既殫其廬之入竭其地之出矣
悉索敝賦車殆馬煩無若協濟之畫餅何往為
學並本縣子弟蔽邑賦兼給焉今他邑每試輒
爭額而賦籍自若此詩人奏首乎而揭也

萬曆三十三年知縣[illegible]以協濟條上[illegible]院[illegible]查得
起派錢糧遵照全書[illegible]額無容增[illegible]年米編[illegible]
未幾陸續更定奉文[illegible]編改抵無[illegible]有漸與原
編款目反與經承人役[illegible]不問全書為何物有今
歲然而明[illegible]不然者有當年[illegible]徵將畢另增一項
者[illegible]也[illegible]徵旋[illegible]詳動經數歲[illegible]數

歲後[illegible]亦所定數[illegible]前如[illegible]若[illegible]照此[illegible]
悉以至[illegible]徵蘇無異一宿猾吏[illegible]飲縁[illegible]裁省
而[illegible]難支給或已帖行而寢擱[illegible]時此皆附合之
機[illegible]誰侵之徑實竊見每年[illegible]守道查覈
有[illegible]與易知單非不悉也經承人役目為故
套[illegible]了事本縣初任清查節年飛徵甚有
銀已[illegible]而原未經派如馬價之類比比而是總
之[illegible]全書既書無據[illegible]無足據者矣及查全書
舊例拾年壹編布政司徑委官裁定其間應增應
減不無[illegible]間多猶決無准今日纂編明日申改
兢有覘心示人不信且當書成之日不過頒行州
縣壹冊[illegible]歲以後款目漸移束之高閣環尊貴徵
拾造拾易賦額不清其源坐此合無今後編纂全
書先期行令各該州縣備開簡明文冊何項應增
何項應減何項應照舊悉心參酌前件下務逐款
明白登答類送司道覆議必求經久可行再三酌
妥發該府分給州縣取具甘結方准刊布刊布
之後大書榜示伍年拾年永為遵守即中間稍未
盡須俟後造改編唯遇大軍興大災傷奉有特請
不妨尾葉添刻數行每年春令將及布政司及糧

備分守二道驗給貳冊壹本存驗壹本發該州縣
照額編派即糧官案頭時置此一書歲徵錢糧自
是了了目中吏書不得緣引上下且有此一冊亦
不必另造實徵即此上下責成甚為簡徑[illegible]
巡等官及馬頭舖兵各役既知有成額亦不[illegible]
徼幸之心呈繳條申一切減省此實清源之[illegible]
其難獨在初議耳本縣徵與數事有有其[illegible]
其實年復[illegible]者如客夫抵編民壯影占其名
不可查[illegible]乎有無其名而有其實勢難[illegible]
貢上作與查奉兩院原行共銀貳兩非[illegible]
省乃年來紛紛呈討重[illegible]批給不下百金[illegible]
備用有幾此端則那之彼知此類不可[illegible]
哉歲[illegible]太過及閱無名之額者如[illegible]
書後因[illegible]編[illegible]徵之里甲州縣[illegible]
[illegible]
[illegible]
本縣異[illegible]
緣借[illegible]一項[illegible]
[illegible]此項以

游燃房文備一項[illegible]故萬浜[illegible]意[illegible]久則如
同一里而或[illegible]或否司一[illegible]或[illegible]
積逝而晚[illegible]或額[illegible]妻[illegible]
分頭不[illegible]後[illegible]
行嚴章[illegible]
但不[illegible]
轄[illegible]
立[illegible]許[illegible]遺法廢
我觀[illegible]更生正於伍貳微銀擅挪私借
[illegible]部解西筆錢糧奏完[illegible]年者有隨徵隨
皆弁[illegible]關堂文案者近奉明例森如覺稍改弦然
此中[illegible]非一日絃乞巾嚴禁約

湖課

除[illegible]湖衝崩[illegible]奏部府鈔銀貳拾柒兩又除[illegible]城黃陂二縣代納銀貳百叁拾壹兩實錢捌分有奇實徵銀玖百捌拾陸兩玖錢壹分肆釐肆毫捌絲玖忽肆微伍塵叁纖柒渺遇閏加銀肆兩伍錢伍分肆釐叁毫肆絲陸忽俱河泊所出辦

起運

北京乾魚正銀貳百伍拾伍兩壹錢捌分陸釐叁毫[illegible]
新議京扛銀玖錢[illegible]該銀貳兩貳錢玖分陸釐[illegible]壹拾柒[illegible]
柒絲肆忽內[illegible]麻城縣代納[illegible]
玖分陸釐[illegible]分捌釐[illegible]毫柒
絲伍忽貳微[illegible]百叁拾柒兩
伍錢捌分[illegible]錢叁分捌
釐貳毫玖[illegible]

[illegible]

拾[illegible]兩貳[illegible]毫加添銀壹拾叁兩[illegible]
壹分京扛貳錢陸分叁釐肆毫伍絲貳忽伍微〇
樟松湖正銀貳拾叁兩陸錢捌分叁釐柒毫伍絲
加添銀壹拾捌兩玖錢肆分柒釐京扛叁錢[illegible]分
叁釐陸毫陸絲[illegible]〇黄漢湖正銀貳拾伍兩柒
錢柒分伍釐加添[illegible]貳拾兩[illegible]錢貳分京扛肆錢
壹分柒釐伍毫[illegible]伍忽〇[illegible]步湖正銀壹拾伍
兩肆錢玖分[illegible]柒[illegible]伍絲加添銀壹拾貳兩叁
錢玖分玖釐京扛貳錢伍[illegible]叁釐柒絲捌忽伍微
〇[illegible]風口湖正銀壹拾壹兩叁錢陸分柒釐伍毫
加添銀玖兩玖分肆釐京扛壹錢捌分肆釐壹毫
伍絲叁忽伍微總[illegible]乾魚陸千伍百玖拾玖斤拾
壹兩每斤[illegible]銀壹百叁拾壹兩玖錢玖
分叁釐柒毫[illegible]嘉靖十三年奉文每斤加添
壹分[illegible]百零伍兩伍錢玖分伍釐每兩
扛銀玖[illegible]兩壹錢叁分捌釐貳毫玖絲捌
忽柒微[illegible]釐

南京乾[illegible]肆拾兩柒分每兩新議京扛銀玖

釐[illegible]陸分陸毫叁絲內附麻城縣代納正
課貳兩柒錢陸分[illegible]柒毫伍絲扛銀貳分肆釐
捌毫柒絲叁[illegible]微伍塵本縣實徵正銀叁拾柒
兩叁錢[illegible]伍絲扛銀叁錢叁分伍釐柒毫
伍絲陸忽貳微伍塵[illegible]

伍忽〇[illegible]塘湖正銀叁兩[illegible]
陸絲〇[illegible]正銀叁兩[illegible]
叁釐捌毫肆絲[illegible]湖正銀[illegible]伍[illegible]玖分柒釐伍
毫京扛肆分[illegible]叁毫柒絲[illegible]〇樟松湖
正銀陸兩陸錢玖分伍釐京扛陸分貳毫伍絲伍
忽〇黄漢湖正銀柒兩[illegible]錢捌分陸釐叁毫伍絲
京扛陸分伍釐伍毫[illegible]陸忽[illegible]貳微伍塵[illegible]
湖正銀肆兩叁錢捌分[illegible]貳毫伍絲京扛叁分
玖釐肆毫叁絲[illegible]貳微伍塵〇[illegible]風口湖正銀
叁兩貳錢壹[illegible]伍絲[illegible]扛[illegible]玖

毫壹忽貳微[illegible]乾[illegible]壹[illegible]拾[illegible]伍[illegible]
伍两共折銀叁拾柒两叁錢陸釐[illegible]毫伍絲每两
扎銀玖釐
鰣魚銀貳拾叁两伍錢內巴河湖叁两伍錢○王九塲[illegible]壹两伍錢○零㘥湖叁两伍錢○鮑湖壹两伍錢○樟松湖叁两伍錢○黄漢湖叁两伍錢○窰步湖壹两伍錢○舊洲湖壹两伍錢○團風口湖叁两伍錢
黄麻正銀壹百貳拾陸两捌錢陸分叁釐叁毫肆絲
叁忽柒微伍塵每两新議京扛銀玖釐該銀壹两
壹錢肆分壹釐柒毫柒絲玖塵叁纖柒渺遇閏加
銀肆錢伍分陸釐伍毫
白麻正銀壹百伍拾捌两伍錢伍分每两新議京扛

銀玖釐該銀壹两肆錢貳分陸釐玖毫伍絲遇閏
加銀肆錢貳分
熟鐵正銀叁百陸两肆錢伍分伍釐[illegible]毫貳絲伍忽
每两新議京扛銀玖釐該銀貳两柒錢伍分捌釐
玖絲捌忽捌微貳塵伍纖遇閏加銀壹两捌錢
線膠正銀叁拾柒两貳錢[illegible]每两新議京扛銀玖
釐該銀叁錢[illegible]毫玖絲遇閏加銀壹錢
肆分伍釐○以上四項[illegible]黄陂縣代納[illegible]
壹百玖拾陸两[illegible]
[illegible]壹塵伍纖[illegible]銀肆百[illegible]

伍分扛銀叁两玖錢壹[illegible]釐肆毫柒絲[illegible]
微捌塵遇閏共加銀貳[illegible]捌錢貳分壹釐伍毫黄麻
每斤折銀貳分貳釐白麻每斤折銀叁分熟鐵每
斤折銀壹分伍釐線膠每斤折銀柒分內零㘥湖
黄麻銀壹拾肆两零叁分壹釐陸毫白麻銀陸两
玖錢叁分熟鐵銀伍拾伍两捌錢捌分肆釐陸毫
線膠銀陸两壹錢陸分四項共正銀捌拾叁两零
陸釐貳毫加添水脚銀壹拾玖两捌錢捌分叁釐
捌毫遇閏加銀陸錢陸分貳釐[illegible]貳毫○鮑湖黄麻
銀叁两捌錢陸分貳釐柒毫[illegible]絲白麻銀柒两伍
錢叁分熟鐵銀貳拾叁两捌錢捌分線膠銀貳两
壹錢捌[illegible]肆毫通共正銀叁拾柒两叁錢捌分叁
釐壹毫伍絲加添水脚銀捌两肆錢肆分叁釐遇
閏加銀貳錢玖分伍釐○巴河湖黄麻銀壹两柒
錢陸分白麻銀壹两伍錢熟鐵銀拾陸两陸錢線
膠銀貳两叁錢壹分通共正銀肆拾貳两壹錢柒
分加添水脚銀壹拾叁两柒錢貳分伍釐遇閏加
銀叁錢伍分玖釐柒毫○王九塘湖黄麻銀陸錢

陸分白麻銀柒錢貳分熟鐵銀壹拾捌两線膠銀
柒錢通共正銀叭拾两捌分加添水脚銀伍两叁
錢壹分叁釐遇閏加銀[illegible]○樟松湖
黄麻銀拾貳两叁錢[illegible]白麻銀伍两柒錢
熟鐵銀玖两捌錢壹分線膠銀貳两捌錢通共正
銀叁拾两陸錢捌分伍釐加添水脚銀叁两伍錢
柒分伍釐遇閏加銀貳錢貳分壹釐○黄漢湖黄
麻銀貳两玖錢貳分[illegible]白麻銀肆两伍錢陸分
熟鐵銀陸两壹分伍[illegible]膠銀壹两肆錢柒分通
共正銀拾肆两[illegible]加添水脚銀壹两
叁錢肆分叁釐[illegible]錢零伍釐貳毫○窰
步湖黄麻銀拾[illegible]白[illegible]銀叁拾叁两
熟鐵銀壹拾陸[illegible]膠銀叁两伍
錢通共正銀陸[illegible]加添水脚伍
銀陸两叁錢伍[illegible]黄麻銀[illegible]两貳錢伍
分白麻銀捌两[illegible]熟[illegible]
陸釐陸毫線膠銀貳两[illegible]通共正
肆拾捌两捌錢玖分[illegible]加添水脚銀壹
两伍錢肆分貳釐遇閏加銀叁錢捌分[illegible]
風口湖黄麻銀肆两壹錢叁分壹釐陸毫熟鐵

壹拾叁两陸錢伍分線膠銀壹[illegible]分叁[illegible]其正
銀壹拾捌两加添水脚銀肆两[illegible]錢柒分肆釐遇
閏加銀壹錢伍分貳釐○按團風口湖近崩卸入
江業經[illegible]癸豁府鈔而麻鐵乾魚課猶存空籍業
甲久逋年後拖欠相應勘明照數題豁及查白
潭湖池計僅五百餘石向不輸糧近被後湖河泊
所業甲藉各湖水尾侵占漁利似當委官丈勘責
令近湖諸民取魚納課以抵前額

撥運

本府湖課鈔銀貳百捌拾捌两玖錢肆分壹釐叁毫捌絲內除團風口湖衝崩奏豁銀貳拾柒两外該銀貳百陸拾壹两玖錢肆分壹釐叁毫捌絲遇閏加銀壹两玖錢壹分壹釐內附麻城縣代徵銀壹拾肆两叁錢伍分柒釐肆毫伍絲伍忽遇閏加銀

壹錢柒分伍釐本縣實徵銀貳百肆拾柒两伍錢捌分叁釐捌毫貳絲伍忽遇閏每两加銀柒釐其壹两柒錢叁分陸釐
內巳河湖鈔玖千玖百零壹貫捌百壹拾文折銀叁拾肆
兩肆錢壹分叁釐玖毫遇閏加銀貳錢肆分壹釐
○王九塘湖鈔陸千捌百貳拾壹貫叁百文折銀
貳拾叁两捌錢捌分柒釐遇閏加銀壹錢陸分捌
釐○零殘湖鈔柒千柒百叁拾叁貫貳百文折銀
貳拾柒两零伍分壹釐貳毫[illegible]絲遇閏加銀[illegible]
捌分玖釐叁毫伍絲柒忽[illegible]湖鈔玖[illegible]百貳
拾貫零陸百文折銀叁拾[illegible]
[illegible]湖鈔壹萬叁千捌百[illegible]陸文
折銀肆拾陸两零壹分[illegible]絲遇閏加銀
叁錢貳分貳釐玖絲捌忽○其漢湖鈔壹萬伍千
伍拾貫貳百[illegible]伍拾两柒錢零陸釐
貳[illegible]捌絲伍忽遇閏[illegible]伍分肆釐玖毫肆
絲陸忽○[illegible]步湖[illegible]次拾壹貫陸百文
[illegible]叁拾貳[illegible]肆絲遇閏加銀貳

錢貳分伍[illegible]毫貳絲

商稅

撥運

團風鎮課鈔銀捌拾两伍微○新增門攤鈔銀貳拾柒两貳錢伍分
觧府內坐派修城銀伍拾两封讀
生員銀捌两協濟呂平州銀貳拾
[illegible]南官中作鈔銀貳拾柒两貳錢伍分伍微考會
[illegible]萬曆十二年題准裁陽邏巡司雜稅查舊全書
原編門攤鈔銀捌[illegible]近錢貳忽奉文免徵

匠班

起運

南京人匠實在納班貳百叁拾陸名四年一班該班

每名納銀壹两捌錢遇閏加銀陸錢觧司轉觧
樵[illegible]二冊紙劄工食近議免於鋪戶內四六
僉差不許科派小民
論曰邑自正賦外所輸上方[illegible]皆山澤所
出幾無遺算矣頃徵商之令[illegible]而爭利歲未
黃有人無賴子弟率攘臂[illegible]之氣盡
官為諸當事者苦心調停[illegible]祖猶異
[illegible]是[illegible]一切[illegible]民休息維
[illegible]黃人庶乎其[illegible]

黃岡縣誌卷之三終

黃岡縣志卷之四

官師志

官制　知縣　縣丞　主簿　典史　教諭
訓導　雜職　名宦

敘曰釋名縣以懸係爲義或云絃也施繩用法不曲如絃古必經宰縣始得入爲臺郎此詎易勝其任乎丞佐庠師一以職守賛助一以功令厲士亞旅保傅爲重惟均黃邑建自隋唐官與邑俱迺勝國而上寥寥無傳德靖以來稍具聲蹟余特爲銓次焉長此不絕是在來者矣作官師志

國朝官制

知縣一員　縣丞一員

主簿一員　管糧捕盜　典史一員

儒學

教諭一員

訓導二員

廩膳生員二十名　增廣生員二十名

附學生員無定額

官屬

團風鎮巡檢司　陽邏鎮巡檢司巡檢各一員　團[illegible]赤鼈磯[illegible]今分[illegible]

[illegible]黃安縣[illegible]詳建置

李坪水馬驛　陽邏水馬驛驛丞各一員

團風稅課局大使一員

樟松湖河泊所　零落湖河泊所　巴河口

漏湖河泊所河泊各一員　舊河泊七所今併爲三詳輿地建置志

外有儲倉大使一員副使二員齊安水馬驛驛丞一員後湖河泊所河泊一員又社學教讀二名陰陽醫學僧道司俱屬本

周制千里百縣有縣正以掌其政令縣大而邑小上大夫受之春秋時縣邑之長曰大夫魯衛曰宰楚謂之尹漢制率因秦凡縣萬戶以上爲令唐有赤畿宋有望緊皆以戶口爲差元置達魯花赤一人丞簿尉及學校官則就地因時

更置殆革我國家縣有令庠有師而又分以佐領轄以員屬規模視前代宏遠矣

吏役

吏房司典吏三名

戶房司典吏二名　[illegible]一名

禮房司典吏三名

兵房司典吏二名　兵廳[illegible]一名

刑房司典吏三名

工房司典吏三名

承發房　架閣庫各典吏一名

儒學司吏一名

驛長司吏一名

驛吏各一名

稅課局攢典一名

河泊所攢典各一名

秩官志矣下及掾史諸曹得附載蓋掌簿書任奔走亦此輩是賴惡得曰卑之無足稱數乎論制祿而必及庶人在官吾聞之子輿氏

縣官表

宋

縣令	縣丞	主簿	尉
周孝孫 蘇軾謫黃時孝孫爲令見東坡集	張舜臣 有傳	段　璵 嘗以餘休硯遺蘇軾	
張　激 有傳			虞　汲 降州人有傳

國朝

	知縣	縣丞	主簿	典史
洪武	徐　誼 壽昌人國初任遷知鎮江府有傳			桂遇春 霍丘人以人材任擢四川道御史尋坐誅有傳
	萬士安 創建縣治見建置誌			
永樂	陳　希 順天府大興人進士			
	張　玉 順天府宛平人舉人			

	知縣	縣丞	主簿	典史
宣德	袁　整	浦允誠	高　弘	施　義
景泰	徐　瑨	朱　聰	楊　恭	于　琮
			劉　彬	
天順	吳　節 淮陰人		俞思文	

前任廣

毛錫 十八年任　俞振　徐雍　馬驊

程達 二十一年任　柳英　葉莫　李文

岳維嵩

弘治

莫潛 廣西臨桂人舉人

陳巘　宋賢 人監生　韓敬　萬寧

周遵 四川奉節人舉人

正德

胡潔 江西豐城人進士十年任歷御史有傳　黃觀瀾

簡 人

有傳……學……首……任

王浩 應天府上元人舉人

嘉靖

夏國孝 四川涪州人進士四年任　向朝儀

方端 雲南大理人舉人

周乾 廣西桂林人舉人

龐麟 四川成都人舉人十二年任　陳瑤　黃純　鄭國金

程屋

吳時宜 貴州都勻衛人監生十七年任

胡民表 浙江龍游人舉人二十一年任　萬崇本　馬翀

張允濟 人舉人　徐煥 二十六年任　趙貢 二十六年任

孫棠 貴州普安人舉人有傳
覃儼 直隸丹陽人舉人有傳
楊世第 四川長壽人進士
趙萱 嘉靖二十一年任
孟津 直隸滁州人舉人三十五年任
吳灋
王本臤
孫箸
張璣 三十一年任
葉應元
遲應奎
周大輔

有傳
萬升 江西南城人歲貢
來端本 浙江蕭山人舉人四十一年任
高价 陝西神木人歲貢四十五年任
楊美才 監生
龍深
宋洲
李時傑
凌敏德
任孝賢
程衡

隆慶
賈應璧 直隸無錫人戊辰進士本年任陞戶部主事累官按察使有傳
陳□試
郗信
陳□
唐應元 直隸崑山人辛未進士本年任
萬曆
羅應鶴 直隸歙縣人辛未進士元年由景陵調任五年行取御史歷大理丞太僕
陳应謨
詹寀
趙遜
陳嘉謨 江西德化人吏員二年任

鄉右副都御史巡撫保定地方有傳
趙世舉 直隸貴池人吏員四年任
何東陽 河南汝州人監生五年任
顏大化 浙江桐鄉人舉人六年任
潘濂 廣東南海人吏員七年任
沈弘宗 浙江會稽人舉人八年任調武昌
夏清 江西德化人吏員八年任
楊應龍 直隸巢縣人監生八年任
葉懋 浙江餘姚人吏員八年任
趙士登 直隸涇縣人庚辰進士九年由
朱錦 直隸婺源人監生八年任
王纘武 四川大邑人監生九年任

[illegible]任十四年行取御史歷都察院左僉都御史今陞南京吏部侍郎有傳

劉憂周 山西汾州人丙戌進士本年任

涂宗濬 江西南昌人癸未進士十八年由江陵調任十九年行取御史歷大理寺丞[illegible]今官巡撫延綏右僉都御史有傳

曹愈參 [illegible]州人丙戌進士二十年

毛汝恩 浙江江山人選貢十三年任

何大鳳 直隸江都人監生十五年任

劉塤 江西寧黃人監生十九年任

青袍 四川遂寧人選貢十一年任

張楠 河南陳州人歲貢十四年任

陳顧賢 山東鄒平人監生十六年任

趙簽 直隸涇縣人監生十七年任

張相 浙江鄞縣人吏員十八年任

金尚絃 浙江鄞縣人吏員十四年任

何宗淮 浙江分水人吏員十

六年任

鮑應元 直隸宣城人吏員十九年任

郭仲元　二百六十三

由陵西[illegible]南調任二十二年行取擢吏部考功主事歷驗封郎中南京兵部車駕郎中今任河南按察副使有傳

徐紹曾 浙江海寧人乙未進士本年任二十八年陞南京工部虞衡主事今任南京兵部武庫郎中有傳

羅萬言 貴州思南[illegible]籍江陵人[illegible]二十[illegible]任

王尚賢 河南鎮平人選貢二十一年任

卞從龍 直隸江都人監生二十八年任

沈瀚 直隸崑山人選貢二十五年任持守清正為私惡中傷以墨去

徐可貞 直隸興化人監生二十一年任

陳梁 直隸旌德人吏員二十一年任

楊守一 四川邛州人吏員二十四年任

程鳴雷 直隸婺源人監生二十六年任

湯邦啟 江西永新人吏員二十六年任

毛伸恩 浙江餘姚人監生二十九年任

王敬 福建龍溪人吏員二十年任

鍾德 浙江鄞縣人吏員二十一年任

楊燦 直隸吳縣人吏員二十三年任

郭仲元　二百卅一

胡嘉猷 浙江[illegible]人安寬吏員二十六年任勤敏稱賊[illegible]官多嘉獎

王埴 直隸[illegible]州從人吏員二

茅瑞徵 浙江歸安人辛丑進士三十二年由山東泗水調任

陳士庭 直隸舒城人知印三十三年任

闞成禮 浙江錢塘人吏員三十五年任

方時華 浙江餘姚人吏員三十一年任

金可礪 浙江長興人監生三十三年任

楊懷遠 四川廣安州人吏員三十五年任

唐承聘 雲南昆明人吏員三十二年任

陳　祝 直隸太湖人吏員三十五年任

學官表

元

教諭

至正 王師顏

訓導

胡良佐

范世榮

國朝

教諭

正統 尹昂

景泰 簡縉紳

訓導

鍾璽

蕭鑑

金　元

余　[illegible]

弘治 張　縉 序預修縣志見舊志

汪　紹

張鳳岐

潘　溶

正德 林　智 福建莆田人舉人元年任

劉習禮 四川人歲貢元年任

楊　鑾 河南汝陽人歲貢二年任

王　沂 福建人歲貢

王　麟 浙江蕭山人歲貢五年任

應鵬翀 浙江臨海人舉人九年任

周　盛 浙江青田人歲貢十二年任

吳　資 廣西象州人舉人十五年任

劉　紀 河南人歲貢二年任

嘉靖 張鳳鳴 直隸旌德人歲貢元年任

李鍾奇 江西信豐人歲貢九年任

韓秉文 浙江慈谿人舉人七年任有傳

賈　[illegible] 江西[illegible]人歲貢[illegible]年任

吳　謙 [illegible]人舉人十[illegible]年任

謝　[illegible] 四川富順人歲貢[illegible]年任

梁鳴鑾 直隸貴池人歲貢十六年任

齊　[illegible] [illegible]和州人歲貢十五年任

王　奕 [illegible]人[illegible]十[illegible]

[illegible]人歲貢[illegible]年任

趙　[illegible]

[illegible]人歲貢[illegible]年任

武　[illegible]

[illegible]人歲貢[illegible]年任

虞志 江西泰和人舉人十四年任

周祿 江西廬陵人歲貢三十五年任有傳

張性魯 直隸當塗人歲貢四十三年任有傳

隆慶 王銓 直隸山陽人歲貢元年任

萬曆 葉士僉 閩縣人舉人五年任陞羅田縣知縣

吳完 河南固始人歲貢元年任

林兆箕 福建莆田人舉人八五年任陞高州府判有傳

蕭文光 沔陵人歲貢十七年任

王旌 雲南[illegible]人歲貢二十一年任

湯逢時 沔陵人[illegible]四年任

李述 直隸邳州人歲貢二十八年任

朱琰 四川宜賓人歲貢三十一年任

姚溢 河南汝陽人歲貢有傳

陳良金 浙江仙居人歲貢三十七年任

沈升 浙江天台人歲貢[illegible]三年任

郭濟時 浙江龍泉人歲貢四十三年任

吳繼武 井陘人歲貢元年任

蘇希顏 山東寧海州人歲貢元年任

劉宗韶 萬縣人歲貢五年任

顏儒 四川廣安州人歲貢二年任

崔仲沂 公安人歲貢二年任

王三錫 華容人歲貢三年任

蕭一和 陝西襄城人歲貢四年任

董廷賓 大冶人歲貢十年任

羅鳴遠 景陵人歲貢八年任

劉炬 漢川人歲貢十二年任陞興國州學正有傳

馬化時 雲南[illegible]人歲貢十二年任

進士授南京戶部主事歷高州府知府廣西提學副使四川參政有傳

文立經 廣西全州人舉人二十年任陞巴縣知縣

劉文定 興國人舉人二十四年任陞六合縣知縣歷寧州知州有傳

李遷庚 山東鄒平人歲貢二十八年任

盧雲龍 鄖陽人歲貢三十一年任

華良儒 竹谿人歲貢三十三年任

李敬簡 沔陽人歲貢十八年任

王三錫 巴東人歲貢十八年任

蕭袞 蘄州人歲貢二十二年任

楊燧 武昌人歲貢二十三年任

吳九思 當陽人歲貢二十六年任陞合[illegible]縣知縣

張大有 益陽人歲貢三十二年任

陳三聘 宜都人歲貢三十二年任陞攸縣教諭

何德泰 廣東始興人歲貢三十四年任陞東莞教諭

吳國猷 四川隣水人歲貢三十五年任

陳巽語 四川雅州人歲貢三十[illegible]年任

論曰：邑乘余勒邑令題名記多從舊誌頗殘缺，頃乃從諸黃髮緩頰蒐剔蘚斷碣中庚得若而人。丞簿以下益無徵矣。獨學博士至武廟後始詳。黃故文獻之邦，何脫略乃爾？今特擴所已得，合而表之，以俟考[illegible]其邑里宦[illegible]義無所[illegible]光簡冊者別有傳。

巡檢司巡檢

曾[illegible]　[illegible]萬曆九年任

田[illegible]　[illegible]十四年任

廖天愈　福建大田人吏員十八年任

李　文　四川內江人吏員二十五年任

楊　岱　雲南太和人吏員三十二年任

陽邏鎮巡檢司巡檢

丘　嵩　山東平原人吏員萬曆五年任

唐世曙　廣西全州人吏員九年任

鄢元矩　江西泰和人吏員十五年任

沈[illegible]明　浙江仁和人吏員八年任

徐　上　直隸冊徒人吏員十六年任

黃朝吉　四川資縣人吏員二十年任

郭　涇　陝西鞏昌人吏員二十九年任

周伯迅　浙江山陰人吏員三十四年任

楊　洲　直隸蕭縣人吏員八年任

卓　顏　直隸沛縣人吏員十四年任

黃　桐　直隸靈壁人吏員廿七年任

周[illegible]珊　浙江臨海人吏員十九年任

郝子京　直隸[illegible]人吏員一十[illegible]年任

丁汝賢　貴州思南人吏員二十七年任

陳大綱　廣東高要人吏員三十四年任

李坪驛驛丞

查玉西　江夏人吏員萬曆六年任

方　來　直隸[illegible]人吏員十四年任

郭喜慶　直隸[illegible]人吏員二十年任

張　謨　[illegible]人吏員[illegible]十年任

倪[illegible]

焦仲金　河南汲縣人吏員二十一年任

王　鎬　四川西充人吏員十五年任

陳士達　四川璧山人吏員二十二年任

楊　林　江夏人知印十年任

蔡尚潤　應天府江浦人吏員十七年任

張　濟　直隸霍丘人吏員三十三年任

胡子冕　江西萬安人吏員二十八年任

梁可重　陝西[illegible]人吏[illegible]

陽邏[illegible]

和　琨　[illegible]人承差萬曆[illegible]年任

杜廷臣　直隸盱眙人吏員[illegible]兩年任

牛　夏　[illegible]曲周人吏員十九年任

張　恕　雲南太和人吏員二十四年任

彭應瓊　永興人吏員三十年任

張嘉會　浙江餘姚人承差三十五年任

稅課局大使

朱鳴岐　河南西平人吏員萬曆五年任

趙繼恩　四川江安人吏員十二年任

楊　臣　山東壽光人吏員九年任

蔣　鯨　江西豐城人吏員十七年任

趙世顯　浙江諸暨人吏員二十二年任

黃際春　浙江山陰人吏員二十八年任

雷　純　四川安賓人吏員三十三年任

柯廷舉　福建莆田人吏員七年任

鄭宗冕　福建連江人吏員廿五年任

徐德芳　浙江蘭溪人吏員十八年任

王　明　山東海陽人吏員二十四年任

劉宗正　直隸貴池人吏員二十四年任

樝林湖河泊所河泊

張得福　山東益都人吏員萬曆四年任

趙邦榮　陝西涇陽人吏員十一年任

王邦重　陝西[illegible]人吏員十[illegible]年任

魏邦貴　[illegible]

龔[illegible]

郭[illegible]

張中銘　河南淇縣人吏員二十二年任

王德孚　江西豐城人吏員二十六年任

潘　鋼　浙江於潛人吏員九年任

朱　橋　直隸[illegible]人吏[illegible]年任

姚尚象　[illegible]

楊　貴　[illegible]

吳一麟　[illegible]

王　蛟　陝西華州人吏員二十五年任

黎家營河泊所河泊

孟　開 [illegible]人吏 [illegible]年任

徐　泰 陝西[illegible]人吏 [illegible]年任

萬　相 [illegible]建人吏 [illegible]年任

何思明 [illegible]烏人吏 員二十四年任

饒　楫 福建邵武人吏 員二十年任

郭　揮 山西高平人吏 員八年任

劉　澄 四川成都人吏 員十七年任

黃應垣 浙江蕭山人吏 員二十二年任

徐九官 山東臨淄人吏 員二十七年任

封承倫 直隸泰興人吏 員三[illegible]三年任

巴河口漏湖河泊所河泊

李發蓮 陝西鳳翔人吏 員萬曆六年任

翁　倫 福建福清人吏 員十四年任

王應麒 陝西鎮平人吏 員十八年任

張文憲 浙江慈谿人吏 員十年任

李　蓉 廣東南海人吏 員十五年任

朱朝栢 直隸定遠人吏 員二十一年任

湯　賓 [illegible]十四年任

沈德胤 [illegible]人吏 [illegible]年任

石朝卿 山西大同人 員二十七年[illegible]

趙思敬 山東[illegible]城人 員[illegible]

原夫一命莫非王臣斗食均爲縣佐然稽漫漶靡得而譜耳目所逮備並及之

名宦

述漢虞之政者不備於[illegible]以前逸其傳也前芳無稽後美可續黃邑宦[illegible]可槩見入國朝來代幾更令長幾[illegible]左其他湮滅無[illegible]非必有殊尤卓絕[illegible]首望

[illegible]百而得二三五爲[illegible]

[illegible]秋

令

宋

張[illegible]不知何許人郡志稱其治邑有善政

國朝

徐[illegible]字宜叔壽昌人歲甲辰

高皇帝征陳理于武昌詣府知黃岡縣事作七言詩[illegible]體請遣使者　上讀而壯之加授承務郎府兵[illegible]之餘邑里殘破詣撫綏流亡倘首廢隳邑賴以安

洪武十七年擢知鎮江府

[illegible]江西豐城人進士正德間任廉[illegible]於民推心置腹諭如也時直指督[illegible]遷邑產於令地歲祲不賠[illegible]爲區畫是成[illegible]晉勞至都御史

[illegible]江西清江人進士正德間任敏而文能察屬士[illegible]官都御史南[illegible]

[illegible]

山[illegible]

虞[illegible]

綏□□□□民至今追思之
孫宗喬□□□人舉人嘉靖間任治蹟不見郡誌邑
人買中丞誌爲文紀之曰仁民澤物風教是敦緝
脩學宮增補缺畧要爲矯矯者矣
孟達字伯通□徒人舉人嘉靖間任師事王文成公
講良知之學動以古人自期蒞政不事嚴肅而半
采歲然□□□張者退食正襟危坐雖家人不見
喜慍之色歷寶慶府同知致仕歸
曹應鳳字文宿無錫人進士隆慶間任通儻饒才思
遇事輒迎刃解厲清操有冰蘗聲而坦衷□□□

頗不弛累官按察使
羅應鶴字□□歙縣人進士萬曆癸酉由景陵調任
平易近民勤於撫字兼以經學精深好引掖人才
所推與必一時名士五□□□徵拜御史歷右副
都御史巡撫保定津津□實云
趙士登字應慶涇縣人進士萬曆辛巳由武昌調任
仁心爲質專務以德化民亹亹問閭閻疾苦有不便
不移□輒去至折獄取辦片言獨兩得之歲奉
詔丈量田畝調停委□□人感受□□徵拜御史
□□□之□□□得馳□□□□□□□□來者□

長老必問吾邑趙令公無恙乎令□□□□□□
言切切念黄不置固精神兩結之矣歷左僉都御
史陞南京吏部侍郎
涂宗濬字及甫南昌人進士平居負大志以家國天
下爲己任初起家慈谿令除補蘄水移江陵皆以
能顯比至黄三爲令矣先是歲兩饑疫流喪過半
令黄者昔猛失民心當道計所爲代無踰侯奏聞
報可仁風翔洽得之先聲邑人加額相慶甫至
勤恤民隱疏俯利澤諸蠹孔搜剔幾盡夙猾膽懾
爲□與諸生講德課業語如倒囊人人厭其意爲

一□□□□辛卯秋　詔拜御史邑人思慕貌像
□□□令□□今任巡撫延綏右副都御史
曹愈參字右清涪州人進士萬曆壬辰由陝西商南
調任初下車温良著於目睫爲政敦崇大體有蟪
蛄千里之風躬先儉約獄訟□止於時士民有謡
曰眞父毋外史氏録其詞一帙邑試儒童廣額至
千餘令子弟慶賴焉毋居□邸篤疾舉邑爲籲天
丐禱後數日愈衆大喜其得民心如此甲午冬述
職以卓異擢吏部考功主事民立碑繪像以祀後
泰□□□□升江渚邑人扶老攜幼求見者終日□

顔邑[illegible]譚云
徐紹[illegible]海寧人進士廉平不苛規畫一時曾
侯有[illegible]殺人按之急遂謂怨上官幾爲移聽
侯弟[illegible]日以被盜獲罪吾無怨矣他省撫膺將士
民爭以身代雪當事者陋亦兼待其故縣是聲益
起會倭虜猖獗交檄徵發椅戰之士相望又中使
採権出楚諸郡邑横被荼毒侯獨操觚爲百姓[illegible]
蔽竟免擾困庚子擢南京工部虞衡主事去之日[illegible]
蕭然不辭難不謀利兩無愧云

贊曰張令以名顯於宋若稱果然當草昧之初撫
循備嘗非徐公不爲功也[illegible]刻苹然至今
籍籍所謂登高而招者也[illegible]而下後先遞數
十年諸着者猶能記說之[illegible]少字以命丞曹
憲使徐武庫皆余動[illegible]德譲君子矣

丞

宋

張舜臣堯臣之弟[illegible]太常寺爲輓稱之

國朝

王尚[illegible]河南人[illegible]任沉靜澹泊不[illegible]
待[illegible]

宋　尉

虞沆[illegible]允文四世孫[illegible]書學士集父也
爲黄岡尉携子集及樂力學嘉[illegible]著詩雜誌

國朝

杜遇春霍丘人永樂間以人材任黄岡尉清節特著
入覲不能具冠服緼袍拜闕下上見而問之
親擢爲御史未幾以他御史悞重糧事并坐極刑
遂籍黄子貴求屍莫得後上命給地葬乃葬其
衣冠於縣東七里螺螄湖永琳而下其裔也

贊曰張丞之傳賴兄友虞尉敦倫[illegible]
今尚儒澹泊受職亦人情所難[illegible]
余特爲搜而出之夫二百年[illegible]
易更僕廼所傳指不可多屈[illegible]
可稱述抑以單秩既易鄉[illegible]
簿顯一命而上咸足自見[illegible]
書此以廣後之君子

教諭

蕭秉文[illegible]人[illegible]身範諸生不徵浮譽
詩[illegible]歲田造就

云
武駿來安人舉人嘉靖間任率廣雅適博洽多聞遇
貧士輒分俸給之
周祿廬陵人貢士嘉靖間任溫醇爾雅與諸生縱談
名理終日忘倦
張性魯常寧人貢士嘉靖間任慷慨多大節遇事正
論不爲合然捐俸建啓聖祠亦一變云
林兆箕莆田人舉人萬曆丁丑任家世經學研覽群
言毋集諸生一堂課義寒暑不輟士風爲之一變
陞高州府通判邑人潛山令袁文伯爲詩送之多

所褒美詞者謂稱情焉
楊逢時江陵人丙子省試第一丙戌署教諭性簡
有以自守篤學爲多士倡設會饌義惟謹毋交酒
促對講論譏出竟席不聞嬉笑怒罵其去然縷至
多類此邑苦饑疲學者恒依升日食罷守邊守仁
聞之嘆曰使賢者饑餓我土地乎力爲處之甚厚
中壬辰進士歷廣西提學副使今陞四川布政司
參政刻有寓黃集
劉文定興國人舉人萬曆丙申任教諭恬雅不以師
範士人矣[illegible]

訓導
姚溢汝陽人貢士嘉靖間任博學能詞賦有登眺詩
云鄉心一雁遠時序二毛侵評者謂其風韻適逸
性耿直事關學校者力爭之以致仕去
劉烜漢陽人貢士萬曆甲申任持守方正非孔孟之
言不道閒居無踞坐跛立常謂清貧二字爲學者
立身之寶遷興國州學正吳參知國倫甚重之
贊曰庠序之地教化攸興煌煌多士身爲型範
安在其役閒置散漫無短長之效乎今所載諸
君子大都質有其文無曠厥職有足稱者楊參

知君學者不能具饔飧又所謂士非困阨惡能
奮者耶若曰一席寒氊而弁髦視之則有諸君
子左證在

岸于天末縈繞渚之凝紈信山川其殊詭有今古騷
人墨士之所俔忽而眙睭者矣若乃路江潯眺漢汭
選芳洲憑遠遡山如簪岫若霽遡樊浦之歸雲亘三
江于東逝望鄂渚兮中流辨西山兮新霽夫何形勢
之巘嶭以崔嵬枕長江而作鎮爾其繡甍栖鶯崇構
列雉聽鼓角於嚴更𢧐金湯於西顧千門晨啓排閶
闔而生雲萬甍霄凝捲簾櫳而舒霧齒波濤之澎湃
以下上兮大別注之 彭蠡而張湖亦有征檣横騖
而突進兮相拂 枝又舞而飛渡至若軒楹
顯嚴以前望亭樹紛披以層布艷樓百尺兮星臨雕

檻三三重兮綦峙枕流文石旣天劃而神鑱左江右湖
亦龍驤而虎視此 疊亘之仙都乃隅之偉觀也
當夫天氣肅寒露瀼 兮顏兔華上晛風清綺席張
理瑤琴聽鸞簫蒼髯庚公之佳興同蘇子而徜徉則有
漁燈佛火兩兩相望闌闠樂柱檝傾彼壺觴引金罇而
邀月弄涼夜之逸光亦有聲孔鼉茲韻鳥滄浪紫裘
腰笛一曲傍桿鶴南飛兮歌裂石鵲遶樹兮夜何長
爾乃感雄圖之延促徵往牒之興亡顧横江兮劇臨
洲得勝兮垂芳彼麟圖旣晉吞吳而邵敵豎劉冠軍
之破桓玄獨崢嶸於此方是皆號最勝之遺蹟又何

空巖乎□風折戟之周郎爰有問鶴之亭放龜之渚
如昔遺惠於千秋訪飛仙而儻止悟身名之浮漚而露
電兮露衢三不朽之流傳歷刦灰而可譜而亦誌夫
磯頭之金甲兮井綆寒碧血剖竟嫣嫣乎潤英聲于
兜釜乃若摛彩毫之五色 章而摛詞粵有李白
之韻杜牧之詩夫實超而賦 以爾步兮宮商沈振而
互馳至于今肇嘉名顯榛 無定雄飛訂圖史吾又孰測
當年之故物兮茲磨 懸岸兮赤土之赤壤盖嘗
錯楚兮而吳 憂而爲三抑亦沿鄂汚而
稱五彼楚名之不奔 望乎凝質的歷冊丘目遇

成色 有霍州 觀嘉魚之比物換星移沙青
渚白月送手摧天 勝以時顯地因人傑是耶
非耶山川亦識吾將 問之寥廓竟嗒然而失答

辭

黄泥坂辭　宋蘇軾

出臨皐而東騖兮並叢祠而北轉走雪堂之坡陀兮
歷黄泥之長坂大江洶以左繚兮渺雲濤之舒卷草
木層累而右附兮蔚柯丘之葱蒨余旦往而夕還兮
步徙倚而盤桓雖信美不可居兮苟娛余于一盼兮
幼好此奇服兮襲前人之詭幻老更變而自哂兮

鸃[illegible]之來患[illegible][illegible]琭兮[illegible]縉紳兮雜市人而[illegible]
悠悠其莫往來兮守一席而窮年畸游步而遠覽兮
路窮盡而旋反朝嬉黄泥之白雲兮暮宿雪堂之青
煙喜魚鳥之莫余驚兮幸樵蘇之我嫚初被酒以行
歌兮忽放杖而醉偃草爲茵而塊爲枕兮穆草堂之
清讌紛墜露之濕衣兮升素月之團團感父老之呼
覺兮恐牛羊之予踐于是蹶然而起起而歌曰月[illegible]
兮星稀迎余往兮餞[illegible]歲[illegible]兮草木腓歸來歸
來兮黄泥不可以[illegible]嘗以書詞後云余在黄州大醉中作此詞小兒輩藏去稾醒後不復見也[illegible]與黄魯直張文潛晁無咎夜坐三人翻倒几案搜索篋笥偶得之字半不可讀

以意尋究乃得其全文潛喜甚手録一本遺余持元本去明日得王晉卿書云吾日夕購子書不厭近又以三縑博兩紙子有近作此稍以遺我毋多費我絹也乃用澄心堂紙書此遺之

黄州謁蘇文忠　明　廖道南

歲閼逢兮涒灘遵吾道兮沔干遵黄墟兮浩淼[illegible]
冊兮盤桓遂靈祠兮擊鼓薦蘊藻兮焚蘭悲伊人兮[illegible]
不作志欲懔兮多艱抗危言兮逢紛履險機兮[illegible]
冨鳳鳥兮鵷鶵詆[illegible]麟兮區犴擯璵璠兮尾[illegible]之
莫兮草菅攄族[illegible]兮[illegible]執往兮奚安嘯赤[illegible]
溺藻弄滴月兮[illegible]淩濤俯沔閣兮[illegible]
寥予來兮[illegible]仰遺容兮[illegible]

恨兮空山

古樂府

五禽言有序　宋蘇軾

梅聖俞嘗作四禽言余謫黄州寓居定惠院遶舍皆茂林脩竹荒池蒲葦春夏之交鳴鳥百族土人多以其聲之似者名之遂用聖俞體作五禽言

使君向蘄州更唱蘄州鬼我不識使君寧知使君死
人生作鬼會不免使君已老知何晚王元之自黄移蘄州聞啼鳥問其名或對曰此名蘄州鬼元之大惡之果卒于蘄

南山昨夜雨西溪不可渡溪邊布穀兒勸君脱破袴

不辭脱袴溪水寒水中照見催租瘢土人謂布穀爲脱却破袴

去年麥不熟挾彈規我肉今年麥上場處處有殘粟
豐年無象何處尋聽取林間快活吟此鳥聲云麥飯熟即快活

力作力作蠶絲百箔壠上麥頭昂林間桑子落願儂
一箔千兩絲繅絲得蛹飼爾雛此鳥聲云[illegible]蠶絲一百箔

姑惡姑惡姑不惡妾命薄君不見東海孝婦死作三
年乾不如廣漢龐姑去却還姑惡水鳥也俗云婦以姑虐死故其聲云

龍丘引贈龍丘子作　元吳萊

春花兮亂開[illegible]兮滿階疇不再來兮我憂用[illegible]
行懷思兮[illegible]有鳥則有翼兮魚則有鬐[illegible]有

岳兮沍[illegible]其[illegible]徘徊不進兮尼彼路歧[illegible]僕夫告[illegible]兮
羇馬齧箕[illegible]夢之歸兮吾鄉我里門閭依倚兮墟墓
則邇魂神惝怳兮一夕九徙父母何在兮敢及妻子
天陰晟莫兮北風之寒曰我無衣兮坐不能飡我餉
我膺兮摧我肺肝閔天嗟嗟兮喟其增歎

五言古

王撫軍庾西陽集別 沈約宋書曰王弘監豫州撫軍將軍沍州刺史庾登之爲西陽太守入爲太子庶子集序曰謝還豫章太守庾被徵還郡王送至盆口南樓作 宋謝瞻

祇召旋北京守官反南服方舟析舊知對筵曠明牧
舉觴矜飲餞指途[illegible]宵來晨無定端別[illegible]有成遠
頹陽照通津夕陰[illegible]空榜人理行艫輶軒命歸僕
分手東城闉發櫂西江澳離會雖相親[illegible]徑復
誰謂情可書盡[illegible]尺牘

赴荊州泊三山 梁 [illegible]

涉江望行旅金[illegible]洊存水際含天色[illegible]
柳條恒拂岸花[illegible]叢林多故[illegible]
疊鼓隨朱鷺長[illegible]蓮舟夾鶴[illegible]書[illegible]
榜歌[illegible]未息於茲[illegible]去[illegible]
[illegible] 簡[illegible]

[illegible]
發[illegible]舊石瓶新流[illegible]川終不孜

臨[illegible]樓 韓琦

臨[illegible]三[illegible]第壓城首山光徧軒楹波影撼窗牖
寻[illegible]齊安守兄才無不宜吏治孰可偶
公庭[illegible]所樂在文酒

黄州 蘇軾

南山一尺雪雪盡山蒼然澗谷深自暖梅花應已繁
使君[illegible]車馬留[illegible]行歌招野叟共步青林間
長松得[illegible]堪醉眠秪樂聽山鳥攜琴寫幽泉
愛之[illegible]世俗牽歸來始覺遠明月高峰顛

[illegible]
老來[illegible]猶念[illegible]耳尚煩月一[illegible]
山城[illegible]煙霧濛濛[illegible]
披衣[illegible]
登[illegible]以謝[illegible]此理觀[illegible]
[illegible]
暗[illegible]
歛風[illegible]
[illegible]

[illegible]生[illegible]號稽孫子亦未妙道人開此軒清坐默自照
[illegible]風振河海不能號無竅累盡吾何言風來竹自嘯

遷居臨皋亭

我生天地間一蟻寄大磨區區欲右行不救風輪左
雖云走仁義未免遲寒餓劍米有危炊鍼氈無穩坐
豈無佳山水借眼風雨過歸田不待老勇決凡幾箇
幸茲廢棄餘疲馬解鞍馱全家占江驛絕境天為破
饑貧相乘除未見可弔賀澹然無憂樂苦語不成些

東坡八首 有序

予至黃二年日以困匱故人馬正卿哀予乏食為

於郡中請故營地數十畝使得躬耕其中地既久
荒為茨棘瓦礫之場而歲又大旱墾闢之勞筋力
殆盡釋耒而嘆乃作是詩自愍其勤庶幾來歲之
入以忘其勞焉

廢壘無人顧頹垣滿蓬蒿誰能捐筋力歲晚不償勞
獨有孤旅人天窮無所逃端來拾瓦礫歲旱土不膏
崎嶇草棘中欲刮一寸毛喟然釋耒嘆我廩何時高
荒田雖浪莽高庳各有適下隰種秔稌東原蒔棗栗
江南有蜀士桑果已許乞好竹不難栽但恐鞭橫逸
仍須卜佳處規以安我室家僮燒枯草走報暗井出

一飽未敢期瓢飲已可必
自昔有微泉來從遠嶺背穿城過聚落流惡壯蓬艾
去為柯氏陂十畝魚鰕會歲旱泉亦竭枯萍粘破塊
昨夜南山雲雨到一犁外泫然尋故瀆知我理荒薈
泥芹有宿根一寸嗟獨在雪芽何時動春鳩行可膾
蜀人貴芹芽膾雜鳩肉作之
種稻清明前樂事我能數毛空暗春澤鍼水聞好語
蜀人以細雨為雨毛稻初生時農夫相語稻鍼水矣
分秧及初夏漸喜風葉舉
月明看露上一一珠垂縷秋來霜穗重顛倒相撐柱
但聞畦隴間蚱蜢如風雨 蜀中稻熟時蚱蜢群飛田間如小蝗狀而不害稻

新舂便入甑玉粒照筐筥我久食官倉紅腐等泥土
行當知此味口腹吾已許
良農惜地力幸此十年荒桑柘未及成一麥庶可望
投種未逾月覆塊已蒼蒼農夫告我言勿使苗葉昌
君欲富餅餌要須縱牛羊再拜謝苦言得飽不敢忘
種棗期可剝種松期可斵事在十年外吾計亦已慤
十年何足道千載如風雹舊聞李衡奴此策疑可學
我有同舍郎官居在灊岳 李公擇也 遺我三寸柑照坐光
卓犖百栽儻可致當及春冰渥想見竹籬間青黃垂
屋角

[illegible]將種[illegible]
[illegible]事恐是押衙孫家有十畝竹無時容叩門
[illegible]獨見存從我於東坡勞餉同一飧
[illegible]拾遺事與朱阮論吾師卜子夏四海皆弟昆
馬生本窮士從我二十年日夜望我貴求分買山錢
我今反累生借耕輟茲田刮毛龜背上何時得成氈
可憐馬生癡至今誇我賢衆笑終不悔施一當獲千

大寒步至東坡贈巢三

春雨如暗塵春風吹倒人東坡數間屋巢子與誰鄰
空牀斂敗絮破竈鬱生薪相對不言寒哀哉知我貧 鄭科元

我有一瓢酒獨飲良不仁未能赬我顏何以醉子脣
故人千鍾祿馭吏醉吐茵那知我與子坐作寒蛩聲
努力莫怨天我爾皆天民行看花柳動共享無邊春

浚井 即東坡所作也

古井沒荒萊不食[illegible]瓶罌下兩綆[illegible]百尺
腥風[illegible]泥滓空響[illegible]上除青青芹[illegible]鑿石
沾濡[illegible]僕盃酒[illegible]白水漸泓[illegible]君
云何[illegible]藏底處[illegible]井在無有[illegible]六
[illegible]出處門[illegible]
[illegible]

我亦無所求駕言[illegible]我憂意適忽忘[illegible]歸休
懸知百歲後父老說故侯古來賢達人此路誰不由
百年寓華屋千載歸山丘何事羊公子不肯過西州

元脩菜 有序

菜之美者有吾鄉之巢故人巢元脩嗜之余亦嗜之元脩云使孔北海見當復云吾家菜耶因謂之元脩菜余去鄉十有五年思而不可得元脩適自蜀來見余於黃乃作是詩使歸致其子而種之東坡之下云

彼美君家菜鋪田綠茸茸豆莢圓且小槐芽細而豐 鄭仲元

種之秋雨餘擢秀繁霜中欲花而未萼一一如青蟲
是時青裙女採擷何匆匆烝之復湘之香色蔚其饛
點酒下鹽豉縷橙芼薑葱那知雞與豚但恐放箸空
春盡苗葉老耕翻煙雨叢潤隨甘澤化暖作青泥融
始終不我負力與糞壤同我老忘家舍楚音變兒童
此物獨嫵媚終年繫予胸君歸致其子囊盛勿函封
張騫移苜蓿適用如葵菘馬援載薏苡羅生等蒿蓬
懸之東坡下[illegible]圃化千鍾長使齊安人指此說兩翁

問大冶長老乞桃花茶栽東坡

周詩記苦荼茗飲出近世初緣厭粱肉假此雪昏滯

嗟我五畝園桑麥苦蒙翳不今[illegible]見乞茶予甑

饑寒未知免已作太飽計廣求[illegible]遍有無農未不相戾

春來[illegible]我已饒牛羊煩訶叱筐筥未敢睨

江南老道人齒髮日夜逝他年雪堂品尚記桃花薺

曉至巴河口迎子由

去年御史府舉動觸四壁幽幽百尺井仰天無一席

隔牆聞歌呼自恨計之失當時不忍寫苦淚漬紙筆

餘生復何幸樂事有今日江流鏡面淨煙雨輕冪冪

孤舟如鳧鷖點破千頃碧聞君在磁湖欲見隔咫尺

朝來好風色旗尾西北擲行當中流見笑眼清光溢

此邦疑可老脩竹帶泉石欲買柯氏林[illegible]待君必

杭州故人信至齊安

昨夜風月清夢到西湖上朝來[illegible]好語[illegible]得吳餉

輕圓白曬荔脆釅紅螺醬更[illegible]西庵茶[illegible]江瘴

故人情義重說我必西向一年兩僕夫千[illegible]無恙

相期結書社[illegible]還將夢魂去一夜到江漲

陳季常見過二首

仕宦常[illegible]

東坡有奇事已種十畝麥[illegible]得君眼[illegible]不辭奴飯白

送君四十里只使一帆風江邊千樹柳落我酒杯中

此行非遠別此樂故無窮但願長如此來往一生同

寒食雨

自我來黃州已過三寒食年年欲惜春春去不容惜

今年又苦雨兩月秋蕭瑟臥聞海棠花泥汙燕脂雪

暗中偷負去夜半真有力何殊病少年病起頭已白

戲作種松

我昔少年日種松滿東岡初移一寸根瑣細如插秧

二年黃茅下一一攢麥芒三年出蓬艾滿山散牛羊

不見十餘年想作龍蛇長夜風波浪碎朝露珠璣香

我欲食其膏已伐百本桑人事多乖迕神藥竟渺茫

朅來齊安野夾路鬚髯蒼會開[illegible]不惜斤斧創

縱未得茯苓且當拾流肪[illegible]然散飛霜

槁死三彭仇澡換五臟腸[illegible]田[illegible]幽光

白髮何足道要使雙瞳方[illegible]還故鄉

題王黃州墨蹟後　黃庭堅

掘地與斷木智不如機舂[illegible]故為萬物宗

世有斲泥手或不待[illegible]國極[illegible]

羽翼不及又[illegible]石一身轉[illegible]

浮[illegible]當日月白髮照秋空諸君發蒙耳汲古與[illegible]

寄陳季常　秦觀

一飼五十犗始具任公釣揭竿[illegible]濯瀆與爾不同調
先生本西蜀俠氣見英妙[illegible]世間兒細黠似黃雞
侍童[illegible]玉鬢髮光可照駿馬錦障泥相隨窮海嶠
平生[illegible]十七登廊廟小生相吏耶徒枉尺書召
暮年[illegible]學佛得心要竇馬放阿樊幅巾對沈[illegible]
冷冷屋[illegible]泉兀兀原頭燒欲知山中樂萬古同一笑

別黃州　張耒

扁舟發孤城揮手謝送者山回地勢卷天豁江面瀉

中流[illegible]赤壁石[illegible]插水下昏昏煙霧嵐[illegible]漁樵舍
居夷實三載鄰里通借假別之豈無情老淚[illegible]一灑
篙工[illegible]鼓輕櫓健于馬聊爲過江宿[illegible]山夜

王[illegible]之大寒軒　謝遜

小人[illegible]三冬卧無[illegible]寒東窓底坐待朝暾上
徐徐[illegible]熏然四體和恍若醉春[illegible]
此法[illegible]君[illegible]得此法開軒[illegible]
蘇公名大[illegible]但觀名軒心入人如[illegible]

黃州演[illegible]　明王廷[illegible]

浮氣出江[illegible]

江[illegible]一覽道悟見[illegible]
招邀[illegible]富欵雖值旅務迫不廢簷笠展
會[illegible]縱誕窈窕漢上曲清切江南管
投壺[illegible]迷中散居易命可侯撫化處始遭
江崩[illegible]折黃泥坂蘇公豪遊跡咫尺竟莫辯
賞心[illegible]達養生篆　[illegible]

舟[illegible]以事復回黃州

逆發齊安城野憩團風坂簡書申巽命造次促櫂返
中夜凌迴江侵晨見南巘推逢納升旭覽勝紛可[illegible]
嵓桂霞影蕩江籬露珠泫時物豈不麗瀟然與莫展

鹿門逐[illegible]祿太史樂遊衍高賢雖自許于祿竟[illegible]
重來日云積歸計路應緬長嘯行驄避偃卧戒[illegible]
勞謙業以廣止坎道乃善是氣與日[illegible]此庶可遣

遊定惠院

萋萋芳蕪郭杳杳青蓮宮隔陴瞻瑤林亭午聞清鐘
雲霞紛綺麗木石邈玲瓏藹心愜倉[illegible]苦滌慮幽悰
既登雲中閣復眺江上峯水沿[illegible]洲皐歙芙蓉
巳協隱淪趣堪擬[illegible]非虎溪遊一笑[illegible]公
濁世豈不厭妙道[illegible]要歸[illegible]未竟天工
義旨顧[illegible]

赤壁亭宴[illegible]游子　胡子

適志在林丘所慕髮簪籍雖偶登嶽遙終彌煙霞隔
日來有所期蘭蕙荷時哲虛館俯江郊况覽豪賢跡
鳴雷輕隔浦凉風近將夕遊禽屬喁喁落水方戚戚
瑤草未堪贈佳人徒良覿遠心入洞庭曠覽俠夢澤
事往情彌牽年衰感易迫已悲王子車終返原生宅
賞心非外慕懷賢亦屢積且遂俄頃懽為君[illegible]行後

乞罷南歸過黃岡次舊游韻四章　林大輅

雙晦紫氣橫西郊寒飈廣伊懷[illegible]方人眷茲滄洲賞
景曠融道情豈牽簪纓想仰高盼山椒東流大江[illegible]

李繼成

渚鳴群鷗飛煙屋獨鶴上喟予謝浮[illegible]敢言愜[illegible]
荒荒古木踈綿綿玄雲長虛無只蓬瀛長公得[illegible]
從之不可追試招漁人榜
投簪恊遐思驅車游黃岡黃岡非我游所思赤壁長
煙光連江滸石徑咽宵霜林聲聞歌管鈞影橫[illegible]
策策群飛鴉[illegible]鳴倘徉雲中雁相呼萬里獨南翔
斗酒呼歲華[illegible]首思佳人仙[illegible]今微茫
問之玄鶴[illegible]
杲日照北林[illegible]　流碧於藍[illegible]風吹雲[illegible]
遠渚既縈紆層[illegible]

紆[illegible]形骸非有託撫化漸[illegible]拾千古[illegible]
我[illegible]星游宛如昨神[illegible]物徒[illegible]歲寒江猶[illegible]
縱[illegible]豈復知龍蟆川[illegible]皆樵漁聊謝世人
昔[illegible]滄[illegible]黃泥坂羈旅本無營簞瓢同歲晚
武昌[illegible]惠州[illegible]赤壁對暮齡扁舟亦繾綣
才[illegible]還泥沱兩賦達玄門萬事奚寒暖
二[illegible]時亦樂嘉遁張翰烟雲姿陳琳天[illegible]
方舟夾雙流淡日澹霜飔往事眷深衷茲游亦戀婉
北風吹歸興麥斛林臥穩豈無他年懷江湖終[illegible]

赤壁泛舟　許宗魯

輟輪[illegible]澄瀾鏡羽蓋倒影浮[illegible]
前[illegible]麗[illegible]窓飈扇微瀾纖魄流[illegible]
岸姿娟嘉月水容[illegible]天雉卉芬紫蛐鮮芭[illegible]
躍鮮鱗素波慧羽吟繁絃嘉朋[illegible]
淑氣怡[illegible]和春藻冲玄[illegible]芳縱浮[illegible]
俯仰攬[illegible]長望懷昔賢[illegible]不窮既[illegible]

黃州赤壁　潘恩

坡僊不可作[illegible]羅青[illegible]彩[illegible]紛錯
感之幽意多[illegible]漸生[illegible]
對[illegible]天風[illegible]

黄州懷古　　王在晉

[illegible]迢鄂渚遥連漢川江不識潮
[illegible]聲雲霄野燒能燔石滄波以沃焦
[illegible]欲穿鵰吳魏紛爭日升師氣勢驕
[illegible]德亦雄驍風伯全驅陣朱旂不用招
[illegible]弃甲將士逍遥宵年少如公瑾新婚是小喬
東風一夜力單火滿船飄戰勝摧強虜春深伴阿嬌
威名追討逆内事決張昭折戟沙邊得遊魂夢裏銷
霸圖從此定天幸豈能徼魏北高銅雀江東憶細腰
吳兒正歌舞炎祚自終凋渡口夕陽下津頭暮雨蕭

山河傳往事宫闕失前朝有客題雙[illegible]伊誰合洞簫
平章待風月問答聽漁樵水落石還出碑磨墨漸消
荒屯陽邏堡古跡海棠橋[illegible]聲可描
賡龍墓前草顏子巷中[illegible]昔人何處歸[illegible]寂寥

赤壁百二句

叢律噴孤嘯[illegible]黄岡遶城邑赤嶼環江干
出郭[illegible]半里開[illegible]燒石爛白練噴泉寒
大[illegible]
[illegible]
[illegible]

[illegible]
[illegible]輪竿
[illegible]
碧氣[illegible]天潜鼉[illegible]見鷺拂入虎[illegible]合岩巒
桂扉[illegible]冷飛[illegible]浮[illegible]堅砥[illegible]淨洄瀾
[illegible]是滄[illegible]危[illegible]熟能酬
[illegible]公瑾吟詩[illegible]百戰剩辛酸
兵發通宵盡[illegible]鴉紛雨若揮汗
新斫[illegible]仍[illegible]未乾孤航[illegible]闌成歡
天意[illegible]老奸棲鳥空[illegible]自團圞

試[illegible]草[illegible]昔已列中原[illegible]
[illegible]石[illegible]
[illegible]開[illegible]樂自[illegible]
[illegible]勤[illegible]懶索[illegible]酒[illegible]一
直道應三點浮名寄一[illegible]
[illegible]洲[illegible]物態[illegible]
秋色平[illegible]何處是形[illegible]身單
[illegible]事皆[illegible]途[illegible]
轉盼若[illegible]自[illegible]
[illegible]卿知何[illegible]

激楚發高調知希勿與彈

留雲洞　陳宗虞

古洞鮮留雲不肯留車馬咲此行路心又逐山亭下
拂衣向前[illegible]玄雲夜堪把蒼狗與白衣出岫何爲者
爲霖在[illegible]從龍亦瀟灑

登臨遺驛樓　郭鳳儀

雄鄂俯巨津轄軒瞰木杪甬棹亦何嘗㧞梯肆周眺
長江浩無極連山青未了但覺去航遲莫辨歸舟小
參差遠樹迷歷亂輕鷗矯入夏暑雨盈是日炎蒸少
吏道常局迫人事多紛擾逸興寄高麗滯跡猶迍表
愧無排虛翮臨風羡高鳥

遊赤壁　何遷

初冬歷陽坂浮景被縈林良辰攄玄賞[illegible]境宛招尋
連巘既窈窕累榭亦蕭森乘屬登[illegible]然滄溟襟
緬想秋夜遊川原幽且深孤濤詎[illegible]跡乃在今
因之發静嘯激楚有餘音飛仙渺難友[illegible]化異浮沉
何如盡翹忽聊得山水心

鄒彥吉使君招飲赤壁　吳國倫

使君展高宴飛蓋臨[illegible]折[illegible]彼千仞石樓觀何崔嵬
下有蛟龍窟洪濤[illegible]八一遺跡我來亭有[illegible]
中庭見笑口浦[illegible]日以[illegible]

[illegible]言[illegible]知[illegible]君但[illegible]唱勿謂知音[illegible]

王維[illegible]吉士　八子詩之一

維楚[illegible]有才[illegible]稚欽偶早歲發天秀匠心應其手
高視千載[illegible]先後[illegible]湘女邑耶擊秦人缶
謂世如[illegible]生非使酒敖然詠新篇豈復聞師友
遂爲禮[illegible]一官棄如垢傷彼荆山璞終焉不見剖

鄒[illegible]使君招飲赤壁　方尚寶

高臺[illegible]飛路連崇岡古人跡未朽今復登斯堂
南臨[illegible]西望漢水陽使君[illegible]多暇攜客聊相羊
薰風蕩遲景黃鳥鳴且翔綺[illegible]江鱗玉醴澄羽觴

彬彬軒冕士燦燦[illegible]亦何貴履席承[illegible]
登高歡有作爲樂[illegible]觴酩酊[illegible]

和[illegible]鄉方[illegible]集　鄒迪光

畢景[illegible]
檣帆[illegible]
陽鳥逝[illegible]石[illegible]有[illegible]不用[illegible]
酡顏[illegible]雅[illegible]知音[illegible]

雪堂詠懷[illegible]

夙抱理人術不[illegible]
[illegible]

[illegible]坐[illegible]古人[illegible]
[illegible]理亦齊
白[illegible]之滔[illegible]露晃[illegible]春籬
[illegible]信[illegible]豈土埃所以磬折間吏隱常[illegible]斯
曾[illegible]蒙莊[illegible]嘆爲犧

崑山馬上部席中有古詩見贈[illegible]　劉允宜

會稽佳山水行吟足朝夕驅車一以遠接鞭無不懌
侯罪刺黃州賞心在赤壁爲呼府中僚出訪江頭石
矯有壁立姿而無斧痕劈寧向濁流邊獨作冊砂色
人言三國時帝遣兩雄敵南軍勢不競東風借其力

炎皇御燭龍雷車駐霹靂漫[illegible]鳥翔火岸[illegible]
大江蒸水氣[illegible]爐煉金液[illegible]
譬彼昆岡焚詎免池魚[illegible]
或者百萬兵乃其膏血[illegible]
周郎美少年小喬紉[illegible]
携手凭重闌調笑[illegible]
紅粉擁綺羅[illegible]
烏林夜渺[illegible]
[illegible]工部[illegible]
[illegible]軒冕[illegible]

我[illegible]情癖只手受羈[illegible]書彈丸
四[illegible]臺九州多禹蹟異人偶逝追往[illegible]手組織
[illegible]動君乃奪老瞞魄總是一江連初非兩地隔
楚全[illegible]其手亦復楚人得[illegible]將壘塊澆削破藩籬塞
蘇公自仙[illegible]隨千今同謫斥語誠可授千秋足相識
賓主既笑喧歌人亦填溢戎雜酥鞨鮮當標胭脂
茜燭媚珊瑚香膠浮琥珀天際絳霞飛臺前紅雨積
紺宇映崴[illegible]酡顏並瑜適犯立石壇高下望江流衆
冠蓋各東西江山文今昔

赤壁陪胡茂承宴賦　王同軌

壁壘血未乾[illegible]原散蘇公夫何爲復此弄文翰
俱爲地借名[illegible]開樓觀上欲凝飛雲下踞江之半
回思故聲華[illegible]暮與旦蘇公昔已悲翻爲後人歎
我生室其旁[illegible]來自天畔路辭秋[illegible]不葉[illegible]已亂
痴絕君不[illegible]冠纓斷高窺鶴巢[illegible]岸
題詩擊[illegible]字字[illegible]光燭尊壘歡處[illegible]撰
却恐留徽[illegible]千秋[illegible]三公[illegible]所[illegible]渙
江上山聯[illegible]從君偏探玩

過孔子問津處

[illegible]

寰[illegible]之下[illegible]此何爲云是[illegible]處
往昔鳳戢羽深[illegible]誰語[illegible]路側所遇溺與沮
避道不避人相對一何倨千載[illegible]遺跡山川應可據
我來出其傍茲行[illegible]游豫六[illegible]高飛九[illegible]此[illegible]
雛馳雲外想已作粘泥絮卻止步荒祠低回不能去

詠署中雙梧

庭前有奇[illegible]參天直古幹當勁風豐枝蔚其[illegible]
閱世百年來朝[illegible]幾華獨此雙珍木秀挺兩稱特
豈必同衆芳所[illegible]不朽德長夏落層陰赤日爲西匿
高梢激清音遺芳故盈側雖無媚俗姿而有凌寒色

吾拙久已[illegible]與爾宛相識遠植在及時合名永不惑

春日赤壁晚眺效謝康樂體二首　呂元音

步出城西隅[illegible]靈界敞輕陰[illegible]久[illegible]風正飄蕩
雨初綠埜秀臺高白雲朗[illegible]出[illegible]乎飄若漭泱
林煙曳翠[illegible]湖霞披絳幌[illegible]賞
振衣登前岡徘徊命吾黨[illegible]鸝鞅
美酒瀟煩[illegible]
纖月掛東林幾知[illegible]
逕轉石[illegible]

伊余[illegible]長嘯美[illegible]悲喜
凭[illegible]臨流[illegible]堪洗[illegible]風悠悠得真趣
塵世[illegible]非獨此逍遙是預愁還城市車馬紛如駛

七言古

赤壁送別歌　唐李白

二龍爭戰決雌雄赤壁樓船掃地空烈火張天照雲
海周瑜於此破曹公君去滄江弄澄碧鯨鯢唐突留
遺跡一一書來報故人我欲因之壯心魄

琵琶亭獨酌詩黃州作　杜牧

前年鬢生雪今年鬚帶霜時節序鱗次古今同鴈行

甘英[illegible]海四萬到洛陽東南我所見北可計幽荒
中盡[illegible]國角角基布方地頑壓不[illegible]天迴老不[illegible]
屈指[illegible]世過如霹靂作人生落其內何者爲彭殤
促束[illegible]縛儒衣寬且長旗亭雪中過敢問當壚娘
我愛李侍中標標七尺強白羽八札弓髀壓綠檀槍
風前略橫陣紫髯分兩傍[illegible]萬虜[illegible]目不敢[illegible]
功成賜宴麟德殿猨超[illegible]女側頭
看柏排踏碎雙明璫[illegible]
故鄉我愛朱處士[illegible]西風
[illegible]前溪

碧[illegible]鬼鴈日晚下[illegible]我謳歌
爾[illegible]欲歸彼亦有[illegible]下柳塢東陌
繞[illegible]舍煙火遙相望太守政如水長官
貪[illegible]云畢任爾自存亡我昔造其室羽儀
[illegible]流上竹映琴書牀出語無近俗堯舜
[illegible]少誰人爲棟梁我曰天子聖晉公
提紀綱[illegible]萬時海正誅滄謂言大義小不義
取易捲席如探囊犀甲吳兵鬪弓弩蛇矛燕騎馳鋒
鋩豈知三載凡百戰鉤車不得望其墻答云此山外
有事同胡羌誰將國伐叛話與釣魚郎溪南重迴首

一逕出脩篁爾來十三歲斯人未曾忘往往自撫己
淚下神蒼茫御史詔分洛舉趾何猖狂闕下諫官業
拜疏無文章尋僧解幽夢乞酒緩[illegible]腸[illegible]爲妻子計
未去山林藏平生五色線願補舜衣裳[illegible]歌教[illegible]
蘭芷浴河湟腥膻一掃灑兇狠皆披攘生人但眠食
壽域富農桑孫吟[illegible]此自亦笑荒唐江[illegible]雨初霽
刀好截秋光池邊[illegible]酌樵[illegible]香醑更唱太
平曲仁聖天子壽無疆

寓居定惠院之東雜花滿山有海棠一株土人
不知貴也　蘇軾

江城地瘴蕃草木只有名花苦幽獨嫣然一笑竹籬
間桃李漫山總粗俗也知造物有深意故遣佳人在
空谷自然富貴出天姿不待金盤薦華屋朱唇得酒
暈生臉翠袖捲紗紅映肉林深霧暗曉光遲日暖風
輕春睡足雨中有淚亦淒愴月下無人更清淑先生
食飽無一事散步逍遙自捫腹不問人家與僧舍拄
杖敲門看脩竹忽逢絕艷照衰朽歎息無言揩病目
陋邦何處得此花無乃好事移西蜀寸根千里不易
到啣子飛來定鴻鵠天涯流落俱可念爲飲一尊歌
此曲明朝酒醒還獨來雪落紛紛那忍觸

定惠院夜月偶出

幽人無事不出門偶逐東風轉良夜參差玉宇飛木
末繚繞香烟來月下江雲有態清自媚竹露無聲浩
如瀉已驚弱柳萬絲垂尚有殘梅一枝亞清詩獨吟
還自和白酒已盡誰能借不辭青春忽忽過但恐懽
意年年謝自知醉耳受松風會揀霜林結茅舍浮浮
大甑長炊玉溜溜小槽如壓蔗飲中真味老更濃醉
裏狂言醒可怕但當謝客對妻子倒冠落珮從嘲罵

次前韻

去年花落在徐州對月酣歌美清夜（去年徐州花下對月[illegible]）
今年黃州見花發小院閉門風露下
萬事如花不可期餘生似酒那禁瀉憶昔還鄉溯巴
峽落帆樊口（[illegible]黃州）高桅亞長江衮衮空自流白髮
紛紛寧少借竟無五畝繼沮溺空有千篇凌鮑謝至
今歸計負雲山未免孤衾眠客舍少年辛苦真食蓼
老境清閒如啖蔗饑寒未至且安居憂患已空猶夢
怕穿花踏月飲村酒免使醉歸官長罵

安國寺尋春

臥聞百舌呼春風起尋花柳村村同城南古寺脩竹
合小房曲檻欹深紅看花歎老憶年少對酒思家愁

老翁病眼不羞雲母亂鬢絲強理茶烟中遙知二月
王城外玉仙洪福花如海薄羅勻霧蓋新粧快馬爭
風鳴雜佩玉川先生真可憐一生耽酒終無錢病過
春風九十日獨抱添丁看花發

徐使君分新火

臨皐亭中一危坐三月清明改新火溝中枯木應笑
人鑽斫不然誰似我黃州使君憐久病分我五更紅
一朵從來破釜躍江魚只有清詩嘲飯顆起攜蠟炬
遶空室欲事烹煎無一可爲公分作無盡燈照破十
方昏暗鎖[illegible]

石芝一首 并序

元豐三年謫居黃州五月十一日癸酉夜夢遊何
人家開堂西門有小園古井井上皆蒼石石上生
紫藤如龍蛇枝葉如赤箭主人言此石芝也余率爾
折食一枝衆皆驚笑其味如雞蘇而甘明日作此詩

空堂明月清且新幽人睡息來初匀了然非夢亦非
覺有人夜呼祈孔賓披衣相從到何許朱欄碧井開
瓊戶忽驚石上堆龍蛇玉芝紫筍生無數鏘然敲折
青珊瑚味如蜜藕和雞蘇主人相顧一撫掌滿堂坐
客皆盧胡亦知洞府嘲輕脫終勝嵇康羨王烈神仙

黃岡縣誌　卷之七　卅六　鄒仲元　三百八十二

一合五百年風吹石髓堅如鐵

上巳日與二三子攜酒出遊隨所見輒作數句

薄雲霏霏不成雨杖藜曉入千花塢柯丘海棠吾有
詩獨笑深林誰敢侮三杯卯酒人徑醉一枕春[illegible]日
亭午竹間老人不讀書留我閒門誰教汝出[illegible]聚枳
十圍大富[illegible]發舞東坡作婦人[illegible]只携酒一
勞農[illegible]出[illegible]門壞垣[illegible]開
桃李[illegible]嫵閒[illegible]草勸[illegible]不
措[illegible]尊亭[illegible]門郝[illegible]
驪[illegible]八何所[illegible]

枝乞漿不見應門女畦上古墓臨斷岸雪陣翻空迷
郊俯故人餽我玉菓羮[illegible]令煙消誰爲載歸驅東縕
下荒徑婭姹隔花聞好語更隨落景盡餘尊却傍孤
城得僧宇主人勸我洗足眠倒床不復聞鐘鼓明朝
門外泥一尺始悟三更雨如許平生所向無一遂茲
遊何事天不阻固知我友不終窮豈弟君子神所予

次韻孔毅甫久旱已而甚雨

去年東坡拾瓦礫自種黃桑三百尺今年刈草蓋雪
堂日炙風吹面如墨平生懶惰今始悔老大勤農天
所直沛然例賜三尺雨造化無心恍難測四方上下

黃岡縣誌　卷之七　卅七　鄒仲元　三百九十三

同一雲甘霪不為龍所隔俗有分龍日蓬蒿下濕迎曉耒
燈火新涼催夜織老夫作罷得甘寢臥聽墻東人響
屐奔流不已坑谷平折葦枯荷恣漂溺腐儒粗糲支
百年力耕不受衆目憐破陂漏水不耐旱人力未至
求天全會當作塘徑千步橫斷西北遮山泉四隣相
率助舉杵人人知我囊無錢明年共看決渠雨饑飽
在我寧關天誰能伴我田間飲醉倒惟有支頭甎

送任伋通判[illegible]其[illegible]

吾州之[illegible]無[illegible]自進誰識
之有才[illegible]讀彼萬卷詩

愈矣黃州小郡夾谿谷茅屋數家依竹葦知命無憂
子何病見賢不薦誰當恥平原老令更可悲六十青
衫貧欲死嗣鄉遺老至今泣潁川大姓誰能箝因君
寄聲問消息莫對黃鵠矜爪觜

陳季常自岐亭見訪郡中及舊州諸豪爭欲邀
致之戲作陳孟公詩一首

孟公好飲寬濫論斗醉後關門防客去不妨閑過左阿
君百適終爲賢太守老居閭里自浮沈笑問伯松何
苦心忽然載酒從陋巷爲愛揚雄作酒箴長安富兒
求一過千金壽君君笑唾汝家安得客孟公從來只

識陳驚坐

書王定國所藏烟江疊嶂圖王晉卿畫

江上愁心千疊山浮空積翠如雲烟山耶雲耶遠莫
知煙空雲散山依然但見兩崖蒼蒼暗絕谷中有百
道飛來泉縈林絡石隱復見下赴谷口爲奔川川平
山開林麓斷小橋野店依山前行人稍度喬木外漁
舟一葉江吞天使君何從得此本點綴毫末分清妍
不知人間何處有此境徑欲往買二頃田君不見武
昌樊口幽絕處東坡先生留五年春風搖江天漠漠
暮雲卷雨山娟娟丹楓翻鴉伴水宿長松落雪驚醉
眠桃花流水在人世武陵豈必皆神仙江山清空我
塵土雖有去路尋無緣還君此畫三歎息山中故人
應有招我歸來篇

過江夜行武昌山聞黃州鼓角

清風弄水月銜山幽人夜渡吳王峴黃州鼓角亦多
情送我南來不辭遠江南又聞出塞曲半雜江聲作
悲健誰言萬方聲一槩龍憎龍愁爲予變我記江邊
枯柳樹未死相逢真識面他年一葉泝江來還吹此
曲相迎餞

戲題承天寺法堂前栢　黃庭堅

樹底滿團禪老家高僧倚坐日西斜有人試問西來
事無處安排玉如意方看風幡動不問不道風幡覓
亦空開口已非無間處高僧不語人歸去

輸麥行　張耒

場頭雨乾場地白老稚相呼打新麥半歸倉廩半輸[illegible]
官兒教縣吏催租過[illegible]頭單子毛布囊淺泥[illegible]
前縣倉[illegible]淺溪清嚴官吏廉平量出倉[illegible]
呼同伴[illegible]笑[illegible]換[illegible]扶車歸路凉月[illegible]
家妻具[illegible]此時[illegible]日風雨閉門公事畢[illegible]
田[illegible]飲酒相經過

黄州棲霞樓即[illegible]呈謝深道國政　戴式之

朝來欄檻倚晴空暮來烟雨迷飛鴻白衣蒼狗易改
變淡粧濃抹難形容蘆洲渺渺去無極數點斷山橫
遠碧樊山諸峰立一壁非煙非霧籠秋色須臾黑雲
如潑墨欲雨不雨不可得須臾雲開見落日忽展一
機雲錦出一態未了一態生愈變愈奇人莫測使君
抱酒索我詩索詩不得呼畫師要知作詩如作畫人
力無能窮造化

陽邏堡　元傅與礪

微雨瀟瀟濕行李馬頭即見長江水烟浦明侵白鳥

邊風帆亂入青雲裏望人南北久離居況復今年無
素書明日重吟漢陽樹何須不食武昌魚

陽邏堡　陳剛中

陽邏堡高嵯峨亂山勢如秋蛇蟠長江西來五千
里雪濤怒濺秋[illegible]寒憶昔王師駐江上[illegible]旗百萬騰
江神俛首不敢喘鏡光浮碧無[illegible]乾坤一統
自此始坐見[illegible]衣冠我來斷黄[illegible]夏口彷彿但
認烟波竿漁[illegible]何處白鳥飛盡青天寬鮮公
磊[illegible]尺不[illegible]一[illegible]清歡興亡往事誰復問磯
[illegible]江去又見曉日浮晴巒

月下泛赤壁　周北山

赤壁之[illegible]下有江水何清冷天空月出夜寥
泬玻[illegible]為問黄州雪堂老巧宦何如遷
客好[illegible]夜拏舟憂患都將談笑了劃然長嘯
來天風[illegible]八極世慮空但見橫江露華白舉袂欲
挹浮丘公洞簫聲斷潛蛟舞月下清尊貯千古老瞞
當日困周郎千里樓船鬬貔虎烟消水冷沉戈矛空
餘野燐寒沙頭江上寂寞總陳蹟追憶往事懷風流
勝遊到我知幾度感昔觀今猶旦暮乾坤何事老英
雄滾滾長江自東去

赤壁歌　明方孝孺

東夏口西武昌赤壁嶄絶當中央奸雄將軍氣蓋世
敗卒零落慚周郎得鱸魚沽美酒孰若黄州蘇子瞻
謫向江湖動星斗噫吁嚱曹公氣勢蘇子文章人物
斛觻塵跡荒凉惟有江山千古萬古空流長

詠赤壁　[illegible]潤

長江西來雨如霧赤壁蒼蒼風雨[illegible]
時塵沙尚想焚舟處烏林渡口下舳艫[illegible]已[illegible]無
全吳陣前[illegible]劉備眼前談笑輕[illegible]謀合
士鼓勇玉帳旌旗[illegible]

日落停車□□□寒沙殘碑□□□□鼙鼓聲戰骨
秋□□□□□書夜報石頭城□□□□氣兩消殘地
老天荒秋一葉石上殘碑過客題沙中古劍漁人得
漢王祠枕碧山隅諸葛臺荒角鳥呼千年忠義出師
表萬古江山八陣圖

竹樓　何喬新

黃岡使君文中虎勁氣英英隘寰宇西清東觀莫容
身文擁朱轓守江渚江雲山雨晝宜使君對此若
爲情驚濤獻見蛟龜舞老樹愁聞猿狖鳴平生才名
冠當世每吐忠言裨國是咳咕竊咲奸諂排一身南

北長如寄使君知命不鮮愁竹樓□□起江之陬笑呼
斗酒酹前哲風帆沙鳥任沉浮仙遊今在蓬萊島陳
迹荒涼凄蔓草我來不見樓中人自酌寒泉薦蘋藻

定惠院步蘇公海棠詞韻　邵寶

草堂三間倚林木如魯靈光巋然獨當蔣坡老賦海
棠遂使荒丘頓超俗乾坤俯仰五百年多少高陵變
深谷愛人及物自古然甘棠在□鳥在屋誰將蔬圃
一洽之彼哉鄙夫定□寸□之□□□□□□□□今
人□□來□□□□□□□□□□□□□□□□□□
閒□□□賦詩□□□□□□□□□□□□□□□□

韻還宜竹樓□□我持□□□□南行偶涉黃岡一遊目
高山仰止同此懷如覩魏□在西蜀雄篇可讀不可
和白雲渺渺天邊鵠一株培植兩侯心酌酒酹公歌
我曲願言折竹作新離騷開篇遺教手觸

贈王稚欽歌　王廷相

餘作梁甫吟發我千古萬古哀大道無徵賢聖隱至
今心膽成寒灰矯矯馮敬通文章擅當代口語成禍
胎禁錮老煙海賈誼才高更少年獻納多在王侯先
讒云絳灌不相忘卻令流落長沙天吾宗學士難比
數文炳龍鸞氣羆虎不逐長安齷齪兒低眉靦面求

憐取心存匡濟人豪英白日未照憂天傾閶闔九門
不得入大叫直與蛟龍爭上帝不言閽者怒黑夜搶
落芙蓉城芙蓉城闕儼星辰望美人兮江之濱三閭
憔悴自多事五湖放浪真賢人茫然鼓枻不知遠窮
疵遊盡江南春共我清仙人笑相友不如且樂丘園身
君今莫邪尚在無欲剸兕象須吾徒□□□之足果名亡
恙刷雲霄躍崑崙都里中小兒不□□□□鷄賭狗矜
頭顱君不見朝歌屠叟發□□□□八十垂竿渭陽岸時
來欻作明良師分土營丘未云晚

鴻輸□□□□客古□□□□□□□　廖道南

滄[illegible]遲去樞鵶躍旋朱明歎[illegible]縷陰月條驪右[illegible]分令
向洞渠行河梁浜風滿風滿清[illegible]淺芷汀蘭翠堪
搴彈箏擊筑暫徘徊置酒當歌歌[illegible]宛轉歌且柔
君昔上都遊春花艷桃李春心[illegible]年年蓬萊獨謁金
銀闕閶闔雙龍虎豹遊朝[illegible]赤墀暮宿白雲司眼
魚金尾相追隨玄台[illegible]為奏靈飛曲四照花含五色芝
五芝之[illegible]四照渥如冊采花烟圖側采芝雲林端
翛[illegible]鳥棲遲白日生羽翰凌霞長望楚宮
陽楚[illegible]歷青蒼三湘時見鼉鼉出四澤聊羈鸞
鳳翔方滄浮舟荷松門裊綠蘿牽絲弱[illegible]香柯

裊傳鶴侶奈爾何奈何歌白紵月挂層峰樹憐爾悠
悠獨往心秋落黃岡平江雨

憶昔行寄茶陵張内翰　王廷陳

憶昔赤壁張華筵與君共醉長江邊白鳥飛飛遶金馬
客蒼蒼[illegible]坐嘯赤[illegible]豈知雲雨歡不延[illegible]紅日墮
山川子遂白雲歸楚澤君隨明月上青天天中[illegible]聖
人獻納爲近臣馬遷[illegible]前史方朔[illegible]見後身
鸚鵡洲邊忽分手[illegible]上類回首[illegible]各一
方何須對酒[illegible]賦客[illegible]復白
頭吟相如夫[illegible]誰當[illegible]

楚岍吟寄牟子

楚岍長楊吾至止百鳥嬌啼春欲醉晴絲冉冉隨碧
空風光頗爲遊人媚我家黃子國君住鄂王城大江
東下雲霧接滔滔應瀉故人情憶初同傾南宮宴白
馬青袍[illegible]霄漢并翺翔寧知世路多更變
我歸[illegible]後榮華顛倒若夢中人情翻
覆無不有安能顧[illegible]餞自今心不開陰崖積古雪白
日何當來我將[illegible]衣從子遊請君酒掃鸚鵡洲遲日
經行[illegible]杖煙波搖漾木蘭舟須令漢水變春酒更
遣大別爲糟丘鼓龍自吟鶴自舞仙人鐵笛沉高樓

留連坐待明月上翠娥懽飲來沙頭竹林諸賢真瑣
瑣高陽酒徒安足儔吁嗟此會難即得使我悵望無
時休君不見楚宮寂寞臺殿荒歲歲東風開野棠三
閭憔悴行吟處千古猶傳杜若香丈夫眼底安足計
君行采采莫相忘

陽邏獨酌放歌寄徐中丞徐文學二公　陳[illegible]

夜來坐赤壁明月瀉吾酒舉杯酹周瑜周瑜骨已朽
當日龍爭如夢中雄[illegible]業今何有周瑜子[illegible]不足
論後來感[illegible]鶴得何處[illegible]書[illegible]

清獻□公文章絕代□□□兩賦名乾坤當腐寘逐
故如此死後虛名空復□文章那用追鄉曾勳名奕
世終塵土周公孔子俱吾師一生謗構逢人侮大聖
且不免物情自今古況爾尋常人偃蹇而堪數周公
瑾蘇子瞻□原一夫□何淹伏獻抽毫如見爾爲爾
涕泗衣盡沾緘書報與黃鶴翁吾今爛醉扶巳童□
書擲劍自此始爲能伏轍悲路窮聞君亦欲拂衣去
他日同尋黃綺公

黃州逢張體信大行邀飲赤壁別之短篇

昔爾作賦吳王臺西湖桃李不敢開我一見之欻飛

動撫掌呼爾班揚才走馬還空老異把群天街噼手揮
青雲星槎一日浮江漢洞庭黃鶴生氣盡西來行路
迷芳草豈謂相逢齊安道赤壁湖開歌舞迸百壺爲
我攄懷抱懷抱悠悠咲此身文星豈成爾能明掉頭
覆手何爲者青蠅貝錦喧謗聲世事寵鶴樹棘棘驊
騮拳跼鳳凰餒食男兒六合無相知安得攢眉自摧抑
去去高江隨片帆濯纓洗耳巴山曠當從盡脫魚腸
綬白眼青天寘佞讒江東雲湧城雨交情儘使傾今
古楊朱泣楚狂歌逢君不醉將如何君不見赤壁磯
頭一片月無限英雄血戰時英雄已銷明月在煙波
渺渺令人悲分明感激眼前事莫令人□□□□

王行父爲稚欽先生從子□事□鄉爲古文辭
甚工　　王世貞

王郎買舟千里來相詣開卷珠璣□□地不見竹林
狂客阮嗣宗得見阿咸差足慰武昌以東建詞壇吳
興首歌女捧盤齊安赤壁一時快郢里白雪千秋寒
三閭沉湘九辯作古人未解今人樂多向維摩乞贈
言不二門中無此樂

歌王行甫蒼蒼閣題　　吳國倫

臨皇萬戶充南郭中有詞人讀書閣野客能乘野興

來一覽山川窮二鄂山川佳氣鬱蒼蒼白雲黃鶴遙
相將庾亭南樓隔煙水春申故壘平林遠樹煙水
自今古只覩紛爭誰是武有酒且□醉且歌何□□書
鳳俱塵土塵土從來易誤人□□□閣甘沉淪爲問
江鄉幾知己能令此地生精□

哭門人王伯固詩　　□□光

余非九皐□識汝騂騮□□□□□□□□汝□
玉爲□□以□□識不□□□□□
津一□□作林中人信□□
[illegible]

真不偶結交自謂成白首誰知尤物故難留瑤華柰
落懸藜剖天雲慘淡日無色鵬去牛哀到消息君當
飛鳥上神京此際乘箕傍南極玉鸞仙使紛相迎竹
馬兒童留不得汝本天宮掌書記偶然謫作風塵吏
元君還汝舊仙曹乘螭夜襲真人位瑒窗刻檻十二
樓綠韞冊函千古字手握金符典其事芝童鹿女紛
然侍脫迹紅塵真□意柰何我輩獨鍾情七尺未老
云胡傾天生汝才不汝壽造化無乃太不平目流荊
國無乾土腸斷湘江盡哭聲哭汝汝不聽痛汝汝不
知欲繼延陵劍將題有道碑更憑楚雁求遺草大業

千秋爲汝貽

赤壁　方尚賢

卅崖壁立何巖岑萬仞下插滄江深帶郭連岡迴作
障倚空疊石高爲岑乾坤開闢幾千載陵谷遷移此
山在三分割據如夢中往事隨波向東海子長年少
頗好遊我亦鼓枻瀟湘流五月莫過灩澦石黑日更
宿峥嶸洲舟人指點話赤壁壁下清風宛如昔雲根
半掩赤壁青水面一片滄江白從來人世幾登臨俯
仰徒悲千載心蘇子賢豪□陳□□賦留傳空至今

遊赤壁書懷　丘仁

雲夢南來三赤壁獨此峥嶸如卓戟今昔遙連簇紆
林斬岩下俯頭陀石棱獺棲船昔此經鏖兵戰壘人
猶識武昌客應誇顧曲人遊蹤更憶揮毫客佬孫聊爲
汗漫遊夷猶不受揶揄迫亭亭蹁躚道士來舟中枕
藉東方白擲金詞賦尚煇煌逝水年華易拋擲老我
來停問石磯探奇一着登山屐醉邀風月牂幽襟逕
指蒙茸悲往迹英雄割據不足道塹地希賢曾一咲
酒杯到手是生涯自看滿眼秋山峭

赤壁磯漫興　蔡文伯

赤壁木落石粼粼我來石上校竿綸渭濱之璜那可

釣白魚吹浪如湘衡門豪悰寄淞水忘饑豈食河
之鯉罷釣浩歌隈美人美人隔岸拾芳芷會須散步
孤鶴洲問我何如壬戌秋我思東風月猶昨清風江
上同悠悠顧我老非西蜀客沉淪那夢長安陌醉餘
枕石蝴蝶飛覺來俯見東方白

醉中泛赤壁漫興　沈升

東山月出波晶晶有客載酒浮中流琉璃萬頃際空
碧白露橫江澄素秋興來扣舷歌吊古情更傷英雄
不盡意流恨與江長當時曹孟德誰復識周郎舳艫
千里來江東張目視吳吳已空誰知庖火還復燃一

雲吹起東南風[illegible]眉山前鼓舞雄豪吟月下嘯[illegible]
洞簫吹徹楚雲渺滄海一粟看浮蹤魏氏[illegible]代炎
祚不值蘇家一篇賦銅臺舞榭久荆蓁落葉紛紛眼
前墮君不見江上月古往今來幾圓缺君不見江中
流前人血戰後人遊文章事業總成幻天地萬物皆
蜉蝣不如投却蘇子筆不如折却曹公矛滄海魚已
肥蔞蒿酒新篘木蘭之檝沙棠舟但願金尊常盈月
常滿夜夜來爲赤壁游醉裡藏身足爲樂何須更憂
臨皋鶴

夏日赤壁登眺　吴良吉

五月落梅吹未殘薰風南來新葛寒濯纓石邊水半
落策杖樹底重雲翳鷗鳧出沒下前渚鼇鼉鳴吼飛
驚湍風前有酒載蘇子月下無枝羞老瞞英雄至今
生感既功業未就詎能安披襟對客已忘世放筆寫
詩姝盡懽高懷已許寄墨跡開口立譚披蘿冠層樓
不盡登臨意可笑元龍限孔寬

由龍山登兩耳山至赤壁作歌　王一鳴

聚寶山南一尊酒主勸賓酬不離手夜深霜露沾人
衣[illegible]江峽中[illegible]兩耳山高連石附[illegible]
任[illegible]風迴難尋[illegible]

徑提[illegible]絶頂濟涼一翹首班荆[illegible]地當開遊舉杯邀
月呼[illegible]天野[illegible]出孤松[illegible]酒熱西風便明伯
耳[illegible]長[illegible]矜持禮法譏叔孝問詩猶細密轟
歎恨少東[illegible]頭一望山巉巉赤壁半墮滄波卸
秋浪浩渺動樓榭天風空濶吟松杉十步五步山出
沒東坡先生洞眼前造次留客何生賢鷄酒陸續深
林傳鷄煮最憐白玉熟酒行滴作珠璣圓慇懃苦勸
上客醉髩髮便擬中山眠酒後坐起忘主客吟邊今
古呈山川老僧空谷捲清磬漁[illegible]月撑歸船酒罷
便作城南步鬱盤城郭紆煙霧[illegible]薄如傷紅蓼稀天

高慣鬪清楓怒吁嗟乎英雄身世多坎坷今朝且樂
樂柰何向平五嶽有消息看我淋漓醉掃青天歌

茅伯符招飲赤壁席間賦　楊師孔

赤壁磯頭一尊酒白龜波心一片月悠悠大醉五百
年多少陰晴與圓缺江山有盡意無窮滔滔一派洗
英雄有時載酒秋月白有時乘風軍火紅乘風載酒
成句事霸圖不勾䑳一醉十萬舳艫化作[illegible]兩篇詞
賦照天地憶昔周郎大破曹小喬初嫁氣[illegible]豪老瞞
今已隨流水冠首乘風亦羽毛獨有坡仙重茲上泛
月[illegible]千古至今詞入幾句詩不吊龍[illegible]虎

[illegible]開天地風雲[illegible]夢回蘭[illegible]
舟[illegible]下赤明照不譴仙人壓不高悟來世界等
秋毫[illegible]壁心猶赤彩筆横江怒起濤吁嗟乎我
來赤壁[illegible]古歎千秋洞簫聲未歇烏鵲鳴啾啾賞
主東南矣乾坤日夜浮欲訪仙翁在何處清風明月
一卅丘

五言律

憶齊安郡　唐杜牧

平生睡足處雲夢澤南州一夜風欺竹連江雨送秋
格卑常汩汩力學強悠悠終掉塵中手瀟湘釣漫流

黄岡縣誌　卷之七　五二　李十鬼廿方 三百二十

黄州　方干

廻節齊安郡孤城百戰殘傍村林有虎帶郭縣無官
暮角梅花怨清江桂影寒黍離緣底事撩我起長歎

雨晴徐步至四望亭下魚池上遂自乾明寺前東岡上歸二首　宋蘇軾

雨過浮萍合蛙聲滿四隣海棠真一夢梅子欲嘗新
杖藜閑挑菜鞦韆不見人殷勤木芍藥獨自殿餘春
高亭廢已久下有種魚塘暮色千山入春風百草香
市橋人寂寂古寺竹蒼蒼鸛鶴來何處號鳴滿夕陽

江上晚步　潘大臨

白鳥沒飛煙微風逆上船江從樊口轉山自武昌
日月懸終古乾坤別逝川羅浮南斗外黔府若何邊

臨江亭　晁補之

古木嘯寒禽層城帶夕陰梁園多綠樹楚岸盡楓林
山際登爲險江流長自深平生何所恨天地本無心

東坡　張安國

繫船看西日曳杖到東坡暗井蛙成部荒祠鳥作窠
老仙騎鶴去稚子飯牛歌興廢何須問斯文自不磨

夜泛赤壁　元楊惟中

瞥艤清江舸來登赤壁山怒亂松偃映漱玉水潺湲

黄岡縣誌　卷之七　五三　李十鬼廿方 三百五十七

明月尊前色卅崖戰後顔高城催暮角醉倚棹歌還

齊安郡事五首　明陶安

初入黄州市蕭然綠樹村刈茅低縛屋剖竹密編門
桃李花零落山川勢吐吞屋民來一二散音爲存溫
霧雨一城暗梨花三月天空梁春蟻墮頭壁暮蚊穿
草密藏枯井苔荒蝕斷磚閉門山色好飛翠落吟邊
江月簾聲遠城春竹色環天文鵰鳥入城險虎頭關
繚繞此爲郡[illegible]先對山雨晴閒布[illegible]草木開能
雨[illegible]色[illegible]隨新水長無[illegible]落花飛
江[illegible]春從[illegible]綠[illegible]

千[illegible]水潤[illegible]
紛[illegible]室日日[illegible]公暇江[illegible]其清此
[illegible]所
羨[illegible]萬所聽治亦[illegible]處更衣中蟻齧肥
書[illegible]無訟[illegible]有[illegible]詩早食[illegible]厨米再炊
縱步
傍市人家聚[illegible]江草徑遙燕尋[illegible]屋魚候未來潮
訪友聊乘[illegible]節直過橋晚山煙[illegible]見重疊翠如澆
贈王[illegible]　何景明
王子萬人[illegible]名少日成驪珠眠自抱天馬傍誰行

旅食[illegible]吟素髮生過逢見汝意潦倒媿吾情
夏[illegible]古桐[illegible]琴四牀見遺作詩寄謝　許宗魯
單父君元是鍾期我未如遠傳[illegible]行騈集草玄居
[illegible]影[illegible]聲湧坐虛[illegible]　[illegible]子一吹噓
江上[illegible]王子
[illegible]皇[illegible]雲汀散夕[illegible]
[illegible]後[illegible]跳牛[illegible]
[illegible]風雨[illegible]
[illegible]

江動[illegible]天占上斗樓[illegible]陳忌[illegible]河殷
赤壁感興　方豪
曲磴孤亭抱危崖古木横[illegible]聲紹裡聽山翠畫中看
往事悲[illegible]名賢借羽翰[illegible]臨須痛醉洗琖向清瀾
山[illegible]興十首　王廷陳
老夫[illegible]第宜園[illegible]酒唯田父呼門絕里胥
桑麻[illegible]後花竹宛春[illegible]此生涯足何勞薦子虛
專去心逾壯年來迹轉[illegible]灌纓臨漢沔安枕荷黃虞
春澗偏魚鳥秋[illegible]近竹[illegible]出逢[illegible]叟歡醉倒[illegible]扶童
避人開石戶覽物坐山堂湘[illegible]寒增色江蘺晚更香

卜居悲楚客招隱憶淮王寂寞吾甘守浮沉念總忘
計拙堪時棄謀生托野人[illegible]無[illegible]比隣
溪上思龍蟄林間學鳥[illegible]八無一[illegible]相親
天地一虛舟浮沉雙白鷗[illegible]矢[illegible]不[illegible]愁
山月林中[illegible]江[illegible]几上流[illegible]人莫[illegible]滄洲
圃學[illegible]敵
果[illegible]欽
樹古[illegible]江[illegible]頭
廢禮[illegible]
葉減山[illegible]川

月酌沿松露楓吟雜澗泉何人會幽興寂寂自[illegible]
物換竟誰使朋來非我期曙光隨日薄秋籟入雲悲
速婦閒新醞從兒誦古詩自爲眞率飲忘却鬢成絲
蘿軒時散帙苔澗亦每綸翠竹供詩逼蒼林佐酒頻
岫重遲見炮源曲易迷津早契洗宜理難爲俗子陳

江上臨[illegible]

令尹宜初試江邦政已成節如秋壁峻心擬石潭清
願契烹鮮理無矜拔薤名操刀知善割愛助亦吾情

定惠院宴集二首

石磴援巖步行上翠微宿朋花下至雲鳥竹邊飛

韶景度欲盡舊遊存若稀蘇公何可作今古一沾衣
結侶乘暄出憑高望眼開閭閻深負渚阡陌曲侵臺
展席春雲映歸軒夕鳥催回看邊陳迹相送轉徘徊

郭外即事

病卧閒門久占晴起看花城行紆霧[illegible]草坐藉烟沙
綰騎蘿風合停鶯竹日斜芳菲愁即歇留賞滯生涯

黃州登赤壁亭 廖道南

亭倚石岩開風鳴萬樹哀入雲[illegible]去鳥倦忽飛來
江勢平吞閣山形曲抱臺[illegible]其自可幽懷

訪王夢澤園亭

番[illegible]承明[illegible]隱[illegible]圃種花繁
江近吟招鶴巖虛卧聽猿郎承宣室[illegible]禮樂待敷言

赤壁席上 童承敘

磴曲城邊峻江清檻外浮天花[illegible]閣巖竹過人頭
摩詰瑤編具文翁綺席留斷雲[illegible]徙倚此意更悠悠

赤壁和童內方韻 崔桐

巖壁凌秋淨江煙向夕浮賢豪總陳迹感慨一回頭
亭爲披雲起觴因遲月留登臨有餘興翻唱思悠悠

月下聽王稚欽彈琴 鄭善夫

昭文皷綠綺六氣指間流王子梅花思飄飄下隴頭

月華終勝雪商意自成秋今夕西方夢佳人不散憂

暮春共適軒小集 郭鳳儀

壁峻臨衢路亭虛俯近關到籬江漢水隔岸武昌山
簿領一春過壺觴半日閒便須同二客酩酊[illegible]還

過孔子河 吳國倫

夫子南遊後[illegible]不可名問津千古事環轍至今情
雨洗涉[illegible]帷應楚孺子下馬濯塵纓

登赤[illegible]

風流[illegible]荊楚滄江見古今
石[illegible]者能知[illegible]關心

柯山園四首

買舟三百里江上見柯山古徑穿橋外方塘鑿木間
入門花石富留客水雲閒君與王猷共山陰那得還
性僻耽幽勝風雲奈汝何寄情都不淺乘興一相過
宛轉看亭樹陰森坐薜蘿移[illegible]從所適山鳥自為歌
叢篁開作徑灌木不知年未解亭相錯翻疑地屢遷
烹葵[illegible]舊蹊種樹續新編總失千時計端居亦晏然
散步出幽籬群芳送酒卮隔城嚴漏下近寺暝鐘遲
秉燭雲生榻停歌月滿池不禁酣欲臥敢謂老能詩

八月初五夜集赤壁二首　徐學謨

萬堞凌飛阜千家俯白雲雄圖餘戰伐清籟[illegible]
月色遠山盡江聲靜夜聞回瞻看斗直懸漏欲[illegible]
兩賦已陳迹諸公復勝游問年還應戊為客正[illegible]
月隱蛟龍窟風[illegible]流爽來重洗杓懷古思[illegible]

赤壁懷古　鄒迪光

懷古獨登[illegible]波光清刺骨露氣白[illegible]
事業空沉戟[illegible]所推餘蘇子賦[illegible]鶴飛來

赤壁奉[illegible]

來遊集道[illegible]歌湘雲[illegible]明
月於深坐得天[illegible]

病後登[illegible]詠懷四首

躑躅來[illegible]已再[illegible]五斗[illegible]羞說一官貧
山雨侵城[illegible]湘雲下[illegible]登樓[illegible]病骨畏路幾人聞
病起強登臨山城晝日陰鳴琴聊自適鼓瑟亦何淫
雨入瀟湘色風傳[illegible]谷音坐觀浮吏傳千古見同心
一室數椽小虛窗眼自寬井烟籠浦樹[illegible]宇席江湍
簾捲南薰入樽開北海寒人言吾貌瘦從此欲加餐
雞肋三生病尊羨此日情暫留因父老終去避聲名
夏日連村郭樊山對郡城坐來吹萬集一半管絃聲

夏日過定惠院

不向空門往那知化日長江煙低[illegible]座山翠濕僧房
忍草侵衣碧曇花上履香跏趺分半榻入境已微茫

王伯[illegible]邀遊赤壁二首　丘齊雲

百折城西路[illegible]赤壁分經時夏積雨[illegible]殿層雲
柳色[illegible]歌聲裏聞[illegible]頭無駭浪[illegible]攬斜暉
移尊[illegible]破江烟感此浮雲[illegible]赤壁年
渚風吹水立山月入窗懸一[illegible]不可憐

齊安[illegible]思歸　[illegible]楚望

獻楚傷[illegible]亂[illegible]愁
芳[illegible]滄洲

赤[illegible]百　石崐玉

石峭[illegible]平壁天雲[illegible]居[illegible]月傍斗牛懸
野火[illegible]風御水[illegible]歌互[illegible]誰扣水舷闌
樓[illegible]浪作彩虹浮煙斷二朝燦風迴二客舟
江渾龍闕日山靜鶴橫秋今夕非壬戌何人載酒游

泊赤壁　車大任

地是烏林舊名還赤壁留獨詢三國事空見一江流
風落山樵地霜凋楚客衣孤舟今夜夢明月冷沙鷗

赤壁樓上同翁緩父陪劉維芳韻　王同軌

登樓披岫色尊酒暫從君檻集千峰雨窗流滿榻雲

黃岡縣志　卷之七　六十

魚龍寒自蟄鴻雁暮爲群共醉空明上人間世界分　郭仲元[illegible]

赤壁再泛　祝世祿

水落磯頭石霜林紅欲燃重來摩赤壁孤嘯破蒼烟
雁下瀟湘雨人歸雲夢田江山英雄在千古一尊前

春日書舍八首　王一鳴

雲岫青天上山堂白水邊看花頻過日種樹不知年
自咏陪春酌無營晝眠誰能悟[illegible]病接[illegible]
送目高城晚科頭小逕閒松門連野日紫翠共春山
坐上尊須滿人[illegible]不開[illegible]桂發招客一[illegible]
在[illegible]乾坤六[illegible]長來[illegible]爛醉小童扶

江漢封春雨吟哦老腐儒一區潛自隱何必似[illegible]
出門愁[illegible]用意買船租雲溼水城谿天虛風竹覓
試兒分[illegible]正衣冠事事堪幽絕何曾酒乾[illegible]
近想[illegible]家雨最深地寬疏
步履[illegible]賺逐浪黃魚脆經時紫蕨甜一尊斟

細細身世[illegible]陶潛

去國孤臣遠憂時萬事新過雲[illegible]風席迸淚濺松筠
七首纏星急庵頭望氣真英雄混塵土誰念捉刀人
醒夢移高枕登危送短節一丘兼一壑爲圃又爲農
天晚愁高鳥江深想蟄龍伯逢漁父問枯槁近形容

黃岡縣志　卷之七　六十一

報主身多病逃名計漸知禁墻隣借樹澆竹水乾池　郭仲元[illegible]
割[illegible]夜魚子鉤簾試燕兒柴門有天地幽獨一題詩

過孔子河　梅之煥

每過閒津處無愁魂自消門開蟬語寂路古馬[illegible]
細雨昏[illegible]輕烟[illegible]斷橋稱耕人咫尺來[illegible]

赤壁殘桃允初使君之作　茅瑞徵

不盡登臨興憑[illegible]林[illegible]短歌[illegible]飛
漲水浮青嶂[illegible]送君從此遠日暮竟何依

同江石鐘勘[illegible]二首

[illegible]頻多難茲方[illegible]問[illegible]

[illegible]翁蒸奪天時鴻雁方撫心吾有感誰[illegible]
同是勤民出非關試[illegible]來穿林公行覆稀路半沙堂
野老烹葵餉村雞待客聞寄言肉食者何術[illegible]

游崎山

崎山高不過半[illegible]雲低亂石紛排鼓飛梁迴作橋
天風濤遠[illegible]人[illegible]煙谿直擬捫蘿上攀躋境屢遷

五言排律

[illegible]黄州作　　唐杜牧

[illegible]地勝足樓臺朔漠煖鴻去瀟湘春水來
[illegible]若為栽返照三聲角寒香一樹梅

烏林芳草遠赤壁健帆開往事空遺恨東流豈不迴
分符穎川政吊屈洛陽才拂匣調朱柱磨鉛勘玉杯
[illegible]小窗[illegible]爐[illegible]凍醪醅此興予非淺何時得奉陪

春日書懷　　宋潘大臨

舟楫凌漳水風濤接蠡湖龍[illegible]成畦步驟[illegible]
樂士供游戲深文苦熱拘胃中雖[illegible]
老去猶生懶歸來谷于愚千鍾真臭腐十[illegible]
[illegible]雲園[illegible]自都小橋[illegible]細柳[illegible]
[illegible]

[illegible]

[illegible]尸轉栖形骸浮大塊毛髮落[illegible]
世論幾膠柱人心盡好竽居龍非至計射雉屈良圖
借箸方隆漢推枰已滅吴從來書麟閣吾自著潛夫

自三台河泛舟至鳳嘴　　明王廷陳

嘗尋水雲興茲乘風日和纜牽仍擊汰棹毅且隨波
竊慕太公釣猶欽孺子歌野風[illegible]蘭芷潭影[illegible]藤蘿
曲[illegible]行逾远支流入轉多重魚銜艇躍鵁鶄狎人過
漸覺傍洲退迴看遠岫羅詭容緣爽出逸思向空摩
嚴子瀨君此秦人源匪他再來津恐失歸路奈愁何

季夏遊赤壁偕予言諸公

六月軒楹敞三分割據雄江迴城抱日艦火斷餘風
詞賦留天上旌旗在眼中霸圖今已歇幽賞幾回同
檻外鳧鷗亂尊邊雲霧通松杉盤虎穴臺榭接龍宮
早歲辭朱紱茲遊感數公願言攜桂楫常此狎漁翁

初歸故園作

結髮負奇志辭家作遠遊一言侵絳灌[illegible]幽囚
倚仗虛疑鵩光芒隱射牛[illegible]漢[illegible]泰裘
習隱希玄豹忘機對白鷗生涯[illegible]滄洲

郭黄州邀飲赤壁　　徐濤

昔賢餘勝事此地[illegible]氣浮

孱亭湊翠巘絕壁討卅丘巫峽雲夢瀟湘澤頭[illegible]
孤烟遍蒙澤返照下芳洲[illegible]鎖洞庭隨之水[illegible]
輕舸飛樹杪高棟掛城頭古俗存黃國清風滿竹林
近郊登柔稷遺響[illegible]詞賦懷蘇子風流見細侯
萬峰齊逸興千載共清秋灑為波光盡霞因月色留
多君據[illegible]臥[illegible]李若爲援

觀侯[illegible]陶邀飲赤壁漫賦　陶珪

亭敞因蜒嵕江空縱目遥郊遊陪後乘俎笑想前遊
山氣秋逾爽波光晚更饒林端停五馬雲際下雙鳬
縱酒金罍倒聞歌翠管調文星今正朗霸業向誰驕

巳愜懸車臥寧煩折簡招高情忘酩酊醉眼入空寥

夏日安國寺訪禪僧有作　呂禧

勝域依城矗幽尋入夏偏更携方外侶來上度師[illegible]
嵐色群峰接江聲萬壑連徑荒餘古[illegible]
忍草經行茂曇花拂砌鮮尼珠開映日[illegible]
寶鐸鳴虛籟金沙濬細泉涼凝甘露[illegible]逆風傳
馴鴿窺人舞靈虬隱缽眠神通千界[illegible]前
盡了塵中幻番增定後緣誦經翻貝[illegible]
小谷興籤從下波甸說俱摘冥心[illegible]
[illegible]

野老能參偈山猿亦解禪劫灰離火宅法路引人天
操筏知誰極燃燈信有年幸逢龍樹客笑擬虎谿還

黄岡縣志卷之七

藝文誌中

七言律

齊安郡晚秋　唐杜牧

柳岸風來影漸疎使君家似野人居雲容水態還堪賞嘯志歌懷亦自如雨暗殘燈棊散後酒醒孤枕鴈來初可憐赤壁爭雄渡惟有簑翁坐釣魚

即事黄州作

因思上黨三年戰閑詠周公七月詩竹帛未聞書死節丹青空見畫靈旗蕭條井邑如魚尾早晚干戈識

虎皮莫笑一麾東下計滿江秋浪碧參差

齊安早秋　趙嘏

流年堪惜又堪驚砧杵風來滿郡城高鳥過時秋色動征帆落處暮雲平思家正歎江南遠宦路仍含塞北情此日沾襟念岐路不知何處是前程

赤壁懷古　崔塗

漢室山河鼎勢分勤王誰肯顧元勳不知征伐由天子唯許英雄共使君江上[illegible]渡頭春在草連雲分明勝敗無尋處[illegible]

十二月二十[illegible]水部員外郎[illegible]

[illegible]　宋蘇軾

平生文字為吾累此去聲名不厭低塞上縱歸他日馬城東不鬪少年雞休官彭澤貧無酒隱几維摩病有妻堪笑睢陽老從事為予投檄向江西

初到黄州

自笑平生為口忙老來事業轉荒唐長江遶郭知魚美好竹連山覺筍香逐客不妨員外置詩人例作水曹郎只慚無補絲毫事尚費官家壓酒囊

子由復至齊安以詩迎之

驚塵急雪滿貂裘淚灑東風別宛丘又向邯鄲枕中

見却來雲夢[illegible]不睽[illegible]手挽當為十日留早晚青[illegible]作

雪後到乾明寺遂宿

門外山光馬[illegible]塔[illegible]人長春苑雪月[illegible]夜[illegible]有鵝鵠弄新晴更[illegible]聲

姪[illegible]

南[illegible]遂[illegible]又書元不讀[illegible]人[illegible]夜遊蔬已半生[illegible]

冬至[illegible]侯在黃州始[illegible]
作黃鍾梁州仍令[illegible]
時之事

太守徐君猷通守孟亨之皆不飲以戲之

孟嘉嗜酒桓溫笑徐邈狂言孟德疑公獨未知其趣
爾臣今時復一中之風流自有高人識通介寧隨薄
俗移二子有靈應撫掌吾孫還有獨醒時

正月二十日往岐亭郡人潘古郭三人送余於
女王城東禪莊院

十日春寒不出門不知江柳已搖村稍聞決決流冰
谷盡放青青沒燒痕數畝荒園留我住半瓶濁酒待

君溫去年今日關山路細雨梅花正斷魂

與潘郭二生出郊尋春忽記去年是日同至女
王城作詩乃和前韻

東風未肯入東門走馬還尋去歲村人似秋鴻來有
信事如春夢了無痕江城白酒三杯釅野老蒼顏一
笑溫已約年年爲此會故人不用賦招魂

六年同日復出東門仍用前韻

亂山環翠水侵門身在淮南盡處村五畝漸成終老
計九重新掃舊巢痕豈惟見慣沙鷗熟已覺來多釣
石溫長與東風約今日暗香先返玉梅魂

別黃州

病瘡老馬不任鞿猶向君王得敝帷桑下豈無三宿
戀尊前聊與一身歸長腰尚載撐腸米闊領先裁蓋
癭衣投老江湖終不失來時莫遣故人非

舟次慈湖以風浪留二日不得進子瞻以詩見
寄作二篇答之　蘇轍

慚愧江淮東北風扁舟千里得相從黃州不到六十
里白浪俄生百萬重自笑一生渾類此可憐萬事不
由儂夜深魂夢先飛去風雨對床聞曉鍾

西歸猶未有菟裘擬就南遷買一丘舟楫自能通蜀

道林泉真欲老黃州魚多釣戶應容貰酒熟鄰翁便
可留從此莫言身外事功名畢竟不如休

赤壁懷古

新[illegible]荊州得水軍鼓行夏口氣如雲千艘已共長江[illegible]
險[illegible]安知赤壁焚營距夕強[illegible]開[illegible]已定勢
三分七十[illegible]伐國須觀釁意[illegible]成功[illegible]

自黃州還江州

舟浮一葉返湓城凌花風濤日夜行[illegible]
[illegible]家漸近覺身輕[illegible]
[illegible]住處公樓下泊舟人[illegible]

答王云卿書　潘大臨
[illegible]清江[illegible]郎[illegible]為[illegible]腸方為[illegible]
[illegible]春水百
金[illegible]胡年[illegible]侯買異書

望[illegible]　李彭
去歲湖[illegible]江[illegible]大刀頭百年會面知幾
遇[illegible]落懷袖過看柱杖立
汀洲[illegible]誰料却能生許愁

[illegible]　韓駒
緩[illegible]白波潛更挽藤稍到上頭豈有危巢尚棲

[illegible]經營一頃將歸[illegible]群山為
少[illegible]何足道空道詩句滿江[illegible]
[illegible]
[illegible]流還嘆學[illegible]優[illegible]
[illegible]里[illegible]添[illegible]日過
[illegible]生子何須[illegible]
[illegible]開處見[illegible]
[illegible]枝[illegible]

[illegible]　趙鼎
經春[illegible]花落瑤臺[illegible]已多留今紫桑何日
去遠[illegible]開來[illegible]還同[illegible]胡笳衹
自歌[illegible]從此[illegible]羅

赤壁　李冕
贏得功名[illegible]鬢[illegible]峨巘登處謾[illegible]地適一千
里金闕天高十二樓鶴影[illegible]雲飛渺渺水光浮日去
悠悠憑誰喚起東坡叟携酒中流夜泛舟

讀赤壁賦　文天祥
一嘯滄波浩浩流隻雞斗酒更扁舟人能寫作詩中

案旅鶴來[illegible]夢裡遊楊柳遠烟寒北府蘆花新月對
南樓玉仙來往清風夜還識江山[illegible]

赤壁寫懷　明[illegible]
武昌東下大江皋赤壁磯頭[illegible]
合橫江鶴去碧天遙听[illegible]漁人[illegible]
洞簫往事[illegible]年增感慨荻花[illegible]

團湖[illegible]樓
團湖四[illegible]開[illegible]鏡中有高樓接
入碧光浮[illegible]上雲[illegible]
豚[illegible]安[illegible]

邾城懷古

孤城寥落[illegible]無[illegible]留[illegible]依近楚[illegible]帶夕陽歸舊
壘鴈將秋色下平湖道遶瀰渺生禾黍古木蒼蒼接
里閭故[illegible]借問漢江流水自縈紆

愛命[illegible]縣[illegible]作詩送使者　徐誼

紅旗招颭壓滄溟盡艤長驅上洞庭百萬生靈新撫
納九重天語自叮嚀猿啼山月灘聲咽鼉吼江風
水氣腥好語[illegible]師漢家信誓重册青

和秦[illegible]懷古　李東陽

楚雲荊樹擁[illegible]一棹曾衝萬里波時代不同嗟我

晚江山如此奈人何地從割據終全盛天道文章爲
不磨聞說[illegible]吊古御樓東下水聲多

舟泊[illegible]磐[illegible]長見過　崔桐

李白過[illegible]詩酒[illegible]流斷子[illegible]吟黃
鶴美子[illegible]鳥[illegible]繞[illegible]月細魚[illegible]吹浪暮
烟愁相看[illegible]坐未休

秋泛二石河同魏范[illegible]　王[illegible]

賦客[illegible]晨此重來[illegible]傳杯[illegible]
冷[illegible]與風[illegible]鴈[illegible]秋[illegible]
[illegible]

神[illegible]漢闕仰至忽逢青鳥
使[illegible]皆成雨者貴[illegible]烟盡
化雲[illegible]天石髓若爲分

宴集赤壁書[illegible]

春深遊[illegible]對狎鷗赤壁徑盤危磴
出青天城抱大江流乾坤久厭三分業山水仍含萬
古愁客散晴沙樓閣晚佛燈漁火共悠悠

赤壁　方逢時

危磯巘嶂倚高江入道曹劉舊戰場往事已隨寒浪

滅遺堂[illegible]長[illegible]霞尚帶當年赤[illegible]落
日黃[illegible]古[illegible]漁歌[illegible]斜陽

題[illegible]亭　[illegible]恩

孤亭斜[illegible]光分水石[illegible]無盡
藏空中[illegible]來[illegible]名縲
客塵[illegible]青山[illegible]訪[illegible]之人

[illegible]　羅洪先

[illegible]天[illegible]今夜東山
[illegible]
[illegible]

雪中遊赤壁　　翁大立

江左西來總勝遊雪堂風景又黃州梅花亂點周郎
壁玉樹平連蘇子樓山勢倚天開佛閣雲光度水落
漁舟坐中亦有吹簫者試問何如壬戌秋

禮賢堂倡和　　郭鳳儀

昔賢遺構治西頭突兀簷楹敞素秋聊爭網塵供下
榻非號雲物快登樓肩輿屢為尋常至步屧幾須咫
尺遊為報南州高士道吏情原不遠滄洲

赤壁感懷　　商廷試

赤壁磯頭水自東洞簫吹向夕陽中行看積翠塵心

李魁方　三百二十

黃岡縣誌　卷之八　九

遠坐挹中流灝氣通烟盡江空浮夜月夢迴鶴去動
秋風霸圖文藻俱消歇唯有驚濤撼故宮

赤壁懷古　　皇甫汸

人留勝地臨江上客有高軒得盃過雲起楚臺聯石
壁水從湘浦接烟波漫因明月傷千里更遣迴風入
九歌自愧清時承遠謫可無辭賦擬東坡

遊赤壁二首　　王世貞

賓主西南勝事并此遊端足慰平生盃仍七月稱秋
望賦是雙珠兩夜明戰血至今高壁色詞源終古大
江聲與君聊釋登臨意忽聽山城漏五更

將壇文苑[illegible]雄指點[illegible]年感慨[illegible]今在江山猶借
色事過[illegible]竟何功[illegible]鱸後客夢都拋別
鶴中秋月偶圓風[illegible]群緒為君空

丘少宗伯邀衛大參王侍御及予雪後登赤壁
作　　徐中行

嗚珂舊接五雲班釃酒平臨七澤間霜落高天御赤
壁雪晴隔岸出青山狂來意氣堪橫槊老去風塵復
賜環不是蘇公能放逐誰將一賦壯江關

赤壁望雪　　李繼成

憑高千里絕塵氛驟若濤驅白鷺群西域化城翻易

李繼成　三百二十

黃岡縣誌　卷之八　十

幻中原色界總難分光搖鄂渚樓前月彩散巫山賦
裡雲此日武陵迷欲盡采蘭何處問湘君

北征次赤壁別兄　　吳國倫

北風何意攪征裘無奈浮生寄[illegible]江湧亂雲蒸赤
壁客乘疎雨過黃州尊前涕淚三湘暮別後音書九
塞秋棧向燕臺望鄉國飛鴻落葉[illegible]入愁

武昌李司理過訪赤壁舟中即席同王行父程
孟孺賦

午風飛蓋出江濆[illegible]有共李君亞楚辭無[illegible]浩
[illegible]城[illegible]水日氣[illegible]卷供鋪席細倒樽壘款

謫文[illegible]雲

千里江山一坐收[illegible]時何客此風流沙邊萬樹浮高
浪天際孤雲入素秋寺僻斜連郝子邑軒空遥俯庾
公樓醉來長嘯不知處豈必蘇門是勝遊

遊赤壁萬仞堂　王惟中

高磯突兀俯江流氣壓元龍百尺樓萬里風濤接瀛
海千年詞賦壯山丘疎星淡月魚龍夜老木清霜鴻
鴈秋倚劍長空一盃酒浮雲西北是神州

赤壁漫興　丘岳

倚天傑閣俯江城經入巉巖躡蘚行把酒斷虹開霽
色凭欄飛瀑送潮聲孤舟曾挾登仙興峭壁應高破
虜名天晚徘徊[illegible]幽襟颯爽醉還醒

招王司徒稚表遊赤壁　陳省

青雀欲開風色寒千峰正向坐中看三分事往江山
在兩賦名高歲月殘隔水簫聲飛碧落半空[illegible]下
林端重來二客應無厭携酒寧魚興未闌

王司徒[illegible]惠院

古剎[illegible]綠[illegible]家村江流[illegible]
[illegible]

[illegible]

伐竹[illegible]臺[illegible]流憶
好[illegible]依然不將金碧供時
[illegible]從空外落吞聲若爲谷
中[illegible]一榻清風自歲年

除歲二日同長官步自赤壁飲作　袁福徵

[illegible]風物顯新[illegible]士女塡街皆逢春榼飲坐移江上
兩品題還[illegible]人節扶東館空梅在地鞠西陵感
代湮日薄依微微秋夕壽昌凝望起風塵

陽邏堡懷古　郭(?)朴(?)元

江離隄抗武[illegible]女子營酒際張遼風土
別寮東開鏡[illegible]金旌潰
晚盟漲水逢[illegible]見[illegible]基平

黄州留[illegible]　陳宗虞

一官何意竹樓居[illegible]千[illegible]
紀八年不寄洞庭[illegible]黄金宋
自蹤郝是平津[illegible]

雨後再登[illegible]

[illegible]

古情興[illegible]翁罷釣小舟橫

雨中[illegible]赤壁[illegible]遊不至

縹緲[illegible]殘誰與一尊同[illegible]遠峰濤聲
外煙鎖[illegible]臺柳色中客[illegible]平庭懸暮雨世情幾度換
春風江漲近[illegible]多機事誰是園居抱甕翁

過陽邏蓬萊寺江眺

雁聲嘹唳廢江[illegible]今蕭然嘆[illegible]遙飛落
葉悲風起處見行舟愁心忽悟空王法[illegible]直衝故
國秋爲問崩濤何日返欲將心事語東流

赤壁同諸弟讌集　王同道

匏尊相屬復清秋覽勝聊爲[illegible]疑人是
鶴滄江今以葉爲舟[illegible]雲結
蜃樓[illegible]覓醉不堪悲往事爲誰繫纜[illegible]中流

赤壁感興　李得陽

峭壁臨江控上遊登高懷古一停舟[illegible]煙
盡公瑾勛名野水流山[illegible]當日恨[illegible]作舊
時秋披仙辭賦多[illegible]江雲黯結愁

雪夜赤壁次徐憲使韻　[illegible]

巉巖乘雪獨躋[illegible]赤
壁宜招寒月過[illegible]

[illegible]

[illegible]　王齊雲

[illegible]波浪
[illegible]忘[illegible]倚[illegible]無轉
[illegible]向人[illegible]以慰沉冥

春日同[illegible]赤壁　朱孟震

臨亭突兀俯江[illegible]色[illegible]鳥鼓笳
日開尊花氣滿[illegible]周郎赤壁名千古蘇子黃州賦
兩篇今日風流[illegible]似會稽家世承平年

春日過赤壁席上分韻二首　李維禎

孤亭絕壁亦[illegible]
[illegible]帶月[illegible]
[illegible]
[illegible]
[illegible]
[illegible]
不[illegible]

同王行父登赤壁[illegible] 王[illegible]元

水面雲日蓋[illegible]清[illegible]為盃裡

色洛歌[illegible]月中[illegible]郢人自古能高調楚客何緣厭

獨醒世遠江山罷龍戰層樓占斷數峰青

赤壁晚眺 鄒迪光

斗酒披襟坐石頭武昌烟景入黃州風高火戰灰初

吟賦就月明簫半愁烏鵲夜來殘葉瞋舳艫東下時

帆秋江山千古長壬戌才子何人續舊遊

赤壁席上賦 朱期至

濤聲迢遞寄游蹤面面岩巒氣吐虹戰後紫髯聲籍

甚賦存白雪調從江上滄烟飛閣虛無裡沉醉新題爛

熳中沙瞋鳥栖覷回首一江秋色屬漁翁

赤壁 魏允貞

天塹[illegible]里靜無塵勝地登臨[illegible]春風[illegible]遲[illegible]頻對

酒江[illegible]千[illegible]更逢人火攻水戰俱[illegible]扁舟稍

自[illegible]君須領略[illegible]歌[illegible]

[illegible]有感 丁繼嗣

晝[illegible]永安[illegible]

息賦[illegible]

秋[illegible]

[illegible] 石岷玉

斷岍[illegible]魚燈映月疑烽

火館[illegible]洗[illegible]已灰餘壁色紫簫猶咽亂

江聲獨[illegible]詩賦人何在鵲自南飛鶴自橫

八日過赤壁 王同軏

今年八日條風柔邀客把酒臨江樓青陽下驚七月

復赤壁尚帶三分愁鏡魚鷺立斷冰遠炙背僧臥孤

石幽人眼烟波動遊興那能長繫木蘭舟

立秋日王伯固邀飲赤壁 俞安期

絕壁樓臺擁石城高標何異赤霞生過江嵐靄樊山

色喧浪魚龍鄂渚聲秋至風[illegible]時平天地罷

談兵清樽綠醑臨江[illegible]

冬日赤壁宴集 王一鳴

坐來赤壁下[illegible]亦有登[illegible]霞渾不

斷城邊江漢[illegible]氤氳似

是雲入散水[illegible]

九月十日同[illegible]

年年重九趂登臺[illegible]大江秋月

吐宜賓高閣野[illegible]乾坤一

日[illegible]

歸故園作

朔雪朔風日日顛孤帆遠客淮東旋入門忽聞掠雲鴈[illegible]更有浮江天靖節五柳貧苦[illegible]義方雙桐清可憐開樽不愁不爛醉李少沽[illegible]青銅錢

赤壁　黃仁榮

磯頭風急水生文懷古[illegible]軒自不群座繞空潭青似案壁留殘照赭如[illegible]皐八月人思鱠夜夢三江鶴是君歌罷洞簫[illegible]處滿林商意見秋分

贈倪氏節孝　姚履素

貞心千載憶共姜萊子斑衣更有光節孝並堪標棹

楔恩褒重見下巖廊歌殘黃鵠操如雪賦就南陔髮亦霜好把姓名傳信史江天漢水共滂洋

赤壁懷古　黃建衮

嵯峨樓閣半凌虛霽景清[illegible]下舒往代衣冠消王後名邦形勝[illegible]餘雲中秋[illegible]雙鵠留[illegible]花起夜漁嘆息坡[illegible]遇王鄉人[illegible]相如

仲秋望夕同[illegible]高中白大行赤壁小集中[illegible]於易學[illegible]分賦贈　[illegible]

凉霄勝地一[illegible]逢君[illegible]遊何事[illegible]同訪秘[illegible]同[illegible]水堪追賞[illegible]腸費

詠求[illegible]根[illegible]清幽

九[illegible]寶山

舜[illegible]此日相攜曙色開[illegible]一徑[illegible]看含菊紫[illegible]崖初見[illegible]楓卅坐深涼月侵衣薄人散堆雲抱石寒[illegible]把茱萸爲誰插醉來羞倩一彈冠

登將軍山絕頂

非關性僻聽丘壑何事猿騰絕頂過千嶂遥翻紅日出萬松深護白雲拖雄圖尚說爭蠻觸猛氣驚看印薜蘿崖上足趾宛然俗傳將軍跡蒲眼巉巗煙霧外好將談笑釋干戈

赤壁同顧山人晚酌　劉文忠

移席江亭共倚欄西山又帶夕陽看[illegible]棲斷岸波光紫鵠繞霜枝月影寒津樹依微含鴈浦江潮落後見漁灘蕭蕭歸騎孤城外明日芙蓉[illegible]爾餐

五言絕句

黃州竹逕　唐杜牧

竹岡蟠小徑屈折鬬蚰來三年得歸去知遶幾千迴

送安節侄　宋蘇軾

索漠齊安郡從來著放臣如何風雪裏更送獨歸人

宿黃州觀[illegible]　黃庭[illegible]

鍾鳴山川號嘉□□年十淚老夫□□□頭深但□爲作

黃州集杜　文天祥

始謂虜以襄陽舡自漢入江後乃知虜之未渡
斷黃已先略故其渡也襄漢斷黃之舡皆在焉

桓桓陳將軍東屯大江北化作虎與豺楚星南天黑

黃州赤壁　元丁鶴年

横槊英聲遠聞簫逸興長至今風月夜鶴夢遶黃岡

烟波亭　明吳琳

漢水連天濶江雲護曉寒青青山數點正好倚欄看

黃州　李夢陽

日落清江遠光搖赤壁山無人說吳魏來往釣舟間

至李坪驛始見竹筏上居民連亘三十余家云
隨流上下作筏治夜行販　王世貞

何必問故鄉浮家任儂住一夜便風來盡呼鄰里去

入黃州　王同軌

青山曳地行雙眼□端着此豈說世人憐爲世人說

赤壁懷古

來游赤壁山不識□□□□□□□遊南岸□□□飛落□□□前樹

冬日過赤壁□□□□□　苧□

□落江全突裡□□□□□□□□□□□管遠

□川□氣月礬上□□碣柳色漾晴沙閒鷗出□

過弘化庵四首

閒尋郊外游載酒山前寺幾處寒雲生雲卧人持上
蕉影横窗綠傾聲□□□□長坐看秋色老簾外月娟相
迎登風蕭竹前□□□□廊此中栖託好清興得誰管
寒鋪青□□長吟白社詩遥同真率會剩有酒尨盤

七言絕句

黃州道中　唐崔鷗

莫愁微雨落輕雲十里長亭未埜市流水小橋山下
路馬頭無處不逢春

齊安郡後池　杜牧

菱透浮萍綠錦池夏鶯千囀弄薔薇盡日無人看微
雨鴛鴦相對浴紅衣

齊安郡中偶題

兩竿落日溪橋上半縷輕煙柳影中多少綠荷相倚
恨一時迴首背西風

赤壁

折戟沉沙鉄半銷自將磨洗認前朝東風不與周郎
便銅雀春深鎖二喬

題横江館

[illegible]晉龍驤馳騁功名業帝王畢竟江山許
三泣英雄空屬釣魚郎
偶見黃州作
朔風高緊振河樓白草騈田白鷴表有箇當壚明似
月馬鞭斜揖笑回頭
赤壁　胡曾
烈火西焚魏帝旗周郎開國虎爭時交兵不用揮長
劍已挫英雄百萬師
南堂五首　宋蘇軾
江上西山半隱堤此邦臺館一時西南堂獨有西南
向臥看[illegible]落淺溪
暮年眼力[illegible]在多病顛毛却未華故作明窗書小
字[illegible]養丹砂
他時[illegible]移床[illegible]聲[illegible]一[illegible]堂新托
響似[illegible]
山家[illegible]千[illegible]新畦[illegible]南堂埽着
客[illegible]
掃[illegible]如水帳[illegible]知
處[illegible]

[illegible]洗東坡月色淨[illegible]人行盡野人行莫嫌犖确坡頭
路自愛鏗然曳杖聲
李委吹笛
元符五年十二月十九日東坡生日也置酒赤
壁磯下踞高峰俯[illegible]笛聲起於江上客
有郭石二生頗知音[illegible]坡曰笛聲有新意非俗
工也使人問之則進士李委聞坡生日作新曲
曰鶴南飛以獻[illegible]前則青巾紫裘要笛而
已既奏新曲又快作數弄嘹然有穿雲裂石之
聲坐客皆引滿醉倒委袖出嘉紙一幅曰吾無
求於公得一絕句足矣坡咲[illegible]之
山頭孤鶴向南飛載我南遊到九[illegible]何人道吹
笛可憐時復犯龜茲
少年嘗過一村院見[illegible]寺
院靜似無僧不知何人[illegible]
僧皆不在夜半雨作[illegible]絕
佛燈漸暗饑鼠出山雨[illegible]詩
句已應知我此時情
次韻子[illegible]
江[illegible]一葉[illegible]斷

濟[illegible]
旅食三年[illegible]非[illegible]亦非華何方道士知人
意授與爐丹一粒砂
北牖清風正[illegible]床東坡野菜漫充腸華池自有醍醐
味丈室仍聞[illegible]蔔香
隣人漸熟[illegible]賒酒故客親留爲種蔬任穩不論歸有
日舡通何[illegible]出無車
客去知公[illegible]酒醒寒月墮江煙床頭復有三升
[illegible]貧困相[illegible]恐是天

戲答陳季常寄黃州山中連理松枝　黃庭堅
故人折松寄千里想聽萬壑風泉音誰言五鬣蒼煙

面猶作人間兒女心

君子泉
雲夢澤南君子泉水無名字託人賢兩蘇翰墨祖爲
重未刻它山世已傳

次韻文潛立春日
漱[illegible]今日[illegible]州首更回試問淮南風月
主新年桃李[illegible]

同次韻　晁補之
淮[illegible]日[illegible]立春風[illegible]

法[illegible]

九日赤壁[illegible]故人　謝逸
滿[illegible]風雨近[illegible]無[illegible]黃花惱意香雪浪翻天迷赤
壁令人西望[illegible]滄郎

遊赤壁　王譔
夢裡曾[illegible]爲赤壁游月明孤鶴掠舟[illegible]客中難動秋波
恐爲戀名山亦少留

赤壁　李璧
赤壁危磯幾度過沙頭江上鬱嵯峨今人慢信黃州
是猶賴水經能正訛

秋日登赤壁二首　元張以寧
赤壁江寒[illegible]漸稀黃泥坂路鷺鷥飛洞簫聲裡當時
月應照千年[illegible]歸
赤壁磯[illegible]已陳長公曾此寄閒身只今歲歲秋崖
下誰是扁舟泛月人

赤壁　龍仁夫
蹈[illegible]氣勢捲江南磯頭[illegible]風
轉天下江山自此三

清新生渊[illegible]
中流[illegible]

[illegible]雲頭

[illegible]江磯[illegible]中

朝來東北好風生吹得雲帆似葉輕穩向攔江磯背
過怒濤噴薄不須驚

武磯山　無名氏

寂寞武磯山上跡蕭條邏卓水中天吾楊不管人間
事禁自青青兩岸邊

過黃州　李東陽

江上兵圍裂炬空都將成敗付東風千年赤壁無窮
處辛苦英雄一戰中

赤壁　吳寬

西飛孤鶴記何詳有客吹簫楊世昌當日賦成誰與
註數行石刻舊曾藏

[illegible]黃州[illegible]　李東陽

黃州江比[illegible]清赤壁山[illegible]
馬來[illegible]送去時迎

[illegible]

梅影横[illegible]雪影清縱[illegible]
在試聽池頭[illegible]

登[illegible]

干戈滿眼渡江關客到還登赤壁山誰似周郎年少
日孤舟戰捷笑談間

浮翠亭　何遷

天畔孤亭背郭開楚宮風思此登臺千山秀色江中
見一點浮煙霽後來

齊安驛樓春眺　郭鳳儀

春風幾日到黃州碧柳綠蕪滿舊洲欲下層梯重回
首水光山色共悠悠

夜宿蘇長公洗墨池亭戲作　趙貞吉

江空草綠酒旗風半醉黃州烟雨中五百年前曾洗

墨依稀猶記舊堂東

舟中望赤壁　王世貞

越州蘭亭千載奇黃州赤壁今半之若使舟人不解
說一拳頑石草迷離

三江口　吳國倫

孤舟落日下江關夜聽江聲淅復[illegible]浪捲空搖赤
壁黑雲將雨過樊山

赤壁　鄧楚望

周瑜東捷操西歸赤壁名存萬[illegible]
吟江天寂寞鵲南飛

次赤壁　陳文燭

東山月出[illegible]風流久寂寥此去扣舷歌窈窕臨皐有客爲吹簫

元旦出郭至柯山園觀梅　陶允宜

一年不到避喧堂庭竹蕭疎砌草荒幸有小梅三百樹春風無恙倚新裝

赤壁二首　易登瀛

山川相繆鬱蒼蒼入道西陵古戰場火後石痕猶赭色千年流水泣周郎

沙棠艤泊岸嶙峋窈窕空懷隔水津欲起子瞻相借問於今明月屬誰人

登弘化寺

荒凉野寺小山阿面挹江城景色多最喜西郊籬落滿秋風禾黍聽豐歌

赤壁四絶和易中丞　吳端徵

浪指開山自[illegible]風淒惡暮雲平[illegible]岸千年色猶有[illegible]濤撼石城

武昌[illegible]繞江[illegible]破雲根[illegible]勝[illegible]年龍戰地漫[illegible]

[illegible]有寄珠人

百尺雕欄擁吹臺虬龍前突詫奇哉空山携得驚人句搔首青天自引杯

一詩餘

一水龍吟　閭丘大夫孝終公顯嘗守黃州作棲霞樓爲郡中勝絶元豐五年予謫居黃正月十七日夢扁舟渡江中流回望樓中歌樂雜作舟中人言公顯方會客也覺而異之乃作此詞

宋蘇軾

小舟横截春江臥看翠壁紅樓起雲間笑語使君高會佳人半醉危柱哀絃艷歌餘響遶雲縈水念故人老大風流未減獨回首烟波裏　推枕惘然不見但空江月明千里五湖聞道扁舟歸去仍攜西子雲夢南州武昌南岸昔遊應記料多情夢裏端來見我也參差是

水調歌頭　快哉亭作

落日繡簾捲亭下水連空知君爲我新作窗戶濕青紅長記平山堂上欹枕江南烟雨杳杳没孤鴻認得醉翁語山色有無中　一千頃都鏡淨倒碧峰忽然浪起掀舞一葉白頭翁堪笑蘭臺公子未解莊生天籟剛道有雌雄一點浩然氣千里快哉風

念奴嬌　赤壁懷古

大江東去浪淘盡千古風流人物故壘西邊人道是
三國周郎赤壁亂石穿空驚濤拍岸捲起千堆雪江
山如畫一時多少豪傑　遙想公瑾當年小喬初嫁
了雄姿英發羽扇綸巾談笑間檣櫓灰飛烟滅故國
神遊多情應笑我早生華髮人間如夢一樽還酹江月

西江月　黃州中秋

世事一場大夢人生幾度秋涼夜來風葉已鳴廊看取
眉頭鬢上○酒賤常愁客少月明多被雲妨中秋誰
與共孤光把酒淒然北望

南鄉子　重九涵輝樓呈徐君猷

霜降水痕收淺碧鱗鱗露遠洲酒力漸消風力軟颼
颼破帽多情却戀頭　佳節若為酬但把清樽斷送
秋萬事到頭都是夢休休明日黃花蝶也愁

好事近　[illegible]

紅粉莫悲啼俯仰半年離別看取雪堂坡下老農夫
淒切○明年春水漾桃花柳岸隘舟楫從此滿城歌
吹看黃州闐咽

江神子

[illegible]

夢中了了醉中醒只淵明是前生走遍人間依舊却
躬耕昨夜東坡春雨足烏鵲喜報新晴　雪堂西畔
暗泉鳴北山傾小溪橫南望亭丘孤秀聳曾城都是
斜川當日境吾老矣寄餘齡

哨遍　陶淵明賦歸去來有其詞而無其聲余治東坡築雪堂於上人俱笑其陋獨鄱陽董毅夫過而悅之有卜鄰之意乃取歸去來詞稍加檃括使就聲律以遺毅夫使家僮歌之時相從於東坡釋耒而和之扣牛角而為之節不亦樂乎

為米折腰因酒棄家口體交相累歸去來誰不遣君
歸覺從前皆非今是露未晞征夫指予歸路門前笑
語喧童稚嗟舊菊都荒新松暗老吾年今已如此但

小窗容膝閉柴扉策杖看孤雲暮鴻飛雲出無心鳥
倦知還本非有意　噫歸去來兮我今忘我兼忘世
親戚無浪語琴書中有真味步翠麓崎嶇泛溪窈窕
涓涓暗谷流春水觀草木欣榮幽人自感吾生行且
休矣念寓形宇內復幾時不自覺皇皇欲何之委吾
心去留誰計神仙知在何處富貴非吾志但知臨水
登山嘯詠自引壺觴自醉此生天命更何疑且乘流
遇坎還止

浣溪沙　[illegible]

覆塊[illegible]

無[illegible]雨[illegible]紛雪杖[illegible]玦歸來[illegible]
亂[illegible]

滿庭芳 [illegible]

歸去來兮[illegible]歸何處萬里家在岷峨百年強半來日
苦無多坐見黃州再閏兒童盡楚語吳歌山中友雞
豚社飲相勸老東坡（）云何當此際人生底事來往
如梭待閒看秋風洛水清波好在堂前細柳應念我
莫剪柔柯仍傳語江南父老時與曬漁蓑

行香子

清夜無塵月色如銀酒斟時須滿十分浮名浮利休

黃岡縣誌　卷之八　三十一　蔣繼隆

苦勞神似隙中駒石中火夢中身雖抱文章開口
誰親且陶陶樂取天真幾時歸去作個閒人對一張
琴一壺酒一溪雲

臨江仙

九十日春都過了貪忙何處追遊[illegible]分愁
雨翻榆莢陣風轉柳花毬[illegible]桃
動是千秋[illegible]
留[illegible]

無題

[illegible]一聲[illegible]

文添多少（）社甕釀成微笑半破椰瓢共醉覺頭顱
急投床醉鄉廣大人間小

百字令　滕賓

柳顰花困把人間恩怨樽前傾盡何處飛來雙比翼
真是[illegible]相應[illegible]捲雪一串驪珠引元
郎去後有誰著意題品　誰料濁羽清商繁絃急管
猶自餘風韻莫是紫鸞天上曲兩兩玉童相並白髮
梨園青衫老傳試與留連聽可人何處滿庭霜月清
冷

蝶戀花（同年董舒二太守遊赤壁調）　明盧濬

黃岡縣誌　卷之八　三十二　李繼成

日浸江波波浸柳赤壁人家[illegible]
邀朋[illegible]幾聲山影[illegible]
歡歌[illegible]風兩袖須信興遊到處有[illegible]各展經綸手

次韻　舒[illegible]

帆[illegible]酒[illegible]風味清人口[illegible]
思[illegible]為詩瘦　坐[illegible]
蘭[illegible]

念奴嬌

中流[illegible]
使[illegible]

[illegible]清絕　遙想[illegible]忠賢來與
[illegible]陰陽爭紛楚江[illegible]一曲浩歌空濶禁體
詞屈原過盧溯熱祀嗟莊敬欽焉夷驚道坡翁無此[illegible]

制誥

皇姪右監門衛大將軍仲郃可依前右監門衛
大將軍黃州刺史特封[illegible]　宋韓維
朕按屬籍以觀祖宗之世而陳王之後獨微顧其位不章顯朕甚憫之以爾具官仲郃孝友恂謹善守法度爰命褒顯以鴻厥慶刺史重任也秩公高爵世逕綱紹建茲謂顯休嚮惟務學可以正已惟率禮可以保位汝其懋哉

表

左黃州表　唐元結
乾元己亥贊善大夫左振出為黃州刺史下車黃人歌曰我欲逃鄉里我欲去顯[illegible]左公今既來[illegible]忍棄之去於戲天下兵興今七年矣征可以死亡毒荒草自關以東海濱[illegible]兵[illegible]可[illegible]獨黃人又能使其人忍不去者誰曰不可[illegible]能歌曰吾鄉有鬼巫惑人人[illegible]殺之於戲近年以[illegible]惑

下得尊重[illegible]者曰其欺人黃之[illegible]巫女亦以妖妄得蒙恩澤朝廷不問州縣惟其意公忿而殺之則彼可誅戮豈獨巫女如左公者誰曰不可頌乎三遷侍御史判金州刺史將去黃黃人多去思故為黃人作表如左公世系左公歷官及黃之門生故吏巫女事則南陽左公悉記之

黃州刺史謝上表　杜牧
臣某言臣奉某月日勅旨自某官授臣黃州刺史以某月日到任上訖臣某誠惶誠恐頓首頓首臣自出身以來任職使府雖有官業不親治人及登朝二任皆參臺閣優游無事止奉朝謁今者家恩擢授刺史專斷刑罰施行詔條政之善惡唯臣所繫素不更練兼之愚昧一自到任憂惕不勝動作舉止唯恐罪悔伏以黃州在大江之側雲夢澤南古有夷風今盡華俗戶不滿二萬稅錢纔三萬[illegible]風俗[illegible]法令明具久無水旱疾疫人業[illegible]賦不為罪惡臣雖不肖亦能守之然臣觀東漢光武明帝稱為明主不信德教專任刑名二主相繼臨五十年常[illegible]以深刻刺舉號為稱職治古之風廢俗吏之[illegible]一縣宰獨吏衛颯任延王[illegible]劉寬陳寵[illegible]

[illegible]
[illegible]公侯[illegible]書豈一縣
[illegible]古之人法爲一時之法以治
古之教教之[illegible]古之人以一時之法務之即一時
之人國家[illegible]以來二百三十餘年間專用仁
恕毋後刑[illegible]內難外難作者相繼土地甲兵
稱號令[illegible]能擒之此實恩澤慈愛入人最
髓俗厚[illegible]動搖今自陛下即位以來[illegible]
殺小過不[illegible]昊天之下蠻貊之邦有[illegible]覽一[illegible]

鄭聖明[illegible]廣大[illegible]
聖之年有張二一日[illegible]
人敢不[illegible]小大之[illegible]
[illegible]
[illegible]
[illegible]爲歌[illegible]
[illegible]之[illegible]
黃[illegible]
[illegible]

[illegible]
[illegible]
賞[illegible]求[illegible]遵奉[illegible]
變[illegible]言[illegible]最應免[illegible]遣況當[illegible]之朝必爲無言之
[illegible]司[illegible]語[illegible]陛周星既不曾上殿求見天
顏又不曾拜章論列時事入直則閉閣侍制退朝
杜門著書雖每日起居寔經年抱疾不敢求假恐
醫官自後忝預史臣同脩實錄晝夜不捨寢食殆
已盡建隆四年見成一十七卷雖然未經進御自謂
小有可觀忽坐流言不容絕筆夫讒謗之口聖賢難

避周公爲鴟鴞之詩仲尼有桓魋之歎蓋行[illegible]人
則人所忌名出於衆則衆所排自古及今鮮不如此
伏望皇帝陛下[illegible]之殺人
祇[illegible]後[illegible]察顏[illegible]
[illegible]聖人[illegible]
[illegible]
出一言[illegible]
誠有謗[illegible]
[illegible]
[illegible]

千里巨淮一隅雖云守土之榮未安謫居之嘆竊[illegible]
風[illegible]闌之性終香日遠天高葵藿之心未死仰望
旒扆不勝涕淚

到黃州謝表　蘇軾

臣軾言去歲十二月二十九日準勅責授臣檢校尚
書水部員外郎充黃州團練副使本州安置不得簽
書公事臣已於今月一日到本所訖者狂愚冒犯固
有常刑仁聖矜憐特從輕典赦其必死許以自新祗
服訓辭惟知感涕中謝伏念臣早緣科第誤忝縉紳
親逢睿哲之興遂有功名之意亦嘗召對便殿考其

所學之言試守三州觀其所行之實而臣用意過當
日趨於迷賦命衰窮天奪其魄叛違義理辜負恩私
茫如醉夢之中不知言語之出[illegible]至仁[illegible]而衆議
不容案罪責情固宜伏斧鑕於兩觀[illegible]推恩屈法猶當
禦魑魅于三危豈謂尚玷散員[illegible]善地投畀麏鹿
之野保全樗櫟之生臣雖至愚豈不知幸此蓋伏遇
皇帝陛下德刑並用善惡兼容欲使法行而知恩是
用小懲而大戒天地能覆載之而不能容之於度外
父母能生育之而不能出之於死中伏惟此恩何以
爲報惟當蔬食沒齒杜門思愆深悟積年之非永爲

多士之戒貪戀聖世不敢殺身庶幾餘生未爲棄物
若獲盡力鞭箠之下必將捐軀矢石之間指天誓心
有死無易

代倉部知黃州謝表　呂祖謙

提邊符而參[illegible]非禦侮之材佩[illegible]紱以長民莫稱
承流之寄[illegible]踏[illegible]事淺兢中謝竊以群萬國之
輿圖大一王之統御地分遠邇之別政有先後之差
緊狹守必得夫循良則群黎受底乎康乂睠惟小壘
介于長淮雖事簡而俗醇實望輕而責重登覽故跡
多名勝嘯詠之餘考致前聞亦豪傑驅馳之舊肆求

其理必簡[illegible]若撲拙祇踪[illegible]遺旗[illegible]
化已絕意于[illegible]首漢書第研精于朱墨偶[illegible]
于論薦遂誤[illegible]宜自揣[illegible]
遇皇帝陛下[illegible]
臨之下[illegible]
謹王聞[illegible]
輯[illegible]
磨[illegible]
啓

黃州還回[illegible]　宋[illegible]

五年于茲謫已甘[illegible]之鄉一朝生還復與縉紳之末屢將遁跡[illegible]自晏歲方茲入境之初[illegible]已[illegible]之舜[illegible]

[illegible]

進德龍[illegible]坐空風流王謝之[illegible]自得豈特居人之[illegible]固將遷客之忘歸路[illegible]陰益聽風謠之美神馳黔下如聞聲[illegible]之音[illegible]勞數宣罔既

上直指提[illegible]赤壁賦啓　　明茅瑞徵

竊念某本[illegible]儒濫竽巖邑[illegible]歲頹[illegible]情乎翰[illegible]遇坐竟奪志於鉛槧凡[illegible]湖山湧[illegible]先[illegible]之誼[illegible]連[illegible]

未諧[illegible]衆之[illegible]如登高作賦無[illegible]文苑[illegible]什于[illegible]哲匠止因[illegible]帶[illegible]況敢效[illegible]和於下里[illegible]將補[illegible]

[illegible]

書

[illegible]

[illegible]

[illegible]若斯[illegible]功惟一重[illegible]之道敬聞命矣[illegible]荷物

黃州[illegible]啓　　宋蘇軾

軾再拜[illegible]守太尉執事台候萬福承以元功正位[illegible]冊首冠三公雖曾孫之遇絕口不言而金縢之書因事自顯[illegible]古今之異事聖

賢之[illegible]有[illegible]通行[illegible]

[illegible]倉皇出

[illegible]及他[illegible]

[illegible]已見絕于

[illegible]

子厚[illegible]軾始[illegible]起獄有一[illegible]稱[illegible]
守舍[illegible]婦女[illegible]至宿州[illegible]篋中就家取文書州
郡[illegible]遣吏發卒圍[illegible]老幼幾怖死既去婦女
恚罵曰是好著書[illegible]得而怖我如此悉取燒
之比事定[illegible]十亡其七八矣到黃州無所用
心輒[illegible]念若有所得遂因先
子之學作易傳九卷又自以意作論語說五卷窮苦
多難壽命不可期恐此書一旦復淪沒不傳意欲寫
數本留人間念新以文字得罪人必以爲凶衰不祥
之書莫肯收藏又自非一代偉人不足託以必傳者

江夏[illegible]洪

莫若獻之明公而易傳文多未有力裝寫獨致論語
說五卷公退閒暇一爲讀之就使無足取亦足見其
窮不忘道老而能學也[illegible]徐州時見諸郡盜賊爲
患而察其人多[illegible]以饑饉恐其憂[illegible]
于竊攘剽[illegible]
止家所藏[illegible]以爲[illegible]
獨得不燒[illegible]
以獻[illegible]
[illegible]
[illegible]

土稍可安既未得去去亦無所歸必老於此拜見無
期臨紙於邑惟冀以時爲國自重

與章子厚參政書

軾頓首再拜子厚參政諫議執事去歲吳興謂當再
獲接奉不意倉卒就逮遂以至今即日不審台候何
似軾自得罪以來不敢復與人事雖骨肉至親未肯
有一字往來忽蒙賜書存問甚厚憂愛深切感嘆不
可言也恭聞拜命與議大政士無賢不肖所共慶快
然軾始見公長安則語相識云子厚奇偉絕世自是
一代異人至於功名將相乃其餘事方是時應軾者

江夏徐文光

皆憮然今日不獨爲足下喜朝廷得人亦自喜其言
之不妄也軾所以得罪其過惡未易以一二數也平
時唯子厚與子由極口見戒反覆[illegible]而軾強狠自
用不以爲然及在囹圄中[illegible]必死矣[illegible]
聖主寬大復遣視息人間[illegible]者[illegible]自非人[illegible]
書所云君[illegible]自追悔[illegible]以一[illegible]見[illegible]
乃有才之人朝廷所惜[illegible]上[illegible]
旣亦當安所施用[illegible]自[illegible]一日百省[illegible]天地
之仁不念舊惡[illegible]
昔年粗亦受[illegible]

追思所犯[illegible]狂之人蹈河入海[illegible]異
方其病作不自知亦窮命所迫似有物使之[illegible]狂
定之日但有[illegible]而公乃疑其再犯豈有此理哉然
異時相識但[illegible]以成吾過一旦有患難無復
有相哀者惟子厚平居遺我以藥石及困急又有以
收恤之真與世俗異矣黃州僻陋多雨氣象昏昏也
魚稻薪炭頗賤甚[illegible]窮者相宜然軾平生未嘗作活
計子厚所知之俸入所得隨手輒盡而子由有七女
債負山積賤累皆在渠處未知何日到此見寓僧舍
布衣蔬食隨僧一餐差爲簡便以此畏其到也窮達

得喪粗了其[illegible]稍絕恐[illegible]有幾矣之
憂不能不少介然俗所謂水到渠成[illegible]亦必自有
處置安能預爲之愁煎乎初到[illegible]自[illegible]杜門
不出閒居未免看書惟佛經以[illegible]不復近筆硯矣
會見無期臨紙惘然[illegible]以時[illegible]自重

與司馬溫公

謫居窮陋如在井底杳不知京洛之耗不審[illegible]寢
食何如其以愚[illegible]自已[illegible]
左右爲[illegible]
某[illegible]

[illegible]如有也雖有君
子之憂顧亦布褐藜藿而已瞻晤無期臨書惘然伏
乞以時善加調護

與滕達道

某到黃彼聞公初五日便發由信陽路想闕然數日
如有所失也欲便歸黃州又雨雪間作向僧房中明
窗下擁數塊熟炭讀前漢書見太子傳贊深愛之反
復數過知班孟堅非庸人也方感歎中而公書適至
意思豁然稍晴暖當陽羅江上放舟還黃也

答秦太虛

軾啟五月末舍弟來得手書勞問甚厚日欲裁謝因
循至今遞中復辱教感愧益甚比日履茲初寒起居
何如軾寓居粗遣但舍弟初到筠州即喪一女子而
軾亦喪一老乳母悼念未衰又得鄉信堂兄中舍九
月中逝去異鄉衰病觸目悽感念人命脆弱如此又
承見喻中間得疾不輕且喜復健吾儕漸衰不可復
作少年調度當速用[illegible]之言居[illegible]蘇謫居
無事頗窺其一二[illegible]州天慶觀道堂三間冬
至後當入此室四十[illegible]非廢放安得就此
[illegible]求四十九日閉[illegible]復

[illegible]
[illegible]治但事但滿此間[illegible]後
[illegible]則心返自不能[illegible]到日
懸已[illegible]然亦不[illegible]用冬至也嘗不[illegible]超然勝
絕壘壘焉來還公[illegible]知我輩亦不勞遠也太虛未免
求祿仕方[illegible]之應舉不可必竊為[illegible]謀宜多著
書如所示論兵及盜賊等數篇但似此得數十首皆
卓然有可用之實者不須及時事也但旋作此書亦
不可廢應舉此書若成聊復相示當有知君者想喻
此意也公擇近過此相聚數日說太虛不離口[illegible]老

未嘗得書知未暇通問程公闢須其子履中[illegible]
本自求作今豈可食言但得罪以來不復作[illegible]字自
持頗嚴若復一作則決壞藩墻今後仍復[illegible]言
矣初[illegible]廣[illegible]公既絕人[illegible]少私甚[illegible]之作[illegible]
儉[illegible]不得過百五十[illegible]便取[illegible]千[illegible]
為[illegible]屋梁上[illegible]畫叉挑取一[illegible]
又[illegible]以[illegible]
法[illegible]
濕[illegible]
[illegible]

能駁歸則王生能為殺雞炊黍至數日不厭又有潘
生者作酒[illegible]大口棹小舟徑至店下村酒亦自醇釅
柑橘[illegible]芋長尺餘不減蜀中外縣米斗二
十[illegible]羊肉如北方豬牛麞鹿如土魚蟹不
論[illegible]胡定之載書萬卷隨行喜借人看黃
州[illegible]人皆家善庖饌喜作會太虛視此數事吾
事豈不[illegible]矣乎欲與太虛言者無窮但紙盡耳展
讀至此想見掀髯一笑也子駿固吾所畏其子亦可
喜曾與相見否此中有黃岡少府張舜臣者其兄堯
臣皆云與太虛相識兒子每蒙批問適會葬老乳母

今匆匆作墳未暇拜書歲晚苦寒唯萬萬自重李端
叔一書託為達之[illegible]微被酒書不成字不罪不罪
不宣軾再拜

與范子豐

臨皋亭下不數十步便是大江其半是峨嵋雪水吾
飲食沐浴[illegible]歸鄉哉江山風月[illegible]常主
閒者便是主[illegible]子豐新第園池與[illegible]所不
如者上無[illegible]後錢耳

[illegible]
[illegible]

[illegible]歲有[illegible]
[illegible]之[illegible]友公之養生正如[illegible]可
[illegible]鵰體五退氣秣黄門妄也至精
[illegible]
賦[illegible]頗似不復自比於朋友不
謂[illegible]于教存問甚厚自書比來起
居[illegible]有穢薦豈
歲時[illegible]亡而[illegible]得[illegible]寵辱志得[illegible]
是天相子也僕既以任意直前不用長者所教以驥
罪異然禍福要不可避初不論巧拙也黄州瀆江

黄岡縣志　卷之八　四十二　江夏朱[illegible]　二百九十一

帶[illegible]覺適宜目之[illegible]者[illegible]迎不難致蚤暮晚
起[illegible]見處亡
[illegible]
[illegible]

僕所言爲淺陋僕嘗謂送公之所談者之飲食龍
肉也而僕之所學猪肉也猪之與龍則有間矣然公
終日説龍肉不如僕之食猪肉寔美而真飽也不知
君所得於佛書者果何耶爲出生死超三乘遂作佛
乎抑尚與僕輩俯仰也學佛老者本期於静而達静
似懶達似放學者或未至其所期而先得其所似不
爲無害僕常以此自疑故亦以爲獻來書云處世得
安穩無病粗衣飽飯不造冤業乃爲至足三復斯言
感歎無窮世人所作舉足動念無非是業不必刑殺
無罪取非其有然後爲冤業也無緣面論以當一笑

黄岡縣志　卷之八　四十八　江夏方需　三百七十五

而已

與參寥子

覽太虚題名皆予昔日遊行處閉目想之了然可數
始予與辯才別五年乃自徐州遷於湖至高郵見太
虚參寥遂載與俱辯才聞予至欲扁舟相過以結夏
未果太虚參寥又相與適越云秋盡當還而予倉卒
去郡遂不復見此年予謫黄州辯才參寥遣人致
問且以題名相示時去中秋十日秋潦方漲水面
十里月出房心[illegible]所居去江無十步獨與
兒子邁棹小舟[illegible]昌山谷喬木蒼然雲

天際天因緣以寄[illegible]參便以示辯才有便至高郵亦
可錄以寄太虛也

與言上人

去歲吳興倉卒爲别至今耿耿。讁居窮陋往還斷盡
遠辱不遺尺書見及感怍殊深此日法體佳勝扎翰
愈精健詩必稱是不蒙見示何也雪齋清境發於夢
想此間但有荒山大江脩竹古木每飲村酒醉後曳
杖放脚不知遠近亦曠然天真與武林舊遊未易議
優劣也何時會合一笑唯萬萬自愛

與蘇黃州　秦觀

自聞被旨入都[illegible]近驚傳莫知所謂遂扁舟渡江比
至吳興見[illegible]錢主簿具知本末之詳以先生之
道仰不愧天俯不怍人內不[illegible]雖至愚亦知無
足憂者但慮道途頓撼[illegible]天常是以西鄉
惘惘有兒女子之懷殆不[illegible]也比聞行[illegible]已達
齊安然居僧房水[illegible]然後私所念慮
一切具亡且知平[illegible]不謬矣彼區
區所謂外物者又何足[illegible]道哉本欲便至[illegible]安
屬又離侍下未可遠適[illegible]在秋秒也惟[illegible]
興[illegible]書以節宣和氣臨紙[illegible]不[illegible]

[illegible]　王廷陳

廷[illegible]先生僕於左右輒有所[illegible]君侯聽
之[illegible]下者施生雨酒上人也[illegible]能自合
材質[illegible]以上不一假他手[illegible]所[illegible]
操彼謂之日是可絃轍譜而被之五[illegible]能書[illegible]
兼真行鐘八分又能漢楷能篆刻能[illegible]數者雖未
臻妙善然其品不下矣能吳謳謳能爲疾響爲偏聲
其疾也則激烈悲[illegible]若劍客互擊瞋目而語難忽然

爲偏則闇[illegible]
能[illegible]聽之[illegible]不怪其[illegible]之暗移[illegible]
之[illegible]奇者[illegible]
畫[illegible]且於[illegible]
一經[illegible]非[illegible]
可[illegible]文[illegible]
昔[illegible]
君子[illegible]
齊學[illegible]
[illegible]

書也[illegible]偏之畢[illegible]之跡[illegible]
之[illegible]古之儲而絕慮[illegible]之[illegible]至於[illegible]
時[illegible]不以病生生亦自謂不病[illegible]僕之
禮[illegible]能[illegible]僕於暇日於後之一藝[illegible]為之知
其非[illegible]者不敢藏乃以所為[illegible]以明慧正
之[illegible]以證吾言之不虛我後多材藝而好奇其
於此乎必有鑒賞矣

文

黃州淮赦祭告神文　　唐　杜牧

會昌二年歲次壬戌夏四月乙丑朔二十二日丁亥

皇帝御宣[illegible]聖文武
至神大孝[illegible]
敕天下[illegible]若
可[illegible]以備[illegible]
月[illegible]日辛巳[illegible]淮[illegible]為文
經[illegible]兵
申[illegible]
少[illegible]
跳[illegible]
知[illegible]

[illegible]
[illegible]皇帝曰
[illegible]滋雨稷老祗
[illegible]乃拔後艮乃登耆
[illegible]不敢標揭典
制[illegible]之中古遠師太宗進法憲祖[illegible]懷恩惟不治是
懼四國既平六職修序黍稷稻[illegible]俯[illegible]父父子
子供養撫乳萬里齊俗[illegible]眠而食罔知其
故皇帝乃曰予見廟嚴法[illegible]旅五帝坐壇百

神立[illegible]內[illegible]
服[illegible]於除[illegible]
元會[illegible]論有罪[illegible]
輕[illegible]陳[illegible]
有[illegible]不識[illegible]
不[illegible]歌[illegible]
音[illegible]
不[illegible]
羞[illegible]
[illegible]

[illegible]五日[illegible]
力寒暑風雨且神是顧[illegible]力甘苦誰能其[illegible]書
士各報[illegible]羞蔵無愛[illegible]牛[illegible]開命奔走承
專夜[illegible]遷遲亦忝刺史齋[illegible]傷慄[illegible]將墜視牲濯
爵不[illegible]下吏顔羞且潔閉有不备衣冠待暁坐以假
寐步及神宇蹐足屏氣神[illegible]前敬恭跪起請不云
乎皇天上帝伊誰云憎天憎罪人天可指視止殃其
身豈可傍纖刺史有罪可病可[illegible]其[illegible]可[illegible]
子無作水旱以及閭里皇帝仁聖神[illegible]符
同相爲表裏黄治[illegible]黄俗雜鄙皇帝視之遠近一

致洋洋在上[illegible]
夏日[illegible]
雨其[illegible]
治牧[illegible]
黄[illegible]
井[illegible]
蹇[illegible]
以[illegible]
[illegible]

[illegible]古者[illegible]八家[illegible]
而居之一夫食一頃中一頃樹蔬鑿井而八家共汲
之所以籍[illegible]民而重泄地氣以不[illegible]大人身有瘡不
瘳[illegible]不封即亦死地有千萬瘡于地何
如哉古者八家共一井今家有一井或至大家至于
四五井十倍多于古地氣渫泄則所産脆薄人生于
地内今之人不若古之人渾剛堅一竅不由地氣洩
漏哉易曰改邑不改井此取象言安也非井不可塞
也天下每州春秋二時天子許抽常所上賦錫宴刺
史及州吏必廓其[illegible]以張其事黄州當是地

有古井不塞故[illegible]之而[illegible]以志

農夫禱文　　劉軻

丙戌歳大[illegible]之南[illegible]黄爲甚明年子將[illegible]
東山見老[illegible]雄其族爲禱於伍[illegible]
俚因得其[illegible]以潤色之亦以[illegible]
其謹達[illegible]于神明吁嗟[illegible]
人之有[illegible]得[illegible]聰明[illegible]
饑人爲[illegible]歳將
危墮以[illegible]
女子生[illegible]

……合……婦人
百……辛大歲……不……而……祭不
為……其不……不實……為螟螣……
……馬……盍飲……呼……
……呼……何……
……者吾……入以肥……
……何……所……
……安無……以滋兵刃農人不饑而
天下肥……寒而天下……耜不鎖而天下饑麥
暖而嬌……而殘焉肥……不蹟不馳足食足衣皇
天皇天罰忍是……其嘻嘻神其猶怡

中和……邑遠而……封遠……不度……
以亂……者……為王……止……獲
為晴……摘者坐……逃滋多……
其……曰弗身……前……
……其……得……
……曰……迦行慶……
務……

也不……仁矣仁……
盜……仁……仁夫盜民之毒也盜之
不執……用……不然矣天地之於物
務生……折豈物是雖所以生
……務……假惡姑息之政實以階殺
夫假仁……務為……小人辛焉然其竟也雖唯小
人亦豈……覬免……以不免是縱之也為殺之
也不亦多乎知不……之弗輕是殺之也為縱之
也不亦多乎故曰……賊子而嚴家無格虜矣也
其允有功何……

……

盜既平大中丞……進而賀王子聞之曰……
是……足為君……盜五尚……君之除也一曰
……一曰鄉……二曰邦……四曰言語
之盜五……仁義之盜……之盜……鄉曲之盜……邦國
……言語之盜四曰仁……之盜十有一……
……傍搆陰……舞……吏之盜也誇族
……闔……寵曲御公子者
……盜也……以黜……辛
……務……

藝文誌下

對問

雪堂問潘邠老

宋蘇軾

蘇子得廢園於東坡之脅，築而垣之，作堂焉，其正曰雪堂。堂以大雪中為，因繪雪於四壁之間，無容隙也。起居偃仰，環顧睥睨，無非雪者。蘇子居之，真得其所居者也。蘇子隱几而晝瞑，栩栩然若有所適而方興也，未覺，為物觸而寤，其適未厭也，若有失焉。以掌抵目，以足就履，曳於堂下。客有至而問者，曰：子世之散

人耶，拘人耶？散人也而天機淺，拘人也而嗜慾深。今似繫馬而止也，有得乎而有失乎？蘇子心若省而口未嘗言，徐思其應，揖而進之堂上。客曰：嘻，是矣，子之欲為散人而未得者也。予今告子以散人之道。夫禹之行水，庖丁之提刀，避眾礙而散其智者也。是故以至柔馳至剛，故石有時以泐；以至剛遇至柔，故未嘗見全牛也。予能散也，物固不能縛；不能散也，物固不能釋。子有惠矣，用之於內可也，今也如蝟之在囊，而時動其脊脅，見於外者，不特一毛二毛而已。風不可搏，影不可捕，童子知之。名之於人，猶風之與影也，子獨留之。故愚者視而驚，智者起而軋，吾固怪子為今日之晚也。子之遇我，幸矣，吾今邀子為藩外之遊，可乎？蘇子曰：予之於此，自以為藩外久矣，子又將安之乎？客曰：甚矣，子之難曉也。夫勢利不足以為藩也，名譽不足以為藩也，陰陽不足以為藩也，人道不足以為藩也，所以藩予者，特智也爾。智存諸內，發而為言，則言有謂也；形而為行，則行有謂也。使子欲嘿不欲嘿，欲息不欲息，如醉者之恚言，如狂者之妄行，雖掩其口，執其臂，猶且喑嗚跼蹙之不已，則藩之於人，抑又固矣。人之為患以有身，身之為患以有心。是圃之構堂，將

以佚子之身也？是堂之繪雪，將以佚子之心也？身待堂而安，則形固不能釋；心以雪而警，則神固不能凝。子之知既焚而燼矣，燼又復然，則是堂之作也，非徒無益，而又重子蔽蒙也。子見雪之白乎？則恍然而目眩；子見雪之寒乎？則竦然而毛起。五官之為害，惟目為甚，故聖人不為。雪乎雪乎，吾見子知為目也，子其殆矣。客又舉杖而指諸壁，曰：此凹也，此凸也。方雪之雜下也，均矣，厲風過之，則凹者留而凸者散，天豈私于凹而厲于凸哉，勢使然也。勢之所在，天且不能違，而况於人乎？子之居此，雖遠人也，而圃有是堂，堂有是名，

凝人耳不猶寒[illegible]在四者乎蘇子[illegible]然
而已豈有心哉若[illegible]也奈何客曰子之說[illegible]雨
則將縮以[illegible]有風則將縮以風乎雨不可縮也
觀雲氣之洶湧則使予有怒心風不可縮也見草木
之披靡則使予有憤意觀是雪也予之心亦不能無
動矣苟有動焉册責之有靡靡永雪之有水石一也
德有心也有眼物之所觸豈有異哉蘇子曰子之所
言是也敢不聞命然未盡也予[illegible]然既正如與人
訟者其理雖已屈猶未能絕辭者也予以爲登春臺
與入雪堂有以異乎以雪觀春則雪爲靜以臺觀堂

則堂爲靜[illegible]得動則[illegible]亦不
之比[illegible]在南[illegible]適
意也[illegible]
而[illegible]有良[illegible]
珠之[illegible]不以[illegible]而已
矣[illegible]之也[illegible]道之
收[illegible]而
有[illegible]
其[illegible]
彼[illegible]

執之下渥乎子之所言者上也奈之所言者下也我
將能爲子之所爲而子不能爲我之爲矣譬之厭膏
梁者與之糟糠則必有忿詞衣文繡者與之以皮弁
則必有愧色子之于道常與文繡之謂也得其上者
耳我以子爲師子以我爲資猶人之于衣食缺一不
可將其與子游今日之事姑置之以待後論予且爲
子作歌以道之歌曰雪堂之前後兮春草齊雪堂之
左右兮斜徑微雪堂之上兮有碩人之頎頎考槃乎
此兮芒鞋而葛衣挹清泉兮抱甕而忘其機負頃筐
兮行歌而采薇吾不知五十九年之非而今日之是

又不知五十九年之[illegible]今日之非吾不知天地之
大也寒[illegible]而今日之興感子之言
兮始[illegible]一口終也釋子之縛而脫
吾之執是[illegible]之勢而聽子之言意吾
非逃世之事而避世[illegible]不知雪之爲可觀賞吾
不知世之爲可依違[illegible]適不[illegible]他在于
群息已動大明既[illegible]觀曉[illegible]之塵飛予
不棄兮我其[illegible]然而出蘇子隨之
客顧而[illegible]
傳

方山[illegible]八[illegible]少時[illegible]八間[illegible]

之俠[illegible]世[illegible]讀書[illegible]當世然終

不[illegible]曰岐[illegible]不與世相

聞[illegible]從步往來[illegible]中人頗識也見其所

著[illegible]而高曰此豈古方[illegible]見焉[illegible]嗚呼此吾故

方山子余謫居于黄過岐亭[illegible]鳴呼此吾故

人陳慥季常也何爲而在此方山子亦矍然問余所

以至此者余告之故俯而不答仰而笑呼余宿其家

環堵蕭然而妻子奴婢皆有自得之意余既聳然異

之獨念方[illegible]二十[illegible]騎使酒好[illegible]如昔[illegible]有

九年余在岐[illegible]山子[illegible]矢[illegible]

起于前[illegible]射之[illegible]發

得[illegible]用[illegible]豪

[illegible]入

哉[illegible]色

頤[illegible]

[illegible]此

[illegible]汗

[illegible]

黄[illegible]公傳　[illegible]

天有知乎天無[illegible]天無知也主宰於冥冥

之中作善者[illegible]之以百祥[illegible]不善者降之以百殃爲

之主宰[illegible]非天乎如果天也是天之有知也人感之

天感之猶影之隨形聲之應響也天未始有[illegible]也

以爲未定者是不知天者也觀黄岡吴氏積善厚施

而未食其報者何哉夫生賢子孫能世其家即天報

之也豈必食禄膺爵而後爲報哉況子孫賢天爵脩

而人爵至是天報之也閩南招撫使吕[illegible]生公七歲

而父亡賴毋夫人汪氏匡扶保養延師教以詩書及

長通儒業[illegible]學多能[illegible]親戚之

所推服暨兄[illegible]山[illegible]兩淮鹽運

司殁無後繼以[illegible]山之[illegible]遺孤五人

女六人四世撫[illegible]教誨[illegible]娶[illegible]嫁以已財

拓克產業數倍於前以已[illegible]產業[illegible]分之六縣

皆感悦公之[illegible]施惠[illegible]大夫自

陽邏至[illegible]十九所

家不[illegible]橋五[illegible]不

通[illegible]

[illegible]

翰[illegible]以訓
御[illegible]湘黃
子[illegible]友韓御
史[illegible]尚書尊為公
德[illegible]不[illegible]建上遣[illegible]珍[illegible]大使[illegible]徵之
公不起御書西山二字賜之公建御書樓以侈賜危
太素為之記公生于至元甲申歿于至正己丑娶袁
氏名妙本後娶詹氏名妙恭葬[illegible]五里之原生西
子長灣思不化入為內臣次琳次[illegible]珪璘琛皆與
余交琛乃曰西山之樓已毀翰苑諸公之詩文皆不

復[illegible]于甘[illegible]
也[illegible]
于孫[illegible]
有春[illegible]者[illegible]
應[illegible]九日[illegible]應之效
也[illegible]之[illegible]賦理也者
嘗[illegible]氏[illegible]定制
進[illegible]
今[illegible]

無[illegible]秦之婚姻[illegible]第君乃攻治[illegible]家言
尤嫺古文詞[illegible]名滿京國而敬恂恂雅
飭[illegible]纖微[illegible]從余游曰詢其所以成立
生[illegible]何知先君子托孤于吾師之
所造也師[illegible]中表也知其督屬纔時以小
子屬焉[illegible]誦經史諸子百家言曰不如程則
撻之不少[illegible]自不忍撻之苦則時[illegible]先君子
主置座上號小子前師自拖主而長號曰孤婿不
學吾負君矣何面目見君地下小子維[illegible]悲愴且愧
欲死寧受撻百十不忍聞此語也師之數年一歲以

小子有他過[illegible]小子自分不能一[illegible]遊離吾師
乃啓明自[illegible]新號堂下泣[illegible]吾師乃[illegible]
下教壬[illegible]于鄉師一[illegible]
衣履未整師[illegible]叱號之庭下[illegible]
乃免其[illegible]如此先君子[illegible]二十余師
計日而[illegible]一日當[illegible]偶以家
務號半日[illegible]
曰耶爾孤幼可欺不忍欺[illegible]
此小子之有今日也蓋多[illegible]曾[illegible]
[illegible]六尺之孤為君子托[illegible]

生若與[illegible]君十人與籍令宜遠[illegible]與[illegible]仕當亦不貧人國矣乃王生嘗與[illegible]生失怙恃師嚴如是依依不肯遠離[illegible]誰督之其識卓矣亦王氏之禮教素嚴濡漸然也今[illegible]海內人士如姚江之孫靈寶之許安成之鄒[illegible]之林其子姪大都仁厚醇謹故能熾昌興盛若斯也由斯以觀王氏其長世乎劉字表卿名文元仕爲華容廣文先生

論

黃岡論

明王一鳴

黃岡瀕大江絓漢盖江漢之間一都會也其俗剽輕易發[illegible]也薄[illegible]十[illegible]聚語在太[illegible]公首[illegible]傳中張耒志稱黃岡淳質[illegible]地有[illegible]之利農[illegible]而田事不脩[illegible]于贍[illegible]水清[illegible]善其民[illegible]而不爭其[illegible]而文朴而不[illegible]道[illegible]也邦此其大較然也　國家休明[illegible]積而百年　孝武之際戶口豐[illegible]民[illegible]世則不然[illegible]時時相爲[illegible]東南[illegible]江大[illegible]爲害而[illegible]黃安[illegible]盜賊潛伏乃[illegible]於市[illegible]不問[illegible]矣即[illegible]雜依里巷之間[illegible]時[illegible]借[illegible]之兵者也出里而[illegible]齋盜之[illegible]者也[illegible]六和[illegible]旦夕以[illegible]自[illegible]位

伯[illegible]雞豚[illegible]乃[illegible]民乘[illegible]石相望語浮於事十[illegible]八九[illegible]一不免盖其民以耕與他[illegible]以[illegible]其[illegible]邑[illegible]號孔道其民[illegible]時又[illegible]其租稅而爲諸賈客[illegible]　[illegible]不日夜即士之奉[illegible]無已時俗日至於[illegible]不可[illegible]夫農不出則乏其食工不出則乏其事商不出則三寶絕虞不出則財匱少以剽猾之民守[illegible]之法[illegible]奢侈之柄移動搖之俗寧無政教[illegible]徵期會[illegible]但已哉爲民父母且矜[illegible]不廢煦哺遇[illegible]之所在一諷不再決立斷不復[illegible]以武健治之可也因述[illegible]爲大概稍稍撰次備採訪焉夫民情[illegible]漏網[illegible]即不可使見末世之民恐嘗鷹擊[illegible]而惟[illegible]爲羞賢弘治之後士益尚古文辭[illegible]之業于[illegible]斯盛即一二陰賊[illegible]入[illegible]是遊俠者耶[illegible]光恭南[illegible]水[illegible]之[illegible]大江是謂天塹[illegible]以一偏將[illegible]而[illegible]居[illegible]三江口數十里[illegible]十田而八水[illegible]安[illegible]沃壤畫一之政正今[illegible]也

高[illegible]學界至五百里[illegible]
遲伏見港[illegible]
而已民固[illegible]不東於[illegible]萬前后[illegible]也至與
之[illegible]今[illegible]皆[illegible]上下其[illegible]刻不[illegible]
不[illegible]君一柳十萬民多至於窮而盜賊比
肩而立其[illegible]出於此[illegible]之所稱吏卒不下數十
百而其[illegible]之[illegible]即見有縲絏者無不
思魚肉者十人而見之十人而魚肉之也富民出金
錢貸里巷之人無錢皆生子錢至倍不止多破家以
從天下[illegible]謂今日者哉東至後湖河泊所

南盡獎口[illegible]北無不盡於鬼[illegible]
烏龜石之[illegible]觀[illegible]
之疆[illegible]
好學一切[illegible]所爲[illegible]
而賊者[illegible]
居山川[illegible]
西抵大江[illegible]
邐迤[illegible]
董董耶今[illegible]
生[illegible]

沅湘出淩去來如風[illegible]人莫可測宿
哉至不知陽邏所終也[illegible]至五里墩三台河路
口[illegible]南攝陀口諸湖龍家[illegible]博橋抵蘄水大河爲
界魚博橋曲轉峰火山禪寺山雷公嘴廻龍山崩港
長嶺北至甯家汊鵝子湖西至松林舖姜家洲堵城
三江口楓香舖至於大江爲東絃鄉亦一區也其民
淳朴征賦常先田地濱湖水爲之災然高阜處皆膏
腴至有十金博一畝者魚博崩港道里寥闊盜賊出
沒民皆挈書賣刀買牛者久矣還和鄉去邑七十里而
近東至楓香坳上巴河馬家潭南盡獨寺山崩港黃

土嶺曲轉窰家汊西抵楊林港橫坡嶺周書店北連
曹家河杜家坳亦一區也民生理儉朴無鬬爭之[illegible]
六博蹋鞠耳目之觀其介在還和慕義者爲[illegible]風頗
生聚萬萬家然其人[illegible]而狡多[illegible]有心計[illegible]落
長得稍稍長者篤[illegible]者爲之百里之[illegible]其[illegible]
乎永寧鄉控十二里至[illegible]麗矣東至燕兒山南至黑
鞍山西至張家山北至大崎山亦一區也山[illegible]
欲斷欲續大崎千仞[illegible]民皆盡力田畝[illegible]
相守及[illegible]都市[illegible]
薄之[illegible]青山口[illegible]貧

何用役八[illegible]有割歉乘何慕何以勞之哉慕義
鄉東由[illegible]其實有殷家嘴響水岩賈家呂北有
殷家湖[illegible]游山河西有新州辛家冲林頭畈南
有金盆[illegible]口何家湖亦一區也其田薄收而深
耕賦役亦不敢乾沒是與膏腴者角也鄉人士多生
於斯[illegible]進掀[illegible]科第皆稱引不詭於條貫者哉
亦何其[illegible]爲義也庶安鄉在諸鄉中甚敝矣東至
新州河慕義鄉界南至青螺池泒地界西至章家嘴
場兒河孔子埠中和鄉界北至岐亭朱家堤麻城縣
界亦一區也朱家堤三家店白溪畈白米河三河口

黃陂縣志　卷之九　十三　鄧坤元　四百〇九

田地水沙相戰十潰九淵民生瘠苦刁悍相仍張家
店萬瑚岡田多旱[illegible]淨安寺高爲磽磧下爲潮
澤家無擔石之儲何[illegible]屬於征輸勤勞於賦[illegible]
當有以休養之[illegible]玉門[illegible]重
鄉北抵張公岡[illegible]西抵新[illegible]亦
一區也其田[illegible]郎
[illegible]君
子寺而文[illegible]
空[illegible]安[illegible]人民
[illegible]

什一之利與耕漁者[illegible]十五民坐是不貧但石楹河
岑[illegible]孔子河相傳[illegible]見長沮桀溺處
孔子從此過東今[illegible]得無有[illegible]者其義至高過
河者皆[illegible]而還[illegible]廟不能去矣夫[illegible]富足之後加禮義
之教[illegible]是誰之責歟中和鄉其里
九上自[illegible]山鳳凰山蔚魚臺至望星橋又自蒼子
埠周山舖白陽河魚兒坑畢家舖粉壁舖楨松湖臧
家畈包大泒至陽邏驛汪家舖而止道路何紆縈然
亦一區也田瘠下下其民生事遼濶皆不比於義十
[illegible]九[illegible]矣嘉靖中創立黃安縣戮頗盛今遺[illegible]
黃陂縣志　卷之九　十四
生耶訊緝獲之卒無不道中和者即訊桎梏之醜
不自中和者蓋其田邑甚遼至中和者必持[illegible]一日
中和何討而毋爲晏子所以對楚王問者笑哉

記

竹樓記　宋王禹偁

黃岡之地多竹大者如椽竹工破之刳去其節用代
陶瓦比屋皆然以其價廉而工省也子城西北隅雉
堞圮毀蓁莽荒穢因作小樓二間與月波樓通遠吞
山光平挹江瀨幽闃遼敻不可具狀夏宜急雨有瀑
布聲冬宜密雪有碎玉聲宜鼓琴琴調和暢宜詠詩

詩韻清絕宜圍棋子聲丁丁然宜投壺矢聲錚錚然
皆竹樓之所助也公退之暇披鶴氅衣戴華陽巾手
執周易一卷焚香默坐消遣世慮江山之外第見風
帆沙鳥煙雲竹樹而已待其酒力醒茶煙歇送夕陽
迎素月亦謫居之勝槩也彼齊雲落星高則高矣井
幹麗譙華則華矣止于貯妓女藏歌舞非騷人之事
吾所不取吾聞竹工云竹之爲瓦僅十稔若重覆之
得二十稔噫吾以至道乙未歲自翰林出滁上丙申
移廣陵丁酉又入西掖戊戌歲除日有齊安之命己
亥閏三月到郡四年之間奔走不暇未知明年又在

何處豈懼竹樓之易朽乎後之人與我同志嗣而葺
之庶斯樓之不朽也咸平二年八月十五日記

永興禪院記

齊安郡名也永興院額也蓋[illegible]者故老通而呼之遂
以爲[illegible]黃州在[illegible]上院[illegible]云[illegible]史[illegible]
僕射以[illegible]建爲[illegible]史未嘗[illegible]端拱
兩刺黃[illegible]唐[illegible]有鄂渚北結[illegible]東抗郴
氏黃鄂之[illegible]也[illegible]宗族典之于時皇[illegible]管
紀潛珍僕射之稱不[illegible]院於
茲兵掠[illegible]無[illegible]

地天祐二年楊公率其[illegible]渥稱嗣吳王奉唐正朔以
部將孫彥[illegible]爲黃州刺史始造院宇崇佛像彥思母
王氏捨[illegible]鑄鍾于今尚在主院之僧傳法之祖喪
亂無紀莫得而知今所述者斷自紫陵而下紫陵者
郢中名山也山僧曉禪世謂之紫陵和尚其後捨茲
院遊鳳翔[illegible]清泰入洛賜號國師次曰同一次曰行
忠次曰節遷次曰延真次曰自正此五僧者自前唐
天祐止聖朝端拱初有若蘄州三角山龍門禪院自
南閬堂演法自南者合肥人世姓解氏住持凡七年
復歸蘄州四祖雙峯山淳化中有若蘄州白雲山廣

教禪僧智雨嗣興院事智雨者漣水人世姓朱氏以
至道三年十一月十二日寂滅壽八十一夏臘二十
七臨終召院衆囑付令長老仁辯仁辯遂[illegible]得法
于智雨者也郎以其月十八日茶毗之[illegible]起塔於長
圻村二十八日仁辯會大衆陞法堂[illegible]問曰
如何是齊安境答云後園青竹清[illegible]錄水又問
如何是境中人答曰大似不相[illegible]住持傳法
僧舊有堂厨各五間郡人王福捨[illegible]造殿成
再與捨錢一百五十萬造僧字[illegible]二百[illegible]
建[illegible]老宿堂又率[illegible]又建

捨錢五十萬爲浴堂，錢[illegible]五十萬[illegible]，錢四十萬創[illegible]堂，[illegible]傍里人周[illegible]。[illegible]之謂檀越，知院從節、掌[illegible]公府[illegible]功掌[illegible]供養殿主，有思掌[illegible]義[illegible]掌庖廚有歲，省值掌[illegible]，此之謂知事僧。先是爲住持傳法僧無祖禰，道高衆伏則推之；知事僧[illegible]資級，才堪心願則爲之，故上下熙熙而忿爭不作矣。禪者儒之曠達也，律者士之名教也，淨高氏盤而爲二，罕能兼之，其甚者率相矛盾過于佛。雖惟長老仁辯禪其心以度人，律其行以伏衆，有來斯應，虛往實歸，禪其心也；一衣一缽之外，日

誦法華經一[illegible]行也。禹偁筮仕以來，洽僧論多矣，獨愛[illegible]入我有賢智則尊而事之，有[illegible]力則[illegible]不強推而不競，渾然幾乎道矣。故[illegible]學之至，鄉田園之廣，表道且經典，祖[illegible]備，什[illegible]記[illegible]石陰。

黃州安國寺記　蘇軾

元豐二年十二月，余自吳興守得罪，上不忍誅，以爲黃州團練副使，使思過而自新焉。其明年二月至黃，舍館粗定，衣食稍給，閉門却掃，收召魂魄，退伏思[illegible]求所以[illegible]，反觀從來舉意動作，[illegible]獨今之所以得罪者也。欲新其一，恐失其二。觸類而求之，有不可勝悔者。於是喟然歎曰：道不足以御氣，性不足以勝習。不鋤其本而耘其末，今雖改之，後必復作。盍歸誠佛僧，求一洗之。得城南精舍曰安國寺，有茂林脩竹，陂池亭榭。間一二日輒往，焚香默坐，深自省察，則物我相忘，身心皆空，求罪垢所從生而不可得。一念清淨，染汙自落，表裏翛然，無所附麗，私竊樂之。旦往而暮還者五年於此矣。寺僧曰繼連，爲僧首七年，得賜衣；又七年，當賜號，欲謝去。其徒與父老相率留之。連笑曰：知足不辱，知止不殆。卒謝去。余是

以媿其人。七年，余將有臨汝之行，連曰：寺未有記。具石請記之。余不得辭。寺立于僞唐保大二年，始名護國。嘉祐八年賜今名。堂宇齋閣，連皆易新之，嚴麗深穩，悅可人意，至者忘歸。歲正月，男女萬人會庭中，飲食作樂，且祠瘟神，江淮舊俗也。四月六日，汝州團練副使眉山蘇軾記。

[illegible]

[illegible]禪記

元豐三年正月朔日予始去京師來黃州二月朔至郡至之明年進士潘丙謂余曰異哉公之始受命黃人未知也有神降於州之僑人郭氏之第與人言如響且善賦詩曰蘇公將至而吾不及見也已而公以是日至而神以是日去其明年正月丙又曰神復降于郭氏余往觀之則衣草木為婦人而寘箸手中二小童子扶焉以箸畫字曰妾壽陽人也姓何氏名媚字麗卿自幼知讀書屬文為伶人婦唐垂拱中壽陽刺史害妾夫納妾為侍妾而其妻妒悍甚見殺於廁妾雖死不敢訴也而天使見之為直其冤且使有所

職於人間蓋世所謂子姑神者其類甚衆然未有如妾之卓然者也公少留而為賦詩且舞以娛公詩數十篇敏捷立成皆有妙思雜以嘲笑問神仙鬼佛變化之理其答皆出於人意外坐客撫掌作道調梁州神起舞中節曲終再拜以請曰公文名於天下何惜方寸之紙不[illegible]有妾乎予觀何氏之[illegible]于酷吏而[illegible]其怨深矣而終不指[illegible]之姓名似[illegible]平生[illegible]不[illegible]公之陰私[illegible]字而[illegible]也

黃州快哉亭記　蘇轍

江出西陵始得平地其流奔放肆大南合沅湘北合漢沔其勢益張至于赤壁之下波流浸灌與海相若清河張君夢得謫居齊安即其廬之西南為亭以覽觀江流之勝而余兄子瞻名之曰快哉蓋亭之所見南北百里東西一舍濤瀾洶湧風雲開闔晝則舟楫出沒于其前夜則魚龍悲嘯于其下變化倏忽動心駭目不可久視今乃得翫之几席之上舉目而足西望武昌諸山岡陵起伏草木行列煙消日出漁夫樵父之舍皆可指數此其所以為快哉者也至于長洲

之濱故城之墟曹孟德孫仲謀之所睥睨周瑜陸遜之所騁騖其流風遺迹亦足以稱快世俗昔楚襄王從宋玉景差于蘭臺之宮有風颯然至者王披襟當之曰快哉此風寡人所與庶人共者耶宋玉曰此獨大王之雄風耳庶人安得共之玉之言蓋有諷焉夫風無雌雄之異而人有遇不遇之變楚王之所以為樂與庶人之所以為憂此則人之變也而風何與焉士生于世使其中不自得將何往而非病使其中坦然不以物傷性將何適而非快今張君不以謫為患竊會計之餘功而自放山水之間此其中宜有以過

入者將蓬户甕牖無所不快而况乎濯長江之清流揖西山之白雲窮耳目之勝以自適也哉不然連山絶壑長林古木振之以清風照之以明月此皆騷人思士之所以悲傷憔悴而不能自勝者烏覩其爲快也哉

黄州師中庵記

師中姓任氏諱伋世家眉山吾先君子之友人也故予知其爲人嘗通守齊安去而其人思之不忘故齊安之人知其爲吏師中平生好讀書通達大義而不治章句性任俠喜事故其爲吏通而不流猛而不暴

郭仲元　三百七十七

所至吏民畏而安之不能欺也始爲新息令知其民之愛之買田而居新息之人亦曰此吾故君也相與事之不替及來齊安樂其游于定惠院既去郡人名其齋曰任公其後余兄子瞻亦遷齊安人知其與師中善也復于□公亭之□□爲師中庵□□□必來訪子將館于是明年三月師中沒于遂州齊人聞之相與哭于定惠者凡百餘人飯僧于亭而祭師中于庵蓋師中之去于是十餘年矣夫吏之于民有取而無予有罰而無恩去而民忘之不知所怨蓋已爲善吏矣而師中獨能使民思之……

此豈徒然者哉朱仲卿爲桐鄉吏有德于其民而告其子必葬我桐鄉後世子孫奉嘗我不如桐鄉民既而桐鄉祠之不絶今師中生而家于新息沒而齊安之人爲亭與庵以待之使必而有知師中其將往來于□齊安之間乎余不得而知也元豐四年十二月□日眉山蘇轍記

遺愛亭記

巢穀

何武所至無赫赫名去而人思之此之謂遺愛夫君子循理而動理窮而止應物而作物去而復夫何赫赫名之有哉東海徐君猷以朝散郎爲黄州未嘗怒

江夏宋金　□百六十八

也而民不犯未嘗察也而吏不欺終日無事嘯咏而已每歲之春與眉陽子瞻游于安國寺飲酒于竹間亭擷亭下之茶烹而食之公既去郡寺僧繼連請名子瞻名之曰遺愛時穀自蜀來客於子瞻因子瞻以見公公命穀記之穀愚朴羈旅人也何足以知公采道路之言質之於子瞻以爲之記

鴻軒記

張耒

軒者文潛讀書舍也客有言曰吾聞鴻之時其往來以避寒暑之害而高飛遠舉能使子……

子以□□猶不見事几得謂□子……

泥滓若升斗以自養而欲自比于鴻不亦偎乎張子
曰子之言是也然余居此以己卯之秋其遷也庚辰
之春與夫聱聱波浮中覓食以活秋至而春去者得
無類乎客曰然

遊黃州東坡諸勝記　陸游

自州門而東岡壟高下至東坡則地勢空曠開豁東
起一壟頗高有屋三間一龜頭曰居士亭亭下面南
一堂頗雄四壁皆畫雪堂東有蘇公像烏帽紫裘橫
按筇杖是爲雪堂堂東大柳傳以爲公手植正南有
橋榜曰小橋以莫忘小橋流水之句得名其下初無

渠澗遇雨則涓流耳舊止片石布其上近輒增廣爲
木橋覆以一屋頗適人意東[illegible]井曰暗井取蘇公
詩中走報暗井出之句[illegible]不甚甘又有四
望亭正與雪堂相值在[illegible]山爲一郡之
勝亭名見蘇及張文潛集[illegible]古氏故物號
[illegible]今已殘伐無幾地亦[illegible]城五里安
國寺蘇公所嘗寓[illegible]遊寺茂林
[illegible]猶有當時[illegible]繚蘇公樂府
[illegible]春[illegible]正謂此樓也
[illegible]頗[illegible]

先是郡有慶[illegible]堂謂一故相所生[illegible]以新此
樓酒味殊惡然文潛乃極稱黃州酒以爲自京師之
外無過者豈[illegible]黃時適有佳匠乎循小徑繚州
宅之後至竹樓規模甚陋不知當王元之時亦止此
耶樓下稍東即赤壁磯亦[illegible]耳略無草木故韓子
蒼待制詩[illegible]亦無陳迹但飛鷗此磯
圖經及傳者皆以爲[illegible]破曹操之地然江上多
此名不可考質李[illegible]歌云烈火張天照雲海
周瑜於此敗曹公[illegible]在黃州蘇公尤疑之賦云
此非曹孟德之困于[illegible]郎者乎樂府云故壘西邊人

道是當日周郎赤壁蓋一字不輕下如此至韓子蒼
此地能令阿瞞走則直指爲公瑾赤壁矣又黃人實
謂赤壁曰赤鼻尤可疑也晚復移舟菜園步又遠竹
林三四里蓋黃州臨大江了無港澳可泊或曰舊有
澳郡官厭過客故塞之

河東書院記　朱熹

齊安在江淮間最爲窮僻而國朝以來名卿大夫多
辱居之如王翰林韓忠獻公蘇文忠公[illegible]今樂
稱而于蘇氏尤致詳焉至于河[illegible]亦
于[illegible]而未有[illegible]之者蓋[illegible]

業皆已震耀于一時而其議論氣節卓犖竒偉尤足以驚世俗之耳目則又莫若蘇公之盛世若程夫子則其事業湮鬱既不足以表于當年文詞平淡又不足以誇于後世獨其道學之妙有不可誣者而又非知德者莫能知之此其遺跡所以不能無顯晦之殊亦其理勢之宜然也蓋天聖中洛人太中大夫程珦初仕爲黄陂尉秩滿不能去而遂家焉實以明道元年壬申生子曰顥字伯淳又明年癸酉生子曰頤字正叔其後十有余年當慶曆丙戌丁亥之間攝貳南安乃得獄椽舂陵周公惇頤而與之遊于是二子因

受學焉而慨然始有求道之志既乃得夫孔孟以來不傳之緒於遺經遂以其所學爲諸儒倡則今所謂明道先生伊川先生是也先生之學以大學論語中庸孟子爲標準而達于六經使人讀書窮理以誠其意正其心自家而國以達于天下其道坦而明其說簡而通其行端而實蓋將有以振百世之沉迷而納之聖賢之域其視一時之詞章事業議論氣節所繫孰爲輕重所施孰爲長短當有能辨之者而世非徒不之好也甚者乃[illegible]以爲道學之邪氣而必剪賊于斯時也苟無遭其[illegible]跡焉斯已幸矣[illegible]其

余哉今太守[illegible]侯乃能原念本始追誦遺烈立二夫子之祠于學宮以風勵而作興之非其[illegible]信之篤而不以世之[illegible]者舍動其心其孰能與于此李侯名銑字誠之其[illegible]邦勤士愛民固多可紀特于此舉尤足以見其操行之不凡而非衆人之所能及是以因其請記而具論之以告来者使有考焉

黄州路重修竹樓記

元　龍仁夫

齊安故江淮間一[illegible]郡然以江山之勝望東南岷江嶓漢瀰澎浩漾[illegible]入際赤壁巘其涯過江武昌樊口諸山鼓翔鳳峙森森獻狀茲其爲勝已然孰是問登

臨之美制[illegible]稱竹樓曩宋王公禹偁字元之来守黄郡即城西北隅薙蓁滌穢作小樓二間爲退食之娱不毛而竹從工宜也風饕雨蝕荐圮荐新新復圮蓋三百年矣至順辛未冬侯疇楚公初涖郡慿高踟躕曰是宜新之既期穀登民和寮寀雍肅刑清訟簡長日湛然於是謀之監郡公暨佐二諸賢完廢興修故章掄材鳩工改作此樓棟宇楔根[illegible]至漆冊悉如度主[illegible]具宜計之[illegible]而民不與知焉登斯樓也所謂風帆沙鳥烟雲竹樹與夫夕陽素月之觀焕然如在至適[illegible]咸[illegible]屬予記客有問而[illegible]之曰

王公茲樓之勝□□□□亦多矣今不竹而若竹
曰陋哉客岷山之畔以玉抵鵲彭蠡之里以魚餌□
則槳故也黃之人昔者刈竹如管剞今者徛竹如金
珠夫後人之存古也存其意而已而奚竹之拘客又
曰君子擬人以其倫今之搆斯樓也其猶昔人也歟
予艴然曰客陋滋甚矣善論人者不于其迹于其心
黃爲郡歷世稱遐陬非羈人謫客左遷爲鵾退不至是
間王公以危言直道獲譴當朝自玉堂而滁而楊而
至是州也江湖魏闕之情蓋不勝黯彼鶴氅華陽鑪
香易卷之云少寄其遷謫囚聊之情而已天朝混闢

來黃爲腹郡且天曆初皇帝舊勞於外嘗駐蹕焉顧
南州赤子遠天京勤勞擇良牧俟以豸冠名流天官
清選佩二千石綬爲此來而何王公之比所謂迹也
天壤間魁人偉士有曠萬里而同襟懷越千百年而
合符節者心而已翰林以清忠鯁亮爲宋名卿侯以
公廉方正爲元鉅公心術行□軒軒磊磊揭日月行
中天非予所謂曠萬里越千百年而脗合者乎矧長
貳若屬無不心侯之心乎然則茲樓之勝炫映今昔
夫奚疑客語塞則續請曰將無是乎於是絕纓大笑
曰耄哉龍子昔人所謂中書君老而禿僕欲免從之

公後茲其爲□□與□□□□與吠粲然遂□□□□□勤

黃岡儒學記

明李時勉

學校之興有資乎守令舊矣文翁之在蜀郡范純仁
之在襄邑皆以能興學校崇教化致民俗丕變故聲
譽顯于當時名聞昭於後世有不可及也蓋學校風
化之源三綱五常之道由是而明詩書禮樂之教由
是而行風俗由是而變人才由是而出古昔治效之
盛非後世所及者有此道也洪惟我　太祖高皇帝
自即位以來輒詔天下郡縣皆立學詔師弟子員付
之守令以極督之藩臬二司考察其勤惰而勸懲之

賢能文學之士往往出於其間自公卿大夫至於□□
縣之選常不乏人是亦由學校之故也比年以來儒
學之士多以記誦文辭爲業而不務□□學者益□有
司者每以簿書期會爲急視學校若□□□□□□□
舍頹毀教化廢弛略不加之意故爲師者怠於教爲
弟子者怠於學雖　朝廷□設憲臣□督理之未能
或之變也吁學[illegible]可以朝夕章與是殆不
然憲臣之巡[illegible]臨[illegible]之意
馬則無[illegible]
州之附郭[illegible]

額[illegible]太守錢公至周覽慨嘆者[illegible]新擴而大之於是縣正傑倅邑人富室爭出資[illegible]以相助者甚衆乃庀材鳩工[illegible]言興作自大成殿以至明倫堂池臺門廡師生[illegible]講習之所齋宿之舍一新理之至於神廚倉庫泡湢之處莫不備具[illegible]宏偉數倍於昔經始於正統二年九月告成於五年庚申七月費不出於公帑勞不及於庶民而成此大功其孰能之公之爲人端厚[illegible]靜而不同居家以孝弟聞親喪廬墓三年　朝廷旌異之在太理獄不以寃令爲黄州環千里之民無不歸心焉又能以其餘力一新郡縣之

學暇則與諸生講論經史課其所業而獎厲之莫不翕然向於學文翁范純仁不得專美於前矣孔子曰身修而後家齊家齊而後國治[illegible]大學之道而吾公者可謂身體而力行之矣邑庠[illegible]以吾[illegible]求余言夫郡縣得士樂得賢太守以崇其[illegible]又樂得賢才以盡其教育之功何其幸[illegible]

復蘇公祠碑記　　雜記

弘治戊午春[illegible]侯以刑部[illegible]出守黄州黄[illegible]忠公祠[illegible]地[illegible]延

惠[illegible]黄泥坂請[illegible]於民曰是茲[illegible]邑[illegible]不知侯曰是不可也吾[illegible]於是[illegible]雪堂廢[illegible]侯麗于公所[illegible]恒存也明年他[illegible]以次皆復[illegible]勝而亭焉黄人始若不知[illegible]也既而恍然語[illegible]復生繼又駢然或從公[illegible]若有公也填郭溢郛或聚或散去而復來旋[illegible]新觀若味飲食且曰舊之守多矣何寥寥乎不[illegible]吾復也又曰吾林有材可以爲棟吾山有石可以爲礎吾庾有粟可以食匠其貧者亦曰具吾版鍤可以築堵具吾蔓蔂可以沃塗畫繪可采爾可

紹侯昔不吾預也侯則孔仁吾[illegible]何[illegible]遂相與礱石造侯請記之侯曰[illegible]傳不可民曰盍徵諸朝曰吾自有記[illegible]可[illegible]復公之[illegible]宜蓋[illegible]六月乃[illegible]守舒侯督予記[illegible]舒侯黄人[illegible]侯是役也成民之所欲爲而民不知[illegible]成又[illegible]色於民有類古之爲政者予故樂爲書

重[illegible]記　　朱[illegible]

[illegible]朝之[illegible]武

[illegible]

[illegible]之議詢諸衆謂
附[illegible]門[illegible]夷而宮之也佐流
賊[illegible]治上[illegible]遂按山西曹公復踵其議
且命以[illegible]流賊甫靖而歲復告
歉[illegible]學亦就頹廢物力有不足以舉盈者適董
學[illegible]蔡公按黃進屬吏師生而語之曰茲學當遷
其[illegible]新則時細葺舊[illegible]何施而可邑令
豐城[illegible]君潔毅然任之曰維茲[illegible]政風化攸繫曷敢
以雜辭縣治宜且後遂謀于[illegible]西蜀余公貫二守
廣陽王君相通判山陽牛君璠薊門毛君應時曰學

宮既[illegible]三公之命[illegible]公復[illegible]
僚[illegible]而度之謂[illegible]尚存[illegible]
翔之[illegible]家乃[illegible]
而[illegible]之[illegible]是[illegible]既[illegible]
古閣[illegible]址[illegible]地工[illegible]
不以勞民命工[illegible]集材[illegible]於山[illegible]
百藝[illegible]事[illegible]
中[illegible]左[illegible]
各五[illegible]之後[illegible]
[illegible]

[illegible]之西[illegible]三
[illegible]以[illegible]爲半壁形甲以石
甃之[illegible]號之外[illegible]爲射圃[illegible]所
[illegible]以數計者七千有奇[illegible]若千
二丈[illegible]縱爲丈五十有九廣視縱[illegible]三址
視[illegible]之二規模宏敞煥然一新於[illegible]應君
鵬[illegible]博學式宏[illegible]訓導周君盛[illegible]
克殫[illegible]斯之勞劉君紀適至覩茲盛舉謂[illegible]紀
乃礱石率諸生而請紀之余謂胡尹一事[illegible]而三
善咸集綏于衡邑而先於學校公也始[illegible]功役不

逾年竣也雖[illegible]舉難而進勇也余[illegible]感
焉勇爲達德之一凡天下之事舉賴[illegible]
勇而[illegible]所以造聖成功[illegible]
爲[illegible]于詞[illegible]之間以[illegible]聖賢
大[illegible]之道則或自諉以[illegible]知自
立者亦悠悠歲月遂[illegible]道[illegible]
夫[illegible]有見于天下後世[illegible]
人一已百繹[illegible]其防
未流而慮[illegible]安
而嘗[illegible]於

向往[illegible]恐卒病于[illegible]而襲[illegible]述之
爲同志者告

志雨　　王廷陳

旲侯治黃之壬辰春不雨至首夏炎曦布威廣澤化陸坌塲於畝滃除於道霄漢絲雲林麓𢜶焚居者病汲引者競[illegible]不在田農不手耜且麥秋也廼民族攘客據土[illegible]在野是故困不専貧憂不但智國人謀而請於侯曰其使巫侯曰天則不雨而望之巫愚毋乃已單乎曰某水之淵龍宅焉其怒諸雨可致也侯曰人則不能而索之龍於以致之毋乃已疏乎

日數[illegible]之實而罪其出[illegible]公則不備[illegible]恃[illegible]之蔵彼[illegible]且[illegible]澤[illegible]對[illegible]以[illegible]也毋乃已難乎[illegible]乎求之其[illegible]令於[illegible]不居[illegible]除輕罪[illegible]繳訟輟聽[illegible]省用[illegible]從[illegible]禱於壇[illegible]夕至其裏[illegible]其辭[illegible]若[illegible]於[illegible]國人曰君無病乎其[illegible]以小人之故而病吾君侯[illegible]曰民[illegible]是[illegible]吾何愛[illegible]者曰行之不雨[illegible]行之不雨[illegible]行之乃令於[illegible]紳展而具[illegible]

[illegible]作[illegible]譏非吟者歌國人曰[illegible]之曰天實悔雨於爾有[illegible]於予誣矣君子謂吳侯於是乎[illegible]天夫格天者[illegible]非文之能夫侯始而[illegible]而不已終而入功之懼其誣已夫罪已者[illegible]不[illegible]則日遠於侯而納於順未有順而不[illegible]也[illegible]而[illegible]履之以恒未有恒而不動者也天功不[illegible]張咎休以遜未有遜而不益者也三者格天之實也吳侯有焉雨也天豈侯是私

雨紀

一日黃[illegible]數十輩造[illegible]之庭而言焉曰我大夫郭[illegible]三年[illegible]五月不雨遂夏杪禾且就[illegible]大夫[illegible]馬[illegible]之三日大雨[illegible]不以伺吾[illegible]我大夫實賜[illegible]得[illegible]言以[illegible]如請言其[illegible]曰是日也[illegible]雨也何能[illegible]侯結朋[illegible]滂[illegible]行

溢於壑注溪而入於[illegible]以達於[illegible]不死[illegible]是必受於[illegible]之流[illegible]廠待[illegible]於[illegible]之間[illegible]膢竄寶[illegible]已盈引其[illegible]攜厥婦子[illegible]莫其陳夢[illegible]曰止此田父之雨何足以稱於大夫也曰大夫之雨可得聞歟曰可我大夫受命而來務佐百姓之急去泰甚之害布中和之政侵年我民若剛炎火是畀矣根荄我民者則芟夷是加矣使我　主上汪濊浩蕩之德滲漉於閭閻淪漬於心髓而又潤我以仁液滌我以義濡遏我以禮坊[illegible]我枯瘠澤我顛頓雪我

煩寃激我靡頹[illegible]而明不雷而威不沫而濡不濕而滋[illegible]物[illegible]大夫之雨也汝知今日之雨也而[illegible]大夫之雨於[illegible]也亦已[illegible]乎夫[illegible]於民者[illegible]而乎[illegible]幽隱[illegible]一日[illegible]之寄[illegible]後露[illegible]和紓[illegible]醴[illegible]汝知[illegible]豈知吾大[illegible]久乎汝[illegible]之[illegible]而不知[illegible]者[illegible]今知我大夫之雨[illegible]不在今日[illegible]退而謀登其事[illegible]曰使後之長民者知雨且知禱也我大夫不及知知之不能止也

白龜渚記

郭鳳儀

龜之爲虫也靈矣是故聖人登之以用蔡來夫枯骨猶靈而況其生而況其嘲恩於活已者哉世傳毛寶放龜復獲其報將有之無足怪者及之傳則必異焉傳言寶入武昌市見網人售龜外骨正白長逾咫奇取令僕夫豢之久乃放諸江後寶戍邾城石季龍攻[illegible]寶與六千人赴江死僕夫投水若墮石上獨

免溺視之乃所豢龜也蓋長且三四尺矣吁是獲報者豢龜氏耳非寶也世傳誤矣郭子曰白龜能活豢已者事甚幺麽[illegible]到於今稱之不置非謂人能剥物豢人於善耶嗟乎亦魚照照者耳昔者先王親親而仁民仁民而愛物使蚑行蠕動各得其所故曰鳥獸魚鱉咸若其衆寡視此何如哉至仁無恩報不足言矣嘉靖己酉閏夏予載酒與客爲赤壁之遊時雨新霽綠虹半滅移棹臨流[illegible]客指點嶼側曰此白龜渚也余爲之慨然太息云僅存遺[illegible]新之更刻石爲龜置之水濱用彰往事抄[illegible]再至蟬眺

一視江風颯然

日新堂道泉記　袁福徵

安國寺東隙既以靈材葺院繚墉藏書，肩徒其間[illegible]君伯通偕縉紳鄉學一二人暨堂長吕良吉董閒役游焉。時賜諆浚井相左方，吉劉生輒得故竇，異而甃塼東以待汲，甚頼。盖辛酉而去，十過謁焉。記曰：夫井之說莫著於易，易以澤下埋繂爲困，困則思浚求深窮底，察而無利。盖井配德也。彖曰：養而不窮。王輔嗣疏以終日引汲未嘗言損，竟日泉注未嘗言益，井之用相如此，故以養身爲訖、爲漓、爲甃、爲羸、爲滓、爲瀸、爲舊、爲谷、爲鮒、爲敝、爲渫、爲補、爲冽、爲寒、爲收、爲幕、爲無禽、爲不食而悔吝之象生，及以致用爲恤、爲助、爲嘉、爲欽、爲明、爲福、爲歸而然，又衆之功成。聖人設械以明世象，體以見性，夫易具矣。昔于張侍講之論獄麓曰：方乾道劉侯珙之舉教，而諸生鼓笥登堂也，豈令群居佚譚決科利禄哉？爲[illegible]語文辭爾巳。聖人之教曰仁，求仁之難[illegible]以明[illegible]言[illegible]于以入井，視牛疾行徐行最爲[illegible]屏處無損於我，行道濟民無加于[illegible]之[illegible]說以開貫，而陳君與吾劉侯行[illegible]闕及以

明上意，鼓厲風動，至迺今學者振振[illegible]仁義德好，具有由然。盖當是時州縣未立學，十九教授絕無顧者，四書[illegible]效始專然。考熙寧初設三舍法，教官選嚴，凡[illegible]學校[illegible]舉于家狀必[illegible]授其[illegible]教授業。崇寧而後益以加密，郎里中[illegible]師亦令關白州而詔禁頗美，然微而至爲文具，乞利禄，則坊之潰[illegible]矣。儒者之本領固在焉。夫求仁之難，譬[illegible]井[illegible]爲仁義者中道而盡棄前行，[illegible]爲棄井，旨乎哉！其[illegible]之也，今使甫掘而即注泉[illegible]即惠物，仁之體用兩識矣。而學者之窺之也，亦由巳而巳爾。姚水王公之學正以相發倡，通尊師而祠之也，於獲井最是。且視蘄黄之士秀美於湘西，而侯之舉是也，義方於劉樞密故焉[illegible]記井顏之曰道泉，而崇侍講求仁之說焉。辛酉八月後學袁福徵記。

遊赤壁記　張元[illegible]

往嘉靖之戊午，先大夫視學楚中，予來覲道黄[illegible]而望赤壁，恨弗及登也[illegible]二賦[illegible]遊[illegible]今[illegible]三十有五年，爲萬曆之壬午[illegible]以[illegible]阻風雨，同年友別駕[illegible]沂[illegible]劉風車東[illegible]

月[illegible]乃偕文學[illegible]允嘉[illegible]入言予有時造焉[illegible]
雪堂及竹樓[illegible]眺江山隱映如畫輙不忍去已
而由漢川門[illegible]詣赤壁臨江[illegible]盡赤有堂曰赤
壁志稱周瑜[illegible]蹟乃在樊口之上今之嘉魚是也
此地非是然余諦詢之毗之隔江爲武昌有山曰樊
山湖曰樊湖湖之下爲樊口長公之賦殆必有據余
又循江而行往往見石磯類多赤色意者當時千里
舳艫頃刻煨燼即嘉魚黃岡之間其爲赤壁者何限
豈必彼是而此非也由堂而西躡石磴而下爲赤壁
磯有石龜蹲踞江畔舊傳毛寶於此放龜好事者鑿

石以識磯上爲亭舊題水月予遂易之曰放龜亭
而其[illegible]石磴而[illegible]爲樓三層最上者舊題美江予易
以何美謂陸[illegible]有所美於彼必有所不足[illegible]
今吾與子登[illegible]斯景千里一瞬萬古一夕[illegible]
我皆無盡也信矣又何羨之有陸[illegible]視予而[illegible]
適亟呼酒滿引歡然[illegible]暢然適有鬻生鯉者長可
二尺方鼓鬣[illegible]予[illegible]之曰昔人
放龜今獨不可放鯉乎乃畜以[illegible]三尺龜[illegible]
放之跳躍而逝[illegible]
[illegible]之戲[illegible]

言[illegible]
狀[illegible]至則
是[illegible]有不偶[illegible]夢坡之
賦且記今之遊可乎予曰昔長公以[illegible]居於黃
時宰方擠而殺之若海[illegible]視之一[illegible]都一以
爲淨土赤壁之下[illegible]嘯風月而弄波濤何其
達也而賦之終篇乃以[illegible]之夢爲喻意者曰浮生
第一夢耳今[illegible]部郎左遷而至於此而疇昔之
兆公寔先之可不謂有意於予哉且夫升沉得喪何
莫之有彼亦一夢此亦一夢也今日之遊亦夢也既

夢之而又題之而又記之[illegible]而又憶[illegible]
有言世有大[illegible]而後知[illegible]也
者則可爲大覺也已矣[illegible]
今後乃邁然覺也雖然[illegible]
可無記遂[illegible]知事何景[illegible]

當無室記

王子居于[illegible]以[illegible]者不[illegible]
在其[illegible]
廉[illegible]
閣[illegible]

陋之[illegible]數十卷及儲積筌蹄轡東狐之屬下為
道德孝友堂蓋從外窺之[illegible]閣也而居閣者其眺望
可盡目[illegible]可以臥起亦不廢羅綺[illegible]王子居而樂總
名之曰[illegible]室因太息曰老子之旨廣矣夫天下孰
非常[illegible]孰非無者[illegible]其變也死者其常也貴者
其變也賤者其常也富者其變也貧者其常也生者
可死死者可生也貴者可賤賤者可貴也富者可貧
貧者可富也常變之途可否之路疑必之途皆所以
趨于無者也即以室論先大夫[illegible]茅而居頃之易版
[illegible]稍稍有壁帶三傳而及先考[illegible]不佞生于斯已而

黄岡縣志　卷之九　四十一　史思極

有毀傷薪木之[illegible]徙閣中視[illegible]歲不一至[illegible]
孝廉倚館有與發事歲一至[illegible]何以[illegible]歲再[illegible]
至于今始不以单外視之[illegible]亦以[illegible]而以為家
在所然尤未卜其終[illegible]是人[illegible]是室也有者
寡而無者衆也[illegible]誰若苗[illegible]
及余永安故感也[illegible]
之以助閣[illegible]不能[illegible]
閣中之[illegible]
復不能與[illegible]勢必先[illegible]
論死生貴賤[illegible]

無者也無無無者忘其無者也無之終也知無者明其
無者也有之始也王子曰子非無無者也亦非知無
者也乃當其無者而爲之言哉

重遊赤壁記　姚履素

余蓋三歎[illegible]間矣初爲潘穉伯招遊閔南軒覩
遠岫閒心[illegible]出没遐眺與風[illegible]還得其曠矣
然未得其[illegible]也再爲蔣二守招遊登[illegible]磯頭俯
澄空之王[illegible]之晩汀得其幽矣然未得其幻
也再爲同年友茅五芝明府招遊方舟而駕凌轢湖
波風輕景麗而江山之勝始捃摭于杯酒之觀也夫

黄岡縣志　卷之九　四二　史思極

其東[illegible]舫艇睫籬令人有秦淮競渡之想焉至
於赤磯懸棧迴塘濯爐下卅崖趨石磴長年方理楫
以須則境界固以遠矣已而掛席中流汗洋滙澤之
浮乎如飛廬於洞庭也迤於東者有連堞百雉松石
柳陰山蹊入徑[illegible]焉陸於西者有平[illegible]烟渚麥
隴村墟[illegible]負驅[illegible]之野適焉當於前者有[illegible]雲遠近
浮漚隱見日光[illegible]之思[illegible]焉[illegible]有水影動
搖睛嵐潋灔[illegible]之[illegible]
輪耀乎清陰[illegible]左右流輝[illegible]進落[illegible]於
斯際也心知其[illegible]中山君不[illegible]

固爲黑也水之緑者化而爲玄也有默然而已者默
者之能以白玄者之透以色直若隨吾目而不隨諸
山水也中山君惡能會也遂望數刀動楫列炬分光
若星移而冉冉以近也鼓吹乍起四顧彷徨若群僊
降而霓裳可裒也明府以緩棹爲後轄余亦以擊楫
爲餞壽而不知夜之強半也拾級登岸迄乎磯頭月
落天空蹔休猶未能歇也舟颺颺以散而波底懸燈
漸趨於小也擊浪流聲漸趨於窈也有是哉娛心快
目者乎雖謂赤壁之遊自今日始可也顧赤壁未始
異而此三遊者亦余之自爲異耳初遊自天目登雲

 鄭啓元 三百九十七

而來所望於名區者若不能屬厭焉再則經歲馳驅
疲矣寓目清幽如南冠之醉其樂得趣爲多然尚陸
沉於案牘中今相距未及半[illegible]之繁無留餘
矣宜其豁然坦然景與意[illegible]壁之況也謂余
入楚之遊亦自今日始可也[illegible]五十有一日
[illegible]徵

國朝黄岡令題名記

蓋余自受牒爲令恒怵然懼[illegible]
肴者更得楚之巖區爲[illegible]
視成事矣黄[illegible]
爬家雖戴　天子[illegible]

[illegible]最[illegible]其亡獲無以驗前數
公[illegible]最[illegible]行者因攻邑乘輒旁貫先後爲
令歲[illegible]而詮次已若無徵矣今擬令者強
[illegible]之曰民父毋有人子而不能憶若父毋世必推
之而至其所不知誰人重累而上必系之以譜而始
核爲漸疏也又況夫令以強爲親固無強而疏且熱
則[illegible]而下[illegible]之所不知誰人通其繼曲此非譜
而勒之貞珉其子之子不能而它將焉取徵無徵不
信茲今所爲急題名也隆萬以前邑志畧備是有誌
後今又幾十春秋前數公最著餘亦多不能縣憶然

 鄭啓元 四百八

姓氏尚可譜[illegible]其人可以知其政有衆同舌以榮有
衆同舌以[illegible]姓氏而榮且[illegible]之間若趕與槛嗟
可畏也語云前覆後誡前者以驚則後者以爲即先
後受牒諸君子無慮若而人其姓氏且在謹視而
度俛仰之間應已得所[illegible]前政公非[illegible]政帑
術以奇用吾民而民[illegible]一所[illegible]則父母
也令秩固輕而[illegible]　天子[illegible]父毋[illegible]
甚重夫孰知父毋之[illegible]曰爲衆
入[illegible]知[illegible]能[illegible]之
[illegible]之與

尺枉而[illegible]公釜仕游爲令今佐　天子以諷化[illegible]
[illegible]延難過任令[illegible]
[illegible]哉[illegible]毋後乃辨[illegible]辨爲天下令譜
[illegible]之[illegible]名九兜其名[illegible]玉幾能強顏爲之
笑毋余[illegible]不文矣

游崎山記

黃岡山以百數而崎山尤爲峻特余神往久之故事
非雩禱不至[illegible]余游蹤罕入者丁未冬白會君
歐陽之訟羅[illegible]已嘗從蘄水麻城兩令君勘其地
觀命駕馬屬張[illegible]請弛期乃徒御已戒裝盾秣矣
因顧曾椽[illegible]崎山幾何椽[illegible]以二十里而近
余曰若第[illegible]遂英然行
是日宿丁家[illegible]
[illegible]處[illegible]抑畫流水
[illegible]出其下[illegible]一
[illegible]宣尼委[illegible]
爲道師已[illegible]徑行州
[illegible]幾失道遠[illegible]
[illegible]王公生[illegible]
[illegible]下春矣

[illegible]君信步[illegible]得[illegible]雲[illegible]
[illegible]不絕其上兩崖交峙止度一人是謂玉門[illegible]
視[illegible]山寺邈[illegible]山僧[illegible]道余笑
曰是[illegible]余笑曰是
可[illegible]山[illegible]身
雲[illegible]巳入寺[illegible]圖精室
勉[illegible]晨起天欲[illegible]數危徐[illegible]中遺碣
了[illegible]盛[illegible]皇所留詠多[illegible]不可讀
起[illegible]仁[illegible]出近峯有橋[illegible]至治年[illegible]
寂[illegible]左[illegible]右[illegible]偃且拱曰道人石余[illegible]不息
[illegible]室[illegible]
[illegible]小[illegible]
[illegible]爲[illegible]
[illegible]旁有井[illegible]山[illegible]其下有龍[illegible]
[illegible]待[illegible]徊[illegible]
[illegible]而反[illegible]行[illegible]
[illegible]也[illegible]日余[illegible]
[illegible]稱山不[illegible]
一[illegible]入水[illegible]
[illegible]不[illegible]近[illegible]

勢也至神王一丘頎烟霞而碱泉石亦復傲然自暢矣

孝介先生祠記

孝介先生祠爲邑人樊公立也先生所爲令民見德既去民思既殁民如喪厥妣考所在創祠申畏壘之祝矣而復祀于其鄉何居鄉人矜式於是乎在焉是憑而吊之以不死先生也祀先生不以爵不以姓氏以先生位不覲德而又格于易名之例鄉人賢而私淑之則謂先生弃官從父竟死于孝居官不私一錢皭如冰雪此無媿孝介矣陶之爲靖節也孟之爲貞曜也皆其友其門人所從而私謚之者也先生孝介

名與寔乎此固一傳先生之神可無問而知其爲樊公也按祀法非請于朝載在秩典不得立廟特祀今先生之賢表表行里即已合祀鄉賢祠未盡也而先生又無子一女今行蒸嘗幾廢如之何而昆弟能悊然也則雖亂與有待而聚族以謀專祠亦古所謂鄉先生殁而可祭于社者之例也先生慕海忠介之爲人其令商城抗中貴人閉採事余過其地父老猶豔述之豈爲其望也獨嚴事先生以爲神君借天不假年未竟其用然先生之神萬世者要爲無忝忠介也先生既殁之踰旬余叨入茲土其明年學使者玄宰董公于書孝介先生祠爲贈義[illegible]一人衣冠奉祀春秋又三年戊申春王[illegible]先生祠成先生弟玉衡[illegible]請始余習聞先生令吳擬赴官從受益焉[illegible]殁矣毋過其鄉低回久之先生大節炳然既可信百世而其弟又能搢据以不朽先生是皆可書也遂爲之記以志處月先生諱玉衡字玄之其官政及它行詳志銘及傳余所記者先生之祠也

邑侯趙公去思碑　明　丘岳

趙公中宇去黄之十六年然後黄中父老子弟始立石道眉紀述公德政效畏壘故事斯所稱君子之得

民心者久而黄中父老子弟去德滋深音歟夫公之德政人人能口道之而至於鐫石以誌不朽蓋恩碑也計徃歲辛巳調當　今上柔[illegible]言天下洪盛久阡陌之間相[illegible]如繡閑墾者多而[illegible]不加益適是定爲甲令盡發天下[illegible]田[illegible]則一時紛雜囂競莫可名狀縣長吏[illegible]大雨雪寒甚公單騎行田間僅數人[illegible]公至其甘苦與百姓共之不欲[illegible]初不知長吏之徃來[illegible]緑[illegible]而[illegible]一字如山不[illegible]以其

[illegible]八[illegible]晏子单丁皆得趨事
赴納從[illegible]其敢[illegible]其所餘兩階簿對則謝絕一切
請託[illegible]片言以祈之入者氷壺出者秋月又不
喜[illegible]入人即得情不之喜也以故白粲鬼薪城
旦舂者六年之内未嘗枉一匹夫匹婦善慎之哉黄
故弁[illegible]也[illegible]得過客懽心則米鹽絲帛刀
錐之微[illegible]非[illegible]膏耶一邑如斗大予一人豈
有愛焉[illegible]之影清可懸魚狐鼠之窺簾而潛踪者
寂如也暇日延見寝博之士[illegible]十襲講究道物其
[illegible]士類多豹變隆隆日以起語曰百年樹人其厥

幾乎居常省視[illegible]庠論[illegible]如而境内壇壝[illegible]以
時則禱雨[illegible]禱[illegible]告成鼓[illegible]然之[illegible]
忘[illegible]何有[illegible]視下嘗之而不報上[illegible]之
而不尤[illegible]危加之未嘗[illegible]焉[illegible]
不欲爲射[illegible]掩群惟求書[illegible]
已耳[illegible]大都公器字瑰璋不群
至性篤厚[illegible]不尚紛華山[illegible]
[illegible]有古大[illegible]潔其行脩其[illegible]
也[illegible]若[illegible]之後[illegible]
[illegible]寺[illegible]

父老子弟[illegible]久故識之欲不忘
昔衛武公盛德至善亦浸[illegible]心至播爲詩歌曰有斐
君子終不可諼兮知武公則知公矣知衛民不諼之
詩則知黄人立石之思至古今人情豈相遠哉是爲
記公庚辰進士名士登號中宇涇縣人銘曰
黄邑盤桓環山帶川甌窶汚邪畎陌芊芊彼美我公
道大德全甫維下車乘量玉田朔風大陸露宿霜飡
[illegible]晨飲犢日朧眠簾潛鼠首尾擁[illegible]更異其感
[illegible]其賢尹何製鵠单父彈絃魯恭三異劉[illegible]一錢
[illegible]吏維公比肩休休有容千頃淇洶[illegible]門墻

郁郁翩翩甘棠蔽芾鴻雁蓮卷愷弟君子可愛可傳
晉[illegible]躋膴八座三遷竚銘鍾鼎帶礪烝然久而不忘
去思綿綿綏我樂土貞固千年

序

夢澤集序　　明　皇甫汸

夢澤集者齊安王君之作也君名廷陳字穉欽號夢
澤子因以名集云父南敦公濟　孝廟時登壬戌進
士爲吏部即[illegible]君頴慧絶倫[illegible]能綴文[illegible]
靈非假師授[illegible]能讀[illegible]産
也君寔似之[illegible]千里[illegible]

此子矣甫冠舉于鄉越丁丑試春官俱爲禮經第一
廷對擢高第選爲庶吉士與東浙汪子應軫江子暉
閩中馬子汝驥許子宗魯任丘臚子灝大梁林子塒
曹子嘉西蜀余子承勛楚顏子木暨君並摛藻掞天
敷華綿國得人之盛彬彬首是科矣汪子爲文剏玄
獵秘雜以古文奇字指既闕耿語復聱牙令讀者謬
糧眩瞀至莫能句隱口汗顏而罷王君毋有所造輒
大呼以視人曰有能增損一字者願以千金爲贈恐
呂覽金卒莫可得也又好爲譏評由是人多陽衆而
[illegible]之矣歲餘解館拜爲吏科給事中值 武皇帝

將南狩在廷群臣咸諫止之首奏日盈於公車不獨
言責也汪子乃邀衆詣 闕下上書[illegible]相能峯若公
典司館教危言沮之曰倘禍且測老夫力莫汝庇也
且賦鳥毋諳大署玉堂之壁語侵石公公爲大慙其
縱誕多此類先是忌者以館中譏評寢滿聞於政府
政府卿之書上東諷吏部出[illegible]州[illegible]竟得裕州夫
牘高磬折不習其碎訟牒叢贖又非所好至則治尚
嚴棘不畏強御[illegible]行貴戚[illegible]之[illegible]御史[illegible]爲
少貶迺睎附[illegible]楚因
鄉陽接劇於梁獄悲乎[illegible]虛納

貧子銷鑠[illegible]要禍尤烈至使
患同黨禁而[illegible]征去[illegible]淵墜而進垂新積世共
惜之自後一[illegible]余夵巳丑進士識寬谷山人於都
門山人者張[illegible]善諸子間與余道夢澤事因聞
其詩余亦濫[illegible]名諸子引與締交未嘗不延頸想
見王君也況[illegible]使氣亦與同病尋以觸忤權貴頹
天子寬須謫爲黃州理官是後也不以左遷爲慍
而以得繼蘇長公爲榮不以赤壁爲樂而以得見夢
澤子爲幸下車亡何迺乘雪造其廬時君足跡久不
[illegible]府余置自外且居由別館君亦不惜[illegible]余下奉

半向驩若平生接以杯酒申以贈章辭載集中夫王
氏業紹青緗官聯朱紱爲楚世家君又令其子暨弟
君姪從余游嗟乎君胡白首於衆而傾蓋於余余亦
胡爲狂衆欲殺而狂君獨憐也顏子雖清揚未覯而
芳訊亦數相聞矣君歿君幾二十載猶繾綣於爵服娛
志於琴書[illegible]者屢勤剡薦恥[illegible]
觀其[illegible]絕山宗及言余
懋昭[illegible]宗其節槩可想見
矣君方歛英戢[illegible]華徹[illegible]而以道
術誘人使[illegible]十年[illegible]行[illegible]能

[illegible]

[illegible]以深[illegible]人爵榮名豈有既乎終不以[illegible]易此矣夫

[illegible]之邦而辭賦之藪也屈原見[illegible]上官宋玉

[illegible]於登徒禰衡被害於[illegible]其志[illegible]争光於日

月而其言則等[illegible]於[illegible]矣君亦[illegible]是集也樂

府古詩潘陸齊軌下擬陰何五七言[illegible]沈杜比肩恭

之盧駱文效左氏國語而兼騁班馬書類東京尺牘

而雄視崔蔡兄以不朽矣凡詩賦十一卷文六卷成

一家言舊刻于家塾季弟雲澤君廷瞻刻於淮陽姪

湘君同道又刻於吳中而吳板益精矣二君皆以

進士爲理官善治獄號神明[illegible]

御史莅吳著亦[illegible]徵行矣三湘[illegible]

序諸首嗟乎甲寅之秋余有道[illegible]

君故廬見其子君孫欲歠泣[illegible]之茲復[illegible]之

是生[illegible]敬禮賞訂之交[illegible]之[illegible]不敢[illegible]

三澥[illegible]不忍負雲澤[illegible]爲集序哉

贈王行甫序　郭子章

王行甫[illegible]車乘[illegible]以

[illegible]甫之[illegible]

[illegible]於一[illegible]

者憐者交與[illegible]之入佐[illegible]林[illegible]

禮樂文之出佐[illegible]山川[illegible]閭閻即未能究

行甫且抒其一二而予所期于行甫不謂是也黄自

蘇文忠公監税以來林籟結響泉石激韵至於今是

則是效[illegible]亦充箱照軫矣二程祖父世居黄

陂發祥於茲蔚爲名儒至於今能紹明其學者唯耿

天臺先生主之周廷尉與其弟太常君矜之即有譚

仁義稱古昔者不至若文士之林林豈與起於文者

易而興起於道者難邪乃行甫論文與王元美吳明

卿二先生游論學與耿先生游意固欲咸之邪夫文

與道非判然兩物也行甫以其藝苑窮二程之正脉

而以其枝葉陟文忠之芳躅耶才雄八斗不自知其

雄郎數厄一第不自閔其阨赤壁邪金臺邪吾惡往

不自得邪予之所期於行父者以此

刻赤壁集小序　茅瑞徵

古來山川靈魂多藉文士筆端爲之吐氣今寓內艷

談赤壁以公瑾一捷而赤壁獨擅名黄州以子瞻兩

賦鼓吹也無子瞻則黄州無[illegible]然余嘗怪從漢

歷宋千有餘年[illegible]而[illegible]山[illegible]詠不多得豈孫

小巫氣盡[illegible]

所難刻羽引商且[illegible]辰光羅而事弋獵空山之遺響可盡乎余每登臨慨然撫結想風騷此邦之秀頗堪揚榷王子號讀父書呂生時推國步爾乃同事編摩博采成帙勝國而上詩得遺珠 本朝以還爭傳連璧既富搜羅亦煩詮品嗟乎雲物不常人事代謝習池之賞空挹接䍦峴首之游應留魂魄子瞻云江山風月本無常主余於茲山既以一日叨主者而殘文蠹簡散佚罔紀是亦有責焉爰伐棗梨以當金石庶同名山之藏永作琬琰之秘繼今以往子瞻不復後傳而猶識前人之勝蹟竟在此不在彼者以有斯編也

引

問津處脩餘募緣引　明 芸瑞徵

去縣治九十里有孔子河可一衣帶水[illegible]入寨寰滘謂即子路問津處按孔子適[illegible]且有[illegible]故老相稱當必有據此地隣近有桀溺冲[illegible]阜坂其幾是也廟不甚治猶奉孔子遺像舊有[illegible]今圮矣余過其處以問守僧稱無音糧施[illegible]者嗟乎釋氏之教福田利益聲婦人孺子爭[illegible]一而孔子之教仁義道德所[illegible]亦漠然不顧[illegible]不思[illegible]道家[illegible]氏之所傳者[illegible]不[illegible]施死何含珠斯言雖戲頗如[illegible]刺今吾[illegible]論此[illegible]為[illegible]遺跡但於迷津野渡績作[illegible]乃是[illegible]前無量功德吾知從此一切知識捐金捨壁或無俟吾言之畢矣僧今弟往其以吾言先之

跋

書韓魏公黃州詩後　宋 蘇軾

黃州山水清遠土[illegible]民善其民寡求而不爭其土靜而文朴而不陋雖[illegible]巷小民知尊愛賢者曰吾州雖遠小然王元之韓魏公嘗辱居焉以誇于四方之人

元之自黃遷蘄州沒于蘄然世之稱元之者必曰黃州而黃人亦曰吾元之也魏公去黃四十餘年而思之不忘至以為詩夫賢人君子[illegible]天下之所共有而黃人獨私以為[illegible]道猶異于他邦也與抑二公與此[illegible]不可知也元之為郡守有德于[illegible]居宜魏公以冢嗣從其兄居耳民何自知之之詩云有匪君子如金如錫如圭如璧金錫圭璧之所在雖石草木被其光澤矣何必施于用哉[illegible]貴公[illegible]而客于公[illegible]宗孟[illegible]記者也而[illegible]

公之門人諸生[illegible]治東坡築雪堂[illegible]老[illegible]黃人[illegible]是相與墓公之詩而[illegible]之石以爲黃人無窮之思而吾二人者亦庶幾[illegible]以不忘乎元豐七年十月二十六日汝州團練副使蘇軾記

紀事

記游定惠院

宋蘇軾

黃州定惠院東小山上有海棠一株特繁茂每歲盛開必攜客置酒已五醉其下矣今年復與參寥師二三子訪焉則園已易主主雖市井人然以予故稍加培治山上多老枳木性瘦韌筋脉呈露如老人項頸花白而圓如大珠累累香色皆不凡此木不爲人所喜稍稍伐去以予故亦得不伐既飲往憩於尚氏之第尚氏亦市井人也而居處修潔如吳越間人竹林花圃皆可喜醉臥小板閣上稍醒聞坐客崔成老彈雷氏琴作悲風曉月錚錚然意非人間也晚乃步出城東鬻大木盆意者謂可以注清泉瀹瓜李遂夤緣小溝入何氏韓氏竹園時何氏方作堂竹間既闢地矣遂置酒竹陰下有劉唐年主簿者饋油煎餌其名爲甚酥味極美客尚欲飲而予忽興盡乃徑歸道過何氏小圃乞其叢橘移種雪堂之西坐客徐得之參寥[illegible]

新邁闔中以後會未可期請予記之爲異日拊掌耶參寥唯不飲以棗湯代之

記承天夜游

元豐六年十月十二日夜解衣欲睡月色入戶欣然起行念無與爲樂者遂至承天寺尋張懷民懷民亦未寢相與步于中庭庭下如積水空明水中藻荇交橫蓋竹柏影也何夜無月何處無竹柏但少閒人如吾兩人者耳

贈別王文甫

僕以元豐三年二月一日至黃州時家在南都獨與兒子邁來郡中無一人舊識者時時策杖至江上望雲濤渺然而不知有文甫兄弟在江南也居十餘日有長而髯者惠然見過乃文甫之弟子辯留語半日云迫寒食且歸東湖僕送之江上微風細雨葉舟橫江而去僕登夏隩尾高丘以望之久之乃見舟及武昌山遠爾後遂相往來及今四周歲相過殆百數遂欲買田而老焉然竟不遂近忽量移[illegible]從矣此後期不可必感物悽然有不勝懷[illegible]桑下有以也哉七年三月九日

江行紀事

明[illegible]

至黄州時御史方[illegible]至左參政鄭君雲鎣
僉事蔡君一槐戢君汝上來訪云御史將欲發疏謝
謁客總邑守令而下咸來見不勝煩報謁三君留飯
戢君所多談佛理傍及書畫蕭然忘此身之將就籠
也凌晨始備謁御史尋辭午飯同年丘侍郎岳丘公
以都給事中事世宗疏稱　旨擢一禮部尋嘗用參
外省遂棄官歸秋熱不肯解而予復苦河魚疾飯畢
亟發三君爲餞赤壁間竹樓雪堂遺跡云俱在府署
中亦畧存梗槩耳赤壁在黄西南門外城據其半以
[illegible]所得地益少亭館剎閣之類復蔽之第玉邑丞赤

若硃砂壁丹而堂據其右阜表裏皆大江足想也余
携所有王晉溪烟江疊嶂圖而蘇長公爲手書歌中
有語云武昌樊口奇絕處東坡先生游五年距于今
爲五年者八十矣而墨跡如新三君摩娑[illegible]之既賞
且慨酒數行携飲水月亭一大船[illegible]也乃[illegible]小舟方
之汎江凌洲渚而[illegible]水久漲大江合爲一極望
渺瀰叢柳若蘆若[illegible]語曰今
非七月望乎宗[illegible]談江上
形勝是否周曹[illegible]公[illegible]之妙翁壇藝
[illegible]奇絕爭勝然一[illegible]無情

[illegible]以一[illegible]相而稱雄于[illegible]
托之[illegible]維[illegible]二
君亦爭自[illegible]日長公[illegible]恐
不如也談[illegible]不能[illegible]鼓
乃別時月色益明而[illegible]不辭徒倚久之始就寢其明
日發自是江顔平山亦多斷續不復如黄以東矣

放生紀事　茅瑞徵

余以丁未冬過鄂渚有饋余帶甲之魚二以授寧人
翌日鮮其一作羮以獻余愴然曰生物也而死之耶
寧人曰噫天生物以養人是咼俎之餘也而君何惜

焉余曰然儒者之教見其生而亟見其死余不忍爲
也顧問其一猶存焉余亟命縱之寧人曰均物也一
死之而一生之可乎余曰是有命焉[illegible]動汝之
殺機也其生者[illegible]余之生[illegible]不容髮
是汝與余皆不[illegible]主焉[illegible]之哉
一游于江湖[illegible]物自召也[illegible]故人
有二鴈[illegible]一能鳴其二[illegible]鳴夫是
猶有擇余[illegible]莫不生[illegible]不死生死
有命任其[illegible]此則[illegible]以
達生可以[illegible]而[illegible]所

縱把[illegible]

受[illegible]

黃州李[illegible]臥帳頌　宋蘇軾

問學鮮老何必居此愛護纖生障欄燕子

豬肉頌

淨洗鐺少着水柴頭罨煙焰不起待他自熟莫催他火候足時他自美黃州好豬肉價賤如泥土貴者不肯喫貧者不解煮早辰起來打兩碗飽得自家君莫管

文子瞻在黃州好自煮魚法見本集

贊

東坡先生真贊　黃庭堅

子瞻堂堂出于峩眉司馬[illegible]揚金[illegible]岷蜀之士如[illegible]上前論事[illegible]為[illegible]諸[illegible]之黃東坡之酒[illegible]歸紫[illegible]玉堂[illegible]之[illegible]之當[illegible]東坡赤壁[illegible]及[illegible]其紫微[illegible]東坡東坡[illegible]丘一壑[illegible]

箴

司刑箴（[illegible]黃州錄參）　宋劉[redacted]

惟聖好生以刑教德唯臣欽若哀矜惻惻曰汝皋師于獄之麗緊我淑問貌溫氣夷以察其情以盡其辭故曰祥刑非訖于威二典既邈五疵叢互反惑於辭貨誘於賂外牽往還內偏愛惡唯明能察唯廉靡求四疵遠矣抑又猶尤唯瘝上官獄以意成所貴有司寔持其平云何不恩唯意之承怒苟未息根連株逮捶楚鍛鍊以成其罪意之所右覆之蟲之罪雖貫盈罰不毫釐曰吾之明非闇於理曰吾之廉非徇於利不獲乎上志乃可諧意鄉一分職爲厲階漸遠薄陵富貴在天釋之竟是周來疾顛名義扁淤鬼神森列野人作箴敬告司臬

銘

裙靴銘（有序）　宋蘇軾

余在黃州時夢神考召入小殿賜宴乃命宮人裙銘又令作靴銘（[illegible]）

百疊漪漪水皺六銖縱縱雲輕獨立含風（[illegible]）微聞環珮來聲

寒女之絲[illegible]所臨[illegible]雷起

□□□□壁陰齋銘　黃庭堅

□□□□駒□□爲黄之酒正勤其官不素食今又能愛其餘日以私於學名其所居曰壁陰齋余因書之曰在官而可以行其私也唯學而已矣爲之作銘

惟道集虛□□□□中年者典學者道則窮潜聖語道朝聞夕死謂高不知千世一士觴豆舞歌不愛其光孰能勉書自憂□牆□書呻吟□白駒過隙我以道會何直尺璧古者寸陰不易千乘之國得道之根則有枝葉務華絕根安事煒煒渴日若揠苗罪歲者不芸苐勿亟勿遲能時者謂之君子

雜著

怪石供　宋　蘇軾

禹貢青州有鉛松怪石解者曰怪石石似玉者今齊安江上往往得美石與玉無辨多紅黃白色其文如人指上螺精明可愛雖巧者以意繪畫有不能及豈古所謂怪石者耶凡物之醜好生於相形吾未知其果安在也使世間石皆若此則今之凡石復爲怪矣海外有形語之國口不能言而相喻以形其以形語也捷於口使吾爲之不已難乎故夫天機之動忽焉而成而人貪以爲巧也雖然自禹以來怪之矣齊安小兒浴于江時有得之者戲以餅餌易之既久得二百九十有八枚大者兼寸小者如棗栗菱芡其一如虎豹首有口鼻眼處以爲群石之長又得古銅盆一枚以盛石挹水注之粲然而廬山歸宗佛印禪師適有使至遂以爲供禪師常以道眼觀一切世間混沌空洞了無一物雖夜光尺璧與瓦礫等而況此石雖然願受此供灌以墨池水强爲一笑使自今以往山僧野人欲供禪師而力不能辦衣服飲食卧具者皆得以淨水注石爲供蓋自蘇子瞻始元豐五年五月

黃州東坡雪堂書

後怪石供

蘇子既以怪石供佛印佛印以其言刻諸石蘇子聞而笑曰是安所從來哉予以餅易諸小兒者也以可食易無用予既足笑矣彼又從而刻之今以餅供佛印佛印必不刻也石與餅何異參寥子曰然供者幻也受者亦幻也刻其言者亦幻也夫幻何適而不可舉手而示蘇子曰拱此而揖人人莫不喜戟此而詈人人莫不怒同是手也而喜怒異世未有非之者也子誠知拱戟之□□□□□□□□□□□而不作□

[illegible]

五十九二石盤云

偈

送僧應託偈　　宋蘇軾

恭壽湖[illegible]發僧應託[illegible]居士皆眉人也會于

黃岡縣之廬山[illegible]偈送之

一般口眼兩般腸肚認取鄉人聞早歸去

送海印禪師偈

海印禪師紀公將赴峨嵋往別太子少保趙公抃

三衢公以三詩贈行復枉道過某于齊安亦求一

偈公以元豐大老功成而歸某以[illegible]得罪

而去禪[illegible]照了萬

象大小[illegible]

直從巴峽[illegible]別紀公[illegible]破峨嵋

月逸在乎[illegible]

墓誌銘

乳母任氏墓誌銘[illegible]

趙郡蘇軾[illegible]

[illegible]

從弒[illegible]徐湖讀于黃[illegible]年八月壬寅卒

于黃[illegible]皇亭[illegible]年七十五[illegible]二十月壬午葬于黃之

東[illegible]之北銘曰

生[illegible]之不必其子也[illegible]以葬之不必其里也

我祭[illegible]享之其魂氣無不之也

論曰詩自江漢肇端而其變為騷為賦是擅變

[illegible]黃無聞焉是[illegible]風之不競也予睹以為

江之派大開堂奧而[illegible]老董唐相唱酬一

時風雅可念維是鋈弧先登詩則牧之文則元

之黃庭幾不為陋邦矣方　王師東下而陶守

徐令並以雅什張楚[illegible]無材哉雖[illegible]繡虎

為勝泥下潛蛙余[illegible]分途競

爽要不詭大雅觸目[illegible]耳

書籍

蘇公[illegible]三卷邑人王同軌[illegible]陸志

孝為[illegible]序

臺[illegible]王廷陳著

王世[illegible]序云先生[illegible]

宋乘[illegible]之步武[illegible]元大[illegible]

西京[illegible]六代[illegible]

言子長少卿[illegible]詩無所不工[illegible]五言更長[illegible]
先生既以直廢死不得珥籍尚[illegible]爲縣官司述作
之[illegible]先生者三太史俱以博大奇偉稱雄館閣
間然有韻之[illegible]先生六[illegible]庭也後先生三十
年而先生之鄉人吳頭卿氏先生有專詣而明卿
取兼能[illegible]吕[illegible]倫云稚欽狂德靖間以[illegible]才擅名
史館海內士爭誦說之近體[illegible]有四傑古詩凌厲
三曹而文則刻書[illegible]氏內外傳楚諸先輩鮮有能
方駕者

[illegible]齋稿前郡守錫山鄒廸光著

耳談五十四卷邑人王同軌著又著有蒼蒼閣稿合
江亭草蘭馨著編板藏于家

朱陵洞稿邑人臨漳令王一鳴著
楚督學熊宇奇序云伯固特起當一而文爲戰國
爲史遷爲淮南錯以六朝時[illegible]其好詩爲
建安開元[illegible]其才情所至天[illegible]發西
山之[illegible]藏[illegible]之本也玄[illegible]而鬱
天[illegible]洞庭也芬芳彩[illegible]荆山之
[illegible]之[illegible]
[illegible]

之鉅鐵徙州之幽華竹箭也

赤壁集邑令西吳茅瑞徵輯凡十二卷板藏署中

痘疹心法邑人王一鳴序刻萬全著

論曰古人窮愁著書不以膴仕易[illegible]名誠然
乃縣書咸陽者字直百金而韻見楊子雲自非
廣邑孰知其書必傳于世盱衡今古亟索解人
不可得耳野史方書豈無災木君子將有取焉

黄岡縣誌卷之十

雜誌

災祥　古蹟　僊釋　方伎

叙曰邑他事臚次較覈矣五行沴應及四郊多壘之跡皆邑大故雖多掛漏猶可參而互也僊宗釋部頗幻妄然名通有足稱者齊諧稗說雅饒碎金闕畧不備非以傳信語有云與過而廢之也寧過而存之道在瓦礫謀野則獲作平等觀一切神奇爰誌雜記以擬曲中之亂

災祥

晉

大興元年春二月西陽地震水涌山崩

唐

貞觀十有四年黄州進紫芝白兔

嗣聖十有四年旱

中和二年春三月天鳴若轉磨無雲而雨……黄州……百姓流亡

宋

乾德四年秋閏八月芝生

景德……黄州進白兔

咸平二年瑞草生　秋八月群鵲夜鳴至冬不止冬震雷十有二月長圻村二虎夜鬭一死食之殆半　三年冬十月雷

大中祥符元年八月黄州獻竹一本雙莖

明道元年檟柿連枝

淳熙七年春二月大旱

嘉定十有四年春正月地夜震大雷是春金虜入寇黄州失守

元

至元元年夏四月民婦生男狗頭　二年夏黄州旱

大德三年秋九月有流星色赤尾長尺餘墜地聲如

雷冬十有二月旱

國朝

洪武四年冬十月大霧北風寒勁成黑雪竹柏皆枯

宣德三年夏六月隕霜殺稼

弘治十有一年自冬十月至明年正月不雨火時發有偽……

十有四年柳子港有蛟爲害　十有一年夏六月水……

正德元年黄州大旱　三年六月井泉涸

知府盧濬賑之　十有……

虎害　十有[illegible]年夏五月雨雹如[illegible]大壞民廬舍

嘉靖九年秋八月大水有星如月流西北聲如雷

二十有三年大旱　二十有九年秋[illegible]　三十有二

年夏五月大水漂溺民田千頃[illegible]

歲以千計　三十有四年冬十有二月地震　三十有

五年民[illegible]豕生三子並一角牛尾馬蹄其家湖姓　三

十有[illegible]年牛生犢二首其家葉姓　三十有九年大水

傷稼

萬曆元年春三月田鼠嚙禾殆盡自[illegible]近郊虎食人

二年春二月地震　十有三年清源門災　十有

五年夏雷雨城頹　十有六年旱團風鎮火延燒數

百家　十有七年大旱饑虎入市　十有八年夏

四月雨雹如[illegible]大殺人相食[illegible]　[illegible]有九年

大有年　二十有四年府文廟災　二十有一年

劉[illegible]河西岸崩舟入壓死甚衆　二十有二年

府治災　二十有三年地震　二十有四年大水

三十有五年[illegible]星見昏東夜西[illegible]白陽山

起蛟

論曰洪範[illegible]

合[illegible]

白[illegible]精[illegible]是謂[illegible]月[illegible]之[illegible]

[illegible]馬黃[illegible]子著[illegible]老所占

[illegible]雲物不得[illegible]書[illegible]太傅[illegible]言今災異可畏

[illegible]人妖茲為瞽原著乎

兵變

周

惠王二年楚伐黃

襄王十四年楚滅黃徙邾君於黃

漢

永和二年江夏盜殺邾長

魏

黃初中屯兵西陽以備吳

吳

赤烏四年陸遜以三萬人取邾遂築城守之

晉

太始元年吳圍弋陽　東晃謀北伐以將軍毛寶同

西陽太守樊峻守邾[illegible]石勒遣子[illegible]　夔安李

菟等來寇峻寶[illegible]之

梁

天監二年[illegible]八年[illegible]

元禮任恩祖出義陽攻三關克之

隋

定州刺史周法尚以其州降隋吕子廓起兵與復據山洞法尚以黄州兵三千來攻子廓走保險爲左右所殺

唐

伊慎拜黄州節度使吳少誠叛詔領步騎伍千兼統荊南湖南江西兵遇賊于三州港營斬首數千

乾符三年黄巢起兵江南未與民皆亡爲盗杭州刺史路審中爲董昌所拒奔黄州

宋

嘉定二年金人犯黄州奪舟于團風弗克濟遂圍黄州城陷守何大節自沉於江

咸淳己未宋淮西制置使夏貴守陽邏堡以戰艦萬艘截江元伯顔鐵木兒從青山磯雪夜瞰南岸拔之夏貴潰

元

至正辛卯[illegible]寇蘄黄作亂羅田徐壽輝僭號據

郝城黄民[illegible]

國朝

正德四年五月劉六劉七趙風子取道團風奪舟入江殺都御史馬炳然於陽邏鎮

嘉靖四十二年守和鄉寇起本府同知袁福徵會河南信陽兵備調兵滅之

論曰汝潁黄之間夙多盗長江上下舟出沒若馬然西北步騎短兵弗格也邑又介溮川義水古亭山谷易嘯聚歲間祲民遁從潢池三弄之矛君鄧林美頃承平久桴鼓不驚蘇崗附注諸君子席先世餘蔭于城豈有頼焉黄實古戰場桑土綢繆計安出所望于審敵者

僊釋

葛洪字稚川句容人晉咸寧中爲散騎常侍通神僊導引術以交趾出丹砂求爲句漏令號抱朴子年八十一尸解相傳于玄妙觀煉丹今丹井尚在（按仙翁煉丹處天下十[illegible]）

宋盩青州人梁晉間刺史棄官隱黄之黄齡洞有僊術能役鬼神治疾疫後人祠之雩有應唐封顯應侯宋加封靈濟侯

浮屠泓邑人年[illegible]與天台侍郎張敬之善敬

[illegible]

渋坐閒忽曰君無嬪求三品[illegible]欲之大[illegible]
出冠宗意嘗爲[illegible]國公張[illegible]宅戒無穿東北隅
他日見曰宅氣索然云何與說其視東北隅穿丈
餘矣泓驚曰公富貴一世而已諸子將不終說懼
將脩之泓曰客土無氣與地脉不連譬身瘡痏補
他肉無益也說子皆汗賊死云
齊安黃州人深通禪理每說偈從當境點悟有偈云
猛熾燄中人有路旋風頂上屹然棲鎮常歷刼誰
差互杲日無言運照齊入莫能識問何處識得自己佛師曰一葉
明時消不盡松風韻罷怨無人問如何是自己佛
師曰草前駿馬實難窮妙盡還須畜生行有人問

師曰多少師曰五六四三不得類[illegible]問[illegible]
窮
壽禪師居護國院弟子問如何是一路涅槃門師曰
寒松青有千年色一徑風[illegible]香問何如是靈
山一會師曰如來纔一[illegible]後眉[illegible]極有
解悟後証果尸假去
德嵩居黃州栢子山棲眞院嘗上堂舉寒山[illegible]掌欣
欣拾得呵呵大笑大衆問二古聖何笑[illegible]良久更
大笑曰遶花一朶再[illegible]逢不知其胸中是何境界
張憨子黃州故縣人行止如狂見人輒罵云放[illegible]
[illegible]見紙輒書[illegible]

乞于[illegible]布裾三十年不易然近之
不見[illegible]測爲何許人也
丐者趙生高安人敝衣蓬髮未嘗洗沐好飲酒醉輒
毆罵市人人皆謂之狂然與人遇即未相識皆能
道其宿疾及平生善否故或[illegible]爲有道元豐中蘇
子由謫官于筠生忽來見語[illegible]以養生養性之說
蘇異其言生言生于周甲寅今百二十七歲家本
代州名吉自臍以上骨如龜殼自心以下骨如鋒
刀兩骨植其間不合如指久之從蘇求書往黃州
謁東坡遂留半歲坡比歸從行至興國軍知軍楊

元素絕畏之生畜一駿騾爲所踶死楊具棺葬諸野
元祐初二蘇公皆召還京師蜀僧法震來言雲安
酒家逢一丐者曰吾姓趙頃在黃州識蘇學士爲
我致聲問其狀良是時興國守朱彥博之子在坐
歸語其父亟發瘞視之唯一杖及兩脛骨耳龍川誌略
載牛[illegible]劍鳥[illegible]畜嘗以一[illegible]自隨楊元素名繪
柳氏陽邏堡人生不茹葷聞武湖魚腥輒吐及笄不
肯適人日爲道引不[illegible]師授延年九十欲尸解誓
建泰嶽祠于江岸步[illegible]武磯頭人以無木難之柳氏
[illegible]寒江柳以一絲繫續其木

不行賢熟有[illegible]之舟亦膠遂拜禱爲治[illegible]
二祠[illegible]一塑柳像于中事聞勅封柳夫人子
孫世世祀之商人祭爲水神亦爲痘神鄉人遇痘
疹亦祀之[illegible]東嶽廟後有績麻數株傳夫人悟道舊邑諸生江之鑾有傳云夫人姓柳歸
於龍氏[illegible]蜀人也大父秉忠仕元官總管父禎元
天曆二年己巳五月十二生夫人夫人生而靈異
鄰年遭亂賊掠之至營不屈賊怒欲兵之刃無所
傷賊異大驚愕舁之歸稍長好道家言通讖緯諸
術及笄龍氏委禽焉時大父謀抗我明兵夫人曰
不可天命有在大人欲何爲不聽進軍大父歿之
父及龍氏婿亦被收歿之夫人與家屬俱貶江西
太和縣安置罪纍頗棘貞烈愈著適蒙恩詔赦還
稽洪武元年八月遡行江上晝夜波濤光怪隨舟
[illegible]賦令祠下見林巒幽奇襟江帶湖洲渚環向慨
然樂之遂請地于關口鎮撫指揮司許之夫人入
[illegible]巔[illegible]麻七年有叟皤首曳杖而來推問之夫
人語之故叟袖出符籙一卷授曰明此後鬼神驅
六丁矣夫人大喜下焚香奉籙而咒是夕風雷大
作電燿燿遂旦山木盡拔驚駭遂跡廼麻[illegible]剪
剃榛而居神響秘幻人不可測四方聽禮不絕二
年春鄧將軍愈討麻陽道經陽邏關其界故魚服
同小卒以見夫人獨曰愈曰將軍不敢于愈驚自
失又令軍中精法術者與鬪禁不得試愈曰此眞
神人也改容謝之因叩以南征之兆夫人卯愈有
輕麻陽意適曰敵無小將軍若易麻陽未必有功
吾亡國戮俘也荷聖朝不戮感恩而勉[illegible]是乎在
矣兵有却[illegible]助之愈曰助之何徵夫人曰爾用
有鳥鴉爲[illegible]助將軍也盟而去愈進討師果
失利忽天[illegible]鳥鴉集空中見夫人[illegible]緋騎馬
霹靂震山[illegible]揚波蠻愧伏懾[illegible]師乘之
斬關而入縛[illegible]率麻陽平凱歸奏其[illegible]尚[illegible]
帝嘉獎之賜[illegible]武[illegible]山生身得道妙貞夫人
錫以驪輿[illegible]五丘[illegible]有女將馮夫人云四年
夫人欲建[illegible]以法力繫木[illegible]其[illegible]知[illegible]
而請之願[illegible]人力[illegible]半夜[illegible]風[illegible]然
有聲遂行至[illegible]其際[illegible]數檣[illegible]廟

[illegible]復[illegible]立[illegible]其[illegible]去先期語人曰吾將歸峨嵋矣其子名才[illegible]于武峨山之陰人稱柳夫人子孫亦柳姓其實龍氏也丞[illegible]夫人王水府之神[illegible]蜀[illegible]不皆[illegible]論曰嵩呈帝之[illegible]諫[illegible]夫人者漢昭烈孫夫人也[illegible]夫人之勅誥於萬曆丁丑與祠[illegible]毀于火[illegible]其人之起鬼神效靈鄧將軍之立功遐[illegible]非誣也

楊師失其名住鐵爐寺言事輒靈驗鄉[illegible]姓歲上元
設諸天會爭得師至期皆有師在不知師之化身
幾千百也鄭某者賈彭蠡別師師云爾某月日有
大難吾當救爾師一日與人奕忽聽去頃之曰吾
救某矣驗其足水盈韈中鄭歸果云是日大風舟
[illegible]楊師見師以足鎮舟舟遂正百餘歲尸解
鄉人泣守之曰吾遺旅[illegible]救爾界等水旱後遇
旱以旗招之輒雨[illegible]招之輒[illegible]有[illegible]首焚
修一任鐵爐寺一住[illegible]陀庵不知所終[illegible]爲
人盜去

論曰二氏詭于正乃長[illegible]術或[illegible]得其
心焉開士號多迦[illegible]愈詭
秘矣華山白[illegible]
更生多識[illegible]
是末[illegible]

方伎

元
葉如蓁□世業醫診視有方撰傷寒大易覽一編傳於世
國朝
宋鯨精岐黃術診驗生死如神不責其謝里人管大用病死將殯鯨過其門試治之復蘇類此全活者甚衆
陶仲文故姓潘父潘允與爲陶氏養子生仲文冒其姓仲文少爲掾喜方術嘗受符水訣於羅田萬玉山又狎從邵元節游嘉靖初以庫大使秩滿需次

吏部時元節得幸拜秉誠致一真人禮部尚書景求歸未有間以 上患宮見鬼薦仲文代己試之妖果絕扈 駕南巡至衛輝府白晝有旋風不散問仲文何祥奏主火行宮果災即日勅行在授仲文神霄保國宣教高士 上體素羸日問仲文何術[illegible]取驗仲文因勸 上[illegible]歲餘進神霄保國弘烈宣教振法通真忠孝秉一真人領道教事尋加少保禮部尚書又加少傅餘官如故[illegible]進少師少傅兼少保[illegible]

少傅兼少保禮部尚書云故勅階特進光祿大夫柱國又兼支大學士俸尋進支伯俸二十九年春不雨 上問仲文奏疑有冤獄時都御史胡纘宗等受誣逮治久亡狀 上釋之是夜漏下四鼓大雨明日召吏部尚書夏邦謨至迎和門勅仲文禱雨濟旱力贊平獄特封恭誠伯賜誥歲祿一千二百石八月陞勅加祿米一百石仲文疏辭居久之請老盡以 上所賚金帛玉帶諸寶器奏進 上察其意篤 詔發內庫巳出錦蘆滿橋仍給驛還卿未幾死年八十賻卹甚厚子拜太常少卿升官

其婿隆慶初追奪仲文爵籍其家仲文爲人謹厚雖蒙殊寵無倨傲態婦一品夫人歸謁主毋拜謁下主毋撫坐受里中盤石橋二[illegible]河橋皆其所建
世宗嘗使仲文白晝召鶴因詢其師仲文以萬玉山對贈清微神霄演法真人遣官營葬其墓至世子朴方以掾史授牒吏部 上命仲文引入將授太常官懇以疾辭終身不仕
胡大順嘉靖中寓京師以巫術召于[illegible] 勅賜方外散人詩文奇詭一時[illegible]
馬蕃號松崖[illegible]

知[illegible]

產[illegible]

筆[illegible]李嘗[illegible]

產[illegible]七十[illegible]日是處可

挫[illegible]黃岡[illegible]于河[illegible]縣[illegible]其地常自

題其畫云一幅[illegible]無着處夜[illegible]自月中看京

師多傳之著有[illegible]鶴老人詩

論曰學者旨分九流智窮五技精之不可以二

也如此夫倉頡誰傳顧陸誰繼多岐忘羊病同

今古至仲文以刀筆之流傾動

入主嗤[illegible]鄉相記稱之歲五利[illegible]道[illegible]茹郡

衢[illegible]龍又在閩蔡下矣

摭聞

黃國顓頊之裔嬴姓子爵[illegible]

[illegible]黃隨不會[illegible]

[illegible]僖公二年[illegible]

[illegible]二年黃人[illegible]

[illegible]父我九[illegible]

[illegible]弋陽縣[illegible]

[illegible]春秋[illegible]

國之境文獻通考與一統志因之遂以黃爲黃

國而於光州註春秋爲弦黃蔣三國地楚紀亦謂

黃州爲古黃國且曰至黃岡[illegible]故墟怪坡賦

罟黃子昧于德爲未考然杜預去古未遠當爲有

據邾亦子爵祝融之後有陸終者生子六人其五

曰安別爲曹姓周武王克商封其苗裔曹挾於邾

在今鄒縣至楚宣王伐邾徙其君黃州新洲邾城

則其處也[illegible]紀[illegible]楚[illegible]黃[illegible]邾[illegible]秋楚滅

則在戰國[illegible]後固非一時事

楚誌云江漢間言赤壁者五漢陽漢川黃州嘉魚江

夏應元紀誌云在蒲圻縣西與烏林隔對圖經又

云在嘉魚縣西蓋彷蒲圻地今屬嘉魚也按史昭

烈居樊口進兵逆操遇于赤壁[illegible]之上又

稱赤壁初戰不利引次江北則赤壁[illegible]南宋

謝疊山云予自江夏泝洞庭舟過[illegible]巖有

赤壁二字因登岸閱赤壁其北岸[illegible]曰烏

巢乃漢陽境也烈火岡上有周公[illegible]今土人

耕地得弩箭鏃長尺餘或得斷鎗[illegible]魚

赤壁合之信爲確破曹地無疑其他[illegible]是黃

州赤壁本名赤[illegible]齊安拾遺[illegible]以三江[illegible]爲夏

[illegible]

北[illegible]云[illegible]數百[illegible]言即周

[illegible]西山麓斗

入江中石室如丹所謂赤壁者曹公敗歸華容今

[illegible]西對嶄即華容鎮庶幾是也然岳州復有華

容縣竟不知孰是明文忠亦未嘗的指為破曹處

水經云江水左逕百人山南酈道元注右逕赤壁山北經又云江水左逕赤鼻山南赤鼻之非赤壁明矣張耒雜誌詳之云南人謂山入水處為磯而黃人呼赤鼻訛為赤壁潯陽郡圖經云赤壁亦名[illegible]烏林陸陽風土記云烏林[illegible]

[illegible]附烏林于後

鄂郡守為義遂居其部過遊赤壁鄂問天下兩府峙立武昌漢陽二府一[illegible]黃州武昌何謂與云天下守江有據[illegible]以武昌北岸有[illegible]險[illegible]以長江[illegible][illegible]

亘當南北之交齊安與武昌對欲保江南先守江北正謂棘勢可應援耳

東坡嘗記黃鄂之風云近聞黃州小民貧者生子多不舉初生便於水盆中浸殺之江南尤甚聞之不忍黃之士古耕道雖椎魯無他長然頗誠實喜為善乃使率黃人之富者歲出十千如願過此者亦聽使耕道掌之多買米布絹絮使安國寺僧繼連書其出入訪閭里田野有貧甚不舉子者輒少遺之若歲活得百個小兒亦閑居一樂事也吾雖貧亦當出十千

張耒雜志云黃州編迫險陋而機巧所音輕清類荆楚而重濁類江左予[illegible]史好[illegible]好酒山[illegible]名[illegible]吟黃州呼醉為[illegible]呼吟為[illegible]不知呼醉吟竟是何名也又云黃州牌稅最重所謂牌者皆大木版其販皆自湖南鄰連辰郡等州多以縮鼻魚鰍等相易至黃州貨之獲厚利故雖重征商人不憚

志林載東坡曰余來黃州聞黃人二三月皆群聚謳歌其詞固不可解而其音亦[illegible]宛轉其聲往返高[illegible]如鷄唱與廟堂中所聞[illegible]人傳漏

微收[illegible]八調之[illegible]歌云又曰[illegible]陽關三[illegible]歌
者每句[illegible]而已通一首言之又是四疊或每語
三唱以[illegible]疊之說則叢然無復節奏余在密州
有文勛長官自云得古本陽關其聲宛轉悽斷每
句皆再唱而第一句不疊乃唐本三疊蓋如此及
在黃州偶讀樂天對酒詩云相逢且莫推辭醉新
唱陽關第四聲注第四聲勸君更盡一盃酒以此
驗之若第一句疊則此句爲第五聲今爲第四聲
則第一句不疊審矣

居[illegible]千里竹室記稱環堵所棲率用竹以結其四角
植者爲柱椽撑者爲榱桷王元之竹樓記蓋其餘
意西人亦有版屋詩盖從其俗也今沍上多以竹
代瓦弁編壁每苦延燒云

東坡與李通叔云篆寄示雪堂篆字筆勢茂美足爲
郊藪之光則雪堂扁當屬通叔筆今倣印章成字
寔出前守上海潘公伯明妮古錄載其事稍異第
不識竟爲何八篆刻耳

馬鄴仕宋爲黃州刺史有遠識時劉存爲[illegible]
外弟霍基[illegible]南使人夜和齊安[illegible]官
借馬鄴[illegible]

[illegible]乾[illegible]無知[illegible]
[illegible]者爲屋數間居之[illegible]濟安
[illegible]淮二[illegible]以居諸[illegible]虎營
[illegible]守黃州時龐[illegible]爲[illegible]疾屬文莊
[illegible]文莊親臨之曰異日管爲宰相亦有年壽
疾非所憂龐語已爲宰相豈得貧耶文莊曰但於
一等人中爲貧耳故龐晚年退老詩述其事曰田
園貧宰相圖史富書生石林燕語載龐嘗病告數
日忽吏報死矣文莊大駭曰此人當爲宰相安得
便死吏言其家已發哀文莊即自往取燭視面語
醫曰此[illegible]證傷寒汝等治誤爾恐取承氣湯灌之
有頃[illegible]

王禹偁[illegible]三黜賦見志後知制誥[illegible]知黃
州[illegible]知貢舉適榜下放[illegible]八奏
禹偁[illegible]宿儒欲將全榜諸生[illegible]萬
偁作[illegible]日綴行相送我何榮[illegible]三
入承明不知舉[illegible]看人門下放[illegible]虎
闘十[illegible]着
當[illegible]望
生[illegible]遂

臺末行竟卒

子瞻遷黃岡時曾鞏居憂臨川死焉京[illegible]盛傳子
瞻同日倦去如李長吉故事神廟以問左丞蒲宗
孟嘆息久之故後量移汝州謝表有云疾病連年
人皆相傳其已死饑寒併日臣亦自厭其餘生避
暑錄云子瞻在黃病赤眼踰月不出過客遂傳以
為死矣有語范景仁於許昌者景仁絕不置疑即
舉袂大慟遣人賙其家子弟徐言此傳聞未審當
先書問安否得實慍之未晚乃走僕以往子瞻發
書大笑東坡答云平生所得毀譽殆皆此類也

[illegible]繼隆

子瞻謫黃布衣芒屩出入阡陌多挾彈擊江[illegible]
起不招客語必出訪客所與游亦不盡擇各隨其
人[illegible]談諧放蕩不復為畛[illegible]有不能[illegible]之說
鬼[illegible]姑妄言之數日必一泛[illegible]
郡[illegible]飲夜歸[illegible]面際天風露浩然[illegible]
所謂[illegible]縠紋平小舟從此逝[illegible]
者大歌[illegible]翌日喧傳子瞻掛[illegible]
長嘯去[illegible]州失[illegible]
往[illegible]
[illegible]

[illegible]
[illegible]然此蓋用朱桃椎
故事也高士廉備禮請見[illegible]語不答瞪目而去
士廉再拜曰祭酒其使我以無事治蜀耶乃簡條
目州遂大治 [illegible]
[illegible]養陽狂垢汙[illegible]未若欲見之多不能致余試使人
召之欣然而來既至立而不言與之言不應使之
坐不可但俯仰熟視傳舍久之而去[illegible]即張憨子

蘇公謫黃始稱東坡居士蓋亦慕白樂天而然白刺
忠州有東坡種花諸詩蘇在黃與白忠州相似嘗
有詩云出處依稀似樂天敢將衰朽較前賢則東

李繼成

坡名非偶因地稱也蘇又嘗柬王定國云近於側
左得荒地數十畝買牛一具躬耕其中欲自號鏖
糟陂裏陶靖節[illegible]
[illegible]
東坡和王鞏詩我來黃岡[illegible]
山向我如咫尺春[illegible]
累君乃友得安宅[illegible]
士忘懷一如本是[illegible]而已
在彭城作黃樓[illegible]
識
[illegible]黃州嘗書云[illegible]

一爵一肉有尊客盛饌則三之可損不可增有召
我者預以此告之且言有三要[illegible]安分以養福寬
胃以養氣省費以養財
東坡與客論食次取紙一幅書以示客云爛蒸同州
羊羔灌以杏酪食之以匕不以箸南都麥心麪作
槐芽溫淘糝以襄邑抹豬炊共城香粳薦以蒸子
鵝吳興庖人斫松江鱠既飽以廬山康王谷簾泉
烹曾坑鬬品少焉解衣仰臥使人誦東坡先生赤
壁前後賦亦足以一咲也
東坡在黃州鄰郡送酒合置一器爲雪堂義尊又嘗

以蜜爲釀作蜜酒歌眞珠爲漿玉爲醴六月田夫
汗流泚不知春甕自生香蜂爲耕耘花作婆一日
小沸魚吐沫二日眩轉清光活三日開甕香滿城
快瀉銀餅不須撥百錢一斗濃[illegible]濁醍
醐清若不見南園採花蜂似雨[illegible]先生
先生年來窮到骨問人乞米何[illegible]事眞
悠悠蜜蜂大勝監河[illegible]善
作蜜[illegible]與吳
君[illegible]不以
表之[illegible]酒友

曰君爲蜜[illegible]吾何嘗爲此但作蜜酒爾[illegible]

[illegible]

黃州人造炊酒俗謂之壓茅柴坡詩三年黃州城飲
酒但飲濕我如更揀擇一醉豈易得幾思壓茅柴
禁網日已從急韓子蒼茅柴酒詩三年遂客臥江皐
自與田工釀小糟飲慣茅柴諳苦硬不知如蜜有
香醪蓋亦謂差勝他酒爾張耒雜志直稱黃州酒

可亞瓊液[illegible]而差薄爲謫官中一幸豈陸待制
所云適有佳匠也
黃州東南三十里爲沙湖亦曰螺師店東坡將買田
其間因往相田得疾聞麻橋人龐安時善醫遂往
求療安時聾而穎悟絕人以紙畫字輙了人深意
坡戲云予以手爲口君以眼爲耳
東坡序聖散子方云得之於眉山人巢君谷[illegible]貴
州比年時疫合此藥散之所活不可勝數巢初約
不傳人指江水爲盟[illegible]不見於世[illegible]寒不
[illegible]避暑録[illegible]

問證候一以[illegible]無不[illegible]奇之[illegible]
孫思邈[illegible]建[illegible]安常不敢非也[illegible]附所著傷寒
論[illegible]天下信以爲然疾之毫釐不可差無甚於傷
寒[illegible]證候而可用者宣和後此藥[illegible]
師[illegible]谷本任俠好奇從[illegible]存實出入兵
間[illegible]名黃州子瞻與之游以谷奇俠而取其
方[illegible]以子瞻文章而信其言事本不相[illegible]而趋
名者又至於忘性命而試其藥人之惑蓋[illegible]至是
也
[illegible]
[illegible]李光祐
[illegible]此

舒[illegible]自黃州[illegible]坡近日[illegible]
語[illegible]循于臨臯[illegible]作成[illegible]以藏
記[illegible]言[illegible]定纔一[illegible]入
聚至[illegible]月出東南林[illegible]眉
鬚[illegible]瞻人[illegible]能[illegible]一字[illegible]日[illegible]不
若[illegible]日[illegible]東坡聞之[illegible]大笑[illegible]爲
知言
米元章[illegible]

綖壁上起作西[illegible]怪[illegible]一紙時有高[illegible]潘
岐能作坡書亂真[illegible]坡書[illegible]以[illegible]
僞至黃州後[illegible]筆極有力可望而知其[illegible]
石林詩話云海[illegible]詩爲東坡先生[illegible]得意之作[illegible]嘗
爲人間刻石有五六本邑[illegible]人於古墓掘得其一
爲[illegible]所壞僅存百字有先生自繪像巾[illegible]挂杖
正與詩意相[illegible]今石本存王同[illegible]家[illegible]妃古[illegible]稱東坡無字詩山
答書之[illegible]筆特爲奇逸可喜
東[illegible]詩話曰吾有語云日日出東門步尋東城游又
云[illegible]手[illegible]曰前步之而後[illegible]

其上下紛紛[illegible]之曰吾以尻爲輪以神爲馬
何曾上下乎參寥曰子瞻文章有理似孫子荊曰
所以枕流欲洗其耳所以漱石欲礪其齒
謝無逸溪堂集云[illegible]友潘邠老有滿城風雨近重陽
之句今去重陽四日而風雨大作遂用[illegible]爲三絕
其一雪浪[illegible]天載[illegible]文志其二滿城風雨近重陽
不見[illegible]文地下[illegible]想得武昌門外柳垂[illegible]老葉[illegible]
青[illegible]其三滿城風雨近重陽安得斯人共一觴欲
問小[illegible]今健[illegible]不成行[illegible]
賦止四韻邠老詩[illegible]

[illegible]何十三[illegible]何三首[illegible]十二[illegible]包
[illegible]云暮[illegible]雨妻
[illegible]室燈火青熒，輒於此間得少佳趣。今分
一[illegible]與黃岡何聖可。若欲同享，須擇佳客。不審
[illegible]又何人也

[illegible]陳慥季常游。季常自謂飽禪學，而妻柳氏頗
[illegible]季常畏之。每設客有聲妓，以杖擊壁大呼，客
[illegible]散去。子瞻因作詩戲云：龍丘居士亦可憐，談
空說有夜不眠，忽聞河東獅子吼，拄杖落手心茫

黃岡縣誌　卷之十　二五　李騰芳　四百卅六

[illegible]徐黃州之子叔廣十四秀才先生與其甥張仲
謀書所謂十二十四者有隱姓名是也。寄出先
生醉墨一軸，守書歌須龍蛇飛動乃佳，[illegible]無盡過
黃州而黃州有四侍人，[illegible]紀堵宗
為洛兒之會[illegible]由令妻
公既續之為小賦[illegible]孫姜嗣
齊浴兒於王朝之家[illegible]清之次
三英粲兮既慕而張[illegible]姓最為
徐所寵。公後書絕句[illegible]一心偷
看綠羅尖，使君三尺[illegible]有落又
墨莊漫録載工文甫家[illegible]之一月
過歲除[illegible]閉門人
要客千騎[illegible]多此類

[illegible]訪之至瞻令官[illegible]

下狂。子瞻喜曰：寄兒柳絮已沾泥[illegible]謂可入詩料，不
意被老嫗收得

[illegible]又何

東坡在黃岡，每官妓侑觴，不惜醉墨淋漓。有李琪者，
頗慧知書，札獨未蒙賜。至公移汝，祖行酒酣，琪奉
觴再拜乞書。公顧瞻久之，令磨墨濃，大書：東坡七
歲黃州住，何事無言及李琪。即擲筆與客笑談。坐
客相謂語似率易，又不終篇，何也？至徹具，琪復請。

黃岡縣誌　卷之十　二六　江夏宋金　四百八十

公大笑，續書云：恰似西川杜工部，海棠雖好不留
詩。一座擊節，盡歡而罷。

山谷曰：東坡在黃州所作卜算子詞，語意高妙，非喫煙
火食人語。吳曾亦曰：東坡謫黃作卜算子[illegible]
氏女也。讀者不解，張文潛繼[illegible]得
其[illegible]
惠州白鶴觀[illegible]
使[illegible]
[illegible]堂一[illegible]

寮給事者二老飲從無人甚苦之一人操西音曰
知他有甚好處一人曰也有兩句好其人大怒曰
你理會得甚麽對曰我愛他道天下人不敢言而
敢怒叟照之笑曰不意斯人有此鑒識
東坡書憂祭句甚文云予在黄州憂黒肥吏以一幅
紙請祭其左十文予笑而從之云三陽既至庶草將
興爰出土牛以戒農事衣被丹青之好本出泥塗
成毁須臾之間誰爲慍喜傍有一吏云此兩句會
有慍者見參寥 能其道乃復録之
[illegible]康初韓子蒼 知黄州頗訪東坡遺迹嘗登赤壁賦

所謂棲鶻之危巢者不復存矣悼悵作詩歸有何
頡者及識東坡因以韻獻子蒼云見時宗伯寄吳
州諷誦遺文至白頭一賦人間真吐鳳五年江山
不驚鷗盤常見水人猶惡鶻有危樓聽肖留迹重
使君尋往事西風帳望古城樓
劉過字改之能詩詞流落江湖酒酣耳熱出語豪縱
自謂晉宋間人物于由帥蜀中閣乃胡給事晉臣
女過雪堂行書赤壁賦於壁間改之從後題一闋
云按轡徐驅兒童聚觀神仙畫成[illegible]上終
無真是非看雲[illegible]落蒼有美

人女踏雨[illegible]雲河漢[illegible]無限悲陽山
縣闖昌黎貧汝汝貧昌黎
八景詩載郡舊志中斷文多不可讀今摘其可
味者[illegible]詩四首聊復志此齊安[illegible]連雲
[illegible]帶阡陌故[illegible]條古戍荒爲吊莫
[illegible]訪[illegible]烟雨秋冥濛[illegible]忽開天宇空長
江[illegible]練沙鳥風帆圖畫中[illegible]絶[illegible]凝烟
掃空[illegible]天塹横分限南北舳艫[illegible]章
汀花自春色沉沙鐵戟悲前朝割據[illegible]銘
興來釃酒酹明月醉倚酡顔吹洞簫[illegible]門

外西風[illegible]歸鼎 [illegible]前烟景[illegible]
畫[illegible]忘[illegible]月[illegible]
愁[illegible]鶴[illegible]
水[illegible]金[illegible]
香[illegible]濕坡翁[illegible]
道[illegible]人不到[illegible]
宋[illegible]
允文[illegible]
楊以[illegible]
內[illegible]

語

宋嘉定辛卯金人圍黃州守何大節召僚佐曰諸君親老且非守土臣可無死各以差檄使爲去計自誓不屈城陷沉於江時蘄守李誠之亦以城陷自殺朝廷爲立廟而寧宗紀乃書大節棄城遁劉潛夫詩云淮堧便合營雙廟太學今方出二儒（二人皆出太學）又云世俗今猶疑許遠君王元未識眞卿蓋爲大節白冤

高皇帝燕處武樓詹同在左右偶理竹事帝曰竹之類亦多乎同對曰晉戴凱之譜五十余種或根如盤輪或節若束針或細則勝箭或鉅可爲舟未可縷舉大槩其色皆青其體皆圓也唯吳越山中有方竹最爲詭異四稜直上若有廉隅不可犯之色士大夫愛之往往采而爲笻既退獲一枝以獻帝摩挲觀之爲親草方竹記一通

江學士淵字時用任中和鄉以永樂靖難扈入蜀家重慶之江津縣由翰林歷工部尚書時虜困都城淵獨議戰退虜入文淵閣蜀志云淸勤醇靜忠鯁不阿文事武備[illegible]悉善文詞所著有觀光錦榮等集子孟綸[illegible]今江郎中溥然其宗人也

黃州西北百餘里有歐陽院院僧蓄一古編鐘云得之耕者於地獲四鍾斷破其二一爲鑄銅者取去獨其一（[illegible]）又元豐四年正月子瞻自岐亭泛舟還古黃州獲一鏡周尺有二寸銅色如漆背銘云漢有善銅出白陽取爲鏡淸如明左龍右虎俌之字如菽大雜篆隸甚精妙嘗以示蘇子容子容以博名世曰此[illegible]物之遺法白陽疑南陽白水之陽漢人雨如通用鏡徼凸照人徼小道家聚形鏡也

正德間里巫甯均在飛霜崖見一鼎盤旋道上忽入地穴其下得銅章一紐上篆扶鑾王印用署符呪能呼風雷役神鬼後柄損遂不驗

子瞻偶至汪氏野人居有神降于室自稱天人李全字德通善篆字用筆奇妙而字不可識云天篆也與言有所會用韻作詩復爲作天篆記（又集中載何氏神琴歌云七絃品弄仙人有[illegible]輕揷手一聲欲斷萬里雲山林鬼魅[illegible]離人不忍聽繞到商音戾漸傾[illegible]古風自是天地情伯牙[illegible]手下分巧音月明來伴青松陰[illegible]神不依[illegible]

蹤跡笑[illegible]傷擊一曲未終[illegible]入[illegible]王女驚

飛[illegible]休盡指下功引起[illegible]萬濤

前郡[illegible]安國寺右有景佑真君廟祀張

雎陽[illegible]甲忽門皂爲神所附索筆題曰天生

我[illegible]王用我兮熊羆力拔山兮雷電氣貫

日兮[illegible]月正明兮搶鎗拵劍星未落兮擊鼓掀

旗擣賊壘兮焚寨變賊肉兮充饑食馬鼠兮既盡

殺妻妾兮心悲爲厲鬼兮身披鐵甲爲名神兮手

執金槌莫指我爲張飛莫指我爲張儀其張巡兮

在世與許遠兮同時在東嶽兮押案總督府兮陰

司爲溪[illegible]兮廢直任[illegible]都兮[illegible]景佑真君兮人

間封爵[illegible]烈大夫兮[illegible]官[illegible]漫[illegible]而[illegible]輪[illegible]

世人[illegible]知公驚[illegible]事[illegible]如[illegible]拜迎[illegible]

由是[illegible]不毀按雎陽[illegible]華[illegible]唐不宜

降[illegible]既登血食有靈[illegible]雎陽[illegible]

盧公[illegible]冊江上陽[illegible]大王

問[illegible]

轉[illegible]

之[illegible]

惡者[illegible]三日[illegible]大求[illegible]期駕[illegible]江上忽一

木自[illegible]至命縛之登岸時僧學宮[illegible]爲左柱萬

曆[illegible]郎入猶有楠木大王之稱云[illegible]

柯山上皆巨竹山下民婦就蓐產一蛇徑走入竹間

後數年時出色白脊有紅鬣見者必死崇禎五年

青社李辯老謫居常拉潘仲達何斯舉欒正夫同

遊或告以蛇怪未幾果見蟠于竹下高與人齊李

失聲三子倉皇走李知不免拾一拳石祝曰今日

勢不兩全我勝蛇死不勝我死祝罷石正中蛇腦

即疾穿草去如風聲草爲之偃四客相賀縱賞抵

暮歸後三日竹外人家聞腥氣前視之蛇已死腐

其長五丈見夷堅志

陽邏鎮僧寺側有市民[illegible]以灌園爲生妻產一子

[illegible]兩歲慶元二年[illegible]晡時天地晦冥

雷電暴作兒[illegible]開霽得之於

東棚下伏臥不動左[illegible]書七字在其[illegible]天下太
平慶元年字濶二寸分作兩行唯大字頗暗觀者
拊摩隱隱隆起凡半月餘始沒見如常監鎮務官
具告郡書坊圖其事刻板鬻之
夷堅志云黃州市民渠生貨油爲業人呼渠油一意
嗜利每作油乘熱益以便溺幾三之一獲息頗博
一日其子忽告母曰爹身畔常有獄子抱枷棒隨
後而他人無所覩父固莫信又曰我將死母亦不
免未幾子母繼亡渠悲泣不已遂感奇疾如受拷
掠家貲索然經歲而殂

黃州村民閭丘十五富積米穀每遇凶年亦閉廩[illegible]
價細民苦之既老且病不復能飲食獨啖壁[illegible]家
人憐屑刑米爲模置粉餌如羊矢狀使食之入手
即投地須真矢乃肯咽歷數月方死
馬矯然正統間宰嘉魚群盜劫藏去而欲召報適至
以盜不得阻行始盜入馬於暗處[illegible]其數二十人
有長而髯者魁也因[illegible]捕者[illegible]則必得[illegible]
陽邏鎮度江入數及一髯人[illegible]狀遂縛以[illegible]
置訊皆誣服馬始[illegible]追後豫章[illegible]稱贓出[illegible]
移交楚[illegible]守以是罷因[illegible]正德間馬[illegible]

中[illegible]楚正戒[illegible]六[illegible]七[illegible]
具[illegible]爭禮出[illegible]陽[illegible]度其
處[illegible]者三十人人[illegible]報時[illegible]公員
不[illegible]戰即豪[illegible]且牒屬[illegible]給方勇
善[illegible]及於潯江其[illegible]避風子受金還女曰
獻[illegible]錢厚貽而遣之余具車馬以四老
嫗[illegible]送還蜀郡
長[illegible]看老圃畜一瓜寂巨將獻豪門偶過者挾籬
入竊食之老圃持鋤擊之者死即瘞其地明年產
瓜延蔓內一瓜大如斗會令購瓜衆謂其瓜特大

得剖之[illegible]令大[illegible]親根
出死人[illegible]者[illegible]
殺人[illegible]道人
[illegible]
[illegible]加[illegible]
[illegible]王師克江西[illegible]
[illegible]守袁州[illegible]
[illegible]自[illegible]鄉于城[illegible]
友[illegible]其[illegible]
[illegible]俱[illegible]吉[illegible]

金帶會有孝廉北上阻雪遲其家[illegible]之[illegible]日小
婢傳飧秀整語翁購為妾後妾[illegible]歷大司馬
獨此姬有子女續為夫人念翁[illegible]翁子[illegible]年
遼陽經大司馬宅與門吏[illegible]傳夫人兄也厚
客之時有侯李氏絕亂角襲遂陞以功績再視李
翁子語合襲族今紫潭稱李族家是也詩嗣絕獨
其家綽揳在焉

論曰蟬不知雪蟲不知冰爰居不知鐘鼓語寡
聞者之詫如也六合之大何所不有世人少所
見多所怪縱言西及邑中故實鮮所通曉何論

其它茲予於耳目所識並收而次之旁及稗官
私史以備說乘

黃岡縣儒學教諭竹[illegible]
訓導[illegible]國澍
[illegible]州陳[illegible]分校

黃岡縣[illegible]成禮
主簿[illegible]
典史[illegible]刻
禮房[illegible]

黃岡縣志卷之十終

黃岡縣誌後序

黃入
國朝版籍二百餘年矣而志故
有闕有以邑軼事聞主者安
所置對而山川之險易風土
之淳澆田賦之登耗即主者
蕩然不得其要領譬如亂絲
棼挐萬端無復條貫而欲經
緯裁割以幾於治不憂憂其
難哉嗟夫此予令志所為作

也邑之有志以悉四境弛張
佐遺忘耳當不得以擬史氏
國史摩班馬之壘馳逞千古體
宏而略邑志附轄軒之義綜
覈一方體詳而盡不以絲麻

序二　江夏宋金　一百十三

棄彼菅蒯蓋互相發焉黃亦
古一都會原隰墳衍鱗錯綺
分風氣人文絜乎大備爲上
下百年缺如罔紀郎後有鋭
志信史何所考據其將遂鄙

[illegible]聽之耶或謂茲事體大古
亦有云闕疑且殆夫前後之
相沿亦既閲二百餘年矣若
更袖手轉待後人疑殆滋甚
傳曰惡其害己而去其藉令

序三　鄭伯元刻　一百十二

之侵蠹競於豪右簡緣亂於
猾胥若者計畸無僅于志乃
窮源探委破群胥之膽嚌于
光明如揭並指而頌羨而此
志安可緩哉或又謂滅不人

物何以不如嗣宗[illegible]穆爲家一
驥从驥多嗛孝慈之腹志之
難言久矣予獨以為二百年
来高賢踵武而直任其名實
浮沉靡以異於儕俗将善良

何所勸而中庸何所勉維楚
有史稱名檮杌意主以創小
人而近[illegible]秉以牖君子所為
揚榷逸　厚礪末俗緊志是
纇獨[illegible]　谷家之嫌不奮

筆清議也予既治黄無狀得
借筆端維風萬一庶免下戾
即言之不文而竊以一一簡
牘仰資
國史采擇不猶愈于随人觀場

湯無鑒裁着乎志凡十卷其
析衷揔志及郡志若干之[illegible]
而傳稽文獻及[illegible]之盡以斷
碣者十之七稿經三易而於
建置[illegible][illegible]詳以治邑要領

具在是鬱而理之將有取焉

令而後主者有所置對矣

賜進士出身文林郎知黃岡縣

事歸安茅瑞徵撰時

萬曆戊申夏六月既望

荊楚文庫

〔康熙〕黃岡縣志

〔清〕董元俊 修
〔清〕孫錫蕃 纂

《荆楚文庫·方志編》編纂組

組　　長：賀定安　陽海清（執行）

副 組 長：劉傑民（執行）　王　濤　謝春枝　范志毅（執行）

參編人員（以姓氏筆畫爲序）：

王　濤　李云超　宋澤宇　范志毅　柳　巍　馬盛南　陳建勛

梅　琳　張文静　張雅俐　陽海清　彭余焕　彭筱溦　賀定安

楊　萍　雷　静　劉傑民　謝春枝

編　　審：周　榮

顧　　問：沈乃文　李國慶　吴　格

前言

《〔康熙〕黄岡縣志》六卷，清董元俊修，清孫錫蕃纂，清康熙十二年（一六七三）抄本。

董元俊，字謂岸，清陝西華陰人，進士，官黄岡知縣。孫錫蕃，字棐臣，號復菴，黄岡人，歷任公安縣訓導、遵化知縣，撰有《復菴删詩舊集》。

邑志始於明萬曆三十六年（一六〇八），由知縣茅瑞徵纂修。其後歷六十餘年，一邑之風土、政治等多有變遷。董元俊到任後，邀請孫錫蕃、袁黄琮、李遐齡等人參與修志。據是志卷六後邑人胡思樊所纂《讀黄岡邑志跋後》，該志所載列傳多出於袁、李二人，而星野、形勢等則悉出自錫蕃。乾隆二十四年（一七五九）《黄岡縣志》王楷《序》言：『初黄岡邑令董君有事於志矣，是時舊本已不完，故未成書而罷。』又有王鳳儀《序》言：『……黄岡志之不修也，二百年。』而乾隆五十四年（一七八九）《黄岡縣志》之《凡例》言：『縣志舊有……康熙十一年知縣董元俊修之未成書』，則可據此認爲董志雖有六卷内容，但並未付梓。

是志現存抄本五册。第一册卷端題『黄岡縣志卷之二』，領『職官志』，子目含儒學、官屬，依照職務與年代排序的官員名單、公署、學校等。其後爲『科貢志』，含進士、舉人等科舉人員名單。而後爲『秩祀志』。

第二册卷端題『黄岡縣志卷之三』，領『名宦』，内容爲不同官職所涉人物之列傳。其後爲『人物』，有孝義、義烈等目。而後爲『列女』『流寓』等。以上内容皆依朝代排序。

第三册卷端題『黄岡縣志卷之四』，領『藝文志上』，有敘，依體裁分目，含敕書、賦、辭、五言古、七言古、五言律、五言排律。

第四册卷端題『黄岡縣志卷之五』，領『藝文志中』，含七言律、五言絶句、七言絶句、表、疏、啟、書。

第五册卷端題『黄岡縣志卷之六』，領『藝文志下』，分目不明，時有時無，内容含論、序、引、記、銘、文。其後爲『摭聞』『襍志』。

據以上所述，可見該志所設綱目衆多，較之茅志，稍顯雜冗，而乾隆五十四年邑志《凡例》評其内容『略載府志』，則是志作爲『未成書』，確有其不足之處。

據《中國地方志聯合目録》，是志僅存抄本，藏於國家圖書館。本次據該抄本影印。（彭筱溦）

目録

職官

古者設官分職凡以爲民也而士君子方期握綬靖獻恪恭乃職誠有如高忠憲所云一主令名百世血祀庶不負乃職爾志職官

知縣一員　縣丞一員　典史一員

儒學

教諭一員　訓導二員　今裁

廪膳生員二十名　增廣生員二十名

附學生員無定額

官屬

團風鎮陽邏鎮巡檢司巡檢各一員

李坪驛陽邏驛驛丞各一員

樟松湖零殘湖河泊所河泊各一員

舊有赤壁磯鎮巡檢司巡檢一員　今裁

團風稅課局大使一員　今裁

宋

知縣

周孝孫蘇軾謫黄時孝孫爲令見本集

張激有傳

明

知縣

徐誼　浙江壽昌人國初任遷知鎮江府有傳

萬士安　創建縣治見建置誌俱洪武中

陳希　順天府大興人進士

張玉　順天府宛平人舉人俱永樂中

袁整　宣德中

徐璿　景泰中

吳節　淮陰人天順中

任廣

毛錫　十八年任

程達　二十一年任俱成化中

莫潛　廣西臨桂人舉人

陳曦

周遵　四川奉節人舉人俱弘治中

胡潔　江西豐城人進士十年任歷都御史有傳

簡霄　江西清江人進士歷兵部侍郎有傳考縣學碑石首調任

王浩　應天府上元人舉人以上俱正德中

夏國孝　四川瀘州人進士四年任

方瑞　雲南大理人舉人

周乾 廣西桂林人舉人
龐麟 四川成都人舉人十二年任
吳時宣 貴州都匀衛人監生十七年任
胡民表 浙江龍游人舉人二十二年任
張允濟 順天府人舉人
孫棠 貴州普安人舉人有傳
虞儼 江南丹陽人舉人有傳
楊世第 四川長壽人進士
孟津 江南滁州人舉人三十五年任有傳
萬升 江西南城人歲貢

來端本 浙江蕭山人舉人四十一年任
高价 陝西神木人歲貢四十五年任以上俱嘉靖中
賈應璧 江南無錫人戊辰進士本年任陞戶部主事累官按察使有傳
唐應元 江南崑山人辛未進士本年任俱隆慶中
羅應鶴 江南歙縣人辛未進士元年由景陵調任五年行取御史歷大理丞太僕卿右副都御史巡撫保定地方有傳
顏大化 浙江桐鄉人舉人六年任
沈弘宗 浙江會稽人舉人八年任調武昌
趙士登 江南涇縣人庚辰進士九年由武昌調任十四年行取御史歷都察院右僉都御史陞南京吏部侍郎有傳

劉夢周 山西沁州人丙戌進士本年任
涂宗濬 江西南昌人癸未進士十八年由江陵調任十九年行取御史歷大理寺丞陞巡撫延綏右僉都御史有傳
曹愈參 四川瀘州人丙戌進士二十年由陝西商南調任二十二年行取擢吏部考功主事歷驗封司中南京兵部車駕司中後任河南按察副使有傳
徐紹曾 浙江海寧人己未進士本年任二十八年陞南京工部虞衡主事歷南京兵部武庫司中有傳
羅萬言 貴州思南籍江西廬陵人舉人二十九年任
茅瑞徵 浙江歸安人辛丑進士三十二年由江東泗水調任以上俱萬曆中
周萬鎰
晏春鳴 四川人進士

熊江 四川人進士
梁鳳翔 廣東人進士
吳允初 江南人進士
李希沆 陝西人進士有傳
徐調元 江南人進士
侯萬鉉 江南人進士
孫自一 河南人進士

國朝知縣

汪士衡 江南望江人貢士
高自訓 山東濟陽人貢士

楊日昇 陝西富平人舉人有傳
劉國寧 遼東人廩生有傳
楊鍾秀 陝西南鄭人貢士
徐 鏋 江南長洲人舉人有傳
李正羙 廣西人舉人
董元俊 陝西華陰人進士

宋

縣丞

張舜臣 有傳

明

縣丞

浦允誠 宣德中
朱 聰 宣德中
俞 振 十八年任
𨛦 英 二十一年任俱成化中
宋 賢 直隸藁城人監生
韋 弁 正德十年任
向朝儀 四年任
陳 瑶 十二年任
程 厔

萬崇本
徐 煥 二十六年任
趙貴技 三十一年任
吳 漢 三十五年任
楊羙才 監生以上俱嘉靖中
陳忠誠 隆慶中
陳志謨
趙世舉 江南貴池人吏員四年任
夏 清 江西德化人吏員八年任
毛汝愚 浙江江山人選貢十三年任
何大鳳 江南江都人監生十五年任
劉 墳 江西宜黃人監生十九年任
王尚賢 河南鎮平人選貢二十一年任
沈 瀚 江南崑山人選貢二十五年任守持清正爲私惡中傷以墨去
卞從龍 江南江都人監生二十八年任
陳王庭 江南舒城人知印三十三年任
陶斌禮 浙江錢塘人吏員三十五年任以上俱萬曆中
姜周瑞 雲南人貢士
萬思進 陝西人貢士
劉 俊 四川人貢士

高成選 陝西人貢士

任可信 山東人貢士

趙鉉 山西人貢士

宋時勲 山東人舉人

陳廷冊 浙江人貢士

陳所德 浙江人貢士

吳南明 浙江人貢士

宋光德 浙江人吏員 以上俱崇禎中

國朝

縣丞

趙振芳 浙江人貢士陞知縣

葉大臣 浙江人監生陞江西按察司經歷

金殿臣 遼東人 陞黃陂縣知縣

王公濯 北直大名人貢士

宋

主簿

段璵 嘗以硯遺蘇軾

明

主簿

高弘 宣德中

楊蓀

劉彬

俞思文 以上俱景泰中

徐雍

葉奠

岳維嵩 以上俱成化中

韓敬 弘治中

黃觀瀾 正德中

黃純

馬翀

黃岡縣志

王本聖

孫善

張義 三十一年任

葉應元

龍深

宋洲

李時傑

凌敏德 以上俱嘉靖中

邵信 隆慶中

詹畚

趙 遴
何東陽 河南汝州人監生五年任
潘 濂 廣東南海人吏員七年任
楊應龍 江南巢縣人監生八年任
朱 錦 江南婺源人監生八年任
王纘武 四川大邑人監生九年任
青 袍 四川遂寧人選貢十一年任
張 楠 河南陳州人歲貢十四年任
陳顯賢 山東鄒平人監生十六年任
趙 發 江南涇縣人監生十七年任

張 担 浙江鄞縣人吏員十八年任
徐可貞 江南興化人監生二十七年任
陳 梁 江南旌德人吏員二十一年任
楊守一 四川邛州人吏員二十四年任
程鳴雷 江南婺源人監生二十一年任
湯邦啓 江西永新人吏員二十六年任
毛佈恩 浙江餘姚人監生二十九年任
王 敬 福建龍溪人吏員三十年任
楊特華 浙江餘姚人吏員三十一年任
金可礪 浙江長興人監生三十三年任

楊懷遠 四川廣安州人吏員三十五年任
樓廷選 崇禎六年任

宋

尉

虞 汲 隆州人有傳

明

典史

杜遇春 江南霍丘人以人材任擢四川道御史尋坐誅有傳永樂中
施 義 景德中
于 琮 景泰中

馬 鐸
李 文 俱成化中
萬 寧 弘治中
鄭國金
趙 貢 二十六年任
遲應奎
周大輔
任孝賢
程 衡 以上俱嘉靖中
陳 衛 隆慶中

陳嘉謨江西德化人吏員三年任

葉懋浙江餘姚人吏員八年任

金尚絃浙江鄞縣人吏員十四年任

何宗淮浙江分水人吏員十六年任

鮑應元江南宣城人吏員十九年任

鍾德浙江鄞縣人吏員二十一年任

楊㸌江南吳縣人吏員二十三年任

胡嘉猷四川宜賓人吏員二十六年任勤敏稱職上官多為嘉獎

王珣江南丹徒人吏員三十年任

唐承聘雲南昆明人吏員三十二年任

陳祝江南太湖人吏員三十五年任以上俱萬曆中

石啟電

國朝

典史

邵魁邦浙江人吏員

沈端浙江人吏員

吳秉鋼浙江人吏員

元

教諭

王師顏至正中

明

教諭

尹勗正統中

簡縉紳景泰中

金元成化中

張縉預修郡志見舊志序弘治中

林智福建莆田人舉人元年任

王沂福建人歲貢

應鵬翀浙江臨海人舉人九年任

吳資廣西象州人舉人十五年任以上俱正德中

張鳳鳴江南旌德人歲貢元年任

韓秉文浙江慈谿人舉人七年任有傳

吳漢宜山人舉人十二年任

梁鳴鑾江南崑山人歲貢十六年任

王奕四川人歲貢十八年任

趙儒江西人歲貢二十年任

向上四川巫山縣人歲貢有傳入名宦

武鉞江南滁州人舉人二十二年任有傳

康志江南泰和人舉人三十四年任

周禄江西廬陵人歲貢三十五年任有傳

張性魯　江南當塗人歲貢四十三年任有傳　以上俱嘉靖中

王　銓　江南山陽人歲貢元年任

葉子僉　閩縣人舉人五年任陞羅田縣知縣　俱隆慶中

吳　完　河南固始人歲貢元年任

林兆箕　福建莆田人舉人五年任陞高州府府判有傳

蕭文光　江陵人歲貢九年任

王　旌　雲南瀾滄衛人歲貢十二年任

楊逢時　江陵人丙子解元十四年任中壬辰進士授南京戶部主事歷高州府知府廣西提學副使四川參政有傳

文立經　廣西全州人舉人二十二年任陞巴縣知縣

劉文定　興國人舉人二十四年任陞六合縣知縣歷寧州知州有傳

彝趣庭　山東鄒平人歲貢二十八年任

盧雲龍　邵陽人歲貢三十一年任

幸良儒　竹谿人歲貢三十三年任

劉以台　萬曆三十七年任

魏開之　泰昌元年任

熊應元　德安府應城人天啓五年任

沈應魁　景陵人崇禎二年任陞廣德州知州

向明元　大冶人崇禎七年任

劉應震　江夏人崇禎十二年任

文　炳　漢陽人崇禎十七年任

國朝

教諭

任光國　荊州人舉人順治十二年任

趙之奎　沔陽人舉人康熙二年任　嗜古博洽善屬文著有居黃間草

元

訓導

胡良佐

范世美　俱至正中

明

訓導

鍾　鑑

蕭　鑑　俱景泰中

余　勛

汪　紹　俱成化中

張鳳岐

潘　溶　俱弘治中

劉習禮　四川人歲貢元年任

楊　鑾　河南汝陽人歲貢二年任

王　麟　浙江蕭山人歲貢五年任

周盛 浙江青田人歲貢十二年任

劉紀 河南人歲貢十二年任以上俱正德中

李脩爵 江西信豐人歲貢元年任

賈通 四川成都人歲貢七年任

唐相 江南和州人歲貢十五年任

任价 四川人歲貢十五年任

田嘉禮 四川人歲貢十八年任

吳允直 饒州人歲貢二十四年任

謝燕 江西都昌人歲貢二十四年任

李述 江南邳州人歲貢二十八年任

朱琰 四川宜賓人歲貢三十一年任

姚溢 河南汝陽人歲貢有傳

陳良金 浙江仙居人歲貢三十七年任

沈升 浙江天台人歲貢四十三年任

郭濟時 浙江龍潜人歲貢四十三年任以上俱嘉靖中

吳繼武 井陘人歲貢元年任

蕭希顏 山東寧海州人歲貢元年任

劉宗韜 萬化人歲貢五年任以上俱隆慶中

譚偉 四川廣安州人歲貢二年任

崔仲沂 公安人歲貢二年任

王三錫 華容人歲貢三年任

蕭一和 陝西襄城人歲貢四年任

董廷賓 大冶人歲貢七年任

羅鳴遠 景陵人歲貢八年任

劉短 漢川人歲貢十二年任陞興國州學正有傳

馬化時 雲南廣通人歲貢十二年任

李敬簡 平江人歲貢十八年任

王三錫 巴東人歲貢十八年任

蕭策 衡山人歲貢二十三年任

楊燧 武昌人歲貢二十三年任

黄岡縣志

吳九思 當陽人歲貢二十六年任陞合江縣知縣

張大有 益陽人歲貢二十三年任

陳三聘 宜都人歲貢三十二年任陞攸縣教諭

何德泰 廣東始興人歲貢三十四年任陞東莞縣教諭

吳國謝 四川隣水人歲貢三十五年任

陳巽語 四川雅州人歲貢三十五年任

孔弘憲 人歲貢三十六年任

陳雷 人歲貢四十一年任

王珩 人歲貢四十七年任以上俱萬曆中

金一星 人歲貢三年任

毛詩序 人歲貢八年任

古大復 人歲貢十二年任以上俱崇禎中

國朝

訓導

趙慶詵 人歲貢順治八年任

李明英 襄陽人歲貢順治十二年任

金膺白 人歲貢 以俱順治中

明

團風鎮巡檢司巡檢

管貞明 浙江慈谿人知印萬曆五年任

沈惟明 浙江仁和人吏員八年任

周世明 河南新鄭人吏員十四年任

徐 上 直隸冊徒人吏員十六年任

廖天愈 福建人吏員十八年任

黃朝吉 四川資縣人吏員十六年任

李 文 四川内江人吏員二十五年任

郭 江 陝西鞏昌人吏員二十九年任

楊 琮 雲南大和人吏員三十二年任

周伯迅 浙江山陰人吏員三十四年任

馬正明 南京江寧人吏員

潘志盛

呂應熊

潘匡汝

國朝

田 浚 陝西西安人吏員

黃大受 江西撫州人吏員

張德裕 直隸順天府通州人吏員

明

陽邏鎮巡檢司巡檢

丘 嵩 山東平原人吏員萬曆五年任

黃岡縣志

楊 洲 直隸蕭縣人吏員八年任

唐世曙 廣西全州人吏員九年任

卓 顏 直隸沾縣人吏員十七年任

鄒元矩 江西泰和人吏員十五年任

黃 桐 直隸靈壁人吏員十七年任

周 鈿 浙江臨海人吏員十七年任

焦仲金 河南汲縣人吏員二十一年任

郝子京 直隸永平人吏員二十三年任

王 鎬 四川西充人吏員二十五年任

丁汝貫 貴州思南人吏員二十七年任

陳士達 四川璧山人吏員三十二年任

陳大綱 廣東高要人吏員二十四年任

沈世恩

陳志達

國朝

趙文元 順天府大興縣人吏員

徐杰 浙江山陰人吏員

夏胤煌 浙江山陰人吏員

明

李坪驛驛丞

查玉西 江夏人吏員萬曆六年任

楊林 江夏人知印十年任

方來 直隸合肥人吏員十四年任

蔡尚潤 應天府江浦人吏員十七年任

郭嘉慶 直隸宣城人吏員二十年任

張濟 直隸霍丘人吏員二十三年任

張謨 四川巴州人吏員二十四年任

胡子晃 江西萬安人吏員二十八年任

倪鳳彩 漢陽人承差三十二年任

梁可重 陝西膚施人吏員三十五年任

國朝

黃應禎 浙江會稽人吏員

喬汝元 陝西韓城人吏員

黃光裕 浙江山陰人吏員

曹繩武 北直真定府獲鹿縣人吏員

唐紹先 陝西富平人吏員

明

陽邏驛驛丞

和瑀 應城人承差萬曆八年任

楊臣 山東壽光人吏員九年任

杜廷臣 江南盱眙人吏員十四年任

蔣鯨 江西豐城人吏員十七年任

牛夏 北直曲周人吏員十九年任

趙世顯 浙江諸暨人吏員二十二年任

張恕 雲南太和人吏員二十四年任

黃際春 浙江山陰人吏員二十八年任

彭應瓊 永興人吏員三十年任

雷純 四川宜賓人吏員三十二年任

張嘉會 浙江餘姚人承差三十五年任

國朝

蔣良佐北直滄州人吏員陞陝西臨潼縣典史

孫毓芳陝西富平縣人吏員

明

稅課局大使

朱鳴岐河南西平人吏員萬曆五年任

柯廷舉福建莆田人吏員七年任

趙繼思四川江安人吏員十七年任

鄭宗晁福建連江人吏員十五年任

徐德芳浙江蘭溪人吏員十八年任

張中銘河南淇縣人吏員二十二年任

王　明廣東海陽人吏員二十四年任

王德孚江西豐城人吏員二十六年任

劉宗正江南貴池人吏員三十四年任

國朝

稅課局大使今裁

明

樟松湖河泊所河泊

張德福山東益都人吏員萬曆四年任

潘鐲浙江於潛人吏員九年任

趙邦榮陝西涇陽人吏員十二年任

朱橋江南江都人吏員十六年任

王邦重陝西膚施人吏員十八年任

姚尚象江南建德人吏員二十一年任

趙邦重直隸晉州人吏員二十四年任

楊貴雲南嵩明人吏員二十六年任

葉良慶浙江太平人吏員式十九年任

吳一麟巴陵人吏員三十一年任

郭俸江西贛縣人吏員三十二年任

王蛟陝西華州人吏員三十五年任

國朝

范國禎陝西韓城人吏員

張惟慶陝西富平人吏員

明

零殘湖河泊所河泊

孟暠直隸樂極人吏員萬曆四年任

郭墀山西高平人吏員八年任

徐泰陝西華州人吏員十四年任

劉澄四川成都人吏員十七年任

萬相江西新建人吏員十九年任

黃應垣浙江蕭山人吏員二十二年任

何思明浙江義烏人吏員二十四年任

徐九官山東臨淄人吏員二十七年任

饒棉福建邵武人吏員三十二年任

封承倫直隸泰興人吏員三十二年任

國朝

李國良北直人吏員順治八年任

惠瑞海陝西富平人吏員十三年任

景可賢陝西南鄭人吏員康熙五年任

公署

縣治在郡治東環繞以衛治地皆峭削縣獨平衍據勝處城南有黃岡山名因之考郡邑治舊在城南濱江明洪武初遷據高廠即蘇賦披蒙茸履巉巖地也乳母墓在縣南摇得而稽誌稱為縣北可徵矣明洪武戊申知縣萬士安建正堂三間成化二十一年知縣程達重建扁曰親民又有吳伯朋書視民如傷四字堂後為後堂又後為知縣宅右為縣丞宅廳事圮明萬曆三十五年縣丞陶承禮重建為督糧主簿宅左為捕盜主簿宅為典史宅堂前東西六曹以次對列左為幕廳嘉靖中知縣孟津於月臺增建戒石亭文前為儀門為大門扁曰江漢首邑萬曆三十四年知縣芊瑞徵增置屏門縣庫在正堂側冊房在後堂右儀門外左為有嘉館以肅客旁一楹為土地祠吏廨在其後右為獄兵燹後盡毀

國朝定鼎次第脩葺順治三年知縣汪士衡始建治堂順治十年知縣劉國寧建後堂並東西六曹康熙九年知縣董元俊建戒石亭以復舊制焉明萬曆三十一年同知王從詔署縣事重脩分轄重女監立有名府舊志載申明亭二間在儀門前左今廢

察院一在縣學左為比察院係陶仲文入官宅明萬曆元年知府潘允哲改建前有石坊曰御史臺

舊止府官廳三楹萬曆三十三年知縣芊瑞徵同縣丞陳王庭增創司道官廳三楹於左又創縣官廳三楹於右一在縣學前左為南察院亦係仲文將宅舊為兵備道署康熙十二年知縣董元俊查出

憲司在府學左府舊志稱察院指此萬曆三十五年知縣芊瑞徵重脩增創官房一間今廢

布政分司在府城隍廟左萬曆三十五年知縣芊瑞徵重脩創建後廳三楹主簿金可礪董其役後沒入民居康熙十二年知縣董元俊查出

按察司分司在府城隍廟右後沒入民居康熙十二年知縣董元俊查出

黃州府在縣治西北高阜即右西坡明洪武戊申知府李仁創建兵火盡燬國朝順治丁酉年徐士儀僅建大堂

府學在縣東即宋河東書院舊址元燬明洪武初知府李仁改建今議重脩

縣學在清淮門內詳學校

守備司在縣南三里即臨皋驛舊址明弘治己未改為赤壁巡司嘉靖癸亥罷萬曆二年因盜警移三江口增置守備司總志云三江口左通團風右通七磯三江合流延袤廣濶前下江防僉事戢汝正議呈兩院會題添設守備一員轄武左蘄黄四衛於三江口駐劄與洞庭守備表裏應援即於各衛輪撥軍餘併移本縣議革赤壁巡司存留弓兵有名哨守於三江口公署係武昌營弁駐劄防守今廢

黄州衛在縣治北明楚指揮黄榮建洪武庚戌改為千戶所己未復立衛

國朝僅存基址有京運衛守備移住民房今新任王清遠居官寧波復古計深捐俸鳩工期于興復

公館一即七賢祠一在南察院右今廢

清軍廳在府城隍廟右今稱府廳又府舊志載有縣清軍所在治東南城隍廟前今廢或云即小學址

夫馬廠在城南門外沙街赤壁巡司舊址明弘治己未改為

外有陰陽學在府大門左醫學在府大門右俱屬府

演武場在城東南三里周圍三百七十餘丈知府余貴拓之樹楊千株知府潘允哲建堂曰足兵坊二左曰詰戎右曰振武堂後軒面江題曰江漢雄鎮

惠民藥局在府醫學又府舊志載城南有舊織染局址為團風巴河二鎮丐行朔望䘏府聽點受約之所今廢

養濟院在山川壇北

倉廒

預備倉在縣南與東坡書院相隣向北明萬曆三十三年知縣茅瑞徵重脩增置倉廒五楹縣丞陳王庭董成之○府舊志載積谷二萬石歛散不常今不可得矣

便民倉在城外倉巷知府余貴建前有坊曰民天今圮東坡乳毋墓在其前今為倉巷

社倉一在預備倉側一在陽邏一在團風明萬曆二十七年僉事馮應京建

外軍儲倉屬府在府學後明弘治丁巳同知吳景增建址甚高敞形家謂為府縣未脈

學校

初宋建學於故城南門外元末兵燹明洪武戊申知縣萬士安即縣治東南高處東坡故居移建正統中知府錢敏重脩學士李時勉有記東西隅抵民居屢遭延燬弘治丙辰僉事張彬購民房六户拓之然尚隘正德間知府余貴知縣胡潔遷清淮門內齋二曰思誠曰志道嘉靖間知縣孫棠脩萬

曆三年知縣羅應鶴重脩復拓學前地數丈今始開豁宏朗初拓地時得井即東坡時井也學宮明倫堂就頹萬曆三十四年知縣茅瑞徵同教諭辜良儒謀重脩之以主簿金可礪督其事宮墻煥然矣舊學碑載西以古井夾巷直至大街北抵曹士阜原賣地東抵北察院南抵大街城外有崗橫亘正對學宮形家稱為一字文星故城門以一字名城上舊有東樓閣久圯形家稱為縣學巽峯又為郡縣華表似關風水宜脩之

先師殿　左為東廡　右為西廡南為

廟門門東房為

神庫　西房為

神厨　前為泮池為

櫺星門　廟後為

明倫堂　左為饌堂為思誠齋右為號舍為志道齋堂東西壁科貢題名向湮廢知縣茅瑞徵更置今廢後為

敬一亭　為

尊經閣今廢　閣後有隙地亭左為

文昌祠今廢　祠後為

啟聖宮前教諭張性曾建在明倫堂後今廢　堂右

學倉今廢

射圃舊址甚濶近為民居侵占查復

公廨三所為教諭訓導宅今廢

儒學門在泮池東門左有隙地民僦居

學田先是知府羅濬為府縣兩學共置田三區歲久盡沒子民明嘉靖已丑知府張嘉孚查復揚畋田隆慶中知府孫光祖增置之縣學原無專立田萬曆三十五年知縣茅瑞徵查隱糧戴玉户下田計二十畝二分申詳粮道批允准充學田

附

小學在府城隍廟左今廢

社學在府治後知府潘允哲重建今為人行路又陽邏巡司左亦有之久廢

河東書院即府學詳古蹟按宋毋制机分教黄州兼頓河東雪堂二書院今廢

靈山書院孫子華建靈山即林山

孔子書院龍仁夫建

東坡書院府舊志云子瞻去後以雪堂付潘大臨陳慥開學教生徒名曰書院舊縣學其址也僉事沈靖建祠洗墨池前今廢明萬曆三十六年知縣茅瑞徵重建正廳三楹增置後廳三楹並旁舍今廢

科貢

科名不足重人人重科名耳韓昌黎子昶孫綰袞皆擢第袞為狀元退之名高山斗萬代瞻仰而居今鮮有知狀元袞者宋追熙寧制頒凡幾擧而不偶者三人則其所重端有在也第治隆文盛而登選胥出譽髦士欲離疏釋蹻發攄其素不籍此何繇進乎志科貢

唐進士

周　墀檢校尚書右僕射有傳

宋

進士

李　委

潘　丙

張　炳科代未詳

明

進士

彭克誠永樂甲申科無錫知縣按元年癸未當會試以上登極未暇壬午本省兵革有未及擧鄉試者命癸未皆補之以明年甲申會試

蕭　昇丙戌科官福建道御史有傳

張　璹壬辰科官應天府尹有傳

方　正戊戌科知縣

鄭思賢辛丑科祁州知州

謝　杲正統戊辰科都察院右副都御史巡撫廣東有傳

黃伯垓成化丙戌科遼東苑馬司少卿有傳

張　佐辛丑科福建按察司僉事有傳

王　璹甲辰科一作丁未羽林衛籍中順天鄉試廣東參政

揚　鳳弘治丙辰科府軍衛籍中順天鄉試陝西按察司副使前御史

王　麟己未科封丘縣知縣贈戶部郎中

王　濟壬戌科吏部郎中四川參政贈戶部侍郎有傳

余洪恩乙丑科行人福善之子

鄭文炳正德戊辰科濟寧衛籍中山東鄉試

余　鑾辛未科行人有傳

曹　珪巡按陝西廣西御史太僕寺少卿有傳

賈　啟巡撫延綏副都御史有傳

王廷陳丁丑科翰林院庶吉士諫止南巡謫裕州知州有傳

劉　漳蘭州籍中陝西鄉試

魯　綸遼東定遠衛籍中山東鄉試

余文瑞辛巳科有學行未及拜官卒按十五年庚辰上南征詔擧試事十六年正月還京三月晏駕四月世宗登極五月始擧廷試

劉　桂　嘉靖癸未科合州知州

王廷梅　成都府知府復除太平府

曹　誥　丙戌科陝西按察司副使理井鹽巡撫

陶　珪　山西按察司中癸未會試有傳

江文淵　己丑科金華府知府前翰林院庶吉士

方　任　壬辰科巡撫應天右副都御史有傳

董德明　廣西衛籍中廣西鄉試

李學顔　乙未科户部主事

吕　韶　樂平府知府

奚世亮　丁未科興化府同知死事贈叅議有傳

丘　岳　禮部右侍郎致仕進階正奉大夫正治上卿兩奉恩詔存問

鄭　奐　文炳子濟寧衛籍中山東鄉試

王廷瞻　南京刑部尚書前總督漕河户部尚書贈太子少保

王同道　壬戌科南京户部主事前巡按廣東御史

徐時可　乙丑科廣西左布政使

熊養中　户部員外郎

徐應聘　隆慶戊辰科福建按察司副使

易傚之　四川叅政前雲南道御史

江沛然　辛未科户部郎中

杜　伸　四川按察司僉事前南安府知府有傳

周　文卿　按察司副使

李之用　萬曆庚辰科雲南按察司副使

樊玉衡　癸未科全椒知縣前江西道御史有傳

曹繼孝　衛輝府同知

阮文蔚　行人有傳

王一鳴　丙戌科會魁臨漳縣知縣有傳

余心純　壬辰科會魁嘉善縣知縣

吴士瑞　四川按察司副使

樊玉衝　乙未科崑山縣知縣有傳

孫大壯　福州府知府累遷苑馬寺正卿

萬一奇　戊戌科開封府推官

穆天顔　福建道御史

官應震　潍縣知縣行取給事中有傳

常石麟　户部主事

於　倫　辛丑科南京户部主事有傳

曹先德　嘉興府推官

王同謙　浙江上虞縣知縣

汪元極　甲辰科翰林院庶吉士

杜應芳　丁未科四川學道

甄　淑　庚戌科南北刑部尚書有傳

鄒之易兵部職方司主事
秦繼宗甲午解元戴記儒宗刻有疏意為海內傳播
周之訓癸丑科户部主事歷福建提督學政山東叅政死難贈太僕寺卿有傳
祝世美已未科任兵科都給事
晏清吏部稽勳司郎中有傳
樊維城福建福寧道熺孫玉衡子有傳
洪周祿天啟壬戌科常州府知府有傳
何閎中四川提學道
靖科元歷任工部屯田司郎中陞浙江分守道
劉宗祥乙丑科歷任江西巡撫有傳

陶起虞任江西泰和縣知縣有傳
王源昌歷任河南大梁道有傳
魏公韓歷任河北保定巡撫有傳士元孫
王用予崇禎戊辰科歷任翰林院檢討有傳
嚴師範辛未科歷任河南汝南道
陳瑾甲戌科吏部文選司郎中國朝轉福建提學道
王追駿丁丑科任真定府知府
余士瑺丁丑會魁任九江推官殉難
牛若麟江南吳縣知縣行取科道未補
常克濟南安縣知縣
萬曰吉庚辰科江南崑山縣知縣

國朝進士
常成賢順治丙戌科翰林院學士轉通政司叅議
劉子壯己丑科狀元翰林院修撰有傳
曹本榮翰林院學士有傳
程啟朱見任衛輝府知府
汪基遠江西東鄉縣知縣
汪㳟南壬辰科翰林有傳
魏邦哲禮部祠祭司員外
黃中寶壬辰科行人司行人
戴治盛霍丘縣知縣

王澤弘乙未科見任翰林院侍讀提督順天學政
熊光裕乙未科官至杭嚴道才敏德瞻攝驛鹽併署臬篆築海塘捍潮患浙民賴之
王封濚戊戌科廷贈四世孫翰林院編修見任國子監司業陞侍講
陳肇昌戊戌科見任工部員外
王追騏戊戌科己亥殿試翰林院庶吉士轉禮科給事中廷贈孫
杜衡戊戌科己亥殿試北直平山知縣
樊維域己亥科北直平山縣知縣熺孫
奚祿詒己亥科見任江南常州府同知
汪士奇己亥科見任江西東鄉縣知縣
吳升東己亥科見任山東登州府推官改江西繁昌縣知縣

龍可旌 辛丑科見任山東濟陽縣知縣
汪沅 辛丑科見任河南滎澤縣知縣
宋必達 辛丑科見任江西寧都縣知縣
程啟張 辛丑科見任山東武城縣知縣
楊允禎 辛丑科甲辰殿試
鄭二成 辛丑科
陳國祝 丁未科
周之美 庚戌科
鄭昱 庚戌科

元

舉人

蔡堅 中河南行省鄉試
趙思義 中河南行省鄉試

明

舉人

李原舉 洪武己酉科解元龍溪縣知縣是年始開科舉
李翔 丙子科柳州府教諭
余思恭 池州府教授
彭克誠 壬午科進士
楊文質 國子監助教

余志 沂水縣教諭
王忠
錢斌
李懋 一作李茂江南全椒縣教諭
朱恕 永樂乙酉科南京刑部郎中
蕭昇 進士
劉鑑 封丘縣教諭
吾惟慎 汝州訓導
喻允懷 交阯布政司經歷
傅思聰 戊子科安岳縣知縣

姚文政 福建泉州府同知
胡肇 桂林府推官
戴思文
魏思義 懷遠縣知縣
李致中 樂安州判官
李儀 鹽運司副使
易應端 辛卯科岳池縣訓導
丁可信
靳瑾
張璘 進士

仝俊　甲午科潼州州判官

方正　進士

王福　海豐縣知縣

喻炬　作炬

程義　翰林院孔目

劉政

掷紹先　丁酉科榮陽縣知縣

陳謨　庚子科府知事

羅偷　盧陵人黃岡籍訓導

穆景　秦府典儀

鄭思賢　進士

鄭源

周銓　宣德丙午科

唐中　一作唐申靖寧州同知

掷復本

汪鑑　壬子科福建南安府知府

謝𣈆　正統辛酉科進士

彭本　通州衛經歷

袁瑄　定州知州

李自能　萬全都司斷事

徐悌　家化府同知

陶昂　甲子科翁縣知縣

揚憲　丁卯科訓導

邰綱　大足縣訓導

周需　景泰庚午科蒼溪縣知縣

揚洪　蓬溪縣知縣

李琥　梧州府通判

張實　癸酉科舞子試場火死賜進士

王孚　襄城縣教諭

陳剛　敬之子

黃岡縣志

劉瑢　長寧縣知縣

劉克昌　鶴慶軍民府同知

陳璉

董佐　丙午科洛州縣訓導

孫讓　淋山義民尚書子華子

徐頤　天順壬子科樂清縣知縣

王文學　徐州訓導

黃伯垓　成化乙酉科進士

賈汝揖　順天鄉試通判

張佐　戊子科黃州衛軍生進士

易潤 和州學正
徐賦 辛酉科簡縣知縣
李曙 甲午鄉試臨潁縣知縣
朱珊 雙流縣知縣
鄒璽 知縣
洪儒
宋澄 江南淮安府通判
熊璋 丁酉鄉試潼川州知州
謝夔 知縣景之子
洪應奎

管謙
梅秀 庚子鄉試富順縣知縣
陳昌 奉化縣知縣
王文約
萬居恭
蕭鳳 癸卯鄉試
蔣珂
唐友義 丙午鄉試
李汰
李潤 弘治己酉鄉試

余復善 廣昌縣知縣
王麟 文學姪進士
李忠 壬子鄉試白河縣知縣
張伯洪 分水縣教諭
曹自學 教諭
陳楨 己卯鄉試
秦向恭 大名府教授
王濟 戊午鄉試麟弟進士有傳
曹珪 辛酉鄉試進士
陳廷瓚 彰德府通判志稱其清謹有惠政

黃岡縣志

余洪恩 進士福善之子
蕭大韶
張濟 甲子鄉試嵩縣知縣
曹璽 嘉興府通判
陳榮 渭南縣知縣
郜夔 正德丁卯鄉試新城縣知縣一作清平有傳
胡永華 清河縣知縣
周瓚 庚子鄉試偃師縣知縣
余鑾 進士
陳璉 南部縣知縣

賈啓 中順天鄉試晉寧衛籍進士有傳
王廷陳 癸酉鄉試濟子進士有傳
王廷梅 麟子進士
夏時中 進士
余文瑞 進士
梅贊 丙子鄉試江安縣知縣
王廷祿 鹿邑縣知縣
王廷儒 濟子南京都察院都事
曹詰 進士有傳
劉桂 己卯鄉試進士

余國用
曹詔 知縣
蔡珣 鎮南州知州
陶珪 壬午鄉試進士
魏春 西安縣知縣
盧靜
曹詰 吏部司務
孫欽 濟南府通判
鄭相 邯鄲縣知縣
方任 乙酉鄉試進士有傳

宋大經
萬民望 寧州知州有傳
汪文淵 進士
王秉直 有傳
張澤 蒙自縣知縣麟之曾孫
宋希文 知縣
余鏊 戊子鄉試蘭陽縣教諭性孝友終養不仕
周宏
朱鴻翔 泌陽縣知縣一作鵬翔
王廷槐 麟之子贈御史

李學顏 進士
謝九遷 泉之曾孫
呂禧 丹徒縣知縣有傳
奚朴 黃州衛人富陽縣知縣
王鳳揚 萬縣知縣有傳
汪文瑞 甲午鄉試
呂韶 進士
王同鶴 麟之孫
劉亮 彰德府通判
戴濤

李行芳興化府同知加四品服色性端方為鄉評重文守議建文峯塔

黄自然丁酉鄉試揚州府通判

唐洼淮府長史

盧大化邛州知州

杜銓

陳廷舉知州

陳尚訥魚臺縣知縣

周之冕庚子鄉試知州

劉珙寧羌州知州有傳

陳萬策貴池縣知縣

涂瑜叙州府推官

杜鳴陽癸卯鄉試第子遂寧江州二縣知縣有傳

郭進賢知縣

黄泰然鳳翔縣知縣

奚世亮朴之子進士有傳

魏鳳陽

嚴宏蓬利州知州

周載西安府同知

萬一貫丙午鄉試肇慶府同知致仕進階一級

丘岳進士有傳

奚世文劍州知州

羅朝暘九江府同知

朱廷相大寧縣知縣

黄士元己酉鄉試蘄州府通判

程鳳金彭澤縣知縣

袁文星商城縣知縣文伯兄

羅星阿迷州知州陞長史加四品服色操行真為鄉評重之

祝宗文大足縣知縣

江漢寧國府同知

袁廷椿通判

黄岡縣志

李文運滁州知州

蕭濂端州府通判

陳仕壬子鄉試廷瓚子嘉興府同知有傳

汪之汸文淵子

王廷瞻濟子進士有傳

曹鄉

黄有任乙卯鄉試蘄州府通判

汪仲川四川參議前兵部員外郎

熊養中進士

陳廷政建水州知州

范崇鎮　戊午鄉試寧州知州

嚴璞　宏姪

杜傑　長寧縣知縣鳴陽子有傳

江養蒙　成都府通判

曹光　桂孫

嚴珣　辛酉鄉試璞弟

馮言　瑞州府通判

葉維喬　銅梁縣知縣

王同道　廷槐子進士

王追美　廷儒孫有傳

何天德　舞陽縣知縣

王睦　鳳陽子

王址　鳳陽子

李埴　廣西道御史陞福建僉事有傳

周文卿　江夏縣籍進士

周朴　樂安縣知縣

曹繼孝　進士

徐時可　進士

李之用　進士

曹美　桂孫力學篤友誼竟罷試不仕

杜伸　鳳陽子進士有傳

易倣之　進士

汪本英　知縣

袁文伯　之星之弟　潛山縣知縣博學有行能詩有傳

王追伊　隆慶丁卯鄉試廷陳孫江南潁州知州

劉逵　真陽縣知縣

江沛然　江夏縣籍進士

余光先　雲昌縣知縣進士洪恩之姪

劉功允　溫州汝寧二府同知珙子有傳

徐應聘　進士

黃岡縣志

丘一奇　池州府同知家無私橐討建夷有轉餉功

李榕　泰州知州

朱朝龍　沁源縣知縣

徐銘　武定府同知加四品服色

汪守廉　雲南曲靖府同知前雙流縣知縣入名宦

汪之煥　庚午鄉試

王廷植　麟侄定遠縣知縣

葉正蒙　封丘縣知縣

涂巍　瑜孫廣東廉州府知府

程希凱　鳳金子定遠縣教諭

汪一右 中順天泗州知州前徽州府同知入泗州名宦

王同晋 萬曆癸酉鄉試濟縣

余應鶴 知縣

黃宗聖 知縣

劉道 承芳子登州府知府

余心純 淪之子進士

於廷諍

王同大 丙子鄉試齊孫

汪季川 仲川弟杞縣教諭

朱萬年 國子監丞

廖自仲 貴州府同知

陳九德 壯子

周時烈 叙州府通判

陶便 湖州府通判

郭之易 己卯鄉試慶孫工部員外郎

曹士彥 美子定遠縣知縣入名宦立祠有傳

阮文蔚 進士

李汝賢 盐山縣知縣

王陞 重慶府同知嗣任河間府通判有傳

陳育俊 南溪縣知縣

余履盛 枝陽縣教諭

杜若芝 南充縣知縣

樊玉衡 壬午鄉試進士有傳

王一鳴 追美之子進士有傳

瞿成名 吉安府同知

吳嵩

孫大壯 進士

吳士瑞 進士

盧國禎 蘇州府同知

孫紹芳 中廣西鄉試桂林衛籍林山河人

江起雲 己酉解元本英子鄭州學正

蔡正茂 知縣

盧勲

孫大祚 以縣令擢州守陞淮安郡丞忤牘璫謫黔中後起楚雄郡推贈按察司僉事

周有為 武寧府推官

劉美 武昌縣教諭

常宗孔

曹光德

程登雲

徐學禮

汪元極 辛卯解元進士
盧登
熊養初 梧州府推官
祝名先 宗文子
洪聲遠 雲南參政
何天申 中應天鄉試順天府通判降無為州判
秦維宗 甲子解元饒陽縣教諭進士
官應震 進士有傳
黃中 輝縣教諭
汪應節

樊玉衡 玉衢弟進士焯子有傳
梅獨早
程元瑜 中應天鄉試
萬一奇 黃陂縣籍進士
吳思温
穆天顔 丁酉鄉試進士
王同讓
常石麟
胡欽闕
陳鴻恩 丙辰擬元南京刑部主事有傳

羅一哲 星子沅縣教諭
周蓋臣 原名張周俊
陳余達 永興縣教諭
周之訓 澤曾孫
胡來臣 欽闕弟
鄧應張 庚子鄉試亞魁官至潯州府丞致歸奉功令舉齒德俾尊鄉飲大賓
吳時泰
於倫 進士有傳
曾日省 潛山縣知縣矜取致仕
吳徽 嵩弟

黃岡縣志

官應賓 應震弟
黃拱辰 自中子
程士升
鄭之良 癸卯鄉試歷任四川副使有傳
鄭謙 雲南知府
劉文忠
甄叔 進士有傳
魏國賓
王同定 濟之姪孫
杜應芳 丙午鄉試進士傑之子有傳

陳懿 九德子 孝感教諭
余士忠 光先侄孫
鄒之孟 進士
晏清 進士 有傳
余弘靖
陶起虞 己酉鄉試 進士 有傳
程之試
王一桂 主事 有傳
丘維明 壬子鄉試
丘維時

丘宗魯
王歆濂 南陵縣知縣 有傳
李五美 台州府知府 有傳
趙世貞 壽州知州
魏之璪
魏國彦
杜祝進 國子監助教
劉宗祥 乙卯鄉試 功允子 進士 有傳
洪周祿 進士 知府 有傳
李顯祖 知縣

魯齊賢
周三俊
靖科元 進士
汪熺南 戊午經魁 元極子
祝世美 宗文孫 進士 有傳
何閎中 進士 四川學道 有傳
王六如 主事
嚴師範 進士
阮維岳 蔚之子
胥振鐸 知府

樊維城 王衡子 有傳
蕭正大
程埻 萬曆戊午科興濟知縣文汝遷選貢原修黃岡志誥贈興濟知縣
王家錄 天啟辛酉鄉試 主事 有傳
劉相可
盧任澄
呂元音
周弘邦
鄧讓 進士
程良球

吴思文
牛若麟 進士原職黄州衛指揮應襲
舒中天
魏公韓 甲子鄉試進士有傳士元孫
王源昌 進士有傳
余士㷶 進士有傳
蕭維芃
程之啟
周啓元 丁卯鄉試
蔡馨明
王用予 進士有傳

秦如容 進士
鄢之璲
劉師健
王追駿 崇禎庚午鄉試廷聘孫進士有傳
劉子壯 順治己丑科狀元有傳
王一翥 有傳
陳師泰 夔州府知府
張士志
詹大有 有傳時明孫金谿知縣
李揆林 原名專棠刑部員外

蕭奎
陳瑾 進士
易士龍 宿松縣知縣
於斯行
葉國章 廣東徐聞縣知縣
汪煉南 之渙孫進士有傳
汪爚南 元極姪河南府知府
李如瑾 雲南陸涼州知州
魏師田
鍾天與
奚還吉

吴元伯 庚辰御進士歷官兵部武選司員外郎陞沂州參議傳載江夏志中
胡公陳
萬曰吉 進士係丙子鄉試
張士佳
常克濟 進士
萬爾昌
黄鉞 兵部車駕司主事有傳
詹瑾之 濟南府推官有傳時明子
奚昕鉉 己卯鄉試還吉姪
秦餘馨 維宗孫安定知縣

常成賢 石麟孫進士

王源善 本姓陳

陶克俊

於斯昌

方應地

劉子芬

魏應熊 國彥子

詹大衍 詩之之子壬午科魁有傳

程文

曹澄

郭都城

晏濟 清弟鳳陽府推官

國朝

舉人

魏邦哲 順治丙戌科鄉試進士禮部員外

周九華 歙縣知縣

鄧錦 兵部主事

宋黃佐 本姓黃

張偶賢 知縣本姓林

曹本榮 戊子經魁進士

程啟朱 進士

凌建奇 翰林院孔目

黃中寶 進士

汪基遠 之渙曾孫進士

王用世 檢討用予弟有傳

王澤弘 中北雍鄉試進士翰林用予之子

王承啟 欽濂仲子有傳

張之杜 常德府教授

熊夢熊 本姓胡傳學弘才深研易理著有易林解諸書

孫如芝 四川筠連縣知縣

汪申達 歸州學正

陳肇昌 進士工部員外

王成

王一軒 中順天鄉試

馮雲傳 甲午鄉試潛江縣教諭本姓熊

張本忠

熊光裕 養中孫進士官至浙江杭嚴道僉事

樊維域 燔之孫進士任平鄉知縣弃方彊仕以母老請告籍

宋必達 進士

汪沅 應第之子進士

程啟張 進士
汪建遇 起雲之子
杜琦 仲孫有傳
胡翊明 祁陽縣教
楊碩 本姓杜
黃名啟 甲午鄉試
洪有守 中北雍聲遠之子
汪士奇 丁酉鄉試進士
王追騏 廷瞻孫經魁進士
奚祿詒 進士常州府同知世亮從孫

王封濚 一鈃之子進士
周之美 進士
宋文球 巴陵縣教諭
吳升東 元伯之子
杜蘅 進士
汪嶼南 之汸之孫武邑縣知縣
徐子有 湘陰縣教諭
杜士英 仲魯孫江夏縣教諭
黃如松
林昆翰

龍可旌 進士瀋陽縣知縣
余卓
魏信陵
葉自巖
張從瑜 庚子經魁長沙府教授
王追騄 廷瞻孫
王之鯨 廷瞻曾孫金縣知縣
楊允楨 進士本姓吳
鄭二戌 進士
鄭一洪

陳敏常 康熙癸卯經魁
梅佳楠
操之盛
江永祚 宜都縣教諭
王萬膽 邵陽縣教諭
余世羽 光先曾孫
陳國祝 進士
張仲經 丙午鄉試經魁
胡思樊 武勳傳載四川總兵思之曾孫原黃州衛指揮襲
鄭昱 進士

黃嘉衍
胡　坦
黃名凱
陳弘仁 己酉鄉試
王鳳采
孫　鈞
鄧維憲
徐光林
晏勗明 壬子經魁濟子
王文繡 本姓黃
姚之年 本姓蕭

明

貢士

陳　敬 刑部員外郎前兵部車駕司主事 世昌子
趙　玉 東平州學正　唐友善 一作友試御史 陞按察司副使
蕭　英 河南參政　郭子奇 南昌府教授
張　庸 知縣　潘　淑 忠州知州
李　信 烏程縣知縣　舒志善 布政司經歷
余必選 慶府奉祀　史　誠 鴻臚寺序班
但　先 磁州同知　彭　進 雲南按察司副使

鄒仕昇 永平府通判　胡子貴 資縣主簿
蔡伯和 兵馬指揮　龍友試 汝寧府推官
傅思旻 壁川縣知縣　劉　政 鎮遠府知府
林　讓 蓬州訓導　吳　英 處州府知府
陳　雍 河南道御史　鍾　旻 渠縣教諭
張　佑 兵馬指揮　楊　楙 蒼溪縣訓導
謝永試 四川布政司檢校　王應奎 銅仁府照磨
周　義 新城縣知縣　劉　金 巫山縣訓導
王　震 潯州府推官　顏　和 寧國府經歷
魏　鏞 杞縣訓導　彭　蠡 遼東衛經歷

黎　瑄 儀隴縣訓導　蔣　聰 寧府審理
張　冑 上海縣訓導　蔣文運 成都縣訓導
萬　楧 崇慶州判官　王　鐸 處州衛經歷
鍾　鳴 如皋縣訓導　黃　鏞 棗縣知縣
朱　靜 安吉知縣　曹　珙 內江縣知縣
詹源澤 餘姚縣知縣　曹　通 長寧縣知縣
黃　瑞 鄖城縣知縣　喻　銘 新淦縣知縣
周　敏 重慶府推官　胥　明 餘姚縣主簿
陳　良 以子廷瓚贈　黃　斌 岳池縣主簿
單　麟 主簿　彭　倫 開封府推官

宋明達 肇昌府照磨　鄭鑑 萊蕪縣知縣
劉本 蘭州同知　黃宗 縣丞
鄭瓛 安福縣主簿　聶聰 甌寧縣主簿
朱璨 貴州宣慰司經歷　王進 江西理問所案牘
孫良足 大足縣知縣　劉璋 湖州府推官
王昇 岳池縣知縣　宋榮 臨安縣主簿
馮璋 常熟縣主簿　卞仁 樂平縣丞
朱聰 威州學正　周正 延平府經歷
李世高 鄞縣縣丞　蔡勲 訓導
揚子榮 一作于榮馬湖府訓導　陳鸞 太平府同知

徐時中 遂平縣教諭　蔡昆 白河縣教諭
周郁 銅陵縣主簿　曹儼
王簡 邵武府推官　謝昱 長山縣丞
喻訓 山陰縣知縣　詹寶 蘄州府經歷
李涇 太康縣主簿　詹玉
張滋　鍾琛　秦尚友
秦尚經　張紘　徐輔 大理衛經歷
李珊　袁寶
張鵬 新興縣教諭　汪經
李羲 成都府經歷　鄒軒 上林縣知縣

賀祿 潼川州學正　王玠
宗昇 陳留縣訓導　袁璽 開封府教授
李文明 劍州學正　袁釗 碭山縣教諭
皮珪 陵縣訓導　王爵 萬載縣訓導
王德 湯溪縣丞　馮大本 定海縣丞
方敏 廣昌縣教諭　詹孟夏 潮州府知事
杜華 廣東鹽提舉　徐麟 慶陽府通判
魯介 德化縣教諭　劉大同 大康縣訓導
陳言 慶陽府通判有傳　袁尚明 鄧州訓導
邢寬 南昌府訓導　吳慶 楚雄府教諭

卞峻 費縣訓導有傳　董公善 開封府通判
馬良 光山縣知縣　閔泰 彭縣知縣有傳一作梁山
朱應詔　胡靜 新建縣訓導
陳溥 應天府經歷　宋章 威遠縣知縣有傳
劉大倫 彭水縣教諭　張文淵
徐寬 遂平縣訓導　李春 蘭溪縣教諭
周廷相 曲靖府推官　樊模 兵馬指揮
潘仕佑 華陽縣教諭　許賢 周府教授
王箴 夔州府訓導　林嵩 福建布政司理問
余洪績　陳景

蔣燮 通判　李承芳 教諭
董昱 永定縣教諭　黄芳 益府審理
陳暹 知縣　萬珊 由興國學正
曹琮 紀善由南漳縣知縣　宋希哲 霍丘縣知縣
鄧廷鳳 蒼溪縣知縣　杜翔 上高縣知縣
陶珽 裕州判官　范芝 定遠縣知縣有傳
吴儁　徐宗德 泉縣教諭有傳
吕祥 禧兄　侯佐
許歸 敘州府訓導　李仁
孫鉞 州判　熊忠 温縣知縣

陳富　吴紀 泰和縣訓導
黄薰　曹雲鳳
謝文祥　陳恩
趙寅　黄華 府知事
蔣希周 訓導　劉鋌 夔州府訓導
張治 德化縣訓導　羅素 睢州訓導
聶惟賢 湖口縣知縣　余淪 大足縣主簿
張玉振 訓導　余廷桂 訓導
李澍　徐相 大足縣教諭
徐希孟 武學教授　蔡明試 處州府訓導

甄善 訓導　袁邦祥 商城縣知縣
胡濬　康祥 訓導
魏麟　張起鰲 登州府訓導
劉承芳 同安縣訓導有傳　陳大器 新寧縣教諭
朱宸 江陰縣訓導　林民表 主簿
曾守約 訓導　蔡明儒 訓導
孫之祐 主簿　鄧正 教授
汪文相 教諭　蕭文奎 訓導
丘尚策 訓導　屠宗禹
周文炳 訓導　李寶 訓導

汪一右 中鄉試　廖通 訓導
沈廷臣 國子監學録　袁邦禄 訓導
徐自懋 成都府通判　高士 石門縣教諭
梅一株 濟陽府推官　劉賢
王光 署丞　陳嘉學 知縣
余良知　丘尚燮
蕭儁 奉天府教授　鄭文彬 遼東籍知府
王松　黄自中 德化縣訓導
徐鏘 温縣知縣　余大韶 梧州府通判
黄甲 兗州府通判　何天申 中鄉舉

陳化 廷瓚子仕之兄河南孟津教諭
王同恒 廷瞻子 樊熇 模縣南陵縣教諭
高栢 選貢郴州學正 王同亨 楚府教授
蕭友蘭 訓導 姚端 蘇州府教授
秦一清 朱廷光
熊養純 教諭 劉文熻 桂子
陳大奎 陳養 教諭
余應奎 英山縣教諭 樊鼎遇 原名維藩玉衡子選貢
高第 栢子安慶府教授 劉文元 華容縣教諭
丘縉 汪傑 守廉子選貢通判入名宦

魏岫 訓導 胡瀞 遂平縣知縣
余繼盛 祝文斗 雲南府通判
陳相道 嘉學子選貢 梅應時
汪儒 林國卿 衡山縣訓導
陳宗顏 通城縣教諭 龍雲程
李之本 瀏陽縣訓導 宋德祈 瑞昌縣訓導
劉功遠 武昌縣訓導 胡克矩 訓導
周啟孫 澤孫平度州同知 陳九成 化子九德弟
程師明 由江夏學沛縣丞 李應翠 德安府訓導
汪廷桂 葉維禎

王同昂 主事有傳 徐言 邛州州同入名宦
陳三鳳 知縣 余道南 鑾孫
彭應元 詹時明武寧教諭崇祀鄉賢 尚一經
趙炳 有傳 羅一振 星子
魏士元 胡克武 訓導
洪聖典 曹士謨 學正有傳
曹之棟 廖自強 知縣有傳
杜璚芳 庚午貢士竹山教諭 樊玉衡 余本淳
熊應鳳 黃德 曹之建 知縣有傳
杜鎮 辛酉副榜拔貢 丘一儒 張奇節

方來賓 葉應昌
於斯端 夏道律
王箕 杜喬芳
鍾天錫 杜鋌
袁用宜 姓方直隸學衡州府教授 王家鎮
洪有臨 恩貢知縣 丘之璽
江中柱 知縣 鄒之旦
王士龍 潛江縣訓導 杜紹先
陳克岐 知縣 丁應明 吉安府同知
魏師卜 公韓子 何昌祚

萬引年　孫錫蕃遵化霑化二縣知縣
嚴之聰海寧縣知縣　魏師叚見任盧龍縣知縣公榦子
王承祜欽濂子　劉文運

國朝

貢士

官撫邦知縣　曹亮采教諭
殷之捷訓導　方焰知縣
陳欵昭平縣知縣　王躬允海澄縣知縣
梅斯美教諭　周維勇通判
王用世中鄉試　甄嘉棠

祝世標教諭　王澤弘進士見任翰林院侍讀
金鳴虞　胡克峻知縣
周士韻推官　靖乃猷豐潤縣知縣
熊光裕進士浙江杭嚴道　穆脩鉅鹿縣知縣有惠政民愛慕之
王源曾州判　陳之賓教諭
呂尚和清豐縣知縣有傳　祝守峻澧陵縣訓導
洪有守中順天鄉試聲遠子　高登雲嘉興縣知縣
鄭光聚教授　熊雯遂溪縣知縣
周泰祥郁陽縣教諭　汪卲孫洪桐縣丞
王一喬　林秀

官撫亂雲南沅江府通判　葉秀麻陽縣教諭
錢交叟四川內江縣知縣　晏勳明知縣
操日臻　張弘任
姚彥　何履仕
樊齊畧　曾克明
朱日濬　余世羽中鄉試
何右彬　汪以載
余二俊　王追猷
丘學岱疑之孫　高思忠
王呂烈　王追驥

王追駬　晉大衢謹之三子中本省副榜又中北雍副榜
王材任　王源復
易道憲　陳繼賢
洪有能　孫叔嗣黃安學
黃煥文　陳吉

明

例貢

陶以棨大理府通判　蕭大護
陶璠主簿　徐琪縣丞
齊大鵬州同　程賢

奚　珊　平陰縣知縣　陶　梅
余　鏞　丘民心　河南周府長史加四品服俸
陳　德　潘士麟　主簿
劉大韶　合州吏目　周大猷　主簿
秦　雍　山東按察司經歷　彭　珪　應天府經歷
丘民感　鹽運司經歷　舒　佐
楊茂春　黃　藻
曾　星　曾　昶
陶世侃　吳嶽山　寧國府經歷贈主事
潘　棟　劉文炳

夏　疇　曾　早
秦　璽　劉文星
劉文輝　挂子　劉　揚
夏　官　盧大舉
陳　宣　黃人望
丘　纅　丘民德
陶　化　廣東布政司理問　丘　與　樂平縣丞
奚世奕　朴之子光祿寺署丞　丘　增
丘　纓　寧州同知　丘尚策
曹伯脩　潘　木

舒道芳　劉文熄
劉文烶　劉　棨
顧　信　澂江府經歷　張文正　澤之子
王　台　濟之弟鴻臚寺署丞　王廷遷　濟之子
王同公　廷儒之子　戴應兆
劉　桐　方　作　任之弟
易聚之　戴應元
劉思召　梅一樹　榮昌縣丞
劉長統　秦　永
黃　櫕　曾　臬

黃岡縣志

李　材　梧州府經歷　王大同
方一龍　任之子永寧州吏目　王廷枏　麟之子
高一龍　徐文炳
王同京　廷儒之子　王同冊　廷陳之子
王廷揚　濟之子　王　堦　鳳陽之子
汪之濂　陳　表
陳萬化　張　鋐
程先登　泰州判官　於廷猷
劉芳聲　陳正倫　福州府照磨
丘一麟　岳之子　周源昌

王同復 廷贍子　王承熙 址孫
王同軌 廷槐子太僕寺主簿　鄭一德
陶一蘭 化之子兵馬副指揮　黄一裕 禹湖府經歷
劉功懋 主簿　潘文元 江西理問
梅昂 吳江縣主簿　方一寀 任之子嘉善主簿
丘養浩　杜時芳 傑之子　樊齊宏 維城子
黄道亨 士元子　謝蓮　秦一芝
王追亮 廷儒孫　秦一奚
涂通霄 巍之子　曹士奇 美之子
王同觀 廷贍子　徐襃

戴中甫　樊維甫 玉衡子 博學宏詞才兼文武
王追醇 同軌子　朱維新 萬年子
汪儀 守濂子　陳心德
方一盛 四川鹽課司提舉　丘鋌 民感子滕縣主簿
何士望 天德子雲南布政司檢校　涂西山 晉州判官

國朝

例貢

郭文述 考授理問　程弘念 考授州同
魏嶠　孫寓
王材受　袁應侯 考授州判

劉天植　龍光庭
龍可斿　龍際昌
熊于岱　梁駜
余士達　程奕
胡之昳　張世斌　田之瑋

明

錄廕

謝元 以父景廕鴻臚寺主簿　王追皋 以祖父瞻貴廕
奚鋌善 以伯世亮死事廕先是世亮無嗣廕弟子奚鋌良入監讀書尋故以弟鋌善補廕任詹事府錄事南京鴻臚寺主簿

康守功 以父良臣任定海尉死倭難廕仁壽縣主簿
甄若琰 以祖叔尚書廕任國子監助教
周之記 以兄之訓死事廕
曾怒 以父全指揮征横江陣亡廕署篆督漕

國朝

錄廕

汪惟錡 以父基遠任東鄉死難廕知縣
官紘心 以父撫煥任會稽死難廕知縣
常鍾炳
曹宜溥

曹本懋
汪在允
汪在亨
李挺龍
王麟校

武勳

自古國家用人非獨文治盛也蓋亦武功茂焉使漢唐將相以大夫而兼介胄以元戎而總六官互相重也即宋亦以經畧兼樞密安在武勳一途與文有異耶不然雲臺麟閣圖

形繪像者何爲也哉

國朝虎變雲蒸龍驤豹畧固不乏人文武並重以視前代蔑以加矣志武勛

明

武勳

廖永忠 有傳
黃榮 有傳
金來相 福建都司署都指揮僉事
金城 來相子四川都司署都指揮僉事
金印 來相子武舉第一名京營千總

杜脩鳴 陽子乙酉武舉第一名
胡恩 世襲黃州衛揮使累陞四川松潘總兵有傳
曾言 世襲指揮陞都使司崇祀鄉賢
曾恕 世襲指揮因征宸濠有功陞雲南都司
曾爵 世襲指揮因從征有功陞四川行都司
曾一夔 世襲指揮有文武才官至都督同知崇祀鄉賢
牛可耕 世襲指揮陞鎮遠守備以子若麟貴晉贈武將軍
陶紹侃 有傳
倪敏政 有傳
潘思謙 有傳

李應鶴 有傳
陳訓 世襲副千户
蕭鄖侯 武舉孫之年中康熙壬子鄉試
陳全斌 三科武舉精六壬數武經註解行世
蔡一申 武進士狼山副將
趙璧 丁卯武舉第二名
王景 世襲錦衣衛千户有傳

國朝

武舉

孟賢 辛卯科守備

徐逢春 甲午科鳳陽守備

郭桐封 甲午科

杜

奚冉誌 丁酉科衡州守備

程士鰲 丁酉科

陸邦鐵 癸卯科本姓秦

方映魁 己酉科中武昌府學本姓甄

姚從時 壬子科

陶之琇 壬子科

鄭維啟 壬子科

張尚聖 壬子科中羅田縣學

劉思玉 將材見任松江府川沙營副總

張奇 進士初任北直三屯營守備陞浙江水師營都司

明

武勳

廖永忠 其先黄岡人元大德中徙巢因家焉永忠少豪邁有大志元末聚少年保巢湖左君弼據廬州永忠從諸將迎王師上見其年少謂曰若亦圖富貴乎永忠對曰願事明主掃除寇亂垂名竹帛耳上悦以副水軍帥從渡江拔采石取太平蕪湖擒陳也先乘勝定建康討海寇所至有功會兄永安陷敵授樞密僉院代將永安兵攻趙普勝栅江營追殺賊衆復樅陽陳友諒犯龍江上命諸將分據

要害永忠率所部大呼先登友諒走遂復太平陞同知樞密院事上率舟師伐友諒至安慶敵固守以陸兵疑之永忠擊水寨破敵長驅小孤山友諒挈妻子走武昌遂入江州分兵下瑞昌吉安諸郡從征南昌兵至彭蠡南昌降援安豐敗張士誠兵攻廬州久未下是時陳友諒悉兵圍南昌上帥諸將逆戰康郎山明師幾潰永忠以七舟載葦荻乘風縱火焚戰艦數百艘烟氣漲天湖水盡赤翌日又以六舟深入敵聯大艦擁蔽明師意其陷沒有頃六舟旋遶敵船而出勢若游龍明師見知氣倍合戰

並力呼聲動天地敵大敗友諒中流矢死上還論
功賜永忠田及珠牌鏤金字八曰功超群將智邁
椎師征陳理武昌栅其四門上視師督急擊理降
擢永忠湖廣行中書省左丞攻廬州左君弼解去
復援安豐取江西未下州郡從伐張士誠吳元年
九月拔之陞中書平章政事湯和既下温台慶元
方國珍遁入海島上命永忠為征南副將軍率師
自海道會和討之國珍降得兵萬計乘勝取福州
洪武元年兼同知詹事院畧定閩中執其平章陳
友定充征南將軍率師由海道取兩廣遣人諭降

元左丞何真師至龍潭破偽叅政邵宗愚縛斬廣
州市捕諸豪倡亂者悉誅之民大悅相繼來歸檄
九真日南朱崖儋耳者納印請吏進取廣西至梧
州降元達魯花赤拜住平章者林濬貴等州郡以
次降兩廣悉平二年還至京上命太子率百官迎
勞龍灣三年泉漳不靖永忠往定之上大封功臣
諭諸將曰如廖永忠戰鄱陽奮勇忘軀可謂奇男
子授開國輔運推誠宣力武臣榮祿大夫柱國封
德慶侯食祿千伍百石賜誥命世券是年充征西
左副將軍從湯和率舟師由瞿塘趨重慶伐明昇

四年克歸州和駐師大溪口永忠先至夔府偽平
章鄒興等拒戰永忠分軍為二既撓麾後軍兩翼
旁出興走遂至瞿塘閲蜀人設鐵索飛橋橫據關
口我舟不得進密遣壯士數百人舁小舟踰山度
関出上流人持糗糧帶水筒禦饑渴蜀山多草木
將士皆衣青簑魚貫出崖石間蜀人不覺度已至
率精銳從墨葉渡分兩道五鼓攻水陸寨將士皆
鐵裹頭船置火器而前黎明蜀人盡銳來拒永忠
已破其陸寨矣既乃將士舁舟上流鼓譟下蜀人
大駭下流之師擁舟前進發火器夾攻大破之斬

興焚三橋斷橫江鐵索飛天張鐵頭張等皆遁去
明日和亦至和率步騎永忠率船師會重慶沿江
州縣望風奔附抵銅鑼峽昇遣使詣軍中請降永
忠俟和至受降下令禁侵掠遣人送昇等至京師
上親製碑文美之永忠歸所佩將軍印綬上諭平
蜀功賞白金彩段增祿千石賜第京師封父旺涼
國公洪武八年永忠卒子權娶湯和女為散騎舍
人九年從馮勝練兵西安十一年從御史大夫丁
玉征松疊十三年嗣侯十四年從傅友德征雲南
十五年領兵守畢節尋移瀘州十六年召還十七

年覈賜塋安德門外後坐藍黨國除
黄榮機警有謀精司馬兵法明初從定江淮戰吳會
取中原以功授和陽衛指揮洪武辛亥從傅友德
伐蜀克階文綿漢等州進克成都又從克保寧番
榮駐守未幾别置千户所守禦得代還是年論平
蜀功賜白金文幣已乃命鎮黄州榮脩城浚壕招
懷降附一方頼之尋調紹興衛
胡恩字前江先世明遠將軍海從靖難功受萬户封
世系隸大司馬黄其分衛也累六葉至公綸初綸
襲伯兄經廕伯兄武宗時銜命蜀中卒于道公圖

其真以歸閩雲端有聲土人見之因祠焉蓋以死
勤事世傳其神有然也綸每指其真以示恩必流
涕曰無忘爾伯考也綸卒恩襲爵輓衆京師訓練
卒伍所事皆報最任十餘年至萬暦三年還永道
守備官舍與永别駕適数侵恩亦不之校會直指
黄按楚以耿恭簡知恩賢追按永即授司李意乃
舉永屬寄料覈于恩恩矍然謝曰此自有職司恩
介冑士何敢侵固辭别駕聞之懼且不免會直指
檄至趣其便宜從事恩度不可違乃集太守以下
各條應否某但具文案供掾職必不㕘已意以分

所事權一時當事莫不服其學後别邑所訪多奇
細乃復集太守以下焚香閣取十去六七陰活数
十百輩永人比户尸祝胡公盛德云任滿擢本省
都閫新至會三司燕集黄鶴樓新舊吏交點庫藏
而吏酒醒遺金篋于座隅合中兒糞匿之有老僕
畏主端嚴不敢發夜分聞得其情愕然驚呼亟召
吏諭之時漏將徹吏已舉家欲絶一聞是命天地
再生矣尋轉四川瀘洲參將瀘地接牂牁大不剃
公以德撫之當道嘉其有服遠才交章以薦遂開
鎮松潘松潘密邇蠻洞土司諸長官例于鎮帥至

黄岡縣志 二

輒奉金幣餌之受其賂者去遂不竹恩一切擯棄或
命森如在鎮三年忽夢雲際有金鎧伏而來者
顧謂曰予爾伯父也汝何久于官而緩于嗣乎恩
泣寤貌求解組詔可萬暦十五年以大總戎歸涓
然寒素越三年生冢君来貢復越十八年撫冢君
襲祖廕萬暦戊甲十二月公終正寢壽八十有四
卒之日召冢君曰汝伯祖偕汝祖期我遊五嶽將
與俱竹天賜汝丈夫子二汝婦名家女王洞澤之女王夢澤
雲澤之姪女也當敘吾宗言訖乃瞑己酉建未月冢君王
夫人生孫承策聘樊侍御交軒公女樊生冢孫思

樊于康熙丙午科成孝廉次君暨諸曾玄皆賓鄉
勃勃一一如其所命云

孟世爵字君錫

俛敏政字懋績世爵指揮使司以轉漕歷年累功推
陞靖州守備禁止令行苗民率服撫院揚按院郭
合薦有營壘煥然一新可稱師中長子等語陞福
建都使揮使司進慶賀表两次入京奉功令天下
進表大小各官着令兵部合試拔其尤師陞浙江
南洋遊擊將軍于時海寇劉香老大舉雲擾東南
撫臣熊文燦督師會勦敞政佐中軍蕩平之象撫臣

題敘加授南洋參將卒子弘祚世其爵領
國朝漕運歷有勞績紀序在部

滿思讓字吉甫黃州衛指揮使司自少博學深思于
經綸諸書無所不習旁及皇極經世術數之學尤
極精究歷中三科武舉官四川建武遊擊將軍以
征苗洞有功陞廣東掌印都指揮使司子如弦少
承父文武世業步騎射矢發無虛萬曆乙卯科與
父思讓同中武舉歷任楊州水師參將
國朝龍飛如弦長子世榮以䕃子領順治七年運著
績次子世美武畧從戎補協鎮把總防汛三江招

黃岡縣志

撫巡緝進勦東山以盡瘁軍功墜馬暴卒閭鎮師
卒無不揮涕哀之

李應鶴字鳴皋世爵黃州衛正千户豐于德量達于
經權守職恪恭毋苟笑言毋苟利益軍民莫不誠
服以轉漕功兵部奏請加署指揮同知崇禎元年
委署本衛指揮使印務八年督理屯局餉部以錢
糧清楚名列薦剡于三年荒鶴出穀百石賑濟鄉
里咸祝不衰壽八十卒二子長遐齡府庠廩生次
夢齡府庠生遐齡于順治丁亥年正月初十日一乳生
三子今宏寀俱列庠宏文于康熙十一年十一月二

十八日一乳三子
撫臣徐　奏
聞
欽賜米十石布十疋里人稱為郡邑之瑞云

黃岡縣志

秩祀

文廟

啟聖祠

十哲　兩廡

文昌祠以上歲春秋仲月祭日用上丁牲帛奠獻有制考會典明洪武十八年議准先師孔子及社稷山川等祀凡縣附府者罷縣祭今從稷行釋菜禮

名宦祠在府學內祀唐左震宋王禹偁元晏濬明陶安向晚齡滕霄錢敏王齊劉肅盧濬胡錠黃壽朱節楊宸吳淮韓東文祭日同文廟按各州縣俱祀名宦本縣以附府不別立祠其宰縣有殊績似應附祀乃相沿不須即徐誼而下諸循良曾不得與它州縣名宦蓋恐爲缺典

黃岡縣志

鄉賢祠在府學內姓名載人物志祭日同文廟

府城隍廟在治東南布政分司右明洪武初建歲以春秋三仲並祭二壇及清明中元迎祭厲壇新官到任水旱祈禱皆特祭

縣城隍廟舊在縣署儀門外知縣曹愈參改建大門外東隅以春秋二仲祭

土地祠在縣儀門外賓館旁

社稷壇在城東北三里清淮門外明洪武間建正德間拓之歲春秋上戊日致祭府舊志稱正統中知府錢敏重修植松置器建房舍今並廢

風雲雷雨山川壇在一字門外一里明正統間知府錢敏重修歲春秋祭以祭社稷之明日府舊志載有神廚宰牲房左右齋宿房今並廢

里社土穀壇府舊志載在城一十二社曰隆孝曰恩忠曰主信曰居仁曰由義曰立禮

日東智曰崇儉曰安土曰樂天曰明文曰興讓社有長春秋社日祭五土穀之神既畢會飲讀誓詞以勸俗明弘治己未一行之尋廢

郡厲壇 在清淮門外三里明洪武初建歲祭以清明十月朔及中元詣城隍廟發告文仍設神位于壇主

鄉厲壇 府舊志載今無考

龍王廟 一在大崎山一在城北聚寶山

東嶽廟 一在城南玄妙觀西一在廻龍山一在望城崗一在陽邏鎮武磯山

旗纛廟 在黄州衛左本衛以霜降日祀

三皇廟 在縣東南今廢考會典洪武四年遣官祭歷代帝王陵寢始罷府州縣祀三皇

孔子廟 在孔子河元宋兵燹隆慶初重建國初貢士孫錫蕃倡脩作有記

韓魏公祠 在安國寺左宋韓琦初侍兄琚守黄州于西廂讀書邑人就書齋祀之歲久齋圮祀于僧會司明嘉靖丁巳知縣孟津就僧舍旁立王陽明先生祠後教諭張性魯申復魏公遺像于陽明祠之前堂春秋合祀今沒民間宜復

蘇文忠公祠 一在赤壁磯明正統六年通判黄容建一在洗墨池畔天順辛巳僉事沈靖建洗墨池多為民居侵沒明知縣茅瑞徵查址增葺焉

三賢祠 即三賢堂在府學祀王禹偁韓琦蘇軾

七賢祠 在清淮門內明隆慶間知府孫光祖建祀周濂溪程明道程伊川張橫渠邵康節朱晦庵王陽明七賢今廢

忠節祠 在舊鼓樓西即相公廟舊址明弘治中知府盧濬建祀宋死節守何大節附王禹偁蘇軾有司春秋祀之今廢

關武安王廟 一在一字門外明成化中知府王霽脩建一在清源門內近五重鄉土人於山崗掘得鐵柄偃月刀重肆拾餘斤亦範像創普安堂

武節祠 在安国寺右祀唐忠臣張巡舊名景佑真君廟明弘治庚申改建揭今扁同知常厚記巡有保障江淮功江淮民並祀之陽邏南華山亦有張睢陽廟

岳忠武王廟 在城南隅俗呼高廟明弘治己未建舊為鄉約堂每月朔舉行呂氏鄉約形家稱為府基印星廟後塘及坛妙觀塘皆水星以辟火災不宜於塞

忠顯廟 在清淮門外宋建炎初趙令㡉守黄金人來寇城陷㡉不屈死之贈徽猷閣待制諡忠愍州人請立廟祀之初城破都監王達判官吳源巡檢劉卓皆不屈今併祀

吳丞廟 在縣舊邾城元左丞吳汝戍邾死難立祠祀之事見人物志

吳公生祠 在城隍廟前明嘉靖初知府吳淮有惠政立祠今頹

曹令公生祠 在城隍廟右祀知縣曹愈參見名宦今廢

尊賢祠 在赤壁祀副使曹璜僉事馮應京知府瞿汝稷疑即馮侯宮址今廢

孝介先生祠 在府學側祀邑人崑山令樊玉衡學憲董其昌為親書孝介先生祠揭之匾知縣茅瑞徵有記見藝文

陵墓

自有邑來閱人成世所不與俱盡者白楊蕭蕭惟此陵墓不致湮沒爾一蘇氏乳母乃至今稱說不置矧　賜祭賜塋褒崇有嘉者乎

志陵墓

春秋黃歇墓在永安城故封處後人其黃州詩有十里猶有春申墓之句其證也

漢樊噲墓在縣西北按漢書樊噲傳噲食邑舞陽孝惠六年薨謚武侯噲食邑既在舞陽薨當于其地今俗傳此爲噲墓未知是否（或云今府治後堂皆是）

南宋謝晦墓在縣西俗云謝錢龍墓按晦在劉宋爲荆州刺史嘗過岳州安鄉縣有黃山顧瞻久之及卒柩過黃山不肯去遂葬黃山故黃山名謝山非黃州也黃山民立祠祀之宋封顯應公（府舊志云今漢川門外止有一鐵牀墓近年嘗有鐵存其曰鐵龍者訛也然不攷其何人墓）

宋任氏墓蘇氏乳母從軾于黃卒葬黃岡山麓軾自撰有墓志明隆慶間爲人掘出郡人爲封墓而建亭其上志石歸于藏

元龍仁夫墓在陽邏華山之陽有墓祠元時校陝西儒學提舉致政寓居黃岡開教孔子山

明吳琳墓洪武初任吏部尚書勅塋中和上卿官溪

徐本墓洪武初任雲南左布政使塋磻石

杜遇春墓永樂時任御史奉勅給地招魂塋衣冠于縣東七里螺絲湖末琳而下其裔也（詳名宦志）

何晚齡墓本府太守墓在縣治東十五里蔡家潭迮名何家山

謝杲墓都御史勅塋楓香橋

奚世亮墓嘉靖間殉興化難贈參議諭塋城東定惠院傍

陶仲文墓嘉靖間以方術得幸封恭誠伯塋巴河

陶家潭隆慶間削籍

王廷瞻墓刑部尚書贈太子少保勅墓寶珠墩

樊玉衡墓崑山（仝）塋還和鄉桐梓崗

古蹟

孔子山在縣北九十里孔子自陳蔡適楚登焉上有講經臺晒書塲洗墨池有生石草木不侵有石硯雨下墨水浸出下有孔嘆橋文宣廟元末兵燬正德間知縣胡潔構亭立石隆慶初知府孫光祖重建前爲孔子河河北十里許曰回車埠相傳孔子自此又蔡東隔層巒三里許曰顏子巷其左右爲

長沮坂桀溺冲有子路問津處五大字石刻元人盧陵龍仁夫常築書屋于此山之麓楚志亦云夫子入楚問津歌鳳皆在此地府志云按史記孔子自蔡如葉注云葉有黄城山即長沮桀溺耕處下有東流則子路所問津疑在許州葉縣然楚于春秋為雄跨地五千里而古志載縣北十里有永安城為楚所築楚固當都之矣今淋山河正當官道亦有黄山並存之以俟參攷

弦子國春秋魯僖公六年楚人滅弦弦子奔黄是時弦為黄姻而黄睦于齊故楚滅之杜預註云弦在弋陽軑縣東南今下知何地故老云即今東弦鄉古黄當在邾城東弦鄉去今城僅數里將無是乎

書以備攷又按魯莊公十有九年楚伐黄敗黄師于踖陵杜註云踖陵黄地今下可攷矣

邾子城在縣西北百二十里楚宣王伐邾俘其民徙其君居此故名漢衡山王吳芮嘗都之吳赤烏二年陸遜築城今遺址尚在名舊州城俗呼新洲城古有文王廟祀芮及其將列侯梅鋗今廢

黄歇壘在縣北十五里即永安城楚黄歇所都隋置永安郡于此一呼女王城或謂楚王封其女之地遂城而居之一作吕王城餘冬序録東坡謂隋地理志云黄州永安郡即州東有永安城圖經謂春申君故城非也今吳中惠山有春申廟黄公澗應幾是乎予謂楚都申即故歇封于春申如齊之孟嘗之類即其地黄之永安為春申之始封謂之春者蘄春壽春是也申者申

光之間是也必兼二城封焉

伍洲在縣東南與武昌劉郎洑相對蘇文忠云子胥奔吳所從渡江處其詩云伍洲遥望劉郎藪又云仲謀公瑾不須弔一酹波神英烈君蓋杭洲伍廟封英烈侯是也舊有伍君祠及觧劍亭今廢

赤壁在漢川門外距城僅跬步波光山翠足供眺覽宋蘇軾遊此作賦遂名滿海内攷水経及方輿勝覽謂山為赤鼻非赤壁也武昌樊口之上江之南岸别有赤壁乃曹操周瑜戰處蘇賦却指此為是又詞云又道是三國周郎赤壁豈當時牢騷不平

故假曹周寓意耶及觀唐杜紫微詩可憐赤壁爭雄後則唐已云然上有無盡藏羡江樓文昌祠水月亭清風橋問鶴亭東白亭共適軒遊展題咏最多知縣茅瑞徵輯其詞為一集因自作賦刻石磯頭最勝處舊有石坊風折萬曆丁未知縣茅瑞徵重建并鐫聯云山從天外落人在鏡中游賦見藝文

祭風臺在縣東南三里許有七星塘塘東岸小阜世傳諸葛亮祭風所築或云韓琦築皆不可攷

武湖去縣百三十里一名黄漢湖漢黄祖守武昌時習水戰閲武其中因名後宋謝晦走武湖戍主生執之即此

武磯山在陽邏鎮北臨大江後漢黃祖屯陽邏黿武其上

西陽城在縣東南三十里漢舊縣屬江夏郡魏爲重鎮太和中吳揚言欲回江北豫州刺史滿寵度其必襲西陽先爲之備孫權聞之遂還晉爲弋陽郡即此

節渡石在縣東南江中酈道元水經注云廣百步高六丈武昌分界有狀如人跡俗傳吳王女嬪居江北約有魏冠至則鳴鼓相應女醉屢代鼓以爲冠也後冠至鳴鼓而吳不應女遂奔吳此其遺跡又云伍員去楚入吳無濟者得漁父接渡于此

横江館在赤壁山南晉蒯恩建王濬破吳封恩爲龍驤將軍世其地後于其處建梓橦閣今廢爲民居杜牧詩苔磯定屬釣魚郎指此

峥嶸洲在赤壁山前江中崛起俗名得勝洲晉劉毅破桓玄處酈道元水經注云冠軍將軍劉毅破桓玄于此洲玄乃挾天子走江陵是也國朝戊子年洲塞樊口邑人劉子壯狀元及第應之

白龜渚在赤壁山下晉毛寶在武昌軍人有于市買得一白龜長四五寸養之漸大放江中後寶以萬人守邾城石季龍遣其子鑒等帥五萬人來冠城陷軍士赴江死者六千人寶亦溺死養龜人被鎧持刀投水覺墮一石上視之乃先所養白龜長五六尺送至東岸遂得免焉知府郭鳳儀有石刻白龜渚三大字

葛洪井在玄妙觀相傳葛洪煉丹于此

王墓山在縣北百十五里元伯顔下江南有碑文云王孟威者晉永嘉末人因亂率衆嘯聚自稱將軍有二女姚英月英整繡提戈以與闘朔戰敗遂妻焉後孟威死葬於此

金甲井在赤壁磯宋紹興間浚得金甲二具蓋劉宋謝晦所投井也傍有古墓相傳即晦葬處

琴臺在三江口宋昇明間司空柳世隆于西陽城列三層艦泝流而進降劉攘敗沈攸之嘗于此鼓琴世稱柳公雙瓚柳自云馬矟第一清譚第二彈琴第三今廢

龍蟠磯在縣東南隆起江中周七十五尺石勢蜿蜒如龍因名太平御覽武昌記云世傳龍蟠於此梁庾信哀江南賦曰龍蟠鳳集之鄉皆誤也黃邑以武昌江岸爲界則磯當屬黃上有大寺閣

木蘭廢縣在縣西本梁梁安縣北齊置相州隋初別置康城縣尋廢後改梁安為木蘭屬黄州唐省入黄岡

斬巫驛相傳在臨皋亭右唐肅宗時王璵以禱祠見寵驟得宰相帝嘗不豫璵遣女巫乘傳分禱天下名山大川巫皆盛服中人護領所至干託州縣賂遺狼籍時有一巫美而艷以惡少年數十自随尤憸狡不法馳入黄州刺史左震晨至館請事門鑰不啟震怒破鑰入取巫斬庭下悉誅所從少年籍其贓得十餘萬因遣還中人璵不能詰帝亦不加

罪黄人為之歌曰吾鄉有鬼巫惑人人不知天子正尊信左公能殺之

徐公洞在縣城西北赤壁後坡其下有岩今創水月庵蘇子瞻云非有洞穴但山巖深邃耳圖經云是徐邈不知何時人非魏之徐邈也

大崎山距縣東北百六十里山勢寵嵸甲于一郡上有寺曰能仁創自貞觀峯巒回合飛瀑百道下滙寺前為澗寺南有古橋上為憇舍數楹左右夏木千章藤蔓紫翠西肜有道人石澗水下注泠泠作金石聲僧多癭或謂澗水之毒西南有留雲洞俗訛為劉婆行人經其麓石壁幽邃相傳前代避兵于此今為猿狖所宫人無入者寺上十里為龍王廟龍井在焉石亭方丈每遇旱雩刺龍取雨輒應四時多雲雲生處産異草以濯佩帨清芬襲人峯際俯望群山皆如蒭蓏郡邑形勢盡在目中矣去大崎十里為小崎巖整木石更奇南有飛來石其下石柱推之可轉而不仆或云唐元結號崎屽子以此結隱居武黄間屽洞即飛雲三洞今以洞名崎屽非也

寶誌塔去城山寺數十里地名羊角冲有誌公塔相

傳即梁僧寶誌遺跡或云瘞骨處非也寶誌瘞骨塔在金陵當别是一生

四望亭高寒樓在縣西南高阜(府舊誌云在雲堂南)唐太和中刺史劉徹之建亭李紳記之蘓子瞻有歩至四望亭魚池上詩宋張激攝令日更為樓摘杜詩玉山高並兩峯寒之句名曰高寒樓陸游云坡西竹林古氏故物號南坡今殘伐無幾地亦不在古氏矣明詩為南樓今廢(府舊誌云疑今一字門西城高處是其址)

竹樓故址在城西北隅與月坡樓通明在縣治西府治儀門外之右宋王禹偁建有記(元至順間脫顏不花重建龍仁

夫記末年兵火明洪武甲戌知府葉宗因址重建嘉靖間郭鳳儀增修下為賓庭曰禮賢堂今改建

睡足堂無考或云在縣內宋王禹偁建取杜牧之憶黃州詩平生睡足處雲夢澤南州語

月波樓在縣西北城上王禹偁建或云今漢川門城樓其址也

會遠亭在縣北

如畫亭在縣東高阜亦宋王禹偁建今廢　如畫亭即東閣址今廢或云晉陶侃登眺于此今縣學巽峯久頹廢宜重建

春草亭在東門外宋魏國公韓琦建亭後有讀書堂在縣東南安國寺旁有覽春亭相隱橋皆公遺跡

黃岡縣志

覽春亭在縣南今廢

晏隩在城西南隅二里宋明道間晏殊守黃州以府治濱江常苦風湍不利泊舟鑿陂臨阜驛東以止水維纜人皆便之今為洗馬池其傍有舊城向日門遺址

相隱堂在縣西北宋龐籍嘗為黃州司理參軍守晏殊稱有宰相器竟如言後人為建堂于治內今廢

君子泉近赤壁一云故在栖鳳街今倉巷宋通判孟震雅有賢德時稱孟君子庭中有泉蘇子瞻因以名之子由為銘子瞻為跋黃魯直為詩詩載藝文志府舊志云弘治戊午推官羅輪因修城得泉建小亭刻石

快哉亭在縣南宋清河張夢得建蘇子瞻扁曰快哉又為作詞末句云一點浩然氣千里快哉風其弟子由作記載藝文志今廢

河東書院在縣治東宋天聖中洛人太中大夫程珦任黃陂尉秩滿不能去遂家焉生二子顥頤于官舍是為明道伊川二先生寶佑間畢懷李節守黃為建書院明廣為七賢祠今廢

棲霞樓在縣西南宋李顯守黃時建坐挹江山之勝孫戴詩云地據淮西畫江吞石壁寬蘇軾詩云黃州在何許與子上棲霞又其客詩云霽容天在水

黃岡縣志

春色柳藏橋軾易春色為春態又蘇有詞云小舟橫截春江上卧看翠碧紅霞起謂此樓也

遺愛亭在安國寺白蓮池前宋元豐中徐猷為守有善政嘗同蘇軾飲于亭猷既去軾以名亭而巢穀為之記明弘治己未重建在縣南

聚寶山在城北二里許產小石光瑩類瑪瑙日映之則紅黃絫然蘇子瞻作怪石供即此山石也今人文日盛石漸少豈山川靈氣稍洩與山有龍王廟文昌閣浮翠亭後有泉甘美名寶山泉一名品後泉萬曆丁未泉長董漢儒創修山門題曰石磴天梯

定惠院在城東清淮門外蘇子瞻以元豐三年二月一日至黄寓居於此逺舍皆茂林修竹荒池蒲葦春夏之交鳴鳥百族顒師於竹下開嘯軒以居院之東雜花滿山有海棠一株子瞻手植為作海棠詩後人以嘯軒名嘯堂而移搆快哉亭於其下前有海棠軒後有洗墨池又捫腹軒睡足堂文忠祠其他亭樹橋塘甚具近圮盡海棠久失種知縣茅瑞徵始查復堂前侵地修築嘯臺頗堪舒眺今廢

臨臯亭在縣南瀕江乃古之回車院也蘇軾嘗寓居與朱康叔云遷居江上臨臯亭甚清曠風晨月夕

杖履野步酌江水飲之皆公恩庇之餘波又嘗曰亭下大江半是峨嵋雪水築南堂於此後有某宰相生於其中改名臨臯館府舊志云秦檜父官于黄生檜于亭改為館建瑞慶堂府舊志云宋王元之為許瑞夫建後為臨臯驛今建三江口守備司公署今廢

雪堂在城東南百步蘇子瞻謫黄二年故人馬正卿為守與故營地數十畝躬耕其中是為東坡舊志云縣學東元豐五年於其脅築垣作室落成時大雪因名雪堂繪雪于四壁以東坡圖考之自黄州門南至雪堂四百三十步堂前有細柳浚井西有微泉小橋堂下有元脩菜桃花茶橘秔棗栗松桑陂塘又作長短句云南挹四望亭後西控北山之微泉慨然而嘆此亦斜川之遊也又有居士亭在堂之上李昭玘為雪堂詩蘇亦需徐得之作雪堂詩字越七年移汝州去遂以堂付潘大臨兄弟居焉崇寧壬午黨禁毀堂其後邦人屬神霄宮道士李斯立重建斯何摯作上梁文其警聯云前身化鶴嘗陪赤壁之遊故事傳鵝無復黄庭之字蓋子瞻手書東坡雪堂四字扁為人盜去矣元季堂毀明洪武戊申展築城遂為舊址在內建縣學弘治己未

黄岡縣志

改建于府治內東隅與竹樓峙子瞻嘗于雪堂前手植梅株大紅千葉一花三實府舊志在洗墨池畔弘治間尚茂至嘉靖後始枯知府郭鳳儀摹形于郡齋之石今置赤壁又知府潘允哲少時偶拾一古銅章上篆雪堂二字後果守黄依其文書匾于堂

洗墨池在縣治西南相傳為蘇文忠洗墨處府舊志云在縣學前東坡故址旁明僉事沈靖砌甃以石上有文忠祠知縣茅瑞徵重葺之國朝通判宋犖知府羅載惇知縣董元俊捐俸修葺建樓置亭甃池立像雪堂竹樓咸存其名合祀蘇子瞻張文潜秦少游三先生焉又定惠院後有墨池池小而泉源不竭亦蘇遺跡

黃泥坂在清淮門外一里許蘓子瞻與二客過從處知府郭鳳儀建一覕亭為迎送之地今廢

蘓公暗井今在縣學古跡湮沒蘇始浚出有浚井詩載藝文

一枝堂在城內宋時建堂有大梅花一株取一枝向暖之義今不知何地疑即東坡梅是也府志云知府郭鳳儀重建洗墨池旁今廢

涵輝樓在縣西北宋狀元張安國孝祥取赤壁賦中語大書其額曰無盡藏樓後有坐嘯堂及無倦味道二齋今廢韓琦詩曰臨江三四樓次第壓城首

煙光徧軒檻波影撼窻牖是也

龍丘在縣東百二十里陳季常號龍丘居士以此元至正間丘黃蕭三姓自豫章徙居因名三家店東隅為元參知政事董敬中宅別構百尺樓于團湖中明劉文成公伯温嘗駐節旬日南隅有濯歸池俗傳為晉石崇遺跡北三里為慈悲塔蘓子瞻每與季常遊憩之所西三里柳子港即古舉水春秋所謂柏舉是也由龍丘至陽邏堡內有九關劉毅追桓玄所經

杏泉在岐亭杏花村有杏林杏泉皆陳季常隱居處旁為蘇步橋子瞻與季常遊宴其上考蘓以元豐三年謫黃先至岐亭訪陳為留五日明年正月再往泛舟而還又岐亭監酒胡定之載書萬卷蘇借觀焉

桃黃菴在岐亭鎮蘇軾記有王翊者嘗夢于水邊見一人為人所毆幾死翊救之明日偶至水邊見一鹿為獵人所得翊以數十贖之鹿隨翊起居未嘗一步舍翊翊所居後有茂林一日村婦在林中見一桃過熟而絕大獨在樹杪取食之翊適見大驚剖其桒核得雄黃一塊吞之甚耳自是斷葷肉自號桃黃山人

寒碧堂在縣東門外宋何頡之兄弟作此堂以待蘇

黃岡縣志

軾軾為畫石竹于壁及賦詩贈之

柯山在定惠院南宋潘大臨居此稱柯山人張文潛謫黃文集百卷亦名柯山集左有八大王墳昔人以禦後湖水漲宋周肅王元儼也其處因名蘇文忠詞謂蔚柯山之葱倩即此府志云近城可尋之景惟赤壁柯山

海棠橋在舊城北橋側多海棠因名宋秦觀嘗醉卧此橋留詞其上

鴻軒今不知何地或云在縣內宋張耒初謫監黃州酒稅繼為倅為守凡三至黃建鴻軒以居有記

壁陰軒宋黃魯直甥洪芻為黃州酒正榜其所居曰

直銘之

香爐山在陽邏北五里以形名元太弟忽必烈嘗登此山俯瞰大江大江之北曰武湖武湖之東曰陽邏堡其南岸即滸黄州鎮

沙洑口一作沙蕪口一作沙伍口在縣北百四十里

陽邏堡在縣西百二十里春秋為羅汭三國時漢約吳拒魏于此

大乘山土城在陽邏下十里城林舖上有古跡饒益寺遺址傍有古城不審何代相傳即王孟威嘯聚之所有古井明嘉靖末邑人呂禧浚得斷碑中為元伯顏記

鏡心樓在縣東北百四十里團湖中元董仁輔建龍仁夫有對句云水光天上下樓影日東西 今樓廢石柱存

御書樓在縣西百八十里元帝書西山二字賜隱士吳應澍因建樓 今址存又吳公井在縣西北八十里亦應澍鑿 府舊志云按吳公傳自陽邏至兆花地高雞得水處開井十九口未知孰是

金雞山在縣北七十里相傳掘土有金雞 今有穴 飛落小崎山雞爬嶺往飛西南十五里水次今澤曰金雞汊池曰金雞坑廟曰金雞廟歲時祀之 府舊志云元威順王遊獵至此有詩曰金雞山下有金雞如何野店不聞啼夜深呼起山神問化作金烏東復西

釣魚臺在縣北百六十里紫潭河東岸石生奇異上有漁人坐釣跡臺下遊魚出入人不能取俗傳姜太公釣此其山巔石甚險昔人築寨于上以拒寇 今址猶存

天舟去縣百二十里曰龍岡山故老云有掘地得龍骨者因名上有眠雲菴東阜石名天舟壯如舴艋道觀河經其麓夏秋水暴至行旅苦之

獅子巖在道觀河東盤路三十里高五里形如獅蹲頭尾四足甚備絕巔獅口為洞壁甚奇中堪布席別有三教堂七洞三泉在巖下里許

鐵石有九散布一字門內外古讖謂九鐵鎮黄州萬年永不休不知何故

落星在馬家四七星塘相近有落星如石居民社于是俗名姬公祠未詳

蘇文忠書滿庭芳臨江仙行香子三詞皆寓黄作郡守郭鳳儀捐千金自峨眉山搨歸摹刻今赤壁 別有文忠念奴嬌一詞亦寓黄作黄文節書之有大小二種

元學士承旨文敏公趙孟頫子昂書蘇文忠赤壁二賦前賦為冢宰趙賢重摹刻石後賦為郡守潘元哲摹鐫李項氏真蹟刻石俱在赤壁

南堂今廢並家蘇軾建嘗東蔡景繁云延葺小屋強名南堂爲賦五絕見藝文又清波雜志稱嘗見黃岡刻東坡墨蹟一帖云新居在大江上風雲百變足娛老人有一書齋名思無邪齋考係惠州書

寒碧堂宋何斯舉建今廢

一枝堂宋建今廢以上並詳古蹟

文酒堂在府治內知府郭鳳儀建有記今廢

萬仭堂在赤壁蘇公祠今廢

清暉堂勝覽云在府治今廢

橫江館晉蘭恩建今廢在漢川門外左崦崖間俗呼禹迴坡詳古蹟

夢坡館在府糧廳公署通判陸志孝題

四望亭唐劉頒之建今廢考東坡集有題濠州七絕其六爲四望亭註云太和中刺史劉嗣之立李紳以太子賓客分司東都過濠爲作記非黃州也黃州亦有步至四望亭詩府志引証劉李恐誤今姑從舊

會遠亭

如畫亭並宋王禹偁建今廢

覽春亭並廢

春草亭並宋韓琦建今廢畢少董嘗藏有東坡醉墨云今日與數客飲而純臣適至無以侑酒西隣耕牛適病足乃以爲饗飲既醉遂從東坡之東直出至春草亭而歸時已三鼓矣所謂春草亭乃在郡城之外是與客飲私酒殺耕牛醉酒踰城犯夜而歸又不知純臣者是何人也

快哉亭宋張夢得建今廢
遺愛亭宋蘇軾爲州守徐君猷題今廢
睎臯亭宋蘇軾寓此今廢
居士亭蘇軾建以上並詳古蹟
臨江亭在赤壁旁晁補之有詩見藝文
覽勝亭在治北城上高阜處明弘治間建萬曆初知府潘允哲增修岡巒環拱江湖映帶遠帆晴樹畢歸目睫特風高易頽耳
浮春亭在赤壁臨邑邢侗題用杜甫赤壁浮春暮之句意今廢
問鶴亭一名横鶴赤壁文忠祠前又清風橋南有亭曰夢鶴
東白亭今廢

水月亭並赤壁磯今廢
息肩亭在赤壁山下邑人何傑砌石路一里第亭其上行人往來息此咸稱便焉
醫俗亭在嘯軒下今廢
君子亭在定惠院南今廢
浮翠亭在聚寶山近坡前邑國子生王同復創有弘化庵頗幽雅有致
一盼亭在黃泥坂知府郭鳳儀建用長公黃泥坂詞中語今廢
壁立亭在府內清軍廳同知陶允宜建今廢
涵虛亭在府內通判汪廷元建今廢
四顧亭在新州今廢
嘯軒宋瀰師爲蘇軾建今廢

鴻軒宋張耒建今廢總志景陵縣北亦有鴻軒側植薔薇張有別鴻軒詩他日若問鴻軒人堂下薔薇應解語考張惟三至黃州寧復三至景陵耶疑誤
壁陰軒宋洪芻榜所居今廢以上並詳古跡芻又創勵殼軒潘邠老有絕句
來雲軒在府清軍廳公署同知李維佑葺竹地也今廢
捫腹軒今廢
拭目軒并定惠院久廢
共適軒在赤壁今廢
趙氏園志林載元豐七年二月一日東坡居士與徐得之參寥子步自雪堂并柯池入乾明寺觀竹林謁乳母任氏墳鋤至茶園遂造趙氏園探梅堂至尚氏第觀老枳偃蹇如龍蛇形繼定惠僧舍飲茶任公亭師中菴乃歸且約後日攜酒尋春于此

黃岡縣志

韓氏園考東坡圖在東門外東坡嘗東齋彥明云韓氏園亭曾興葺乎君果有亭榭佳者可以小圖示及當爲作銘寫碑又志林載元豐七年三月初三日晚步出城東入何氏韓氏竹園遂置酒竹陰下
尚氏園考東坡圖在柯丘南志林載東坡云尚所居竹林花木皆可嘉醉卧閣上稍醒聞坐客崔成老彈雷琴悲風曉角錚錚然意謂非人間也
廢花園即花園舖陶安詩兵後殘基綠草新土荒石砌卧麒麟昔年花木有千鍾今日子孫無一人當面有山邊隔水驚心啼鳥暗傷春薔薇寂寞沿清露還以歌筵酒在唇
夢澤園邑人王廷陳居之
柯山園邑人王同軌讀書處有慈蒨堂悠然樓三雅軒香雪臺江雨亭酒隱堂浣香閣倉倉閣金粟亭又蕺蘭亭爲楚中丞陳省題觀稼亭爲郡守范可奇題名賢留咏甚富下雉吳國倫有詩爲記

寺觀

報恩寺 在青雲路巷唐貞觀五年即人曾仁濟捨基僧乘禪師立元末兵燬明洪武八年僧繼法重建賜名報恩寺設僧綱司都副各一人後屢經焚燬崇禎間重建
國朝知縣徐鑰復建地藏觀音二殿于大雄殿之後鑰有落成詩載藝文 僧官照坤住持

安國太平講寺 在城東南二里唐寶慶二年邑人張大用捨基僧惠立建宋蘇軾記云寺立于僞唐保大二年始名護國嘉祐八年賜今名未詳孰是東坡志林云昨日太守楊君采通判張公規邀余出遊安國寺坐中論調氣養生之事難在去慾張云蘇子卿齧雪啖氈蹈背出血無一語少屈可謂了死生之際矣然不免為胡婦生子而況洞房綺疏之下乎乃知此事不易消除衆客皆大笑明萬曆戊戌年重修
國朝黃州協鎮張大治重修又建藏金閣迎海山僧為住持 前之捨宅為張大用而鎮帥之姓名相同僅異一字且歲亦適當戊戌豈其前後一身乎唐安國僧和詩集行世邑紳孫錫蕃有疏記載藝文志

大雲寺 古寺在城南五顯廟右今廢

淨天寺 古寺在大雲寺前今廢即東坡承月訪張懷民處又與陳繼常書云臨皋雖有一室可憩從者但西日可畏承天極相近門前一大舸亦可居

乾明寺 古寺在城東定惠院今廢

永興寺 古寺在城南近大江岸宋王禹稱有記今廢

南塔寺 在文峯塔下

太平寺 在呂王城梅家湖距縣三十里有木佛遡流而上至楓香渡土人迎祀

禪寂寺 在團風鎮明洪武九年僧崇慶建天順間僧福亮重修

圓通寺 一在團風郭家灣古剎明成化六年僧淨倉重建一在周山舖東古剎元僧撽意重修

雨華庵 在淋山河東僧懷本建

寶蓋寺 在樟松湖北岸大林山明正統十二年僧智定建

彌陀寺 在陽邏鎮蓬萊山即蓬萊寺明景泰五年僧祖真重修住持成化丙午泰和劉文輝舍修大雄殿考府舊志洪武二十四年禪寂彌陀能仁寺僧並歸併天寧寺

鐵爐寺 在中和鄉畢家舖東五里明初楚府建楊禪師于此涅槃邑人陳汝遷集從其中程有行從學者或以其號名寺曰禾庵

白虎寺 在還和鄉僧自性重修

雙林寺 在中和鄉感化村古剎明正統元年僧真廣重建

靜安寺 在庶安鄉長河岸古剎

覺林寺 在庶安鄉安仁村古剎明成化三年僧祖超重建

吉祥寺 在安仁村民蔡中和率僧常五建

演教寺 在柳子港明景太間僧大林並徒文布結庵于此成化七年建寺一名文布

化樂寺 在舊州城內古剎明天順五年重建同知表福徵有記

方廣寺 在金鋪山北距縣八十五里金呂山中前後二塔楚王孫募建為都御史方任讀書處又有呂仙祠在飛鳳山山形宛如飛鳳武溪諸峯環峙目中而大江襟帶其下亦登臨勝地

能仁寺 在大崎山唐蠶雲禪師修煉之所明成化七年僧常惠住持

東山寺 在大崎山南明成化七年僧修信重修

無盡寺 在大崎山南又小崎山有文崎寺

安寧寺 在永寧鄉欽箕岩孤峯峻絕下臨深壑有石箕棋盤異跡

御風寺 在永寧鄉距縣百二十里元至順間建徐壽輝常欲燬之感鳴鵶數萬還翔而止

悟空寺 在永寧鄉京省通衢宦轍萃止

萬壽寺　在永寧鄉五雲山梁僧寶誌入定之所塔碑靈骨猶存明成化三年僧可信重建傾廢至國朝住持僧淑明重修重修

獅峰山寺　在五重鄉古剎明成化六年僧國秀重建

五雲山寺　在五重鄉距縣九十里明萬曆乙巳丙午中連産靈芝數本

紫霞寺　在五重鄉道觀河北其南火燒墟又西南有觧元寺

興善寺　在白虎山古剎明成化七年僧懷遠建

竹陂寺　在還和鄉

法主寺　在上巴河僧真際重修

定香寺　在東絃鄉距縣三十里古剎僧性天重建殿廡巍峩竹林茂密門臨湖水內有蓮池宋碑尚存佛像亦宋塑製

香山寺　在中和鄉亭子塘僧鏡智建一建

白陽寺　在東絃鄉

文峰塔　黃邑群山左翔而長河東下水口在巽方明萬曆二年浮屠氏建塔以佐形勝實為文筆峯未合尖而觧額三提如左券掛自邑人李郡丞時芳黃別駕士元因醵通邑及諸弁金而自捐亦修武謂塔項欠尖未滿人意

觀音閣　在赤壁明洪武八年僧智圓建二十四年清理佛教歸併安國寺惟存殿閣宣德中火正統六年通判黃容重建今廢

玄妙觀　在城南二里唐有觀閣道士李雲外建宋為天慶觀即東坡作易傳與論語說處嘗東王謝客四十九日內有葛仙翁煉丹井設道紀司鄉副紀各一人明郡人王同觀重修
國朝郡丞白秉真亦重修邑紳孫錫蕃有記載藝文

玉皇閣　在玄妙觀後前屢燬邑紳甄淑王同觀重建于平地不用閣以避祖龍

真武殿　在玄妙觀前元至正元年建又磐石橋北有真武觀

清水觀　即古東華觀唐真觀中建元末兵燬基存

晏公廟　在赤壁

南堂廟　在團風鎮後街明洪武十八年民祝茂先重建

晉安堂　在團風鎮巡檢司前古剎明洪武十五年民魏中和重修

觀音庵　在團風鎮史壩明洪治義民孫子華建

華光廟　在團風鎮後街明洪武十八年民祝茂先建

觀音堂　在街埠市舊志即古興化寺明洪武十八年民張玉田鳩財重建

鐵樹觀　在新家冲古剎明洪治間重建
龍崗山中天霽每有五色雲帶映
足矣堂北一里順治間僧此山建

西峯寺　在鹿安鄉邑人丘譜建

湖山寺　在中和鄉

附漏澤園　在城東年久淩波知縣劉國寧清出立有石碑

義塚　在城南教場下長樂堤知縣董元俊捐俸買偹立有石碑

黃岡縣志卷之三

名宦

一述唐虞之政者不備於殷周久而逸其傳也前芳無稽後芙何續黃邑自宋明以迄國朝得循良卓異方軌召杜若而人其或世遠者湮滅無聞焉以今觀傳列諸君子亦若越人鑄金像蠡峴首望碑思祜入人深矣什一亦云僅哉

知縣

宋

張激不知何許人郡志稱其治邑有善政

明

徐誼字宜民壽昌人戊申春明太祖征陳理于武昌誼時知黃岡縣事作七言近體詩送使者工讀而壯之加授承務郎時兵燹之餘邑里殘破誼撫綏流亡脩葺廢墜邑賴以安洪武十七年擢知鎮江府

胡潔江西豊城人進士正德間任廉介有幹才其於民推心置腹藹如也時直指督學力主遷邑庠於今地威役不贍潔爲區畫告成其他振飭類是累官至都御史

簡霄江西清江人進士正德間任敏而文能率屬士氣歷官都御史南京兵部侍郎郡志稱有吏才今軼事足紀者如督修諸鄉堤壩爲民永利又於城山創築望省樓百廢具興其槪略云

袁儼丹陽人舉人嘉靖間任明敏公恕不妄取一錢綏征省刑黃民至今追思之

孫棠貴州普安人舉人嘉靖間任治蹟不見郡志邑人賈中丞啟爲文紀之曰仁民澤物風教是敦緝飾學宮增補缺畧要爲矯矯者矣

孟津字伯通丹徒人舉人嘉靖間任師事王文成公講良知之學動以古人自期蒞政不事嚴肅而丰采嶷然亡敢譸張者退食正襟危坐雖家人不見喜慍之色歷寶慶府同知致仕歸

賈應璧字文宿無錫人進士隆慶間任倜儻饒才思遇事輒迎刃解厲清操有冰蘗聲而坦衷惠政不煩不弛累官按察使

羅應鶴歙縣人進士萬曆癸酉由景陵調任平易近民勤於撫字兼以經學精深好引拔人才所推與必一時名士五載課最徵拜御史歷右副都御史

巡撫保定津津口實云

趙士登字應庸涇縣人進士萬曆辛巳由武昌調任仁心爲質專務以德化民亹亹問察疾苦有不便不移晷輒去至折獄取辦片言稱兩得之歲奉詔丈量田畝調停委悉邑人咸受福庇徵拜御史啟行之日車不得馳後官京師有自都門來者邑長老必問吾邑趙令公無恙乎知縣茅瑞徵上計見公輿言切切念黃不置固精神兩結之矣歷左僉都御史陞南京吏部侍郎

凃宗濬字及甫南昌人進士弱居負大志以家國天下爲己任初起家慈谿令陞補蘄水移江陵皆以能顯比至黃三爲令矣先是歲丙饑疫流亡遍半令黃者苛猛失民心當道計所爲代無踰侯奏聞報可仁風翔洽得之先聲邑人加額相慶陳至勤恤民隱疏㣲利澤蠲蠹孔搜剔幾盡凡猾膽慄焉暇與諸生講德課業語如倒囊人人厭其意焉一時名理談宗辛卯秋詔陞御史邑人思慕貌像與趙令並祠歷任巡撫延綏右副都御史

曹愈參字右清涪州人進士萬曆壬辰由陝西商南調任初下車溫良著於目睫爲政敦崇大體有槐姑十里之風躬先儉約獄訟衰止於時士民有謡曰真父母外史氏録其詞一帙邑試儒童廣額至千餘今子弟慶賴焉母居宦邸篤疾舉邑爲籲天祈福後數日愈衆大喜其得民心如此甲午冬述職以卓異擢吏部考功主事民立碑繪像以祀後奉養歸蜀維舟江渚邑人扶老携幼求見真父母顏邑近今爲美談云

徐紹曾字東耿海寧人進士廉平不苛規畫一踵曹侯有魁盗夜殺人按之急遂讕愬上官幾爲移聽侯怡然曰以按盗獲罪吾無悠矣他何恤薦紳士民爭以身代雪當事者隨亦廉得其故繇是聲益起會倭搆交徵徵發持戟之士相望又中使採搉出楚諸群邑横被荼毒侯獨慨慷爲百姓捍蔽竟免搔困庚子擢南京工部虞衡主事去行李蕭然不辭難不諉利兩無媿云

茅瑞徵字五芝浙江歸安人善屬今古文詞辛丑雋南宮初令泗水以惠政有循聲調繁黃邑九知名士既咸藥籠收之而保甲賦役水利郵傳皆備極經畫民稱便焉公餘留心邑乘鱗集梁圍網羅舊草星霜六易纂輯成書又采一時之文苑英華旁

黃岡縣志

著為赤壁集嗚呼有令如此足為江山增色矣嗣以蘭臺峻望去而風雨蒐蔓猶戀戀竹樓雪堂間迄今邑士民尚亦峴首思之循吏哉

李希沆字鼎武陝西慶陽人以戊辰進士授黃岡令清剛慱浩膽識絕人學文精鑿別愛醫能時冦讞方張從輸庭讞□□而設備禦敵之□□有警令輙戎服佩刀單騎而先馳國之義勇從之如是者經歲□設四險立四長一金紱伯世將家也武舉于鄉操弓命中矢無虛發一王子堅亦以武舉克詰戎兵多勇敢一余季眞力能扛鼎叱咤而辟

易者千人一鄧扶風儒林國士也身長八尺勇畧邁倫令前倡而四騎奮從鋒鏑交衝追逐披靡冦逆遠竄是後羣冦相戒以黃岡鐵城鐵人勿可犯其境也後卓異内召去而黃之事遂不可為矣然贊寀之厚澤豊功於黃百世不能忘也雖古稱社稷臣豈足多哉

徐顯揚房縣人歲貢任府學教授教士有方崇禎癸未顯守北門城陷被執不屈死郡人收瘞之於石牛山學弟子員為之舉哀

國朝

楊日昇字白石陝西富平人明崇禎癸酉舉人皇清順治四年授黃岡知縣下車撫凋殘招流亡省刑薄稅凡所爲培養新造元氣者慮無不周以至也郡屬延袤數百里塹巖伏莽餘孽未消東山土賊出沒薄城者不一而足令與副帥唐國臣同心共濟積數歲之憂勤而卒賴以平壬辰旱災亢暘民困饑饉露頂跣足設壇墠而禱之烈日不張蓋邑中老幼皆從步禱籲天一誠有格乃得雨以解倒懸介性囊空如水設糜饘賑晝捐常俸廣行勸

諭以濟災危後以報最陞浙江嘉興府同知黃之紳士萬民勒碑以志不朽

劉國寧字漢章以旗宗恩廕授黃岡縣知縣年甫二十餘才猷敏練不侮愚賤不畏權勢涖任閱月有神君之號越六年民無黯昧之冤野無追呼之擾立十限以征國稞而民力以舒剔陋規以一征收而積弊以革且地當水陸衝長江上下滿漢往來凡兵艘差騎告至令即單騎迎之牲情語言無不洞貫是以賓至如歸秋毫無犯時邑多火灾乃設救撲之具恐惰後不克向邇有警即身先登幾自

忘其體膚雖燎原之虐屢經而撲滅之功必濟非心切救民湯火能若是乎尋以封翁卒于任丁艱去比其行也清無一錢邑人設義櫃斂三百餘金以爲歸櫬費上臺憐之亦莫不相助乃始得返都門清廉仁孝之誠國人無不言之泣下

徐籀字亦史號曼殊蘇州府吳縣人世家子高才慱學夙有盛名崇禎癸酉舉于鄉順治十八年由常州府靖江縣學教諭陞黃岡令愛民息訟清政減刑康熙二年邑内外火災焚民居千餘所捐二千金每家給之又大旱齋沐步禱月餘得甘霖之應

諸如修學宮建安國寺内藏經閣及報恩寺後二大殿動費數百金亦可謂好行其德爲其所難矣居官無泛交惟二三紳士之醇謹慱雅者與之游著有吾丘五集寓黃小品梓行書法墨蘭皆韻致然負性傲不肯折腰竟以此解綬歸有五栁之風焉

縣丞

宋

張舜臣克臣之弟與秦太虛善蘇軾稱之

明

王尚儒河南人貢士嘉靖間任沉靜澹泊不受請謁時論推重焉

典史

宋

虞伋右丞相允文四世孫奎章閣侍書學士集父也爲黃岡尉携子集及槃力學幕署詳襍志

明

杜遇春霍丘人永樂間以人才任黃岡尉清節特著入覲不能具冠服縕袍拜闕下上見而問之親擢爲御史未幾以他御史悞軍糧事并坐極刑遂籍黃子貴求屍莫得後上命給地葬乃葬其衣冠於縣東七里螺螄湖永琳而下其裔也

教諭

明

韓秉文慈谿人舉人嘉靖間任身範諸生不獵浮譽善談愽士家言所彈射各中肯綮名士咸出造就云

武鉞來安人舉人嘉靖間任丰度雅適愽洽多聞遇貧士輒分俸給之

周禄廬陵人貢士嘉靖間任温醇爾雅與諸生縱談名理終日忘倦

張性魯當塗人貢士嘉靖間任慷慨多大節遇事正論不為含默捐俸建啟聖祠亦一端云

向上蜀巫山縣人歲貢授黃岡教諭性嚴正取與不苟訓誨多士崇雅黜浮年七十卒於署長嗣二還蜀遺幼子二寄寓黃陂值劉千斤亂荆襄戒嚴不得歸因家焉今陂邑庠生向古其裔也以文學顯名當世先生之遺澤真久而彌光歟

林兆箕莆田人舉人萬曆丁丑任家世經學研覽群言每集諸生一堂課義寒暑不輟士風為之一變陞高州府通判邑人潛山令袁文伯爲詩送之多所襃美誦者謂稱情焉

楊逢時江陵人丙子省試第一丙戌署教諭性端簡有以自守篤學為多士倡課會制義惟謹每文酒促對譚論飈出竟席不聞嬉笑怒駡其天然純至多類此邑苦饑疫學署恒作并日食郡守楊守仁聞之嘆曰使賢者饑餓我土地乎乃為餽遺甚厚中壬辰進士歷廣西提學副使歷陞四川布政司叅政刻有寓黃集

劉文定興國人舉人萬曆丙申任謙沖恬雅不愧師範士人争依附焉陞六合縣知縣歷寧州知州

訓導

明

姚滋汝陽人貢士嘉靖間任愽學能詞賦有登眺詩云鄉心一雁遠時序二毛侵評者謂其風韻遒逸性耿直事関學校者力争之以致仕去

劉烜漢陽人貢士萬曆甲申任持方守正非孔孟之言不道閒居無踞坐跛立常謂清貧二字為學者立身之寶遷興國州學正吴叅知國倫甚重之

國朝

協鎮

王宗臣字柱石河南淅川人威量洪深風規隆厚鎮黄以來山寇竊發不一勦逆擒渠餘孽悉靖廟筭制勝勤石莫紀然賦性慈惻大都鎮黄之全湯者其十而愛黄之黔黎者不啻其九也

朝廷文武並貴鎮臣兵民一體此郭汾陽范文正所以合為一人也黄郡連歲饑饉死無歛饑無告者何限乃設糜給米以活生者不吝千百金歛形附棺以瘞死者不下百餘具庚戌辛亥閭邑屢有虎

警害民命蕩民居行市入城肆其屠毒往乃發兵械神器圍攻之瘦甲卒而始獲一二焉虎伏于前士雖勇敢終非虎敵比力度勢非策也公乃獨出奇畧命取柴車駕以巨牯角距居前器甲居上山移而進虎縱善躍及得登車威勢已敗而神鎗藥箭雨下虎已受傷斃矣以此禦之若取雉兎然此經所謂形禁勢格也竟有一朝而斃十數虎者若三五其常耳通計得五十七頭稍乳弱者則生獲之如馴犬豕而已黄之虎患遂絶若夫憫烹鱣之家而捐資本以勸徙業感牛泣之慘而給原主以

禁宰屠若此之類不可枚舉韓魏公云入細入粗方見經綸大手其協鎮之謂乎

黄岡縣志

人物

唐

周墀字德升其先汝南人自褒成侯靈趍徙居黄岡歷梁隋皆致顯仕墀少孤事母孝舉進士辟湖南團練府廵官入爲監察御史集賢殿學士長史屬詞高古文宗雅重之李宗閔鎮山南表行軍司馬閔歲名還太和末訓注亂政以黨誣搢紳紛逐諸名士獨墀雖嘗爲宗閔所禮亦無以罪也累遷起居舍人考功員外郎知制誥翰林學士武帝即

位以疾改工部侍郎出刺華州徙江西觀察使劾舉部吏翦捕剽賊進義成節度使封汝南縣男宿將暴驁不循令者鞭其背一軍大治以兵部侍郎召判度支同中書門下平章事遷中書侍郎建言故宰相李德裕重定元和實録竄寄他事以廣父功遂削新書河東節度使王宰重賂權倖求同平章領宣武墀言天下大鎮如弁汴者幾宰求何可厭宣宗納之駙馬都尉韋讓求爲京兆持不與繇是妄進少衰會議河湟事不合旨罷爲歙南東川節度使駙馬都尉鄭顥言于帝曰世謂墀以直言相亦以直言免帝悟加檢校尚書右僕射

宋

董助教性仁慈篤於信誼見貧乏輒捐貲賑恤大觀間歲大旱爲飯飼饑又設饗食給小兒多所全活後以壽終

潘大臨字邠老少警敏不羈家貧澹如也以詩名一時與蘇子瞻黄魯直張文潛游雅所推重臨川謝無逸嘗問有何新作荅曰秋來景物件件是佳句恨爲俗氛蔽翳昨有詩云滿城風雨近重陽忽催租人至遂敗意止此一句奉寄聞者迂之弟大

觀亦能詩與兄埒

何頡之字斯舉篤學善屬文自號樗叟子瞻適黄斯舉嘗侍誨後重建雪堂斯舉作上梁文時多稱之

元

洽庸字用和至正間任西臺御史有風裁

滕賓字玉霄至大間爲翰林學士有文名嘗作韻府

明

啓同字同文舊名書其先新安人少靈穎好學元

學士虞集以弟槃女妻之至正中舉茂才授郴州學正避亂黄岡之慕義鄉僞漢徵爲學士承旨兼御史明高皇帝下武昌首以文學召見授國子博士易其名曰同尋陞考功郎中兼起居注時命有司求遺書高帝謂同曰三皇五帝之書不盡傳後鮮知其行事漢武帝購遺書六經始出闡聖學有功後世吾每無事時輒誦法孔子如節用愛人使民以時眞治國良規也遂命攷宗廟時享禮上嘗諭同曰國史貴直筆朕平日言行是非善惡汝等當直書勿諱是年自翰林待制遷直講學士

明年陞侍讀學士劉基疏請加禮大臣同因取戴記及賈誼疏進開說剴切高帝深納之又諭同曰古人文章如典謨訓誥皆明白易知無深僻語近世之士辭雖艱深意實淺近即如相如揚雄何裨實用自今翰林爲文但取通道術明世務者無事浮藻洪武四年陞吏部尚書五年遣同等訪求賢哲六年爲翰林學士承旨兼吏部尚書高帝御奉天門論帝王爲治之道同言陛下起兵渡江來徵討次第及禮樂政刑之詳向未成書乞編日曆藏金匱以垂不朽高帝從之命與侍講宋訥爲總裁

官七年書成副在秘書監又言曆日藏天府請如唐貞觀政要分類更輯聖政為書以傳天下後世上從之自敬天至制臺夷五卷名皇明寶訓尋致仕頃之復為承旨翰林學士卒所著有天衢吟嘯及海渦集子嶶歷都御史洪武十七年掌院事高帝以嶶公勤復其家大誥嘉美為二十二年改吏部尚書兼左都御史明年以嶶子太子洗馬紱為尚寶丞二十五年加太子少保與李太師善長不相能誣坐藍黨死從子希原為中書舍人善大書兼歐虞韓柳宮殿坊匾皆所書

吳琳字朝陽父應澍見隱逸傳琳性資純篤力學

通毛詩小戴記國高皇帝徵用荊楚名儒啓同薦琳博學能文召為國子博士與同並教胄子用才藻遴琳年高推經義宜有第同自遜不及也高帝聽政暇召琳諮時事遷浙江僉事入為起居注命同魏觀等以纁帛求遺書于四方陞太常卿晉兵部尚書值京闈試士高帝以琳經學優深命與司業宋濂典試洪武六年改吏部尚書賜誥褒與琳量材授官號得人以老乞歸久之高帝遣使伺琳何為使者潛至舍傍見一農人坐小几起拔秧布田問之即琳也還白狀高帝嘆息益重之第採

字文錫少好學與兄齊名歷官衢州府同知
孫子華輕財好施正統年間值歲祲轉粟近萬
石賑濟黄麻蘄水三縣饑民有司御史奏以聞上
賜子華義民尚書勑及表裏羊酒免差役三年勑
存御書樓事見通紀明季燬焉僅存又建靈山書
院教授生徒靈山即淋山生子七人費敬汝迪藏
敏讓讓中正統丙子鄉試至今子孫繁盛世居淋
山土人相傳有找穀山晒穀塲在焉
董經綸多隱德家頗饒好施與以義聲聞四方正
統間孫子華陶以諒兩人亦輕財好施值歲祲各

轉粟賑濟子華數千以諒千餘石有司以聞于上
賜子華勑及羊酒免差役三年并旌以諒之廬
張璘字文玉永樂壬辰進士歷山東叅政宣德二
年調福建考最擢應天府尹璘魁梧廉幹所至有
治聲爲京尹嚴正自守摧抑中貴雖讒謗殄行不
能沮卒於任
曾恕字希仁黄州衛指揮僉事性至孝父全征横
江陳亡事聞明英廟詔所在得錄諸陣亡子姓應
錄者爭圖之惟恐後恕曰父死之謂何而逈以市
寵吾不忍也久之始受廕署篆晉漕以介聞監司

咸旌異焉
黄伯孩字鵬遠成化丙戌進士累官苑馬寺少卿
節操清亮鄉評推重
張佐字良弼成化辛丑進士有介行累官按察僉
事後免歸饘粥不給晏如也
余鑾字廷儀正德辛未進士授行人奉勅冊封唐
邸王餽以金帛却不受歸與諸生論學不輟有豪
右觸法坐重辟懷多金求鑾為解鑾曰吾豈以多
金禍鄉曲耶竟斥遣之
王廷槐字穉占麟子嘉靖戊子舉人麟蚤卒終身

黄岡縣志

泣慕事母孝養備至重名義不漫爲然諾居恒嗜
讀書一室縹緗目喜不善治家人產而好佐人緩
急每歲杖道殣累數十百以為常於勢利泊如也
故終其身不仕以子同道貴贈御史
丘尚忠少業儒事後母承順惟謹子岳在諫垣
肅皇帝深加眷注尚忠偶報謁郡侯侯疑有所請
因訊賢郎有家書乎尚忠知其意答曰兒子家書
無他言第諄諄囑老夫勿造公府耳其介類此封
工科給事中
宋章字朝憲歲貢知威遠縣親老懇乞終養士林

重之

王秉直字子愚嘉靖乙酉舉人負性伉直生平無一字干有司所與游必賢豪長者見非其人輒引去不交一談也

劉承芳字世美少穎敏善屬文舉止沖夷父母蚤逝哀毀骨立事繼祖母以孝稱仲父幼孫奉事罔懈撫從弟尤稱友愛以歲貢授同安司訓未仕卒

謝杲字伯明正統戊辰進士由監察御史出知九江府有循吏稱歷江西副使四川參政布政使陟副都御史巡撫貴州平麻陽猓子坪蠻有功後致政歸卒賜諭祭父希哲永樂中舉人材任泰興丞調長垣咸以幹濟顯性疑重工書畫以子貴贈如其官

徐本性倜儻涉獵書記嫺文辭洪武中以明經舉任通政使司經歷累官雲南布政使

蕭昇字彦高永樂丙戌進士拜監察御史九載考績上疏省親明文皇帝命給道里費且賜勅褒之中允王恺撰文贈有云禮以律身明以折獄皂囊曉進臺閣生風白簡夕森奸回落膽其見重朝端如此

劉以文字彦章洪熙初任温州府照磨以廉能聞秩滿擢太和令改陽城有美政璽書褒之增秩再任民為豎碑比殁耆庶數十人弔於家建祠以祀御史李經撰記正統中劉以德者以人材任知府進階亞中大夫亦有能聲

王思是起家刑名有幹材倅泰州泰故多牧地擧馬民閭後苦求患思是為疏罷三之二每霪雨懇禱輒應嘗請部使者蠲租六萬餘石挽舟哀訴至以身投水使者大驚具奏允所請秩滿當去民乞留陞本州同知後歸老于家泰民立祠祀爲居鄉教子孫勤儉業儒令簪弁七葉人謂樹德之報云

黃岡縣志

王濟字體民思是孫麟從弟也弘治壬戌進士濟愽涉經史能文章而介立有持操不少假言色勝人敬憚焉歷驗封郎中覲旨多所建明遷河南參政遂乞歸尋起四川參政未就家居明農課子置義田義館以贍族諸戚黨待以舉火者甚衆敝裘羸馬絶跡城市鄉人私相戒勿為不善恐王公知也以子廷瞻貴贈資治尹

王麟字體仁思是孫弘治己未進士授封丘令勸農桑鋤強梗一境大治嘗謁大吏瑜黃河見百餘

人舉大木爲耶許歌而蒼頭奴乘馬鞭之問知爲
太宰馬公治宅麟執奴撻之曰太宰爲當世名臣
役民治宅固當第誰非朝廷赤子方端汗作勞而
汝坐鞭之乎因切責太宰子比覲與天下計吏庭
謁太宰太宰忽出席曰誰爲封丘令賢哉愛其民
吾亦與焉因揖時兩賢之考最赴京道卒以子
廷梅貴贈戶部郎
熊仁宏覽不羈有史才嘗與輯郡志
潘子安由薦舉任夔州府同知工詩賦有海天清
嘯集傳于時

萬民望別號樊江子嘉靖乙酉舉人自諸生時力
攻古文辭才名蔚起嘗有宮怨詩云帶圍此去如
長減應有君王愛細腰一時傳誦起家新野邑博
歷寧州知郎著有鳴蛩集
呂禧字本善總角作烈女旨酒二賦奇字盈幅時
人莫識也王太史稚欽見而奇之呼爲國器舉嘉
靖辛卯鄉試除丹稜令性簡脫退食手一編吟諷
不輟暇卽徜徉山水間抵暮返與楊太史用脩善
楊爲序其蜀稿頗極推許棄官家居四十餘年絶
跡城市有見一山人集藏于家年九十終子徹端

郡諸生亦以博學稱
賈啓字啟之正德辛未進士授知縣徵拜監察御
史遷光祿少卿尋謫嶶州府推官歷陞副都御史
巡撫延綏博學多材藝善天文忼慨譚邊事甚覈
著論欲汰冗員如我高皇帝制時論韙之家居二
十年不入公府布素恬約鄉人稱篤行君子云
方任字志伊嘉靖壬辰進士由行人拜刑科給事
中以戇直忤權貴改兵部主事遷員外郎歷四川
僉事江西參議副使所在以廉能稱陞山東參政
督蘇松糧餉力清積逋遷浙江按察使尋轉江西

右布政聞母病棄官終養卽苫次拜副都御史巡
撫應天竟不起父勇性嚴峻每不豫爲長跪曲解
孝友馴行鄉評推重焉
曹珪字廷獻正德辛未進士令桐廬以治行調海
寧擢監察御史按廣西平猺獞有功復按陝西時
武廟以別旨遣中官過陝珪遮留疏諫竟得寢歷
官有餘俸不置私產咸與異母弟共之著有南坡
奏議若干卷
丘岳號南正祖父家學皆有隱德中正德丁未進
士歷官禮部右侍郎正直不阿每誡其家不得與

公家事致仕進階正奉大夫正治上卿兩奉恩詔
有問弘文淵博學究天人邑流傳名章多出其手
王廷儒號七澤濟長于舉進陳間毋與從尤延祿
用登正德丙子鄉貢以困公車教授都門從近臣
得盡窺內府秘書曾求夢於閩之九鯉仙授以對
曰九重殿外瞻儀鳳八陣圖中識卧龍中都察院
都事轉四川按察司僉事本遷成都府通判八陣
圖正當治所夢乎矣歸里卜宅在建家廟如制春
秋崇孝祭宗婦獻鐶于婢有不謹者面責之撫
三庶弟極友愛嘗盜入室求金不獲欲殺危極生
毋徐氏引子請代曰殺吾子無殺兄盜義之不持
一錢而去于十女一即適竇世亮守節建坊者也
程鳳金嘉靖己酉彭澤知縣多善政士民生祠之
有禱輒應居官方正不事曲阿直指臨郡衆令亢
見金從容獨後直指諷之曰好程知縣相度不當
如是耶金出曰御史所以有權者能去人之官也
吾官自去御史何權彼不為五斗折者不亦一彭
澤耶詩懸儀門一生惟拙天知我三載無能我
愧官今日銓衡方論定好歸舊隱理漁竿遂掛冠
歸詰朝衆官復見直指曰目中今無程令者何也

衆對曰去矣因陳其詩直指大慚謂吾向所言者
見此令太卑不覺戲耳廉得其居官事且登劉
章奈何去即遣中軍官速追之及二百里外金中
再來生值十七竟不返祀江西名宦詳彭澤志
王廷瞻字稚表參政濟子嘉靖己未進士除淮安
府推官考最徵拜監察御史瞻為人訥易口不言
人過至搏擊權貴弗避也其劾宰輔斥嚴黨遺奸
諸疏時以為難巡按四川風裁卓著歷大理太僕
丞卿陞右僉都御史巡撫四川川以水旱民力疲
困瞻行郡邑問民疾苦建昌松潘寇犯順相機撫
勦尋陞右副都御史督撫南贛改大理卿陞南京
戶部右侍郎總督倉厰時寶應諸湖水為患漂沒
糧艘議於石堤東濬月河避湖險加右都御史督
漕運巡撫鳳陽瞻相時度勢濬河築堤建石閘甫
八月事竣上悅賜名弘濟河陞戶部尚書兼左副
都御史賚白金綵幣改南京刑部尚書以勞瘁懇
疏乞歸家居七年卒訃聞贈太子少保賜祭葬
杜仲字沖宇隆慶辛未進士遇春曾孫鳴陽叔子
也生平孝友介立有操初令華亭試士首得宗伯
董其昌服闋補大足尹秋闈所拔索皆一時名俊

司農陳邦瞻其最著者歷任河間郡丞南安太守歸與諸兄弟友愛未嘗為其子私藏而有間於兄弟且置良田三百畝以分給族屬自南安以清直擢陞松潘兵備孤身萬里捍守邊陲遂以勤事卒時巡撫喬聿新嘉其忠勤遣治喪事發篋無餘資僅敝衣數件喬聞於朝賜祭塟贈太僕少卿

郭慶字善甫正德丁卯舉人質直力學時王守仁倡道東南慶徒步從之三年始歸充然有得也授清平令有冰蘖稱勤于撫字俸給貧民牛種後乞休歸民不忍舍去為立生祠祀家居不治垣屋澹泊自守非罪死問疾不輕出戚里有困匱輒賙給之耽吟咏每詩成常自削稿故著述不多見云

王廷陳字穉欽濟子穎慧絶倫讀書日記數千言弱冠魁楚書彝偶禮經第一授翰林庶吉士明武廟南巡與脩撰舒芬庶吉士汪應軫等上疏諫或止之陳作烏母謠疏以 上怒廷杖謫知裕州治尚嚴棘士民畏之性褊直以事忤當轄遂中危法褫職歸嘉靖間詔以言事例准吏科給事中致仕後巡撫都御史顧璘薦脩興都誌欽賜銀幣屏居林壑三十餘年以詩文自娛郡國吏罕見其面太梁郭鳳儀守黃州時時以詩就質太中丞林富亦云入楚獲見夢澤先生歸日對父老無愧也其見重如此著有夢澤集行於世

陶珪字廷獻嘉靖丙戌進士累官山西按察使所至稱為廉吏時陶仲文以方術得幸仲文故潘姓而隸于陶既貴意欲得珪附己珪弗為動一日誤以宗主刺謁尋悔之竟追得乃已其介如此事祖母以孝聞俸餘分給諸孫俾共書法習諸讀著有雪堂集

范芝字德和孝友有儁才父病三年日侍湯藥未嘗去左右比卒哀毀骨立恒推產分給戚黨貧者篤學博覧從遊多致膴仕嘉靖間以選貢授定遠令甄善除惡招撫流亡邑人歌頌之事載定遠志中以母老棄官歸養著有三秀集

丘峻蚤負奇氣以歲貢除貫縣司訓持身嚴矩矱蜀人士爭劘礪焉

徐崇德字象賢為人坦直不設城府以禮經名四方士多遊其門為白水諭若節特著

陳言字秉忠仁慈謙慎口不言人過鄉人稱為長

者以歲貢任慶陽府通判常督邊餉捐俸以助軍民立祠祀焉歸老二十餘年不履公庭鄉飲賓席歲必敦請始出其爲有司嚴重如此

徐禨字天祐有隱德兄蚤卒遺孤襁姪撫育教訓俾至成立又趨人之急樂於施與鄉有不能葬者咸助之無吝色贈文林郎

杜鳴陽字子鳳提舉華子嘉靖癸卯舉人澤厚與物無忤親歿遺幼弟友愛篤至令遂寧江川俱有惠政故人朱廷相爲令女許聘豪右迨貧且死豪右遂背納鳴陽聘爲仲子傑婦夜夢朱義冠絳衣叩首謝曰感君厚恩必有以報其秋傑中鄉闈朱生四男仲應芳登萬曆丁未進士人謂鳴陽盛德之感云以叔子仲貴贈奉政大夫傑字汝英嘉靖戊午舉人鳴陽歿于滇傑萬里奔喪備極哀告昆季六怡怡閨閫授長年命常禄外不妄取一錢既免歸敝衣麁食逍然自得也

易明幾字汝戒篤於孝友諸弟蚤世撫遺孫猶已出家頗饒人有稱貸輒應不盡計其價日每嚴重危坐好面折人過人久之知無他腸亦卒相嘆服以子倣之貴封御史

王相字東皋邑諸生有德行君醜莫不爭重懸湛世泉講學語隨處體認天理以自警嗣聯有開著眼看人情反覆大著眼待未道術環向置義田瞻族歲大饑爲粥食人於路邑東吾水相一日渡見婦人爲少年所偪以騎濟之因捐貲造橋名王相橋瀟灑有元藝列名庠書亭凡四人鄭廷桂丘鳳鳴及從子奎儀並高年敦行誼而相與爲文程通者字子翊郡諸生廉而讓著有里仁會鄉約人藤重之

閔泰字文亨歲貢性慈和爲梁山令字民如子民至今有閔母之思云

易倣之字惟倣號霍岡隆慶戊辰進士授行人歷戶部員外郎知衢州府事有兄弟爭訟不決公初不問曲直命之隅坐累朝兩人相顧笑悟爭遂擇其爲政務服民心大率類此轉四川涪州道以招諭楊應龍有功晉四川大叅丁內艱歸遂致仕居林下醇謹敦篤不干府縣以私卒祟祀鄉賢

萬巻字德甫號近峯惟忠義以束節授安平尉值邑中白蓮會賊[illegible]衆起謀襲城有期巻[illegible]達[illegible]潛東制令深而集人心危疑可擒即日白令

先生李督捕[redacted]鄉兵急擣其穴賊方聚飲舉事三
戰皆捷賊帥頂金冠[redacted]賊[redacted]術[redacted]人
馬[redacted]起卷[redacted]風雨[redacted]破壞賊[redacted]就縛[redacted]
捷盡擄所遺財物叅分毫無所取捐撥交童[redacted]
叔賜金帛擢授遂道[redacted]無所擾授[redacted]通判時董
科[redacted]鬱鬱[redacted]歸[redacted]卒于家安平
人立廟祀[redacted]官西壹家[redacted]入京遺其地[redacted]
人竊而繫之一老人問曰[redacted]等何處人[redacted]黃岡
因大驚曰我[redacted]鄉里也白衆解所縛更具茶酒引
至廟中見[redacted]金碧輝煌香烟繚爛皆曰[redacted]

黃岡縣志

[redacted]冉生也又数十年来長子[redacted]已老遇公曾孫年
嘂為述所親見如此原載舊志

黄士元字汝覺諸生時篤意性命之學中嘉靖己酉鄉試署教貴溪督學舉主白鹿洞一時同游者甚衆陞知餘干縣遷撫州府通判有能聲後棄歸屛居林畝日與諸士講論不輟歲侵施粥賑救及踸中建浮屠與有力焉晚號玄教年躋九十鶴髮童顏望者以為仙也

陳仕字又愚嘉靖壬子舉人授弋陽令築城捍賊民永賴馬遷嘉興府通判嘗從胡司馬宗憲破倭有功陞本府同知以母老乞歸家徒四壁立教授里中自給布衣蔬食無異寒素有兩弟友愛篤至子九疇宜應歲貢而弟次之囑其子曰若叔齒至矣若又年少奈何先之因稱疾不出弟遂得貢居常杜門課子先後屢請大賓辭不赴時論推重焉

阮文蔚字自質萬曆己丑進士性介潔嘗候除道維揚鹺賈奉千金屬居間文蔚咋指曰吾先世無千金産且安敢從他邑侵士大夫權辦事銓曹例入棘院竟杜門不應辟以冊封上饒王道病卒于家貧無以殮前巡按御史李天麟行府助葬

黃岡縣志

劉珙字尚陳嘉靖庚子舉人孝友剛直足不入公府除黄縣令黃宦豪恃勢武斷珙摧鋤無所避海賊臨城肆掠悉力拒之甫通遷知寧羌州有仇夜殺七人棄屍不可得珙焚香告天雷發其屍而究雪歷仕不置家人産居鄉以公亮稱

曹士彥字孟彥珪曾孫萬曆己卯舉人事繼母以孝聞築松風閣栽花竹自娛絶足不入公府除定遠令清貞自飭尤勤撫字民有不若訓者款諭之勵學勸農興滯搜奸秩如也及卒邑人張御史一鯤檢邑餘鏹主辦櫬還歸哭送者數千人為建碑

立祠祀之士人禱祈輙應入名宦

樊玉衡字棻齊澹泊寡欲神識湛如常師事耿恭簡定向萬曆乙未進士除商城令訟者盈庭令吏人唱息訟歌訟者多引去夜唱悟四歌因聞之皆泮泣不自勝商縣猾持令短長借交為奸次第案誅中使採鑛至商氣張甚衡一無所屈閹祈俾遺以二瓔中使唧之然亦無以中也調崑山崑故煩劇衡治一如在商時某諸生閒與公事習學為設門禁薄衡曰吾方求得士何禁為乃易名求濟臺生薄諸生皆惝怳退在崑五年不私一錢覲時

蕭然襆被推銓曹郎不得當以親疾乞歸侍湯藥歲餘勞瘁卒督學董太史其昌私謚申孝介先生建祠祀之崇禎朝奉聖旨如謚加御銜後以姪維孝嗣祀維孝有文名亦清介自守真先生之裔與孫齊信縣學增生

樊玉衡字齊孝友著稱縣萬曆癸未進士授廣信推官擢御史性疆直敢任事劾權璫奸橫舉揚忠直鄒吉水若而不前請皇長子出閣講學冊立以三王不宜並封觸執政忌謫無為判稍遷全椒令時國本未建衡以舊恩奮甘斧鉞疏請不報恩日有所奏忠激上怒謫戍雷陽楚人傾城攀淬者其草疏處為里曰皇衝即日挈襆被跨驢揮手而別既推雷惟携仲男維甫閉門思咎薪粟不繼澹如也撫按屢會疏薦不報其長男愚遇再疏伏闕頸代父戍亦不報泰昌元年季男維城會覃恩以停封追父職引御康生例起刑部主政辭不赴惟陳時政十款首親賢遠奸祈天永命為言疏乞致仕卒加陞太常寺少卿

王追美字輝之號濱衡幼孤依祖廷儒愛且奇之七歲郡舉神童郡守疑焉因訪七澤引至膝前屬

以對曰七歲書生誇七澤應聲曰南京都事首南墩是時七澤官南京都事南墩乃吏部公號蓋以父子對祖孫也守大驚服年十三薄舉子業嘉靖辛酉偶出一試舉於鄉十上公車不售惟放情山水以音樂詩酒自娛唐伯虎祝枝山文衡山其方外交也卜居喬松古柏几案江山將終老焉年僅三十有八所著有岣嶁山人集江山丈人詩青羅黃卷十子臨漳公其長也

王致濂字孟周別號靜涵博學多聞以麟經登萬曆壬子鄉試凢八上公車兩中會副宰江南南陵

首開六連湖水利澤及數萬戶時冦彌江南捐俸賑饑練鄉勇增城堞賊不敢窺撫按以安禦功疏薦第一所拔門下士皆英俊才後先科甲者甚衆尋以疾卒於官年六十有七南邑士民立祠崇祀楚督學王永祚推公孝友譽重當時事功化隆南國置主崇祀鄉賢給孫王梃衣巾奉祀長子承祐中癸酉鄉副歲貢次子承啓中順治辛卯鄉試

晏清字泰徵萬曆己未進士授蕪湖知縣調煩吳江賦重民疲力請題蠲不得誓掛冠以謝地方乃獲如請行取銓部以忤璫削職崇禎登極起復然終以太直授嶺表道遂辭歸弟濟以壬午舉人授鳳陽司李平反者衆他郡疑獄不決者悉就理焉為守所忌罷歸家居十五年卒年八十二子四人成名者二里稱為兄弟濟美焉

李楨字良材少明穎工屬文舉嘉靖辛酉鄉試除萬縣令兩造取片語而决時人為語曰毋歧舌見必屈杜若胥宪必伸有亡賴子殺一家七人而匿大索久之不獲楨禱於神得殺人者貌醒而跡之俄就縛有僧史解人引其屍展轉二十年矣楨從容以果報喻之僧感泣具言屍所卒伏其辜旁邑皆呼神君五載考亷徵拜監察御史時方有事壽陵費鉅萬楨疏請裁省上嘉納之以抗直出為福建僉事爬搔宿垢風采一新尋給假治喪卒於家大司寇王世貞志其墓

王一鳴字伯固濟四世孫兒時有令譽甫就塾即矢志丘索章句非其好也登萬曆丙戌進士才名譟都門甚都人士爭識其面以為快嘗與諸新第者同謁政府王太倉忽問誰為齊安王生揖之曰子天下才也出為太湖令久之移臨漳加意撫摩不持邑中一錢兩臺藩臬使者有擬著悉屬焉公餘益肆力今古所得日益新已何卒士民知與不知多為悅惜著有朱陵洞稿藏于家

劉功允字順庭隆慶丁卯舉人初令懷遠遷溫州汝寧郡丞歷宦廿餘年家計不能長尺寸生平于審决詞訟專務以德曾為其二子宗祥宗祺延名儒張某者為師張見其宦况清苦乘閒諷之曰敝地風土粗腴宦此者亦頗有自然利公高則高矣其如無以遺子若孫何功允正色拒之曰此語若出君本心何其以不肖見待至此倘是兒輩之囑則兩兒皆不孝之子矣張為嘆息者久之壽八十

二歲卒後以子宗祥貴贈封太僕寺少卿
王鳳陽字桐岡别號横坡少穎敏苦學嘉靖辛卯
舉於鄉筮仕令四川萬縣時土苗作亂練鄉勇勦
撫有功撫按交薦尋以疾乞歸講學著書耄年不
倦有南山書院集三十卷卒年七十餘爲學務崇
實踐崇祀郡學鄉賢長子臚次子坵俱舉嘉靖鄉
試未仕卒姪孫欽濂舉萬曆壬子授南陵縣知縣
樊煒號崙川萬曆時選貢授漢陽訓導遷南陵諭
少負儁才博通經史自爲諸生時聲名奕奕訓漢
之日約法嚴明監士守令紳士皆習誦其文折節

相禮弟子一秉法度多有以經術顯著性至孝初
以子玉衢貴應封文林郎煒疏乞移封其父母諸
子在官者皆以清節著卒時七十有七以子玉衢
侍御史封如其官時人以爲純孝之報云崇祀鄉
賢著有史學集等書
樊玉衢號荆軒少從父煒司鐸漢上會司徒張甑
山講學江漢玉衢與兄玉衡及漢陽李若愚同師
事之俱升堂奥由是益自勉勵毅然以斯道自任
父病侍湯藥衣不改帶者三易寒暑及卒哀毁骨
立幾至滅性兄衡居官清愼家無餘財卒鮮嗣衢
衢部勒喪紀捐建祠塋嫂余氏孀居苦節衢事之
如母又置義田以贍族乏置義倉以備荒歉歲祲
多所全活他如放生掩骼減糶焚劵施藥賑貧凡
可爲德鄉里者不遺餘力流氛之變所在摧靡衢
指畫方畧守土者賴之當事循例保舉衢謝曰時
方多難非一木可支安能盜處士虚聲以負朝廷
耶卒辭不赴卒年七十四崇祀鄉賢著有習門集
若干卷子四人長維禹次維孝縣廪生嗣孝介維
城成進士維忠府庠生孫齊信府庠生能世其家
學

高澄字汝清有孝行祖有暴疾刺血焚指禮北斗
籲天自代祖母年五十目雙瞽哀痛終身不飲酒
茹葷不入内寢祖母目復明至性動人如此其事
父母跪進飲食非父母所已食不敢嘗父母所
藏百餘金欲畀幼子知澄孝而不疑傷其心猶
匿之枕間及疾且革澄先意承之故遣其弟澄枕
而俾外出嗔歸侍父大呼曰孝子孝子此卒廬墓
終身焉嘗有貧漁婦失其夫帶本夫歸疑其有所
私也欲死之澄[illegible]所失金畀之漁者曰此
非我所失金也澄曰因拾得即用今相償耳婦得

不死其陰行多類此黄郡伯應立齋聞其賢詳達
巡撫顧東橋貽以區額帛絹與鄉飲酒禮至今黄
之人稱爲南城公
王臺字最吾郡旌善人相子也好學深思補郡庠
博士員與兄陞講學于定惠問津諸書院及兄陞
官四川重慶郡丞臺猶往來講論一時負笈從遊
者衆咸推王夫子云以次子家録貴封司寇大夫
後家録以殉難加增光禄少卿公又得贈如其官
曹誥字廷寵號仲岡嘉靖丙戌進士累晋甘肅大
中丞時兇氛告警誥督師出奇兵取勝肅士民懷

德畏威以疾卒子任子子元子亨俱庠生
趙炳號梅泉貢士趙世貞舉人之父子明庚辰春
公舉鄉賢奉學憲王　批允入祠致祭兄趙莘友
于見稱于鄉孫應瑞以歲貢考授教職亦經澤之
貽歟
魏公韓號雲菴父翊明博洽端方韓幼質魯嗜學事
祖父母以孝聞天啟乙丑進士初令太平以築城
功爲御史臺所重崇祀名宦尋任汝州大名薊永
諸道事除盜愛民却敵捍賊咸有異政俱崇祀各
治境其生平大節如不附逆璫魏忠賢不見内監

張彛憲可想見其氣槩思廟倚重之命巡撫保定
國朝定鼎徵爲河北巡撫以母老終養辭不至隱居
漁臺講學杜門三十年正氣提躬義方訓子動止
一遵禮法壽八十一卒學者稱爲漁臺先生
劉宗祥號梧陽寧羌刺史珙之孫河南郡丞功允
之子也天啟乙丑進士初筮金壇知縣公直不避
權貴邑中奸猾無所容嘗徂捕連海巨盜王武烈
等十數輩其餘孽實繁有徒陰圖竊發人莫不危
之而宗祥處中機宜卒自消沮奏最拜監察御史
巡按四川時有秉國鈞者囑庇其姻戚成都令某

甚至祥入境採其實據事露章逮論抵罪諸如此
類頗爲時賢所稱蜀適遭安奢糜爛之餘措置永
寧地方備極周至蜀土至今安之復命再差巡按
江西尋又差長蘆巡鹽奉特旨候補京堂隨陞太
僕寺少卿管東路是年冬會推江西巡撫陞辭呂
對平臺二次對稱旨俱賜菓餅酒宴慰勞嗣以老
疾乞休回籍卒
甄淑號錦石才學英敏萬曆癸卯舉人庚戌進士
授陽武知縣調太康俱有異政行取吏科給事奏
議文武一例殿試疏載從信録天啟朝居諫垣以

不附魏璫坐削歸明懷宗登極膺眷擢太常轉工部侍郎陞南北刑部尚書守章義門有功召對数次特命褒贈三代累廕三孫卒年七十有二父其贊增生祖善潜山訓導俱崇祀鄉賢

王陞字于勳號進吾少孤事孀毋以孝聞撫三孤弟俱成庠彦登萬曆乙卯賢書初任肥城諭課試講解士皆質疑問難遷威遠令親講約勸耕耨捐羡餘賑凶饑威人至今尸祝不絶晋泗州牧泗乃陵寢所在也奉祀者倚陵莊侵民田陞按底冊為據奉祀謀賄解不得乃於餽茶藏金發得之即召

持去府泗若水患乃盡釋州事日與土庸伍鼓舞催督陵寢賴濟平壞既而復有火災請乞漕米萬石以賑之未幾貳渝命下適渝有播警陞即戒行李不少逗晋單車就道至則督餉涪中襄成平播功致朝廷頒賞賜金以旌其勳家居五載補上谷之龍門上谷不毛地乃教以播種至今享嘉禾利遷滇之鎮南貳遂致歸取道問津河見書院傾圮乃謀及當道鄉士夫合力鳩工以妥先聖之靈又新正宗會館於城隅率子家錫家欽家鎮姪家録孫源昌輩歲時講學不輟為黄理學宗卒謚貞簡

崇祀鄉賢

廖珩字珍之號斗山生方五齡能誦詩百篇調平仄四聲皆厭父蘄峰口授也九齡始就外傅日記千言十四就試輙冠軍遊泮早食餼然其所學則上下古今不屑屑為梯榮業也郡守潘允哲郡佐袁福徵兩君子知其有良才敦請修輯郡志一切予奪奉以折衷有貲郎欲為立傳者僉可之珩獨不可叩孜雖仇予弗顧也及伯子遊泮貲郎果以冐頂誣首入院潘太守乃懲首者而根極貲郎坐之城旦是秋伯子自伸即領鄉薦太宰歎曰有如

此子而不吾知廖君之高守上之罪也時珩年止四旬有五遂脱青衫為文以謝辭先聖其畧曰念二親已歸歛籍禄養之志既虛幸一子忝薦鄉書皇天之與亦厚學使者重其才品欲以歲薦玉成之珩竟退而不出後黄岡令茅瑞徵覽郡志亟賞不已折節禮聘修志珩却不應唯樂道著書不知老至云爾始以伯子自伸貢川州知州誥封奉直大夫後以仲子自強江油知縣進階中憲大夫壽八十有三

程迪選貢梧州府通判御史中丞某故同舍生欲

厚之金幾數千金犒師犒已餘金還御史曰子孫賢耶不用金即不肖金益之祟己而有殺人者賄其太守事下通判通判授之旨欲縱之迪竟論死太守曰通判何不通耶迪從容正色曰君侯太守亦太不守矣拂袖東歸太守尋亦罷

官如皋字直卿邑諸生以伯子户科應震任灘令贈文林郎當束髮讀書時隱然有憂天下之心及伯子觀政兵部手揭會典律令予之曰祖宗道法當官謀斷具是矣伯子退食問其科條功課以為喜愠居宛疾革猶作重陽詩及制義卒數年而贈

文林郎如皋于世無校亦復面折人過出于誠然使人嚴而不怨久之人人各自以為官先生愛我傷其前事而改焉至今思之猶曰古愚先生

王崇擢字平衡三歲失怙奉孀母李氏幼而孝慈長而醇厚縉紳前輩鄉黨宗族皆稱之好學深思補邑弟子員蜚聲士林教子成名以伯子戊辰進士翰林院檢討用子誥封文林郎仲子用吉文學季子用世舉戊子孝廉長孫澤弘乙未成進士入史館之年正雙白重慶之日元配周孺人俱享年九十有奇孫澤弘請于

朝奉

旨終養國人皆曰積善之恩榮近古未有也

王同觀字養所少保澤幼子也撫蜀時始生蜀誌名宦紀載甚悉少保見背年舞勺臨訣摩頂記曰闡業承家大振吾宗者必此子因送入國學事母董氏深愛愉色宗黨稱其孝間語及摩頂語輒跪而泣事兄主政同𦍑友恭無間處姻友族里推誠伏義禮賢教子備極苦心生大夫子十人皆以文行顯名當世長追駿丁丑進士官真定太守次追駇追驥追騏俱以明經顯追騄與追騋之子之

鯨同中庚子舉人追騏戊戌進士翰林庶常改授禮科給事追騂追馭追駒俱英才壽九十三歲子若孫共四十餘人

王同𦍑字諭甫號味所大司寇廷瞻之第三子也少馳騁文苑名重海內性輕財貨禮賢能篤友誼試必冠軍而艱于一售以歲薦于明萬曆辛亥廷對取中天下貢士第一人授順天儒學司訓當其時文尚辭華𦍑獨勤懇造士力返雅醇文風為之一變當事獎薦如林陞江南沭陽令調繁移江寧令清廉卓異之聲徹于中外欽取刑部廣西司主

事奉聖旨建父子司寇坊素具入倫藻鑒一時名世賢豪多于寒素困頓中預識之而結平生懽及其仕也當道大君子往往德之是以由首瀦至秋憲府承先啟後德澤馨聞冢子追本處薦次子追盤署咸寧學訓冢孫一軒順治甲午科舉北雍孝廉曾孫封灤由翰林見任國子監司業陞侍講

蕭友蘭字九畹蕭昇之曾孫萬曆年歲薦孝友忠厚初授江西萬年訓導陞陝西延長諭作興士子周給貧交延長人德之卒于任士民撫棺痛哭送者百餘人署中大樹一株不知其名蘭每憩其下

迄今遂名之曰蕭公樹云

王一翥字子雲貴州太守追皋子尚書廷瞻曾孫也奇才天授八歲能詩遂名半天下觔文督寅亮拔為三楚第一人每稱子雲藻思橫錦浩氣凌空吾不能測其所至庚午舉於鄉父追皋以貴州知府才畧倜儻尤善治兵時宣慰諸洞多竊發撫軍倚為長城甲胄躬擐殆無寒暑晝夜竟以盡瘁國事卒於黔一翥慟切嘔血披髮奔黔身入苗窟負父棺歸里太守既沒黔使者上其功勑賜諭祭蔭一子入監讀書一翥遂無志榮名辟處匡廬吳嶂之巖結緣草而況寡焉海內名公鉅卿若某某者刻不能舍子雲子雲不欲也作詩千卷非有意學少陵而行藏心性之間酷有肖焉是以觸之山川寓之草木發諸歌哭之間無非是者搢紳家得其一字咸爭寶之一翥則戲貴倨若侏儒視軒冕如草芥朝夕唱和惟內兄樊維甫樊維城廣文曹士謨文學丘萬仞鄧雲程數人而已嵩螯自矢與魏公韓交勵焉長子封蒂當承恩廕乃沒于亂妻樊氏侍御玉衡女也賢而慧亦沒於亂以是慟悼而終於巴水壽七十有六少子貧不能表朋友斂瘞

守墓者百餘人所著有智林村稿詩文行世

官應震字暘谷萬曆戊戌進士由縣令遷户科明神廟深居厭聽言而猶直公因留言責不從官御書姓名屏上呼小官小官云獨立擬垣與人主大臣爭可否邊儲匱主計者議加賦合省直二百萬而七十餘萬註楚賦中公以不均爭得減三十三萬兵餉幾致變公請如祖法以金花銀還太倉濟軍食上未俞適外需金花銀十餘萬到公白司農徑給邊軍然後請上怒公自劾罪當褫上不問所著有疏草二十餘卷理學搜言解言疑言緒言宛

潍政紀荒政陰德編家禮考諸書反三式全書百餘卷行世

章石麟字中石號玄斗父體亨早逝後贈承德郎母周氏孀居四十餘年封安人麟奉母至孝登萬曆丁酉舉人戊戌進士授户部郎上疏陳母節奉旨旌表建坊庚子聘順天鄉試一時稱為得人居官廉絜白首為郎蕭然四壁者十餘年移江西南安知府抵任數日而卒生平所著有尚書疏註西園樹事白門草帚氏家乘品節紀行世

詹時明字爾用號見龍生平端凝静重寡言笑少

時輒慕薛文清王文成之學稍長與宗伯郭文毅相國賀陽亨同學相摩切品行闇望遜相伯仲乃歷棘闈者九中副車者再徙循方冊例得歲薦初司訓常德督多士以聖學務在實踐戒浮式靡耻襲經義治事之名楊中丞孟郡守共推爲人倫師表尋遷江西武寧諭兼視縣篆彌歲簿書刑獄之事無不以至誠爲本一時撫按及學使者咸以真儒目之年七旬陞四川筠連縣不勝蜀道跋涉乞歸齋居正襟危坐講論不輟卒年七十有四遠近從遊者尊爲冲默先生上之當事崇祀鄉賢

呂元音字節之號五始邑之陽邏鎮人天資敏捷讀書破萬卷髮甫燥郎執騷壇牛耳楚督學董文敏葛屺瞻試俱第一邑侯茅五芝尤冰鑑之修黄岡志敦請為主裁乙卯戊午俱副榜辛酉以恩選入京廷試第一明熹宗御筆勒其卷賜袍笏謝恩一時聲稱海内屢多問奇字者秋闈麟經亞魁所著有後軒集春秋問難

易壬龍字雲間年五十六登崇禎庚午鄉試授醴陵教諭應貴州同考聘得士凡九人晋大昌令時流寇横烈兩攻其邑皆以力禦得免旋改宿松以

世變日亟遂解綬歸里日以採藥釀酒為事有飲必赴無問遠近咸以步春秋墓祭必策杖以至至則以誠必敬子弟無敢有跛倚以臨者生平無狹邪之遊戲玩之使其静穆恬淡端恪謙謹閲數十年如一日也卒年八十有四子為泰以詩書禮義繼其先業

王家欽字仲修自少家學淵源孝友文章馳聲都會一時學士大夫推為醇儒性善誘進後學故門下名士衆多郡太守祝萬齡理學先生也開弘仁館於定慧院倡明正學乃尊欽為講學主盟以子

源昌貴誥封承德郎禮部主事卒祟祀鄉賢

杜應芳號懷鶴隆慶戊子舉人杜傑之子嘉靖癸卯舉人杜鳴陽之孫鄉稱純孝素負鴻才舉萬曆丙午孝廉了未聯捷初任禮部主政轉河間太守實心教養人稱杜母卓異清廉未克枚舉其值封王過河間之界各屬例有夫馬供應共銀伍萬兩封王嘉其清操常例俱免應芳夙矢狷介仍以五萬之常例封還各屬各屬吏民感聲震地暨遷四川學憲是衡日鑒幾無遺珠凡動定前以二牌大書背公徇私陽誅陰譴八字如是千之者亦不敢

前矣一時海內翕稱之後陞福建按察使有倭人蠢動屢勦不寧應芳躬親撫慰倭人感泣嚮風自是海不揚波者有年歸卒淑人樊氏友軒先生長女年逾七旬時城陷鶴髮皤皤坐于中庭賊亦不欲害之會見侮辱眷屬乃正義大罵之遂被殺褒年伏義殺身成人淑人有焉

鄭廷桂號石濱性孝友好施予有貸而不能償者或取券焚之一日坐柳陰下有丐者以中道覆舟告曰其得數十金復往事可濟桂惻然因與以數十金後其人奉大木筏以償辭之固請乃受年四十五舉一子名謙遂喟然曰天命之矣何必久困棘闈遂棄舉業一意修攝後又連舉二子更精數學時撫謙背曰汝官至四品恨我不及見卒年八十五豫為宅兆諸子廬于墓忽有一人引其媍夜三丈夫子拜哭于墓曰我固翁之故人瞿某子也微翁有以室我先人幾不祀矣郡守潘允哲旌其善邑亭茅瑞徵入邑志長子謙萬曆癸卯舉人官至雲南知府次讜次讚曾孫光郢光黄皆以文學著名

王追駿字御之同觀子廷瞻孫中崇禎丁丑進士

黄岡縣志　二

授戶部主事歷員外郎典試山西雅稱得人爵位尊顯者甚衆陞直隸真定知府歲饑寇攘有撫字鎮禦之功子姪諸弟登鄉會者濟濟中外咸以為積學之報云

王源昌字蓄夫號紹貽家學文行得自性生舉天啓甲子孝廉乙丑聯捷由禮部出守恒陽會潢池警中貴謝文錦以觀軍容來恒欲手版屈昌昌抗不出致當宁聞其清直隨有漳南之命至漳浹旬拜表詣闕促竣決意懸車陳乞哀婉乃得受尊人遺命讀禮三年起巡豫章令行禁止諸疆宗翕然

未幾以大參東憲往鎮禹禹地八載不登公蠲糴
行摩存活頗衆會寇陷洛陽欲窺禹遂綜理戰守
以俟而寇已越禹赴汴矣時雖環禹皆賊昌相機
勦撫禹卒無恙遷汴之觀察使禹士民擁署乞留
不得哭送四十餘里抵汴縈懷倚閭請乞終養歸
歸之明年
國朝鼎革
詔求遺老　院橅徵及固辭不就退隱龍湖年八十
著述手書蠅頭鐵畫皆非少年可及壽近九十卒
子樹人世其學行

於倫字大常明萬曆癸酉舉人辛丑進士由吏部
官至納言以不附魏璫告養歸里璫敗本省按臣
陸題贈函云一代正人子斯行以後癸酉舉于鄉
賊亂避子園風之鳴蛩洲賊破洲闔門被害
孫大壯字心易少若志讀書有雋才由萬曆乙未
進士歷仕閩福州太守治行清簡有穎川渤海之
風所著詩文極爲袁中郎推服兄大祚登乙酉賢
書仕淮安郡丞亦有惠政
洪周祿字大實號芈石生而夙慧絕人年十八于
制藝古文詩辭莫不精警明天啓壬戌賜進士出

身授戶部主事乙丑督太倉庫歷九江鈔關多惠
政既已便國亦復便商朝廷嘉之壬申陞授常州
知府以郡有掘塚之變歸日唯窮工墨妙肆志詩
文行草書幾半天下明之末造祿居城當獻逆蹂
躪四鄉無日不警祿獨慷慨畫策多中機宜輕財
好施門下士待食者歲百十人和厚居鄉年七十
餘卒鄉人士恒思之
王用予字安生號霍童弱冠餼于庠事二親以純
孝稱墳典百家靡不研究明崇禎丁卯戊辰聯捷
有文集行世初授進安司李清剛敏練風動江南

捐俸建文起書院每月親自課士養育英才癸酉
鄉試名士多出其門值歲荒歉元配王夫人盡出
奩飾佐官俸以設糜全活南北流民不啻千萬淮
有新舊兩城鹽商築城相屬每水患又捐俸築三
壩兩城竟免水患六載奏最欽取翰林檢討王大
人孝恭慈惠備德難名生子澤弘辛卯舉人乙未
會魁見任內院侍讀提督順天學政
陶起虞字士熙號約田總憲珪從孫性純孝行端
潔讀書忘寢食晚更嗜易著有清微室迎旭堂兩
集行世中萬曆己酉經魁天啟乙丑進士繼母王

氏病瘧久不愈乃齋戒沐浴省身七日爲文告天
請功身代嗣後身當遘微瘧毋疾果痊讀書柳塘
菴中夢神告曰公瘧待瓊林酒一飲即愈果賜宴
後瘧永不作初任江西進賢令改授泰和令秉心
恬淡政簡刑清華除邑中四獘士民樂之時建四
知堂常獨居以見意續著有詩文稿邑人思之易
其廳曰陶侯讀書處遺家無儋石儲鄉評推爲清
介云

靖科元字若谷中天啓壬戌進士初任邯鄲有水
利惠政應擢銓部歷工部屯田司郎中晉嘉興守

道爲宜興所銜罷歸氣節凜然因寇亂結砦小崎
以避地後遇土頭之害闔家殉焉傷哉幸天祐尚
藏其子若孫于山谷間能世其業

詹大有字柔萼負姿英敏恪遵祖訓從學叔氏謹
之崇禎庚午登賢書令金谿嚴介自恃邑有權貴
爭寒生塚者不畏強禦直其事奸棍有投繯誣挾
者勘其無實擇其尤坐姦究屏息若讀書修行者
則不憚多方獎誘之尚禮信黜勢力谿俗爲之一
變

樊維甫字山圖侍御玉衡之仲子也生而聰敏絶
類此貌魁奇望者咸指爲神仙中人學貫經史而
深于周易幽抉百氏而精于形家但賦體儒碩不
能從俗諸生因以廩例入南雍肄業屢中南闈副
車年四十不第著有制藝曰弄雛篇刻行世年五
旬父侍御沒遂棄舉子業聯于室曰五十而慕終
身之憂所著有西霞集三易衍符諸書及形家書
曰天機秘鈐海內傳而奉之性愛山林往來名嶽
間每遇異人叩其所得皆非凡近可測由是道力
益深崇禎末兼行保舉二楚諸大君子僉欲應之
固謝不可乃止會江西盜藩好書史求名儒遣中

黃岡縣志

使執贄來聘展轉再四不得已而赴之盜藩一見
倒屣下拜相得歡甚次日力辭行王不可又次日
曳杖見王其所與語莫非明大義謹侯度等語盜
藩神悚辭愈決再拜謝王王不能留乃戒徒御護
送以歸辛巳壬午間年六十有五登知城不可保
遂挈妻子深入湖山藏名匿影不與人事故離亂
離之際得以天年終

曾曰省字見獨萬曆庚子科舉人辛丑會副歷任
江南安慶府潛山縣知縣行取主事致仕講學於
赤壁正宗會館通郡推爲理學主盟著五經心要

行世

何閣中字邁宿少即博學今古文爲海内宗匠長有志於聖學六經四子窺見閫奥皆以心得不尋摘于章句中天啓壬戌進士歷官四川學政皆以文起八代爲已任未嘗一問生産業焉子何昌祚字子蒙膺崇禎選貢天性至孝居母喪飯含殯塟自卒哭以至三虞一秉古禮素車白馬至者見之無不墮淚焉學體認天理一本于躬行實踐而不涉一毫瞀欲然竟以澹泊之嗣天之報施善人頗不可問與

祝世美字濟之號芷水孝友謙和祖父伯叔俱通顯而素泊自甘下帷讀書萬曆戊午亞魁己未會魁初令山東諸城以異政調繁東阿處要衝地値白蓮倡亂招流亡課農桑三年報最行取吏科歷左右給事陞兵科都給事晋太常寺少卿以守城功賜蟒緞元寶加秩正卿以二親年俱八旬請告歸養惟怡情泉石築園于郡之北城博攬羣書涉獵字画日偕名士高僧劇談世外事將終老焉卒年六十有一

洪聲遠字四極萬曆辛卯舉人初任山西高平令適蝗蔽天祈禱井霖立降縣境獲安隨陞户部主事後陞貴陽知府是年土司安邦彦犯順圍城凡十閲月竭力保禦後計招賊子安位率衆投誠以功陞新鎮道監軍副使兩平水西土司渠魁事聞賜金幣奬諭轉陞雲南參政以年老乞歸居鄉力行衆善凡設義塚救溺户修橋施茶等事不能悉數年七十有七卒姪有鎬甫一歲撫爲己子以天啟閒恩選授四川夾山令子有執邑庠生有守博學能詩兼工古文辭其書畫尤妙絶一時中順治丁酉北闈舉人

陳鴻恩字大登幼穎敏爲英絶領袖弱冠中萬曆丁酉鄉試丙辰會闈擬元典試抑爲第二名會魁房考力争晋侍來科會元寧副車焉嗣益肆力于學博閱疆識一目十行俱下生徒凡有問難窮源遡流如數家珍以對歷官貴州太守所至政聲丕著退居林泉雖巖棲避兵惟手一編著述甚富所刻無補先生四書戴記解至今膾炙人口焉

朱荃宰字咸一號白石萬年次子明崇禎己卯薦舉授浙江武康縣知縣治邑多偉績撫按特疏行取赴京卒于道卒之日家中惟圖書充棟著有周

易内外圖説禮記會通禮記金丹毛詩類考孟子
年表經濟録論世篇世史尚史文通詩通詞通曲
通楽通韻通大學權衡中庸權衡進呈奉
旨發禮部頒行傳載錢牧齋先生詩選
李五美字尊菴少倜儻有文名十餘歲斐声黌序
下筆數千言立就中萬曆壬子舉人初署輝諭造
就人才最盛聘秦同考名宦李希流其門下士也
嗣任邵武郡丞晋户部郎皆以清節著尋陞浙江
台州知府薑桂之性不附權要　國朝理學曹本
榮屬大傳之右軍焉

鄭之良字直夫號相若以孝廉授四川招化令歷
劍州牧敘州府同轉貴州鎮遠太守晋憲副良自
幼家學于封翁凝宇先生終其身須孝怡親日為
戲綵之娛親卒哭泣幾喪兩目遂成錮疾其任敘
州時烏蒙安邦彥為乱天啓崇禎之間川西南半
失朝廷震驚督撫朱燮元推以監軍催餉賈良運
籌濟變得精兵三千人乘賊上壽日賊衆盡醒我
兵直入擒賊將四十餘員殺傷無筭賊遂奔潰獻
俘京師朝廷大悦賜茶酒賞賚有差至鎮遠太守
時復征苗有功再荷優賞蓋其才智胆畧效力明

廷如此但久苦蜀道之難長子死焉家中瘞于巫
峽者不一矣倘所謂國爾忘家非耶歸卒壽七十
有四三子一魯一愚一浚孫可教可訓可棨皆克
昌厥後
曹之建字中甫號訥一高祖珪祖美父士彥俱名
臣公性至孝幼時寛讓嗜學仁厚愛物學成有聞
譽一時名士悉執交遊父沒繼母蕭在堂蕭生四
女各適名門竭力致養有命罔敢或違四妹于歸
分裝以家貲之半凡宗族親戚交遊有貧不能大
死不能葬長不能娶皆助不恡已長不暴人短不

重財色不趨勢利古道自好生平自記有忠恕存
心四字萬曆戊申己酉間曾蒙前縣令茅瑞徵命
修黃岡志壬子副榜丙寅歲薦丁卯除吳江教職
如周燦王佩吳晋錫等皆所玉成者癸酉令廣東
四會縣嚴以律己寛以馭衆教養有法清直晋聲
古之良吏也又纂清白吏一章以示子孫善治六
載囊篋蕭然崇禎戊寅冬卒於官百姓至今有召
父杜母之思云
國朝理學名臣曹本榮其家孫也
廖自強字中立牛山先生之第五子也生而魁梧

儒秀人皆稱為神仙中人少以詩文書奕名勤郡
會蜚飈不第由歲薦考職銓曹時重詞賦有秋水
芙蓉詩一題衆以為秋水之旁木芙蓉也獨自强
詩有云刻畫無鹽子虚將貌六郎主考取為第一
全詩一日之間傳徧京師授四川江油縣知縣縣
有荒糧萬餘累甕者不可計數自强憂其無終也
詣上臺面言而繼以出涕撫臣劉漢儒按臣劉宗
祥俱為感動合疏請命得盡蠲之造活邑命築祠
尸祝者幾滿鄉市會彰明令缺當事又為借箸奏
績誥封其父珩前奉直大夫進階中憲大夫致政

歸卒享年七十有五子貴先縣庠生孫如愚縣廪
生

葉國章字憲可府庠葉向陽之子也天賦純孝事
継母以順親見推于鄉性警敏一目十行少勤于
學經史無不洞貫癸酉年三十成孝廉任廣東徐
聞知縣以多疾歸躬行德義有鄉人朱金見者以
已女當人銀十二兩章心惻之代出銀如數贖歸
其父章以乏用曾借蘇州客陳立吾銀六十金後
立吾卒遠無可訪銀無所歸章于壬辰荒歲即將
六十金碎分濟人功歸立吾書其名于封上又借
楊應第銀四十八兩不意兇亂應第禍遭絶滅章
將銀如數給亂民歸功于楊壬辰奇荒章自捐米
三百餘石賑濟諸如此類不可勝述二子長大年
府庠生次子之允縣庠生

孫衛鴻字孟長父文學顯祖於其誕之夕夢太白
降庭驚覺有光故小字長庚少負奇節十餘歲補
博士員淹貫經史以及諸子百家青牛白馬之宗
靡不辯析精微性以魯得但入目便終身不忘兼
工隸草諸書法一日能成四萬字架上汗牛充棟
雖嚴冬盛夏執卷飢廛手不失編要如也壯從黄

梅瞿九思遊所著六經以俟録編訂皆出其手至
是始一以理學為歸宿凡太極西銘邵程朱陸之
旨四楞了澈包羅無遺格致誠正出以躬行實踐
嘗揣摩當世務每岸然以氣節自任崇禎戊辰擬
疏焚三朝要典為詞臣倪元璐黄道周所心許然
數奇辛苦制策十三次不第已而卻聘謝徵遊覽
名山大川以豁其德性門學之要歸盍貧洛溪業
庚瓢而外無長物也惟杜門為千秋業上自岐黄
理數河洛皇極諸書次於國家之掌故兵刑禮樂
之盛衰下至於搜神雜俎漁獵殆遍晩尤好易手

録善本問以理推測三十年事洞若觀火然前知國難但教其子存讀書種子而已生平存心篤行履影弗亂晝觀妻子夜卜夢寐兩者俱無媿焉年六十一歲卒所著有們僋集天榆館集絳雲軒稿笠菴古易圖説河洛理數銓元會運世諸書

曹之棟字喜王饒諸生中以歲薦司公安邑訓公為諸生最久博學多聞著述甚富梓有四書講意、及文集行世與易道暹為莫逆交故吳中名士多以前輩嚴事之其訓公安人士每以古道為先恒言及忠義孝節事抵掌不倦以故邑人多思之子大濩書法一絶臨米天馬賦右擅雄嗜古工詩能世其家學云

陳天生字植其號松溪史楚安生母劉俱早逝賴嫡母蕭思勤罔極弱冠補弟子員事嫡母行孝備至居鄉周急救危隱惡楊善卒年六十有二長子肇昌戊戌進士以寶鷄縣知縣　覃恩贈文林郎後內轉工部主事　覃恩贈承德郎次肇澤國澤肇功廩生肇勳肇熈俱庠生孫二十四人俱庠大肇貢監代以孝名

官撫極字進之號用菴給諫公應震之仲子詩文世其家兩中北闈副車拔貢授保定別駕不私一鏹有能聲脐山海關宿重兵而帥多漁兵餉兵籍為虛贅撫知極樸直以巡歷屬極極按籍覈實乃已嗣以父艱歸尋補貴陽別駕駐畢烏有捍衛功畢烏人于閔嶺肖像祀之閔嶺者極守險以阨安酉處也陞平越守環平越皆苗洞守至苗帥藍二忽率萬衆圍城七晝夜極多方守禦伺其懈以壯士七十人夜襲賊營擒藍二賊自相蹂躪散去以功陞太僕卿致政歸凡累遷皆武功也然口不言兵所著有六壬兵占諸書行世

黄鋐字宪卿號梅岑文壁先生家子也家學淵涑喜讀濂洛閔閩之書諸弟少孤為冠昏畢皆教誨有成弟鉅早食餼時吳駿公先生鑒定有黄氏一家言制藝刻時人稱之丙子鄉薦庚辰會副授湘潭諭壬午陞河南永城知縣善政纍纍隨蒙樞部李希沆題授兵部車駕司主事假歸仲子中實

本朝壬辰進士授吉水令迎養于任一日正襟坐日吾將去矣遂無疾而卒于官署手輯書十餘種俱別載

國朝

劉子壯字克猷江西清江籍來黄岡四世居家孝友明末亂後弟姪五六人撫訓婚嫁壯賦質穎異弱冠登鄉薦後更博覽群書其才浩博高古順治己丑捷南宮殿試天下第一人授國史院修撰策內條列等事

朝廷皆舉行之壬辰分闈得士二十五役其佚事如遊南中脱小吏罪于崑山令而保全其女在京聞梓里難女百金代贖而令人奔告其夫卒以歸娶舟至淮以便宜施千金於寺中皆陰功也素奉感應篇行功過格事無巨細皆勉力求慊於志艱於

黄岡縣志

嗣晚得子年四十四卒妻曹氏能教子克繼家聲云

韋克振字子寅石麟子生而岐嶷總丱由靡篤行孝友崇禎丙子詔行選舉與制科並重郡守許文岐真指林銘球公薦授浙江杭州府通判順治乙酉解綬乞歸督撫張存仁晋任轉輸江陰糈李之閭旋題授寧波府知府時鼎革之初所亟舉者寬積逋之徵下招撫之檄蒞任六年視寧民如子捐俸賑饑賴以活者數千人時六庠諸生爭道攀附公虚心藻鑑盡拔寒微以

故紳衿莫不歎戴享年七十有九卒於杭之楷堂僦舍所著有蘭皋杨之刻蕭園焚餘草悟因儀鶴堂課士自知録等集行世子成贊丙戌進士由內翰林國史院庶吉士官至右通政

曹本榮字欣號厚菴生而不苟言笑誕之夕母夢神人送陸雲於室故小字夢雲自幼善屬文長博洽羣書閉户潜修不尚表暴及讀新建書始有聖賢必可爲之志

國朝戊子登戴記魁己丑聯捷選庶吉士以清節自勵每與學士胡兆虞講學深究静悟獨得豁然日

黄岡縣志

天之所以與我者在是矣

世祖親政以聖學深應陳言召　上嘉納焉量移司業躬行教事成均士多所造就嗣充日講官

上矚目詞臣之學博行端者爲第一人自是凡南苑瀛臺講幄不離左右乃曰

主上知我不孤矣尋注易書呈

御覽嘉以尚務進經筵講學士是時

章皇注意人才凡經

御試間命先第高下去留秉公詳校多出其手密衆

機務外庭莫知也布衣蔬食　上每出帑藏爲炊

值中爲製兩具因解以衣素善病遣醫診視萬幾
之暇
御筆作畫親書丙申仲秋
御筆做宋僧巨然筆意書十四字賜之今共貯其家
御墨樓中
詔其子宜溥出入禁中殊恩異數近古未有　上一
日讀孟子人知之六嚚嚚顧榮曰自得無欲汝足
當之刻有五大儒語要及古文纂略奏議稽詢共
數百卷行世後以咼湖痛悼鬱鬱上念園陵沉疾
而終憂　國忠

君親親爲支接引来學不媿人倫師表國人稱爲文
靖先生
汪煉南字治夫壬辰進士選翰林院庶吉士晋秘
書院編修值楚會大祲煉倡同官疏請蠲賑稅糧
已輸者流抵次年皆煉之力也辛丑簡順天學政
卯戌鄉會兩元皆出首取是任也清公絕情面明
鑒無遺珠故得士之真如此甲辰註最上考晋內
國史院侍讀學士加一級丁未奉諭旨擬撰
御製大藏經閣亭稿進呈稱
旨取用召詣

宮前賜內府大緞五匹
天語獎勞恩数有加既以痰疾請假旋南北歸舟次
竟以康熙十年九月未抵家卒父世桓祖之渙俱
誥贈中大夫內國史院侍讀學士
呂尚和字凝淳世居東絃鄉之南湖因號東里父
正齋萬曆年歲荒官爲粥以食檄殷實有行誼者
主之正齋與焉就食者日衆主者慮不給令食者
剃眉不得復食一時恣食死者倍于殣正齋時去
剃眉之令勸之少食而復食以此全活甚衆尚和
爲季子生平不妄言不二色事繼母至孝一日詹

頭奔館報母屬纊離家八十里日暮不辭主人不
揜書卷號哭遂行主人問故歎曰久與處曾不知
爲繼母也順治庚子以明經考授清豊令邑民素
不知賦額胥吏濫派雜差幾倍正供悉剔其弊因
頒示单券申明畫一胥史不得行其奸實心實政
上下亦皆感孚然終不耐趨謁以年老乞歸優遊
九年卒長子學生希煜能古仗義居喪一遵家禮
夜寢父柩側不解麻衣以死孝聞焉
詹謹之字仲庸感先人丘墓在梅城之陽號梅丘
性端方有遠量尤篤於孝友少時侍父側同學如

郭正域耿定向賀逢聖咸器重之弱冠舉鄉校擧一斗室匡牀名曰益著學使葛寅亮一見有唐應德之賞而同時金聲譚元春魏公韓無不競以前席相推崇禎丙子舉于鄉乃益究心理學處己必敬待物必誠出處初無二致也其任濟南司李下車悉釐夙弊舊例李署事理有盐引稱掣岱嶽淨殿等稍可以資清署者一槩詳辭之曰職在平反留之徒以擾吾當務耳訊一辭必詳得其理讞一獄必曲求其生六郡聞風化大寃未明者爭訴請於濟李之庭以故全活者甚衆分校羲闈所得皆

齊魯名宿次第南宮焉即歷歲李試及按獄時所甄别售者且濟濟不乏也年六十六以疾歸杜門著述凡所以承先迪後終不外誠敬二字而已甫七旬卒

汪綸南字涇夫號拜石由癸酉舉人歷任河南太守所至有聲其宰貴溪披荊榛入空城保殘黎時縣治内崗塢山賊數千人大為患示以威信親冒矢石入賊窟招撫賊首周飛椎璩愷等數十人其衆盡降一邑獲安有龔渤海賣劍買牛之風溪民德之

曹亮彩字浚明年十二補弟子員屢中副車性孝隨八十有四之父同遇賊難願以身代賊感其孝即放還順治乙未以歲薦授桂東縣司訓每月試士文尚典雅體宗朱程文風一變迄今桂東士子無不家誦浚明先生云

孝義 附義烈

明

唐治以掾授冠帶馴行退讓若儒者父卒未葬而鄰家火發攣室奔避治募挽柩者不得抱柩哭曰天乎燼吾父骨吾何生為左右數百家一時俱燬

治室巋然獨存以薰炙死伏柩上面色如生萬曆三十二年詔建坊旌之

周曰昂生而篤孝親卒哀毁殊甚及葬廬墓側寢苫枕由者三年感白鳩營巢之異有司以聞旌其閭有高澄者亦以親卒廬墓見府志

樊模字廷正號東湘由恩貢官司城幼而好學至耄不倦經史性理諸書無不淹通性至孝家雖貧以妻家奩資養親之外與昆弟均用鄉里稱為善人

樊維藩字長卿才而孝嘗令蜀海陽既報政堅乞

骸去其令海陽也以父直指公疏建儲得罪戍雷陽每兢兢求可為父洗雪地其既報政例當得封顧不願請自免為庶人代父戍直指憐其意疏上豁亦自附疏俱不報悵然失望遂去海陽歸病且遂死嗚呼以父戍故俯為令且棄其官而竟鬱鬱以死怨慕終其身嗚呼是可謂孝矣初名維藩筮易得咼之姤更名咼遇字命夫贊曰當長卿時瞿聘君學甚盛長卿與寵易著述畧相若聘君子艱難訟父冤長卿又畧相若蓋兼有聘君父子之事矣直指公弟為孝介氏長卿弟為山圖及紫蓋氏俱

後先稱大賢又長卿少屢夢神龍吏迎之至驚起披髮出戶庭追袍持之猶急稱去去卒之前三日告家人受命上帝司桐柏山海陽即許旌陽作令地至今祠長卿稱前後旌陽長嗚呼此其家其人世固不數數見也倘所謂間氣者非耶

程詹父母早亡柩停舍北半里許詹每日暮詣柩前坐一磚守之更盡方歸寒暑無間者凡七年一日與仲兄謇偶逢伯兄怒不一置辯隨至寢室跪榻前伯兄故面內不視伯嫂再三勸曰七官四官年四十上下各有子女姻戚豈可如是伯兄方回面叫曰起去罷竟無慍色和好如初天性孝友類如此居鄉黨於人一無刺譏善屬文著有燕居雜詠課子家規未行世以子啓朱贈中憲大夫衛輝府知府

袁文伯號侗齋性至孝中嘉靖甲子舉人北上三科不第以父邦禮年踰六旬入謁選筮得乾之姤及授職果潛山令文章吏治潛之學者宗之而山邑文風為之丕振任三年政簡民親通邑入入見無不識之者會有江院白過其地值年歉民貧官囊如洗白不憚呼令而語之曰子讀中庸乎曰唯

黄岡縣志

唯子讀柔遠人乎曰唯唯否否知縣此時只讀得子庶民而已白佯嘆曰文是如此講官不是如此做伯乃即日掛冠民擁遮道諭之曰薪水迫矣敢旋踵乎潛民下獲已飾其署園所濬一池曰惠澤池立石于上後同邑舉人魯日省亦宰此邑傳道之抵家晨昏禮養其親不少一刻懈者三十餘年邦禮年九十七終太守楊節時詣其庭迓為鄉賓者五稱為孺慕先生卿國棨之有詩集十卷行世前令苐瑞微采其赤壁漫興歌入邑誌子希夔邑庠生世其學以文行名當世

徐之都郡庠生榮孫言子性至孝自其父言卒於印痛哭絕粒幾死者數扶櫬歸里弃青衿服闋後研精性命之學著有易經微義癸未賊陷郡城人皆驚散之都獨以衰服護母棺賊憐其孝而釋之其子逢吉三歲失母愛友繼母弟以怡親心年三十喪妻朱氏不再娶今年八十餘矣義夫之稱于茲僅見焉

張鳳來字文字少失怙恃事祖母楊氏以純孝聞一門五世不分爨鳳來曾于京口被大盜貲本盡空獨麻邑友人寄帶買鐵銀一百六十金藏之極

密免于失後友人聞盜慘酷竟不之索遲日鳳來仍以原封完璧又有漢口客店誤發細貨于其紀綱價百餘金鳳來清出璧還原店其他推解周濟不可殫述子本忠登順治甲午孝廉前太守何應珏詳請祟祀鄉賢

王自誠字崇所天啟五年正月母周氏病篤自誠嘗糞痛哭死竟日後甦比時鄉保鄰佑報縣縣官躬詣其家贈倫敦天顯匾後請為耆老又贈匾天朝錫杖享年九十三歲無疾而逝子孫衆多

杜鈺字子堅幼而能文年十二補弟子員營草堂於赤壁之北麓終年繙閱圖史父時芳訓子嚴謹鈺出入有常言笑不苟以讀書求慰親心戒諸昆季朋于有成名其堂曰怡怡性孝而好義救人若己同里有晏姓者垂老為豪右迫鬻其子以償鈺即解橐贖之辛未秋携能文愛弟鏞就試于鄂暴風舟覆弟先溺鈺即以身急難因幷沉於江蓋生平仁孝惻隱不惜其身如此妻樊氏年二十九迎夫柩入堂殮殯畢慟三晝夜不絕聲誓以死殉以子幼勉為未亡人終三年祀奉喪禮勉其子曰汝輩成人予當從汝父于地下遂不食而死

詹大衍字五中謹之長子也崇禎壬午科鄉薦第九名甫上公車適丁母雷氏艱因偕其兩弟大衡大衢閉户讀禮以思母嘔血成疾而終年三十七

楊椿字少江幼孤事母至孝長負氣不事產業聞母責即易志勵行撫兄子女婚娶如己出性好施每歲夏秋間廣儲薪穀於嚴冬若雪時計故舊之貧窶者量賙焉卒年七十梓里咸哀悼之

易道旦字瞻明道暹兄童子時值父預之病篤旦入私室刲其左股和羹以進疾尋愈後父卒哀毀幾至滅性學憲熊石門旌可稱純孝澹泊寡營不樂

仕進壽七十有五修身立行老而彌篤鄉里皆有王彥方之稱

胡心明性至孝母病篤禱於神願以身代其弟復割股以進病尋愈兄弟皆連舉二子人咸以為孝感心明尤多隱德鄉里以善人稱之弟心孝亦以孝聞

國朝

曹大聲字子先父之舅庠生髫齡能屬文崇禎甲戌縣令李希沆試童聲居首因入泮壬午學憲高世泰丞賞之補食餼聲性成孝友筆富鴻詞訓門徒筆耕不有私財蓄愛弟姪不違親意宗黨皆以孝

友稱舅老疾聲起居不離卧榻忽仲冬朔七夜火發舅卧不能起火勢偪舅曰汝且自全斯孝矣聲叩頭曰父不出聲何得生因解衣覆父呼天背負而行舅出無恙聲則通體焦爛越四日舅竟卒聲僅存一息一慟血傾如注又六日聲焦膚盡脫死有遺孤名本確見者聞者無不為之泫然

王用世字名可檢討王用予之季弟也以淵源家學奮志詩書于順治戊子科登湖廣鄉試賢書後兩兄俱卒痛悼不復志仕居家事親朝夕左右寢膳必省癸巳冬自古亭姻家歸染恙遽卒英才瀕氣

不竟其施國人惜之娶金陵田登元女捐館日田年止二十一歲并心茹蘖矢志栢舟生有遺腹子澤霖幼而穎異善屬文甫十歲補博士弟子員

杜琦字奇玉號穉韜參政仲之孫也幼而警敏長而力學孝友性成篤于友誼其事母獨有加焉甲午舉于鄉三上春官不第授黔陽教諭黔俗簡朴琦諭其地日集諸生講禮法程文藝黔士為之一振上憲嘉之脩嶽麓書院試士咸屬參評庚子應聘滇闈得士九人皆名宿甲辰北上將至都門病卒

王承啓字佑公孝廉欽濂仲子也幼失怙賴母陳氏

訓迪啓奉母惟謹先意承志母氏與相依為命生而穎悟喜讀書家政惟聽明經伯兄承祐主之啓一無所問遂得篤學鷄窓為文雄渾高邁中順治辛卯舉人惜天不假年卒年二十九未竟厥用云

陶之伊父陶君重病篤伊子康熙二年五月初六夜焚香割股願以身代君重病愈隨具里隣并結到縣報府云割股委係真實純孝非由勉強前任知縣徐鑰題旌匾曰純孝可風

劉思敬于崇禎十五年九月初五日割股救母病愈申詳按院汪　賜匾純孝可風

彭克承上伍鄉道觀河人割股朮父彭扶冲病愈奉
一督學道王　給匾孝行可嘉
王達尊女王城農氏母病三年尊衣不解帶者三年奉養調理不分晝夜隨母所欲家雖貧必竭力以奉母病久目不能視尊以舌舐之大便不能起尊以手捧之母病痊事之不衰三廾後母卒尊每飯必哭廬于墓側以此得之農民無愧于為子矣
淋頭坂黃孝子不傳其名事母至孝曾於明末給衣巾終身土人咸稱為黃孝子云
蕭繼元號陽伯上伍鄉人也父文憲于明末遭誣含冤斃刑繼元徒步入京密藏奏疏潛入文華殿前大聲呼冤自刎倒地血流殿堦奉　俞旨發太醫院調治冤因得白大廷之上舍生以鳴父冤可謂孝矣元後享年九十餘本稿刊行于世

義烈

元

吳汝字國棟家世饒州生而靈異勞力絶人為元左丞戍邾城至正間大水堤盡决汝悉力載石巨舫塞末徐壽輝倡亂破邾下武漢諸城汝起兵復武昌偽漢遁後飲黃鶴樓為漢兵襲破率其戲下十餘騎渡江圖興復不克死之部將黃榮劉一户沈權等統餘衆還饒州皇祖與陳友諒戰鄱陽黃榮以兵從榮每戰時見汝白馬紅袍馮空助敵上勅封護國忠臣顯靈王邾民立祠祀之

明

廖永安字彦敬永忠兄也少倜儻自豪元末江淮兵起聚保鄉里彭祖倡妖術于兩淮假永安萬户彭祖敗永安與俞通海以舟師千餘艘屯巢湖聞上駐和州遣人詣納款上大悦率兵援之中丞蠻子海牙集樓船塞馬場河永安等與戰于裕溪操舟

如飛大敗之從上還和州尋破鰣魚洲等塞上指麾諸將渡江時風利舳艫齊發永安舉帆前向牛渚頃刻及岸守者駭潰急攻拔采石乘勝克太平取常林岡克蕪湖俘獲萬計生擒陳兆先海牙僅以身免授昭武大將軍上既定金陵命永安偕諸將取金壇宣州張士誠寇爪埠永安乘夜趣至鎮江擊士誠兵拔常州陞同僉江南行樞密院事從遇春進攻池州去城十里而軍遇春及吳國寶帥舟師合攻自辰至巳遂破北門入城斬其帥池州克復攻樅湯及江陰石碑海寇皆有功陞同知樞

密院事士誠寇常熟永安與戰福山港大敗之復
敗之于狼山獲戰艦還又率舟師擊士誠太湖秉
勝深入後軍不繼水涸舟膠爲呂珍所獲士誠降
之不可上聞永安陷敵不屈遥授光禄大夫柱國
封楚國公尋卒于姑蘇年四十七上親爲文祭之
士誠就縛喪始歸上復迎祭于郊賜葬鍾山之陽
洪武二年祭太廟以永安配享六年謚武閔十三
年改封鄭國公以從子昇爲淮安衛指揮僉事
奚世亮字汝寅父朴中嘉靖辛卯科舉人令富陽有
清操亮丁未進士授南京户部主事榷税以廉著

歷郎中改刑部出知思南府左遷高郵州同知頃
之稍遷福建延平府同知先是興化鈌守倭入寇
凡委署興篆者咸計避以屬亮亮曰承平受爵秩
臨難而避非忠也即捧檄往寇薄城下率士卒登
城拒守受圍踰月親冒矢石城陷方戰身被數鎗
死之寇平始得遺骸旗亭事聞贈右參議諭葬廕
一子入監讀書時同邑康良臣以掾尉定海率義
兵與倭戰斬首三十餘級竟受重創殞馬上手戈
尚未釋事聞亦廕一子入監
周之訓字無逸號日臺家世名德其先世張璘宣德

朝京兆尹以伉直聞載在實録曾祖澤爲蒙令有
惠政里居同王文成門人吴石梁以理學倡父啟
孫聞道早慱學篤行爲人倫師以明經官平度州
同知之訓其長子也髫齔氣節自許弱冠舉于鄉
癸丑成進士廷對二甲第一拜計曹督榷清江浦
約己裕商蘇關剔積商民至今尸祝之尋督學入
閩自出手眼所拔皆當世名流轉江西驛傳陞浙
臬司歸復起補山東大參盡瘁登萊量移會城分
巡聞警星馳至遷登陴簡居民數會歲洊饑城内
家無宿舂白直指率同列請德藩大賚弗應請督

糧儲粟便宜貸賑弗應不得已傾槖僅得八十餘
金給城卒風動同列畫地守者或姍之憤曰事不
可爲矣死吾分也櫛沐更衣望闕再拜久待援兵
不至忽夜五鼓報城西北有警急趨救發火器天
大風砲皆返擊裂眦格鬭矢盡刀折被執叱之厲
身中數鎗仆地猶奮身大喝聲震城下屍遂磔惟
妻劉氏先以疾卒二妾及僕從皆殉焉弟之記晚
夜奔喪從隨顔某于城東南樓尋得其屍面如生
匍匐入都泣疏數萬言蒙俞贈光禄卿賜祭塟恩
廕即之記承復徒步山左負四櫬歸國人莫不哀

之郡邑大夫表其廬曰忠肅先生祠兄暨弟均有文集詩字流傳于世

周啟元字善長天啓丁卯舉鄉試第五教諭公安以文章迪翼諸生故及公門者多先後捷太後以臺使薦擢山東高苑縣知縣會青齊中兵禍高苑固下邑陴垣孤淺賊陷城公從容著朱衣坐堂上厲聲罵賊而死

王一桂字千秋年二十萬曆己酉鄉薦天啓壬戌教諭陝西韓城歷國子學正户禮二曹崇禎朝督餉昌平丙子七月闖門三十六即殉難事聞納言袁

鯨少司馬傳冠大司空侯恂中秘王用予合題部覆蒙贈太僕寺正卿賜肉八兩酒一瓶仰布政司堂上官一員致祭用人夫三百名每名給銀一兩用石人石馬監工造墳安葬入祠奉祀廕一子入監讀書遭闖獻亂未襲子封勳備員衣頂奉祀不衰

王家録字愧修家世理學性篤孝友以天啓辛酉領鄉薦壬戌中會試副車初授武昌縣教諭撫按交薦陞省聞風争聘分考擢北雍學録數教益廣及陞刑部主政有恤刑熟審諸疏轉力部督糧延綏值歲饑餉匱身歷諸艱與寧後同甘苦崇禎癸未六月差滿俸深閱南道僉事十一月闖逆陷榆林或曰侯交代畢可以謝事録曰撫軍既缺總戎且去吾尚未離茲土何非朝廷封疆敢新舊異視耶乃潛佩利刃誓死督率軍民戰守二十餘日令軍婦運水凍結冰城賊穿地穴用火灌燒内外夾攻百計捍敵殺賊無數奈援兵不至賊勢益張孤危莫支遂自刎鄉紳尤世威疾往救慰柔絶復甦猶濺頸血大書忠義二字壯城陷復自縊乃死屍伏南城楼上六日不僵賊衆見之無不駭拜藁瘞闖

外許可具實以聞增光禄寺少卿廕一子入監讀書賜祭葬建祠旌表後其子源發源復徒步自楚至秦起柩回籍延綏撫道親臨祭奠見其面貌鬚髮凜凜有生氣闔鎮紳士軍民望塵感泣擁前拜送者數十里不絶云張許而後是天又以完節付斯人與

樊維城字亢宗號紫蓋玉衡第三子生而能言萬曆己未進士授海鹽知縣遇旱恩痛文忠被謫抗疏請停已封量進文秩因得起玉衡為南刑部主事尋遷太常寺卿人咸謂玉衡有子其在海鹽清操

自守遷禮部主事丁父艱服闋赴部獲罪逆璫改上林苑典簿崇禎初疏論逆璫叉狀累遷泉州知府不為勢要所撓人欽慕之遷福寧兵備副使海寇斂息歸款撫臣以聞應上賞而察典至無所媒進遂拂衣歸優遊林泉益肆力于墳典圖史百家諸子之書性澹泊簡易敝衣徒步出入莫識其從大夫後也癸未春賊逼城郡人相率引去維城獨與原任隨州訓曹士謨約法守城三月廿三早賊入城猶與曹凭堞率衆拒之遂全被執罵賊而死黃名郡也城陷大變也殉難大節也微二公何以稱焉

曹士謨字憲虞桂史珪之孫孝廉光之子也十齡就童試萬曆間大司馬江右涂公鏡源宰黃岡拔士謨第一郡試亦如之學憲昆陵鄒公愚谷見而訝之曰齊安巖邑推此一黃口耶及三藝立就嘆曰夙慧異才仍居冠軍嗣是董熊葛諸名臣俱以督學全楚皆首賞士謨并結平生歡至邑侯歸安茅公五芝海內宗工也採輯邑志設局憲署招士謨同譔次又捜刻邑人詩章上下二部曰赤嶼集一皆士謨等校訂十八闈不第天啓己已以明經授

隨州訓三年罷歸與同里樊維城為文章生死交者四十年崇禎癸未春獻逆偪郡邑羅田蘄水蘄州勢張甚郡城人多逃去士謨獨與樊維城倡帥巷勇焚香誓于天祖講明大義且密相約曰予二人世受國恩安可苟焉偷生以為社稷辱乎唯竭其股肱不濟以身繼之三月廿三鷄初鳴賊暗入二人猶凭堞調度一賊執之二人結袂大罵群賊擁擄割裂顛越遂被磔慘不能述二公俱經史世胄貯書各千餘卷同時灰燼其有諸體詞賦大小真行散佚海內見存坊額有孝介先生祠忠肅先生祠康貞雙美又有硃書小楷許氏說文全部手贈其山人世共寶之守城詩二首載藝文志墨跡在其壻袁黃琮處

於斯昌字文言崇禎己卯舉人上癸未公車道梗還家避獻亂時有為賊所受偽職者檄索急乃敝衣草帽晨出臨口得脫甲申以師萬吉人題授兵部主事奉差行八十里聞大兵臨贛乃遣其長子間道歸楚謂之曰善事祖父母吾不能為之子矣奔還贛已而城破吉人死之昌被執解金軍門同繫者十三人金諭以保釋昌怒曰誰向汝求保速殺

我耳遂引頸就戮時有同鄉人見其節烈感而瘞
之及金䝉城陷遂不可覓嗟乎生不必全其軀死
不必存其骨亦可謂皎然不欺其志矣
易道暹字曦庚以文章俠烈名海内一時賢士大夫
樂與之遊里居重然諾好施予奬勸後學殷殷不
倦所著有詩徵及四書内外傳數百卷崇禎乙亥
與其次子為璉皆以駡賊不屈死凡海内諸公多
有傳記學憲為之舉祀鄉賢題道暹之主曰駡賊
理學義烈名儒題為璉之主曰孝烈名儒後長子
為瑚亦死於賊憲副洪天擢旌其門曰父忠子孝
云

孫文燦字公蓄郡文學性孝友明崇禎壬午年淋山
祖地族衆慕其朴誠才堪任事強理寨事以禦賊
癸未三月值献逆陷黄城勢降乃寫血書遺母癸
辭祖先誓不降但云亦不敢遺禍母弟寧一死以
絜身而已時賊衆圍寨索之急乃儒服出橋投水
寨衆救起獲不死賊見相貌魁梧不忍殺延至舊
街與迎降者酒誘文燦以僞官金帛默不應至麻
城設帳優禮漢不為動至赤山潭賊云應否依從
文燦曰讀一生聖賢書豈有受迫脅之理賊隨斷

其兩手燦亦不懼惟心如死灰耳賊隨亦義而釋
之嗣奉院道旌奬歎息不輟
國朝鄖華郡丞白東真招撫東山文燦為之先驅向
道卒以成平定功三院奬勵賞賜有加焉年五十
卒今弟如芝中辛卯鄉試授四川筠連令子筠中
己酉鄉試入以為義烈之報云
郭以重黄州衛指揮也倜儻有氣節癸未賊窺黄州
重鄉居率妻子將赴難未及黄而城陷妻張氏在
道聞之有難色重曰朝廷與我十三世金紫豈不
能易一死軀乎若輩不知義則吾先殺汝矣強張

氏行遇賊衆掠至執重欲脅之去重厲聲曰吾世
為朝廷武臣殺賊吾分也豈從賊耶賊露刃恐之
且誘之以可得大富貴重紿之曰如此從汝誠易
但抱小兒者乃吾妻也汝為我殺之吾無累矣賊
果殺重奪賊刃殺一賊羣賊大至重赴水死
史子見邑文學因崇禎癸未有毛主伯當獻逆陷鄂
授營授僞總兵職至辛家冲河西煽衆招兵淫惡
亮德不可枚舉地方受殘毒子見目擊不忍語鄉
人曰吾宜捐一死以救此一方人決然奮刃直殺
主伯斷其頭餘逆竄報獻忠大怒亟索子見下令

三日不獲屠此一方子見先亦散去聞信挺身而
往獻逆震怒碎𡼖之通體筋肉盡骨猶此立仍鎖
其項于楚省彰孝坊下夜分鎖脫骨走臨湖寺次
日大索獲之手刃其首嗟乎千古血性丈夫從未
有殺身取義若此其奇烈者而乃得之黄邑諸生
中厲鬼殺賊南八男兒何以過焉至今辛家冲等
處家祠而人祀之呼應如響雖死猶生矣
於斯行倫次子崇禎癸酉鄉試博學高行獻逆破洲
立堡拒賊被執罵賊賊斷舌死闔門母子妻妾無
一存者烈哉

王子堅武舉也余季貞力士也寇警時與邑文學鄧雲
程衛鋒料敵有格鬭功及城陷二人武勇冠軍可以
自全然赤胆忠心思圖恢復猶奮刀殺賊徤將被執
厲聲奇烈罵不絕口賊憾其血戰被劓于前夥賊殺
首于後碎磔之嗚乎轟轟哉人傑也壯士一去不復
還亦足以媿夫懷二心者矣
國朝
汪基遠字星伯少岐嶷敦孝友登戊子鄉薦己丑聯
雋南宮除江西東鄉縣令下車退奸貪撫良善清
田糧嚴保甲修城隍興學校次第舉行益東鄉接

壤進賢素梗王化一意浚壕繕兵日爲蕩平之計
會進賢生胡澄爲寇掠殺父兄呈批求發東鄉撥
勦雪讐以其初臨聲望爲寇敬憚乃令典史孫承
訓督領壯快民兵往界捕緝擒賊他掠生得守窟
者十餘名賊聞益兵勵器竟薄城令登陴固守相
持至四皷賊益衆勢張甚城内矢石弃盡困不守
令猶與民效死巷戰力不能支北面再拜曰臣之
力竭矣遂遇害巡按以聞
勑賜葬祭子惟錡錄廕焉諭祭文載藝文治行不施
於單父而貞節遍蹈夫平原豈天之預有定分欲

黄岡縣志

成其義烈與
官撫煥字萃之號斐菴給諫公應震之季子也雅好
文藝意氣磊落不羣由例貢授會稽縣佐尋遷海
寧衛幕會海工巨艘數百直擣城下闔郡内外倉
皇莫支公獨正色曰衆百萬生靈係命于一二長
吏若不能整暇以禦之民其魚乎爰謦欬募集勇
士一時軍聲大振海艘散去民賴以安父老上之
督撫遴道借寇即補會稽令無何海艘諜知不得
肆志之由實出于渙比及再舉誓必逞志會稽不
旋踵渙遂慷慨死之

朝廷嘉其節　諭祭　諭塋廕一子入監讀書
劉淪爲父廬墓三載晨昏號泣不絕萬曆二十一
年學憲俞士章提請建坊旌表。
又明末逆賊張献忠破團風鴨蛋洲生員陳洪劉
紹熙鄭士杰帥有功舉人魏應罷於斯行國學生
帝秉國鄭儼林秀芳鄭長裕汪熇南李若梅汪國
衛劉應權帝石桂劉子俊杜紀劉相國陳鑛等誓
死不降罵不絕口賊箝其蒞盡殺之亦彚紀之以
俟採擇焉
又明末丙子張献忠亂掠圻羅併上下伍鄉等處

有文學戴瑾字可懷甲午戴淳之孫也家貲巨萬
聚義勇百人遮賊過馬鞍山可懷要于狹路殄滅
殆盡乃天不殺賊矢銃如雨僅中献賊之兜賊見
可懷身長六尺手携大刀膂力過于關張欲得爲
士卒先縱賊圍數重可懷迫不得出奔歸於碑樓
之上格鬭不已賊亦不獲逞志乃積薪焚于其下
可懷子若孫併勇卒三有七十餘人俱歸灰燼後
事聞院道旌其生爲義勇干城死亦爲厲鬼以殺
賊立有祀田五十畝許旁支奉祀不絕

穆天顏字象懸中萬曆丁酉鄉試戊戌會試俱亞魁
殿試三甲授廣東廣州府番禺縣令理繁治劇迎
刃立解事惟取便民者行之諸上臺交薦云經濟
眞才循良上品因行取入京授福建道御史温恭
立朝無所黨附神宗時有數稅監疏其言婉而摯
雖嬰鱗弗加罪有數諸權貴疏有舉王公崇高公
攀龍樊公玉衡暨諸君子疏有賀萬壽疏疏中陳
宜於是省刑喻以素封放生等語陳宜於是日蠲
賦喻以素封散財等語時奏疏多晋中不報茲疏
即下部議行遂爾名震京師差巡陝西茶馬復巡

按廣西旋以丁內艱歸里里居非大典不乘車布
衣徒行執盖相隨者僅一小僕所餘清俸不置產
業每至南塔寺召諸外戚暨故知子弟悉以分給
一日與官公應震歓謂時賢分門立戶非國家福也
彼此潛焉出涕別後歸入戶忽異香瀰室遂至
內寢無疾端坐以逝逝之日通郡咸欷歔涕洟欷
貲于報恩寺中修萬人齋以資冥福越月有人叩
門謝言公主冥官事仍任德不任威多所縱遣某
亦公所縱者嗣後且種種傳謝匪一盖公性至孝
年未追壯封翁卒于客邸公哀毁扶櫬歸途之人

皆爲感泣所至輙有異徵及爲諸生時午坐假寐夢至一署判事撿閲列生爲御史死作閻君之聯內有本郡徐姓者闔門登鬼錄公概爲釋之釋之人亦如公夢又夢有蘄陽救火事而同學秦公繼宗常公石麟王公同鼎官公應震相視而笑初弗之信及彼地人相值諸公詢之信如時回祿如時熄焰因共深爲異且從有祈雨驅邪諸事事寔繁不悉載身後閲六十餘載故老猶稱道弗衰其餘澤蓋未有艾云

程士翼字冲冥庠生通長子也通以篤行載前誌而翼繼之爲諸生好施與萬曆己丑歲大歉有穀數百石減價以糶內戚有假其贏遂私鬻不償者置不問族人舊當里役各以房次分任有其房子孫繁衆者有房獨一二人者疲遁不均翼平之一以丁糧爲凖自承數倍差弗辭也凡同族或衣食不給或田畝荒蕪或幼弱不自振立或沒無瘞地必委曲經營俾其得所乃己鄰人有富而暴者無端頻恣欺辱甚則縱僕面加詬詈翼急避若不聞後暴者厥家敗替極田僕盡以鬻程詈僕感泣終身效義程門又蕭姓田與翼連塍要重值以售既又輕値求贖贖又復售售又復贖至十餘次一如其人意絕無難色其人臨終嘆曰程公德量我爲所包容今抱愧死願程公世世昌熾也諸行事多類此以長子之試任河南考城縣秩滿封文林郎壽八十有一

程之試字孝錫士翼長子也始入泮時文章行誼儕輩咸推領袖中萬曆己酉鄉試初授河南扶溝縣教諭扶溝人士謂宋明道先生常令其邑今程公學行可稱明道再來也陟知江西都昌縣以不善迎合上官降四川臬司檢校川撫雅重其材品委

署彭縣更委查夔州稅勤廉清慎恵民恤商商民悅服陟河南考城縣令時攝商丘尤多善政考商二邑父老至今懷之陟河南開封郡司馬理一郡河務濬築有功舊朝廷勅祀河神金龍四大王忽有人稱神附之新主河事號黃大王者觸之譴責立至愚民奔走駭異羣肖像建廟奉之總漕命試往驗試親以繩繫像頸拉仆之毀其廟而神卒不爲災後念父年高弟之奇獨侍朝夕即謝職歸父子弟兄孝友出于至性居鄉以德及人匪特善類欽之即頑暴者亦傾心愛慕晚年二十餘載足跡

不入城市以太守徐公何公三請赴鄉飲始至郡城一行與鄉耆齒八十内外者六人暨弟之奇舉八老會不時聚晤聚則談世外事自樂里中疑之香山九老享年九十有二

余士瓒字季美世講理學風槩方嚴矩步尺寸不苟爲文雄慱瑰奇無一猶人語中崇禎丁丑科會魁官九江府司李首禁民間爭鬬者不許詈罵父母迄今尊之不敢犯值左兵叛士常抗義不屈斷其左臂九江父老泣扶之越十日卒于廬山

程之奇字環生士翼次子也少時文行與兄之試並稱年十五補邑學生崇禎癸酉以序出貢時兄已服官奇佐父理家計得三千金悉以貸人乙亥丙子歲饑寇亂喟然曰此何時尚向人索逋債乎舉其悉焚之言於父父喜謂兒誠善廣吾義也授沔陽州學正與諸生言皆孝弟忠信之旨孔孟程朱之泌沔州士習爲之丕變癸未遜職歸里沔州守華亭章公曠陟監司州守之人章力請于撫憲何公騰蛟非程學正莫克攝州事服州民也走書三聘或勸之曰章公優禮相及且沔地可致厚貲公胡惜一出乎奇笑曰趨附上官吾不能鞭笞百姓吾不忍於此而貪厚貲是殃人以自殃耳卒不出佃許姓負其租不納累年矣反以角口自縊婦命誣訟奇奇未詣訢而婦母家及約鄰俱代訴於官直其事佃坐城旦貧不能完贖鍰拘于獄奇曰兒愚無知一念之舛若久羈獄中吾何安代完贖出之佃踵門號泣頓首謝與兄之試同居七十後以食指繁不敢獨勞兄始析箸然頃刻不離兄側龐眉皓首相對怡怡嘗自言生平不見人之有過不見已之有怨不見境之有逆一日無疾端坐而逝壽八十有二

程之敦字若樸士翼姪也少苦志讀書始入庠學憲葛公屺瞻召諸生試慱古命賦赤壁懷古詩及擬蘧伯玉使人於孔子書敦援筆立就葛公驚異擢高等中天啟甲子鄉試初任江南潁州學正敦士以實行爲先不專事文藝陟江西袁州府萍鄉縣令清慎自矢歷三年如一日後以疾告歸道經本省醴陵縣聞有士寇圍袁州急城將陷即徒步走辰州府泣請辰營兵晝夜兼行爲袁州救州賴以全時上憲嘉其功擬言於朝會改玉不果以疾未痊又救袁瘦於跋涉甫歸里即卒年五十有八

陳瑾字公瑜號碧峰家貧好學沉潛味道成甲戌進士初授行人晉銓部郎端方清介著聞於時
國朝歷膺臺薦起補儀曹旋督學入閩嚴飭胥吏屏絕餽送諸權貴無敢干以私　督撫交薦有確持公正之衡大吐孤寒之氣等語信爲實錄云歸惟圖書數卷所著有或問諸書行世

余師皐字迪甫號鑑平丁卯先先之孫丙午士忠丁丑士瑺之弟也初年游泮積學邃養涉獵經史汗牛充棟從事棘闈累次未第遭明末賊亂城屋丘墟典籍灰燼焚其手錄著作數十卷遂無意仕進

隱居鳳凰龍崗山中撫子姪孤幼訓以詩書禮讓壽五十卒今姪世安以明經授雲夢訓導世禎世耀俱庠生子世翀登癸卯賢書教澤不朽里人稱爲鑑平先生

鄧士駿字良夫性成孝友年十二補弟子員好學深思率弟士駱下帷力學與黃梅瞿九思訂文字交學使者葛公屺瞻試黃居首拔士駱第五一時清譽歸之奈弟早卒駿年始衰事母愉婉益至寢興問視刻不敢懈以數奇入闈十次不第年六十卒其子雲程天賦倜儻早著文武才惜遣時不利亦未竟其用云

黃岡縣志

列女

文王化行江漢雖遊女皆有靜德焉黃豈其遺地耶以予所睹記諸貞淑非有圖史箴規率彼天性矯然厲志秋霜即烈丈夫何以過古語曰節烈之芳出于委灰繁會之音生于絕絃其是之謂與至明季亟亂可死不可辱之婦女蓋亦多矣湮沒之悲可勝道哉此明
神宗所以有專求民間節婦之詔也他如金女之投河而死余女之紡績以生抑又難矣

披求有得敢復遺珠

明

魏氏魏英女爲熊谷眞妻年二十四谷眞死奉養舅姑各壽終攜幼子倚父英矢志匪他年八十餘卒洪武中旌其廬

周氏進士余文瑞妻瑞卒周歠晨液數升嘔血絕粒廖學士妻歷之曰此呱呱女非而夫遺乎其棄之耶周矢節撫女髮蓬面垢以夫遺衣舄爲衾枕有婢曝其衣誤近男子衣立命焚之其貞肅如此

劉氏女父貧窶負薪爲活正德間流賊過黃見女殊

色欲亂之女紿賊請爲飾粧賊置女舟中伺不爲
備投江死
項氏李富妻正德間爲流賊徐彦明所刦
赴水死焉
盧氏劉鵬妻夫病劇先期自經死嘉靖中旌其盧
張氏女不知何許人嘉靖間父挈居團風鎮工詩詞
有富商謀娶爲妾父許之女醜其非偶引刀自剄
衣帶中有詩云搖落林居風日清黃花白露客心
驚頗傳信美非吾土却憶飄零即此生隱几晝酣
飛海嶼杖藜秋色醉山城年華轉換俱陳跡庭事

猶牽世上名
劉氏諸生倪天瑞妻年二十天瑞死撫孤子以女紅
自給甘荼茹苦終始不易今壽踰九十萬曆二十
二年建坊旌之子士觀爲諸生課讀里中事孀母
奉養備至三十四年并奉　旨旌其孝
方氏嘉靖壬午舉人盧靜妻副都御史方任妹也年
二十四孀居事姑以篤孝稱守節七十二年萬曆
二十三年建坊旌之
王氏都察院事廷儒女適進士奚世亮封宜人亮
死興化難時王年才二十二煢煢撫育誓以始終

七十餘年如一日　詔建有忠臣節婦坊
汪氏同知汪一右女適諸生王追宣夫亡無子汪弱
齡芳節今六十餘　詔建坊旌之
盧氏諸生曹銓妻銓死盧年二十二撫棺痛號夜自
縊以救免撫遺孤襁褓中勤劬萬狀偶鄰媪有以
再醮嘗之者盧剪髮囓指唾媪面終身不見年七
十五歲卒萬曆三十六年　詔建坊旌之
周氏常體亨妻主事常石麟母也體亨寢疾篤周痛
號泣絕體亨瞪目視曰以老母弱子相累周祥應
比卒閉戶自經始救免且慰之曰不記將死之託

乎周意悟與始撫孤泣不絕聲鄰里感動迨石麟
稍長課之學丙夜紡纑佐讀麟亦感奮卒業登萬
曆戊戌進士三十五年　詔建坊旌之
吳氏魯祿妻丘氏魏璋妻王氏陶以憲妻三人郡志
稱其恐死養姑舅撫遺孤甘寂茹苦終身不易今
不可考　按節孝非奉　旨旌表不敢續載即如近日于戶部配朱孺人哭母殞軀事絕奇及
節婦有若諸生樊熮妻鄭氏監紺妻吳氏邑民袁文仕妻王氏孝子有若儒士聶一楨並久入憲綱
以格于例姑俟異日訂入　載舊志
王氏袁文仕妻遣袁甫二年文仕性孝友兄寃
繫獄一日受刑坎日又當解獻文仕告于父母曰

兄不堪矣弟與兄面貌無異願代赴理因斃杖下
氏慟夫死義誓以身殉奈上有九十餘姑舅下有
月餘遺孤希詩于是矢志苦節萬曆三十二年遇
太后以輔佑冲人恩勤有年下詔搜求民間節婦
詔畧曰節婦非夫係青雲則子列黌序非喬門鼎
族則桂子蘭孫而閭閻下賤田野窮民十無一二
豈貞風苦節果係類于詩書之家而與知可能遂
絕跡于藜藿之室本年通邑大夫士庶公舉民間
節婦二十七人兩院獨旌王氏知縣茅瑞徵采登
憲綱入縣志院司道絹帛匾題旌奬共二十八次

天啟元年氏年八十病篤希詩妻何氏又復泣天
封股救之又四年壽八十四終本年按院陸　復
命　題請建坊希詩自母舉節应建坊奔走三十
餘年誠孝之名洞于上下府縣公議坊額題字用
萬曆四十二年按院史　所題節孝流芳四字後
布詩子一致一元早年俱入府庠
余氏教授余應奎女進士樊玉衡繼妻余相夫崑商
兩令共砥清操夫殁翁隨卒姑在堂余傷夫死孝
哀毀菽水待姑方廿年贍祠宇雖朝夕莫飽而矢
志自勵建坊旌表題為廉貞雙美云廉吏之嗣無

利為後者乃撫立玉衡子維孝以奉祀僅生一女
適漢陽李若愚子應橋生孫李昌祚昌棋祚成進
士官大理正卿苦節四十餘載卒
袁氏賈燿妻廉文伯之第六女邑詩史希夔之姊
也年十四適燿二年而燿亡遺生一女携歸袁依
父性純慧而少悲喜人知氏之靜而貞也乃以
未出閣時所誦書課之氏亦循循就業而兼工刺
繡父見背日與弟事書文一日檢金剛經豁然日
吾今姑知前所讀者皆非也因出笥盡棄之稍觀
釋典年二十結淨室于家長素奉佛弟夔早有文

名然事氏如師禮每朔望一叩淨室餘不敢至姪
子女輩日侍側習紙筆者教以義習鍼線者教以
工凡有訓言老幼皆流涕萬曆元年母嫁顧北溟
送而誡之曰汝往矣自汝父死後我眼未視男人
汝慎聽之女人一毋此眼不可輕視人也聞者莫
不潸然足不出淨室者四十餘年萬曆戊申年洪
水泛避之遂離淨室月餘大不懌因病本年十二
月朔八日命舉家念佛弟希夔亦跪誦金剛至夜
分沐浴端坐逝年六十有[illegible]
李氏生員王相妻也年二十為未亡人遺孤崇擢僅

三歲斷髮茹荼教子勤家以孫用予覃恩旌表建
坊于郡城之南
宋氏年十七適鄭一魯三年生二子長可教次可訓
魯從父任蜀中副使歸泊巫峽夜崩壓舟沒時年
二十一聞信家中觸墻而死尋甦慟念繈褓二嬰
孀居五十三年衣唯粗蘇足不越閫撫育可教爲
江夏訓導可訓入庠氏年七十有四卒
張氏萬五玉妻幼讀女孝經明大義童子試阨于額
而世族殷繁寒素不得送道或勸五玉納粟張曰
丈夫當爲其難者工苦竟以疾卒無子女張哀毀

自矢服闋乃立夫弟幼子爲嗣方晬撫育稍長教
戒一遵禮法六歲就外傅晝夜紡織以資筆墨已
而家益貧館穀維艱但檢遺帙課讀之師友至輒
爲餽具不以貧怠子年弱以異姓入府庠名允升
流寇往來鄰外親友皆遁避家正絕炊一人械輿
儀約爲友事兩學公講張怒曰隨俗奔走趨謁長
吏我寧餓死不欲見汝此態因謝來者而以毋所
貺珥易米爲其方嚴類此三十年如一日後允升
棄諸生仍名年弱窮約以老皆守母教云
杜氏貢士杜瓔芳女劉晋運妻年二十三夫死哀毀

幾不欲生以子隆譽方在繈褓復忍死訓傳富室
某有求婚意引刀自裁以救得免篝燈畫荻課子
不倦茹荼飲血歷四十三年壽六十六歲卒
杜氏劉逾杜琬女舉人王一翥家媳廕生王封蒂妻
封蒂早卒氏年二十八無子女以死殉因衆勸之氏
號泣曰不死何歸從一而終分也日夜嗚咽拒僥
遂不食死
劉氏廪生杜桂芳繼妻年二十七歲桂芳卒子琬尚
幼劉飲泣訓子屏絕膏沐長齋奉佛及卒殯子家
崇禎癸未値寇屠城焚戮廬舍爲燼劉柩巍然獨

存人以爲苦節之報云
李氏學生徐天初妻年二十七夫喪遺三幼子長斐
三歲次雯繈褓孀居六旬一喪二幼無依乃強鬻
夫柩事女工以養姑一飲食必親奉姑喪棺衾飲
含斂如禮戚里哀之教二子斐雯次第皆首拔入
庠循例旌表値逆獻襲城全家被執勸爨不屈死
斐顧以身代賊怒刖斐雙手割其耳鼻又死之傷
哉李死節子死孝蓋節孝兩無愧云
李氏武進士張應祖次子張問達妻年二十一
歲問達卒李居城內六劉巷十有六年苟貧苦節

足不踰梱紉績爲生崇禎癸未獻逆陷城舉目無人子孱身弱度不能免遂命子逃命賊不可見我不可污自投本巷深井死同難者多止之竟不能挽及城復井沒今骸骨猶瘞井底子孺無爲國人過茲巷者莫不惻然欲淚

萬氏陳季昌妻孀節有年崇禎癸未三月黃陷萬與其子適平避之滸子避賊追及執道平將及萬奮投江中覺水中有以絮衾浮起者賊神之并釋道平絮衾浮萬水流十里登岸而後沉道平得舟亦濟復奉養母餘年終正寢凡皆節孝所感爲史氏熊伯龍異之爲子撰神節記

屠氏居民王二林妻癸未三月獻賊陷城屠義不受辱罵不絕口賊悅其色婉令鄰姓醬者善勸婦執死不從引頸受戮二林亦陷賊營四月初逃出尋得婦屍兩月不壞倘貞節固不朽歟

張氏萬曆癸酉科舉人於廷諍繼妻二十四歲夫亡苦守四十年題請賜額完名全節建坊勅有傳文云先是於伯貴妻熊氏守節五十餘年壽八十四歲啟佑復入有功於門甚大今孫廷諍妻張氏繼之守節四十餘年特膺旌表皆天以完節付若人也禮部主事李長德謹識

朱氏進士於倫妻舊志僅標其名隨夫任江西萬安縣聞母死廢飲食哭聲晝夜不絕五日而卒鄉耆立祠縣側設籤筶有求必應後涖萬邑者歲時祀之至今不廢生子二長斯立府廩生次斯行舉人女一適生員曹大輔生學士本榮

欽氏蔚倅欽取女幼許聘余大鉤隨取攜家作訣燕京隔越兵亂鉤年十八入學欽年十七滯都遂有別議女於閨內聞之云死生數定盟豈可背隨取任蔚州倅壻鉤方昏未及一載夫婦歸黃鉤死遺腹生子欽僅二十歲撫子讀書年屆六旬矣益自閨秀以迨垂老兵亂道阻百折不回倘非天賦貞節安能及此

黃岡縣志

劉氏陶先先妻十八適夫二十喪夫勤績膳姑茹荼撫子拮据爲艱區區鄉落女而身歷千尋綱常鄭重如此可謂苦節矣院道賞銀給扁稱其氷操獨矢柏舟完節焉

陳氏團鎮王朝文妻年二十二歲夫故守一子維繼無寒暑惟辟纑以供其讀雖親戚伏臘節序不一見子嗣入府庠呈奉院道書匾其苦節曰勁節千

秋又賜對聯有機絲夜月毋心苦筠節中天正氣凝之句盖真節守五十二年後孫王鉽亦入縣庠

胡氏曹獻甫妻年二十二歲撫孤守節孤尋夭兄弟及毋欲奪而嫁之誓死不變紡績自給卒年七十有二

陳氏南陵令王欽濂繼妻孝廉王承啓毋欽濂卒陳年二十七遺子承啓幼晝荻教訓剪髮延師承啓早舉于鄉夭陳偕與媳杜氏茹苦教撫遺孫兩世一身茹茶飲血四十餘年貞操備德有光于鄉邦焉

徐氏邑文學姜璽妻明崇禎間夫故無子僅生一女徐矢志自守勤績茹茶遭亂百折不移初志終撫女長成適貢士孫錫蕃徐家貧伶仃依女為命氷孀貞節五十年今七十七歲矣尚見其女以壻令遵化霑化兩邑　覃恩貤封無子而因女守節不渝益亦僅矣

樊氏庠生何昌祖妻貢士王衢女進士維域姊也夫卒無子止兩女樊年二十七哀痛倒地水漿不入者七日毋張慰勉再四解之方強視息夫家中落更無親枝可依樊誓矢撫其二女各遣嫁卑獨棲一室齋素自持足不履戶外者三十年

張氏樊王衢繼妻衢樂善好施張每脫簪珥相助衢卒子幼張茹蘗飲冰苦節三十餘年獻賊屠掠甚毒張挈子遠避湖濱出奇智以脫險阻辛苦備嘗卒全諸子于難女工之暇必考德業精進則色喜少不率教爲涕泣不食以故三子畏若嚴師卒底于成維域成進士

詹氏司李謹之女適文學陶克讓讓死無子忍死事姑居村庄誓不踰閾奉佛崇戒律陶氏子姪見者一揖即返經堂不交一言衣不解帶體不沾席者

二十餘年少讀書過目輒記年五十一病作猶卧誦經不輟暈死復回強起自題云對鏡面黃慚後死誦經神定覺前生因揀曆定日如期合掌逝

靖氏孝廉魏師田妻年十九夫以會試卒于京時獻賊破城靖抱孤倚父進士科元避亂小崎山及父兄被害負子藏石崖食草十餘日不死事平夫弟師段隨與夫櫬歸靖撫棺痛哭志同死不忍獨葬歷兵亂貞守四十年視平常守節者更難焉

王氏故明千戶王繼泉女也適庠生王憲伯憲伯早卒王年二十二遺子四歲女二歲王以子女幼不

得死與其姑俱孀居紡績奉養姑病劇刲股救之遂得不死越二年姑死子又死守其女年十有七而適趙門不三年而女又死身無可歸相依其妹李門王氏賴姨姪郡學生李退齡衣食奉養者又四十餘年壽八十四守節六十二年于康熙癸卯六月卒附身附棺齡悉如禮斂瘞之以推母愛恤寡全節李氏之子有焉

胡氏武進士蘭州州判徐尚禮妻任三江口守備徐時濟母年二十五歲喪夫貞苦玉立操凜霜嚴守節五十三年今以子忠顯授校尉封花誥之榮實以

報青箱之節享年七十九歲

羅氏何世遠妻世遠由生員應恭順王召隨征招撫土司有功歷授沅江武岡義寧知縣復題陞桂林同知卒于官乏嗣羅扶櫬還楚涉險五千餘里途遇盜劈其棺殺其僕羅身護之亦被重創歷盡艱辛始得歸葬遂守制以終苦節

屠氏適文學張經訓子懷橘年廿五喪夫廿九喪舅家極貧有継姑氏竭力事之值荒亂姑竟他適氏撫兩孤就塾百計供師不欲廢張氏世業遭獻賊亂長子被害次子多病伶仃孤苦四十猶未有室

毋自汲水負薪相依爲命年六十四次子又死獨居一室朝夕哭泣聞者傷之今近七旬每歲猶紡績糊口可稱完節矣

王氏黃正存妻賦性貞一廿七夫死遺孤三歲家僅殘書數帙惟紡績度日長齋奉佛洎荒亂頻仍子孱弱苦貧氏年六十八病死子力不能殮道路傷之

李氏熊行之妻二十四歲夫死撫兩遺孤又數年舅死事姑恭謹遭荒亂家貧惟晝夜紡績上供菽水下資筆墨次子飛熊入邑庠今七十矣

余氏年十六適曾齊賢中萬曆乙卯科舉人丙辰齊賢暴卒氏年甫一十九歲育二子孀居苦節四十餘年通郡紳衿公舉節烈明相國姚明恭疏請建旌節牌坊長子克明順治十八年歲貢考授教職次子克修縣庠生孫衡昌元善俱列縣庠

余氏生員鄭季良妻雲南別駕余公之女年二十九孀居拊舟誓節事姑以孝撫幼姪以慈家道日昌年八十有五長子一洪中鄉試次子一灝補弟子員

蔡氏生員黃撈開之妻氏年十七適黃二十夫死守

遺孤文宗文宗妻鄧氏郡文學鄧士駿之女年十八歸文宗甫一年而夫又死遺腹子燕喬鄧上事其姑下撫其子姑年七十餘卒鄧今六十餘矣嫂節繼矣亂離窮困中能保似續里人稱之

劉氏丘九圍之妻夫故子玉崗僅一歲夫死之日數日不食引刀斷指示死無他日勤紡績育子雖姑姊兄弟不交一言苦節六十餘年屏絕彩線壽八十七而卒明天啓四年按院楊　崇禎十三年按院林　俱給匾旌奬王崗事母純孝性成並旌為孝子焉

李氏郡庠生蕭璧妻也明崇禎乙亥夫婦避流寇難道遇寇璧罵賊不屈殺之賊偪氏不屈受刃撻無完膚幾死越三日乃甦時年甫二十三苦節自誓歷艱辛四十年教育其子命符入郡庠見享年六十有二義夫節婦鄉人咸稱之

節母陶氏黃州衛世爵指揮鎮遠守備牛可耕之母也娠三月而夫故母每夜分必起禱於天神牛氏一線不絕於此即風雨大雷電之夕禱祝更虔拜天曰若天賜生男牛氏幸陶氏生矣倘若生女祈天轉女成男救此二命及可耕生母恐覬覦世爵者有匪人焉分娩至十五歲未常一膝相離也家止有一老嫗每飽食猶必親嘗耕生而神聰八歲始就外傳治春秋至十齡其師每忘張本輒問牛氏子應之如流母叩謝天神曰子成人矣奚敢以小慧而妄冀他榮年十五饒才智胆畧膂力方剛然室懸磬也一日謂耕曰汝自小所坐敗草等中有銀一錠汝可取為資斧上京以襲祖職自是可耕遵母躬行克光前列耕生四子長若麟成崇禎丁丑進士吳縣令奏績封耕文林郎改可耕為拱極若麟欽取御史仍差料理邊餉一年麟以陶母

百歲全節疏請于朝奉　旨建坊旌表

王氏周升岐之妻氏年二十四岐卒奇貧撫孤子學易值兵火連年奇苦萬狀姑舅俱歡改節氏誓死不移送姑舅終今年七十餘子學易雖入武庠訓蒙養母實則日不再食其節孝兩可風也

陳氏生員陳天球之妻年十七歸陳甫三載而天球死無生育氏柏舟自矢依其孀姑張氏姒劉氏二門氷操紡績以養者四十餘年姑死姒亦死撫其姪生員陳愿士義方是訓年雖六十餘而足不踰閫中和鄉里具呈前任知縣楊鍾秀給匾曰堅貞

苦節

陳氏守軒先生之女孝廉安寧州牧余達之長姊也幼具夙慧知所從來未出閣即能徹誦經書年十八適縣庠生何高甫未期年而夫亡奈有遺腹不得死生女撫育之清齋持節顕容脩持精徹五大經典亦復削髮披緇穿處家菴尼流迸絶亭亭松鶴姿堂堂大人相親姪陳師泰壻黃鉉俱已成孝廉每進謁若入深山如覯活佛孀後歷六十九年壽八十七歲里人尊稱為人瑞壻黃鉉始終誠敬奉以母道前按院從公舉題請建坊郡邑屢送旌扁氏並却不受

足大陶成芝之女年十四許聘朱君錫子廷傑廷傑死女欲往祭父母力止之涕泣竟日不食遂縊死

阮氏生員程彭時妻夫死氏年二十四翁姑以家貧且無子勸改適氏矢死代夫終養并勺躬操承歡益篤翁歿氏百計營棺殮兩娶相依遇歲饑自啗糠核暑無愁怨已而姑亦歿營棺一如翁備極難辛苦節三十餘年見六十歲噫彭時可為有其妻而氏眞無媿于為婦矣

汪氏生員吳茂兗妻氏年十六適吳甫二載生子景星未週而茂兗死氏即觸棺求死姑曰我老孫未成人汝死毋乃貽爾夫九泉憂氏悟遂不事膏沐侍姑撫子守節四十五年有如一日昔萬曆壬辰進士吳士瑞氏之祖舅也其亦清廉之報與

樊氏樊玉衡女杜應芳妻也年七旬時獻賊破城淑人鶴髮皤皤坐于中庭賊亦不欲害之會見侮辱眷屬乃正義大罵之遂被殺哀年伏義殺身成仁淑人有焉

甘氏鄉民王學仕妻學仕卒氏年二十有八生子五居東鄉之僻隅備盡辛勤躬親種植事姑盡禮姑

病氏寢于床側每藥餌必親嘗晝夜禱于天曰氏代夫事姑姑死氏何獨生姑旋愈五子孫十有九人壽六十三卒鄉里咸稱為節孝之報云

王氏李君實妻往道觀河遇賊賊悅之氏不可奪賊執其姑舅殺其夫氏又不可奪賊不殺氏氏奪刀自殺

汪氏徐　之妻萬曆四十二年御史趙　題請疏云十九于歸未及期而良人早逝廿年守制不移時而舅姑双亡奉　旨建坊旌表

易氏朱光坤之妻氏年十六適朱易年三十而光坤

死氏無子女依其姪朱愽士苦守三十餘年閉室誦經不見一人年六十九合掌坐逝

吴氏熊爾興之妻氏年十八適熊事繼姑盡孝姑性嚴氏曲以順承年二十四夫死時值山寇四刼氏抱子負姑以逃雖艱難萬狀而氏志愈堅越二年而繼姑死氏事生送死皆如其禮子文騂甫六歲氏訓之甚嚴十四入文學氏成之也氏今七十餘猶足不踰閫可謂能盡婦道者矣

趙氏汪晨之妻氏年十九適汪二十二歲夫死子僅二歲氏斷髮自矢躬紡績以養舅姑越三年而舅

姑俱死殯塟一遵古禮撫子應秋成人六十年不踰閫外年八十有二卒鄉里稱為賢淑云

蕭氏生員黄正遠之妻崇禎乙亥被獻賊所擎不屈大罵不已立殺之是時邑侯李希沆親履塟地致祭奠獎其節烈申詳撫按請　題建坊氏係禮部郎丘岳之甥女舉人别駕蕭懷唐之孫女二子長文繍康熙壬子科舉孝廉次子士騄縣庠生

陳氏史君宣妻氏年二十九夫死氏苦心守節不事膏沐孝養舅姑朝夕承懽無間寒暑順治十四年府詳以堅節盡孝申詳學憲旌表

王氏生員汪繼周妻氏年十八適汪五年而夫死無子女誓以死殉家人防之甚密終不得死其父王之屏教之曰死節易守節難汝盍為其難者時繼周兄不樂其守因鬻其田為殯塟具氏乃將從嫁僕婢及奩具盡賣贖田為贍生計終喪閉處一室僅留一牖内粥飯自毋姑外雖父兄伯叔娣姒姊妹不相見也伴身一小女婢至十五歲則更易之不櫛沐不茹葷不交僧尼不依佛事真所謂未亡人矣年五十郡邑紳衿白其事于直指屬縣吏旌其門顔曰勁節孤巖年六十病劇且死是年乃開

關延親屬入見為治後事其父八十餘猶得扶其棺合塟繼周之墓吁若王氏者可謂為其難矣

王氏武舉蕭鄭侯妻也年甫二十鄭侯不禄父母憐念貧苦欲易其節氏以舅姑垂白子方襁褓乃堅貞自矢明末兵燹流離上奉下哺艱辛歷盡教子箕列縣庠現年八十目覩長孫一舉列縣庠次孫之年中壬子鄉試

何氏黄州河太守之女明經王箕之繼室也歸箕僅數年箕逝氏年甫二十生子鳳閣尚在襁褓衣長子孝廉鳳陽奉養矢志栢舟年六十有八卒鳳

閤生子庠生都都生孝廣歛濂
黃自乙亥流寇焚殺十餘年間婦女慘死者不可勝數其見聞詳確即易氏一族有足紀者如易道尊妻王氏易道一妻熊氏易時昇妻汪氏易吉甫妻陳氏易瞻明妻華氏易道重妻周氏與易仰之女適何剛者易文我女適夏繼璜者易道旦女適何際時者易道位女適李爾常者易道傳女適劉伯昇者易為継女適方爾闇者凡十有二人或死于水或死于火或死于縊或死于刄死雖不同要其全身完節則後先一轍也它如郭氏之姊妹同死

陶氏之抱姑以死與道久女適孫道光女適熊皆以罵賊不屈死至逆賊屠城並九鄉諸寨堡之完節以死者又書之不能盡書矣姑記易氏一族以槩其餘云

國朝

金女團風鴨蛋洲漁家女自幼許聘李家渡李人之次男兩幼親愛有年曁女長成男尫呆日甚李謀于金父母曰令女長而聰慧男日痓大不相當長男壯盛移以配之可乎父許諾女聞之悲憤曰此何等事而可移易乎閱數年彼自長成何逼也父母強之遂定婚期先一夜女針線悉縫周身衣服同居姨母詰之女曰明日婚但不知有女否姨曰爾將投環乎女曰我生不可見人死又安可令人親其屍而歛之乎其家防之女俟夜分防者倦闢户直奔大江蹈水如履平地至江心而沒追者不能及隣里即時泣集撈求之閲三日不能得夜乃見夢于其母曰我身已入龍宮龍母蓄愛極至不復見父母矣為我謝諸隣勿劳也後有文士于月下設奠為文臨江祭之夜靜見一筏浮江而來上有女伴長歌于上歌曰碧江晝夜水爭流姊妹分行怨未休送爾東歸乘霧去滄洲浩月兩悠悠聞者黯然而散

余女余家店鄉民余君儒之女未嫁而夫死有熊宦購求之女毀容矢志永不適人今年五十餘矣終依父居躬親紡績種植自養郡司馬　于寀知其事給匾旌之

杜氏舉人王承啓妻承啓年二十成孝廉遽卒氏年二十四遺孤懋德甫八月絶粒求死奈八月之嬰呱呱而泣孀姑弗忍強啐以水少甦姑曰我老矣汝復死併孤皃無活日矣氏驚悟屏絶膏沐勉作

未亡人室僅環堵家無綵粟躬親紡績奉姑教子懋德成童即補博士弟子員姑媳雙貞氷蘗一室里人皆敬稱之

孫氏會稽令官撫浼之妻氏年十八歸浼從令會稽無何海氛猖獗浼以職司城社義不苟生而孫止年二十有二即枕屍號慟死默見神毋以楊枝洒之閱一晝夜復甦且囑曰官氏僅有此子襁褓方週爾生則子與俱生不然俱死已矣孫氏感悟乃毀容撫孤衣不解帶目不泛視者垂三十年今其子純心承父殉難廕已赴吏部考授知縣十年矣

氏撫孤之功而殉夫之節不已俱成哉

魏氏劉三重妻氏年十七適劉二十二歲夫死無嗣氏依其兄子紡績度日封一目誓不再適守節四十餘年前任知縣劉　申詳按院張　題請旌獎焉

李氏生員朱日灝妻氏於崇禎乙酉遇流賊執不屈投並阜嘴湖中死四日後屍浮出顏色如生見者感其節烈無不垂涕云

陳氏生員林廷之妻也年十八夫亡無出姑強之再適大哭仆地幾絕隨自縊家人壞户救蘇遂血暈右睛竭力事姑姑没依其母兄歲時歸祭夫墓哭極哀路人為之出涕年六十九卒知縣汪士衡給其匾曰光映瑶氷一時人士為文以志其節者衆矣

黃岡縣志 卷八

黄岡縣志

流寓

觀仁與靈未嘗不嘆周澤之遠也黄祀多他族兩人春秋伏臘缺焉何哉韓忠獻微時卒業昭提茲邑乃其發軔子瞻而下率多遷客流人牢騷坎壈江山借色又令人千載暢滌矣

周

周仁周平王次子汝墳侯烈十八世孫至西漢居黄岡繼烈封侯

梁

周靈仁之後其先以避西晋亂去黄岡至靈起仕梁

宋

韓琦字稚圭相州人兄琚天聖間守黄州琦隨侍寓居安國寺讀書白晝青燈風雨無怠登明道中進士慶曆中入相封魏公謚忠獻黄人想其德望爲立祠于讀書處祀之

蘇軾字子瞻眉山人嘉祐二年進士元豐二年知湖州言事者摭其謝表語爲訕謗謫黄州團練副使本州安置攜子邁寓居定惠院遷臨臯亭故人馬正卿爲守從請故營地東築雪堂以居自號東坡居士與潘大臨陳慥王文甫游時時策杖往來江上泛舟赤壁又渡江至武昌遊寒溪寺後先題咏甚富將買田沙湖老焉尋以量移汝州去遂不果官至端明侍讀二學士兵部尚書封武功縣開國伯食邑八百户贈崇政殿大學士加贈太師謚文忠

陳慥字季常蜀人扶風守希亮之子寓居黄岡號龍丘居士一號方山子嗜讀書以溪山自娱蘇子瞻謫黄往來唱和爲作方山子傳子瞻去黄送者皆止磁湖惟慥至九江

孫去非以詩爲高宗所賞官至執政

秦觀字少游高郵人元祐中爲秘書省正字工樂府與蘇子瞻相友善時黄秦晁張號蘇門四學士子瞻最喜少游紹聖初坐黨籍出判杭州尋以御史劉拯誣其增損實録削秩編管黄州

張耒淮陰人生而有文在其手曰耒因以爲名而字文潛累官史館檢討紹聖初知潤州坐黨籍謫監黄州酒稅徙復州起爲黄州通判後知潁州以師弟子禮舉蘇軾喪言者論其罪貶房州别駕黄州

安置凡三至黃著有柯山集一百卷子瞻嘗謂秦
少游張文潛才識學問為當世第一無能優劣
游下筆精悍心所默識能以筆傳然而氣韻雄拔
疎通秀朗當推文潛黃魯直跋李伯時畫馬云此馬
絕駿似吾友張文潛筆力其見許如此文潛暮年哦老杜玉
華宮詩極力模寫其離黃州詩偶同韻音響節奏似之
陳過庭字賓王山陰人宣和間為御史中丞時方臘
陷諸州過庭上言致寇者蔡京養寇者王黼又言
朱勔父子本刑餘小人竊取名器罪惡盈積宜昭
正典刑以謝天下三人憾之陷以罪罷知蘄州未

黃岡縣志

半道謫黃州團練副使黃州安置

元

龍仁夫永新人至正間徙黃州明五經為時矜式授
陝西儒學提舉學者稱為麟洲先生
蔣彥忠南昌人勸課蘄黃元末兵盛隱居黃岡庶安
鄉講學授徒因家焉

明

周浩字季深四川人正統間任黃州同知視民如子
陞石阡知府致仕附籍黃岡孫瓚中鄉試為偃師
令
陳世昌江右人舉人任武昌府同知有治聲民愛戀
之遂家於黃岡迨瓚仕懋即其子孫也

隱逸

周

長沮桀溺耦而耕孔子自楚反蔡使子路問津事見
論語或曰楚狂接輿亦黃人

元

范愷字士元博學能文性恬約家殷富處之若布素
年玖拾餘終
吳國琳重誼樂施歲饑常散粟於路貧不能斂者助

黃岡縣志

之棺置橋井四十餘處民稱便焉湖省平章重以
聞詔徵不起御書西山字賜之因建御書樓人稱
西山先生

明

吳榮一泰伯之裔洪武初棲中和石壁山種蔬養鶴
博覽豪吟抗志巢許嘗荷鑱斸藥濟人從於蒐後
有王瓚及思裕者俱以隱德名
畢奇中好讀書家貧歲授生徒講課不輟脩然自遠
於聞達漠如也
林鳳陽性至孝宅有火警盡棄貲囊不顧獨負母出

避過客見而憐之遺以金謝不受治春秋屢舉不第遂屏居林泉吟咏自適

曹良輔字大忠居崎山之陽遊釣清溪自號清溪居士尚禮好施有妻奩以置產分諸兄弟或問之曰異姓物分同氣不可乎族黨貧無歸者輙治棺殯主辦里有不法事惟恐良輔知也有盜瞰其室一人曰乃公種德行義犯之不祥遂止比卒大學士張燦銘其墓

吳良吉字仲修師事王文成公講良知學家貧授生徒矩矱嶷然而志純粹可掬學者翕就之作詩歌

有邵堯夫風孟津令黃岡延之書院有人夜懷金屬請間良吉怒却之及卒耿恭簡定向備棺歛為作傳知府瞿汝稷為立墓碑所著有居湖集

袁希燮字子理文伯子也七歲口誦毛詩兼解其義十五和大泌山人李本寧先生宮鶯白鸞詩各十章本寧大器之申以甲子年誼遂訂忘年交丁未戊申與公安同族中郎小修輩唱吁于前丁巳戊午間會集金陵又與李本寧俞羨長暨水部慈谿錢仲擧同邑民部周無逸輩唱喁于後大雅流風於斯盛矣先是弱冠時受知于文宗董思白評其文曰陸離跅越後當以古文詞名海內性好施凡先人所遺盡以贈人兼好遊未五旬足跡半天下凡平原一見之贈隨入隨以公同遊略無私以貽已子也訓子要言以重義輕財為主蓋實録也年五十棄青衿歸遯於茅山之麓結茅曰遯園身不應通籍之招名不留鄉閭之內課子讀古篆瓢屢空晏如也年八十三返卒於祖居邑人聞文宗周之訓贈旌曰邑詩史袁子理先生摳子躍麟能讀父書中本省壬子副榜今名黃琮

孫顯祖字衡洞邑文學有隱德貲頗厚散周貧乏敦

敬宗收族之誼有載米彭城塘横濶計里許兼施為祭田之用值貧戚居喪措他人畝以售償價亦不問但曰聊藉為麥舟助耳家事早付二子澹瓢樂隱栽花種竹澄心悟道不染一絲塵紛學者望之為神仙中人年七十九歲被鶴氅端坐而逝

馮雲路字漸卿號畏庵六歲通孝經論語目數行下既長以古學自任錢塘葛寅亮督學三楚拔為諸生第一庚午黃景昉主楚試深以不獲雲路為憾乙亥奉母隱居江夏之九峯山杜門著述凡中丞以下往往造廬請教焉閩林銘球按楚時疏入告

奉旨俞允徵見不就及賀逢聖再入相詣馮曰聖此行上告天子願强徵君出山副蒼生望路固辭但爲具陳當世急務後值指汪承詔再疏薦舉會寇陷蘄黄勢漸逼鄂當道咸請計於路路披瀝前籌卒爲時輩所格不行命弟雲紀奉母歸里而已獨留於鄂作書報賀逢聖有云在内以寧湖爲止水在外以漢江爲汨羅蓋寧湖固路平來入城談經處也城且陷路從容赴寧湖水中或勸之就拾撫路荅曰某生平讀死忠死孝之書未嘗讀降賊之書士各有志毋相强也遂懷所著藏易自沒時年四十有六著有用書周子圖書西銘大旨十數種共數百卷督學高世泰付梓行世

吴鍾乾字健之生穎異承父企虞家教十五淹貫經史留心當世之務日手抄數千言寒暑不輟崇禎間寇陷團風焚其手録並著作百餘卷遂决志不求仕進隱居郝城龍丘之間結茅山麓日惟講究濂洛之學卒年方强仕今其子允禎孺慕力學成康熙甲辰進士

汪世拄字石卿之汸子文淵孫也孝友性成幼學攻苦年拾三失怙奉孀母三十餘年宗族稱孝撫三幼弟各使有成鄉黨稱弟時丁亂離因棄青衿隱居不仕其子指南官漳南道副使

本朝敕授分守道左叅政世拄年柒拾壽終以子貴

誥贈中憲大夫

李之泌字爾仙善爲文食餼每試異等一時以文顯者罔不師尊之晚潛心聖學絶意仕進會明經歳薦徵屣棄之爲學深契窮理盡性以至于命之旨自宋周程外共信爲延平再出矣年六十五以疾卒卒之先二日尚與周學力闡顔子四勿中庸天人西銘窮神知化諸藴奥遠近求道博識者聞訃共慟悼之著有夙知録松鱗集高齋長謳等集年未四十即不續娶風範嚴峻有道骨前身應長源也學道後改名見源字泉悅號藎輿

黄岡縣志

易爲愚字用王生而有文在其手曰汪因號汪來子性穎異從叔道暹甚器重之博通經史慷慨好義以文章氣節著崇禎壬午學使高世泰聘修楚誌癸未棄舉業築室白雲山教授生徒循循善誘卒年七十有六所著有四書及尚書毛詩易説

周鏞字元礽中和鄉處士也生而穎異長而涉獵經史博通古今因兵亂遂無志取青紫遯跡林泉持

已清潔課耕教子輕財好施鄉里推為長者子之美登康熙庚戌進士

胡來通字安吾嘉靖辛酉生於團風鎮年十二有異僧見之曰此人間百歲翁也性好施予期崇禎三年楚撫魏光緒旌表之至順治庚子異僧之言驗矣縣令楊鐘秀贈匾曰期頤人瑞鄉大夫士公議請坊通力辭之二孫珙珠承其志次年忽一日沐浴更衣端坐而逝

殷恭然字叔敬兄弟五人以友愛諸弟怡怡一堂以悦二親力學不倦貞守不移早棄青雲手輯孝友諸書曰訓子姪有三弟卒于湖南值離亂恭自涉

洞庭歸櫬子萬死一生中年七十一終囊無長物惟手授家訓格言以遺後人子庠生士智恪奉之

王一才字遠居母氏夢青蓮墮懷而生才甫二歲識字無數十二為文從祖父侍御同道器重之十五入庠文譽著年二十為詩文皆山泉松石之聲同人每以用世之文易之非不首肯然秉性不可強也於是遂棄青衿日孜孜于種竹栽花養魚調鶴烹茗焚香倚桐撫而詠古風不可一世著有後絕交論時賢皆傳誦之

張愈奎字雲衢黄岡團鎮人父幼溪母徐氏年俱九十有六奎事之終其身有孺慕容比奎亦屆九旬思及父母每每泣數行下賦性醇謹有雅量崇賢能敬有道嘉禮賓師輪歲年無少怠遺明季亂間于群小畏不為動反不吝加惠焉出言解紛莫不人人心服時比之王彥方云郡邑重其德量公舉鄉飲固辭不赴惟以睦族教子為務娶張氏奎長一歲偕老相敬如賓子仲紳仲縉為邑庠生仲經丙午登賢書孫魯昌熾鄉國榮之

僊釋

二氏謫于正乃長生久視之術或異得其心焉以是知虛無寂滅之學儒者所不道然靈樞素

問楞嚴法華皆可取以旁証六經四子是未可槩以幻妄遺之也

葛洪字稚川句容人晉咸寧中為散騎常侍通神僊導引術以交趾出丹砂求為句漏令號抱朴子年八十一尸解相傳於玄妙觀煉丹今丹井尚在按葛仙翁煉丹處天下一十有參

宋益青州人梁番禺刺史棄官隱黄之黄齡洞有仙術能役鬼神救疾疫後人祠之靈有應唐封顯應侯宋加封靈濟侯

浮屠泓西人在唐武后時與天官侍郎張敬之善敬
之子冠宗以父蔭宜入三品冠宗私詣有司言狀
泓坐間忽白君無煩求三品也敬之大驚已而知
出冠宗意嘗為燕國公張說市宅戒無穿東北隅
他日見曰宅氣索然云何與說共視東北隅穿丈
餘矣泓驚曰公富貴一世而已諸子將不終說懼
將修之泓曰客土無氣與地脉不連譬身瘡痏補
他肉無益也說子皆汙賊死云

齊安黃州人深通禪理每說偈從當境點悟有偈云
猛熾燄中人有路旋風頂上屹然棲驀常歷劫誰

差互杲日無言運照齊人莫能識問如何識得自己佛師曰一葉明時消不盡松風韻罷怨無人問如何是自己佛師曰草前駿馬實難窮妙畫還須畜生行有人問師年多少師曰五六四三不得類豈同一二實難窮

壽禪師居護國院弟子問如何是一路涅槃門師曰
寒松青有千年色一徑風飄四季香問如何是靈
山一會師曰如來繞一顧迦葉便低眉妙偈極有
解語後証果尸假去

德嵩居黃州栢子山棲眞院嘗上堂舉寒山拊掌欣
欣拾得呵呵大笑大衆問二古聖何笑嵩良久更
大笑曰蓮花一朵再逢逢不知其胸中是何境界也

張憨子黃州故縣人行止如狂見人輒罵云放火賊
見紙輒書鄭谷雪詩人使力作終日不辭時從人
乞予之錢不受冬夏一布褐三十年不易然近之
不見有垢穢氣終不測為何許人也

丐者趙生高安人敝衣蓬髮未嘗洗沐好飲酒醉輒
毆罵市人人皆謂之狂然與人遇即未相識皆能
道其宿疾及平生善否故或指為有道元豊中蘓
子由謫官于筠生忽來見語蘓以養生養性之說
蘓異其言生言生於周甲寅今百二十七歲家本
代州名吉自臍以上骨如龜殼自心以下骨如鋒

刀兩骨植其間不合如指久之從蘓求書往黃州
謁東坡遂留半歲坡比歸從行至興國軍知軍楊
元素留之生畜一駿騾為所踶死楊具棺葬諸野
元祐初二蘓公皆召還京師蜀僧法震來言雲安
酒家逢一丐者曰吾姓趙頃在黃州識蘓學士為
我致聲問其狀良是時興國守朱彥博之子在坐
歸語其父亟發瘞視之唯一杖及兩脛骨耳龍川志畧
載生喜禽鳥六畜嘗以一物自隨楊元素名繪

柳氏陽邏堡人生不茹葷鬧武湖魚腥輒叱及笄不
肯適人日為導引不由師授延年九十欲尸解誓

建泰嶽祠于江岸之武磯頭人以魚木難之柳氏曰魚慮也會大賈舳艫塞江柳以一絲繫舟不行賈愬有司覘之舟如膠遂拜謁爲治水建祠二一祠泰嶽一塑柳像于中事聞勅封柳夫人子孫世世祀之商人祭爲水神亦爲痘神鄉人遇布痘亦祀之今東嶽後有續麻墩相傳夫人晤道處邑諸生江之鏊有傳云夫人姓柳歸于龍其先蜀人也太父秉忠仕元官總管父禎元天曆二年己巳五月十三生夫人夫人生而靈異齠年遇亂賊掠之至營不出賊怒欲刃之無所傷賊衆大驚愕舁之歸稍長好道家言道讖緯諸術及笄龍氏委禽焉時太父謀抗我明兵夫人曰不可天命有在大人爲何爲不聽進軍太父死之父及龍氏壻亦被收死之夫人與家屬俱俘江西太和縣安置罪纍顛棘眞烈愈著適蒙恩詔赦還藉

洪武元年八月遡行江上晝夜波濤光怪隨舟及艤今祠下見林巒幽奇襟江帶湖洲渚環向慨然樂之遂諸地于閔口鎮撫指揮司許之夫人入山踞巔緝麻七日有叟皤首曳杖而來惟問之夫人語之故叟袖出符籙一卷授曰明此後鬼神驅六丁矣夫人大喜下焚香奉籙而咒是夕風雷大作電燿燿達旦山木盡拔鷙獸遠跡廻廊蒙翳剪削泰而居神響秘幻人不可測四方瞻禮不絕二年春鄧將軍愈討麻陽道經陽邏聞其異故漁服同小卒以見夫人獨目愈曰將軍不與乎愈驚曰夫又令軍中精法術者與鬬禁不得試愈曰此眞神人也改容謝之因叩以南征之兆夫人知愈有輕麻陽意迺曰敵無小將軍若易麻陽未必有功吾古國賤俘也荷聖朝不戮感恩當効于是乎在矣兵有却吾必助之愈曰助之何徵夫人曰爾日有烏鴉爲陣是我助將軍也盟而去愈進討師果失利忽天晦冥萬烏翔集空中見夫人衣緋躍馬霹靂震山岳轉石揚沙蠶醜匕魂伏慴我師乘之斬関而入縛其渠率麻陽平凱歸奏其狀　高皇帝嘉異之賜勅封爲武磯山生身得道妙眞夫人賜

以雕輿黃羅繖蓋以況古女將馮夫人云四年大人欲建東嶽廟于山頂以法力繫木筏其賈知而請之願輸其木又不須人力至半筏底劃然有声遂行至筏組解有巨石室其隙價售數倍廟立復自立祠肖像其中遂尸解去先期語人曰吾將歸峨眉矣其子名才七奉塑于武磯山之陰人稱柳夫人子孫亦柳姓其實龍氏也巫言柳夫人生水府之神江湖間禱輙驗虔祀不替云論曰高皇帝之討陳友諒也禱于泉磯夫人夫人者漢昭烈孫夫人也今勅誥具在柳夫人之勅誥于萬曆丁丑與祠並燬于火夫抵眞人之起鬼神効靈勷將軍之立功邀喬非誣也

楊師失其名住鐵爐寺書事輙靈驗鄉著姓歲上元設諸天會多得師至期皆有師在亦不知師之化身幾千百也鄭某者賈彭蠡別師師云爾某月日有大難吾當救爾師一日與人奕忽睡去頃之曰吾救

某矣驗其足水盈鞾中鄭歸果云是日大風舟幾覆呼楊師見師以是鎮舟舟遂正百餘歲尸解鄉人泣曰吾遺旗二面救爾衆等水旱後遇旱以旗招之輙雨雨久招之輙霽師有二女皆焚修一住鉄爐寺一住彌陀庵不知所終旗亦尋爲人盗去

力頭陀未識何許人有郡文學孫煜年少慱學善辭賦詩文飄然有仙風道骨天啟丁卯年館穀於蘭溪歐氏一日頭陀忽直入書齋云孫郎何久戀人間煙障三山有幸艸服之可以免揭火同吾去煜

曰家有高堂人倫緣未盡不知三山向何許頭陀
挽之走歐氏闔家無男女少長皆拉留不住罥之
飛蹈入不見人惟有高島幽澗枯樹紅白花如鐵
煋思父母一痛幾絕頭陀曰精蒐未斷令之瞑目
勿視少頃已身送黃州柯山矣頭陀莫知所之歸
語其家異之歐氏分途尋覓嗣亦聞於黃馬煋懼
三月閉户自誓於戊辰正月十九日卒蘄黃間相
傳為力頭陀云

王氏貢士何昌祚妻孝廉王一翥女也生而夙慧知
前身與祚俱苦修山僧祚亦穎慧絕人傳志無人欲

夫妻與居猶若兩僧也祚早卒氏哀慟不已終身
衰絰蒙被竟廢櫛沐髮中蟣蝨成綫閉一室終其
自禮佛不出父一翥時遺以幣帛金銀飾隨至隨
即剪以賜人不留絲忽忽一日沐浴梳理端坐禪
床扃其門越夕至晚不開家人闢而視之已合掌
逝矣

方伎

元

葉如蒼儒而業醫診視有方撰傷寒大易覽一編傳
於世

明

宋鯨精岐黃術診驗生死如神不責貲謝里人嘗大
用病死將殯鯨過其門試治之復蘇類此全活者
甚衆

陶仲文故姓潘父潘允與為陶氏養子生仲文冒其
姓仲文少為椽喜方術嘗授符水訣于羅田萬玉
山又狎從邵元節遊嘉靖初以庫大使秩滿需次
吏部時元節得幸拜秉誠致一真人禮部尚書求
歸未有間會宮中黑青見薦仲文代已試之妖果
絕扈駕南巡至衛輝府白晝有旋風不散問仲文

何祥奏主火行宮果災即日勅行在授仲文神霄
保國宣教高士上體素羸一日問仲文何術取驗
仲文因勸上玆修歲餘進神霄保國弘烈宣教振
法通真忠孝秉一真人領道教事尋加少保禮部
尚書又加少傅餘官若故食正一品俸俄進少師
少傅兼少保明興元勳無兼三孤者尋又改神霄
紫府闡範保國弘烈等號知道錄事少師少傅兼
少保禮部尚書若故勳階特進光祿大夫柱國又
兼支大學士俸尋進支伯俸二十九年春不雨上
問仲文奏疑有冤獄時都御史胡纘宗等受誣逮

治久亡狀上釋之是夜漏下四皷大雨明日召吏部尚書夏邦謨至迎和門勑仲文禱雨濟旱力贊平獄特封恭誠伯賜誥歲禄一千二百石八月降勑加禄米一百石仲文疏辭居久之請老盡以上所賚金帛玉帯諸寶器奏進上察其意篤詔收内庫已出修蘆溝橋仍給驛還鄉未幾死年八十賻卹甚厚子拜太常少卿并官其婿隆慶初追奪仲文爵籍其家仲文為人謹厚雖蒙殊寵無倨傲態婦一品夫人歸謁主母拜堦下主母猶坐受里中槃石橋三台河橋皆其所建世宗嘗使仲文白晝

召鶴因詢其師仲文以玉山對贈清微神霄演去真人遣官焚黄於墓玉山子朴方以掾吏授牒吏部上命仲文引入將授太常官懇以疾辭終身不仕

胡天順嘉靖間流寓京師以巫術君子姑神見幸勅賜方外散人詩文奇詭一時傳誦後下吏死

馬蕃號松雲善繪事有夏珪馬遠揚松年筆意黄邑知繪事自蕃始然莫能重之貧困以歿

李藻字文甫能詩有氣節遨遊諸公間旁若無人畫筆清遠得李營丘家法或贋作唐寅鬻之不治生産每得数千金立盡年七十餘尚好遊曰是處可埋骨何必黄岡土卯卒于河南息縣葬其地常自題其畫云一幅輞川無着處夜深猶自月中看京師多傳之著有攜鶴老人詩

周延大字德孚先世名醫大自幼事父至孝父教之極嚴大力學至十有五歲有文譽弱冠父見子之古貌古心而德量洪遠毫不逐少年競進遂亦不欲長事餖飣賈謀施濟一日曷之曰丈夫不為良相則為良醫爾其圖之大長跪敬受教自年二十潜心岐黄以至耄耋名溢三楚活人萬計而其隠

德施濟祝頌盈塗郡邑省會有所招至輒奏功嘉賞旌賚更僕莫紀七旌善人五登卿飲

國朝順治四年十月二十五日奉　代巡御史曹批周延大年高德懋濟世耆英准給冠帶以廣

皇恩此徽子二長有詼次應周俱列邑庠孫曽衆多

卒年八十九

黄岡縣志卷之四

藝文志上

叙曰易稱觀乎人文大哉王言吐詞爲經鸞龍之文奮矣士昂首修談千秋業腐毫濡翰遠布作者至或藏之名山播響來禩寧雕蟲小技云爾哉齊安自有王杜闡茲風雅至蘇端明益揚其波江山斐然增色明王稚欽先鳴狎主詞盟楚師遂方駕域中家挾荆壁鬱有殊彩伯固子雲輩後起咄咄逼人惜天未竟厥緒至乃宦遊流覽神與境合每

参文外獨絶可令泯焉弗章羅綱舊聞揚搉删述意在斯乎志藝文

勑書

宋

皇姪右監門衛大將軍仲郃可依前右監門衛大將軍黄州刺史特封齊安郡公誥　韓維

朕按屬籍以觀祖宗之世而陳王之後獨微顯其位不章顯朕甚憫之以爾其官仲郃孝友惇謹善守法度爰命褒錄以鴻厥慶刺史重位也郡公高爵也遂領紹建茲謂顯休噫惟務學可以正己惟率禮可以保位汝其懋哉

明

高帝賜翰林學士吏部尚書詹同勑

勑曰朕起布衣提三尺劍總率六師以拯民艱延攬英雄以圖至治凡二紀于茲曩者親征武昌平城之日爾同以文學之美從朕同遊厥後任博士起居注學士皆舉其職又長吏部辨人才之賢否審職任之輕重咸得其宜今年雖已邁猶輸誠效謀迄無少怠可賢也已朕不忍以爾耄年服役奔走特命以翰林學士致仕爾惟欽哉

高帝賜吏部尚書吴琳誥

誥曰惟古帝王之治天下在於得人才然人才實由於銓選朕所以於吏部之職必擇器識公明者居之爾琳學術既醇踐歷尤正事朕由博士陞僉憲克振風紀及貳鹺臺國課以辨俾居記注獻納爲多茲用陞長天官以掌銓衡之重爾其量材而授官計功而考能使賢愚者别而黜陟合宜庶克稱朕爲官擇人之意

莊皇帝贈刑部尚書王廷瞻太子少保誥

誥曰大臣樹績當年垂聲異世雖加恩卹猶晉官聯

匪直旌祇服之忠亦以示勤勞之勸爾原任刑部尚
書王廷瞻性質沉毅才識疏通奮跡制科起家郡憲
烏臺妙簡早蜚骨鯁之聲卿寺游登益勵羔羊之節
陝明開府佐計河漕司恐陪京克佐協中之化遺榮
田里衆推難繼之風後先視為典刑法臺壘騰薦剡
賜環非遠揭館遽聞宜霑殊恩用酬往勤茲特贈爾
為太子少保錫之誥命於戲昔之進而宣猷秋省今
之歿而晉秩春宮是惟優渥之恩永作泉臺之賁

國朝

世祖章皇帝勅大學士傅以漸日講官曹本榮

勅曰朕覽易經一書義精而用博範圍天地萬物之
理自魏王弼唐孔穎達有注與疏義宋程頤有傳朱
熹本義出學者宗之明永樂間命儒臣合元以前諸
儒之說彙為大全皆于易理多所發明但其中同異
互存不無繁而可刪華而寡要且迄今幾三百年儒
生學士發揮經義者亦不乏人當並加採擇折衷諸
論簡切洞達輯成一編昭示來茲爾等殫心研究融
會貫通折理精深敷詞顯易務納而能該詳而不複
使義經奥旨炳若日星以稱朕闡明四聖作述至意
欽哉故勅

制曰資父事君臣子篤匪躬之誼作忠以孝國家弘
錫類之恩爾王一鈃乃內翰林院庶吉士王封潔之
父善積於身祥開厥後教子著義方之訓傳家裕堂
構之遺茲以覃恩封爾為徵仕郎內翰林院庶吉士
錫之勑命於戲殊榮必逮於所親寵命用光夫有子
尚宏佑啓益勵忱恂

制曰奉職在公嘉敎勞之有自推恩將母宜錫典之
攸隆爾內翰林院庶吉士王封潔母汪氏壼範宜家
風協承筐之媺母儀詒穀載昭畫荻之芳茲以覃恩
封爾為孺人於戲彰淑德於不瑕式崇象服膺寵命

之有赫益賁徽音

制曰資父事君臣子篤匪躬之誼作忠以孝國家弘
錫類之恩爾贈文林郎陝西鳳翔府寶雞縣知縣陳
天生乃工部都水清吏司主事陳肇昌之父善積於
身祥開厥後教子著義方之訓傳家裕堂構之遺茲
以覃恩贈爾為承德郎工部都水清吏司主事錫之
勅命於戲殊榮必逮於所親寵命用光夫有子承茲
優渥永范忠勤

前赤壁賦

宋　蘇軾

壬戌之秋七月旣望蘇子與客泛舟遊於赤壁之下清風徐來水波不興舉酒屬客誦明月之詩歌窈窕之章少焉月出於東山之上排徊於斗牛之間白露横江水光接天縱一葦之所知凌萬頃之茫然浩浩乎如馮虛御風而不知其所止飄飄乎如遺世獨立羽化而登仙於是飲酒樂甚扣舷而歌之歌曰桂棹兮蘭槳擊空明兮泝流光渺渺兮予懷望美人兮天一方客有吹洞簫者倚歌而和之其聲嗚嗚然如怨如慕如泣如訴餘音嫋嫋不絶如縷舞幽壑之潛蛟泣孤舟之嫠婦蘇子愀然正襟危坐而問客曰何爲其然也客曰月明星稀烏鵲南飛此非曹孟德之詩乎西望夏口東望武昌山川相繆鬱乎蒼蒼此非孟德之困於周郎者乎方其破荆州下江陵順流而東也舳艫千里旌旗蔽空釃酒臨江横槊賦詩固一世之雄也而今安在哉况吾與子漁樵於江渚之上侶魚蝦而友麋鹿駕一葉之扁舟舉匏尊以相屬寄蜉蝣於天地渺滄海之一粟哀吾生之須臾羡長江之無窮挾飛仙以遨遊抱明月而長終知不可乎驟得託遺響於悲風蘇子曰客亦知夫水與月乎逝者如斯而未嘗往也盈虛者如彼而卒莫消長也蓋將自其變者而觀之則天地曾不能以一瞬自其不變者而觀之則物與我皆無盡也而又何羡乎且夫天地之間物各有主苟非吾之所有雖一毫而莫取惟江上之清風與山間之明月耳得之而爲聲目遇之而成色取之無禁用之不竭是造物者之無盡藏也而吾與子之所共適客喜而笑洗盞更酌肴核旣盡杯盤狼籍相與枕藉乎舟中不知東方之旣白

後赤壁賦

是歲十月之望步自雪堂將歸于臨皐二客從予過黄泥之坂霜露旣降木葉盡脱人影在地仰見明月顧而樂之行歌相答已而嘆曰有客無酒有酒無殽月白風清如此良夜何客曰今者薄暮舉網得魚巨口細鱗狀似松江之鱸顧安所得酒乎歸而謀諸婦婦曰我有斗酒藏之久矣以待子不時之需於是携酒與魚復遊於赤壁之下江流有聲斷岸千尺山高月小水落石出曾日月之幾何而江山不可復識矣予乃攝衣而上履巉巖披蒙茸踞虎豹登虬龍攀栖鶻之危巢俯馮夷之幽宮蓋二客不能從焉劃然長嘯草木震動山鳴谷應風起水湧予亦悄然而悲肅

然而恐凜乎其不可留也反而登舟放乎中流聽其所止而休焉時夜將半四顧寂寥適有孤鶴橫江東來翅如車輪玄裳縞衣戛然長鳴掠予舟而西也須臾客去予亦就睡夢一道士羽衣翩躚過臨臯之下揖予而言曰赤壁之遊樂乎問其姓名俛而不答嗚呼噫嘻我知之矣疇昔之夜飛鳴而過我者非子也耶道士顧笑予亦驚悟開戶視之不見其處

放龜賦 有序

明李夢陽

畜有二龜李坪驛俯長江之流目發育之溶溶怛然有傷於二物復思趙抃放龜事千載同懷爰放二龜於江潭已作斯賦比興諸義聊抒鬱志非諷一而勸百者擬也諭兒子亦作

精細縕以游魂兮各含和而搆形何茲物之詭異兮獨神超而蘊靈準麟鳳之隱見兮呼吸陰陽而卷舒善伸縮以遠患兮匹神龍而水居嘆賦命之蹇兮遇罝網而見執蒙君子之珍視兮戒航舟而並畜仁人細弗棄兮迺伊致余之素質曰雕籠豈林遊若兮爰偉贊哲而用情譽機鸖之顧脫兮慮曳尾及而遲暮俯俟流以余縱兮蹬長江而徑步歌曰醜混混以流形兮孰厥龜而副嘉外負介以照武兮內文柔而靜遐體穹隆以則乾兮履坤方而祛慝鄙饕餮之訣世兮寧吞浮而飲息沐澄泠以棲寂兮戢潭荷而保身文干列以布象兮邑蒼古而珍瑋景至人之赴義兮將刳中以效誠怨穆卜之靡諧兮懼捐軀而莫明賡歌曰江滔滔以東下兮蒹葭莽而波濤幸已縻而終逝兮劃頎泛而長逃念曩昔以中惕兮數帷拘縱之所殊思范機以依彼兮顧附孔海而桴鳥故抹以悲鳴兮獸躑躅于前丘軫宿蔘以迴逶兮躍瀠溟而淨流亂曰聖欽元龜戒桀廟兮十朋四靈崇以時兮淵潛固沕出斯稟兮求仁見夢厥無惑兮劃鵬灼鷸爰奚益兮謚兮罹兮齊天地偕祥兮

擬赤壁賦 有序

茅瑞徵

余向不作賦既量移蘄安友人溫太史長卿書來道訊曰黃州赤壁盛傳坡老兩作此自記體耳今斯邑直須作賦余竊心許竟逡巡未遑也會歲丁未直指史公按部之暇原本山川以賦見屬茲乃不辭固陋僭焉抽毫坡老可作應嗤貂續

歷皇輿以遐矚循南紀而騁武爰按轡以澄清乃周星而闋楚既縱目乎山椒遂弭節於江滸惟茲山之鬱盤摽奇峩兮終古夫其擁帶長薄苞擧層巒靈根

鏡與秀色堪飡象朝霞之軒舉雜落英而流丹眄赭
岸于天末縈蘭渚之疑紈信山川其殊詭有今古騷
人墨士之所怳怱而眙愕者矣若乃跨江潯眺漢汭
選芳洲馮遠漧山如籍樹若薺遡樊浦之歸雲限三
江于東逝望鄂渚兮中流辨西山兮新霽夫何形勢
之巀嶭以崔嵬枕長江而作蔽爾其繡甍棲鴛崇墉
列雉聽鼓角於嚴更拱金湯於西顧千門晨啓排閶
闔而生雲萬竈宵凝捲簾櫳而舒霧而波濤之澎湃
以下上兮大別注之滙彭蠡而張怒亦有征檣橫騖
而突進兮想舳艫之爭馳杖尺箠而飛渡至若軒楹

題廠以前闢亭榭紛披以層布艷樓百尺兮星臨雕
檻三重兮基峙枕流漱石既天劃而神鏤左江右湖
亦龍驤而虎視比固夫震旦之仙都方隅之佛靚也
當夫天氣肅零露瀼龍火頹兔華上晚風清綺席張
理瑤琴聽鬱蒼餞庚公之住興同蘇子而徜徉則有
漁燈佛火兩兩相望蘭漿桂檝傾彼壺觴引金樽而
邀月矣涼夜之逸光亦有聲犯黿茲韻寫滄浪紫来
腰笛一曲徬徨鶴南飛兮歌裂石鵲遶樹兮夜何長
爾乃感雄圖之延促徵往牒之典亡館橫江兮劇監
洲得勝兮垂芳彼蒯恩既嘗吞吳而郤敵暨劉毗軍

之破桓玄獨峥嶸於此方是皆號最勝之遺蹟又何
空嗟乎東風折戟之周郎受有問鶴之亭放雁之渚
留遺惠於千秋訪飛仙而恍止悟身名之浮漚而露
電兮緊獨三不朽之流傳歷叔灰而可譜而亦誌夫
磯頭之金甲兮井綆寒碧血剖竟嬌嬌予潤英聲于
昂釜乃若抽彩毫之五色愴往事而摛詞粤有李白
之韻杜牧之詩夫賈超兩賦以前步兮宮商沉振而
互馳至如聲嘉名顯棲燕定雄飛訂圖吏吾又孰測
當年之故物兮茲鼎鼎而懸崕麥厥士之赤墳蓋嘗
錯楚方而可數寧止連雲夢而為三抑亦沿郢沔而

稱五彼聲名之奪朱徒褚垩乎疑質的歷丹丘目遇
成色尚有霍州之南焉獨嘉魚之北物換星移沙青
渚白日送手揮天空海濶勝以時顯地因人傑是耶
非耶山川周識吾將挾以問之寥廓竟嗒然而失荅
辭

○黃泥坂辭　宋蘇軾

出舘阜而東騖兮並叢祠而北轉走雪堂之陂陁兮
歷黃泥之長坂大江洶以左潦兮渺雲濤之舒卷草
木層累而右附兮蔚柯丘之葱蒨余旦往而夕還兮
步徙倚而盤桓雖信美不可居兮苟娛余于一盼余

幼好此奇服兮襲前人之詭幻老更變而自哂兮悟驚俗之來患釋寶璐而被繒絮兮雜市人而無辨路悠悠其莫往來兮守一席而窮年時遊步而遠覽兮路窮盡而旋反朝嬉黃泥之白雲兮暮宿雪堂之青烟喜魚鳥之莫余驚兮幸樵蘇之我嫚初烟酒以行歌兮忽放杖而醉偃草為茵而塊為枕兮穆草堂之清讌紛墜露之濕衣兮升素月之團團感父老之呼覺兮恐牛羊之予踐于是蹶然而起起而歌曰月明兮星稀迎余往兮餞余歸歲既晏兮草木腓歸來歸來兮黃泥不可以久嬉

子瞻嘗自書詞後云余在黃州大醉中作此詞小兒輩藏去藁醒後不復見也前夜與黃魯直張文潛晁無咎夜坐三客翻倒几案搜索篋笥偶得之字半不可讀以意尋究乃得其全文潛喜甚手錄一本遺余持元本去明日得王晋卿書云吾日夕購子書不厭近文以三縑博西紙字有近書當稍以遺我毋多費我絹也乃用澄心堂紙李承晏墨書此遺之

龍丘引楚龍丘子作　元吳萊

春花兮亂開秋葉兮滿階時不再來兮我憂用老獨行懷思兮我歸無所烏則有翼兮魚則有鬐灩霍有岳兮江漢斯陂徘徊不進兮尼彼路岐僕夫告病兮饑為蠶箕我夢之歸兮吾鄉我里門閭依倚兮墟墓削迎魂神惝怳兮一夕九從父母何在兮敢及妻子天陰歲莫兮北風之寒白我無依兮坐不能飡我拊我膺兮摧我肺肝閔天嗟嗟兮喟其增歎

黃州謁蘇文忠祠　明廖道南

歲閼逢兮涒灘遭吾道兮江干蓮黃壚兮浩淼艤息舟兮盤桓趍靈祠兮繫鼓薦薀藻兮焚蘭悲伊人兮不亦志坎懍兮多艱抗危言兮逢紛履險機兮羅讒屈鳳鳥兮鷦鷯詆麒麟兮貙豻擯瓊琪兮尼礫踐芝英兮草曾櫰蒺藜兮困石將孰往兮奚安嘯赤壖兮擣藻荇浦月兮潺湲駕一葦兮凌濤俯江閣兮覩瀾饗子來兮歲暮木葉下兮驚湍仰遺容兮若在鬱嬪恨兮空山

黃岡縣志

五言古

王撫軍庾西陽集別 沈約宋書曰王弘監豫州之西陽新蔡諸軍事撫軍將軍江州刺史庾登之爲西陽太守入為太子庶子集序曰謝還豫章太守庾被徵還都王送至湓口南樓作　宋 謝瞻

祇召旋北京守官反南服方舟析舊知對筵曠明牧
舉觴矜飲餞指途念出宿來晨無定端別晷有成速
頽陽照通津夕陰暖平陸棲人理行艫輶軒命歸僕
分守東城闉發櫂西江澳離會雖相親逝川豈往復
誰謂情可書書言非尺牘

赴荊州泊三江口　梁元帝

涉江望行旅金鉦間綵斿水際含天色虹光入浪浮
柳條恒拂岸花氣盡薰舟叢林多故社單戍有危樓
疊鼓隨朱鷺長簫應紫騮蓮舟夾鶴氅畫舸覆緹油
榜歌殊未息於茲泛安流

登琴堂　簡文帝

無階踐昔徑復想鳴琴遊昔容萬卷罷高名千載畱
弱枝生古樹舊石抗新流由來遞相嘆逝川終不收

涵輝樓　宋 韓琦

臨江三四樓次第壓城首山光徧軒檻波影撼窗牖

予兄天聖中伺攝齊安守兄才無不宜吏治孰可偶
公庭當寂然所樂在文酒

黄州　蘇軾

南山一尺雪雪盡山蒼然澗谷深自暖梅花應已繁
使君厭騎從車馬留山前行歌招野叟共步青林間
長松得高蔭盤石堪醉眠衹樂聽山鳥攜琴寫幽泉
愛之欲忘返但若世俗牽歸來始覺遠明月高峰顛

安國寺浴

老來百事懶身垢猶念浴衰髮不到耳尚煩月一沐
山城足薪炭煙霧濛湯谷塵垢能幾何翛然脫羈梏

披衣坐小閣散髮臨脩竹心困萬緣空身安一床足
豈惟忘淨穢兼以洗榮辱默歸無多談此理觀要熟

定惠院顒師爲余竹下開嘯軒

啼鳩催天明喧喧相詆譙暗蛩泣夜永唧唧自相弔
飲風蟬至潔長吟不改調食土蚓無腸亦自終夕叫
鳶貪聲最鄙鵲喜意可料皆緣不平鳴慟哭等嬉笑
阮生已踈狂孫子亦未妙道人開此軒清坐默自照
衝風振河海不能號無竅累盡吾可言風來竹自嘯

遷居臨皋亭

我生天地間一蟻寄大磨區區欲右行不救風輪左

雖云走仁義未免遲寒餓劍米有危炊鹹鹽無穩

豈無佳山水借眼風雨過歸田不待老勇決凡幾歲

章益廢棄餘疲馬解鞍馱全家占江驛絕境天為破

饑貧相乘除未見可弔賀澹然無憂樂苦語不成此

東坡八首有序

予至黃二年日以困匱故人馬正卿哀予乏食

於郡中請故營地數拾畝使得躬耕其中地既

荒為茨棘瓦礫之場而歲又大旱墾闢之勞筋

殆盡釋耒而嘆乃作是詩自愍其勤庶幾來歲

入以忘其勞焉

廢壘無人顧頹垣滿蓬蒿誰能捐筋力歲晚不償勞

獨有孤旅人天窮無所逃端來拾瓦礫歲旱土不膏

崎嶇草棘中欲刮一寸毛喟然釋耒嘆我廩何時高

荒田雖浪莽高卑各有適下濕種秔稌東原蒔棗栗

江南有蜀士桑果已許乞好竹不難栽但恐鞭橫逸

仍須卜佳處規以安我室家童燒枯草走報暗井出

一飽未敢期瓢飲已可必

自昔有微泉來從遠嶺背穿城過聚落流惡壯蓬艾

去為柯氏陂十畝魚蝦會歲旱泉亦竭枯萍黏破塊

昨夜南山雲雨到一犁外泫然尋故瀆知我理荒薈

泥芹有宿根一寸嗟獨在雪芽何時動春鳩行可膾

蜀人貴芹芽膾雜鳩肉作之

種稻清明前樂事我能數毛空暗春澤鍼水聞好語

蜀人以細雨為雨毛稻初生時農夫相語稻鍼水矣

分秧及初夏漸喜風葉舉

月明看露上一一珠垂縷秋來霜穗重顛倒相撐拄

但聞畦壠間蚱蜢如風雨

蜀中稻熟時蚱蜢群飛田間如小蝗狀而不害稻

新春便入甑玉粒照筐筥我久食官倉紅腐等泥土

行當知此味口腹已無許

良農惜地力幸此十年荒桑柘未及成一麥庶可望

投種未逾月覆塊已蒼蒼農夫告我言勿使苗葉昌

君欲富餅餌要須縱牛羊再拜謝苦言得飽不敢忘

種棗期可剝種松期可斲事在十年外吾計亦已慤

十年何足道千載如風雹舊聞李衡奴此策疑可學

我有同舍郎官居在灊岳李公擇也遺我三寸柑照坐光

卓犖百栽儻可致當及春冰渥想見竹籬間青黃垂

屋角

潘子久不調沽酒江南村郭生本將種賣藥西市垣

古生亦好事恐是押衙孫家有十畝竹無時容叩門

我窮交舊絕三子獨見存從我於東坡勞餉同一飧

可憐杜拾遺事與朱阮論吾師卜子夏四海皆弟昆

馬生本窮士從我二十年日夜望我貴求分買山錢
我今反累生借耕輟茲田刮毛龜背上何時得成氈
可憐馬生癡至今誇我賢衆笑終不悔施一當獲千

大寒步至東坡贈巢三

春雨如暗塵春風吹倒人東坡數間屋巢子與誰鄰
空床斂敗絮破竈鬱生薪相對不言寒哀哉知我貧
我有一瓢酒獨飲良不仁未能赬我頰聊復濡子脣
故人千鍾祿馭吏醉吐茵那知我與子坐作寒螿聲
努力莫怨天我爾皆天民行看花柳動共享無邊春

浚井即東坡暗井

古井沒荒萊不食誰爲惻餅罌下兩綆蛙蚓飛百尺
腥風散泥滓空響聞點滴上除青青芹下洗鑿鑿石
沾濡愧童僕盃酒暖寒栗白水耕泓渟青天落寒碧
云何失舊穢底處來新潔井在無有中無來亦無失

日日出東門 東坡圖云東門近東坡之門也在乾明寺前五十步今無矣

日日出東門步尋東城遊城門抱關卒笑我此何求
我亦無所求駕言寫我憂意適忽忘反路窮乃歸休
懸知百歲後父老說故侯古來賢達人此路誰不由
百年寓華屋千載歸山丘何事羊公子不肯過西洲

元脩菜有序

菜之美者有吾鄉之巢故人巢元脩嗜之予亦嗜之元脩云使孔北海見當復云吾家菜耶因謂之元脩菜余去鄉十有五年思而不可得元脩適自蜀來見余於黃乃作是詩使歸致其子而種之東坡之下云

彼美君家菜鋪田綠茸茸豆莢圓且小槐芽細而豐
種之秋雨餘擢秀繁霜中欲花而未萼一一如青蟲
是時青裙女採擷何匆匆蒸之復湘之香色蔚其饛
點酒下鹽豉縷橙芼薑葱那知雞與豚但恐放箸空
春盡苗葉老耕翻煙雨叢潤隨牛犁化暖作青泥融

始終不我負力與糞壤同我老忘家舍楚音變兒童
此物獨嫵媚終年繫予胸君歸致其子囊盛勿函封
張騫移苜蓿適用如葵菘馬援載薏苡羅生等蒿蓬
懸之東坡下塉鹵化千鍾長使齊安人指此說兩翁

問大冶長老乞桃花茶栽東坡

周詩記苦荼茗飲出近世初緣厭粱肉假此雪昏滯
嗟我五畝園桑麥苦蒙翳不令寸地閒更乞茶子藝
飢寒未知免已作太飽計庶將通有無農末不相戾
春來凍地裂紫筍森已銳牛羊煩訶叱筐筥未敢睨
江南老道人齒髮日夜逝他年雪堂品尚記桃花裔

曉至巴河口迎子由
去年御史府舉動觸四壁幽〻百尺井仰天無一席
隔牆聞歌呼自恨計之失番詩不忍寫苦淚漬紙筆
餘生復何幸樂事有今日江流鏡面淨煙雨輕冪〻
孤舟如鳧鷖點破千頃碧聞君在磁湖欲見隔咫尺
朝來好風色旗尾西北擲行當中流見笑眼清光溢
此邦疑可老脩竹帶泉石欲買柯氏林茲謀待君必

杭州故人信至齊安
昨夜風月清夢到西湖上朝來聞好語叩戶得吳餉
輕圓白曬荔脆釅紅螺醬更將西庵茶勸我洗江瘴

故人情義重說我必西向一年兩僕夫千里問無恙
相期結書社（故人相約釀錢顧僕夫一歲再至黃）未怕供詩帳（僕頃以詩得罪有司移杭取境內所留詩杭州供數百首謂之詩帳）
還將夢魂去一夜到江漲（江漲杭州橋名）

陳季常見過二首
仕宦常畏人退居還喜客君來輒館我未覺雞黍窄
東坡有奇事已種十畝麥但得君眼青不辭奴飯白
送君四十里只使一帆風江邊千樹柳落我酒杯中
此行非遠別此樂故無窮但願長如此來往一生同

寒食雨
自我來黃州已過三寒食年〻欲惜春〻去不容惜
今年又苦雨兩月秋蕭瑟臥聞海棠花泥汙燕脂雪
暗中偷負去夜半真有力何殊病少年病起頭已白

戲作種松
我昔少年日種松滿東岡初移一寸根瑣細如插秧
二年黃茅下一一攢麥芒三年出蓬艾滿山散牛羊
不見十餘年想作龍蛇長夜風波浪碎朝暮珠璣香
我欲食其膏已伐百木桑人事多乖迕神藥竟渺茫
朅來齊安野夾路鬚髯蒼會開龜蛇窟不惜斤斧創
縱未得茯苓且當拾流肪釜盎百出入皎然散飛霜

搗死三彭仇澡換五穀腸青骨凝綠髓丹田發幽光
白髮何足道要使雙瞳方卻後五百年騎鶴還故鄉

題王黃州墨蹟後　黃庭堅
掘地與斷木智不如机舂聖人懷餘巧故為萬物宗
世有斲泥手或不待郢工往時王黃州謀國極匪躬
朝聞不及夕百壬避其鋒九死安磐石一身轉孤蓬
浮雲當日月白髮照秋空諸君發蒙耳汲直與臣同

寄陳季常
一鉤五十犗始具任公釣揭竿趣濯瀆與爾不同調
先生本西蜀俠氣見英妙哀憐世間兒細點似黃雞

侍童雙擢玉鬟髮光可照駿馬錦障泥相隨窮海嶠
平生携手好十七登廊廟小生相吏耶從枉尺書□
暮年更折節學佛得心要鸞馬放阿樊幅巾對沈檜
冷冷屋外泉兀兀原頭燒欲知山中樂萬古同一笑

別黃州　　張耒

扁舟發孤城揮手謝送者山回地勢卷天豁江南□
中流望赤壁石脚插水下昏昏煙霧嶺歷歷漁樵□
居夷實三載隣里通借假別之豈無情老淚爲一□
篙工起鳴鼓輕櫓健于馬聊爲過江宿寂寂樊山□

王立之大裘軒

黃岡縣志

小人拙生事三冬卧無帳忍寒東窓底坐待朝曦上
徐徐晨光熙稍稍血氣暢薰然四體和恍若醉春釀
此法秘勿傳不易車百兩君胡得此法開軒亦東向
蘇公名大裘意豈在萬丈但觀名軒心人人如挾纊

黃州演武廳宴集贈石師　　明王廷相

屏务出江郊選幽憇武館秋容已淡施雲物亦回緬
江山佳入牖聊爾憑一覽道悟見乃超志愜興不淺
招邀予所敦襟期我當欵雖值旅務迫不廢賓筵展
會屢詎流連談劇非縱誕窈窕漢上曲濟切江南管
投壺按魯鼓揮琴述中散居易命可俟撫化慮始遣
江崩赤漢磯岸折黃泥坂蘋公豪遊跡咫尺竟莫辯
賞心即命觴庶達養生纂

舟次團風以事復回黃州

遄發齊安城野憇團風坂簡書甲吳命造次促擢返
中夜凌迥江侵晨見南巘推篷納升旭覽勝紛可辯
嵩桂霞影蕩江蘺露珠泫時物豈不麗滯旅興莫展
鹿門逐畊稼太史樂遊衍高賢雖自許干祿竟泥涣
重來日云積歸計路塵緬長嘯衍曠達偃卧戒憤懣
劳謙業已廣止坎道乃善是分與日携持此度可遣

遊定惠院　　王廷相

黃岡縣志

蕤蕤芳蕪郁杳杳青蓮宮陽陴昇瑶林亭午聞霜鍾
雲霞紛綺麗木石遞玲瓏羈心愜蒼郁苦旅攄幽悰
既登雲中閣復眺江上峯水沿狎鷗島洲擘飲芙蓉
已協隱淪趣堪擬蓬壺逢惜非虎溪遊一笑諧遠公
濁世豈不厭妙道要可通妻孥歸性真宰丞亮天工
義旨顧靡倚慨息方彌重獨有滅心垢可與淨者同

赤壁亭宴謝蒋子胡子

適志在林丘所嗟嬰宦籍雖偶登嶽謠終爾煙霞隔
日來有所期蘭尊荷時拊虛館俯江郊况覽豪賢跡
鳴雷輊陽浦涼風近將夕遊禽屬啁啁落水方戚戚

瑤草未堪贈佳人徒良覿遠心入洞庭曠覽狹夢澤
事往情彌牽年衰感易迫已悲王子車輅返原生宅
賞心非外慕懷賢亦屡積且逐俄頃懽為君謝行役

乞罷南歸過黄岡次舊游韻四章　林大輅

漢畔紫氣横西却寒飈廣伊懷西方人眷茲滄洲賞
景曠融道情豈牽簪纓想仰高盼山椒東流大江朗
渚鳴群鷗飛煙舒獨鶴上喟予謝浮榮敢言愜疎放
荒々古木疎綿々玄雲長虛無只蓬瀛長公得真象
從之不可追試招漁人傍
棹簪協遐思驅車游黄岡黄岡非我游所思赤壁長

煙光連江漸石徑明宵霜林聲聞歌管鈎影横瓊觴
第々群飛鴉日暮鳴倘徉雲中雁相呼萬里獨南翔
斗酒呼歲華況乃泛滄浪回首思佳人仙蹤今微茫
閒遶々玄鶴夢何故炊黄粱
杲日照北林丹崖俯幽壑澄流碧於藍微風吹雲漢
遠渚既蒙紆層峰亦連絡樵路蘚荆蓁村樹栖鳥雀
緬彼達士懷形骸非有託撫化薄浮名招搖千古樂
我今已明農重游宛如昨神曠物徒縈歲寒江猶廓
縱談天壤閒豈復知龍蠖巾舄皆樵漁聊謝世人度
昔者蘋長公淹留黄泥坂羈旅本無營簞瓢同歲晚

入黄泥坂

武昌魚雖薄猶勝惠州飯赤壁對暮齡扁舟亦繾綣
才高愛者稀謫落還混沌兩賦達玄門萬事奚寒暖
二客者誰何時亦樂嘉遁張翰烟雲姿陳琳天趣遠
方舟夾淺流淡日輝霜巘往事眷深衷茲游亦嫵婉
北風吹歸輿參斜林卧穩豈無他年懷江湖終偃蹇

赤壁泛舟　許宗魯

輟翰去幽館揚舲泝洄淵澄瀾鏡羽蓋倒影浮霄蓮
前眺霞壁麗側泛雲島妍意飈扇微款纖魄流通川
岸姿媚嘉月水容漾遥天雜卉芬紫岫鮮芭耀碧泉
躍鮮擲素波慧羽吟繁絃嘉明艷簪盍時景臻華年

淑氣怡賞情和春薄冲弦擷芳綴洋渙命酒恣留連
俯仰攬故蹟悵望懷昔賢雅抱良不窮既醉陳孟篇

黄州赤壁　一　潘恩

坡僊不可作哀泉獨蹊壑衆星羅青旻光彩粲紛錯
感之幽意多酹酒謝寥廓海月東漸生照我黄花酌
對月忽懷人顧影傷寂寞大叫招天風馭此横江鶴

留雲洞　陳宗虞

古洞解留雲不解留車馬笑此行路心又逐山亭下
拂衣向前楹弦雲夜堪把蒼狗與白衣出岫何為者
鳥霖在九垓從龍亦滿灑

登陽邏驛樓　郭鳳儀

雄陲枕巨津轄軒瞰木杪弭棹亦何營板橑肆周眺
長江浩無極連山青未了但覺去帆遲莫辯歸舟小
參差遠樹迷歷亂輕鷗矯入夏暑雨盈是日炎蒸少
吏道當局迫人事多紛擾逸興寄嵩麓滯跡猶江表
愧無排虛翮臨風羨高鳥

遊赤壁　何遷

初冬歷陽坂浮景被繁林良辰愜玹矚靈境宛招尋
連巘既窈窕累榭亦蕭森乘臈登瀛閣虛無溢冲襟
緬想秋夜遊川源幽且深狐清詎同懷翹跡乃在今

固之發靜嘯激楚有餘音飛仙渺難求撫化異浮沉
何如晝超忽聊得山水心

鄒彥吉使君招飲赤壁　吴國倫

使君辰高宴飛蓋臨江圻陟彼千仞石樓觀何崔巍
下有蛟龍窟洪濤震漁磯古人一遺跡我來寧有期
中庭見樊口浦樹相因依舊游日以新新知良不疑
密坐恣歡酬清言旨如飴居但發高唱勿謂知音稀

王稚欽吉士　八子詩之一

維楚故有才誰爲稚欽偶早歲發天秀匠心應其手
高視千載前左馬相先後寧操湘女色恥擊秦人缶
調世知弄丸罵坐非使酒放然詠新篇豈復聞師友
遂爲禮法攻一官棄如垢傷彼荊山璞終焉不見剖

鄒彥吉使君招飲赤壁　方尚贇

高臺俯郡郭飛甍連崇岡古人跡未朽今復登斯堂
南臨樊山樹西望漢水陽使君政多暇攜客聊相羊
薰風蕩遙景黃鳥鳴且翔綺饌簇江鱗玉醴澄羽觴
彬彬軒冕士粲粲翰墨場縱披亦何貴賓席承芬芳
登高歡有作爲樂戒無荒豈如晉山簡酩酊習池傍

和吳明卿方仲美赤壁讌集　鄒迪光

畢景百尺崖御眺千仞臺漢水泝洄薄樊山葱蒨開

橘帆逗浦樹惝怳失去來鶴煙信容與蕭聲亦悠哉
陽烏逝夕波蟾影印石苔有酒須自醉爲樂不用猜
酡顏徼令德雅藻屬上才山水有深聽寧爲知音哀

雪堂詠懷二百

夙抱理人術亦懷憂民心如何事纓牽托志翰墨林
薄雲逗䟽館當軒列遙岑喜絕人吏跡無乏鳥雀音
對此坐偃仰南薰盪衣襟鳴琴不下堂古人予所欽
魯建非吾尚子牟非吾師出處道自合置寂理亦齊
日余剖符竹竭來湘之湄披牘撥朝雲露冕摹春蘺
魏闕信敝屣齊組豈土埃所以磬折間吏隱常在斯

曾似蒙莊子昔昔嘆為犧

崑山馬工部席中有古詩賦見貽答　陶允宜

會稽雅山水行吟足朝夕驅車一以遠揆鞭每不懌
候羅刺黃州貰心在赤壁為呼府中僚出訪江頭石
矯有璧立姿而無斧痕劈舟向濁流邊獨作丹砂色
人言三國時帝遣兩雄敵南軍勢不競東風借其力
炎皇御燭龍雷車駐霹靂漫空朱鳥翔夾岸火雲赫
大江蒸水氣洪爐煉金液樓船盡煨燼壁石皆燔炙
譬彼昆岡焚詎免池魚厄素質獨不灰亮節久稱赤
或者百萬兵乃其膏血液卷舒叔火消掃蕩煙氛熄

周郎美少年小喬初授室軍氣業已揚江烽望不極
攜手凭重闌調笑含芳澤芙蓉玉皎皎櫻桃珠的的
紅粉擁綺羅緋衣走劍戟壁壘轉光輝旌旗交鶯奕
烏林夜渺渺雀臺春脉脉念此蘄黃間留彼英雄跡
客稱工部郎胸掛堪輿籍為道赤壁磯乃在嘉魚北
寒濤軒冕稀古蹟風濤蝕前賦或誣夸二客空訐隲
我愛山水趣但遭才情癖束手受拘攣搖唇費揮射
四海幾軒臺九州多禹蹟異人偶邂逅雅牒爭組織
為謝祝融君巧奪者臘魄總是一江連初非兩地隔
楚王失其弓亦復楚人得好將壘塊澆剖破藩籬塞
蘇公自仙才陶子今同謫片語誠可投千秋足相識
賓主既笑喧歌人亦塡溢式粧靺鞨鮮宮樣胭脂飾
燕燭媚珊瑚香膠浮琥珀天際絳霜飛臺前紅雨積
紺字映葳蕤酡顏並愉適起立石壇高下望江流窄
冠蓋各東西江山又今昔

赤壁陪胡茂承宴賦　王同軌

壁壘血未乾霸氣中原散蘇公夫何為復此弄文翰
但為地借名俯壁開樓觀上攲礙飛雲下瞰江之半
回思故聲華何異暮與旦蘇公昔已悲翻為後人歎
我生室其旁居來自天畔蹈蘚秋尊攜水葉紛已亂

痴絕君不無一咲冠纓斷高窺鸛鶴巢險坐黿鼉岸
題詩擊鉢成字字珠光爛尊壘歡處饒年華暗中換
卻恐留徽音千秋益悲惋三益古所稱兩情殊洋渙
江上山聯翩從君偏探玩

過孔子問津處　茅瑞徵

驅車循四履晴巒來遠矚一水不容刀征人戒勿邅
褰裳往從之下流若沮洳試扣此何為云是問津處
在昔鳳戢羽深心獨誰語屏營岐路側所遇溺與沮
避世不避人相對一何倨千載況遺跡山川應何據
我來出其傍茲行豈游豫六翮阻高飛九折空叱馭

雖馳雲外想，已作粘泥絮。仰止步荒祠，低回不能去。

詠署中檴栢

庭前有奇樹，矯矯參天直。古幹當勁風，豐枝蔚其憂。
閱世百年來，朝華經幾革。獨此檴珍木，秀挺兩稱特。
豈止同衆芳，所貴不朽德。長夏落層陰，赤日爲西匿。
高枝激清音，遺芳故盈側。雖無媚俗姿，而有凌寒色。
吾拙久已微，偕爾宛相識。遠指在及時，令名永不忒。

春日赤壁眺效謝康樂體二首　吕元音

步出西城隅，翛然塵界歇。輕陰澹夕暉，凉風正飄颺。
雨初綠楚秀，臺高白雲翻。疊雉判中流，千颿落漭泱。

林煙曳翠綃，湖霞披絳幌。既擁僻野性，復挾滄洲賞。
振衣登前岡，徘徊命吾黨。愛此離埃氛，且得脫羈鞅。
美酒滌煩囂，劇談發神爽。會須倚層樓，一嘯衆山響。

又

纖月桂東林，羲和節西旆。遊目意未足，緩步信所履。
逕轉石磴折，溪漲瀠渠毀。翠行出水鮮，朱櫻然林際。
消消芳露潤，淡淡行雲止。野照晃空明，泉流響清泚。
伊余丘壑姿，春茲景物美。登眺豁幽襟，俛仰志悲喜。
凭高尋以軒，臨流耳堪洗。泠泠御遠風，悠悠得真理。
塵世事俱非，獨此逍遥是。預愁還城市，車馬紛如駛。

弔貞女陶足大　程啟朱

江皋有貞女，明粧互素月。靜意慕孤芳，緬焉懷往烈。
十四對流黃，鳴機織秋夕。媒氏何殷勤，手持環玉玦。
繫以蛺蝶羅，紅絲千萬結。女生願有家，橋袂自茲縭。
詎意狂飈生，山摧梁木折。梁木亦已零，女貌焉所適。
北水矢從夫，百折心益決。死義非死情，不必會頡頏。
再拜別慈親，俯仰腸内裂。魂魄今于歸，九原有安宅。
世人競鉛華，聲容隨煙滅。卓哉岳瀆英，流輝映昔哲。
入夜起江濤，今古聲悲咽。

弔阮氏　程啟朱

寒月照霜塗，淒風吹斷梗。弱植難久持，勁節何能永。
至性在空閨，秉義獨淵靜。良人中路捐，一身羅咎疚。
豈難一死殉，黃髮憂存省。以此守微軀，晨昏自勉黽。
永言謝鉛華，蓬顏操臼井。生事日以零，况乃多去眚。
饑寒寧復辭，庭幃嗟暮景。長跪進藜羹，勸慰聲悲哽。
鞠躬强承歡，有淚清宵隕。舅姑相繼亡，素旐空山引。
負土闢荒榛，秋墳哭月冷。茹荼三十年，孝節乃克盡。
死者骨肉完，生者轉悽惆。浩浩江水聲，漫漫松杉影。
垂白守衡門，日暮酸風緊。

遊西山寺望赤壁　孫錫蕃

寺隱翠微半城倚夕陽脚澹瀲發風捧蔽翳幽花蔓
日米莓苔高江起芙蓉削曠衰嶺上雲寶曆長年藥
扁舟邀赤壁埜鶩立孤鶴海門島南來天漢星秋落
鳳皇不肯鳴羽毛非燕雀 松栢不改柯性情老立壑
論交慎所許古人重然諾

曉望雨華山　　孫錫蕃

晨嵐浣初日巖陰載當戶風疎竹聲乾澗長泉流怒
草荒偏餘露木童不受斧煙動行人小蒼靜秋容古

安仁湖湖上首二　　鄧雲程

白白湖中水蠏蠏竿頭絲鯉魚不受釣素書來何時

藻華開衰裛炤我長相思
相思復相思相思有已時相思不相思相思無盡期
日落四山紅雲起四山悲四山此雲日起落何斷須

七言古

赤壁送別歌　　唐李白

二龍爭戰決雌雄赤壁樓舡掃地空烈火張天照雲
海周瑜於此破曹公君去滄江弄澄碧鯨鯢唐突留
遺跡一一書來報故人我欲因之壯心魄

題齊獨酌詩黃州作　　杜牧

前年鬢生雪今年鬚帶霜時節序鱗次古今同雁行
甘英窮西海四萬到洛陽東南我所見北可計幽荒
中畫一萬國角角棊布方地頑壓不穴天迴老不僵

屈指百萬世過如霹靂忙人生落其內何者為彭殤
促束自繫縛儒衣寬且長旗亭雪中過敢問當壚娘
我愛李侍中標標七尺強白羽八札弓脞壓綠檀槍
風前略橫陣紫髯分兩旁淮西萬虎士怒目不敢當
功成賜宴麟德殿猨超鶻掠廣球場三千宮女側頭
看相排踏碎雙明璫旌竿幖幖旗㸌㸌意氣橫鞭歸
故鄉我愛來處士三吳當中央罷亞稻名百頃稻西風
吹半黃尚可活鄉里豈惟滿囷倉後頓山翠撲撲前溪
碧泱泱霧曉起鳧雁日晚下牛羊叔舅欲飲我社甕
爾來嘗伯姊子欲歸彼亦有壺漿西阡下柳塢東陌

繞荷塘烟親骨内舍煙火遥相望太守政如水長官倉似狼征輸一云畢任爾自存亡我昔造其室羽儀鸞鶴翔交横碧流上竹映琴書牀出語無近俗堯舜禹武湯問今天子少誰人爲棟梁我曰天子聖晉公提紀綱聯兵數十萬附海正誅滄謂言大義小不義取易捲席如探囊犀甲吳兵鬬弓弩蛇矛燕騎馳鋒鋩豈知三載凢百戰鈎車不得望其墻荅云此山外有事同胡羗誰將國伐叛話與釣魚郎溪南重迴首一逕出修篁爾來十三歲斯人未曾忘往往自撫已淚下神蒼茫御史詔分洛舉趾何猖狂闕下諫官業

黄岡縣志

拜疏無文章尋僧解幽夢乞酒緩愁腸豈爲妻子計未去山林藏平生五色線願補舜衣裳絃歌教燕趙蘭芷浴河湟腥膻一掃灑凢狠皆披攘生人但眠食壽域富農桑孤吟志在此自亦笑荒唐江砲雨初霽刀好截秋光池邊成獨酌擁鼻菊枝香醺酣更唱太平曲仁聖天子壽無疆

寓居定惠院之東雜花滿山有海棠一株土人不知貴也　宋　蘇　軾

江城地瘴蕃草木只有名花苦幽獨嫣然一笑竹籬間桃李漫山總粗俗也知造物有深意故遣佳人在空谷自然富貴出天姿不待金盤薦華屋朱唇得酒暈生臉翠袖捲紗紅映肉林深霧暗曉光遲日暖風輕春睡足雨中有淚亦凄愴月下無人更清淑先生食飽無一事散步逍遥自捫腹不問人家與僧舍拄杖敲門看脩竹忽逢絶艷照衰朽歎息無言揩病目陋邦何處得此花無乃好事移西蜀寸根千里不易到啣子飛來定鴻鵠天涯流落俱可念爲飲一尊歌此曲明朝酒醒還獨來雪落紛紛那忍觸

定惠院夜月偶出

幽人無事不出門偶逐東風轉良夜參差玉宇飛木

黄岡縣志

末繚繞香烟來月下江雲有態清自媚竹露無聲浩如瀉已驚弱柳萬絲垂尚有殘梅一枝亞清詩獨吟還自和白酒已盡誰能借不辭青春忽忽過但恐懽意年年謝自知醉耳愛松風會揀霜林結茅舍浮浮天甑長炊玉溜溜小槽如壓蔗飲中真味老更濃醉裏狂言醒可怕但當謝客對妻子倒冠落珮從嘲罵

次前韻

去年花落在徐州對月酣歌美清夜（去年徐州花下對月與張居亭王子中兄弟飲酒作蕭字韻詩）今年黄州見花發小院閉門風霧下萬事如花不可期餘生似酒那禁瀉憶昔還鄉泝巴

峽落帆樊口在黃州南岸高桅亞長江家家空自流白髮
紛紛寧少借竟無五畝繼沮溺空有千篇凌鮑謝至
今歸計負雲山未免孤衾眠客舍少年辛苦真食蓼
老境清閒如啖蔗饑寒未至且安居憂患已空猶夢
怕穿花踏月飲村酒免使醉歸官長罵

安國寺尋春

卧聞百舌呼春風起尋花柳村村同城南古寺脩竹
合小房曲檻欹深紅看花歎老憶年少對酒思家愁
老翁病眼不羞雲母亂鬢絲強理茶煙中遂知二月
王城外玉仙洪福花如海薄羅匀霧蓋新妝快馬争

風鳴雜佩玉川先生真可憐一生耽酒終無錢病過
春風九十日獨抱添丁看花發

徐使君分新火

臨皋亭中一危坐三月清明改新火溝中枯木應笑
人鑽灼不燃誰似我黃州使君憐久病分我五更紅
一朵從來破釜躍江魚只有清詩嘲飯顆起攜蠟炬
遶空屋欲事烹煎無一可爲公分作無盡燈照破十
方昏暗鏁

石芝一首有序

元豐三年軾在黃州五月十一日癸酉夜夢遊何
人家開堂西門有小園古井井上皆蒼石石上生
紫藤如龍枝葉如赤箭主人言此石芝也余率爾
折食一枝衆皆驚笑其味如鷄蘇而甘明日作此詩

空堂明月清且新幽人睡思來初匀了然非夢亦非
覺有人夜呼祈孔賓披衣相從到何許朱欄碧井開
瓊戶忽驚石上堆龍蛇玉芝紫笋生無數鏘然敲折
青珊瑚味如蜜藕和鷄蘇主人相顧一拊掌滿堂坐
客皆盧胡亦知洞府嘲輕脫終勝嵇康羨王烈神仙
一合五百年風吹石髓堅如鐵

上巳日與二三子攜酒出遊隨所見輒作數句

薄雲霏霏不成雨扶藜曉入千花塢柯丘海棠吾有
詩獨笑深林誰敢侮三杯卯酒人徑醉一枕春睡日
亭午竹間老人不讀書留我閉門誰教汝出簷蘘枳
十圍大寫真素壁千蛟舞東坡作塘今幾尺攜酒一
勞農工苦却尋流水出東門壞垣古塹花無主卧開
桃李爲誰妍對立鵁鶄相媚嫵開餅藉草勸行路不
惜春衫汗泥土褰裳共過春草亭叩門却入韓家園
轆轤繩斷井深碧鞦韆索掛人何所駃簾空復小桃
枝乞漿不見應門女南上古臺臨斷岸雪陣翻空迷
仰俯故人餽我玉葉羹火冷煙消誰爲煑崎嶇東緼

下荒徑婭姹隨花聞好語更隨落景盡餘尊却傍孤城得僧宇生人勸我洗足眠倒床不復聞鐘鼓明朝門外泥一尺始悟三更雨如許平生所向無一遂茲遊何事天不阻固知我友不終窮豈弟君子神所予

次韻孔毅甫久旱已而甚雨

去年東坡拾瓦礫自種黃桑三百尺今年刈草蓋雪堂日炙風吹面如墨平生懶惰今始悔老大勤農天所直沛然例賜三尺雨造化無心悅難測四方上下同一雲日霔不爲龍所隔俗有分龍日蓬蒿下濕迎曉來燈火新涼催夜織老夫作罷得甘寢臥聽牆東人響

屐奔流未已坑谷平折葦枯荷恣漂溺腐儒粗糲支百年力耕不受衆目憐破陂漏水不耐旱人力未至求天全會當作塘徑千步橫斷西北遮山泉四鄰相率助舉杵人人知我囊無錢明年其看決渠雨饑飽在我寧關天誰能伴我田間飲醉倒惟有支頭甎

送任伋通判黃州兼寄其兄孜

吾州之豪任公子少年盛壯日千里無媒自進誰識之有才不用今老矣別來十年學不厭讀破萬卷詩愈美黃州小郡夾谿谷茆屋數家依竹葦知命無憂子何病見賢不薦誰當恥平原老令更可悲六十青衫貧欲死桐鄉遺老至今泣潁川大姓誰能齧因寄聲問消息莫對黃鵠矜爪觜

陳季常自岐亭見訪郡中及舊州諸豪爭欲致之戲作陳孟公詩一首

孟公好飲寧論斗醉後關門防客走不妨閑過左君百適終爲賢太守老居閭里自浮沉笑問柏松苦心忽然載酒從陋巷爲愛揚雄作酒箴長安富求一過千金壽君君笑唾汝家安得客孟公從來識陳驚坐

書王定國所藏烟江疊嶂圖王晉卿畫

江上愁心千疊山浮空積翠如雲烟山耶雲耶遠莫知煙空雲散山依然但見兩崖蒼蒼暗絕谷中有百道飛來泉縈林絡石隱復見下赴谷口爲奔川川平山開林麓斷小橋野店依山前行人稍度喬木外漁舟一葉江吞天使君何從得此本點綴毫末分清妍不知人間何處有此境徑欲往買一頃田君不見武昌樊口幽絕處東坡先生留五年春風搖江天漠漠暮雲卷雨山娟娟丹楓翻鴉伴水宿長松落雪驚醉眠桃花流水在人世武陵豈必皆神仙江山清空我塵土雖有去路尋無緣還君此畫三歎息山中故人

應有招我歸來篇

過江夜行武昌山聞黃州鼓角

清風弄水月啣山幽人夜渡吳王峴黃州鼓角亦多情送我南來不辭遠江南又聞出塞曲半雜江聲作悲健誰言萬方聲一槩鼉憤龍愁爲予變我記江邊枯栁樹未死相逢真識面他年一葉泝江來還吹此曲相迎餞

戲題承天寺法堂前栢　黃庭堅

樹底滿團禪老家高僧倚坐日西斜有人試問西來事無處安排玉如意方看風幡動不問不道風幡境亦空開口已非無悶處高僧不語人歸去

輸麥行

埸頭雨乾埸地白老稚相呼打新麥半歸倉廩半輸官兒教縣吏相催逼年頭車子毛布囊淺泥易涉登前岡倉頭買券槐陰涼清嚴官吏雨平量出倉掉臂呼同伴旗亭酒美单衣換半醉扶車歸路凉月出到家妻共飯一年從此皆閑日風雨閉門公事畢射狐置兎歲蹉跎百壺社酒相經過

黃州棲霞樓即景呈謝深道國政　宋戴式之

朝來欄檻倚晴空暮來烟雨迷飛鴻白衣蒼狗易改變淡粧濃抹難形容蘆洲渺渺去無極數點斷山横遠碧樊山諸峰立一壁非煙非霧籠秋色須臾黑雲如潑墨欲雨不雨不可得須臾雲開見落日忽展一機雲錦出一態未了一態生愈變愈奇人莫測使君抱酒索我詩索詩不得呼畫師要知作詩如作畫人力豈能窮造化

陽邏堡　元傅與礪

微雨瀟瀟濕行李馬頭郎見長江水烟浦明侵白鳥邊風帆亂入青雲裏望人南北久離居况復今年無素書明日重吟漢陽樹何須不食武昌魚

陽邏堡　陳剛中

陽邏戍堡高嶙峋亂山勢如秋蛇蟠長江西來五千里雪濤怒濺秋風寒憶昔王師駐江上旌旗百萬騰江干江神俛首不敢喘鏡光浮碧無驚湍乾坤一統自此始坐見北極朝衣冠我來斷黄望夏口彷彿但認烟波竿魚歌數聲起何處白鳥飛畫青天寬觶公盃尺不論價翛然一哭生清歡興亡往事誰復問磯頭石老蒼苔乾津鼓急催渡江去又見曉日浮晴巒

月下泛赤壁　周北山

赤壁之山何峻嶒下有江水何清冷天空月出夜寥

淤玻璨萬頃涵秋永為閤黄州雪堂老巧宦何如遷
客好酒酣攜客夜拏舟憂患都將談笑了割然長嘯
來天風神游八極世慮空但見橫江露華白舉袂欲
挹浮丘公洞簫聲斷潛蛟舞月下清尊貯千古老瞞
當日困周郎千里樓船闘貔虎烟消水冷沉戈矛空
餘野燐寒沙頭江山寂寞總陳蹟追憶往事懷風流
勝遊到我知幾度感昔視今循旦暮乾坤何事老英
雄滚滚長江自東去

赤壁歌　　明方孝儒

東夏口西武昌赤壁峭絶當中央奸雄將軍氣蓋世
敗卒零落慚周郎得鱸魚沽美酒孰若黄州蘇子謄

謫向江湖動星斗噫吁嚱曹公氣勢蘇子文章人物
銷鑠塵跡荒凉惟有江山千古萬古空流長

詠赤壁　　藍潤

長江西來雨如霧赤壁蒼蒼風雨暮草木猶疑橫槊
時麈沙尚想楚舟處烏林渡口下舳艫曹瞞已料無
全吴陣前部曲走劉備眼前談笑輕周瑜君臣謀合
士鼓勇玉帳旌旗亦飛動樓櫓晴空煙焰高魚龍白
日波濤湧荆門牢落駐殘兵野擴不聞鞶鼓聲戰骨
秋埋胡地草捷書夜報石頭城雄圖霸氣兩消歇地
老天荒秋一葉石上殘碑過客題沙中古劍漁人得
漢王祠枕碧山隅諸葛臺荒野鳥呼千年忠義出師
表萬古江山八陣圖

竹樓　　何喬新

黄岡使君文中虎勁氣英英隘寰宇西清東觀莫容
身又擁朱幡守江渚江雲山雨晝冥冥使君對此若
為情驚濤厭見蛟鼉舞老樹愁聞猿狖鳴平生才名
冠當世每吐忠言裨國是哆咕竊咲奸諂排一身南
北長如寄使君知命不觧愁竹樓闢起江之陬笑呼
斗酒酧前哲風帆沙鳥任沉浮仙遊今在蓬萊島陳

迹荒凉凄蔓草我來不見樓中人自酌寒泉薦蘋藻

定惠院步蘇公海棠詞韻　　邵寶

草堂三間倚林木如曾靈光巋然獨當時坡老賦海
棠遂使荒丘頓超俗乾坤俯仰五百年多少高陵變
深谷愛人及物自古然甘棠在野烏在屋誰將蔬圃
一治之彼哉鄙夫徒食肉今之太守關西豪支盡今
人猶未足況逢別駕是同鄉前日臺端望猶淑登臨
弔古每賦詩萬丈虹光吐便腹清標既逼雪堂雪雅
韻還宜竹樓竹我持憲節東南行偶喫黄岡一遊目
高山仰止同此懷如覩巍峩在西蜀雄篇可讀不可

和白雪渺渺天邊鵠一株培植雨候心酌酒酹公歌我曲頗言折竹作新籬等閑莫遣羝羊觸

贈王雅欽歌　王廷相

休作梁甫吟發我千古萬古哀大道無徵賢聖隱至今心膽成寒灰矯矯馮敬通文章擅當代口語成禍胎禁錮老煙海賈誼不高更少年獻納多在王侯先誰云絳灌不相忘却今流落長沙天吾宗學士難比數文炳龍鸞氣羆虎不逐長安齷齪兒低眉醜面求憐取心存匡濟人豪英白日未墮憂天傾閶闔九門不得入大叫直與蛟龍爭上帝不言閽者怒黑夜搶

落芙蓉城芙蓉城闕隔星夜望美人兮江之濱三閭憔悴自多事五湖放浪真賢人茫然鼓柁不知遠窮窕遊盡江南春紫清仙人笑相交不如且樂丘園身君今莫邪尚在無欲割兕象須吾徒天馬之足果亡恙刷雲看躍崑崙都里中小兒不省事鬬鷄睹狗矜頭顱君不見朝歌屠叟稱偃蹇八十垂竿渭陽岸時來歘作明良師分土營丘未云晚

鴻輪篇送楚客南歸寄王稚欽　廖道南

鴻輪運去樞鶉曜旋朱明歊蒸蘊隆昌懆黷有客兮向河梁行河梁泝風湍風湍清且淺岸芷汀蘭翠堪搴彈箏擊筑暫徘徊置酒當歌歌宛轉宛轉歌且柔君昔上都遊春花艷桃李春心鬱斗牛蓬萊獨謁金銀闕閶闔雙臚虎豹遊朝趨赤玉墀暮宿白雲司銀魚金馬相追隨玄台爲奏靈飛曲四照花含五色芝五芝秀可飡四照渥如丹采花烟圃側采芝雲林端儵忽青霓隔蓬島栖遲白日生羽翰變霞長望楚宮陽楚宮山色摩青蒼三湘時見黿鼉出四澤聊羈鸞鳳翔芳渚浮丹荷松門裊綠蘿牽絲弱藻廷蔓縈柯鳧儔鶴侶柰爾何柰何歌白紵月桂層峰樹憐爾悠悠獨往心秋落黃岡半江雨

黃岡縣志

憶昔行寄茶陵張內翰　王廷陳

憶昔赤壁張華筵與君共醉長江邊白鳥飛隨金馬客蒼苔坐嘯赤墀賢豈知雲雨歡不延尊前紅日墮山川子逐白雲歸楚澤君隨明月上青天天中謁聖人獻納爲近臣焉遷石室羞前史方朔金門見後身鸚鵡洲邊忽分守鳳凰池上頻回首但使心同各一方何須對面啣杯酒俱稱賦客異升沉臨風三復白頭吟相如未逢楊得意漢室誰當奏上林

楚岓吟寄年子

楚岓長楊垂至地百鳥嬌啼春欲醉晴絲冉冉墮碧

空風光頗為遊人媚我家黃子國君住鄂王城太江東下雲霧接滔滔應鴻故人青憶初同領南宮宴白馬青袍花映面本期霄漢拜翱翔寧知世路多更变我歸十年前君歸十年後榮華顛倒若夢中人情翻覆無不有安能顧墮甑自今心不開陰巖積古雪白日何當來我將振衣從子遊請君洒掃鸚鵡洲遲日經行桃竹杖煙皮搖漾木蘭舟須令漢水變春酒更遣大別為糟丘蛟龍自吟鶴自舞仙人鐵笛沉高樓留連坐待明月上翠娥懽飲來沙頭竹林諸賢真瑣瑣高陽酒徒安足儔吁嗟此會難即得使我悵望無時休君不見楚宮寂寞臺殿荒歲歲東風開野堂三閭憔悴行吟處千古猶傳杜若香丈夫眼底安足計君行乘乘莫相忘

陽邏獨酌放歌寄荅徐中丞徐文學二公

陳宗虞

夜來坐赤壁明月瀉吾酒舉杯酹周瑜周瑜骨已朽當日龍爭如夢中雄圖伯業今何有周瑜孟德不足論後來感激蘇公言洞簫孤鶴寑何處空江千載啼清猿蘇公文章絕代尊飄飄兩賦留乾坤當時竄逐故如此死後虛名空復存文章郍用追鄒魯勲名㬎㬎終塵土周公孔子俱吾師一生讒構逢人侮天聖且不免物情自今古况爾尋常人偃蹇而堪數周公瑾蘓子瞻九原一去歲何淹伏鉞抽毫如見爾為爾涕泗衣盡沾緘書報與黃鶴翁吾今爛醉扶巴童棄書擲劍自此始焉能伏轍悲路窮聞君亦欲拂衣去他日同尋黃綺公

黃州逢張體信大行邀飲赤壁別之短篇

昔爾作賦吳王臺西湖桃李不敢開我一見之欻飛動撫掌呼爾班揚才走馬還空冀北群天衢唾手揮青雲星槎一日浮江漢洞庭黃鶴生氤氳西來行路迷芳草豈謂相逢齊安道赤壁翻開歌舞筵百壺為我攄懷抱懷抱悠悠咲此身文犀薏苡爾能明掉頭覆手何為者青蠅貝錦喧謗聲世事籠鶴樹榛棘驊騮拳跼鳳鸞食男兒六合無相知安得攢翎自推抑去去高江隨片帆濯纓洗耳巴山巖當筵盡脫魚腸綬白眼青天寘佞讒江東雲渭城雨交情儘使傾今古揭朱泣楚狂歌逢君不醉將如何君不見赤壁磯頭一片月曾照英雄血戰時英雄已銷明月在煙波浩渺令人悲分明感激眼前事莫向人間問奕棋

王行父為稚卿先生從子師事明卿為古文辭

甚工　　王世貞

王郎買舟千里來相詣開卷珠璣光照地不見竹林狂客阮嗣宗得見阿咸差足慰武昌以來建詞壇吴叟首歃女捧盤齊安赤壁一時快郢里白雲千秋寒三閭沈湘九辯作古人未解今人樂多向維摩乞贈言不二門中不此樂

飲王行甫蒼蒼閣醉題　　吴國倫

臨皋萬戶充南郭中有詞人讀書閣野客能乘野興來一覽山川窮二鄂山川佳氣鬱蒼蒼、白雲黃鶴遙相將庚亭南樓隔煙水春申故疊平林塘林塘煙水

自今古吴魏紛爭誰足武有酒且醉醉且歌圖麟畫鳳俱塵土塵土從來易誤人偏君閑閣甘沈淪爲問江鄉幾知己能令此地生精神

哭門人王伯固詩　　鄒迪光

余非九皋目識汝驊騮騰絶足余非和氏眸識汝璞玉爲琳璆以兹相識不相棄廿年肝膽稱綢繆汝爲津上客余作林中人信使時過蒿草宅尺書不斷雀羅門候芭桓譚誼堪擬悠悠鄭玄不足論風期相許真不偶結交自謂成白首誰知尤物故難留瑤華零落懸藜剖天雲慘淡日無色鵩集牛哀到消息尋當飛舄上神京此際乘箕傍南極玉鸞仙使欻相迎行馬兒童留不得汝本天宮掌書記偶然隨作風塵吏元君還汝舊仙曹秉鷁夜襲真人位瑚寍刻檻十二楼緑韞册函千古字手握金符典其事芝童鹿女紛然侍脱迹紅塵眞快意奈何我輩獨鍾情七尺未老云胡傾天生汝才不汝壽造化無乃太不平目流荆國無乾土腸斷湘江盡哭聲哭汝〻不聽痛汝〻不如欲掛延陵劍將題有道碑更馮楚厲求遺草大業千秋爲汝貽

赤壁　　方尚贇

丹崖壁立何嶙峋萬仞下揷滄江深帶郭連岡迴作障倚空疊石高爲岑乾坤開闢幾千載陵谷遷移此山在三分割據如夢中往事隨波向東海子長年少頗好遊我亦鼓枻瀟湘流五月莫過灔澦石累日更宿峥嵘洲舟人指點話赤壁壁下清風究如昔雲根半掩赤壁青水面一斥滄江白從來人世幾登臨俯仰徒悲千載心龔子賢豪已陳迹兩賦留傳空至今

遊赤壁書懷　　丘仁

雲夢南來三赤壁獨此崢嶸如卓戟合沓遙連錦繡林磐礐下俯頭陀石枝獵楼船昔此經鏖兵戰壘人

猶識武畧應誇顧曲人遊踪更憶揮毫客侘傺聊爲汗漫遊東猶不受揶揄迫夢裡蹁躚道士來舟中枕藉東方白擲金詞賦尚煇煌逝水年華易抛擲老我來停問石搓探奇一肴登山屐醉邀風月壯幽襟遲指蒙茸悲往迹英雄割據不足道堕地布賢曾一咲酒杯到手是生涯且看滿眼秋山峭

赤壁磯漫興　袁文伯

赤壁水落石巉巉我來石上投竿綸渭濵之璜那可釣白魚吹浪如相狥衡門豪悰寄泛水忘饑豈食河之鯉罷釣浩歌懷美人美人隔岸拾芳芷會須散步

孤鶴洲問我何如壬戌秋我思東風月猶昨清風江上同悠悠顧我老非西蜀客沉淪弗夢長安陌醉餘枕石蝴蝶飛覺來仰見東方白

醉中泛赤壁漫興　沈升

東山月出白皛皛有客載酒浮中流琉璃萬頃際空碧白露横江澄素秋興來扣舷歌吊古情更傷英雄不盡意流恨與江長當時曹孟德誰復識周郎舳艫千里來江東張目視吳吳已空誰知死灰還復焰一霎吹起東南風我愛眉山翰墨雄豪吟月下疇能同洞簫吹徹楚雲渺滄海一粟看浮踪魏氏經營代炎祚不値蘋家一辭賦銅臺舞榭久荊蓁落葉紛紛眼前堕君不見江上月古往今來幾圓缺君不見江中流前人血戰後人遊文章事業總成幻天地萬物皆蜉蝣不如投却蘋子筆不如折却曹公矛滄海魚已肥甕瓮酒新蒭木蘭之檝沙棠舟但傾金尊常盈月常滿夜夜來爲赤壁游醉裡藏眞足爲樂何須更夢臨臯鶴

夏日赤壁登眺　吳良吉

五月落梅吹未殘薰風雨來新簹寒濯纓石邊水半落策杖樹底重雲蟠鷗鳧出没下前渚蛟鼉鳴吼飛

鷩湍風前有酒載蘋子月下無技蓋老瞞英雄至今生感慨功業未就詎能安披襟對客已忘世放筆寫詩殊畫懽高懷已許寄墨跡問口立譚披鐵冠層樓不盡登臨意可咲元龍眼孔寬

由龍山登兩耳山至赤壁作歌

聚寶山南一尊酒主勸賓酬不離手夜深霜露沾人衣滯滯長江峽中吼兩耳山高連右肘發興携壺作狂悉風逆難聞童稚呼雲迷翻訝藤蘿陡路細石古狐狸啼絶頂滄浪一翹首班荆度地當開逕舉林邀月呼青天野燒横出孤松巔炙酒酒熱西風便明伯

耳熱掀長髯若愚矜持禮法譏叔孝問詩酒猶密轟飲恨少東濱添攓頭一望山巉巉赤壁半墮滄波啣秋浪浩渺動樓榭天風空潤吟松杉十步五步山出沒東坡先生祠眼前造次留客何生賢鷄酒陸續深林傳鷄羹晶憐白玉甕酒行滴作珍珠圓慇懃苦勸上客醉鬖鬑便擬山中眠酒後生起忘主客吟邊今古呈山川老僧空谷捲清磬漁子趂月撑船歸酒罷便作城南步鬱盤城郭紆煙霧月薄如傷紅蓼稀天高慣闘清楓楓怒吁嗟乎英雄身世多坎何今朝且樂樂奈何向平五嶽有消息看我淋漓醉掃青天歌

茅伯符招飲赤壁席間賦　　楊師孔

赤壁磯頭一尊酒白龜波心一片月悠悠大醉五百年多少陰晴與圓缺江山有盡意無窮滔滔一派洗英雄有時載酒秋月白有時乘風軍大紅乘風載酒成何事覇圖不勾銷一醉十萬舳艫化作灰兩篇詞賦照天地惜惜周郎大破曹小喬初嫁氣雄豪老瞞今已隨流水回首東風亦羽毛獨有坡仙重嫁土泛月抽毫駕千古至今詞人幾句詩不吊龍蛇吊豺虎豺虎食人白日見等閑天地風雲變孤鶴夢回蘭槳舟仙翁早下承胡殿不讓仙人壁不高惧來世界等

秋毫酡顏照壁心猶赤彩筆橫江怒起濤吁嗟乎我來赤壁遊懷古欽千秋洞簫聲未歇烏鵲鳴啾啾賓主東南美乾坤日夜浮欲訪仙翁在何處清風明月一冊丘

釜粒行 戊申作 明李之泌

吾黄里俗除夕潔釜浮鐙祠灶祝歲候迨子半釜中見粒或嘉或秕或有或無種物各以類應歲之豐歉物之饒乏徵兆于此往往確驗過時視之隱則故人有知有不知者昨夜家釜浮粒有七圓明肥潤諦視衡蚤秈米無他種廼爲釜粒行以紀之俾異日採風者收入歲時風俗誌亦一事也

歲畢人家祠灶主歎社廚前淨滌釜寘鐙浮水奠中央婦子嘻嘻祝靈雨明年歲事今宵問皇天后土從

來應爆竹聲停夜將半微陽欲動天心靜一斤光明照無睡淨釜晶瑩吐嘉穟玉糝的皪浮空來自無而有眞怪事善敗良楛徵歲功種物紛應以其類及時候之白粲粲大珠小珠浮水面粒先璀璨掌中明諦視詳推徽炊飯兒童競拾安包裹留耴他時成實玩東家巧溝西家闃靈物過時隱不見奇迹繇來遇者稀智或莫測愚多疑老農懃懇修風俗嬾婦章皇問是非造物虛空善畫水耕火耨釜中窺誰知稼穡用天道他時鹵莽今不肥元旦開門賀獻節東風拂面農心悅是刻東風俗占歲稔爲因昨夜釜生粒歷歷私香白若雪

若雪萬寶之成占在秌與與翼翼先期說今年吉卜勝前年東家兒女西鄰說

大江東去 清孫錫蕃

岺煙高寒靜練白大別北條黄河隔岷山南來五千里夔荆朝發淮楊夕激流奔奏若朝宗黑水流沙猶西逆天塹誰云限北南巫山歌風怨楚容黄雲蔽日秋草枯佳人睆蘭在湘澤我歌崑崙探禹穴披髮採桐山兮嗶長將海島掛鉤鉤汨沒宵寘神寂寞手提雲漢倒江流四旋升降分潮沙

五言律

憶齊安郡　唐杜牧

平生睡足處雲夢澤南州一夜風欺竹連江雨送秋
格卑常汩汩力學強悠悠終掉塵中手瀟湘釣漫流

黄州　方千

弭節齊安郡孤城百戰殘傍村林有虎帶郭縣無官
暮角梅花怨清江桂影寒黍離緣底事撩我起長嘆

雨晴後步至四望亭下魚池上遂自乾明寺前
東岡上歸二首

雨過浮萍合蛙聲滿四鄰海棠真一夢梅子欲嘗新

拄杖閑挑菜鞦韆不見人慇懃木芍藥獨自殿餘春
高亭廢已久下有種魚塘暮色千山入春風百草香
市橋人寂寂古寺竹蒼蒼鸛鶴來何處號鳴滿夕陽

江上晚步　潘大臨

白鳥沒飛煙微風送工船江從樊口轉山自武昌連
日月懸終古乾坤別逝川羅浮南斗外黔府若何邊

臨江亭　晁補之

古木嘯寒禽層城帶夕陰梁園多綠樹楚岸盡楓林
山際皇爲險江流長自深平生何所恨天地本無心

東坡　張安國

入東坡

繫船看西日曳杖到東坡暗井蛙成部荒祠鳥作巢
老仙騎鶴去稚子飯牛歌興廢何須問斯文自不磨

夜泛赤壁　元楊惟中

暫艤清江祠來登赤壁山怒虬松偃映漱玉水潺湲
明月尊前色丹崖戰後顏高城催暮角醉倚棹歌還

齊安即事五首

初入黄州市蕭然綠樹村刈茅依縛屋剖竹容編門
桃李花零落山川勢吐吞塵民來一二敬喜寫溫存
霧雨一城暗梨花三月天空梁營蟻墮踈壁暮蚊穿
草容藏枯井苔荒蝕斷磚開門山色好飛翠落吟箋

江月簫聲遠城春竹色斑天文鶉鳥次城險虎頭關
綰綬此爲郡結茅先對山雨晴聞布穀闘草未能閑
雨過山添色推窗翠撲衣秧隨新水長蝶趁落花飛
江近簷頭掛春從客裏歸沙乾聊可步倚杖綠陰肥
千村新雨過水滿綠苗生蠶麥收成速兵農賦役輕
紛紛挈家室日日到州城訟簡有公暇江山共此清

寓所

盡茅爲寓所郡治亦于茲離外羣窺吏衣中蟻嚙肥
畫長無訟牒興到有新詩早食逢來使齋厨來再炊

縱步

傍市人家聚瀕江草徑遥燕尋舍到屋魚候未來潮
訪友卿秉興扶筇直過橋晚山煙外見重疊翠如浣

贈王稚欽　何景明

王子萬人英詩名少日成驪珠眠白抱天馬傍人行
旅食青楓改秋吟素髮生過逢見汝意潦倒娩吾情

江上別夢潭王子　許宗魯

沙岸移星舸雲汀歛夕蓬水寒風色勁波爭月華妍
酒興劉伶後詩名謝朓先江湖爲別地解纜各凄然

發齊安風雨有作　王廷相

纔喜風檣順俄驚兩脚斜過山猶作陣鳴壑已如麻
江動潛蛟室天占上斗槎不須貪利涉隨意宿汀葭

赤壁感興　方豪

曲磴孤亭抱危崖古木欑泉聲絃裡聽山翠畫中看
往事悲蠻觸名賢惜羽翰登臨須痛醉洗盞向清瀾

黄岡山庄雜興十首　王廷陳

老夫諳稼穡次第葺園廬對酒唯田父呼門絶里胥
桑麻經雨後花竹宛秦餘如此生涯足何勞薦子虚
事去心愈壯年來迹轉孤濯纓臨漢沔安枕荷黄虞
春澗偏魚鳥秋扉近竹梧出逢隣叟飲醉倩野童扶
避人開石戶覧物坐山堂湘袖寒增色江蘺晚更香
卜居悲楚客招隱憶淮王寂寞吾甘守浮沉念總忘
計拙堪時棄謀生托野人鶯花無約束木石有比隣
溪上思龍蟄林間鳥學伸逢人無一面語契即相親
天地一虚舟浮沉雙白鷗半生從失計萬事不關愁
山月杯中映江雲几上流狂歌人莫測吾興屬滄洲
圃坐晴逾麗畦行晚更宜客從籬逕入自笑葛巾欹
果熟山禽戀林馴野鹿隨憑欄契物理備足頗欹葵
樹古村墟僻江寒邑里秋過雲頻送目累月不梳頭
廢禮緣多病求仁未寡尤呼兒問綱罟明發上漁舟
葉减山争出林秋景故偏候虫喧冷砌過雁影晴川

黄岡縣志

月酌沾松露楓吟雜澗泉何人會幽興寂寂自鳴絃
物換竟誰使夠來非我期曙光隨日薄秌籟入雲悲
速婦開新醖從兒誦古詩自爲真率飲忘却鬢絲成
蘿軒時散帙苔澗亦垂綸翠竹供詩遍蒼林佐酒頻
岫重遲見旭源曲易迷津早契沈冥理難爲俗子陳

江上贈夏明府

令尹官初試江邦政已成節如秌壁峻心擬石潭清
頗契烹鮮理無務拔薤名操刀知善割愛助亦吾情

定惠院宴集二首

石磴接巖扉行行上翠微賓多花下至雲爲竹邊飛

韶景庾欲盡舊遊存吾稀蘇公何可作今古一沾衣
結侶乘暄出憑高望眼開閭閻深負渚阡陌曲侵臺
展席春雲映歸軒夕鳥催回看遷陳迹相送轉徘徊

郭外即事

病卧閑門久占晴起看花城行紆霧堞草坐藉烟沙
縮騎蘿風合停鶯竹日斜芳菲愁即歇留賞滿生涯

黄州登赤壁亭　廖道南

亭停石岩開風鳴萬樹哀人間不知去鳥倦忍飛來
江勢吞平閣山形曲抱臺雲林秋色霽真自可幽懷

訪王夢澤園亭

委謝承明署宾棲小隱園曲亭圍樹密斜圃種花繁
江近吟招鶴巖虚卧聽猿即承宣室召禮樂待敷言

赤壁席上　童承叙

磴曲城邊峻江清檻外浮天花籠佛閣巖竹過人頭
摩詰瑶編共文翁綺席留斷雲供徙倚此意更悠悠

赤壁和童内方韻　崔桐

巖壁凌秋净江煙向夕浮賢豪緫陳迹感慨一回頭
亭爲披雲起觴因逮月留登臨有餘興酬唱思悠悠

月下聽王稚欽彈琴　鄭善夫

昭文皷緑綺六氣指間流王子梅花思飄飄下隴頭
月華終勝雪商意自成秋今夕西方夢佳人不散憂

暮春共適軒小集　郭鳳儀

壁峻臨修路亭虚脩近闌到蘿江漢水隔岍武昌山
簿領一春過壺觴半日閒便須同二客酩酊棹歌還

過孔子河　吴國倫

夫子南遊後山川不可名問津千古事環轍至今情
雨洗沙茸净波吹石髮輕推應楚孺子下馬濯塵纓

登赤壁有感

風流蘇學士所志癖登臨赤壁雄剎楚滄江見古今
石懸官閣外帆迫女墻陰尚有垂竿者能知戀闕心

柯山園四首

買舟三百里江上見柯山古徑雙橋外方塘萬木間
入門花石喜留客水雲閒若與王猷共山陰那得還
性僻耽幽勝風雲恭汝何寄情都不淺乘興一相過
宛轉看亭榭陰森坐薜蘿移樽從所適山鳥自鳥歌
叢篁開作徑灌木不知年未辭亭相錯翻疑地屢遷
烹葵走舊爲種樹續新編總失于時計端居亦晏然
散步出幽蘿辟芳送酒卮隔城嚴漏下近寺暝鐘遲
秉燭雲生榻停歌月滿池不禁酣欲卧敢謂老能詩

八月初五夜集赤壁二首　徐學謨

萬堞凌舟阜，千家俯白雲。雄畾餘戰伐，清籟隔氛氳。
月色遠山盡，江聲靜夜聞。回鑪看斗直，懸漏歆宵分。
兩賦已陳迹，諸公復勝游。問年還應戌，為客正逢秋。
月隱蛟龍窟，風將江漢流。爽来重洗酌，懷古思悠悠。

赤壁懷古　鄒迪光

懷古獨登臺，臨江思鬱哉。波光清刺揖，露氣白啣杯。
事業空沉戟，英雄已劫灰。惟餘蘓子賦，讀罷鶴飛来。

赤壁奉和魏懋通司理

来遊集道侶，杯酒愜生平。楚雨聽簫歇，湘雲帶梵明。
月捻深坐得，天入放歌清。最喜陽春雪，飛来滿座驚。

病後登竹樓詠懷四首

躑躅来為邑，支離已再春。濫糜五斗祿，羞説一官貧。
山雨侵城堞，湘雲下浦津。登楼銷病骨，畏路幾人聞。
病起強登臨，山城晝日陰。鳴琴聊自適，鼓瑟亦何淫。
雨入瀟湘色，風傳嶰谷音。坐觀浮吏傳，千古見同心。
一室数椽小，凭欄眼自寬。井烟籠浦樹，廨宇席江湍。
簾捲南薰入，樽開北海寒。人言吾貌瘦，從此欲加飡。
鷄肋三生病，蓴羹此日情。暫留因父老，終去避時名。
夏日連村郭，樊山對邑城。坐来吹萬集，一半管絃聲。

夏日過定惠院

不向空門住，那知化日長。江煙低佛座，山翠濕僧房。
忍草侵衣碧，曇花上展香。跏趺分半榻，人境已微茫。

王伯固邀遊赤壁二首　江齊雲

百折城西路，臨江赤壁分。經時憂積雨，一日破層雲。柳色望中盡，漁歌醉裏聞。磯頭無駭浪，還欲攬斜曛。
移尊尋徑跡，鼓棹破江烟。感此浮雲事，焉知赤壁年。渚風吹水立，山月入牕懸。一片淒凉色，無人不可憐。

齊安雨夜思歸　鄧楚望

獻楚傷難遇，在陳不可留。停雲生遠夢，聽雨亂鄉愁。
芳草客中路，春風江上楼。無端羈旅思，白髮對滄洲。

赤壁　石崐玉

石峭孤霞曙，波澄半壁天。雲消亡馬陣，月傍斗牛懸。
野火明山鬼，江風御水僊。漁樵歌互答，誰扣木蘭舡。
楼憑舟嶂起，浪作彩虹浮。煙斷三朝堠，風回二客舟。
江渾龍鬬日，山靜鶴横秋。今夕非壬戌，何人載酒遊。

泊赤壁　車大任

地是烏林舊，名還赤壁留。獨詢三國事，空見一江流。
風落山樵地，霜凋楚客裘。孤舟今夜夢，明月冷沙鷗。

赤壁楼上同弟綏父陪劉維芳雨集　王同軌

登楼披岫色，尊酒暫從君。攬集千峰雨，窗流滿榻雲。

魚龍寒自蟄鴻鴈暮爲群共醉空明上人間世界分

赤壁再泛　祝世禄

水落磯頭石霜林紅欲燃重來摩赤壁孤嘯破蒼烟
鴈下瀟湘雨人歸雲夢田江山共爽杜平挹一尊前

春日書舍八首　王一鳴

雲岫青天上山堂白水邊看花頻過日種樹不知年
自咏陪春酌無營費晝眠誰能悟瀟灑貧病接神仙
送目高城晚科頭小逕間松筠團野日紫翠共春山
坐上尊須滿人間事不關苦憐叢桂發招客一躋攀
丘壑乾坤大漁樵歲月徂長來隣叟熟爛醉小童扶

江漢封春雨吟哦老豎儒一區潛自隱何必似正符
出門愁磬折用意買盤桓雲澹水域豁天虛風竹寬
試兒分棗栗報客正衣冠事事堪幽絕何曾酒甕乾
近想春申壘春申君封邱永安郡故地予故君也農家雨最靈地寬踈
步屧囿老信腰鐮趣浪黃魚脆經時紫蕨甜一尊斟
細細身世或陶潛
去國孤臣遠憂時萬事新過雲侁凡席送淚濺松筠
匕首纏星急旄頭望氣真英雄混塵土誰念挺刁人
醒夢移高枕登危送短筇一丘兼一壑爲圃又爲農
天晚愁高鳥江深想蟄龍怕逢漁父問枯槁近形容

報主身多病逃名計漸知築墻隣借樹浣竹水乾池
割醬收魚子鉤簾試燕兒柴門有天地幽獨一題詩

過孔子河　梅之煥

每過問津處無愁魂自消門閒蟬語寂路古馬塵囂
細雨昏殘碣輕烟養斷橋耦耕人咫尺來往慰蕭條

赤壁餞姚允初使君之作　茅瑞徵

不盡登臨興凴欄賦未睎杯遲頻燭短歌囀雜塵飛
漲水浮青嶂橫舟點綠磯送君從此遠日暝竟何依

同江石鐘勘災二首　茅瑞徵

楚甸頻多難茲方更疊災停輿問桑海到處覓蒿萊

風借炎蒸奪天舒鴻鴈哀撫心吾有感誰屬救時
同是勤民出非關載酒來穿林全竹覆掃路半沙臺
野老烹葵餉村雞待客開寄言肉食者何術讚康哉

游崎山　茅瑞徵

崎山高不極半嶺看雲低亂石紛排戟飛梁迥作梯
天風傳遠梵人籟出煙谿直擬捫蘿上攀躋境屢迷

步放鶴亭　孫胤鴻

長嘯答空響悲懷萬谷隨澗流松露冷鶴聽竹風吹
山靜寒蛩悅秋深落葉知登高望太古構手柏皇時

癸未二月十六日雨中城守早歸

曹士謨

春半晴能幾朝来雨更狂積陰低户牖湧潦上階廊
蹋淨衰妨屐登陴溼洗搶還家見懸甑塵漏滴空梁

三月十六夜同樊紫蓋城守作

風雨嚴城伴相逢咫尺迷暗塗呼爾汝潦徑失東西
倍積燃膏費參差列炬齊最憐鈴柝衆露立待聞雞

秋夜汎舟赤壁　　徐錫蕃

吴楚江烟裏深林一艇開桐踈識露重柳拂碍波回
巘隨孤雲度山灣小月来論文在幽獨古邑滿蒼苔

赤壁懷古　　胡之太

振衣千仞上江水自東流吳楚壤相接孫曹戰未休
餻風悲巨艦對月憶層樓望古多逸集名賢雅好遊

宋賢祠題壁四首　　宋犖

地據黄州勝祠尊宋代賢峥嶸新畫棟蹤躡舊清泉

又

一院松筠茂千秋俎豆虔扶笻同老衲凭弔向春天

又

遂與群賢遇依稀杖履停樓成名不朽道在黨何妨
吞墨傳蛙口錙書解橐裝江山相映帶今古欝蒼蒼

又

一斤池邉石傳来文敏書披尋從虎礫光彩重璠璵
勝賞晨昏得傷心戰伐餘遊人談赤壁風景定何如

又

移徙空亭上飛梁結搆牢萍香飄曲檻鳥語出夭桃
文彩蘋門盛聲名楚郡高餻風添獨往竹矣寸心勞

舟泊水月菴　　孫錫蕃

巘影移村半梵鍾過小舟人開霜葉逕鳥宿露花丘
夜永林煙寂寒深江月浮空山佳氣滿香積一燈秋

宋牧仲別駕于洗墨池作三賢祠題壁四首余
因步韻　　王澤弘

結搆城南勝登堂式昔賢石存元代字亭護宋時泉

兩賦何人續孤身下拜虔獨添懷古意樓畔望江天

又

石橋烟樹外蘭若雨花旁地近城偏静官休隱不妨
疏齋同埜衲書吏屬歸裝宿世君来此山川尚欝蒼

又

黄州兵火後尚有子昂書歎息人誰往摩挲石作璵

又

江山非宋日風景惜秦餘何意堂新搆峨嵋雪不如

又

浮生萍偶聚身世覺氷牢隱地應宵月臨春好種桃
徑闇湘竹滿樓壓楚峰高知我幽憂甚頻来不憚勞

戞黃岡採古桐製琴四牀見遺作詩寄謝補　許宗魯

軍父君元是鍾期我未如遠傳哀玉斤騈集草玄居霞影飜牀艷松聲湧坐廬南薰音久歇遲子一吹噓

赤壁秋雨　彭一卿

清秋臨赤壁細雨溼空堦野樹迷山翠江風鎖岸霾行舟停畫舫歸路蹀岩轅罷釣看漁父披簑立水涯

舟曉汲第三泉　彭一卿

蘭泉聞第一陸羽誤云三無味名眞淡非香實自甘午烹雲繞灶曉汲月生潭啜罷移舟去瓊漿舌上含

赤壁晚眺　彭一卿

餘照覆城陰登臨散素襟暮烟橫陌上明練織江心鴨陣分歸路烏棲返舊林漁燈依岸晚相對且聯吟

安仁湖卜居　鄧雲程

居然一少伯寓跡五湖邊席挂篷懸月門開水浸天好風吹暮雨短笛弄輕烟何處蛟龍鬬絲綸滿釣船

元日諸公攜具招飲聚寶山　鄧之愈

野性耽山趣貧來費未齊諸公不棄置元日肯招攜草刈行厨集壺乾信步題回看人影亂舍北又相徯

五言排律

黃州寄李岳州黃州作　唐杜牧

城高倚絕巘地勝足樓臺朔漠煖鴻去瀟湘春水來縈盈幾多思掩抑若爲裁返照三聲角寒香一樹梅烏林芳草遠赤壁建帆開往事空遺恨東流豈不迴分符潁川政弔屈洛陽才拂匣調朱柱磨鉛勘玉杯棊飜小窟勢爐撥凍醪醅此興予非薄何時得奉陪

春日書懷　宋潘太臨

舟楫凌漣水風濤接蠡湖龍媒成跬步驪頷脫微軀樂土供游戲深文若縶拘胸中雖磈磊墻外或歌呼老去稽生懶歸來谷子愚千鍾眞臭腐十畝借膏腴春雨何會客園花竟自都小橋藏細柳方沼出新蒲酒熟拈巾漉經傳帶雨鋤竹盤隨所有坐客幾時無日轉槐陰暮門通鳥逕迂仰頭看哺鷇引手亦將雛撫事盈欒繭勞生戶轉樞形骸浮大塊毛髮燎洪爐世論幾膠柱人心盡好竿屠龍非至計射雉屈良圖借著方隆漢推枰已滅吳從渠畫麟閣吾自著潛夫

自三台河泛舟至鳳巖　明王廷陳

曾蓄水雲興茲乘風日和纜牽仍擊汰棹輟且隨波竊慕太公釣猶欽孺子歌野風散蘭杜潭影翳藤蘿

曲岸行逾近支流入轉多垂魚衝艇躍飛鶴押人過
漸覺傍洲退迴看達岫羅詭容緣與出遐思何空摩
嚴子瀨若此秦人源匪他再來津恐失歸路奈愁何

季夏遊赤壁偕子言諸公

六月軒楹敞三分割據雄江迴城抱日艦火峙餘風
詞賦留天工旌旗在眼中霸圖今已歇幽賞幾回同
檻外鳧鷗亂尊邊雲霧通松杉盤虎穴臺榭接龍宮
早歲辭朱紱茲遊感數公顧言携桂楫常此狎漁翁

初歸故園作

結髮負奇志辭家作遠遊一言侵絳灌萬死脫幽囚

倚伏虛疑鵩光芒隱射牛敢云疲漢戟實已敝秦裘
習隱希玄豹亡機對白鷗生涯惟素業吾道已滄洲

郭黃州邀飲赤壁　翁溥

昔賢餘勝事此地一追遊山帶平湖合江連灝氣浮
盧亭凌翠巘絕壁訝丹丘巫峽雲初散湘潭雨乍收
孤烟通夢澤返照下芳洲天迥橫雲鶴沙晴泛水鷗
輕帆飛樹杪高棟桂城頭古俗存黃國清風滿竹樓
近郊登黍稷遺響接歌謳詞賦懷蘇子風流見細候
萬峰齊逸興千載共清秋酒爲波光盡車因月色留
多君握瑤玖菲李若爲投

邑侯桐岡邀飲赤壁漫賦　陶珪

亭敞因崕峻江空縱日遠郊遊陪後乘俎粲想前朝
山氣秋逾爽波光晚更饒林端停五馬雲際下雙鵬
縱酒金罍倒聞歌翠管調文星今正朗霸業向誰驕
已愜懸車卧寧煩折簡招高情忘酩酊醉眼入空寥

夏日安國寺訪禪僧有作　呂禧

勝域依城矗幽尋入夏偏更携方外侶來上度師選
嵐色群峰接江聲萬壑連徑荒餘古柏地僻噪叢蟬
忍草經行茂曇花拂砌鮮尼珠間映日篆樓靜騰煙
寶鐸鳴虛籟金沙潟細泉涼疑甘露灑香似遠風傳

馴鴿窺人舞靈虯隱鉢眠神通千界外身寄丘居前
盡了塵中幻書增定後緣誦經翻紫貝轉語吐青蓮
小品纖從不波旬說供捐真心超有漏觀世得無邊
等等忘諸相寥寥證象先但看与牝輪已自脫魚筌
野老能參偈山狐亦解禪劫灰此火宅法路引人天
操茂知誰極燃燈信有年幸逢龍樹客笑擬虎谿還

恭紀殊恩詩　汪煉南

廿載趨華省終朝侍禁帷步行瞻 聖近前席受知
遲身被庸才濫名甘國士遺恭聞 天語降綸綍命
摛詞寶笈開龍窟琅函啓鳳池代言寧得體分草或

無疑測影𢡟窺管探囊且効錐謬叨公輔奏云是小
臣爲但憶儒堪問敢稱文在茲辭條宣 紫禁 溫
旨下冊揮幸際 天顏喜傳呼宰執隨褒嘉猶過望
賞賚況殊施霞錦來藏府氷蠶出內司產離皎日麗
璀璨列星移蟬翼榮懷抱鴛文增羽儀凝霜晶奪目
取火艷交頤五兩 君王賜三盆 聖母慈煌煌鸞
夢想蹙蹙失支持呑効微臣忝聰明 宸聽卑珍羅
九有貢德飽一人私拜 闕昭華動歸軒夕照垂文
章難報 國卿爾獻先資

赤壁感懷　王承祐

勝跡留丹壁江城接晚霞逕穿高閣曉影落鏡湖斜
遠岸迎帆過孤汀宿鳥知舉杯山月小攀石野篁遮
客問依秋葉簫聲洒白沙樽仍寒雨濕榻受曉風賒
望望思仙客淒淒感物華東來道士夢時復數歸鴉

黃岡縣志卷之五

藝文志中

七言律

齊安郡晚秋

柳岸風來影漸疎使君家似野人居雲容水態還堪賞嘯意
歌懷亦自如雨暗殘燈棊散後酒醒孤枕鴈來初可憐赤壁爭
雄渡惟有簑翁坐釣魚

即事黃州

因思上黨三年戰閑詠周公七月詩竹帛未聞書死
節丹青空見畫靈旗蕭條井邑如魚尾早晚干戈識虎
皮莫笑一麾東下計滿江秋浪碧參差

齊安早秋

流年堪惜又堪驚砧杵春來滿郡城高鳥過時秋色動
征帆落處暮雲平思家正嘆江南景聽角仍含塞北情
此日沾襟念岐路不知何處是前程

赤壁懷古　崔塗

漢室山河鼎勢公勤王誰肯顧元勳不知征伐由天子那許
英雄共使君江上戰餘陵是谷渡頭春在草連雲分明勝敗無
尋處空聽魚歌到夕曛

十二月二十九日蒙國恩責受檢校水部員外

即黄州團練副使　宋蘇軾

平生文字爲吾累此去聲名不厭低塞上縱歸他日馬城
東不闗少年鷄休官彭澤貧無酒隱几維摩病有妻堪笑
睢陽老從事爲予投檄向江西

初到黄州

自笑平生爲口忙老來事業轉荒唐長江遶郭知魚美
野竹連山覺筍香逐客不妨員外置詩人例作水曹郎只慚
無補絲毫事尚費官家壓酒囊

子由復至齊安以詩迎之

驚塵急雪滿貂裘淚洒東風別宛丘又向邯鄲枕中見

却來雲夢澤南州暌離動作三年計牽挽當爲十日留
早晚青山映黄髪相看萬事一時休

雪後到乾明寺遂宿

門外山光馬亦驚堦前屐齒我先行風花誤入長春苑雪
月長臨不夜城未許牛羊傷至潔且看鵶鵲弄新晴更須携
被留僧榻待聽摧簷瀉竹聲

姪安節遠來夜坐

南來不覺歲崢嶸坐撥寒灰聽雨聲遮眼文書元不讀伴人燈
火亦多情嗟予潦倒無歸日命汝蹉跎已半生免使韓公悲世事
白頭還對短燈檠　又賞記云元豐辛酉

冬至僕在黄州姪安節不遠千里來省飲酒樂甚便作黄蓮涼州仍命小童快舞一曲醉後書此以識一時之事

太守徐君猷通守孟亨之皆不飲因戲之

孟嘉嗜酒桓温笑徐邈狂言孟德疑公獨未知其趣爾臣今時復
一中之風流自有高人識通介寧隨薄俗移二子有靈應撫
掌吾孫還有獨醒時

正月二十日往岐亭郡人潘古郭三人送余於
女王城東禪莊院

十日春寒不出門不知江柳已搖村稍聞決決流冰谷盡
放青青没燒痕數畝荒園留我住半瓶濁酒待君温去
年今日關山路細雨梅花正斷魂

與潘郭二生出郊尋春忽記去年是日同至女王城
作詩乃和前韻

東風未肯入東門走馬還尋去歲村人似秋鴻
來有信事如春夢了無痕江城白酒三盃釅野
老蒼顔一笑温已約年年爲此會故人不用賦
招魂

六年同日復出東門仍用前韻

辭山還翠水侵門身在淮南盡處村五畝漸成終
老計九重新掃舊巢痕豈惟見慣沙鷗熟已覺來
多釣石温長與東風約今日暗香先返玉梅魂

別黃州

病瘡老馬不任鞿猶向君王得敝帷桑下豈無三宿戀尊前聊與一身歸長腰尚載撑腸米闊領先裁蓋癭衣投老江湖終不失來時莫遣故人非

舟次慈湖以風浪留三日不得進子瞻以詩見寄作二篇答之　　蘇轍

慙愧江淮東北風扁舟千里得相從黃州不到六十里白浪俄生百萬重自笑一生渾類此可憐萬事不由儂夜深魂夢先飛去風雨對床聞曉鍾

西歸猶未有菟裘擬就南遷買一丘舟楫自能通蜀道林泉真欲老黃州魚多釣戶應容貰酒熟隣翁便可留從此莫言身外事功名畢竟不如休

赤壁懷古

新破荊州得水軍鼓行夏口氣如雲千艘已共長江險百勝安知赤壁焚觜距方強要一鬪君臣已定勢三分古來伐國須觀釁意突成功所未聞

自黃州還江州

自浮一葉返湓城淩犯風濤日夜行把酒獨斟從睡重還家漸近覺身輕岈同樊口依稀見日出廬山紫翠橫家住庾公樓下泊舟人遙指岈如頻

答王立之惠書　　潘大臨

歸自江南即定居謾勞親友問何如剛腸肯為藜羹轉病骨聊憑竹杖扶南國土腴千樹橘東湖春水百金魚明年生計應堪說待倩君侯買異書

望西山懷洪駒父　　李彭

去歲湖湘賦凜秋聞君江國大刀頭百年會面知幾遇十事欲言還九休照眼遙岑落懷袖過看柱杖立汀洲莫言青山淡吾慮誰料却能生許愁

詠赤壁

緩尋翠竹白沙游更挽藤梢到上頭豈有危巢尚棲鶻亦無陳蹟但飛鷗經營二頃將歸去眷戀群山為少留百日使君何足道空遺詩句滿江樓

黃州　　陸游

局促常悲類楚囚遷流還嘆學齊優江聲不盡英雄恨天地無私草木秋萬里羇愁添白髮一帆寒日過黃州君看赤壁終陳迹生子何須萬戶侯

病後登快哉亭　　賀鑄

經雨清蟬得意鳴紅塵閒處見歸程病來把酒不知厭夢後倚樓無限情鴉帶殘投□古刹草將野色入荒城故國又負黃花約但覺秋風髮上生

答王立之惠書　潘大臨

歸自江南即定居謾勞親友問何如剛腸肯爲蔡羹轉病骨聊憑竹扶扶南圃土腴千樹橘東湖春水百金魚明年生計應堪説待倩君侯買異書

望西山懷洪駒父　李彭

去歲湖湘賦凜秋聞君江國大刀頭百年會面知幾遇十事欲言還九休照眼遥岑落懷袖過看柱扶立汀洲莫言青山淡吾慮誰料却能生許愁

詠赤壁

緩尋翠竹白沙游更挽藤梢到上頭豈有危巢尚棲鶻赤

無陳蹟但飛鷗經營二頃將歸去眷戀群山爲少留百日使君何足道空遺詩句滿江樓

黄州　陸游

局促常悲類楚囚遷流還嘆學齊優江聲不盡英雄恨天地無私草木秋萬里羈愁添白髮一帆寒日過黄州君着赤壁終陳迹生子何須萬户侯

病後登快哉亭　賀鑄

經雨清蟬得意鳴紅塵閑處見歸程病來把酒不知厭夢後倚樓無限情鴉帶殘技古刹草將野色入荒城故園又負黄花約但覺秋風髩上生

暮春懷黄州白雒那

經春不見白雒那花落瓊臺想已多陶令柴桑何日去遠公蓮社幾時過閒來貝葉還同寫病裏胡笳祇自歌萬柴近來渾似雪朝衣從此掛青蘿

赤壁　李晃

飆得功名兩髩秋峨巖登處謾夷遊鄉關地迴三千里金闕天高十二樓鶴影伴雲飛渺渺水光浮月去悠悠憑誰喚起東坡叟携酒中流夜汎舟

讀赤壁賦　文天祥

一嘯滄波浩浩流隻鷄斗酒更扁舟八龍寫作詩中案

孤鶴來爲夢裡遊楊柳遠烟來北府蘆花新月對南樓玉仙來往清風在還識江山似舊不

黄州竹樓　明肅宗皇帝

昔賢勤政有餘清架竹爲樓散逸情千里江雲飄几席四邊花鳥閒歌笙芝蘭風韻當時慕金石文章後代驚勝地多因人品重元之人品重連城

赤壁寫懷　明無名氏

武昌東下次江皐赤壁磯頭艤畫橈靡壘烟消荒草合横江鶴去碧天遥岈邊漁火疑殘炬水底龍吟憶洞簫往事千年增感慨荻花楓葉晚蕭蕭

團湖鏡心樓　劉基

團湖四面開明鏡中有高樓接太清絳氣往來蟾影入碧光浮動日華生雲間咸鶴孤飛下湖底遊魚作隊行安得翠軿呼弄玉金銀臺上坐吹笙

邾城懷古

孤城寥落過蒿萊萬里蕭條迯楚符鵶帶夕陽歸舊壘鷹將秋色下平湖遺墟溆澉生禾黍古木蒼蒼接里閭故事豈勞重借問漢江流水自縈紆

受命知黃岡縣事作詩送使者　徐諆

紅旗招颭壓滄溟盡舸長驅上洞庭百萬生靈新撫納九重天語自叮嚀猿啼山月灘聲咽鼉吼江風水氣腥好語湖湘諸將帥漢家信誓重丹青

和秦武昌赤壁懷古　李東陽

楚雲荊樹擁嵯峨一棹曾衝萬里波時代不同嗟我晚江山如此奈人何地從割據終全盛天遣文章爲不磨聞說登遊兼弔古鶴樓東下水聲多

舟泊團風驛李盤濱寓長見過　崔桐

李白過逢江上舟談詩啐酒共寒流蘄亭豈解吟黃鶴羨子真能賦紫裘鳥鵲繞林涼月細魚龍吹浪暮烟愁相看更惜蒼茫別燭剪黃昏坐未休

秋泛三台河同魏范諸子　王廷陳

賦客蕭晨此並來衰年勝地幾傳杯蒹葭水落魚龍冷島嶼風驚鴈鶩哀漁艇縱橫秋岍合遊軒雜沓暝原迴疎林忽送青天月沙色波光萬里開

過玄妙觀有贈

神君樓閣枕江濆鍾磬時時霄漢聞仙至忽逢青鳥使賓來頻擘白鸞羣當筵揮灑皆成雨着處飛烟盡化雲雙鬢向衰渾欲盡洞天石髓若爲分

宴集赤壁書懷

春深遊興屬芳洲選地張筵對狎鷗赤壁徑盤危磴出青天城抱大江流乾坤久厭三分業山水仍會萬古愁客散晴沙樓閣晚佛燈漁火共悠悠

赤壁　方逢時

危磯巉巘倚高江人道曹劉舊戰場往事已隨塞浪滅遺堂惟有暮山長雲霞尚帶當年赤蘆荻空餘落日黃欲弔英雄千古恨漁歌蕭瑟弄斜陽

題橫鶴亭　潘思

孤亭斜控楚江濱靈掌光分水石新望裡烟波無盡藏空中烏兔轉雙輪古來替絞成蒿土身後榮名總客塵便擬凌風騎鶴往青山爲訪採芝人

夜泊赤壁
五百年來此勝遊水光依舊接天浮徘徊今夜東山月彷彿當年壬戌秋有客得魚來赤壁無人載酒出黄州吟成一嘯四山寂孤鶴横江掠小舟

雪中遊赤壁　　翁天立
江左西來總勝遊雪堂風景又黄州梅花亂點周郎壁玉樹平連蘇子樓山勢倚天開佛閣雲光度水落漁舟坐中亦有吹簫者試問何如壬戌秋

理賢堂倡和　　郭鳳儀
昔賢遺播沿西頭突兀簷楹敞素秋聊淨綱塵供下榻非能雲物快登樓肩輿宵爲尋常至步屧纔須咫尺遊爲報南州高士道吏情原不遠滄洲

赤壁感懷　　商廷試
赤壁磯頭水自東洞簫吹向夕陽中行看積翠塵心遠坐挹中流灝氣通烟晝江空浮夜月夢迴鶴去動秋風霸圖文藻俱消歇唯有驚濤撼故宫

赤壁懷古　　皇甫汸
入留勝地臨江上客有高軒得並過雲起楚臺聯石壁水從湘浦接烟波漫因明月傷千里更遣迴風八九歌自愧清時承遠譴可無辭賦擬東坡

遊赤壁二首　　王世貞
賓主西南勝事并北遊端足慰平生盃仍七月稱秋望賦是雙珠可夜明戰血至今高壁色詞源終古大江聲興君聊釋盈虛意忽聽山城漏五更
將壇文苑代稱雄指點千年感慨同名在江山飜借色事過天地竟何功卿心暫托烹鱸後客夢都拋别鶴中秋月偶團圓自好坐來群緒爲君空

丘少宗伯邀顧大參王侍御及予雪後登赤壁作
鳴珂舊接五雲班釃酒平臨七澤間霜落高天啣赤壁雪晴陽岸出青山狂來意氣堪横槊老去風塵復賜環不是蘇公能放逐誰將二賦壯江關

赤壁望雪
憑高千里絶塵氛驟若濤驅白鷺群西域化城翻易幻中原色界總難分光搖鄂渚樓前月彩散巫山賦裡雲此日武陵迷欵盡采蘭何處問湘君

北征次赤壁別凡　　吴國倫
北風何意攪征裘無奈浮生寄遠遊江湧亂雲蒸赤壁客乘踈雨過黄州尊前涕淚三湘暮别後音書九塞秋我向燕臺望鄉國飛鴻落木使人愁

武昌李司理過訪赤壁舟中即席同王行父程孟儒賦

午風飛盖出山濆卻喜孤舟共李君平楚蘼蕪春浩蕩連城烟水日氤氳旋移書卷供鋪席細倒樽罍款論文西日漸從樊口落蓬總猶接萬山雲

登嘯臺　在定惠院

千里江山一坐收異時何客此風流沙邊萬樹浮高浪天際孤雲入素秋寺僻斜連邾子邑軒空遥俯庾公樓醉來長嘯不知處豈必蘇門是勝遊

遊赤壁萬仞臺　王惟中

高磯突兀俯江流氣壓元龍百尺樓萬里風濤接瀛海千年詞賦壯山丘疎星淡月魚龍夜老木清霜鴻鴈秋倚劍長空一盃酒浮雲西北是神州

赤壁漫興　丘岳

倚天傑閣俯江城徑入巉巖踏蘚行把酒斷虹開霽色凭欄飛瀑送潮聲孤舟會挾登仙興峭壁應高破虜名天晚徘徊漁唱起幽襟颯爽醉還醒

招王司徒稚表遊赤壁

青雀欲開風色寒千峰止向坐中看三分事往江山在兩賦名高歲月殘隔水簫聲飛碧落半空鶴影下林端重來二客應無厭携酒留魚興未闌

王司徒招飲定惠院

古刹高臺鼓吹繁沙邊綠樹萬家村江流倒出青天影山色晴含白雨痕佃罷還堪誇楚澤嘯來誰復辯蘇門花亭處處王孫草落日從移北海尊

登黄州竹樓　沈愷

代竹為臺拂紫煙琅玕風骨尚依然不將金碧供時好自受清幽淨俗緣奕響遠從空外落琴聲若為谷中傳秦樓謾憶雲霄裹一榻清風自歲年

始歲二日同長官步自赤壁飲作　袁福徵

出城風物點新陳士女填街悦建春榼飲坐移江上雨品題還憶籍中人節扶東館空梅柱地踞西陵感代湮日薄依微倣秋夕壽昌凝望起風塵

暘邏堡懷古

江雄隄扼武磯城晉井虚傳女子營酒際張筵風土別寨東開鏡冶之呈吳屯寶鴨收全牧楚塞金旗讀曉盟溪水邊關多杳渺興亡徒見草基平

黄州留别袁復善　陳宗虞

一官何意竹樓居幽賴還同澤畔漁千載能忘燕市筑八年不寄洞庭書畫中流水誰堪聽臺上黄金亦

自踈却是平津閒閤日豈全詞賦失相如

雨後再登赤壁　鄧楚望

蕭條積雨喜初晴出郭尋芳載酒行歌水桃花明赤壁和烟柳色上高城江山對客孤亭思風月懷人萬古情興劇酣歌歸路晚漁翁罷釣小舟橫

雨中遊赤壁遲同遊不至

縹緲雲山四望通衰殘誰與一尊同雪開遠嶂濤聲外烟鎖層臺柳色中客思半庭懸暮雨世情幾度換春風江城近日多機事誰是園居抱甕翁

過暘邏蓬萊寺江眺

鴈聲嘹唳度江洲僧舍蕭然嘆滯留若思吟邊飛落

葉悲風起處見行舟愁心忽悟空正法久客真慚故園秋爲問崩濤何日返欲將心事語東流

赤壁同諸弟讌集　王同道

匏尊相屬復清秋覽勝聊爲汗漫遊明月忽疑人是鶴滄江今以葉爲舟巖前鳴瀑濺鮫淚林際晴雲結蜃樓覓醉不堪悲往事爲誰擊檝向中流

赤壁感興　李得暘

峭壁臨江控上遊登高懷古一停舟曹瞞霸業寒烟盡公瑾勳名野水流山鳥似啼當日恨東風猶作舊時秋坡仙辭賦多悲慨并入江雲黯結愁

雪夜赤壁次徐憲使韻　胡　贇

巉巖乘雪獨躋攀玉柱冰壺掩映間漫說霸圖銷赤壁且招寒月過青山峩眉夢遠留詞藻銅雀春殘冷珮環清賞未窮壬戌興更攜弦鶴扣禪關

夏讌赤壁　丘齊雲

移尊五月大江亭掬外蟬聲不可聽雷雨驟翻波浪白峰巒還入酒杯青狂呼鷗鷺忘爲客醉倚蘼蕪轉畏醒不向人間論二賦風塵何以慰沉冥

春日陪揚二使君招飲赤壁　朱孟震

幽亭突兀俯江天春色繽紛上綺筵凭檻鳥聲來谷

口開尊花氣落燈前周郎赤壁名千古蘇子黄州賦兩篇今日風流誰得似會稽家世永和年

春日過赤壁席上分韻二首　李維禎

孤亭絶壁亦奇哉學士風流此地來東望拍天江日迴南飛啼月鵲堪哀但令詞客名千古不盡遊人酒一杯最羨使君能吏隱追歡清夜共徘徊

高歌急管促行觴莫問金門與玉堂估客舟從波上下美人家自水中央壁啣煙嶼殘陽赤洲枕春江宿露黄忽有東風生四座應知不爲便周郎

雨中遊赤壁　張元忭

不因風雨暫淹留勝地那成竟日遊千里舳艫空赤壁兩篇詩賦自黄州籬邊花落香猶在江上烟深翠欲浮莫道尋前少明月殘星幾點動漁舟

同王行父集赤壁　王希元

水鄉雲日晝冥冥繫舸清秋郭外亭苔壁乍爲盃裡色漁歌還待月中聽郢人自古能高調楚客何緣厭獨醒世遠江山羅龍戰層樓占斷數峯青

赤壁晚眺　鄒迪光

斗酒披襟坐石頭武昌烟景入黄州風高火戰灰初冷賦就月明簫半愁烏鵲往來殘葉瞑舳艫東下峭帆秋江山千古長壬戌才子何人續舊遊

赤壁席上賦　朱期至

清尊迢遞寄遊蹤面面嵓巒氣吐虹戰後蒙髯聲籟甚賦存白雪調誰工渚烟飛閣虛無裡沉醉新題爛熳中沙暝烏栖劇回首一江秋色屬漁翁

赤壁　魏允貞

天空萬里靜無塵勝地登臨況復春風月連宵頻對酒江山千古更逢人火攻水戰俱成幻孤鶴扁舟猶自真此意與君須領畧棹歌來往莫辭頻

登赤壁有感　丁繼嗣

畫閣雕甍壓永安獨凭高處拂雲看烽傳獲擾龍爭息賦就蘭橈鶴淚寒山色四圍空夜月水深千里激秋瀾登臨不盡英雄恨千古歌凭抱瑟彈

赤壁　石崐玉

斷岸樓臺倒影清城闉不是舊連營漁燈映月疑烽火鯨浪翻風洗甲兵赤羽已灰餘壁色紫簫猶咽亂江聲獨傳詩賦人何在鵲自南飛鶴自横

人日過赤壁　王同軌

今年人日條風柔邀客把酒臨江樓青陽乍驚七日復赤壁尚帶三分愁黿魚鷺立斷水遠炙指魯卧孤石幽入暝烟波動遊興那能長繫木蘭舟

立秋日王伯固邀飲赤壁　俞安期

絶壁樓臺擁石城高標何異赤霞生過江嵐靄樊山色喧浪魚龍鄂渚聲秋至風雲催作賦時平天地羅談兵清樽綠醑臨江水落日哀哀弔古情

冬日赤壁宴集　王一鳴

坐來赤壁下斜曛亦有登臨二客群潭畔烟霞渾不斷城邊江漢欲平分千山黯淡原非雨幾處氤氳似是雲人散水濱樓閣晚諸天鍾磬夜深聞

九月十日同劉明伯叔孝携酒龍山
年年重九趁登臺爲愛龍山約再來渺渺大江秋月
吐宜宜高閣野雲開幸同扶攜諸公在肯放乾坤一
日迴忽憶賀蘭胡亂起西風金鼓暮天哀

歸故園作
朔雪朔風日日顛孤帆遠客誰東旋入門忽聞掠雲
鴈隔樹更有浮江天靖節五柳貧苦活義方雙桐清
可憐開樽不愁不爛醉柰少沽酒青銅錢

赤壁　黄仁榮
磯頭風急水生文懷古馮軒自不群座繞空潭青似

案壁留笈飛楮如雲寒臯八月人思鱠夜夢三江鶴
是君歌罷洞簫聲和處滿林高意見秋分

贈倪氏節孝　姚復素
貞心千載憶黄江萊子班衣更有光節孝丞堪棹棹
撫思褒重見下巖廊歌殘黄鵠操如雪賦就南陔鬢
亦霜好把姓名傳信史江天漠水共滂洋

赤壁懷古　黄建薳
嗟峨樓閣半凌虚霽景清蓬眼乍舒往代衣冠消玉
後名邦形勝扼吭餘雲中秋色盤雙鶴笛裡梅花起
夜漁嘆息坡翁稱過主鄉人唯説馬相如

仲秋望夕同高中白大行赤壁小集中白精於
易學席間爲余演卦賦贈　茅瑞徵
涼霄勝地一輪秋喜得逢君投轄遊何事成都問奇
秘還同赤壁踵風流樽前山水堪追賞卦裡陰陽貴
討求若會畫前元有易天根月窟總清幽

九日同諸友遊聚寶山
每逢佳節得追懽此日相携曙色闌三徑已看含菊
紫兩崖初見落楓丹坐深涼月侵衣薄人散堆雲抱
石寒盈把茱萸爲誰插醉來羞倩一彈冠

登將軍山絶頂
非關性僻耽丘壑何事猿騰絶頂過千嶺遥翻紅日
出萬松深護白雲拖雄圖爲説爭蠻觸猛氣驚看印
薜蘿崖上足趾宛然俗傳將軍跡滿眼巉巖烟霧冷好將談笑釋
干戈

赤壁同顧山人晚酌　劉文忠
移席江亭共倚欄西山又帶夕陽看霞栖斷岸波光
紫鶴繞霜枝月影寒津樹依微含鴈浦江潮落後見
漁灘蕭蕭歸騎孤城外明月芙蓉拜爾餐

出郊過赤壁用韻二律　袁希夔
春水縈隄緑帶横鳥歌烟柳變新聲步隨野老忙猶

緩癭感山僧病亦清江上入家多不俗巖阿挑李若
含情風和日永心無事一扶逍遥樂此生

又

也自媧皇割脏紅斷碑短草卧雄風更無作賦來團
練頼有留香接令公城角酣春青闘草湖心銷夏碧
栽筒故鄉山水前入蹟爲畫爲詩享受同

黄泥坂别鄧翁歸　王一翥

故舊沉冥想像中浮雲高舉棄幽叢耦耕春畝嗟長
別歸鳥寒條卜再逢登望赤潭帷澗草蹌踉黄坂信
東風微晨静女井窮處谿谷悲歌老婦同

九日登聚寶山　鄧雲程

寶山山畔一停車風雨歸來笑般盧赤脚紅雲僧送
酒斷巖絶磴鳥傳書教並愁髮垂垂白累劫名根漸
漸除唱晚踏莎舒老眼江湖留得幾樵漁

秋日飲赤壁　王址

赤壁登臨正及秋賞心展席對清流三分烏業孤城
在千古鴻名兩賦留誰復磯邊逢獨鶴自甘沙際狎
群鷗山間有月莫嫌小曾照遊人幾白頭

飲赤壁　王承祐

削成危磴瞰清流跨堞梯雲天際樓身在畫中難自
繪杯飛鏡裡不知愁貔貅未許爭赤壁翰墨何年識
古立千載幾人能作賦獨傳蘋子兩番遊

晚步赤壁偶成　吳升東

勝蹟依然念舊遊月光初放映江流石蹲虎豹行人
路帆掛東西過客舟兩賦碑從兵燹没千家烟共晚
霞浮坡公有夢如相待孤鶴横飛正暮秋

赤壁懷古二首　石城徐惺守憲

清秋爽氣滿江湖有客登臨興不孤落日正宜披老
掉寒雲且入米家圖山連隔岸烟巒出潮擁平沙暮
雁呼却憶前賢成韻事蒼凉作賦那能無

黄岡縣志

又

懷古當年迹未疎扁舟載酒莫躊躇錐然戰伐原非
此眼底江山總不殊斷壁任看天外鳥臨淵那羨水
中魚乾坤今昔同寥落放眼蒼茫只自如

登赤壁酹江亭三首　何古

酹酒江亭吊昔賢名山開創自坡仙謫來聲價黄州
重忌去文章青史傳亂後波濤催晚照蕭條烽火散朝
烟孫曹往事空鏖戰不敵先生賦兩篇

又

羽客何年去不歸白鷗烟艇望依稀雲深絶壑迷樵

徑水落前灘長釣磯古閣荒凉人已逸殘碑偃卧草
空肥登臨重話興亡憾搔首江天醉落暉

又

孤亭高厰四簷開無價江風正亂來掃石不容塵到
席盪胷好洗月盈杯舊時仙吏專風雅故國芳蹤半
草萊慚負泰平慳勝槩空教句浪洗蒼苔

赤壁懷古　樊維域

李白誰從秉燭遊樵青合在釣漁舟舉杯尚可邀明
月牽犢殊慙飲下流野服老于荷芰稱病容瘦共菊
花秋蟬聲聽得添嗚咽水落雲寒樹樹愁

寄邑侯董渭苑同年　樊維域

赤阜晴雲望渺茫江皐別路酒還香多君麥雉流風
遠愧我蓴鱸歸夢長書史嵗深藏苦葉烟霞心静慕
甘棠而今方重神明宰翹首飛鳧入帝鄉

赤壁即事　孫胤鴻

托足深林步落香藤崖挾道坐幽篁雲拶峭壁浮松
壑雨洗斜苔卧石牀散髮虬龍入夢鶴悲歌銅雀留
吹羌臨皐尚有佳山在不盡江聲晝夜長

孤鶴横江　孫錫蕃

楚水蒼茫萬頃東烟波山下釣竿同不流華表仙人
跡尚有錢塘處士風浮去山光連海外帶來雲影落
秋空若懷長嘯鳴星漢散入彫楓兩岸紅

舟泛赤壁　孫錫蕃

兵戈古渡斷荆蓁百戰東風一夜燐江水依然正則楚
秋山是處魯連秦策瑜推分喬公女吳魏原來漢代
人總為黄州蘋于地嘉魚赤壁未曾真

秋遊赤壁　孫錫蕃

漁歌欵乃動彫楓楚水吳山亂落紅年少兵籌青嶂
在秋空人影碧雲通二喬粉黛埋荒草兩賦文章繼
大風卧醉藤蘿迷古逕蕭條石磴聽飄蓬

報恩二殿落成　徐籀

峥嶸萬象出虛無曠刼長凭灝氣扶風動雲幡留後
句鳥啣仙果種層圖闡因半偈主天近悟徹三生指
月孤刼火已過輪奐美僧儀嚴寂唄音敷

安國寺唱和詩　楊兆傑

古刹新瑩翠欲浮奇逢整建俱難猶將軍金布身前
舍甲子籌旋運一遍隔岸烟溪閒野鹿閑閱香篆引
迷牛增頭老衲依稀識記得蓮池面已謀

又

老將佛根種福深護持是處理祇林放開慧眼誰非

憂了結前緣舊有心學士賦題連地古比丘飛錫隔
江臨六時衲子尋真際應有詩騷接梵音

又　洪周祿

荒草城南異昔時獨留頹寺帶殘碑何緣不日成金
碧想屬前生借護持塔影半欹寒月塢鍾聲遲度晚
煙潽江秋雨岸安禪地悲仰雲居法雨垂

又　揚允禎

香臺飄落毀蕭蒿前度人還續後勞捨宅姓名曾不
改塗丹歲月正週遭三神湧出金輪寶千佛飛來碧
海濤共指禪心誓安國麟圖獅座兩峯高

又　張仲經

花甲輪王六十週葦航僧寶一燈浮可知天大將軍
願恰為雲居道者留前後碧紗籠姓字癸興句社轉
熏修同圓印祖坡公月又桂臨皋古渡頭

又　汪煉南

蒼烟古寺倚城隈冊䑸初新勝地開環座水仍江漢
遠到門山舊武昌迴誰分羲宅人先後共許坡身世
往來不是三生重說法可輕諸佛出蓊苔

又　揚鍾秀黃岡令

禪開三楚最為先姓字遂符捨宅賢不有雕題傳戒
戒誰於因果判人天千峯兩掛如來笠百尺竿扶和
尚船奚事虎頭方丈畫却持金碧上凌煙

白燕詩　詹大衢

學禮競苑未敢捐一庭進退自同然傷予憔瘁先諸
弟怪爾清幽襯遠烟為有呢喃通素月恍留冰雪幻
今年紫泥句羽分新故儔對書窗待舞蹮

又　詹大衢

形同群乳色偏捐易白而生亦偶然立向梨花紅映
雪飛來蕉葉綠籠烟縞幃振羽踰三月舊棟成巢已
一年下上呢喃俱不辨冰霜徹骨獨蹁躚

黃岡縣志

遊龍山　孫錫蕃

霜秋短鬢颯風催此日咸平人再來藜扶尚留扶泰
岱胡麻著意還天台千巢鶴鸛眠星漢萬點舟青問
草萊莫謂深山曾閉戶杜陵多病獨登臺

重修安國寺　蕭昺

宿莽城隈闢梵林因緣不改夙生心龐公曾捨襄陽
宅須達重敷舍衛金久聽法幢啟嶺上猶聞宗韻大
江岑世間出世英雄寺總向蓮花國裏尋

五言絶句

黄州竹逕　唐 杜牧

竹岡蟠小徑屈折斸地來三年得歸去知遶幾千廻

送安節逕　宋 蘇軾

索漠齊安郡從來着放臣如何風雪裏更送獨歸人

宿黄州觀音院鍾樓上　黄庭堅

鍾鳴山川曉露下星斗濕老夫梳白頭滄何損簏集

黄州赤壁　元 丁鶴年

横槊英雄遠聞簫逸興長至今風月夜鶴夢遶黄岡

烟波亭　明 吳琳

漢水連天闊紅雲雙曉寒青青山數點正好倚欄看

黄州

日落清山遠光摇赤壁山無人說吳魏來往釣舟閒

至李坪驛始見竹筏上居民連亘三十餘家 五

隨流上下作筏治板行販　王世貞

何必問故鄉浮家任濃往一夜便風來盡呼鄰里去

入黄州

青山曳地行雙眼鼻端看此豈訛世人憐爲世人訛

赤壁懷古

來遊赤壁山不識鏖兵處山南片片雲飛來崖前拇

冬日過赤壁書所見二首　茅瑞徵

水落江全窄煙消山半晴漸看初月上鵲帶遠枝横

又

磯前浸寒月磯上留殘碣柳色漾晴沙閑鷗出還沒

過弘化庵四首

閑行郊外遊載酒山前寺幾處寒雲生雲卧入時至

又

蕉影横窗綠鍾聲引梵長坐看秋色老簾外月如霜

又

曲徑風敲竹前軒月轉廊此中栖託好清興得誰嘗

又

寒到清谿永長吟白社詩還同真率會剩有酒盈卮

閒步覺林寺　孫錫蕃

湖漲與雲平嵐光浮淺水禪林烏道閒高蹈幽人履

又

何處笑春亭結茅横古渡沙溪三五舟云是桃源路

寺壁望寒溪寺　寺即吳王避暑宮舊址　鄧雲程

寒灰消霸業騁望慨遺蹤隔岸吳宮是鐘聲雜晚春

題郡司馬重修赤壁　丘峙

山水自悠悠能幾知音者疇昔傳坡公今朝見司馬

七言絶句

黃州道中　唐崔鷗

莫愁微雨落輕雲十里長亭未埜巾流水小橋山下路馬頭無處不逢春

齊安郡後池　杜牧

菱透浮萍綠錦池夏鶯千囀弄薔薇盡日無人看微雨鴛鴦相對浴紅衣

齊安郡中偶題

兩竿落日溪橋上半縷輕烟柳影中多少綠荷相倚恨一時廻首背西風

赤壁

折戟沉沙鐵未銷自將磨洗認前朝東風不與周郎便銅雀春深鎖二喬

題橫江館

孫家兄弟晉龍驤馳騁功名業帝王畢竟江山誰是主苔磯空屬釣魚郎

偶見黃州作

朔風高緊掠河樓白鼻騧郎白罽裘有箇當壚明似月馬鞭斜揖笑回頭

赤壁　胡曾

烈火西焚魏帝旗周郎開國虎爭時交兵不用揮長劍已挫英雄百萬師

南堂五首　宋蘇軾

江上西山半隱堤此邦臺館一時西南堂獨有西南向卧看千帆落淺溪

暮年眼力嗟猶在多病顛毛却未華故作明窗書小字便開幽室養丹砂

他時雨後困移床坐厭愁聲點客腸一聽南堂新瓦響似聞東塢小荷香

山家爲割千房蜜稚子新畦五畝蔬更有南堂堪著客不憂門外故人車

掃地燒香閉閣眠簟紋如水帳如煙客來夢覺知何處挂起西窗浪接天

東坡

雨洗東坡月色清市人行盡野人行莫嫌犖确坡頭路自愛鏗然曳杖聲

李委吹笛

元豐五年十二月十九日東坡生日也置酒赤壁磯下踞高峰俯鵲巢酒酣笛聲起於江上客有郭石二生頗知音謂坡曰笛聲有新意非俗工也使人問之則進士李委聞坡生日作新曲曰鶴南飛以獻呼之使前則青巾紫裘要笛而已既奏新曲又快作數弄嘹然有穿雲裂石之聲坐客皆引滿醉倒委袖出嘉紙一幅曰吾無求於公得一絕句足矣坡笑而從之

山頭孤鶴向南飛載我南遊到九嶷下界何人也吹笛可憐時復犯龜茲

少年嘗過一村院見壁上有詩云夜涼疑有雨院靜似無僧不知何人詩也宿黃州禪智寺寺僧皆不在夜半雨作偶記此詩故作一絕

佛燈漸暗饑鼠出山雨忽來修竹鳴知是何人舊詩句已應知我此時情

次韻子瞻臨臯新葺南堂五絕　蘇轍

江聲六月撼長堤雪嶺千重過屋西一葉軒昂方斷渡南堂瀟散夢寒溪

旅食三年已是家堂成非陋亦非華何方道士知人意授與爐中一粒砂

北牖清風正滿床東坡野菜漫充腸華池自有醍醐味丈室仍聞薝蔔香

隣人漸熟容賒酒故客親留爲種蔬住穩不論歸有

日舡通何惠出無車

客去知公醉欲眠酒醒寒月隨江煙床頭復有三升
窖貧因相資恐是天

戲答陳季常寄黄州山中連理松枝　黄庭堅

故人折松寄千里想聽萬壑風泉音誰言五鬣蒼煙
面猶作人間兒女心

居子泉

雲夢澤南居子泉本無名字託人賢兩蘇翰墨相爲
重未刻屯山世已傳

次韻文潜立春

渺然今日望歐梅已發黄州首更回試問淮南風月
主新年桃李爲誰開

同次韻　晁補之

誰憐舊日青錢選不立春風玉筍班傳得黄州新句
法老夫端欲把降幡

九日赤壁懷故人　謝逸

滿城風雨近重陽無柰黄花惱意香雪浪翻天迷赤
壁令人西望憶潘郎

遊赤壁　王識

夢裡曾爲赤壁游月明孤鶴掠扁舟客中雖動秋波
恐爲戀名山亦少留

赤壁　李璧

赤壁危磯幾度過沙頭江上鬱嵯峨今人悞信黄州
是猶賴水經能正訛

秋日登赤壁二首　元張以寧

赤壁江寒葉漸稀黄泥坂静鷺斜飛洞簫聲裡當時
月應照千年化鶴歸

赤壁鏖兵迹已陳長公曾此寄閒身只今歲歲秋崖
下誰是扁舟泛月人

赤壁　龍仁夫

踣呂摧袁虎視眈曹瞞氣勢捲江南磯頭一霎東風
轉天下江山自此三

泊新生洲　明陶安

中流突起新生洲南岸猶稱下矮劉熟睡不須愁夜
雨晚看黄鶴立雲頭

過攔江磯即茶房石在陽邏江中

朝來東北好風生吹得雲帆似葉輕穩向攔江磯背
過怒濤噴薄不須驚

武磯山　無名氏

寂寞武磯山上揪蕭條邏皐水中天垂楊不管人間

事猶自青青西岸邊

過黄州赤壁　李東陽

江上兵回烈炬空都將成敗付東風千年赤壁無尋處辛苦英雄一戰中

赤壁　吳寬

西飛孤鶴記何詳有客吹簫楊世昌當日賦成誰與註數行石刻舊曾藏世昌綿竹道士與東坡同遊赤壁賦所謂吹洞簫者也

贈黄州守　李夢陽

黄州江北使君清赤壁山留萬古名黄州小兒騎竹馬來時相送去時迎

東坡　盧濬

梅影横斜雪影清縱然磽确也堪行於今筆硯知何在試聽池頭洗墨聲

登赤壁　蔡汝楠

干戈滿眼渡重關客路還登赤壁山誰似周郎年少日孤舟戰棹笑談間

浮翠亭　何遷

天畔孤亭背郭開楚宮風思此登臺千山秀色江中見一棹浮烟靄後來

齊安驛樓春眺　郭鳳儀

春風幾日到黄州碧柳綠蕪滿舊洲歘下層梯重回首水光山色共悠悠

夜宿蘇長公洗墨池亭戲作　趙貞吉

江空草綠酒旗風半醉黄州烟雨中五百年前曾洗墨依稀猶記雪堂東

舟中望赤壁　王世貞

越州蘭亭千載奇黄州赤壁今半之若使舟人不解説一拳頑石草迷離

三江口　吳國倫

孤舟落日下江閑夜聽江聲逝復還逆浪捲空摧赤壁黑雲將雨過樊山

赤壁　鄧楚望

周瑜東捷操西歸赤壁名存萬事非星月滿樓秋樹冷江天寂寞鵲南飛

次赤壁　陳文燭

東山月出最良宵學士風流久寂寥北去扣舷歌窈窕臨皋有客為吹簫

元旦出郭至栒山園觀梅　陶允宜

一年不到避喧堂庭竹蕭疎砌草荒幸有小梅三百樹春風無恙倚新粧

赤壁二首　易登瀛

山川相繆鬱蒼蒼人道西陵古戰場火後石痕存赭
色千年流水泣周郎

沙棠艤岸石嶙峋窈窕空懷膈水津欲起子瞻相借
問於今明月屬誰人

登弘化庵

荒凉野寺小山阿面挹江城景色多最喜四郊籬落
滿秋風禾黍聽農歌

赤壁四絶和易中丞　茅瑞徵

浪淘開山自五丁秋風凄瑟暮雲平赭圻赤岸千年
色猶有雄濤撼石城

武昌嘉樹繞江蒼劃破雲根闢勝場誰是當年龍戰
地漫勞刺艇問漁郎

蘭槳幾度探嶙峋便擬乘槎入漢津何處洞簫明月
夜曲終疑有弄珠人

百尺雕欄擁吹臺虬龍前突詫奇哉空山攜得鶯人
句搔首青天自引杯

和蘓韻迴文二首　孫徵鴻

寒來夜永風催葉壁破蟋吟月傍牀看送好音傳鴈
鳥遠天愁緒別迴腸

又

腸縈掛絮隨風舞信報雲箋數寄看牀透碧烟香韻
寂小窗書對漏聲寒

過玄妙觀舊舖　孫錫蕃

花竹清癯半畝居康成經柚遍荒蘆分明歲歲池塘
草風雨三更讀父書

詩餘

水龍吟　公舊註云閭丘大夫孝直公顯嘗守黃州作栖霞樓為郡中勝絶元豐五年予謫居黃正月十七日夢扁舟渡江中流回望樓中歌樂雜作舟中人言公顯方會客也覺而異之乃作此詞　宋蘇軾

小舟橫截春江臥看翠壁紅樓起雲間笑語使君
高會佳人半醉危柱哀絃艷歌餘響遶雲縈水念
故人老大風流未減獨回首烟波裏○推枕惘然
不見但空江月明千里五湖聞道扁舟歸去仍攜
西子雲夢南州武昌南岸昔遊應記料多情夢裡
端來見我也參差是

水調歌頭　快哉亭作

落日繡簾捲亭下水連空知君為我新作窗戶濕青紅長
記平山堂上欹枕江南烟雨杳杳沒孤鴻認得醉
翁語山色有無中○一千頃都鏡淨倒碧峰忽然

浪起撇舞一葉白頭翁堪笑蘭臺公子未解莊生天籟剛道有雌雄一點浩然氣千里快哉風

念奴嬌赤壁懷古

大江東去浪淘盡千古風流人物故壘西邊人道是三國周郎赤壁亂石穿空驚濤拍岸捲起千堆雪江山如畫一時多少豪傑　遥想公瑾當年小喬初嫁了雄姿英發羽扇綸巾談笑間檣櫓灰飛烟滅故國神遊多情應笑我早生華髮人間如夢一樽還酹江月

西江月黄州中秋

世事一場大夢人生幾度秋涼夜來風葉已鳴廊看取

眉頭鬢上　酒賤常愁客少月明多被雲妨中秋誰與共孤光把酒凄然北望

南鄉子重九涵輝樓呈徐君猷

霜降水痕收淺碧鱗鱗露遠洲酒力漸消風力軟颼颼破帽多情却戀頭　佳節若爲酬但把清樽斷送秋萬事到頭都是夢休休明日黄花蝶也愁

好事近送君猷

紅粉莫悲啼俯仰半年離別看取雪堂坡下老農夫淒切　明年春水漾桃花柳岸隘舟楫從此滿城歌吹看黄州闐咽

江神子公舊註云陶淵明以正月五日遊斜川臨流班坐顧瞻南阜愛曾城之獨秀乃作斜川詩至今使人想見其處元豐壬戌之春余躬耕於東坡築雪堂居之南挹四望亭之後丘西控北山之微泉慨然而歎此亦斜川之遊也

夢中了了醉中醒只淵明是前生走遍人間依舊却躬耕昨夜東坡春雨足烏鵲喜報新晴　雪堂西畔暗泉鳴北山傾小溪橫南望亭丘孤秀聳曾城都是斜川當日境吾老矣寄餘齡

哨遍公舊序云陶淵明賦歸去來有其詞而無其聲余治東坡築雪堂於上人俱笑其陋獨鄱陽董毅夫過而悅之有卜鄰之意乃取歸去來詞稍加隱括使就聲律以遺毅夫使家僮歌之時相從於東坡釋耒而和之扣牛角而爲之節不亦樂乎

爲米折腰因酒棄家口體交相累歸去來誰不遣君歸覺從前皆非今是露未晞征夫指予歸路門前笑語喧童稚嗟舊菊都荒新松晴老吾年今已如此但小窗容膝閑柴扉策杖看孤雲暮鴻飛雲出無心鳥倦知還本非有意　噫歸去來兮我今忘我兼忘世親戚無浪語琴書中有真味步翠麓崎嶇泛溪窈窕消消暗谷流春水觀草木欣榮幽人自感吾生行且休矣念寓形宇內復幾時不自覺皇皇欲何之委吾心去留誰計神仙知在何處富貴非吾願但知臨水登山哨咏自引壺觴自醉此生天命更何疑且乘流

遇坎還止

浣溪沙　十一月二日雨後微雪太守徐君猷携酒見過坐上作

覆塊青青麥未蘇江南雲葉暗隨車臨皋烟景世間無　雨脚半收簷斷綫雪林初下瓦踈珠歸來冰顆亂粘鬚

滿庭芳　中呂公舊序云元豐七年四月一日余將自黃移汝留別雪堂鄰里二三君子

歸去來兮吾歸何處萬里家在岷峨百年強半來日苦無多坐見黃州載閏兒童盡楚語吳歌山中友鷄豚社飲相勸老東坡　云何當此際人生底事來往如梭待閒看秋風洛水清波好在堂前細柳應念我莫剪柔柯仍傳語江南父老時與曬漁蓑

行香子

清夜無塵月色如銀酒斟時須滿十分浮名浮利休苦勞神似隙中駒石中火夢中身　雖抱文章開口誰親且陶陶樂取天真幾時歸去作個閒人背一張琴一壺酒一溪雲

臨江仙

九十日春都過了貪忙何處追遊三分春色一分愁雨翻榆莢陣風轉柳花毬　閬苑先生須自責蟠桃動是千秋不知人世苦厭求東皇不拘束肯爲使君留

以上三詞俱先生真蹟勒石赤壁

無題　醉書海棠橋上　秦觀

喚起一聲人悄衾冷夢寒窗曉瘴雨過海棠開春色又添多少　社甕釀成微笑半破椰瓢共舀覺傾倒急投床醉鄉廣大人間小

百字令　無題　滕賓

柳罩花困把人間恩怨樽前傾盡何處飛來雙比翼真是同聲相應寒玉嘶風香雲捲雪一串驪珠引元郎去後有誰著意題品　誰料獨羽清商繁絃急管猶自餘風韻莫是紫鸞天上曲兩兩玉童相並白髮

梨園青衫老傳試與留連聽可人何處滿庭霜月清冷

蝶戀花　偕董野二太守遊赤壁調　明虞甯

日浸江波波沒柳赤壁人家白蘋橫渡口偷閒載酒邀朋舊白鳥幾聲山影瘦　萬眼爭看三邑守緩棹歡歌惹薰風雨袖須信熊連到處有策勛各展經綸手

次韻　舒崑山

帆陰斜渡江邊柳官酒頻斟風味清人口神明太守思儂舊肯惜酡顏爲詩瘦　坐有中丞曾作守亦晚蘭舟共裊香連袖舟楫鹽梅公獨有調羹先試挈紅手

念奴嬌　赤壁舟中詠雪　張綖

中流鼓楫浪花舞正見江天飛雪遠水長空連一色使我吟懷逸發寒峭千峰光搖萬象四野人踪滅孤舟垂釣漁蓑真個清絕　遙想溪上風流悠然乘興獨棹山陰月爭似楚江帆影淨一曲浩歌空闊禁體詞成過屏酒熱把唾壺敲鋏馮夷驚道坡翁無此赤壁

黃岡縣志

表

左黃州表　唐元結

乾元己亥贊吾大夫左振出為黃州刺史下車黃人歌曰我欲逃鄉里我欲去墳墓左公入既來誰恐弃之去於戲天下兵興今七年矣淮河之北千里荒草自關以來海濱之南屯兵百萬不勝征稅豈獨黃人能使其人忍不云者誰曰不可頌乎後一歲黃人又歌曰吾鄉有鬼巫惑人人不知天子正尊信左公能殺之於戲近年以來以陰陽變怪鬼神之道罔上惑下得尊重于當時者日見數人黃之巫女亦以妖妄得蒙恩澤朝廷下問州縣惟其意公忿而殺之則波可誅戮豈獨巫女如左公者誰曰不可頌乎三遷侍御史判金州刺史將去黃黃人多去思故為黃人作表如左公世矣左公歷官及黃之門生故吏巫女事則南陽左公悉記之

黃州刺史謝上表　杜牧

臣某言臣奉某月日勅旨自某官授臣黃州刺史以其月日到任上訖臣某誠惶誠恐頓首頓首臣自出身以來任職使府雖有官業不親治人及登朝二任

皆忝臺閣優游無事止奉朝謁今者冢恩擢授刺史專斷刑罰施行詔條政之善惡唯臣所繫素不更練兼之愚昧一自到任憂暢不勝動作舉止唯恐罪悔伏以黄州在大江之側雲夢澤南古有夷風今盡華俗户不滿二萬税錢纔三萬貫風俗謹朴法令明具久無水旱疾疫人業不耗謹奉貢賦不爲罪惡臣雖不肖亦能守之然臣觀東漢光武明帝稱爲明主不信德教專任刑名二主相繼踰五十年當時以深刻刺舉號爲稱職治古之風廢俗吏之課高于此時循吏衛颯任延王景魯恭劉寬陳寵之徒止一縣宰獨

能不徇時俗自行教化唯德是務愛人如子廢鞭笞責削之文用忠恕撫字之道百里之内勃生古風凡遠褱皆時徇古非今王者公侯尚難其事豈一縣宰能移其俗此盖入爲治古之人法爲一時之法以治古之教教之即治古之人以一時之法齊之即一時之人國家自有天下以來二百三十餘年間專用仁恕每後刑罰是以内難外難作者相繼土地甲兵權柄號令盡非我有終能擒之此實恩澤慈愛入人骨髓俗厚風古不可動摇今自陛下即位以來重罪不殺小過不問普天之下蠻貊之邦有罪艱免一皆存血聖明睿哲廣大慈恕遠僻隱阨無不歡戴受十四聖之生育張二百四十年之基宇臣于此際爲吏長人敢不遵行國風彰揚至化小大之獄必以情恕孤獨鰥寡必躬問撫庶使一州之人知上有仁聖天子所遣刺史不爲虚受蒸其和風感其歡心庶爲瑞爲祥爲歌爲詠以裨盛業流乎無窮在臣心之則然豈材術之能及無任感激悃懇血誠之至謹奏

黄州謝上表　　宋王禹偁

臣雖近侍猶忝專城循省尤遺彌深感泣伏以黄州地連雲夢城倚大江唐時版籍二萬家税錢三萬貫

今人户不滿一萬税錢止及六千雖久樂昇平尚未臻富庶求言養活亦藉循良如臣庸愚曷副憂寄謹當勸求民莫遵奉詔條窒塞嚚訟之民束縛險猾之吏敢言課最庶免曠遺况當求理之朝必爲無言之政伏念臣叨司帝誥久歷周星况不曾上殿求見天顔又不曾拜章論列時事入直則閑閤侍制退朝則杜門著書雖每日起居寔經年抱疾不敢求假恐煩醫官自後忝預史臣司修實録晝夜不捨寢食殆忘已盡建隆四年見成一十七卷雖然未曾進御自謂小有可觀忽坐流言不容絶筆夫讒謗之口聖賢難

逃周公馮鴟鴞之詩仲尼有桓魋之歎蓋行高於人則人所忌名出于衆則衆所排自古及今鮮不如此伏望皇帝陛下雷霆震怒日月迴光鑒曾參之殺人祇寬投杼察顏回之盜飯或出如簧未令君子之道消惟賴聖人之在上況臣孤貧無援文雅修身不省附離權臣祇是遵逢先帝但以心無苟合性昧隨時出一言不愧於神明議一事必歸於正直倔於群小誣有謗詞謀及鄉士豈無公論以至兩朝掌誥四任詞臣紫垣最㕘於舊人白首不離於郎署以微臣之行己遇陛下之至公久當辯明未敢伸理今則上國千里長淮一隅雖云守土之榮未免謫居之嘆霜摧風駁芝蘭之性於杳日遠天高葵藿之心未死仰望楓宸不勝涕淚

到黃州謝表　蘇軾

臣軾言去歲十二月二十九日準勅責授臣檢校尚書水部員外郎充黃州團練副使本州安置不得簽書公事臣已於今月一日到本所訖者狂愚冒犯固有常刑仁聖矜憐特從輕典赦其必死許以自新祇服訓辭惟知感涕中謝伏念臣早緣科第誤忝縉紳親逢睿哲之興遂有功名之意亦嘗召對便殿考其所學之言試守三州觀其所行之實而臣用意過當日趨于迷賦命衰窮天奪其魄叛違義辜負恩私茫如醉夢之中不知言語之出雖至仁屢赦而衆議不容案罪責情固宜伏斧鑕于兩觀推恩屈法猶當禦魑魅于三危豈敢尚玷散員更叨善地投畀麏鼯之野保全樗櫟之生臣雖至愚豈不知幸此蓋伏遇皇帝陛下德刑並用善惡兼容欲使法行而知恩是用小懲而大戒天地能覆載之而不能容之于度外父母能生育之而不能出之死于中伏惟此恩何以為報惟當蔬食沒齒杜門思愆深悟積年之非永為多士之戒貪戀聖世不敢殺身庶幾餘生未為棄物若獲盡力鞭箠之下必將捐軀矢石之間指天誓心有死無易

代倉部知黃州謝表　呂祖謙

提邊符而乘障愧非禦侮之材佩郡紱以長民莫稱承流之寄撫躬跼蹐蒞事凌兢中謝竊以宋萬國之輿圖大一王之統御地分遠邇之別政有先後之差蓋牧守必得夫循良則群黎庶底乎康乂睠惟小壘介于長淮雖事簡而俗醇寔望輕而責重登覽故跡多名勝謳味之餘參攷前聞亦豪傑驅馳之舊肆求

共理必簡畀能如臣者樸拙孤踪凋殘遺族寘心造
化已絶意于紫青屈首簿書第研精于朱墨偶濫膺
于論薦遂誤畀于藩宣自揣庸虚難為補塞此蓋伏
遇皇帝陛下錫天勇智受命溥將日月光華悉任照
臨之下乾坤高厚咸歸覆燾之中凡兹銅虎之司尤
謹玉關之戍魯何疏賤亦預選掄臣敢不宣布詔條
輯寧閭里挈缾守器誓保于封陲毀厄盡邊敢墜
縻于廪禄

遵諭陳言疏　　曹本榮

奏為勤聖學以為祈天永命之基定綱紀以為創
業垂統之法敬抒葵藿用効芻蕘事臣竊睹數
月以來水旱游臻星辰失次有許諸臣直陳方
略之旨甚盛心也臣伏思
皇上親政以來良法美意固已漸見施行嘉謨嘉猷
亦且臚列入告矣而猶歲饑星變頻上天之仁
愛者何歟誠以
皇上有天縱之資而聖學未講國家當更化之際而
紀綱未張此所以未足致天祥而召和氣也何

黃岡縣志

謂聖學古之帝王撫方夏而擴大寶未有徒持
性生者有精一之訓焉有敬義之誠焉無荒無
怠罔游罔畋其所以慎修其身者至矣猶必躬
攬萬幾日接群臣晝考夜訪不敢暇逸非以為
繇節也良以小民難保天位惟艱下如是罔以
知生民之休戚四方之利弊爾今
皇上得二帝三王之統則當以二帝三王之學為學
有百年必世之心則當以百年必世之法為法
誠宜開張聖聽修德勤學舉凡四書五經及通
鑑中有裨身心要務治平大道者内則深宫燕

閒朝夕討論外則經筵進講敷對周詳務期坦白洞悉淵切著明從此設誠而制行自當盡美而又盡善君德既就天命自相與流通矣此臣之所謂勤聖學以爲祈天永命之基者此也何謂紀綱古之帝王設官建典共代天工經綸萬物者有講尊啟沃之勤分職宣猷者有政治刑教之實其爲朝廷悉心畢慮皆經國之至計非簿書之末圖良以君臣一體詳要相關不如是無以坐論起行佐治邦國尔今

皇上開天肇造舉錯規模皆當爲聖子神孫計深慮遠

一用人也何以旌別懲勸使獎廉而禁貪一理財也何以樽節愛養使藏富而足用刑罰之重輕何以爲折民之典制度之文質何以偕一代之規誠宜早定經制重政本以一機務之權衡嚴奉行以責綜覈之實效

皇上無忘兢兢業業屢省乃成凡一切章奏事宜必須接見輔弼大臣商確定奪如治絲之有紀如提綱之挈領從此主德有積精之益朝廷收明作之功經制一定子孫得以世世遵守矣此臣之所謂定紀綱以爲創業垂統之法者此也臣詞臣也忠切于心義行于色惟思

皇上建不拔之業卜無疆之休誠恐圖治之急務或有忽而不講故舉祈天創業之大者冒昧上陳不敢以瑣屑一二條目仰瀆天聽也

疏

乞旌表祖母苦節疏

明牛若麟

臣若麟謹奏爲聖世褒幽最切祖母苦節堪憐懇乞聖慈俯賜旌表用慰孤貞以廣皇仁以隆孝治事臣若麟竊惟激勸表揚朝廷馭世之禮制忠孝節義臣子立身之防維有禮制而後有紀綱有防維而後有風俗此帝王鼓舞一世之大機也我皇上聖神天縱止孝止仁自御極以來凡攸關綱常名教雖細必矜無微不録一時大小臣工無不砥礪勸勉以觀德化之成而恐有負於堯舜之世況奇行苦節如臣祖母

保遺可泣鬼神矢志軏同天地言之神愴思之淚兩能不嘔心灑血爲我皇上陳之臣祖父牛斗承襲祖職授湖廣黃州衞指揮同知世沐國恩捐糜莫報乃以急公糧運積鬱積勞而病且死傷哉於時祖母陶氏僅踰笄忽當異變不但自計一死而家人亦拚臣祖母勢不獨生臣父牛拱極孕腹中止兩月耳一時倉皇涕泣莫知所爲獨臣曾祖母力爲解慰曰汝產男耶牛氏有祀女耶死未晚也臣祖母少悟每於風霆震怒之際望空泣訴雖夜必興曰天不絕牛氏一脈亦當轉女成男俯地叩頭聲聞於外里人知之者爲之寒心至期當產臣祖母恐未必生男陰備殯殮之具蓋前時之強忍自護者實非貪生此際之從容就義者誓在必死矣幸而皇天俯憐獲生臣父家庭戚里皆爲加額感傷至一週臣父佈痘危險甚幾不可起醫人觀之者掉臂不顧臣祖母搶地碎首昏懣復甦次晨臣父忽有起色若神助醫驚異之痘已病脾乳漿不能入口臣父或一匕一器或并日一食臣祖母亦一食再食而不能下咽也臣父七歲求師臣祖母訓誨愈切辨色則促之就館暮歸則督課於臣祖父主前背誦如流始命就寢赴館後臣祖母屬

內戚之賢者往瞰之稍有弗若家訓者未嘗不朴責而繼之以泣也里中紳士知臣祖母之賢欲爲聯姻而臣母陳氏實與斯擧臣祖母莫知所從焚香告天曰牛氏再傳之後一綫之脉全係諸此願憐而明告之卜臣母凡叶吉者三遂定盟納采及臣父成婚禮臣母事臣祖母備極孝養臣祖母性毅烈竟日整襟危坐不輕笑語治家清嚴以古賢母自任臣母侍立不敢少懈命之坐乃敢坐也家雖食貧歲不登寧儉於飲食而臣父師友之費未嘗惜焉稍不給即脫簪珥以爲供至臣父欲襲祖職時則無其資矣旁求之

親友終無應者臣祖母傾金五十兩泣投臣父曰汝父遺也此與汝併相爲命初念留此正爲今日地否則世職無繇得襲矣臣父泣而受之始得襲受祖職理學先臣耿定力定向題其堂額曰千秋閒節曰節艱撫遺一時闔郡公舉響應皆同臣祖母猶謂臣父曰婦人撫孤守節是自家本分內事何必令官府知道是臣祖母尚不欲有身後之名而臣若麟愈不覺增生前之淚矣傷哉臣祖母也臣痛之猶不能言之也臣言之猶不能盡之也計臣祖母苦節四十年而以積慘病終其間奇窮異困酸辛備嘗臣祖母卒而

臣尚未生也臣讀書祖母位前一思及此輙嗚咽不已臣妹幼時恒聞之臣語臣妹以臣祖母苦節之故後臣妹適臣妹壻洪有奇踰年而早卒臣妹求死再四其姑勸諭之云汝青年自宜再適何自苦臣妹應之曰此亦恒情但恐死後無面見我祖母耳遂痛哭益甚血淚淋漓而死臨終時語臣曰今可葬我於祖母之側矣臣一痛幾至傷生雖臣妹柏舟矢志出自性成亦臣祖母之奇行苦節默有以風之也臣伏讀
大明會典一欵凡民間孀婦三十以前夫亡至五十以後不改節者旌表門閭又查辛未刑部進士鞏焴循例乞恩一疏爲母諸氏舉節建坊壬戌禮部進士夏時亨爲祖母夏侯氏生母石氏繼母王氏舉雙節俱蒙皇上恩允臣事與例合而臣祖母精誠感格尤於苦節中爲人所難臣妹牛氏仰承祖母之風竟殉始終之義血心不泯至性難忘臣是以反本呼天特抒積痛我皇上以孝治天下闡揚之典幽隱不遺臣水木恩深情難緘默不控於我皇上之前而不忍安也伏乞勅下禮部轉行本處撫按衙門炤例旌表不敢上煩國計准臣備資自行建坊則九原之下臣祖母率臣妹相與申嵩祝於億萬斯年而臣若麟此後

犬馬之身益盡瘁而不能自已矣

國朝

請乞終養疏　王澤弘

奏爲祖年衰老病篤家庭侍養無人泣陳苦衷懇
賜終養以盡子情事臣以菲材仰荷
國恩備員侍從雖日供職業尚不能報効萬一何敢以烏鳥私衷冒昧上奏乃有至廹至苦之情不得不哀鳴於我
皇上之前者臣祖父崇擢祖母周生子三人臣父用予居長戊辰通籍忝列詞臣不幸於順治三年見

背臣母又於五年病亡次叔生員用吉李叔舉人用世復相繼俱亡是臣祖父母有子而無子所相依爲命者在臣長孫耳臣於本年八月二十九日家人劉應旹來得祖父口授家報自春徂夏病卧不起每日飲食執箸代進而痰涎莫止祖母以祖父卧病憂勞益復衰耗欲臣急歸早見一面等語臣一聞此信五内崩碎臣竊伏自思家世清貧少失乳祖父母乞乳含哺度臣殘喘及臣父母早喪家計中落臣更苦病祖父母曲爲存活而臣始得至今日是臣賴祖父母以養育又賴祖父母以成

立如此其勤劬也今祖父年八十有四祖母年八十有五而臣不能奉養臣將何以爲子即久居京華邀榮食祿豈不上負

皇上教養之恩而下爲人類所棄絶哉臣讀晉書李密爲祖母劉陳情後世哀憐讀者隕涕臣之遭際更甚於此臣伏查會典凡父母老疾户内别無以次人丁者許親身面奏終養臣父既喪臣爲承重孫其至情實與相合臣復查原任編修王舜年原任撰文中書舍人吴鶴祥因母老病請歸省養皆蒙

俞允臣思此二臣者尚有母以養祖今臣併無父母祖父抱恙奉事無人情更迫切伏乞

皇上俯鑒苦情

勑部議覆使臣得星夜旋里一見祖面則一堂團聚之日皆臣祖孫仰誦

天恩之日也臣年力方壯涓涘矢報歲月正長惟我

皇上矜宥焉臣無任激切惶悚之至爲此具本謹具

奏　聞奉

旨吏部察例具奏

啟

黄州還回太守畢仲遠啟　宋蘇軾

五年嚴譴已甘魚鳥之鄉一行生還復與縉紳之求婁將通問輒復自疑方兹入境之初遽已誨音之辱披緘驚眩撫己汗惶恭惟某官師帥斯民表儀多士道德龔黄之右牢圄坐空風流王謝之間嘯歌自得豈特居人之安堵固將遷客之忘歸路轉湖陰益聽風謡之美神馳舲下如聞謦欬之音瞻詠實勞褻宣罔既

上直指擬赤壁賦啟　明茅瑞徵

竊念某本晉儒濫竽巖邑蚤歲頗餞情乎翰藻適年竟奪志於鉛槧几席湖山湯盟先憂之誼留連魚鳥未諧與衆之懽非悔雕蟲寔慚叨牧至如登高作賦尤爲文苑所難北地詞宗曾向洞庭留仲子鱗晳匠止因錦帶名篇乃猶遜作者於前人况敢效賡和於下里受簡莫知所措操觚勉竭鈍思將補綴宮商庶竊比彈絲品竹豈提衡風月能巧摸碧水丹山或大雅自不廢疇咨旁求蠡測而曲學祇興議蕪陋罔佐鴻裁虔冞台嚴省躬惶汗

書

與西陽合孔德琰　晉應璩

嘉來禎祥惟日未久下圖飛蝗一旦至止知恤蒸庶念存良苗親發赫斯爰整其旅駘背皓首奔走道路旌表曜日鼉鼉雷動以此掃敵必將席捲况於微虫能無驚駭卓茂治密魯恭在中牟時雖有災未若斯勤亦猶子賤鳴琴巫馬出入勞逸有殊立功惟一重雲比興下降靈雨麗此二災憂心忡惙逐蝗之道敢聞命矣不審致攘將以何物

黃州上文潞公書　宋蘇軾

軾再拜孟夏漸熱恭惟晉守太尉執事台候萬福承以元功正位兵府備物典冊首冠三公雖曾孫之遇絕口不言而金縢之書因事自顯真古今之異事聖朝之光華也有自京師來轉録所賜書教一通行草爛然使破甑敝帚復增九鼎之重軾始得罪倉皇出獄死生未分六親不相保然私心所念不暇及他但顧平生所存名義至重不知今日所犯爲已見絕于聖賢不復得爲君子乎抑雖有罪不可赦而猶可改也伏念五六日至於旬時終莫能決輙復彊顏忍耻歸鄙陋之詞道疇昔之眷以卜於左右遲辱還答恩禮有加豈非察其無他而恕其不及亦如聖天子所

以貸而不殺之意乎伏讀洒然知其不肖之軀未死之間猶可洗濯磨治復入于道德之場追申徒而謝子產也軾始就逮赴獄有一子稍長徒步相隨其餘守舍皆婦女幼稚至宿州御史符下就家取文書州郡望風遣吏發卒圍船搜取老幼幾怖死既去婦女恚罵曰是好著書書成何所得而怖我如此悉取燒之比事定重復尋理十亡其七八矣到黃州無所用心輙復覃思于易論語端居深念若有所得遂因先子之學作易傳九卷又自以意作論語說五卷窮苦多難壽命不可期恐此書一旦復淪沒不傳意欲寫

數本晉人間念新以文字得罪人必以爲凶衰不祥之書莫肯收藏又自非一代偉人不足託以必傳者莫若獻之明公而易傳文多未有力裝寫獨致論語說五卷公退閒暇一爲讀之就使無足取亦足見其窮不忘道老而能學也軾在徐州時見諸郡盜賊爲患而察其人多凶俠不遜因之以饑饉恐其憂不止于竊攘剽殺也輙草其具事上之會有旨移湖州而止家所藏書既多亡軼而此書本以爲故紙糊籠篋獨得不燒籠破見之不覺憫然如夢中事輙録其本以獻軾廢逐至此豈敢復言天下事但惜此事粗有

益於世既不復施行猶欲公知之此則宿昔之心掃除未盡者也公一讀訖即燒之而已黃州食物賤風土稍可安既未得去去亦無所歸必老於此拜見無期臨紙於邑惟冀以時爲國自重

與章子厚參政書

軾頓首再拜子厚參政諫議執事去歲吳興謂當再獲接奉不意倉卒就逮遂以至今即日不審台候何似軾自得罪以來不敢復與人事雖骨肉至親未肯有一字往來忽蒙賜書存問甚厚憂愛深切感嘆不可言也恭聞拜命與議大政士無賢不肖所共慶快

然軾始見公長安則語相識云子厚奇偉絕世自是一代異人至於功名將相乃其餘事方是時應軾者皆憮然今日不獨爲足下喜朝之得人亦自喜其言之不妄也軾所以得罪其過惡未易以一二數也平時惟子厚與子由極口見戒反覆甚苦而軾強狠自用不以爲然及在囹圄中追悔無路謂必死矣不意聖主寬大復遣視息人間若不改者軾真非人也來書所云若痛自追悔往咎清時終不以一眚見廢此乃有才之人朝廷所惜如軾正復洗濯瑕垢刻磨朽鈍亦當安所施用但深自感悔一日百省庶幾天地

之仁不念舊惡使保首領以從先大夫於九泉足矣軾昔年粗亦受知於聖主使少循理安分豈有今日追思所犯真無義理與病狂之人蹈河入海者無異方其病作不自覺知亦窮命所迫似有物使及至狂定之日但有慚耳而公乃疑其再犯豈有此理哉然異時相識但過相稱譽以成吾過一旦有患難無復有相哀者唯子厚平居遺我以藥石及困急又有以收恤之真與世俗異矣黃州僻陋多雨氣象昏昏也魚稻薪炭頗賤甚與窮者相宜然軾平生未嘗作活計子厚所知之俸入所得隨手輙盡而子由有七女

債負山積賤景皆在渠處未知何日到此見寓僧舍布衣蔬食隨僧一餐差為簡便以此畏其到也窮達得喪粗了其理但禄廩相絕恐年載間遂有饑寒之憂不能不少念然俗所謂水到渠成至時亦必自有處置安能預為之愁煎乎初到一見太守自餘杜門不出閒居未免看書惟佛經以遣日不復近筆硯矣會見無期臨紙惘然冀千萬以時為國自重

與司馬溫公

謫居窮陋如在井底皆不知京洛之耗不審邇日寢食何如某以愚昧獲罪咎自已招無足言者但波及左右為恨殊深雖高風偉度非此細故所能塵垢然某思之不啻芒背爾寓居去江無十步風濤烟雨曉夕百變江南諸山在几席下此幸未始有也雖有窘乏之憂顧亦布褐藜藿而已瞻晤無期臨書惘然伏乞以時善加調護

與滕達道

某到黄後聞公初五日便發由信陽路赴闕然數日如有所失也欲便歸黄州又雨雪間作向僧房中明窗下撫數塊熟炭讀前漢書及太子傅贊深愛之又復數過如班孟堅非庸人也方感歎中而公書適至意思豁然稍晴暖當陽邏江上放舟還黄也

答秦太虚

軾啓五月末舍弟來得手書勞問甚厚日欲裁謝因循至今遞中復辱教感愧益甚比日履茲初寒起居何如軾寓居粗遣但舍弟初到筠州即喪一女子而軾亦喪一老乳母悼念未衰又得鄉信堂兄中舍九月中逝去異鄉衰病觸目悽感念人命脆弱如此又承見喻中間得疾不輕且喜復健吾儕漸衰不可復作少年調度當速用道書方士之言厚自養練謫居無事頗窺其一二已借得本州天慶觀道堂三間冬至後當入此室四十九日乃出自非廢放安得就此太虚他日一為仕宦所縻欲求四十九日閒豈可復得耶當及今為之但擇平時所謂簡要易行者日夜為之寢食之外不治他事但滿此期根本立矣此後縱復出從人事事已則心返自不能廢矣此書到日恐已不及然亦不須用冬至也寄示詩文皆超然勝絶亹亹焉來逼人矣如我輩亦不勞逼也太虚未免求禄仕方應舉求之應舉不可必竊為君謀宜多著書如所示論兵及盜賊等數篇但似此得數十首當卓然有可用之實者不須及時事也但旋作此書亦

黄岡縣志

不可廢應舉此書若成聊復相示當有知君者相喻此意也公擇近過此相聚數日說太虛不離口莘老未嘗得書知未暇通問程公闢須其子履中哀詞軾本自求作今豈可食言但得罪以來不復作文字自持頗嚴若復一作則決壞藩墻今後仍復衮衮多言矣初到黄廩入既絶人口不少私甚憂之但痛自節儉日用不得過百五十每月朔便取四千五百錢斷為三十塊掛屋梁上平旦用畫叉挑取一塊即藏去叉仍以大竹筒別貯用不盡者以待賓客此賈耘老法也度囊中尚可支一歲有餘至時別作經畫水到

渠成不須預慮以此胸中都無一事所居對岸武昌山水佳絶有蜀人王生在邑中往往為風濤所隔不能即歸則王生能為殺雞炊黍至數日不厭又有潘生者作酒店樊口棹小舟徑至店下村酒亦自醇釅柑橘椑柹極多大芋長尺餘不減蜀中外縣米斗二十有水路可致羊肉如北方猪牛麞鹿如土魚蟹不論錢岐亭監酒胡定之載書萬卷隨行喜借人看黄州曹官數人皆家善庖饌喜作會太虛視此數事吾事豈不既濟矣乎欲與太虛言者無窮但紙盡耳展讀至此想見掀髯一笑也子駿固吾所畏其子亦可

喜曾與相見否此中有黄岡少府張舜臣君其兄堯臣皆云與太虛相熟兒子每蒙批問適會葬老乳母今旬當作墳未暇拜書歲晚苦寒唯萬萬自重李端叔一書託為達之夜中微被酒書不成字不罪不罪不宣軾再拜

與范子豐

臨皐亭下不數十步便是大江其半是峩嵋雪水吾飲食沐浴皆取焉何必歸鄉哉江山風月本無常主閒者便是主人問范子豐新第園池與此孰勝所不如者上無兩稅及助役錢耳

與陳季常

叠辱來貺且喜尊體已全康復然不受盡言遂欲聞公何也公養生之效歲有成績今又示病彌月雖使皐陶聽之未易平反公之養生正如小子之圓覺可謂害脚法師鸚鵡禪五通氣球黄門妾也至禱

荅畢仲舉

軾啓奉別忽十餘年愚瞽頓仆不復自比於朋友不謂故人尚爾記録遠枉手教存問甚厚且審比來起居佳勝感慰不可言羅山素號善地不應有瘴癘豈歲時適爾既無所失亡而有得於齋寵辱忘得喪者

是天相子也僕既以任意直前不用長者所教以觸罪居然禍福要不可推避初不論巧拙也黃州濱江帶山既適耳目之好而生事百須亦不難致蚤寢晚起又不知所謂禍福果安在哉偶讀戰國策見處士顏觸之語晚食以當肉欣然而笑若觸者可謂巧於居貧者也菜羹菽黍差饑而食其味與八珍等而既飽之餘芻豢滿前唯恐其不持去也美惡在我何與於物所云讀佛書及合藥救人二事以為閒居之賜甚厚拂書舊亦嘗看但闇塞不能通其妙獨時取其粗淺假說以自洗灌若農夫之去草旋去旋生雖若

無益然終愈於不去也若世之君子所謂超然玄悟者僕不識也往時陳述古好論禪自以為至矣而鄙僕所言為淺陋僕嘗語述古公之所談譬之飲食龍肉也而僕之所學猪肉也猪之　龍則有間矣然公終日說龍肉不如僕之食猪肉實美而真飽也不知君所得於佛書者果何耶為出生死超三乘遂作佛乎抑尚與僕輩俯仰也學佛老者本期於靜而達靜似懶達似放學者或未至其所期而先得其所似不為無害僕常以此自疑故亦以為獻來書云處世得安隱無病粗衣飽飯不造冤業乃為至足三復斯言

感歎無窮世人所作舉足動念無非是業不必刑殺無罪取非其有然後為冤業也無緣面論以當一笑而已

與參寥子

覽太虛題名皆予昔日遊行處閉目想之了然可數始予與辯才别五年乃自徐州遷於湖至高郵見太虛參寥遂載與俱辯才聞予至欲扁舟相過以結夏未果太虛參寥又相與適越云秋盡當還而予倉卒去郡遂不復見明年予謫居黃州辯才參寥遣人致問且以題名相示時去中秋不十日秋潦方漲水面

千里月出房心間風露浩然所居去江無十步獨與兒子邁棹小舟至赤壁西望武昌山谷喬木蒼然雲濤際天因錄以寄參寥使以示辯才有便至高郵亦可錄以寄太虛也

與言上人

去歲吳興倉卒為别至今耿耿謫居窮陋往還斷盡遠辱不遺尺書見及感怍殊深比日法體佳勝扎翰愈精健詩必稱是不蒙見示何也雪齋清境發於夢想此間但有荒山大江修竹古木每飲村酒醉後曳杖放脚不知遠近亦曠然天真與武林舊遊未易議

優劣也何時會合一笑唯萬萬自愛

與蘓黃州　　秦觀

自聞被旨入都遠近驚傳莫知所謂遂扁舟渡江北至吳興見陳書記錢主簿具知本末之詳以先生之道仰不愧天俯不怍人內不愧心某雖至愚亦知無足憂者但慮道途頓撼起居飲食之失常是以西鄉憫憫有兒女子之懷殆不能自克也比聞行李已達齊安燕居僧居水飲蔬食有以自適然後私所念慮一切具亡且知平時有望於先生者為不謬矣彼區區所謂外物者又何足為左右道哉本欲便至齊安

屬久離侍下未可遠適問道或在秋抄也惟親近藥餌方書以節宣和氣臨紙於悒不盡所懷又宋人云蘓黃州雖不得書然昨蘓子由著作過此又南來士大夫具云在黃甚能自處了不以遷謫介意日但杜門蔬食誦經讀書而已昔之論者常患其才高太銳今日之事乜足以成其盛德也

與郭桐岡　　明王廷陳

廷陳謹啓桐岡先生僕於左右輙有所薦章君候聽之家有居門下者施生兩泗上人也能琴琴能自合材質由膠漆徽軫以上不一假他手古今人所為曲操彼誦之曰是可絃輙譜而被之五音不爽能書書兼真行艸八分文能漢楷能篆剞能雜畫数者雖未

臻妙善然其品不下矣能吳謳謳能為疾響為慢聲其疾也則激烈悲壯若劍客互擊瞋目而語難忽然為慢則闡綫婉媚如孽膢病姬隱呻濺訢欲盡而不能予每傾耳而聽之未嘗不怪其宮徵之暗移歡戚之驟遠也其最奇者則於方寸之楮作小楷數十點畫不淆體裁各具於粒麻之上宛轉書之成五言詩一絕即有烱眸非極視專瞪数拭屡翕蓄而後張不可得其髣髴誠文囿之絕伎生平之未覩也僕見古昔丸奕庖削之流皆得專精於記籍亟賛於聞人比君子下逮之仁曲成之誼也況生所能乃儒術之支

裔學士之旁暢乎即其人跌宕負氣澹泊寡營覊控莫施踈逸近達雖無典學之績而玅性資之合雖在韋索之賤而藴紳佩之器雖被泥滓之跡而勵振刷之操雖寡儋石之儲而絕慍怨之色至於負俗之謗時時有之人不以病生生亦自謂不病也然則僕之禮之獨以其能哉僕於暇日扵後二藝而令為之知其非妄兹不敢蔽乃以所為敬致記室一以明慧匠之末乏一以證吾言之不虗我侯多材藝而好奇其扵此子必有鑒賞矣

賛

東坡先生真贊　　黃庭堅

子瞻堂堂出于峩眉司馬班揚金馬石渠閣士如墻上前論事釋之馮唐言語以爲階而投諸雲夢之黃東坡之酒赤壁之笛嬉笑怒罵皆成文章解羈而歸紫微玉堂子瞻之德未變于初耳而名之曰元祐之黨放之珠厓儋耳方其金馬石渠不自知其東坡赤壁也及其東坡赤壁不自知其紫微玉堂也及其紫微玉堂不自知其珠厓儋耳也九州四海知有東坡東坡歸矣民咲且歌一日不朝其間容戈至其一丘一壑則無如此道人何

黃岡縣志卷之六

藝文志下

黃岡論　　明王一鳴

黃岡憑大江維漢盖江漢之間一都會也其俗剽猾易發怒地薄寡于積聚語在太史公貨殖傳中衰末志稱黃岡淳質多儉約地有漁稻之利農惰而田事不修蘇子瞻云山水清遠土風厚善其民寡求而不爭其士靜而文朴而不陋尊德樂道獨異於他邦此其大較然也我國家休明之政積而百年孝武之際戶口豐實民重為姦晚近世則不然姦猾時時相為姦東南濱江大水為害西北抵黃安深箐草莽盜賊潛伏乃攫金於市不問白日矣即傭保雜作里巷之間時時有之郡縣偵卒借兇之兵者也出里而償貰盜之糧者也耕夫起微細旦夕以饘粥自勞耳伍伯喧呼雞豚為盡乃黠民乘之肺石相望語浮於事十卒八九胥吏判案苞苴萬一不免蓋其民以耕與他業半而其田地以饒瘠半獨其在琵寶號孔道故其民日車馬前驅無已時又悉釀其租稅而為諸賓客酒糈之歡豈不日疲即士之養購鞠臚無已時俗日至於奢不可卒返夫農不出則乏其食工不出則

之其事商不出則三寶絶虞不出則財匱少以剽猾
之民守濕束之法揔奢侈之柄移動搖之俗寧無政
教發徵期會豈但已哉為民父母其於疾苦不廢煦
喣過弊之所在一諷不再決立斷不復剖以武健治
之可也因述其所為大概稍稍撰次備採訪焉夫人
情玩愒漏網吞舟即不可使見末世之民恐當鷹擊
治之者矣而惟士為差賢弘治之後士益尚古文辭
即其稱博士之業于楚斯盛即一二陰賊鷙悍者持
人陰事是遊俠者耶北望光蔡南盡樊山東抵浠水
皆平衍之境惟西北大江是謂天塹三江口以一偏

偏將軍提數千舟師守之而所居在城南去三江口
數十里而進是不可不議守也東絃田與水半慕義
十田而八永寧安五重中和皆瘠土還和永寧庶幾
沃壤畫一之政正今日所亟講者焉中和鄉故盜藪也
嘉靖間稜戮無遺今寧無遺孽也至五重庶安亦時
時伏里巷為盜胥徒相因緣為姦當事者仰屋竊嘆
而已民固刁悍不束於法其登肺石者比比也至對案
之語語不可了吏皆得金錢上下其事畫地刻木當
不信耳家無擔石一擲十萬民多至於窮而盜賊比
肩而立其故蓋出於此郡縣之所攝吏卒不下數十

百而其副蓋數倍焉猶之倀也即見有縲絏者無不
思魚肉者十人而見之十人而魚肉之也富民出金
錢貸里巷之人毋錢皆生子錢至倍不止多破家以
從天下熙熙攘攘蓋謂今日者哉東至後湖河泊湖
南盡樊口武昌山西至望磯窩湖北盡鬼神垸
為龜石是為黃岡廂黃岡僻處無三吳之觀無晉趙
之疆無齊魯之文其民亦自介介不越大義人士皆
好學一切修古文辭圖不朽之業即日夜所為側弁
而哦者何可勝數何莫非其醇謹而文彩者焉陽邏
居山川聚處設驛通南北往來北抵中和鄉感化畈

西抵大江南抵汪家鋪東抵樟松湖此亦一區也陽
邏在趙宋為重鎮夏貴能以死守之伯顏不得東宣
董董耶今日之民多浮薄陰悍其勢不得不至盜即
往歲所覆三十餘家聞其居半舟船遊於荊鄂浮於
沅湘出沒去來如風雨鬼神卒為大奸人莫可測何
哉吾不知陽邏所終也出東門至五里墩三台河路
口併南攤陀口諸湖龍家渡魚博橋抵蘄水大河為
界魚博橋曲轉峰火山獨寺山雷公嘴迴龍山崩巷
長嶺北至寗家汊鷄子湖西至松林鋪姜家洲堵城
三江口風香鋪至於大江為東絃鄉亦一區也其民

淳朴征賦常先田地濱湖水為之灾然高阜處皆膏腴至有十金博一畝者魚博崩港道里寥闊盜賊出沒民皆望賣刀買牛者久矣還和鄉去邑七十里而近東至楓香𡊮上巴河馬家潭南盡獨寺山崩港黃土嶺曲轉霄家汊西抵楊林港橫坡嶺周書店北連曹家河杜家𡊮亦一區也民生理儉朴無鬪雞走狗六博蹋踘耳目之觀其介在還和慕義者為團風鎮生聚萬萬家然其人悍而狡多保姦有心計亭長落長得稍稍長者篤念輾吃者為之百里之間其有穫乎永寧鄉控百十三里至錫麗矣東至燕兒山南至

馬鞍山西至張家山北至大崎山亦一區也山巒奇崛欲斷欲竄大崎千仞雲物浩蕩民皆盡力田畝榛布相守及見都市繁麗容止葐澁田地亦膏腴非復貧薄之舊但青山口蔡家庄擬軍寨地連麻城羅田盜賊出沒入民暴悍虞朝歌來何暮何以策之哉慕義鄉在山水之間其東有嚴家嘴響水岩賈家凸北有張家湖鵝公腦淋山河西有新洲辛家冲林頭畈南有金邏山團風口何家湖亦一區也其田薄瘠而深耕賦稅亦不敢乾沒是與膏腴者角也鄣人士多生於斯窮山下遝挾書相望皆稱引不詭於條貫者

哉亦何其叢叢為義也庶安鄉在諸鄉中甚儆矣東至新洲河慕義鄉界南至青螺池江地界西至章家嘴場兒河孔家埠中和鄉界北至岐亭朱家堤麻城縣界亦一區也朱家堤三家店白溪畈白米河三河口田地水沙相戟十潰九闕民生瘠土刁悍相仍張家店萬湖岡田多旱彭城畈淨安寺高為磽磧下為沛澤家無擔石之儲何暇以繼屬於征輸勤勞於賤更當有以保養之者矣東抵土門永寧鄉南抵下伍重鄉北抵張公腦潘家塘西抵新洲道北走光蔡道亦一區也其山川靈秀地氣凝聚衣冠之旗多在此郎

趙宋陳季常亦旅是寓居與蘄團練為知交蓋其君子靜而文其小人貧而猾所由來遠矣東抵慕義永寧西抵庶安南抵慕義北抵上伍重亦一區也人民目不知書而多深耕易耨之日賈其餘勇商于燕趙什一之利與耕穫之利十五民坐是不貧但石猶河岑寂特甚堪立保甲孔子河相傳是見長沮築溺處孔子從此回車今時得無有如兩人者其義至高過河者皆從回遺廟不能去矣夫衆富足之後加礼義之教務禔其身比於楙楙是誰之責歟中和鄉其里九上自鄔家山爲凰山駒魚臺至望星橋又自峇子埠周山舖白陽河魚兒坑畢家舖𪁪壁舖樟松湖鹰化畈包大江至陽邏驛汪家舖而止道路何紆縈然亦一區也田瘠下下其民生爭遠瀾皆不比於義十室而九盜矣嘉靖中創立黃安殺戮頗盛今遺孽後生即訊獲之卒無不道中和者即訊捏捂之醜無不自中和者蓋其去邑甚遠至中和者必持三日糧中和何許而毋為晏子所以對楚王問者笑哉

方山子傳

鮮

方山子光黄間隱人也少時慕朱家郭解為人閭里之俠皆宗之稍壯折節讀書欲以此馳騁當世然終不遇晚乃遯于光黄間曰岐亭庵居蔬食不與世相聞棄車馬毀冠服徒步往來山中人莫識也見其所著帽方屋而高曰此豈古方山冠之遺像乎因謂之方山子余謫居于黄過岐亭適見焉曰嗚呼此吾故人陳慥季常也何為而在此方山子亦矍然問余所以至此者余告之故俯而不答仰而笑呼余宿其家環堵蕭然而妻子奴婢皆有自得之意余既聳然異之獨念方山子少時使酒好劍用財如糞土前于有九年余在岐山見方山子從兩騎挾二矢遊西山鵲起于前使騎逐而射之不獲方山子怒馬獨出一發得之因與余馬上論用兵及古今成敗自謂一時豪士今幾時耳精悍之色猶見于眉間而豈山中之人哉然方山子世有勳閥當得官使從事于兵間今已顯聞而其家在洛陽園宅壯麗與公侯等河北有田歲得帛于西亦足以當樂皆棄不取獨來窮山中此豈無得而然哉余聞光黄間多異人往往陽狂垢汙不可得而見方山子儻見之與

黄岡縣志

黄岡隱士西山吳公傳

元　魯眞

天有知乎天無耳目之視聽天無知也主宰於冥冥之中作善者降之以百祥作不善者降之以百殃為之主宰豈非天乎如果天也是天之有知也人感之天戚之猶影之隨形聲之應響也天未始有定者也以為未定者是不知天者也觀黄岡吳氏積善厚施而未食其報者何哉夫生賢子孫能世其家即天報之也豈必食祿儋爵而後為報哉況子孫賢天爵修而人爵至是天報之也閩南招撫使　吳生公也歲而父亡賴母夫人汪氏匡扶保養延師教以詩書及長通儒業習國語傳學多能以德義為鄉黨親戚之所推服暨兄長曰東山次曰南山其東山西淮鹽場司殁無後繼以南山之次子南山亦早世遺孤五人女六人西山撫育教誨男為之娶女為之嫁以己財拓充產業數倍於前以己財所置產業均分之六縣皆感悦公之樂善好施惠宗族鄉黨禮名士大夫自陽邏至桃花地高處得水甚難者公鑿井一十九所家不闕水造橋自太平橋五里至陽邏地高險處不通車馬公為開險鑿石地遂平坦行者使之砌路陽邏至蓮花橋一百三十餘里鄉人立石以記功歲施

棺以濟死者日施粥以活饑人立義塾招名師以訓鄉里之子弟名士大夫若吳草廬魯子翬龍麟洲黄子肅平章乞住忽剌歹右丞扎忽古參政龔異友輔御史李子源皆與公交天曆己巳湖廣省平章同薦公德義不求聞達上遣異珍庫大使陶案卿齎詔徵之、公不起御書西山二字賜之公建御書樓以侈賜危太僕爲之記公生子至元甲申殁于至正己丑娶袁氏名妙本後娶虞氏名妙恭葬中和五里之源生四子長魯愚不花入爲內臣次琳次琛幼珪琳琛皆與余交琛乃曰西山之楼已敗翰苑諸公之詩文皆不

復存子其爲我先人作傳將刻石以示子孫不可辭也子過黄之吳氏積善厚施天既報之身又報之以子孫子孫賢天爵修而人爵至信乎天之有知也豈有未足者乎諭曰洪範九疇曰念用庶徵有天人感應之理九曰嚮用五福威用六極言天人感應之效也由是觀之爲善而天報之不差毫髮天即理也未嘗不定也吳氏子孫之昌也宜哉

劉廣文托孤傳

進士王一鳴黄岡鉅室也十三喪父十四喪母上無令伯之祖母次無弟五之叔父內無昌棃之兄嫂外無齊泰之婚姻煢煢然與一第居乃攻治博士家言乞嫺古文詞甫弱冠取高弟名滿京國而故恂恂雅飭無纖微驕蹇浮薄態近從余游曰詢其所以成立生蹙容含泪應曰小子何知先君子托孤于吾師之所造也師劉氏先君子中表也知其賢屬纊時以小子屬焉始師日課誦經史諸子百家言日不如程則撻之不少姑息已自不忍撻之若則時時捧先君子主置座上跪小子前師自抱主而長號曰孤嬉惰不學吾負君矣何面目見君地下小子維時悲愴且愧欲死寧受撻百十不忍聞此語也師之數年一歲以

小子有他過忽辭去小子自分不能一日違離吾師乃啟明自又祈得悛新跪堂下泣懇者累日師乃復下教壬午小子舉于鄉師一日臨吾家小子倉皇衣履未整師怒叱跪之庭下欲朴踰時嫺友曲爲解乃免其方嚴類如此先君子遺命每歲贄三十金師計日而分之每一日當取八分日籍記之如偶以家務耽半日程則減取其半耽一二晷則減取三之一日則爾孤幼可欺不忍欺而父于冥冥也其介又如此小子之有今日也蓋多賴云耿子曰昔曾子以可托六尺之孤爲君子托孤惟艱哉跡劉君之撫教王

生若此抑君子人與藉令早通顯躋膴仕當亦不負人國矣乃王生當髫年失怙恃師敎如是依依不背遠離緊誰督之其識卓矣亦王氏之禮敎素嚴濡漸然也余交海內人士如姚江之孫靈寶之許安成之劉閩中之林其子姪天都仁孚醇謹故能熾昌興盛若斯也由斯以觀王氏其長世乎劉字表卿名文元仕為華容廣文先生

憂澤集序

明皇甫汸

憂澤集者齊安王君之作也君名廷陳字稚欽號憂

澤子因以名集云父南敬公濟孝廉時登壬戌進士為吏部郎生君穎慧絕倫髫齡即能綴文殆由性靈非假師授黃童世謂無雙倚相時稱能讀咸楚產也君寔似之吏部公愛之甚常云王氏千里駒復見此子矣甫冠舉于鄉越丁丑試春官俱為禮經第一廷對擢高第選為庶吉士與東淅汪子應軫江子暉閩中馬子汝驥許子宗魯任子立曠子瀛大梁林子時曹子嘉西蜀余子承勛楚顏子木暨君並摛藻揆天敷華績國得人之盛彬彬首楚科矣江子為文鉤玹獵秘雜以古文奇字指既閎眇語復聱牙令讀者謬糧

眩霓至莫能句隱口汗顏而罷王君每有所造輒大呼以視人曰有能增損一字者願以千金為贈恐呂覽金卒莫可得也又好為譏評由是人多陽服而陰憾之矣歲餘解館拜為吏科給事中值毅皇帝將南狩在廷群臣咸諫止之章奏日盈於公車不獨言責也汪子乃邀衆詣闕下上書宰相熊峯石公典司館教危言沮之曰倘禍叵測老夫力莫汝庇也且賦烏母謎大署玉堂之壁語侵石公公為夫懟其縱誕多此類先是忌者以館中議評寢淫聞於政府政府啣之書上果諷吏部出補州郡吏竟得裕州夫脂帑磬

折不習其容訟牒委填又非所好至則治尚嚴棘不畏強禦法行貴戚有鷹擊之風謁御史不為少貶迺睎附權勢丈搆釁捻逐使鍾儀縶冠於楚囚劉陽按劍於梁獄悲乎今工嗣位湛恩汪濊虛納賁子稍稍晉復君獨詿網擯棄顏子要禍尤烈至使恚同黨禁而槩異彙徵去均淵隆而進乖薪積世共惜之自後一紀而余忝已丑進士識崑崙山人於都門山人者張詩也雅善諸子間與余道憂澤事因聞其詳余亦濫有時名諸子引與締交未嘗不延頸想見王君也況負才使氣亦與同病尋以觸忤權貴賴天子寬頌

諳為黃州理官是役也不以左遷為恨而以得継蘊
長公為榮不以赤壁為樂而以得見夢澤子為幸不
車亡何迺乘雪造其廬時君足跡久不入公府余置
自外員居由別館君亦不惜造余下奉半面驩君平
生接以杯酒申以贈章辭載集中夫王氏業紹青箱
官聯朱紱為楚世家君又令其子暨弟君侄從余游
嗟乎君胡白首於衆而傾蓋於余余亦胡為在衆歆
敍而在君獨憐也顔子雖清揚未覿而芳訊亦數相
聞矣君屏居幾二十載釋戀於爵服娛忘於琴書覃
思古人專精作者屢勤剞劂恥赴予招覿其上顩中

丞陳監察書君稽康之絕山寧尺寄余想昭舒國裳
二劄即揚惲之報會宗其節槩可想見矣君方歙英
戢鋭撝謙優坦以以才華傲物而以道術誘人使早
年砥行能然可優游以取卿相然未能宣耿人發孤
憤如睨歲所底也固知書成於去趙賦就於還邛人
爵榮名豈有既乎終不以彼易此矣夫楚多材之邦
而辭賦之數也屈原見詆於上官宋玉蒙詬於登徒
稱衡被害於曹瞞然其志則爭先於日月而其言則
等敝於霄壤矣君亦奚媿哉是集也樂府古詩濇澀
齊軌下擬陰何五七言律沈杜比肩參之盧駱文劾

左氏國語而兼騁班馬書頡東京尺牘而雄視崔蔡
足以不朽矣凡詩賦十一卷文六卷成一家言舊刻
于家塾季弟雲澤君廷瞻刻於淮陽姪三湘君同道
又刻於吳中而吳板益精矣二君皆以進士為理官
善治獄號神明蒞淮者以賢拜河南道御史蒞吳者
亦被徵行矣三湘謂余知夢澤最深命序諸首嗟乎
甲寅之秋余有滇南之役取道齊安訪居故廬見其
子若孫欷歔敘涕賦詩弔之茲復序之是生叨敬禮
賞訂之交死辱彥昇筆札之託不敢辭三湘者不忍
負夢澤云爾言惡足為集寵哉

贈王行甫序　郭子章

王行甫北上公車是武昌辭子予無以贈行父則以
言行甫之才雄幾於八斗士大夫爭下之行甫之數
奇阨於一第士大夫爭憐之茲行入燕上黃金臺下
者憐者交譽而互推上之入佐史局藻繪乘猷球鍠
禮樂次之出佐劇郡煥倚山川覆露閭閻即未能究
行甫且抒其一二而予所期于行甫不謂是也黃自
蘊文忠公監稅以來林籟結響泉石激韵至於今是
則是效騹騹猗猗亦充箱照軫矣二程祖父世居黃
陂發祥於茲蔚為名儒至於今能紹明其學者唯耿

天臺先生主之周廷尉與其弟太常君羽之郎有譚仁義稱古昔者不至君文士之林林豈興起於文者易而興起於道者難耶乃行甫論文與王元美吳明卿二先生游論學與耿先生游意固欲咸之耶夫文與道非判然兩物也行甫以其根苑窮二程之正脉而以其技葉陂文忠之芳躅即才雄八斗不自知其雄即數厄一第不自閔其阨赤壁耶金臺耶吾惡往不自得耶子之所期於行父者以此

刻赤壁集小序　　茅瑞徵

古來山川壘磈多籍文士筆端爲之吐氣今寓內艷

談赤壁以公瑾一捷而赤壁獨擅名黃州以子瞻兩賦鼓吹也無子瞻則黃州無赤壁矣然余嘗怪從漢歷宋千有餘年絲筆相望而茲山留詠不多得豈繇小巫氣盡抑陵谷貿遷銷沉乃爾耶落霞孤鶩作者所難刻羽引商其和彌寡不廣蒐羅而事弋獵空山之遺響可盡乎余每散情濠濮結想風騷此邦之秀頗堪揚榷王子號讀父書吕生時推國史爾乃同事編摩博采咸帙勝國而上誇得遺珠本朝以還爭傳連璧既富据摭亦煩詮品嗟乎雲物不常人事代謝習池之賞空挹接籬峴首之游應留魂魄子瞻云江山風月本無常主余於茲山既以一日叨主者而殘文蠹簡散佚罔紀是亦有責焉爰代棗梨以當金石庶同名山之藏未作琬琰之秘繼今以往子瞻不可復作而猶識前人之勝蹟竟在此不在彼者以有斯編也

募修黃州鉢盂峰青雲塔疏序

王澤弘

黃州鉢盂峯者峻聳迴抱岈嵱崢嶸與大別西塞相撐拄雖作鎮一方實爲武昌漢陽諸上游水口山也其前有青雲塔萬曆二年邑人李郡丞時芳黃別駕

黃岡縣志

士元釀通邑及諸弁金以創造而自捐亦倍故稱諸郡鉅觀洎萬曆三十六年塔之頂非煙非雲出白氣者月餘有士人結廬讀書其下引領傾盼見塔影下類士子心悸歸家不數日而塔壞飛其五入郡湖亦異矣當其塔之成也未合尖而聯發解額者三及其壞也僅數年而武黃諸郡相繼羅千亂一塔之成壞其響應捷如左券頋不重哉演章上人焚行精嚴住静白臯之古峯菴偶入塔瞻禮遂向佛焚香曰余僧臘多歷年所修石橋者十有二修木橋者四十茲浮屠七級三級尚存既關于武黃諸郡甚重僧寧惜此

頃運不為再造乎演章居西陵相去數百里屬余作文足及門者七余曰方今西山始平民用休息頻年旱魃禾留枯焦力役徵徭莫聞暫輟此萬民疾首蹙頞之秋也費有用之金錢以修無用之荒刹聚窮民之汗血以飾富庶之美觀毋乃非計乎演章曰此吾見之所及也然吾見有炊金饌玉碎錦剥綾者有游博持擔攢金囊帛者與其傾篋笥以供戲娛不若絕浮費以種福果余亦未敢以樂施喜捨望諸人也斗米尺布亦破慳貪木屑竹頭皆獲福慧況此塔所需者磚石而磚石幸存其半所乏者工價而工價不望其多余以歲年為期募一層則建一層造一級則蓋一級破衲草屨絲毫不以入囊纖微盡以供衆或者感人天之呵護邀佛祖之鑒臨未可知也吾惟不昧因果而已余心偉其言嗟乎天下事患無有以身任之者耳事無巨細獨立擔荷以世外之一人成之亦易羣相推諉雖世内之衆力當之亦難近日賢豪長者有能如演章之修石橋十二木橋四十者乎吾知其必不能也世内之人能之而不為世外之人為之而即能使海内當其任者盡如演章之所為可以無太息痛哭之事矣況塔成有三元之祥塔壞有兵燹之應其存于武漢諸郡之重如此其見于黃州諸邑之效如此君以諸郡邑之群策羣力萃于丈尺間其成功可毋難也余嘗習形家言巽為文章之府塔有卓筆之形卓筆無鋒當主文星缺陷是謂勢吉而形凶法當趨全而補缺則是此塔成也者作鎮于一方者今且中流之砥柱矣余是以樂為之序而為諸君子勸

問津書院序

趙之奎

黃北之五重鄉去城九十里古傳孔子河旁有子路問津碑有沮溺廬有卧車坡有接輿歌鳳墟或曰此皆自楚反蔡之跡云而河工又有曬書臺昔人士立書院于其麓所係思與學如此而能不為之計長久也哉矧炎虞二陵實在衡水而神禹導江復宣尼問途是楚固聖域乎豈以素王之轍反不若召伯之棠也耶

聖朝龍興多士雲集嘗取院宇而新之稱奕奕矣然而土圭永諳正向貽誤豈諸儒偏聽形家歟張子春早儒而形家者也其伎略形勝而精理氣謂予而言曰予土著借經始不在側覩茲院之丁峯丁案捻知未安今正殿雖不易更而門有攸向譬人之精神聚

于面而靜對者遠也俾另闢午向庶幾陰陽相見山靈拱護于不朽耳計費約募百金屬予作文以弁之予曰自有書院以來成毀之數相循于無窮山靈爲之益聖靈爲之嗣而葺焉豈惟茲院之易朽乎且施者易倦如何張子曰知所貽之誤當無倦數固無窮而下襲之理无聖靈所必許我其卜之宜推墨食此理既徵求舊可推廣亦可歸焉斯宮介在蘄羅麻黃間誰非同志而畫疆自外也乎實能永圖人爭再舉矣朽者角道開木巽門向午爲之計長久者此道得也琴瑟不調必改而更張願與諸君子勉之予曰然乃爲之援筆

引

問津處脩橋募緣引

明　茅瑞徵

去縣至九十里有孔子河可一衣帶水土人褰裳濟謂即子路問津處按孔子適楚於傳有之故老相稱當必有據此地隣近有禁溺沖及回車坂庶幾是也廟不甚治猶奉孔子遺像舊有橋利涉今圮矣余過其處以問守僧稱無善檀越資助者嗟乎釋氏之教福田利益舉婦人孺子爭趨之孔子之教仁義道德即儒者亦掉臂不顧亦何其思之不甚也蒙莊氏之

哂儒者曰生不布施死何含珠斯言雖戲頗婉而剌今吾即無論此一瓣香爲聖賢遺跡但於迷津野渡廣作善緣乃是見前無量功德吾知從此一切知識捐金捨璧或無俟吾言之畢矣僧令弟往其以吾言光之

贈王文甫

宋　蘇軾

僕以元豐三年二月一日至黃州時家在南都獨與兒子邁來郡中無一人舊識者時時策杖至江上望雲濤渺然而不知有文甫兄弟在江南也居十餘日有長而髯者惠然見過乃文甫之弟子辯留語半日云迫寒食且歸東湖僕送之江上微風細雨葉舟橫江而去僕登夏隩尾高丘以望之髣髴見舟及武昌乃還爾後遂相往來及今四適歲相過殆百遂欲買田而老焉然竟不遂近忽量移臨汝念將復去此後期不可必感物悽然有不勝懷者浮屠不三宿桑下有以也哉七年三月九日

記

竹樓記

宋　王禹偁

黃岡之地多竹大者如椽竹工破之刳去其節用代陶瓦比屋皆然以其價廉而工省也子城西北隅雉堞圮毀蓁莽荒穢因作小樓二間與月波樓通遠吞山光平挹江瀨幽闃遼敻不可具狀夏宜急雨有瀑布聲冬宜密雪有碎玉聲宜鼓琴琴調和暢宜詠詩

黃岡縣志

詩韻清絕宜圍棋子聲丁丁然宜投壺天聲錚錚然皆竹樓之所助也公退之暇披鶴氅衣戴華陽巾手執周易一卷焚香默坐消遣世慮江山之外第見風帆沙鳥煙雲竹樹而已待其酒力醒茶煙歇送夕陽迎素月亦謫居之勝槩也彼齊雲落星高則高矣井幹麗譙華則華矣止于貯妓女藏歌舞非騷人之事吾所不取吾聞竹工云竹之為瓦僅十稔若重覆之得二十稔噫吾以至道乙未歲自翰林出滁上丙申移廣陵丁酉又入西掖戊戌歲除日有齊安之命己亥閏三月到郡四年之間奔走不暇未知明年又在

何處豈懼竹樓之易朽乎後之人與我同志嗣而葺之庶斯樓之不朽也咸平二年八月十五日記

永興禪院記

齊安郡名也永興院額也蓋曾普故老通而呼之遂以為常耳唐時舊州在齊安河上院録云因刺史杜僕射以白雲觀建為斯院按唐史未嘗有官至端拱而刺黃者疑唐末杜洪據有鄂渚北結梁人東抗楊氏黃鄂之屬郡也或以宗族典之于時皇綱弛紊官紀潛殄僕射之稱不為異矣其後隨郡遷從立院於茲兵掠火燔會無寧歲乾寧中楊行密盡有江南之地天祐二年楊公卒其子屋稱嗣吳王秦唐正朔以部將孫彥思為黃州刺史始造院宇塑佛像彥思母王氏捨粧奩鑄鍾於今尚在主院之僧傳法之祖袞亂無紀莫得而知今所述者斷自紫陵而下紫陵者郢中名山也山僧悦禪世謂之紫陵和尚其後捨茲院遊鳳翔從清泰入洛陽號國師次曰同一次曰行忠次曰節運次曰延真次曰自正此五僧者自前唐天祐止聖朝端拱初有若蘄州三角山龍門禪院自南開堂演法自南者合淝人世姓解氏住持凡七年復歸蘄州四祖祖雙峯山淳化中若蘄州白雲山廣教

禪僧智雨嗣興院事知雨者連水人世姓朱氏以至道三年十一月十二日寂滅壽八十一夏臘二十七臨終召院衆囑咐令長老仁辦仁辦遂寧人得法于智雨者也節以其月十八日荼毗之法起塔於長圻村二十八日仁辦會大衆陞法堂有僧玄賔問曰如何是齊安境荅云後面青竹連道觀前綠水文問如何是境中人荅曰大似不相見此之謂住持傳法僧舊有堂厨各五間邑人王福捨錢二百萬造殿威再興捨錢一百五十萬造僧室邑之衆率錢二百萬建長老宿堂又率錢千萬立方丈室左廂押丁文璲

獨今之所以得罪者也欲新其一恐失其二觸類而求之有不可勝悔者於是喟然嘆曰道不足以御氣性不定以勝習不鋤其本而耘其末今雖改之後必復作盍歸誠佛僧求一洗之得城南精舍曰安國寺有茂林脩竹陂池亭榭間一二日輒往焚香默坐深自省察則物我先忘身心皆空求罪垢所從生而不可得一念清淨染汙自落表裏脩然無所附麗私竊樂之旦往而暮還者五年於此矣寺僧曰繼連為僧首七年得賜衣又七年當賜號欲謝去其徒與父老相率留之連笑曰知足不辱知止不殆卒謝去余是

以姚其人七年余將有臨汝之行連曰寺未有記具石請記之余不得辭寺立于偽唐保太二年始名護國嘉祐八年賜今名堂宇齋閣連皆易新之嚴麗深穩悅可人意至者忘歸歲正月男女萬人會庭中飲食作樂且祠瘟神江淮舊俗也四月六日汝州團練副使眉山蘇軾記又記應夢羅漢僕往岐亭宿於團風夢一僧敗面流血若有所訴明日至岐亭以語陳慥季常皆莫曉其故與慥入山中道左有廟中神像之側有古塑阿羅漢一尊儀狀甚悽而面目為人所壞僕尚未覺而慥忽悟曰此豈夢中得乎乃載以歸使僧繼蓮命工完新遂寘之安國院左龍右虎蓋第五尊者也

子姑神記

元豐三年正月朔日予始去京師來黃州二月朔至郡至之明年進士潘丙謂余曰異哉公之始受命黃人未知也有神降于州之僑人郭氏之第與人言如響且善賦詩曰蘇公將至而吾不及見也已而公以是日至而神以是日去其明年正月丙又曰神復降於郭氏余往觀之則衣草木爲婦人而置箸手中二小童子扶焉以箸畫字曰妾壽陽人也姓何氏名媚字麗卿自幼知讀書屬文爲伶人婦唐垂拱中壽陽刺史害妾夫納妾爲侍妾而其妻妬悍甚見殺於廁妾雖死不敢訴也而天使見之爲直其寃且使有所

職於人間蓋世所謂子姑神者其類甚衆然未有如妾之卓然者也公少留而爲賦詩且舞以娛公詩數十篇敏捷立成皆有妙思雜以嘲咲問神仙鬼佛變化之理其答皆出于人意外坐客撫掌作道調梁州神起舞中節曲終再拜以請曰公文名于天下何惜方寸之紙不使世人知有妾乎予觀何氏之生見掠于酷吏而遇害於悍妻其怨深矣而終不指言刺史之姓名似有禮者客至逆知其平生而終不言人之陰私與休咎可謂智矣又知好文字而耻無聞于世皆可賢者粗爲録之答其意焉

黃州快哉亭記　蘇轍

江出西陵始得平地其流奔放肆大南合沅湘北合漢沔其勢益張至于赤壁之下波流浸灌與海相若清河張君夢得謫居齊安卽其廬之西南爲亭以覽觀江流之勝而予兄子瞻名之曰快哉蓋亭之所見南北百里東西一舍濤瀾洶湧風雲開闔晝則舟楫出没于其前夜則魚龍悲嘯于其下變化倏忽動心駭目不可久視今乃得翫之几席之上舉目而足西望武昌諸山岡陵起伏草木行列煙消日出漁夫樵父之舍皆可指數此其所以爲快哉者也至于長洲

之濱故城之墟曹孟德孫仲謀之所睥睨周瑜陸遜之所騁騖其流風遺迹亦足以稱快世俗昔楚襄王從宋玉景差于蘭臺之宮有風颯然至者王披襟當之曰快哉此風寡人所與庶人共者耶宋玉曰此獨大王之雄風耳庶人安得共之玉之言蓋有諷焉夫風無雌雄之異而人有遇不遇之變楚王之所以爲樂與庶人之所以爲憂此則人之變也而風何與焉士生于世使其中不自得將何往而非病使其中坦然不以物傷性將何適而非快今張君不以謫爲患竊會計之餘功而自放山水之間此其中宜有以過

人者將蓬户甕牖無所不快而況乎濯長江之清流揖西山之白雲窮耳目之勝以自適也哉不然連山絶壑長林古木振之以清風照之以明月此皆騷人思士之所以悲傷憔悴而不能自勝者烏覩其爲快也哉

黄州師中庵記

師中姓任氏諱伋世家眉山吾先君子之友人也故予知其爲人嘗通守齊安去而其人思之不忘故齊安之人知其爲吏師中平生好讀書通達大義而不治章句性任侠喜事故其爲吏通而不流猛而不暴

所至吏民長而安之不能欺也始爲新息令知其民之愛之買田而居新息之人亦曰此吾故君也相與事之不替及來齊安常游于定惠院既去郡人名其亭曰任公其後余兄子瞻以謫遷齊安人知其與師中善也復于任公亭之西爲師中庵曰師中必來訪予將館于是明年三月師中没于遂州郡人聞之相與哭于定惠者九百余人飯僧于亭而祭師中于庵蓋師中之去于是十余年矣夫吏之于民有取而無予有罰而無恩去而民忘之不知所怨蓋已爲善吏矣而師中獨能使民思之于十年之後哭之皆失聲此豈徒然者哉宋仲卿爲桐鄉嗇夫有德于其民死而告其子必葬我桐鄉後世子孫奉嘗我不如桐鄉民既而桐鄉祠之不絶今師中生而家于新息没而齊安之人爲亭與庵以待之使死而有知師中其將往來于新息齊安之間乎余不得而知也元豐四年十二月日眉山蘇轍記

遺愛亭記　巢穀

何武所至無赫赫名去而人思之此之謂遺愛夫君子循理而動理窮而止應物而作物去而復夫何赫赫名之有哉東海徐君猷以朝散郎爲黄州未嘗怒

黄岡縣志

也而民不犯未嘗察也而吏不欺終日無事嘯咏而已每歲之春與眉陽子瞻游于安國寺飲酒于竹間亭擷亭下之茶烹而食之公既去郡寺僧繼連請名子瞻名之曰遺愛時穀自蜀來客於子瞻因子瞻以見公公命穀記之穀愚僕羈旅人也何足以知公採道路之言質之於子瞻以爲之記

鴻軒記　張耒

鴻軒者文潛讀書舍也客有言曰吾聞之時其往來以避寒暑之害而高飛遠舉能使弋人無慕者鴻也今子以戇暗不見事幾得譴辱于聖世蒙垢忍耻於

泥塗苟升斗以自養而欲自比于鴻不亦愧乎張子曰子之言是也然余居此以己卯之秋其還也庚辰之春與夫砦砦陂澤中獵食以活秋至而春去者得無類乎客曰然

遊黃州東坡諸勝記　陸游

自州門而東岡壟高下至東坡則地勢空曠開豁東起一壟頗高有屋三間一龜頭曰居士亭亭下面南一堂頗雄四壁皆畫雪堂中有蘇公像烏帽紫裘橫按筇杖是為雪堂堂東大柳傳以為公手植正南有橋榜曰小橋以莫忘小橋流水之句得名其下初無渠潤遇雨則涓流爾舊止片石布其上近輒增廣為木

橋覆以一屋頗適人意東有一井曰暗井取蘇公詩中走報暗井出之句泉寒熨齒但不甚甘又有四望亭正與雪堂相值在高阜上覽觀江山為一郡之最亭名見蘇及張文潛集中坡西竹林古氏故物號南坡今已殘伐無幾地亦不在古氏矣出城五里安國寺蘇公所嘗寓兵火之餘無復遺跡惟遶寺茂林啼鳥似猶有當時氣象也群集於棲霞樓蘇公樂府云小舟橫截春江上卧看翠壁紅霞起正謂此樓也下臨大江煙樹微落遠山數點亦佳處也樓頗華潔先是郡有慶瑞堂謂一故相所生之地後毀以新此樓酒味殊惡然文潛乃極稱黃州酒以為自京師之外無過者豈文潛謫黃時適有佳匠乎循小徑繚州宅之後至竹樓規模甚陋不知當王元之時亦止此耶樓下稍東即赤壁磯亦茅岡耳略無草木故韓子蒼侍制詩豈有危巢與栖鶻亦無陳迹但飛鷗此磯圖經及傳者皆以為周公瑾敗曹操之地然江上多此名不可考質李太白赤壁歌云烈火張天照雲海周瑜於此敗曹公不指言在黃州蘇公尤疑之賦云此非曹孟德之困于周郎者乎樂府云故壘西邊人

道是當日周郎赤壁蓋一字不輕下如此至韓子蒼此地能令阿瞞走則真指為公瑾赤壁矣又黃人實謂赤壁曰赤鼻尤可疑也晚復移舟菜園步又遶竹林三四里蓋黃州臨大江了無港灣可泊或曰舊有灣郡官厭過客故塞之

河東書院記

齊安在江淮間最為窮僻而國朝以來名卿大夫多辱居之如王翰林韓忠獻公蘇文忠公郡人至今樂稱而于蘇氏尤致詳焉至于河南兩程夫子則亦生于是邦而未有能道之者蓋王公之文章韓公之勳

業皆已震耀于一時而其議論氣節卓犖奇偉尤足以驚世俗之耳目則又莫若蘇公之盛也若程夫子則其事業湮鬱既不足以表于當年文詞平淡又不足以誇于後世獨其道學之妙有不可誣者而又非知德者莫能知之此其道跡所以不能無顯晦之殊亦其理勢之宜然也蓋天聖中洛人太中大夫程珦初仕為黄陂尉秩滿不能去而遂家焉實以明道元年壬申生子曰顥字伯淳又明年癸酉生子曰頤字正叔其後十有余年當慶曆丙戌丁亥之間攝貳南安乃得獄掾舂陵周公惇頤而與之遊于是二子因受學焉而慨然始有求道之志既乃得夫孔孟以來不傳之緒於遺經遂以其所學為諸儒倡則今所謂明道先生伊川先生是也先生之學以大學論語中庸孟子為標準而達于六經使人讀書窮理以誠其意正其心自家而國以達于天下其道坦而明其說簡而通其行端而實蓋將有以振百世之沉迷而納之聖賢之域其視一時之詞章事業議論氣節所係孰為輕重所施孰為長短當有能辨之者而世俳徒不之好也甚者乃目以為道學之邪氣而必剪戚于斯時也茍無遺其伐木削跡焉斯已幸矣尚何望其餘哉今太守李候乃能原念本始追誦遺烈立二夫子之祠于學宮以風勵而作興之非其自信之篤而不以世之趨舍勤其心其孰能與于此李侯名銑字誠之其爲此和勤士愛民固多可紀時於此舉尤足以見其操行之不允而非衆人之所能及是以因其請記而其論之以告來者使有攷焉

黄州路重修竹樓記　　元　龍仁夫

齊安故淮淮間斗辟郡然以江山之勝望東南岷江嶓漢瀰澎浩漾來天際赤壁巖其涯過江武昌樊口諸山蛟翔鳳峙森森獻狀茲其爲勝已然談是間登臨之美刺刺稱竹樓曩宋王公禹偁字元之來守黄郡即城西北隅薙蓁滌穢作小樓二間爲退食之娛不庇而竹從土宜也風饕雨蝕莽圮荐新新復圮蓋三百年矣至順辛未冬候疇楚公初蒞郡憑高躑躅曰是宜新之既期穀登民和寮寀雍肅刑清訟簡長日湛然於是謀之堅郡公暨佐二諸賢寵燮興修故章掄才鳩工改作此樓棟桷楹梠甍椽欄闌黝堊漆丹悉如度蓋捐俸廩與官計之羸而民不與知爲登斯樓也所謂風帆沙鳥烟雲竹樹與夫夕陽素月之觀煥然如在至道咸平間屬予記客有聞而勤之曰

王公茲樓之勝竹之助亦多矣今不行而乍何居予曰陋哉客崐山之旺以玉抵鵲彭蠡之濱以魚飼犬則褻故也黄之人昔者刈竹如管剮今者得竹如金珠夫後人之存古也存其意而已而奚竹之拘客又曰君子擬人以其倫今之搆斯樓也其猶昔人也歟予艴然曰客陋滋甚夫善論人者不于其迹于其心黄爲郡歷世稱遐僻非羈人謫客左遷黜退不至是問王公以危言直道獲譴當朝自玉堂而滁而揚而至是州也江湖魏闕之情蓋不勝黯彼鶴氅華陽鑪香易卷之云少寄其遷謫亾聊之情而已天朝昆闕

来黄爲腹郡且天曆初皇帝舊勞於外嘗駐蹕焉顧南州赤子遠天京勤勞擇良牧候以象冠名流天官清選佩二千石綬爲此來而何王公之此所謂迹也天壤間魁人偉士有曠萬里而同襟懷越千百年而合符節者心而已翰林以清忠鯁亮爲宋名卿候以公廉方正爲元鉅公心術行事軒軒磊磊揭日月行中天非予所謂曠萬里越千百年而脗合者乎矧長二若屬無不心候之心乎然則茲樓之勝炫映今昔夫奚疑客語塞則續請曰將無異予於是絶纓大笑曰耄哉龍子昔人所謂中書君老而秃倔執筆從王公後茲其爲異歟客相與咲然遂書畀石工勒

黄岡儒學記

明李時勉

學校之興有資于守令舊矣文翁之在蜀郡范純仁之在襄邑皆以能興學校崇教化致民俗丕變故聲譽顯于當時名聞昭于後世有不可及也蓋學校風化之源三綱五常之道由是而明詩書禮樂之教由是而行風俗由是而變人才由是而出古昔治效之盛非後世所及者有此道也洪惟我　太祖高皇帝自即位以來輒詔天下郡縣皆立學詔師弟子員付之守令以程督之藩臬二司考察其勤惰而勸懲之

從龍文學之士往往出於其間自公卿大夫至於州縣之選常不乏人是亦興學校之效也比年以來儒學之士多以記誦文辭爲業而不務實學者蓋由有司者每以簿書期會爲急視學校若不干己者雖廟舍頽毁教化廢弛畧不加之意故爲師者怠於教爲弟子者怠於學雖朝廷專設憲臣以督理之未能或之変也吁豈漸染之深未可以朝夕革與是殆不然憲臣之巡歷有時而守令臨涖無間苟一加之意焉則無不可者在鼓舞而作興之者何如爾黄岡黄州之附郭邑也地濱大江舊有學規制卑隘且歲久

頽圮太守錢公至周覽慨嘆首捐己俸欵擴而大之於是縣正遼佐邑人畱室爭出錢幣以相助者甚衆乃庀材僦工諏言興作自大成殿以至明倫堂池臺門廡師生講誦之所齋宿之舍一新理之至於神廚倉庫庖湢之處莫不備具壯麗宏偉數倍於昔經始於正統二年九月告成於五年庚申七月費不出於公帑勞不及於庶民而成此大功其孰能之公之為人端厚坦夷廉靜而不阿居家以孝弟聞親喪廬墓三年　朝廷旌異之在大理獄下以冤今為黄州環千里之民無不歸心焉又能以其餘力一新郡縣之

學暇則與諸生講論經史課其所業而奬厲之莫不翕然向於學文翁范純仁不得專美於前矣孔子曰身修而後家齊家齊而後國治此大學之道也若公者可謂身體而力行之矣邑學官尹昻以書來求余言夫郡縣傳士樂得賢太守以蒙其作興之惠又樂得英才以盡其敎育之功何其幸哉故予亦爲記

復蘇公舊蹟記　　羅玘

弘治戊午予同年天台盧候以刑部郎中出知黄州黄蘇文忠公謫居地也公嘗築雪堂于東坡今僅存地丈餘候出過之喟然曰是淆於民不可公嘗寓足惠院遊乾明寺黄泥坂諸處侯問於民曰是茲何在民皆不知侯曰是不可也吾其究諸於是遷雪堂于府治之東與竹樓配使麗于公所可恒存也明年按他郡驗院寺坂以次皆復遂度勝而亭焉黄人始昧若不知有公也既而恍然詡公復生繼又駢然或欵從公復遊又若真有公也塡郭溢郛或聚或散去而復來旋絡新觀若昧飲食且曰舊之守多矣何寥寥乎不蚤吾復也又曰吾林有材可以為棟吾山有石可以為礎吾庾有粟可以食匠其貧者亦曰其吾版鍤可以築堵其吾藟畚可以沃塗晝爾可茅宵爾可

綯侯皆不吾預也侯則孔仁吾其何民遂相與磐石造侯頤記之侯曰辭俚弗傳不可民曰盍徵諸朝曰吾自有記匪可施諸遠者大者志吾復公之跡寔宜蓋指予也夏六月乃以書屬吾盱守舒侯督予記蓋舒侯黄人也先是與予論侯是役也成民之所欲爲而民不知既成又無德色於民有類古之為政者予故樂為書之

重遷黄岡縣儒學記

黄岡縣舊有儒學在城隍廟之西南麗城不十數武厥址隘以陋堂宇傾圮久莫之治正德歲辛未巡按

東吳王公蒞黄既謁　廟首舉遷學之議詢諸衆謂附凊淮門軍器局東廢地寛衍可爰而宮之也値流賊猖獗江上且不果繼而廵按山西曹公復踵其議且命以軍器局廢址并入之時流賊甫靖而歳復告歉縣堂廨宇亦就頽廢物力有不足以舉盈者適董學赤城蔡公按黄進屬吏師生而語之曰兹學當遷其無疑第更新則時紬葺舊則徒費何施而可邑令豐城胡君衆毅然任之曰維兹首政風化攸繫曷敢以難辭縣治宜且後遂謀于郡守西蜀余公貴二守廣陽王君相通判山陽牛君璠薊門毛君應時曰學

黄岡縣志　二

宮既得厥址請如王公之命諏日舉事余公復曁諸僚指而度之謂兊隅尚存民居且舊無稽古閣曷增㪉之而地轄於武弁家乃貿臨皐驛舊址倍與其値而廣之於是兊隅既備坤維亦正而櫺星集賢門稽古閣各有厥址其地工費尹悉任之一出公帑之餘不以勞民命工戒事集村於市伐石於山以陶以度百藝畢舉始事於大成殿前爲戟門各五楹又其前中爲櫺星門左爲集賢門各三楹殿之左右爲兩廡各五楹殿之後爲明倫堂堂之左右爲兩齋各五楹又附堂小廳各三楹爲退講之所又其後稽古閣五楹閣之左右爲諸生號房各十楹閣之西爲饍堂三楹戟門之前有泮池旁以石甃之爲半璧形中以石梁之爲正道而西號之外有隙地爲射圃凡禮典所宜靡不餙備工以數計者七千有奇鈔以緡計者千二百有奇地縱爲丈五十有九廣視縱減四之三址視舊增五之二規模宏敞煥然一新於時教諭應君鵬翀以清脩傳學式宏化基訓導周君盛端雅詳慎克殫奚斯之勞劉君紀適至覩兹盛舉謂不可無紀乃礱石率諸生而請紀之余謂胡尹一事之舉而三善咸集緩於修邑而先於學校公也始事迄功役不

黄岡縣志　三

逾年敏也雖當匱絀舉難而進勇也余因是而有感焉勇爲達德之一凡天下之事舉頽植仆罔莫先乎勇而士所以造聖成功匪勇爲攸頼今天下士獘獘爲繪藻于詞章科第之間以爲丈夫能事至語聖賢大學之道則或自諉以爲吾質百不若人而闇知自立者亦悠悠歳月逡巡莫前是皆不知勇之過也吾夫子有見于天下後世之流獘必底此無疑也肆以人一己百繹達德之勇而歸其美于成功之一其防末流而慮後世不深切著明矣哉今俗之病于安安而當遷習爲恆襲也余因遷學之有成而深自忍於

何往之不勇恐卒病于安常而襲陋也故併述之以爲同志者告

志雨　　王廷陳

吳侯治黃之壬辰春不雨至首夏炎曦布威廣澤化陸坌揚於畝潦除於池胥漠滌雲林麓忌焚居者病汲引者兢滴畯不在田農不手耜且麥秋也逋民旅攘客據主場炊烟在野是故困不專爲憂不但智國入謀而請於侯曰其使巫侯曰天則不雨而望之巫愚毋乃已畢乎曰某水之淵龍宅焉其怒諸雨可致也侯曰人則不能而索之龍於以致之毋乃已疏乎

曰數富之實而罪其出惟賑之俟侯曰公則不儲而恃富之藏彼實應且懟抑澤未宴及而首以懟富是以期濟也毋乃已艱乎曰然則何如侯曰咎在予郎予求之其可矣令於國中市不屠道不除輕罪弗繫織訟輟聽貶食省用已徵減從去蓋謝乘禱於壇所夕至其裹疚其辭傷其容若將隕越於地國人曰君無病乎其何以小人之故而病吾君侯聞之曰民病是憂吾何愛焉如是者日行之不雨旬行之不兩月行之乃令於野曰脩而隄防達而溝洫監而竇視而築展而具宜而種時雨且降令之明日壬寅雨至甲辰陂池滿受原野流溢山麓改邑田畯在田農人倍作婦子喜饁逋者反其室廬穰者脩讓悲吟者歌國人曰君實生我敢不拜賜侯聞之曰天實悔禍於爾有衆予敢或奸天則生汝而疑於予誣矣君子謂吳侯於是乎能格天夫格天者在實非史之能夫侯始而罪己中而疚而不已終而人功之懼其誣己夫罪己者忠而不委不委則日遠於戾而納於順未有順而不應者也疚而弗輟履之以恒未有恒而不動者也天功不攘弗侈弗張咎休以遜未有遜而不益者也三者格天之實也吳侯有焉雨也天豈侯是私

黃岡縣志

雨紀

一日黃之父老數十輩造夢澤子之庭而言焉曰我大夫郭侯守黃之三年爲戊申歲五月不雨逮夏抄禾且就槁用軫我大夫率其僚齋禋而禱焉禱之三日大雨瀕槁之未以回吾儕小人溝壑其免矣我大夫實賜之願得子之言以頌之也夢澤子曰雨也何如請言其狀曰是日也山川出雲鬱鬱蒸蒸族結朋征薄于玄顏朝曒倏冥霢霂稍聞如箠如繩既乃滂霈沸渭交灑互濺紛射側激散漫洽渫已則潢潦交於街壥湍瀨鳴於原隰漸洳生於塵堁遂乃浸淫衍

溢奔趓注溪而入扵陂池以達扵甽畒無坎不盈有量必受於是農畯之流命厥徒侶跡扵阡陌之間覘塍窺竇曷空曷築殺其已盈引其未足然後携厥婦子休隴自勞鼓忭謳吟樂莫具陳夢澤子曰昔此田父之兩何足以稱於大夫也曰大夫之雨可得聞歟曰可我大夫受命而來務佐百姓之急去泰甚之害布中和之政侵年我民者則炎火是畀矣稂莠我民者則芟夷是加矣使我　主上汪濊浩蕩之德滲漉扵閭閻淪澮扵心髓而又潤我以仁液滌我以義濯過我以禮坊警我以法湯肉我枯瘠澤我顛頳雪我

煩冤激我靡頹是故不雹而明不雷而威不沫而濡不濕而滋洽物入人窮高極深此吾大夫之雨也汝知今田之雨也而豈知吾大夫之雨於民也亦已渥乎夫其雨於民者之渥也用是能說於鬼神而孚於幽隱故一旦陳忠信之辭求咎吝之實黜巫尫之謬後露跣之文卒使上天悔禍裁和紓馭屛翳敕職祝融收烈汝知禱之輒應也而豈知吾大夫之禱亦已久乎汝獨不見昔之隣大夫乎嘗罪雨矣而不知已之雨慳也嘗罪禱之不輒應也而不知其禱之素昔者爭且之也於是諸父老喜而言曰吾儕小人乃今知我大夫之雨又知其禱不在今日也遂退而謀登其事於石曰使後之長民者知雨且知禱也我大夫不又知知之不能止也

白龜渚記

郭鳳儀

龜之為虫也靈矣是故聖人登之以用察來夫枯骨猶靈而況其生而況其卹恩於活已者哉世傳毛寶放龜復獲其報將有之無足恠者攷之傳則少異焉傳言寶入武昌市見網人售龜外骨正白長逾咫奇取令僕夫豢之久乃放諸江後寶戍邾城石季龍攻邾且陷寶與六千人赴江死僕夫投水若墮石上獨

免溺視之乃所豢龜也蓋長且三四尺矣吁是獲報者豢龜氏耳非寶也世傳誤矣郭子曰白龜能活豢已者事甚幺麼然到於今稱之不置非謂人能利物將風人於善耶嗟乎亦煦煦者耳昔者先王親親而仁民仁民而愛物使蚑行蠕動各得其所故曰鳥獸魚鱉咸若其衆寡視此何如哉至仁無息報不足言矣嘉靖己酉閏夏予載酒與客為赤壁之遊時雨新霽綠虹半藏移席臨流相顧甚樂客指點巘側曰此白龜渚也余為之慨然太息云舊有亭圮既新之更刻石為龜奠之水濱用彰往事抄秋與客再至睥睨

一視江風颯然

日新堂道泉記

袁福徵

安國寺東隙既以靈材葺院繚墉藏書育徒其間孟君伯通偕縉紳黌學一二人暨堂長吳良吉輩間往游焉時暍謀浚井相左方吉劚半軔得故竇異而甃塼束以待汲甚賴蓋辛酉而袁子過謁焉記曰夫井之說莫著于易易以澤下埋繹為困困則思浚求深窮底察而無利蓋井配德也彖曰養而不窮王輔嗣疏以終日引汲未嘗言損竟日泉注未嘗言益井之用恒如此故以養身為說為濡為鉤為羸為津為繘

為舊為谷為鮒為敝為渫為補為洌為寒為收為幕為無禽為不食而悔吝之象生及以致用為恤為助為嘉為欽為明為福為歸而勞來之功成聖人設械以明世象體以見性夫易具矣善乎張侍講之諭嶽麓曰方乾道劉侯珙之舉教而諸生鼓笥登堂也豈令群居佚譚決科利祿或為工習言語文辭爾已理人之教曰仁求仁之難學貴以明之其言孟子以入井視牛疾行徐行最為發仁苟得大體閑居屏處無損於我行道濟民無加于身湘西之傳賴其說以開貫而陳君舉云劉侯行事考無較著茲院之闢足以明上意黌風動至速今學者振振雅馴行義循好具有由然蓋當是時州縣未立學十九教授絕無顯者四書院立而著效始博然考熙寧初設三舍法教官選嚴凡進士由學校而舉子家狀必書授某州教授業崇寧而後益以加密即里中童師亦令闗白州而詔禁頗美然敝而至為文具乞利祿則坊之潰也而儒者之本領固在焉夫求仁之難譬於掘井趙岐以為仁義者中道而盡棄前行釋為棄井旨乎哉其言之也今使甫掘而即注泉掘已而即惠物仁之體用可識矣而學者之究之也亦由己而已爾姚水王公

之學正以相發伯通尊師而祠之也於獲井最異且視蘄黃之士秀美於湘西而侯之舉是也義方於劉樞密故愚于記井顏之曰道泉而崇侍講求仁之說焉辛酉人日後學袁福徵記

遊赤壁記

張元忭

往嘉靖之戊午先大夫視學楚中予來覲道黃巇舟而望赤壁恨弗及登也姑咏二賦以自遣距今且二十有五年為萬曆之壬午幸以使事再至既抵黃驟阻風雨同年友别駕陸子張具赤壁邀予遊予曰固所願也朔風車雨隊又挾使君指見留哉是日為臘

月望乃偕文學陶子允嘉門人言子有時造郡署登雪堂及竹樓凭闌四眺江山隱映如畫輒不忍去已而由漢川門半里許峭壁臨江土石盡赤有堂曰赤壁志稱周瑜敗曹瞞乃在樊口之上今之嘉魚是也此地非是然余諦詢之郡之隔江為武昌有山曰樊山湖曰樊湖之下為樊口長公之賦殆必有據余又循江而行往往見石磯類多赤色意者當時千里舳艫頃刻煨燼即嘉魚黃岡之間其為赤壁者何限豈必彼是而此非也由堂而西躡石磴而下為赤壁磯有石龜蹲踞江畔舊傳毛寶於此放龜好事者鑿

石以識磯上為亭舊題水月予遂易之曰放龜由堂而北踄石磴而上為樓三層最上者舊題羨江予易以何羨謂陸子曰夫有所羨於彼必有所不足於此今吾與子登斯樓撫斯景千里一瞬萬古一夕物與我皆無盡也信矣又何羨之有陸子視予而笑亡所逆亟呼酒滿引數觥客並暢然適有饋生鯉者長可二尺方鼓鬣搖尾向人還請烹之予亟止之曰昔人放龜今獨不可放鯉乎乃畜以盆水携至石龜所手放之跳躍而逝衆並歡動徐還飲於堂中相促膝睹赤壁之戲竟夕而散陸子曰予向也謫居益津一息夢長公角巾野服來過歷歷道其生平顛踣困頓之狀以相慰藉已而相持哭失聲以寤未浹旬報至則量移黃州矣事誠有不偶然者子其為我題夢坡之館且記今之遊可乎予曰昔長公以近臣謫居於黃時寧方擠而投之苦海而公視之一以為仙都一以為淨土赤壁之下江渚之上嘯風月而弄波濤何其達也而賦之終篇卒以臨皋之夢為喻意若曰浮生第一夢耳今子以銓部郎左遷而至于此而疇昔之兆公寔先之可不謂有意于子哉且夫升沉得喪何常之有彼亦一夢此亦一夢也今日之遊亦夢也既

夢之而又題之而又記之是夢而又億其夢也莊生有言世有大覺而後知此大夢予謂知此為大夢也者則可為大覺也已矣陸子抵掌大笑曰有是哉吾今後乃蘧然覺也雖然今日之遊樂矣即夢是也惡可無記遂命知事何景賓勒石記之

當無室記

王一鳴

王子居于市以嬲之者不置也山中有先人之敝廬在其左為懷栢堂右為孝友堂兩堂之介地隙先孝廉常架一閣其間穿懷栢堂右介之屋漏穿為斥鷃閣閣前有軨軒階所具體而微軒前為蟭螟閣短垣

限之上積書數千卷及儲轄釜罌罍康瓠之屬下為道趨孝友堂盖從外窺之無閣也而居閣者其眺望可盡目境故可以卧起亦不廢羅雀王子居而樂揔名之曰當無室因太息曰老子之旨廣矣夫天下孰非當無者孰非無者生者其變也死者其常也貴者其變也賤者其常也冨者其變也貧者其常也生者可死死者可生也貴者可賤賤者可貴也冨者可貧貧者可冨也常變之塗可否之路疑必之途皆所以趨于無者也即以室論先大夫翦茅而居頃之易版死稍稍有壁帶三傳而及先孝廉不侫生于斯已而

有毀傷新木之警徙國中視為丘亭數歲不一至先孝廉捐館有農事歲一至亡何以身督農歲再三至至于今始不以单外視之故不以資婧出而以為家在所然尤未卜其終居之也是人之居是室也有者寡而無者衆也每登閣望見峣嶆而崔嵬者黄歇壘及永安故城也長江從西來䣝渠經其下皆俯而有之以助閣觀然吾閣下能與助閣者競是速朽在閣閣中之身方與隙駒俱其趨老死猶駒駈之於肝也復不能與閣競其勢必先閣朽盖無一可有者其何論死生貧賤冨貴矣或曰子辯矣然知無者也非無無者也無無者忘其無者也無之終也知無者明其無者也有之始也王子曰子非無無者也亦非知無者也乃當其無者而為之言哉

重遊赤壁記

姚履素

余盖三歛於赤壁間矣初為潘颿伯招遊閒南軒觀遠岫間心與沙鷗出没遐眺與風檣往還得其曠矣然未得其致也再為蔣二守招遊登傑閣據磯頭俯澄空之玉鏡望葱蔚之晚汀得其幽矣然未得其幻也再為同年友茅五芝明府招遊方舟而駕凌轢湖波風輕景麗而江山之勝始据摭于杯酒之觀也夫

其東帛要艅船艇踈簾令人有春淮競渡之想焉至於赤磯懸拽迴塘濯艫下毋崖趨石磴長年方理揖以須則境界固以遠矣已而挂席中流汪洋滙澤泛泛乎如飛廬於洞庭也遠於東者有連城百雉松阜迎陰山蹊人徑之麥廊焉陸於西者有平涉烟渚麥隴村墟擔負驅牧之野適焉當於前者有谿雲遠近浮滙隱見日光明滅之異態焉入於席者有水影動搖晴嵐歛灔涼飈吹噫之紛郁焉霞采收於暝色氷輪耀乎清陰旋撓而左右流輝攙撈而當筵落照於斯際也心知其嘉勝中山君不能會也山之青者化

而為黛也水之緑者化而為玄也有黝然而已而黝者之籠以白玄者之透以邑直若随吾目而不随諸山水也中山君惡能會也遠望数力動楫列炬分光若星移而冉冉以近也鼓吹乍起四顧徬徨若群僊降而霓裳可襄也明府以緩棹為投轄余亦以擊楫為航籌而不知夜之強半也拾級登岸迈平磯頭月落天空擎杯猶未能歇也舟颻颻以散而波底懸燈漸趨於小也擊浪流聲漸趨於窈也有是哉娛心怏目者乎雖謂赤壁之遊自今日始可也顧赤壁未始異而此三遊者亦余之自為異耳初遊目天目齊雲

而来所望於名區者若不能屬厭焉再則經歲馳驅疲矣寓目清幽如南冠之驛其繫得趣為多然尚陸沉於案牘中今相距未及半月而披覩之繁無留餘矣宜其豁然坦然景與意會而盡赤壁之况也謂余入楚之遊亦自今日始可也時夏五十有二日

國朝黄岡令題名記　茅瑞徵

蓋余自受牒為令恒怵然思也既得量移揆所以息肩者更得楚之巖區為思滋甚古亦有言不善為吏視成事矣黄劃鶩難馭甲三楚然前数公用以顯名起家擁戴　天子邑人今猶尸祝不廢将難治又豈在黄也余自度賦材最瑣即殫其弋獲無以踰前數公意復倣軼事可踵行者因效邑乘輒旁質先後為令歲月及其爵里而詮次已苦無徵矣今擬令者強顔親之曰民父母有人子而不能憶若父母世必怪之而至其所不知誰人重累而上必系之以譜而始核為漸疏也又况夫令以強為親固無强而疏耳然則重累而下欲叩之所不知誰人通其纖曲此非譜而勤之貞珉其子之子不能而它將焉取徵無徵不信玆今所為急題名也隆萬以前郡誌畧備郡有誌後今又幾十春秋前數公最著餘亦多不能驟憶然

姓氏尚可譜舉其人可以知其政有衆同舌以荣有衆同舌以唾等此姓氏而荣且唾之閽若莛與楹嗟可畏也語云前覆後誡前者以鶩則後者以趨即先後受牒諸君子無慮若而人夫其姓視具在　謹視而庋俛仰之間應已得所師矣如前数公非有瑰政瑋術以奇用吾民而民到于今便之衆之所便則父母也令秩固輕而為　天子息養一方稱名曰父母則甚重夫孰知父母之謂者以子産之賢傳猶曰僑衆人母故知父母之義能兼之者蓋寡大學稱絜矩之謂父母其道可以平天下度天下之與一邑尋之與

尺也前數公筮仕辦為令今佐　天子以調化瑟辦
乃踰令黃號難馭而前數公名以崛起難固在令豈
在黃哉知為民父母後乃辦為令且辦為天下今譜
壁間之石而曰某名九鼎某名蕢土幾能強顏為之
父母余今愳未艾矣

游崎山記

黃岡山以百數而崎山尤稱峻特余神往久之故事
非雩禱不至深菁邃谷游蹤罕入者丁未冬日會有
甌脫之訌羽檄下邑當從蘄水麻城兩令君勘其地
既命駕屬張侯書來請弛期乃徒御已戒裝脂秣矣

因顧曹掾所勘地去崎山幾何掾對以三十里而近
余曰若第裹半日糧從間道濟吾事可手遂決策行
是日宿丁家墻土人稱去此數百武有孔子河即子
路問津處質明升輿經桀溺冲前有石梁圮盡流水
湯湯出其不征人褰裳渡曰丘之不濟命也夫廟一
楹像宣尼委土以當血食余謂守僧津梁不遠以君
為導師已去至道觀河於時中春始從迂徑行荊棘
中幾失道遠眺青翠數峰居民指傍為獅子岩有大
司寇王公先冢在焉入山愈迅東馬懸車未至可十
里許則下舂矣舉頭忽見孤崖兀突仰捶雲霄余下

視謂有異信安山麓得樵子稱為留雲洞幽澗鳴泉
嘈呟不絕其上兩崖交峙止度一人是謂土門過此
視崎山寺邈若可即暝色漸增山僧挈燈相迎余笑
曰是可當東燭後騎昏黑尊者引炬燎原余笑曰是
可當烈山山高風緊輿行別無堪適唯冉冉若墮身
雲霧而已入寺勢頗宏敞頹墻敗椽所乏浮圖精室
越翌日晨起天歛雪為舉濁醪數卮徐詢山中遺碣
了無片石第盛誇剎本唐皇所留詠多俚鄙不可讀
起步門外寺額能仁猶出近筆有橋旁鐫至治年月
篆古左[illegible]而石若偃且拱曰道入石余既採奇不息

越座後山雀躍彖葺至淨室洞足力疲困捫石少憩
俯眺盂鉢小崎諸山森森起伏風斯下只中峰尚在
烟霧攀藤鳥舉始窮其巔近龍王祠有小當文爲祖師
洞祠旁有井泠然出水山僧指其下有龍湫隆冬不
涸歲旱虔禱取水即得靈雨徘徊登眺千岩萬壑
競効勝山之下果然而又尋宦竹處松林竹蔭真令
人應接不暇也弟子曰余登崎山而境內諸山若培
塿云語稱山不在高有龍則靈茲山既以偉秀寵蓋
一邑而尺水寸波鬱鬱涌靈氣其爲瑰傑可勝道哉
乃窮幽極峻不足某進士之展道險無徒亦自然之

勢也至神正一丘頒炯霞而礒泉石又儆然自暘矣

孝介先生祠記

孝介先生祠為邑人樊公立也先生兩為令民見德既去民思既歿民如喪厥妣考所在創祠申畏壘之祝矣而復祀于其鄉何居鄉人矜式於是乎在焉是凭而吊之以不死先生也祀先生不以爵不以姓氏以先生位不配德而又格于易名之例鄉人賢而私淑之則謂先生弃官從父竟死于孝居官不私一錢皭如冰雪此無媿孝介矣陶之為靖節也孟之為貞曜也皆其交其門人所彼而私謚之者也先生孝介名與寔孚此兩字傳先生之神可無問而知其為樊公也按祀法非請于朝載在秩典不得立廟特祀今先生之賢表表拜里即已令祀鄉賢謂未盡也而先生又無子一女伶仃烝嘗幾廢如之何而昆弟能悊然也則雖朝典有待而聚族以謀專祠亦古所謂鄉先生歿而可祭于社者之例也先生慕海忠介之為人其令商城抗中貴人開採事余過其地父老猶艷述之邑為吳望邑獨嚴事先生以為神君惜天不假年未竟其用然先生之伸萬世者要焉無忝忠介也先生既歿之數月余叨令玆土其明年學使者玄宰董公手書孝介先生祠為贈儀子弟一人衣冠奉祀未果又三年戊申春王正月而先生祠成先生弟王衢輩數以記請始余習聞先生令吳擬赴官從受益焉而先生死矣每過其閭低回久之先生大節炳然既可師百世而其弟又能拮据以不死先生是皆可書也遂為之記以志歲月先生諱王衢字玄之其官政及它行詳志銘及傳余所記者先生之祠也

黃岡縣志

重脩赤壁記

郡司馬　于成龍

余辛丑春授粤西羅城令親友咸有難色余曰子厚先生晉人也曾官柳州余同鄉後李可不往觀流風遺蹟乎攜僕訪道秋抵柳陽謁先生祠像祠後柳侯墓祠前柳侯碑碑乃眉山東坡先生所撰記而筆之者也喜出望外矣父老相傳世變城頹祠傾碑毀或砌碑塊於城城屢崩闕其石有柳侯碑移還故處而城工竣東坡先生之文之筆其不能淹沒如此摹刻可避火右江守憲黄公語余曰吾每渡江不敢忘攜柳侯碑東坡之文之筆其為世所珍重如此嗣守

憲戴公重修祠宇珍護碑刻此乃東坡先生之寄於粤者非等於黄岡赤壁諸勝境為先生之所親歷也丁未余陞授西蜀重慶合州牧戊申秋抵任己酉夏五月因前任卓異報陞黄岡丞冬十月謁撫司赴成都還望眉山崔嵬峻秀知東坡先生之鍾靈不偶庚戌春抵黄丞任柳侯碑雖隔在天末而赤壁諸勝幸在目前意以冷署閒局或可偕同人笑傲赤壁坐臥先賢遺址游新建宋賢祠而快意焉雪堂竹樓雖非故址然與洗墨池同建時為之也宋公誌可誌不朽自以步後塵表遺跡而効力於太守羅公者余之責也無如余入不猶甫署黄安旋署通城復奉文代覲奔走如犬馬辛亥夏六月抵岐亭值旱魃為災人心叵測憂危無寧晷壬子春賑饑德安兌糧蘄州夏四月理黄糧捕秋七月兼漢糧捕簿書鞅掌每過晴川黄鶴而欷歔復何心及赤壁諸勝境迺冬臘甫卸事歸岐與社中諸生痛飲道及杏花村裡多賢人詢云有陳季常先生墓在焉季常為東坡先生好友也著方山子傳不可不謁今春正東與偕往草茵而坐觥籌交錯春光諂媚依稀人影在地而歸隨謀修復旋置磚木以思慕太守公潤久來黄黄社諸生情誼

篤好會飲無虛白違謁客郊外尋臨皋洗墨故址登定惠之巔覓寶山之右二三同人偶憩龍王山廟王生殽核齊觴飛觴唱和漏三下而與彌高越二日為赤壁之遊彭先生李顧二生攜酒偕來謁先生之像誦前賢之碣俯長江之浩渺嘆桑田之蒼茫遺跡尚多灰燼感慨不能中忘時方天晴日朗倏忽風雨晦冥席地酣飲不覺日落西山因念及山高月小人影在地之句其興倍於杏花村矣脩季常祠者為東坡先生也茲登赤壁而知東坡先生之所由名何可無以修之也况黄岡名都協力勝於邊荒又何可無以

修之也諸生僉謀而請命於太守公曰可

黄州宋賢祠記

宋　犖

仕而過黄者靡不言蘓子瞻王元之至於張文潛秦少游非其忘之即不知之矣仕而過黄者靡不言子瞻元之之雪堂竹樓至於子瞻墨池非其忘之即不知之矣余判黄之二年梅川張長人過予而言曰吾黄自兵燹以來諸名勝悉委榛莽如子瞻洗墨池獨趙文敏手書三字猶存瓦礫中此寒山一片石也使君得無意乎余聞即大喜命輿人彩置東齋又三年為康熙己酉予董漕自淮歸日長無事因念先賢故跡久就蕪使後人靡有瞻仰守土者責也言之太守渤海羅公及九屬諸有位咸捐資重修之始從坡里坊求池之舊址甃砌剔壞水泓然瀵欲出池舊無橋與亭今創建其上以文敏字嵌門簷間記而曰池得矣無堂何以祠爰建堂池之東祠子瞻其中以文潛少游爲配兩先生固嘗遊黄文蘓門士也遂名曰雪堂堂成猶有餘材因建樓池之西祠元之名曰竹樓墨池因故址雪堂竹樓非其地而佐之從名也使遊人過客聚而瞻之者不忘也合之為宋賢祠云祠既成移余書之複者置樓上移余東齋花木自中州來者植池側而傍為數楹招僧末子住其內以供朝夕於是黄之人若忘其為舊有而煥然新出於耳目之前也下數月余以先太夫人棄世將去郡歸里惆悵者久之歲且暮張子長人復自梅川來別余因坦步池上張子曰甚矣先賢之賴有使君也抑吾聞之昔韓魏公年少以家艱從其兄遊黄黄人思之為刻其詩于四十年後使君忘之乎又曰昔嘗讀楚故載東坡洗墨池哇口食墨而墨黄人殆未之信也是二說者余惘然念之遂為記

脩問津書院記

孫錫蕃

天下不可一日無君卽不可一日無師一日無君而異端騁于有形之疆域一日無師而異端起于無形之人心化異端而爲忠孝聖賢則必自孔子之教始雖然聖人之教非角夫異己者而張也覆之以天臨之以君庇之以父母伸吾道以明之則彼且不攻而自破也故尊聖教莫重于學宮之建而書院實與學宮相表裏彼嶽麓嵩陽應天白鹿皆因先儒名勝以爲廣厲風敎之地況乃聖人車轍所至莫不有關于繼往開來之大業吾黨近聖人之居如此而令其古

蹟銷沉典章蕩滅名曰黜異教以尊吾道其實薄吾籓而益賊以弋者也其何以忘報本反始之禮若是興吾黄之有問津書院何昉乎相傳孔子自楚反乎蔡魯論所記問津卽此也地距黄郡九十三里山曰孔子山北枕廻岡而疊巘遠峯曲盤環衛上有講經臺曬書場洗墨池有坐石草木不侵有石硯雨下墨水浸出如鏤花架下有孔嘆橋文宣廟元末兵燬正德間縣令胡潔構亭立石隆慶初郡守孫光祖重建前爲孔子河河北十里許曰冊車埠東隅三里許曰顏子港其左右二水清且漣漪禾畦黍畝若刻畫然

一曰長沮坂一曰桀溺沖滔滔之聲猶聞在耳中亘以石梁七省之衢往來摩擊盖楚子在春秋爲椎跨地五十里而此地河山正當官道安知府志所云許州之葉縣遂爲定論哉旁有碑屹立鐫而紀之曰孔子使子路問津處志始也碑以北古松數百餘峩峩壇㙾爲曆代崇祀有典殿宇廟貌制倣學宮而不立配哲賢儒文主位志不及門也西有子路祠志御也東有弘仁堂生徒講習之所志學也長沮桀溺亦有木主則祠于院之西南隅曰耦耕處志隱也正殿聳峙于山㘭　先師道像儼然前代命工向曲阜旁廟

神肖者志在天之靈如在也先是元盧陵龍仁夫常築書室于其山之麓明隆萬問鄒南臯趙儕鶴耿天臺叔臺彭旦陽諸公暨吾邑蕭康侯會集講學其間彼時冠盖甲海内與梁溪中分魯焉嗣後倡明此道者寖衰微矣且數經寇亂堂祠盡圮止殿岌岌然慮其壓則鄉人以孫木贄之門額尚存曰問津書院有拜殿曰知津堂傾夂半蠧蝕半同學數君子益不勝水木情深爲謹卜八月上丁之朔遠近咸集酌註祭儀規定條爲構造脩葺有加東漸啓化北面有心吾道將行矣學者誠能效先覺之所爲迄今二千年申

申夭夭之容溫良恭儉讓之德望而即之力行以求
爲循得以窺其體備中和之全安見齊安非昌平而
吾黨非闕里哉且今天下之為道者岐亦何能異吾
學也吾挾其有以角之必具外吾而求張吾僕隸之
則吾用今國雍郿屬禮明樂脩崇祀于朝而籩簋俎
豆法古于野其有不知先聖人之道瞶經天而嶽在
地者則非含齒戴髮之倫矣何也尊之至也而吾道
以外無不畢彼務而為名法流而為楊墨道而為老
釋背則猖狂自恣而近理亦竊吾之似而未有能出
聖人之範者也何也大之至也而吾道以外無不隘

是役也積縷而緡積塵而嶽則落于鄉之紳士庻一
登一鉶一籩一豆則禀于天子之命吏而與學宮并
重焉益聖人是跡親履其地禮不敢下例于石鼓涑
水之名已也彼同吾學者言聖人言行聖人行服聖
人服父淂之子兄得之弟而根本治天下之道基之
矣即異吾學者望宮墻而知聖人之教無所不容大
無所不有尊無可加爆然有悟于歸根立命之原如
唐子之父七十而忽見其鄉也則仰日月之高者何獨
七十子之親炙而晨門荷蕢楚狂篠丈皆可與于中
行矣是為記

玄妙觀記

歲己丑八月既望東山吉靖而觀適落　戍郡司馬
白公諱秉真先為郡人士塵率茲慶其竣事于平定
功之後而屬孫子復菴焉之記曰余自丙戌蒞任聞
中登太守採昂湖若有空中攀龍髯而上者七十二
人雖然頤安得如張燕公所称立壂夔龍衣冠巢許
哉隨過盩厔采關令尹迎老子講經處道心收童行
將攜手羣徽矣丁亥移黃下車而城方火觀野有奠
草望氣南郊有昭聖鳳凰之祥焉鳴乎不知何王峙
此絕壁囙祖龍之所不能謀乎盍不思以常朝冬

僅同殘碑斷碣倡闔邑大姓而重新之于是捧金光
之百丈扶榱題于絕倒以不失古者入廟思敬神道
設教之遺焉孫子復菴曰雙摟夾殿玉女侍玄此先
唐所以附名于李而建玄元金祠也今公勞暑下與
益而功成斧輸若鬼神而觀建斯胡可以無記是觀
也山門舊以石屹若海島上以玄妙觀三字額之左
曰蓬萊右曰閬苑殊非人境遥望黃江如帶而以西
山為香鑪峯洋洋乎大觀也西諸南有塘環遶可置
炯火萬餘户形家謂為印星之火德宜水以濟之門
以内東有真武廟西有三官殿壁立乎觀之兩翼者

也角道以北數十武有臺如鏡方廠能容千人亦曰千人石左旁靈谷井水尚未渴也相傳為葛洪井其水清洌為邑嚴即葛仙翁煉丹處　臺之上孤聳天宮者殿也隱隱雷雨杳冥躋跽令人不寒而慄觀其金相壯嚴中三清左右四帝道書所云土上出金大照臺俎豆皆古法焉而斧鑿班痕亦非近代故老云姑唐製殿後岳青雲賓太極者玉皇閣也凡閣以層樓名而此秩禮百王子乎地甚異之故老曰閣已三災不摟而土警能大也僉謂者人誕殿閣相去十餘武閣災殿亦易矣製曰唐故誕之老人四閣三災而殿數歷刼灰如故然則殿其有金剛堅固力乎爰考之邑志云唐貞觀間道士李雲外建宋為天慶觀即東坡作易解與論語說云偶得天慶觀道堂三間燕坐其中四十九日者是也明勅曰玄妙觀玄之又玄衆妙之門道德五千言盡此矣昔唐臣徒劍南西川率雄邊子弟而預建籌邊樓控制阨塞宋臣經略甕城人以為起浮圖而不知其習水戰也公之志則然乎司馬公曰廟中之設境內之象一人之身一國之象觀重盥薦乎格豚魚以誠求之而已矣神猶君也血猶臣也氣猶民也朐臆之列猶宮室也肢體之立

猶郊闕也骨節之分猶百川也湊理之間猶四衢也事神治民明禮樂而幽鬼神豈有二道哉後菴子曰天下無性外之物亦無身外之物甚矣因記此而悟學也

重修安國寺疏紀　清孫錫蕃

爾所國土中賴佛以安而國王水土又所以安佛入世出世相爲分長此安國泰平講寺之名勅賜自唐而東坡志林咸稱之且爲之作記也相傳唐顯慶二年邑人張大用捨基僧惠立建而蘇記又云寺立于僞唐保泰二年始名護國嘉祐捌年賜今名而存之以俟考訂可耳寺重修于明萬曆戊戌自崇禎癸未楚黄之變陵谷陸沉獨此地層城如霞疑海蜃爲文而祭之昔人云銅駝會見汝在荊棘中要言之者豈在荊棘外亦有如此寺矣按寺山門之南水口蜀巽

方數十武有文峯塔巋然上柱秋漢詳山左翔而長河東不聞亦萬曆間浮屠建以佐形勝實爲文筆峯未合尖而解頹三提如左券齊安文風中天下炳炳蔚蔚雖歷滄桑變常若有物以凴之寮變化成占氣于國而金桐之盛衰不與焉今千餘年後闔帥張大治亦以戊戌來鎮吾黄延高僧晦山以沙門而爲吾儒保障功擬三大金像于捿風楚雨扶十八阿羅漢三十六諸天于斷崖絕壁又購來藏經全部而禺建其樓以貯之且闔帥之姓名相同僅異一字豈其前身盡帥乎宮斯土者葉爲祇樹供吾黄土著而深觀

于天人相與之際誠識茲寺上而文昌照曜遠控此斗下而江鎖如帶巽雷諸青峯拱衛獨奈何不以身作五十二福地郛安國固所以安都邑且以安鄉鄙爾嗟呼吾黨荊棘中人頗安得烈骨以爲香擲然指以爲琉璃布心腹腎腸以爲澗溪蘋蘩乎雖然人生斯世也茫茫苦海與其迷離而未有浸涯毋寧疲津梁之爲愈赤子墮地大坑與爲逐逐昔郛毋寧發黄梁之一夢不圖茲寺憂瑚周璉猶存三代法物倘不吝以涓滴恩絲粒德振起于恤災弭厄之餘則凡大衆爲雷門先生者禮篋聲而望三古皆應有報德之

夢矣

重修禪寂寺記

南海有聖人爲其名曰大士見十方界以說法有時長者老有時跣足婦人色見音聲求不一無非耳視目聽救援苦難于方州部家之間北方有聖人爲其謚曰真武以辰壺爲宮觀而與勾陳帝座同司七政之樞機即妙音接引先以斧針之喻而後披髮仗劍于縣崖撒手之時者至今登太和覩磨針澗其事之夏五郭公闓爲未信然未嘗不敬奉元君之言如蓍

邑侯趙公去思碑

明　丘岳

趙公中孚去黄之十六年然後黄中父老子弟始立石道周紀述公德政殺畏壘故事斯所稱君子之得民心者久而黄中父老子弟去德滋深者歟夫公之德政入人能口道之而至於鐫石以識不朽蓋心碑也計往歲辛巳間當今上采言官言天下洪寧久阡陌之間相錯如繡開墾者多而賦額不加蓋由是定為甲令盡檢天下土田槩量其數則一時繁難置設莫可名狀縣長吏實當其事會是歲天雨雪寒甚公單騎行田間僅數人隨從窮鄉邃谷必至其卑苦與

百姓共之不欲煩民間一錢四境肅然安定初不知長吏之往來也狙獪之胥即欲因緣簿書為姦而公嚬一字如山不可易迄於今百姓奉為傳別以共賦入三賦五令徵輸有定限即窶子單丁皆得趣事赴納從勞莫敢僑索其所餘兩階簿對則謝絕一切請托而每用片言以折之入者冰壺出者秋月又不喜任意輕入人即得情不之喜也以故白禁兇新城旦舂者六年之內未嘗枉一匹夫匹婦蓋慎之哉黄故舟車孔道也驛傳廚得過客懽心則米鹽絲帛刁難之徵求獨非蒼赤脂膏耶一邑如斗大予一人豈有

愛焉庭前之影清可鑒魚狐鼠之窺簾而潜跡者寂如也暇日延見黌博之士發抒十襲講究道物其所取士類多豹變隆隆日以起語曰百年樹人其庶幾乎居常省視黌序輪奐翼如而境內壇壝悉嘗以時則禱雨雨應禱晴晴應篝車告成鼓果然之腹而忘於何有矣乃獨懷度澗視下嘗之而下報上陵之而不之輕省之未嘗藐焉危加之未嘗㤼焉蓋伺上下欲為射隼而罔下不欲為掩群惟求盡其在我者已耳此豈晚近世所易及哉大都公器宇瑰瑰不群至性篤厚問學宏衍朴裝質直不尚紛華山立時行卓

有古大臣風度然則其志潔其行修其量弘以遠也殆翔中而彪外者乎即今去黄之後燁然為名御史晋陟卿寺帝眷日新超祿申重將未艾也黄中父老子弟德之深故思之久思之久故識之欲不忘昔衛武公盛德至善沐浸民心至播為詩歌曰有斐君子終不可諼兮知武公則知公矣知衛民不諼之詩則知黄人立石之思亘古今人情豈相遠哉是為記公庚辰進士名士登號中宇涇縣人銘曰

黄邑盤桓環山帶川甌窶污邪畎陌芊芊彼美我公道大德全甫維下車槩量土田朔風大陸露宿霜飡

羊戒晨飲犢自瀧抵蕭潛鼠首尾擁魚懸吏畏其威
士服其賢尸何禦錦單父彈絃魯恭三異劉寵一錢
我思循吏維公比肩休休有容千頃洪淵桃李門牆
郁郁翩翩井泉蔽芾鴻雁連叁愷弟君子可愛可傳
晉宗濟膴八座三遷珩銘鍾鼎帶礪燕然久而不忘
去思綿綿綏我樂土貞固千年

銘

裙靴銘有序　宋蘇軾

余在黄州時夢神考召入小殿賜宴乃命作宫人
裙銘又命作御靴銘

百疊漪漪水皺六銖縰縰雲輕獨立含風廣殿微聞
環珮來聲

寒女之絲銖積寸累天步所臨雲蒸雷起

洪駒父壁陰齋銘　黄庭堅

甥洪駒父仕爲黄之酒正勤其官不素食矣又
能受其餘日以私于學名其所居曰壁陰齋余内
喜之曰在官而可以行其私也唯學而已矣爲之
作銘

惟道集虚觀我鏡中年耆典學考道則窮潛聖語道
朝聞夕死調高不知千世一士觴豆舞歌不受其光
孰能劬書自憂而觕挾書呻吟白駒過隙我以道會
何直尺璧古者寸陰不易千乘之國得道之根則有
枝葉務華絶根安事爗爗渴日者揠苗罪歲者不芸
茅勿亟勿遲能時者謂之君子

鏡銘　孫錫蕃

鬱華結鄰赤黄之文日亭午而升月三五而盈一物
不生萬物肖形妍媸莫逃惟空則明而何况乎金不
足以凝其精水不足以喻其平

簟銘

水有波紋可以濯身竹之冬清可以比貞衾影寤寐

惟爾神聽爾窒化育臨深履冰

聰銘

瞻之在前乃艮其背爾室靜坐十目所視誰謂北之
高可卧南之傲可寄

乳母任氏墓志銘　宋蘇軾

趙郡蘇軾子瞻之乳母任氏名採蓮眉之眉山人
父遂母李氏事先夫人三十有五年工巧勤儉至
老不衰乳亡姊八娘與軾養視軾之子邁迨過皆
有恩勞從試官于杭密徐湖謫于黄元豐三年八
月壬寅卒于黄之臨皋亭享年七十有二十月壬

年塋于黄之東𨺗黄岡縣之北銘曰
主有以養之不必其子也死有以塋之不必其里也
我祭其從與享之其寃氣無不之也

誄文

肅皇帝諭祭贈參議奚世亮文

皇帝遣黄州府堂上官知府葉朔遠
諭祭福建延平府同知贈參議奚世亮爾發身科第才畧可聞歷職曹郎出佐閩郡署篆郡封倭賊入寇爾登城戰守誓與存亡兵力不支遂罹鋒鏑守臣上
奏良用悼傷念爾死綏晉官藩秩併加祭葬以示卹

恩爾靈有知尚歆慰

世祖章皇帝諭祭東鄉縣令汪基遠死難文

諭祭文曰諭祭於故東鄉知縣今贈江西按察使僉事汪基遠之靈曰爾誠宰東鄉剋勤撫字方資保障遽罹賊氛抗節不回殞身城社可謂烈矣所司上聞良用憫悼緣賜祭一壇造墳安塟爾靈不昧尚克承之

誄李勤仙　　鄭先慶

夫人受中天地以生苟未達于性命之原以求日進于聖賢之域雖壽百年猶蠛蠓蟪蛄也即或自命爲體此道矣而察之未精行之未専守之未固繫籍云乎哉博塞讀書其爲亡羊亦均耳盖斯道遞傳孔孟歷秦漢隋唐數百年間僅有荀揚王董韓五子特有發明然或開名法或襍讖緯或以幽奥寄或以擬說著或卒歸于文章其于羲農堯舜相傳之心法究未大明嗚呼難矣惟宋濂溪二程灼知力行其道大光至考亭而集其成天下後世人心始識所歸向迄前代河津餘于姚江各主所見亦皆彬彬乎聖人之徒也然代不數人耳李勤仙先生中歲棄舉子業毅然以斯道爲己任退觀乎虞夏商周之所以得而心體

乎易象詩書語孟性理諸書之微早作夜思澄懷殫慮如是者二十年乃確然有見于斯道之隱而語嘿寤寐鮮不合于所當然與所以然之故同儕王諸君後不多見之人也昨年冬偶疾壽昌尋復得愈疾之日惟思得二三同志晨夕講難雖重劇不以爲瘵卒之先二日尚過萬子烈峰許仝易子開子及慶共講克復四勿娓娓不倦實有關于天人性命之藴是時貌嚴而色和初無病氣乃話畢而别甫别而病作疾作而遂不起在先生怡然寧順知死如歸無絲毫却顧學分固爾我輩數十肝肺骨肉之交寧不泪下沾

襟也耶先生于人不苟交對客每端坐不妄語人固不深知先生或更有詘以為傲惰者嗚呼先生往矣生平随筆有數種後之知道者味其書定可于楮墨之表而續先生于濂洛諸大儒後也為之誄曰

兩儀肇物人道以正心游體容功維群聖先生生世亦狷亦狂敝屣浮名謀道皇皇甫壯殯内遂不更娶韞隱岐黄嫺精吳會風高學博景行者衆蓮幕期門千里迎送先生有子才美軾轍不欲其榮養晦不輟生平自砥惧違聖教貌若思沉跬步履蹈生平好友不樂俗人譚言結契駘蕩如春生平石交指無多屈

誼清氣孚繩過則直中歳聞道知命契化諦觀元始造物是駕徙築白雲吟詠山阿終古則爾獨往獨詣壬子之冬歳匪龍蛇偶疾壽昌詎亡也耶方其沉劇心定神和立命不二之死靡他筍輿弟宅尋復大差覲游交懽頤壽可紀奈何正慰忽即不起天隕奎文神騎箕尾嗚呼良木其壞兩淚填膺哭公誄公長夜孤燈異流紛馳聖學如織先生一笻搘之閩倭顔回曾點合為一人孔廡千秋公論合禮慶忝篤契三十餘年表公獨得以為世傳

學道李可汧祭李介文

康熙柒年湖廣提學李可汧謹以香楮牲醴之儀致祭於樊老父母李介先生之位曰嗚呼楚江東流潤我吳國寶山西峙地靈斯宅厥生大賢高蹤在昔百年旦暮人欽遺澤山高水長風清月白前古後今歌思罔極嗚呼先生往矣廟貌方崇大嶠小嶠依山為宮馨香俎豆骨瘦容丰西陵壁立千古為宗還念我邑祠在玉峰丹艧如新屹屹垣墉下民酌水禱祀雲從繫公明德疾苦時通起彼捐瘠生死攸同神棲西地靈與安窮嗚呼先生之風旣孝且慈先生之政復清以洌奸訛革心膏枯燠暍秩秩涵涵士民胥悦三百年

間惟公稱絶塗歌至今豊碑若揭追惟先祖陳徐誼切相師相友并稱前哲茲予校士江城駐節齋心動志芳徽是謁登堂展拜瞻風灑雪神其来歆辦香有飲

祭王宜人文 李公鳴學元配　王一翥

緬衍世臣為國榮護倫儷偕昇内德昭祐仰昌輝于修幕兮實李閥之典故今委蛇于瓊宮兮事敦始而追詁昔勤容之成繩兮肇矩于王門之保傳稽盛代之音徽兮相夫子而助理刁斗不徹于警鈴兮挽漕佐勤于國紀諒聲譽之遠耀兮運已頹而不廢瞻烏

遷徙之靡常兮負釜遁而無愧載珪璋以藜食兮昔
也刑政之清而今也鹽羨之醜閭中如叔時之論教
兮奠麥粥以勸祇毋遵往哲之堂閫兮兩子之葳儀
棣棣擬鶬欒凍飲以齊眉兮播旗閭之鴻施彤皇眷
兢嘸仕兮蘊名儒之所始坤德之不可象兮與言之
不可已壽固典閫德俱峻兮詎哀邃之忽暨濁市固
不宜久居兮杳冥之報施何遺懷琥琰以為心兮青
雲之爛忽涕夫衣節比挂樹之冬榮兮含沉瀣而瀉
悲夫子悼明鏡之缺子女喪月殿之儀固楚國之多
憂嘆巖石之窟伏幽幢切樹之西靡兮里民奠旌于

素水迴塘暮其已寂兮纘女隊而長子啼華燈滅而
敞罔兮窮泉襲而壞移凜清廟之虛歸兮耿夕駕之
旖旎倚麒麟之勳碑兮歌蘋蘩于沼沚動北房之環
佩嗣雞鳴之懿理空中之玄鶴未翔兮啥紙孝之冢
子香洌布于四隣兮不徒蘇姜枯于靈芝蓋國人之
適哀兮獨永歸乎李氏之譜遺嗚呼尚饗

文

黃州准赦祭百神文　　唐杜牧

會昌二年歲次壬戌夏四月乙丑朔二十三日丁亥
皇帝御宣政殿百辟卿士稽首再拜敢上仁聖文武
至神大孝尊號於皇帝受册禮畢迴御丹鳳樓因大
赦天下咸告天下刺史宜祭境內神祇有益于人者
可抽常所上賦以備供具牧爲刺史實守黃州夏六
月甲子朔十八日辛巳伏准赦書得祭諸神因爲文
稱贊皇帝功德用饗神云皇帝嗣帝天膺天付前庚
申年造統大業慈仁寬恩聖明文武或曰誅殛曰我

父母譬彼嬰兒皇不可怒或曰畋游苑大林深嘈嘐
跳突千毛萬羽豹裂鵰擒其樂無伍皇帝曰匪我不
知玄豈假汝未撫四夷未考百度天地宗廟未陳薦
羞如寐未寤如痒未愈所退狗馬未可以御或曰酒
飲順氣完神爵樂工習自祖自父程督纖裾千萬侍
女酬以能舉助之歌舞富貴四海不樂何若皇帝曰
不[illegible]聞四海蝗蔽田畝或曰亢旱或曰淫雨程老孤
寡未盡得所聞一有是首不能舉乃拔俊良乃登耆老
夕思朝儀依規約矩詳刑定法深刻不取標揭典制
酌之中古遠師太宗近法憲祖怵慄恩維不治是懼

四國旣手、六職攸序、黍稷稻粱、嘔啞㑣僂、父父子子、供養撫乳、萬里齊俗、實皇帝力、累眠而食、罔知其故、皇帝乃曰、予見郊廟、嚴法物、旓旐旅、五帝坐壇、百神立祜、寃嶷聆、璽捧爵、是醮、海外天内、戎狄蠻夷、奇服異貌、伏於除外、歡喜呼譟、迴御丹鳳、大赦四海、改元會昌、咸論有罪、紹功嗣德、搜剔幽昧、寒暑合節、風輕雨碎、穀溢陳囷、畜繁腯大、東南西北、限岸壃紀、無有頓憚、不識灾害、三事大夫、邦伯諸侯、曰皇帝德古不能侔、謳歌謠詠、安得可稱、百工庶人、亦有聚謀、拜章叩呼、顧上大號、神聽天聞、欲揚弘休、皇帝曰無功不

可虛受、懇請不已、出涕叩頭、皇帝不能止、曰予慙羞、曰因大赦、惟新九州、不窮不詐、不饑不偷、有窮有饒、實吏之尤、予實天吏、許之省循、約束教誡、纖悉丁寧、品類細偉、各當源流、皇帝曰俞、股肱耳目、誠爾竭力、寒暑風雨、宜神是酬、匪神之力、其誰能謀、允爾守土、各報尓望、剥烹羙截、無愛羊牛、天下聞命、奔走承事、牧寔遭遇、亦忝刺史、齋齋惕慄、臨谷將墜、視牲濯爵、不委下吏、餔羞且潔、囷有不備、衣冠待曉、坐以假寐、步及神宇、踏足屏氣、神寔在前、敬恭跪起、詩不云乎、皇天上帝、伊誰云憎、天憎罪人、天可指視、止殃其身、

豈可傍熾、刺史有罪、可病可死、其身既塞、可及妻子、無作水旱、以及閭里、皇帝仁聖、神祇聰明、唱和符同、相爲表裏、黄治雖遠、黄俗雖鄙、皇帝視之、遠近一致、洋洋在上、實提入紀、無負皇帝、自作羞愧、月維季夏、曰維辛巳、實神降止、神如有言、我答皇帝、寒暑風雨、其期必至、瘥癘水旱、永永止弭、爾爲官人、勉爲爾治、牧敬再拜、汗流霑地、

黄州塞廢井文

井廢輒不塞、於古無所據、今之州府廳事有井廢不塞、居第在堂上有井廢亦不塞、或亘而護之、或橫木

以土覆之、至有歲久木朽陷人以至於死、世俗終不塞之、不知出何典故、而井不可塞、井雖列在五禮、在都邑中物之小者也、若盤庚五遷其都、有社稷宗廟尚毁其舊而獨井豈不塞邪、古者井田九頃八家環而居之、一夫食一頃、中一頃樹蔬、鑿井而八家共汲之、所以籍齊民而重泄地氣、以小喻大、人身有瘡不醫即死、木有瘡久不封即亦死、地有千萬瘡于地何如哉、古者八家共一井、今家有一井、或至大家至于四五井、十倍多于古、地氣漏泄、則所産脆薄、人生于地、内今之人不若古之人渾剛堅一寧不由地氣洩

漏哉易曰改邑不改井此取象言安也非井不可塞也天下每州春秋二時天子許抽常所土賦錫宴勅吏及州吏必廓其地爲大字以張其事黄州當是地有古井不塞故爲文投之而實以土

農夫禱文　　劉　軻

丙戌歲大饑楚之南江黄爲甚明年予將之舒途出東山見老農蛍雄其族爲禱於伍君祠其意誠而辭俚因得其文以潤色之亦以儆予百執事者云農夫某謹達精誠于神明吁嗟我耕食之人誰非上之人人之有求神得下以聰明正直聽之耶農者仍歲荐

饑人爲鰥婺田無畊夫桑無蠶婦癘疫瘡痍一方尤危踵以吳蜀弄兵吏呼其門毆荒餘之人挾弓持戟女子生別行啼走哭王師有征群盜繼誅乃歸其居乃復室廬廬壞田蕪亦莫蠲其利今之收合餘燼人百其力幸大成于秋誠慮旱而不雨既雨而潦必不爲潦又慮其不苗不秀秀而不實又慮爲螟蝗又慮夫廐馬之奪其食賦吏之厚其歛焉嗚呼必馬無厭粟者妾無猷羅紈者吾歛其薄矣亦於何厚其所薄即伏希神明無有所忽禱曰無瘠農人以肥廐馬無寒蠶婦以暖妓妾無銷耒耜以兹兵刃農人不飢而天下肥蠶婦不寒而天下安耒耜不銷而天下饒妾暖而嬌兵滋而殘馬肥而豪不蹟不馳足食足衣皇天皇天胡忍是爲苟不此爲民其嘻嘻神其怡怡尚饗

夏令上　　明　王廷陳

中和之區遠邑遠而介於他封遠故不虞閑焉而易以亂介故他逋者藪焉而互爲主客止一二獲則黨爲賊而兔反捕者坐是故盜也滋多夏侯至自羅當其劇也麾焉曰弗身衆弗奮也前衆曰侯也前其誰敢有奮而從執其魁數十人以歸狀得以聞中丞中丞曰才矣令亟行慶辭以語王子曰吾實父母是不

務與輯俾以盜獲吾則用愧且慶也其謂非功吾則治之使盜焉因以爲戮是吾罪也不譴而慶行罪以蒙慶其何以堪抑是以風後之人歆賞而趨唯其執也不虞其冒其罪亦惟我王子曰夫子仁矣仁之于盜也豈將縱之仁抑亦執之仁夫盜民之毒也盜之不執民用困焉德盜而讎民其不然矣天地之於物也務生而已或霜雪爲虐不摧折豈物是讎所以生之故良農不愛莠聖人不假惡姑息之政實以階殺夫假仁之吏務爲區區小人幸焉然其竟也雖唯小人亦豈終利覬免而犯終以不免是縱之也爲殺之

也不亦多乎知不獲免犯之弗輕是殺之也爲縱之也不亦多乎故曰慈母有敗子而嚴家無格虜矣也其允有功何嘗辭焉

夏令下

盜既平大中丞嘉焉諸生進而賀王子聞之曰渺哉是曷足為君煩焉今有大盜五尚幸君之除也一曰胥吏之盜二曰鄉曲之盜三曰邦國之盜四曰言語之盜五曰仁義之盜胥吏之盜八鄉曲之盜十邦國之盜九言語之盜四仁義之盜十有一左激詭椽竊務巧中傍搆陰庇舞法深文八者胥吏之盜也誇族

怙強負貲并弱閉施朘責武斷力攘棄典狎公十者鄉曲之盜也陰伺崛衆移權貪要揚險黜貞首災幸亂崇怨九者邦國之盜也遠棗捐實遺直務廿四者言語之盜也屣僻蹈凶匿情衒世擬聖附賢信蓄詐怙宅競蒐基取特肩從隱乖顯十一者仁義之盜也五盜並興翕翕紛紛教化不流綱紀失平瑕瑜偶貢與訛浮真天下之盜皆其豨釀而涓出者也皮之不去毛奚技焉蒂之不刈條奚剪焉五盜之不除盡若類何益矣是故君子識本執樞推始稽成大盜不起天下皆寧

文昌閣上梁文　　陶允宜

伏以天啟昌期文治互昭於星野地呈完局神功默相乎輿圖惟黃城開府之區即疊庠北隣之所山從西結勾陳之位循虛水向東流華表之門不閉是豈溺陰陽之說會須全造化之工一字門前營長街而如螮四牌樓外抱曲巃以如鉤前近沮洳中懸培塿地脉於焉而萃止人文自此而宣昭棲鳳化龍韓相公之精舍清風明月蘇學士之嘯軒大帝宮前翠篤捧赤烏之殿尚書里近烏衣傍朱雀之橋是惟郡閣之巽方堪備泮宮之文筆乃憑衆議祇建浮屠疊石

穿基巖峩上隆於七級花磚作牖玲瓏周啓乎八窗孤標直入雲霄砥柱全收江漢前横隙地幾為商賈之壥中創層樓堪建文昌之府應人間之魁宿祀天上之張星法象高懸披綠袍而美如冠玉神騶侍駕控白騾而矯若流珠新廟貌於一朝振儒風于千古伏惟某職司佐郡權署正符敢視國以如家政兼敎養須以人而事主望屬賢才謂鍊石可以補天而撮土猶能障海俯觀俯察深知經緯之詳救弊補偏頗曉弛張之畧念阿育王一萬四千塔總為佞佛之場而方壺山五城十二樓宜是遊仙之境寧知此地有

椑斯文欲幽贊于神明作興志切憫久疲之物力倡
率身先拮据俸薪銖兩有百金之外勔勸墁兵銀青
無一帶之存豈武皇陳寶之祠何妨土木非文仲藏
龜之室不勘冊青雁塔聳而天柱配高鳳樓成而江
門遂合背坐卯辰之次太乙纏垣而當亥戌之閶長
庚動色畫宮于堵知尺寸之無差運斤成風期日時
而可就乃遴吉月更卜嘉辰陽氣司蔽忽召風雷之
應歡心挾纊寧知雨雪之寒喜重門之洞開我心如
見聽群黎之鼓舞士氣大伸踞虎豹攀蛇龍無數山
中之木石跨雲霓依日月有如閣上之棟梁掛紅綺

而飄飄遊人成市散金錢而爛熳趨者如雲先樂始
後樂成大匠畢雕龍之技內同心外同力衆工合耶
虎之呼欲知築室之心且聽上梁之頌
東　巴水蘭溪一棹通近瞻匡岳氤氳裏遠望逢山
縹緲中
西　落月遲遲望不迷長江九曲當窗入太岳千尋
對檻齊
南　祝融矗矗映晴嵐古寺寒谿傳夜鉢故宮吳苑
集朝暮
北　嵩高恒岱環京國文章從此唱彤墀詞賦莫教
誇赤壁
上　雲收霧散天門朗朝來紅日上三竿夜半文星
高萬丈
下　郡裏大夫時命駕不憐老驥久依　栖應喜蟄龍
能變化
伏願上梁之後翼軫增輝蘄黃騁秀成空中之樓閣
盛江左之衣冠歲樂豊年春桑麻而秋黍稷人遊化
日家禮樂而戶詩書宦斯土者江湖廊廟皆龔黃卓
魯之儔產是方者柱石朝廷盡甘傅伊周之選爲文
章爲節義不愧端明若事業若勳勞無慚魏國解元

黃岡縣志

疊見聯會狀而齊破天荒鄉解頻仍併相師而兼承
帝眷殿上樹靈鼉之鼓聲教風動于寰中門前建翠
鳳之旗文彩星馳于海外鍾祥在北流美何窮水接
西川漢廣並文翁之澤俗同南國棠陰遺召伯之風
爲語諸賢共成斯事

勸諭賑饑文　守憲　徐惺　石城

勸諭各里有德善者設法募賑就近賙養全活本里
真正饑民時加破格優獎以鼓恤災睦里之義今歲
旱荒民饑比戶無煙處處不貶本道久痛于衷難屢
繪流民之圖實無雨粟點金之術難爲家給戶賑之

舉心竊愢焉今不得已特爲通屬各地方紳衿士民勸凡係名家巨室及高年有德善人耆老當念本里饑民義同桑梓值此冬杪春初青黄不接難免饑餓待斃豈忍坐視各查本處眞正饑民若干名即令本里善人耆老立簿勸募積少成多將眞正饑民月給給米穀若干斗本里共全活若干人自十年十二月起至十二年二月止惟在良有司多方鼓勵務須實心力行尤在各善人耆老共相勸募由此一里以及各里由一縣以及各州縣未必不全活數千萬人也除實心奉行官吏本道彙册詳院優獎其善人耆老

先行給區獎勵凡係各里有德善人耆老一面速查本里眞正饑民一面立簿勸募米穀聽爾按月賑給饑民並不用交倉交官如每月賑給饑民五名十名者報道獎賞花紅每月賑給二十名三十名者報道給區旌獎每月賑給四十名五十名者除本道獎給花紅區額外仍報兩院　題請優叙以上各該州縣破格優禮未免本身差徭如坐視該里饑民不行賑給以致流離失所查出責有攸歸

勸民育嬰　守憲徐惺石城

惺憶讀邸抄內奉

旨禁民溺女一事不勝北望忭舞仰見我

清朝愛民如子之仁眞與

天地同功惺職叨守土敢不時切兢凜以圖奉行罔斁無如邇來楚地溺子女之風往往多有皆由民窮俗薄雖當豐歲仍不聊生以致自傷貧困無力育養子女遂爾埋溺拋棄嗚呼甫離母胎莫非生命乃其父母忍傷天性之恩而犯

上天之怒嗟哉民窮若此俗薄如彼匪今伊昔誰使爾至此極也爲監司者可不惕歟因書以自警并勸三郡之爲守令者請自今令窮民之多生子女

不能養育者立報有司自監司始歲捐官吏涓滴之俸月給窮民升合之米或令自相養育以保孩赤或勸隨地收養以全天和皆同事一方之德也惺安敢邀天功以爲己力耶

祈雨文　董元俊關中

惟神爲一方之主水旱災祲是其耑司茲者天道亢暘雨澤愆期農夫相與咨嗟于野官吏相與奔趍于路人心不寧皆俊之罪數日以來滌身心屏葷酒躬自引咎禱求時雨而

神不我許是果雨澤之艱抑亦守土者之精誠未能

上格
神祇也今禾麻被野歲功將成百姓終歲之豐嗇在
此一時
國家賦税之盈絀亦在此一時旱雨則有濟遲雨則
無及伏冀
尊神上念
國計下恤民生速沛甘霖以慰官民之望
神之惠也敢不拜嘉惟
神鑒之謹告

摭聞

黃國顓頊之裔嬴姓子爵左傳桓公八年楚子合諸侯於沈鹿黃隨不會使薳章讓黃而黃始見於經則黃與隨鄀僖公二年齊宋江黃盟于貫則黃又與江鄀至十二年黃人恃諸侯之睦于齊也不共楚職曰自郢及我九百里焉能害我楚遂滅黃杜預註云黃國弋陽縣按弋陽縣今河南光州杜佑通典亦曰光州春秋時黃國也于黃州則云後為黃國之境文獻通考與一統志因之遂以黃州為黃國而於光州註春秋為弦黃蔣三國地楚紀亦謂黃州為古黃國且曰至黃岡觀黃子故墟怪坡賦略黃子咏孟德為未考然杜預去古未遠當為有據邾亦子爵祝融之後有陸終者生子六人其五曰安別為曹姓周武王克商封其苗裔曹挾於邾在今鄒縣至楚宣王伐邾徙其君黃州新洲邾城則其處也（楚紀謂楚滅黃徙邾居然考春秋楚滅黃在魯僖公世而楚宣王伐邾而徙之則在戰國之後固非一時爾）

楚誌云江漢間言赤壁者五漢陽漢川黃州嘉魚江夏唐元和誌云在蒲圻縣西與烏林峰對圖經又云在嘉魚縣西蓋初蒲圻地今屬嘉魚也按史昭

黃岡縣志

烈居樊口，進兵逆操，遇于赤壁，當在樊口之上。又稱赤壁初戰不利，引次江北，則赤壁當在江南。宋謝疊山云，予自江夏泝洞庭，舟過蒲圻，見石巖有赤壁二字，因登岸閱赤壁，其北岸曰烏林，又曰烏巢，乃漢陽境也。烈大岡上有周公瑾廟，至今土人耕地得弩箭鏃，長尺餘，或得斷鎗折戟，以今嘉魚赤壁合之，信為瑜破曹地無疑，其他四處非是。黃州赤壁本名赤鼻，齊安拾遺訛以三江下口為夏口，以武昌縣華容鎮為操走華容道，其說乖繆。嘗考文忠云黃州守居之數百步為赤壁，或言即周

瑜破曹公處，不知果是否。又云黃州猶西山麓斗入江中，石室如舟，所謂赤壁者。曹公敗歸華容，今赤壁西對岍即華容鎮，庶幾是也。然岳州後有華容縣，竟不知孰是，則文忠亦未嘗的指爲破曹地。水經云：江水左逕百人山南，酈道元注右逕赤壁山北。經又云：江水左逕赤鼻山南，赤鼻之非赤壁明矣。張耒雜誌詳之云：南人謂山入水處為磯，而黃人呼赤鼻訛為赤壁。（漢陽府圖經云赤壁亦名烏林，岳陽風土記云烏黎口，即烏林也，候考）

郭郡守鳳儀邀唐比部樞遊赤壁，郭問天下兩府峙立武昌、漢陽一府一縣峙立，黃州、武昌何謂？唐云天下守，法有據依，據無據依，援按晉陶侃傳，議者以武昌北岸有邾城，宜分兵鎮之。侃言我所以設險禦寇，正以長江耳。邾城隔在江北，内無所倚，外接羣蠻，必引寇盜，且吳時此城乃三萬兵守，今縱有兵守之，亦無益於江南。後庾亮以毛寶戍之，果敗，皆服侃識。或云邾城東晉時密邇羣蠻，所以不可置戍，與今不同。宋李宗勉建言荆襄殘破，淮西正當南北之交，齊安與武昌對敵，保江南先守江北，正謂聲勢可應援耳。

東坡嘗記黃鄂之風云：近聞黃州小民貧者生子多不舉，初生便於水盆中浸殺之，江南尤甚，聞之不忍。黃之士古耕道雖椎魯無他長，然頗誠實，喜為善，乃使率黃人之富者，歲出十千，如願過此者亦聽。使耕道掌之，多買米布絹絮，使安國寺僧繼連書其出入，訪閭里田野有貧甚不舉子者，輒少遺之。若歲活得百個小兒，亦閑居一樂事也。吾雖貧，亦當出十千。

張耒雜志云：黃俗褊迫陰陋，而機巧，語音輕清，類荆楚，而重濁類江左。王黃州詩刺史好詩兼好酒山

民名辭文名吟、黄州呼辭為丑呼吟為艮不知呼辭吟、竟是何名也、又云黄州舺税甚重所謂舺者、皆大舨舨其販皆自湖南郴連辰邵等州多以繒帛魚鮓等相易至真州貨之獲厚利故雖重征商人不憚

志林載東坡曰、余來黄州、聞黄人二三月皆羣聚謳歌其詞固不可解而其音亦不中律呂但宛轉其聲、往返高下如鷄唱爾、與廟堂中所聞鷄人傳漏微似、土人謂之山歌云又曰舊傳陽關三疊今歌者每句再疊而已通一首言之又是四疊或每語

三唱以應三疊之説則叢然無復節奏余在密州有文勛長官自云得古本陽關其聲宛轉凄斷每句皆再唱而第一句不疊乃唐本三疊蓋如此及在黄州偶讀樂天對酒詩云相逢且莫推辭醉新唱陽關第四聲注第四聲勸君更盡一杯酒以此驗之若第一句疊則此句為第五聲今為第四聲則第一句不疊審矣

唐房千里竹室記稱環者所棲章門竹以指其四角植者為柱稱撐者為椽桷王元之竹樓記蓋其餘意西人亦有版屋詩各從其俗也今江上多以竹代瓦并編壁每苦延燒云

東坡與李通叔云蒙寄示雪堂篆字筆勢茂美足為妓藝之光則雪堂匾當屬通叔筆今做郎章成字寔出前守上海潘公伯明妮古錄載其事稍異第不識竟為何人篆刻耳

馬鄴仕宋為黄州刺史有遠識時劉存為鄂州殺鄴外弟霍基存征湖南使人夜扣齊安門曰霍判官借馬鄴豫知之盡馬數匹焚祭焉後存果敗又孟珙者理宗朝要知黄州增陴浚隍蒐訪軍實邊民来歸者為屋萬間居之厚加賑貸因高阜為濟安

黄岡縣志

鎮淮二砦以居諸軍叙兩堡為先鋒虎翼飛虎營

文莊諫議守黄州時龐穎公籍為掾嘗疾屬文莊後事文莊親臨之曰異日嘗為貧宰相亦有年壽疾非所憂龐語已為宰相豈得貧耶文莊曰但於一等人中為貧耳故龐晚年退老詩述其事曰田園貧宰相圖史富書生石林燕語載龐嘗在告數日忽吏報死矣文莊大駭曰此人當為宰相安得便死吏言其家已發哀文莊即自往取燭視而語醫曰此陽證傷寒汝等治誤爾亟取承氣湯灌之有頃蘇

王禹偁嘗作三黜賦見志後知制誥忤時相出知黃州蘇易簡知貢舉適榜下放孫何等三百餘人奏禹偁棊林宿儒欲將全榜諸生送于郊上可之禹偁作詩曰綴行相送我何榮老鶴乘軒愧谷鶯三入承明不知舉看人門下放諸生至郡未幾二虎鬪于境一死羣雞夜鳴冬雷而雹司天奏守土者當其咎即命徒蘄州謝表云宣室鬼神之問不望生還茂陵封禪之文止期身後帝深訝異促召還臺未行竟卒

子瞻還黃岡時曾子固居憂臨川死焉京師盛傳子瞻同日僊去如李長吉故事神廟以問左丞蒲宗孟嘆息久之故後量移汝州謝表有云疾病連年人皆相傳其已死饑寒併日臣亦自厭其餘生避暑錄云子瞻在黃病赤眼踰月不出遂傳以為死矣有語范景仁於許昌者景仁絕不寘疑即舉袂大慟遣人賙其家子弟徐言此傳聞未審當先書問安否得寔恤之未晚乃走僕以往子瞻發書大咲東答云平生所得毀譽殆皆此類也

子瞻謫黃布衣芒屩出入阡陌多挾彈擊江水每旦起不招客語必出訪客所與游亦不盡擇各隨其人高下談諧放蕩不復為畛域有不能者強之說鬼曰姑妄言之數日必一汎舟江上乘興或入旁郡界嘗與客飲夜歸江面際天風露浩然乃作辭所謂夜闌風靜縠紋平小舟從此逝江海寄餘生者大歌數過而散翌日喧傳子瞻挂冠江邊拏舟長嘯去矣郡守徐君猷聞之懼州失罪人急命駕往則子瞻鼻鼾如雷

黃岡縣志

東坡至黃州遇一隱士相見但視傳舍不言而去東坡曰豈非以身世為傳舍相戒乎贈以詩末云士廉豈識桃椎妙妄意稱量未必然此蓋用朱桃椎故事也高士廉備禮請見與之語不答瞪目而去士廉再拜曰祭酒其使我以無事治蜀耶乃簡條目州遂大治東坡集有張先生詩序云先生不知其名黃州故縣人本姓盧為張氏所養陽狂垢汙往來者欲見之多不能致余試使人召之欣然而來既至立而不言與之言不應使之坐不可但俛仰熟視傳舍久之而去疑即張憨子

蘇公謫黃始稱東坡居士蓋亦慕白樂天而然白刺忠州有東坡種花諸詩蘇在黃與白忠州相似嘗有詩云出處依稀似樂天敢將衰朽較前賢則東坡名非偶因地稱也蘇文嘗東王定國云近於側左得荒地數十畝買牛一具躬耕其中欲自號鏖

糟陂裏陶靖節。外紀東坡一日牛病呼醫療之不識症王夫人多智曰此牛發豆瘢療法當以青蒿粥啖之而効後舉似章子厚云自謫居後便作老農豈知老妻猶能作黑牡丹也

東坡和王鞏詩：我來黃岡下，欹枕江流碧。江南武昌山，向我如咫尺。春蔬黃土軟，東笋蒼崖折。此行我累君，乃及得安宅。它日與趙晦之云：謫居既久，安土忘懷，一如本是黃州人，元不出仕而已。又與王定國云

在彭城作黃樓，今得黃州，欲換武遂作圍練，皆先識

子瞻在黃州，嘗書云：東坡居士自今以往，早晚不過一爵一肉，有尊客盛饌則三之，可損不可增。有召我者，預以此告之。自言有三養：曰安分以養福，寬胃以養氣，省費以養財。

東坡與客論食次，取紙一幅，書以示客云：爛蒸同州羊羔，灌以杏酪，食之以匕，不以箸。南都麥心麵，作槐芽溫淘，糝以襄邑抹猪，炊共城香粳，薦以蒸子鵝。吳興庖人斫松江鱠。既飽，以廬山康王谷簾泉烹曾坑鬭品。少焉，解衣仰卧，使人誦東坡先生赤壁前後賦，亦足以一笑也。

東坡在黃州，隣郡送酒，合置一器，為雪堂義尊。又嘗以蜜為釀，作蜜酒歌：珍珠為漿玉為醴，六月田夫汗流泚。不知春甕自生香，蜂為耕耘花作米。一日小沸魚吐沫，二日眩轉清光活，三日開甕香滿城，快瀉銀餅不須撥。百錢一斗濃無聲，甘露微濁醍醐清。君不見南園採花蜂似雨，天教釀酒醉先生。先生年來窮到骨，問人乞米何曾得。世間萬事真悠悠，蜜蜂大勝監河侯。序云：西蜀道士楊世昌善作蜜酒，絕醇釅，余既得其方，作此歌遺之，戲與吳君來云：近日黃州捕私酒甚急，犯者門戶立木以表之。臨皐之東有犯者，獨不立木，怪之以問酒友，曰為賢者諱。吾何嘗為此？但作蜜酒爾。先生志林載蜜酒法

予作蜜酒格與真水亂，每米一斗，用蒸餅麵二兩半，餅子一兩半，如常法取醅液，再入蒸餅麵一兩

釀之，二日嘗看味，當極辣且硬，則以三斗米炊飯投之；若甜軟，則每投更入麵與餅各半兩。又二日再投而熟，全在釀者斟酌增損也。入水少為佳。避暑錄云：子瞻在黃州作蜜酒，不甚佳，飲者輒暴下，一試之後不復作。墨莊漫錄亦云：味甜如醇醪，善飲之人恐非其好也。

黃州人造私酒，俗謂之壓茅柴。坡詩：三年黃州城，飲酒但飲濕。我如更揀擇，一醉豈易得。幾思壓茅柴，禁雒日夜急。韓子蒼茅柴酒詩：三年逐客卧江皐，自與田工釀小糟。飲慣茅柴諳苦梗，不知如蜜有香醪。亦謂差勝他酒爾。張耒雜志直稱黃州酒可亞瓊液陳州酒名，而差薄，為謫官中一幸，豈陸待制所云適有佳匹也。

黄州東南三十里為沙湖亦曰螺師店東坡將買田
其間因往相田得疾聞麻橋人龐安時善醫遂往
求療安時聾而穎悟絶人以指畫字輒了人深意
坡戲云予以手為口君以眼為耳
東坡序聖散子方云得之於眉山人巢君谷謫居黄
州比年時疫合此藥散之所活不可勝數巢初約
不傳人指江水為盟余竊隘之乃以傳蘄水龐君
安時避暑録云聖散子方初不見於世凡傷寒不
問証候一以是治無不愈子瞻奇之為作序比之
孫思邈三建散雖安時不敢非也乃附所著傷寒

論中天下信以為然疾之毫釐不可差無甚於傷
寒安有不問証候而可用者宣和後此藥甚行京
師殺人無數巢谷本任俠好奇從韓存寶出入兵
間不得志客黄州子瞻與之遊以谷奇俠而取其
方天下以子瞻文章而信其言事本不相因而趨
名者又至於忘性命而試其藥人之惑蓋有至是
也志林云家有一方能下腹中癥悪在黄州試之病良已今後當常以施人不審所指東坡蒼朮
録云黄州山中蒼朮至多就野買一斤數錢耳此長生藥也人以為易得不復貴重至以熏蚊子此
亦為太息
詩王在鍾山有客自黄州來公曰東坡近日有何妙

語客曰東坡宿于臨臯亭醉夢起作成都聖像藏
記千餘言點定纔一兩字有寫本留舟中公道人
取至時月出東南林影在地公展讀風露喜見眉
鬚曰子瞻人中龍也然有一字未穩日勝日貧不
若曰日勝日負耳東坡聞之拊手大笑亦以公為
知言坡又嘗書臨臯亭云東坡居士酒醉飽飯倚于几上白雲左繞清江右洄重門洞開林巒
坌入當是時若有思而無所思以受萬物之備慙媿慚媿
米元章自湖南從事過黄州初見子瞻酒酣貼觀音
紙壁上起作兩行枯樹怪石各一為贈有高述潘
岐能作坡書亂真山谷云東坡書彭城以前猶可

偽至黄州後掣筆極有力可望而知其眞贗也
石林詩話云海棠詩為東坡先生最得意之作嘗喜
寫人間刻石有五六本邑農人於古墓掘得其一
為鉏钁所壞僅存百字有先生自繪像巾㡌拄杖
正與詩意相合今石本存王同軌家泥古録稱東坡海棠詩山
谷之書倣長沙縱筆時為奇逸可喜
東坡詩話曰吾有語云日月出東門步尋東城游又
云駕言寫我憂章子厚謂參寥曰前步而後駕何
其上下紛紛也僕聞之曰吾以尻為輪以神為馬
何曾上下乎參寥曰子瞻文過有理似孫子荆日

所以枕流欲洗其耳、所以漱石欲礪其齒、
謝無逸溪堂集云、乙亥潘邠老有滿城風雨近重陽
之句、今去重陽四日、而風雨大作、遂用廣為三絕
其一雪浪飜天截藝文志其二滿城風雨近重陽、
不見修文地下郎想得武昌門外柳垂垂老葉半
青黃、其三滿城風雨近重陽、安得斯人共一觴、欲
問小馮今健否雲中孤雁不成行楊用修云蔣凝
賦其四韻邠老詩無全章了頭花鈿滿面不及徐
妃半粧、
黃庭堅有謝何十三送蟹絕句三首何十三名覬邑

人、文東坡亦有書贈何聖可曰歲云暮矣風雨淒
然紙窗竹室燈火青熒輒於此間得少佳趣令分
一半、寄與黃岡何聖可若欲同享須擇佳客不審
聖可又何人也
子瞻與陳慥季常遊季常自謂飽禪學而妻柳氏頗
悍妬季常畏之每設客有聲妓以杖擊壁大呼客
至為散去子瞻因作詩戲云龍丘居士亦可憐談
空說有夜不眠忽聞河東獅子吼柱杖落手心茫
然徐黃州之子叔廣十四秀才先生與其舅張仲謨書所謂十三十四皆有波性者是也嘗出先
生醉墨一軸字畫歌頌龍蛇飛動乃是張無盡過黃州而黃州有四侍人過張夫人攜其一往婿家
為俗之會無盡因戲語云厥有美妾良由令妻公郎續之為小賦三道得徽章鄭趙往祿孫姜閤
齊浴見於玉瀾之家一夔足矣侍坐於冰清之反三英黎今曉暮而張夫人復還其一乃閤往最為
徐所寵公復書絕句云玉笋纖纖揭繡簾一心偷看綠羅尖使君三尺鐵頭帽須信從來只有詹又
墨莊漫錄載王文甫家東湖公每乘興訪之一日過歲除其家方治桃符公戲書一聯其上云門大
要容十騎入堂深不覺有百男每以文游戲多此類
子瞻在黃州參寥子自錢唐訪之子瞻令官妓馬娉
娉乞詩於參寥子參寥口占云多謝尊前窈窕娘
好將幽夢惱襄王禪心已作粘泥絮不逐春風上
下狂子瞻喜曰嘗見柳絮落泥中謂可入詩料不
意此老收得禪喜集載佛印來訪晏雪堂妓月素適從外來坡戲作一令要不喚自來

下用兩句詩坡曰酒既清穀又馨不喚自來是青蠅詩云不識人嫌生處惡撞來堂上敢營營佛印
曰夜向晚睡思濃不喚自來是蚊虫詩云吃人嘴臉生來慣撐腹貪圖一飲充月素乃還令曰綺筵
張日將暮不喚自來是月素詩云紅裙一醉又何妨未飲便論文與字坡大喜為飲盡歡
東坡在黃岡每官妓侑觴不惜醉墨淋漓有李琪者
頗慧知書札獨未蒙賜至公移汝祖行酒酣琪奉
觴再拜乞書公領瞻久之命磨墨濃大書東坡七
歲黃州住何事無言及李琪即擲筆與客笑談坐
客相謂語似率易又不終篇何也至徹具琪復請
公大笑續書云恰似西川杜工部海棠雖好不留
詩一座擊節盡歡而罷

山谷曰東坡在黃州所作卜筭子詞意高玅非喫烟火食人語吳曾亦曰東坡謫黃州卜筭子屬意王氏女也讀者不解張文潛繼貶黃州訪潘邠老得其詳嘗題詩志其事臨江王說獨謂此詞東坡在惠州白鶴觀爲溫都監女感賦其說得之廣人蒲仲通詳見野客叢談蘇卜筭子詞云缺月挂疎桐漏斷人初靜時見幽人獨往來縹緲孤鴻影驚起却回頭有恨無人省揀盡寒枝不肯棲寂寞沙洲冷

東坡在雪堂一日讀阿房宮賦且讀且嘆賞夜分不寐給事者二老兵皆陝人甚苦之一人操西音曰知他有甚好處一人曰也有兩句好其人大怒曰

你理會得甚麼對曰我愛他道天下人不敢言而敢怒坡聞之笑曰不意斯人有此鑒識

東坡書夢癸勾芒文云予在黃州夢黑肥吏以一幅紙請祭春牛文予笑而從之云三陽旣至庶草將興爰出土牛以戒農事衣彼丹青之好本出泥塗成毁須臾之間誰爲慍喜傍有一吏云此兩句會有愠者參寥能具道乃復錄之

靖康初韓子蒼知黃州頗訪東坡遺迹嘗登赤壁賦所謂棲鶻之危巢者不復存矣悼悵作詩歸有何頡者及識東坡因次韻獻子蒼云兒時宗伯寄吳州諷誦遺文至白頭二賦人間眞吐鳳五年江上不驚鷗蠻常見木人猶惡鶻有危棲孰肯留卭重使君尋往事西風悵望古城樓

劉過字改之能詩詞流落江湖酒酣耳熱出語豪縱自謂晉宋間人物子由帥蜀中閻乃胡給事晉臣女過雪堂行書赤壁賦於壁間改之從後題一闋云按轡徐驅兒童聚觀神仙了事成癡笑世上終無眞是非者雲臺哭几無君子者雪堂零落有笑人兮疎雨梧桐微雲河漢鍾爲山林無限悲傷山縣間昌黎買汝汝買昌黎

八景詩載邑舊志中斷文蠹間多不可讀今摭其可味者得鄒吏部亮詩四首聊復志此齋安地連雲夢澤迤邐岡巒帶阡陌故壘蕭條古戍荒爲吊英雄訪陳迹踈林烟雨秋冥漾宿雲忽開天宇空長江遠郭淨如練沙鳥風帆圖畫中黃岡曉霽絶巘凝烟掃空碧天塹橫分限南北舳艫灰冷戰氣消岸草汀花自春色沉沙鐵戟悲前朝割據英雄魂莫招興來醺酒酬明月醉倚酡顏吹洞簫赤壁春嶂朝宗門外西風晚臨臯館前因景遠爲憶秦家生寧馨搔盡蒼生竟忘返露洗明月光欲流曾照人間千古

愁褰衣徐步踏花影老鶴一聲天地秋臨臯月皎硯也
水暖龍睛泣墨花晴冷金壺汁科斗浮波翠藻絞
香雲黮影淋漓濕坡翁騎鶴上青冥誰復籠鵝寫
道經踈雨淡烟人不到舊時行跡莓苔青洗墨生雲

宋奎章閣侍書士虞集父汲爲黄岡尉乃右丞相
允文四世孫汲僑居臨川娶國子祭酒楊文仲女
楊以理學名家其女深通其義生集及弟槃受教
内庭從父寓黄時稱爲一家之學槃著有非非國
語

嘉定辛卯金人圍黄州守何大節召僚佐曰諸君

親老且非守土臣可無死各以差檄使爲去計自
誓不屈城陷没於江時蘄守李誠之亦以城陷自
殺朝廷爲立廟而寧宗紀乃書大節棄城遁劉濳
夫詩云淮壖便合营雙廟太學今方出二儒
又云世俗今猶疑許遠君王元未識真卿蓋爲
大節白寃

皇帝燕處武樓詹同在左右偶理竹事帝曰竹之
類亦多乎同對曰晋戴凱之譜五十餘種或根如
槃輪或節若束針或細則勝箭或鉅可爲舟未可
縷舉大槩其色皆青其體皆圓也唯吳越山中有
方竹最爲佹異四稜直上若有廉隅不可犯之色
士大夫愛之往往求而爲節既退獲一枝以獻帝
摩挲觀之爲親草方竹記一通

江學士淵字時用仕中和鄉以永樂靖難師入蜀家
重慶之江津縣由翰林歷工部尚書時寇困都城
淵獨議戰退虜入文淵閣蜀志云清勤簡静忠鯁
不阿文事武備功業兼懋善文詞所著有觀光錦
榮等集子孟綸官御史今江郎中沛然其宗人也

黄州西北百餘里有歐陽院院僧嘗一古編鐘云得
之耕者發地獲四鍾鋤破其二一爲鑄銅者取去

獨其一聲空瓏饒古意見子瞻集又元豊四年正
月子瞻自岐亭汎舟還古黄州獲一鏡周尺有二
寸銅色如漆背銘云漢有善銅出白陽取爲鏡清
如明左龍右虎視之字如菽大雜篆隷甚精妙嘗
以示蘇子容子容以博名世曰此禹鼎象物之遺
法白陽疑南陽白水之陽漢人而如通用鏡微凸
照人微小道家聚形鏡也

德閒里巫甯均在飛霜岸見一鼠盤旋道上忽入
地穴其下得銅章一紐上篆扶鑾王印用畧符呪
能呼風雷後神鬼後柄損遂不驗

子瞻偶至汪氏野人居有神降於室自稱天人李全
字德通善篆字用筆奇妙而字不可識云天篆也
與言有所會用韻作詩復為作天篆記又集中載
何氏神琴歌云七絃品弄仙人有留待世人輕揮
手一聲欲斷萬里雲山林鬼魅東西走况有離人
不忍聽纔到商音淚漸傾鳳柱何須誇鄭聲古風
自是天地情伯牙死後無人知君促手下分巧奇
月明來伴青松陰露齒笑彈風生衣山神不敢隱
蹤跡笑向山陰懼傷繫一曲未終風入松玉女驚
飛來住側勸君休盡指下功引起相思千萬滴

前邑守盧濬毀淫祠安國寺右有景佑真君廟祀張
雎陽亦在廢中忽門皂為神所附索筆題曰皇天生
我兮男兒君王用我兮熊羆力拔山兮雷電氣貫
日兮虹霓月正明兮拔鎗捋劍星未落兮擊鼓揪
旗擣賊壘兮焚寨囓賊肉兮充饑食馬鼠兮既盡
殺妻妾兮心悲為厲鬼兮身披鐵甲為名神兮手
執金搥莫指我為張飛莫指我為張儀其張巡兮
在世與許遠兮同時在東嶽兮押案總督府兮陰
司為蓬萊兮殿直任酆都兮嶽推景佑真君兮人
間封爵忠烈大夫兮天上官資漫濡毫而染翰俾

世人以皆知公驚異復詰以事應如響展拜迎送
由是廟得不毀按雎陽聞笛一章真是盛唐不宜
降格為此豈血食有靈不必真雎陽和耳談載巴河驛今礱
石載廟壁中

夷堅志云黃州市民渠生貨油為業人呼渠油一意
嗜利每作油秉熱益以便溺幾三之一獲息頗博
一日其手忽告母曰爹身畔常有獄子抱枷棒隨
後而他人無所覩父固莫信又曰我將死母亦不
免未幾子母繼亡渠悲泣不已遂感奇疾如受拷
掠家貲索然經歲而殂

黃州村民閻五十五富積米穀每辛酉年即閉廩騰
價細民苦之既老且病不復能飲食獨嗜羊犬家
人憐痛刳木為摸置粉餌如羊犬狀使食之入手
即投地須臾矢乃背咽歷數月方死
馬炳然正統間宰嘉魚群盜刦藏去而欽召報適至
以盜不得阻行始盜入馬於暗處稽其數三十人
有長而髯者魁也因密屬捕者懸賞罰期必得會
陽邏鎮度江人数及一髯入正如盜狀遂縛以聞
置訊皆誣服馬始就道後豫章獲盜鞫贓出嘉魚
移文甚急守以是罷囚皆死屬獄中正德間馬建

中丞節過楚入閩楚正戒嚴以劉盜劉六劉七等且至馬與楚藩臬爭禮出遇盜鳴鑼磔其屍搶其處子家屬死者三十人人謂寃報將郎守余公貴不忍大臣女辱賊即索千金具牒屬四青衿方勇等往贖女追及于潯江其帥趙風子受金還女曰以充爾郎犒軍錢厚貽而遣之余具車馬以四老嫗護女送還蜀邸

長圻壋有老圃畜一瓜最巨將獻豪門偶丐者抉籬入竊食之老圃持鋤擊丐者死即瘞其地明年產瓜延蔓內一瓜大如斗會令購瓜衆謂其瓜特大

得剖之桀皆赤血令大疑曰其種必異掘視根出死人口中推訊得丐者死狀老圃遂伏法

邑人歐普祥從徐壽輝以燒香起兵為帥稱歐道人引兵掠江西攻袁州陷新淦諸縣據之與元屢戰皆勝壽輝加普祥左丞大司徒袁國公陳友諒弑壽輝徵兵普祥不應王師克江西遣子文廣納款詔孚賜之命領本部守袁州一云友諒襲壽輝併其軍自稱平章都小和子城即新洲是也後友諒滅徙其雉堞益郡城今故地尚在

紫潭李翁族產俱盛嘗卜地得吉相者曰主出飛來金帶會有孝廉北上阻雪過其家翁觴之累日小婢傳飧秀整語翁購為妾後孝廉登第歷大司馬獨此姬有子女續為夫人念翁媪甚適翁子解軍遼陽經大司馬宅與門吏辭語以聞夫人兒也厚容之時有候李氏絕亂爭襲遂陰以功續冊視李翁子語合襲侯今紫潭稱李侯家是也尋絕嗣獨其家棹楔在焉

盧公濬嘗浮舟江上陽侯風起舟師頻呼楠木大王問故以妖對公歸撰文牒水府其畧曰象窮魍魎轉淥鑄禹之思誠格神明欲下然犀之炤雖川靈

之失綱故令尾大者不掉徒風師亦助虐其與首惡者何殊仍期三日以未來屆期駕詣江上忽一木自樊口至命縛之登岸時修學宮以為左柱萬曆丙申宮災郡人猶有楠木大王之稱云年譔載盧守黃誕日假寐夢出一字門織染橋東越數家有媪饌已中有餻糕歆飫而叉及覺唇脂猶香密令掾偵之見老媪設俎奠其亡夫餻糕其生所嗜也亡三十二年公齒與誕日皆同掾還報召媪贈金仍為經紀其家

何山上皆巨竹山下民婦就蓐產一蛇徑走入竹間後數年時出色白脊有紅鬣見者必死寧宗五年

青社李辮老論居常拉潘仲達何斯舉欒正夫同

游或告以蛇怪未久果見蟠于竹下高與人齊李失聲三子倉皇走李知不免拾一拳石祝曰今日勢不兩全我勝蛇死不勝我死祝罷石正中蛇腦即疾穿草去如風聲草爲之偃四客相賀縱賞抵暮歸後三日竹外人家聞腥氣前視之蛇已死矣其長五丈見夷堅志張耒雜志載黃州倉有大蛇其尾之圍猶如人股倉連州宅園蛇時往來人或見之又云黃州有小蛇首尾相類因謂兩頭蛇余視之其尾端如類首而非也土人言此蛇蚯蚓所化無甚大者又謂之山蚓

陽邏鎮僧寺側有市民寗文以灌園爲生妻產一子甫兩歲慶元二年四月二十二日晡時天地晦冥

雷電暴作兒在門首忽失所在移時開霽得之于東棚下伏卧不動有朱書七字在其背曰天下太平慶元年字闊二分分作兩行唯太字頗暗觀者拊摩隱隱隆起凡半月餘始沒兒如常監鎮務官具告郡書坊圖其事刻板鬻之今龍口所建接龍橋在大士閣下即其地也

樸志

跋

書韓魏公黃州詩後　宋　蘇軾

黃州山水清遠土風厚善其民寡求而不爭其士靜而文朴而不陋雖閭巷小民知尊愛賢者曰吾州雖遠小然王元之韓魏公嘗辱居焉以誇于四方之人元之自黃遷蘄州沒于蘄州然世之稱元之者必曰黃州而黃人亦曰吾元之也魏公去黃四十餘年而思之不忘至以爲詩夫賢人君子天之所以遺斯民天下之所共有而黃人獨私以爲寵豈其尊德樂道

獨異於他邦也與抑二公與此州之人有宿昔之契不可知也元之爲郡首有德于民民懷之不忘也固宜魏公以家艱從其兄居耳民何自知之詩云有匪君子如金如錫如圭如璧金錫圭璧之所在瓦石草木被其光澤矣何必施于用奉議郎孫賁公素黃人也而客于公公知之深蓋所謂教授書記者也而軾亦公之門人謫居于黃五年治東坡築雪堂蓋將老焉則亦黃人也于是相與摹公之詩而刻之石以爲黃人無窮之思而吾二人者亦庶幾托此以不忘乎元豐七年十月二十六日汝州團練副使蘇軾記

箴

司刑箴送王牧仲為黃州錄參　宋劉

惟聖好生以刑教德惟臣欽若哀矜惻怛曰彼嘉師于獄之麗繫我淑問貌溫氣夷以察其情以盡其辭故曰祥刑非訖于威二典既邈五疵叅互反感于辭貨誘于賂外牽性還內偏愛惡唯明能察唯廉靡求四疵遠矣抑又何尤唯時上帝獄以意成所貴有司寔持其平云何不思唯意之承怒為未息根連株逮搖楚鍛煉以成其罪意之所右覆之意之罪雖貫盈罰不毫釐曰吾之明非闇于理曰吾之廉非役于利

不獲乎上忘乃可諂意鄉一分職為厲階淹速有度富貴在天釋之竟是周來疾顛名義凛然鬼神森列野人作箴敬告司臬

頌

黃州李樵卧帳頌　宋蘇軾

問李巖老何必居此愛護鐵牛障欄佛子

猪肉頌

淨洗鐺少着水柴頭罨烟焰不起待他自熟莫催他火候足時他自美黃州好猪肉價賤如泥土貴者不肯喫貧者不解煮早晨起來打兩碗飽得自家君莫管文子瞻在黃州好自煮魚法見本集

紀事

記游定惠院　宋蘇軾

黃州定惠院東小山上有海棠一株特繁茂每歲盛開必携客置酒已五醉其下矣今年復與參寥師二三子訪焉則園已易主主雖市井人然以予故稍加培治山上多老枳木性瘦韌筋脈呈露如老人項頸花白而圓如大珠纍纍香色皆不凡此木不為人所喜稍稍伐去以予故亦得不伐既飲往憩於尚氏之第尚氏亦市井人也而居處修潔如吳越間人竹林

花圃皆可喜醉卧小板閣上稍醒坐客崔成老彈雷氏琴作悲風曉月錚錚然意非人間也晚乃步出城東鬻大木盆意者謂可以注清泉瀹瓜李遂夤緣小溝入何氏韓氏竹園時何氏方作堂竹間既闢地矣遂置酒竹陰下有劉唐年主簿者餽油煎餌其名為甚酥味極美客尚欲飲而予忽興盡乃徑歸道過何氏小圃乞其藂橘移種雪堂之西坐客徐君得之將適閩中以後會未可期請予記之為異日拊掌時參寥唯不飲以棗湯代之

記承天夜游

元豐六年十月十二日夜解衣欲睡月色入户欣然起行念無與為樂者遂至承天寺尋張懷民懷民亦未寢相與步于中庭庭下如積水空明水中藻荇交横蓋竹柏影也何夜無月何處無竹柏但少閒人如吾兩人者耳

江行紀事　明王世貞

至黄州時御史方駐黄而余晨至左參政鄭君雲鑾僉事蔡君一掁戢君汝止來訪云御史將欲發疏謝謁客郡邑守令而下咸來見不勝煩報謁三君留飯戢君所多談佛理傍及書畫蕭然忘此身之將就籠

也凌晨始修謁御史尋辭午飯同年丘侍郎岳丘公以都給事中事世宗疏觕旨擢二禮部尋當出參外省遂棄官歸秋熱不肯解而予復苦河魚疾飯畢亟發三君為餞赤壁問竹樓雪堂遺跡云俱在府署中亦畧存梗槩耳赤壁在黄西南門外城據其半以故所得地益少亭館剎閣之類復蔽之茀土色正赤若硃砂璽丹而堂據其右阜表裏皆大江足慰也余攜所有王晋溪烟江疊障圖而穉長公為手書歌中有語云武昌樊口奇絕處東波先生游五年距于今為五百若八十矣而墨跡如新三君摩娑久之既賞且

慨酒数行携飲水月亭一大磐石也乃呼小舟方之泝江陵洲渚而渡蓋水夂漲大江合夾而二極望瀰瀰蔓抑若蘆若澡依然蹛入三君顧余而語曰今非七月半乎奈何寂寂令前輩咲人于是縱淡江上刑勝是否周曹鏖兵處與穉長公詞翰之妙將壇藝苑奇絕爭勝然一轉盻間而有情者俱盡徒令無情之物以一培塿借而稱雄于長林大山間蓋不得不托之瞿曇維摩氏家而蔡君時豈偶然難發余與三君亦爭自媮快也曰長公固言之第自具賓主耳恐不如也談謔久稍沃以酒故不能醉抵余舟盡三鼓乃

別時月色益明而熱不解從僑久之始就寢其明日發自是江頗平山亦多斷續不復如黄以東矣

放生紀事　弟瑞徵

余以丁未冬過鄂渚有饋余帶甲之魚二以授宰人翌日解其一作羹以献余愴然曰生物也而死之耶宰人曰噫天生物以養人是咼俎之餘也而君何惜焉余曰然儒者之教見其生而亟見其死余不忍為也顧問其一猶存爲余亟命縱之宰人曰均物也一死之而一生之可乎余曰是有命爲其死者動汝之殺機也其生者動余之生機也生之與殺間不容髮是汝與余皆不得預主爲天地之生物豈欲死之哉一游于江湖一充乎咼俎物自召也莊子舍于故人有二雁豎子烹其一曰其一能鳴其一不能鳴夫是

猶有擇余央汝且奚擇哉物莫不生物莫不死生死有命任其自生夫人世亦若此則已矣如此哉可以達生可以窮命江清月朗解摩而縱之因書其事所縱地去磧磯可十里其時則冬月望前一日也

對問

雪堂問潘邠老　宋　蘇軾

蘇子得廢圃于東坡之脅築而垣之作堂焉其正曰雪堂堂以大雪中為因繪雪于四壁之間無容隙也起居偃仰環顧睥睨無非雪者蘇子居之真得其所居者也蘇子隱几而晝瞑栩栩然若有所適而方興也未覺為物觸而寤其適未厭也若有失焉以掌抵目以足就履曳于堂下客有至而問者曰子世之散

人耶拘人耶散人也而未能拘人也而嗜慾深今似繫馬止也有得乎有失乎蘇子心若省而口未嘗言徐思其應揖而進之堂上客曰嘻是矣子之欲為散人而未得者也予今告子以散人之道夫禹之行水庖丁之提刀避衆礙而散其智者也是故以至柔馳至剛故石有時而泐以至剛遇至柔故未嘗見全牛也予能散也物故不能縛不能散也物故不能縶子有患矣用之于內可也今也如蝟之在囊而時動其脊矣見于外者不特一毛二毛而已風不可搏影不可捕童子知之名之于人猶風之與影也子獨留之

故愚者視而驚智者起而軋吾固怪子為今日之晚也子之遇我幸矣吾今邀子為藩外之游可乎蘇子曰予之于此自以為藩外久矣子又將安之乎客曰甚矣子之難曉也夫勢利不足以為藩也名譽不足以為藩也陰陽不足以為藩也人道不足以為藩也所以藩予者特智也爾智存諸內發而為言則言有謂也形而為行則行有謂也使子欲嘿不欲默歇息不歇息如醉者之恚言如狂者之妄行雖掩其口執其臂猶且喑嗚跼蹙之不已則藩之于人抑又固矣人之為患以有身身之為患以有心是圃之構堂將

以佚子之身也是堂之繪雪將以佚子之心也身待堂而安則形固不能釋心以雪而警則神固不能凝子之和既焚而燼矣燼又復然則是堂之作也非徒無益而又重子蔽蒙也子見雪之白乎則恍然而目眩子見雪之寒乎則竦然而毛起五官之為害惟目為甚故至人不為雪乎雪乎吾見子知為目也子其殆矣客又舉杖而叩諸壁曰此凹也此凸也方雪之雜下也均矣厲風過焉則凹者留而凸者散天豈私于凹凸哉勢使然也勢之所在天且不能違而況于人乎子之居此雖遠人也而圃有是堂堂有是名實

礙人耳下猶雪之在凹者乎蘇子曰予之此爲適然而已豈有心哉殆也奈何客曰子之適然也適有雨則將繪以雨乎適有風則將繪以風乎雨不可繪也觀雲氣之洶湧則使子有怒心風不可繪也見草木之披靡則使子有懼意覩是雪也子之内亦不能無動矣苟有動焉丹青之有靡麗冰雪之有水石一也德有心心有眼物之所襲豈有異哉蘇子曰子之所言是也敢不聞命然未盡也予不能默此正如與人訟者其理雖已屈猶未能絶辭者也子以爲登春臺與入雪堂有以異乎以雪觀春則雪爲靜以臺觀堂

則堂爲靜靜則得動則失皇帝古之神也游乎赤水之北登乎崑崙之丘南望而還遺其玄珠焉游以適意也望以寓情也意適于游情寓于望則意暢情出而忘其本矣雖有良貴豈得而寶哉是以不免有遺珠之失也雖然意不久留情不再至必復其初而已矣是又驚其遺而索之也余之此堂追其遠者迎之收其近者内之求之眉睫之間是有八荒之趣人而有知也升是堂者將見其不遡而僾不寒而栗凄凜其肌膚洗滌其煩鬱既無炙手之譏又免飲水之疾彼其趦趄利害之徒猖狂憂患之域者何異探湯執熱之俟濯乎子之所言者上也余之所言者下也我將能爲子之所爲而子不能爲我之爲矣譬之厭膏粱者與之糟糠則必有忿詞衣文繡者與之以皮弁則必有愧色子之于道膏粱文繡之謂也得其上者耳我以子爲師子以我爲資猶人之于衣食缺一不可將其與子游今日之事姑置之以待後論予且爲子作歌以道之歌曰雪堂之前後兮春草齊雪堂之左右兮斜徑微雪堂之上兮有碩人之頎頎考槃于此兮芒鞋而葛衣挹清泉兮抱甕而忘其機負頃筐兮行歌而采薇吾不知五十九年之非而今日之是

黃岡縣志 一二

又不知五十九年之是而今日之非吾不知天地之大也寒暑之變悟昔日之癯而今日之肥感子之言兮始也抑吾之縱而鞭吾之口終也釋吾之縛而脱吾之勒是堂之作也吾非取雪之勢而取雪之意吾非逃世之事而逃世之機吾不知雪之爲可觀賞吾不知世之爲可依違性之便意之適不在于他在于群息已動大明既升吾方輾轉一觀曉隙之塵飛子不棄兮我其子歸客忻然而笑唯然而出蘇子隨之客顧而頷之曰有若人哉

怪石供

禹貢青州有鉛松怪石解者曰怪石石似玉者今齊安江上往往得美石與玉無辨多紅黃白色其文如人指上螺精明可愛雖巧者以意繪畫有不能及豈古所謂怪石者耶凡物之醜好生于相形吾未知其怪果安在也使世間石皆若此則今之凡石復爲怪矣海外有形語之國口不能言而相喻以形其以形語也捷于口使吾爲之不已難乎故夫天機之動忽焉而成而人眞以爲巧也雖然自禹以來怪之矣齊安小兒浴于江時有得之者戲以餅餌易之既久得二百九十有八枚大者兼寸小者如棗栗菱芡其一如

虎豹首有口鼻眼處以爲群石之長又得古銅盆一枚以盛石挹水注之粲然而廬山歸宗佛印禪師適有使至遂以爲供禪師常以道眼觀一切世間混沌空洞了無一物雖夜光赤壁與瓦礫等而況此石雖然願受此供灌以墨池水強爲一笑使自今以往山僧野人欲供禪師而力不能辦衣服飲食臥具者皆得以淨水注石爲供蓋自蘇子瞻始元豐五年五月黃州東坡雪堂書

後怪石供

蘇子既以怪石供佛印佛印以其言刻諸石蘇子聞而笑曰是安所從來哉予以餅易諸小兒者也以可食易無用予既足笑矣彼又從而刻之今以餅供佛印佛印必不刻也石與餅何異參寥子曰然供者幻也受者亦幻也刻其言者亦幻也夫幻何適而不可舉手而示蘇子曰拱此而揖人人莫不喜戟此而詈人人莫不怒同是手也而喜怒異世未有非之者也子誠知拱戟之皆幻則喜雖存而根亡刻與不刻無不可者蘇子大笑曰子欲之耶乃亦以供之凡二百五十弁二石槃云

偈

送僧應—託偈　宋蘇軾

蘇壽明巢穀僧應託與東坡居士皆眉人也會于黃岡將之廬山作偈送之

一般口眼兩般腸肚認取鄉人聞早歸去

送海印禪師偈

海印禪師紀公將赴峨嵋往别太子少保趙公抃三衢公以三詩贈行復枉道過某于齊安亦求一偈公以元臣大老功成而歸其以非才竊禄得罪而去禪師道眼了無分别逈知法界海惠照了萬殊大小縱横不相留礙

直從巴峽逢僧晏道到東坡別紀公當時半破峩眉
月還在平羌江水中。

書籍

蘇公寓黃集三卷邑人王同軌編郡別駕嘉禾陸志
孝為訂刻吳國倫序
夢澤集邑人王廷陳著司寇王世貞司理皇甫汸序
郡齋稿前郡守錫山鄒迪光著
耳談五十四卷邑人王同軌著又著有蒼蒼閣稿合
江亭韋蘭馨編板藏于家
朱陵洞稿邑人臨漳令王一鳴著督學熊宇奇序

赤壁集邑令西吳茅瑞徵輯凡十二卷板藏署中
痘疹心法邑人王一鳴序刻萬全著
西霞集天機秘鈴邑大學生樊維甫著
許氏說文註邑明經曹士謨著
禮記疏意二十卷邑人進士秦繼宗著
禮記明說邑人大司寇甄淑著
禮記直解邑人貴州太守陳鴻恩著
詩徵四書內外傳邑人徵士易道暹著
天榆館集河洛理數鈴禮樂位次圖考邑文學孫㣑
鴻著

用書三百卷邑人徵士馮雲路著內閣賀逢聖序
智林村稿詩文二十卷邑孝廉王一翥著宗伯龔鼎
孳序
孔易四卷懼菴詩集八卷邑文學鄧雲程著
藏易傳邑文學汪三奇著
気知錄松鱗集高齋展諸邑隱士李之泌著
復菴刪詩八卷少司寇高珩序復菴詩十二卷學士
胡兆龍曹本榮序復菴文集三十六卷宮詹李呈
祥明經嚴首昇序說書五十六篇學士熊伯龍序
匏書五卷內閣姚明恭序繹書易原大學新法詞

林黃文煥孝廉王一翥序邑人霑化令孫錫蕃著
見行世板藏于家
古隸韻宗邑人盧龍令魏師段著已刻行世
古文輯畧二百六十卷奏議稽詢十卷五大儒語要
十六卷邑學士曹本榮著
詩經傳解邑明經朱日濬著
柏園近陶詩邑人平鄉令樊維域著
四書遵朱初稿邑文學鄧之愈著
樸園文集四卷邑文學張百程著康熙己酉鄉舉張希良之父

黃岡縣志卷之六終

讀黃岡邑志跋後

邑乘上稽周漢訖於有明萬曆上下數千百年採輯較詳矣國朝定鼎百度維新集萬國車書以昭一統之盛于是吾邑侯關西董公渭岸起而總厥成焉蓋邑志之脩于往帙者不具論獨此六十年末玉步既移陵谷亦異其間風景之變遷建置之沿革忠孝節烈之幽光以及聲歌文章之炳蔚匪有文獻曷與觀成邑侯巨儒高第出宰百里政治游刃之餘載籍極博然復折節旁搜得邑紳復庵孫錫蕃諸生三山袁黃琮介眉李遐齡共襄其事三山既于書無不窺而又能黙識數十年間人物文字瞭如指掌略無所遺忘而介眉李子孝友惇篤之性發為評題以故諸公列傳多出兩君子手筆顯微闡幽悉綜輿論絕非好名者所能進退也至于星野形勢則復庵悉力獨裁莫非佳勝書成上之　郡會其條例一遵功令俾得達之　輶軒徵為信史殆將載我邑侯之德政與諸君子之名言于不朽云謹薰沐而書其後

丙午科舉人邑人胡思樊撰